Die Mitbestimmung des Betriebsrats bei neuen Formen der Leistungsvergütung

Europäische Hochschulschriften
Publications Universitaires Européennes
European University Studies

Reihe II
Rechtswissenschaft

Série II Series II
Droit
Law

Bd./Vol. 3528

PETER LANG
Frankfurt am Main · Berlin · Bern · Bruxelles · New York · Oxford · Wien

Friederike Schang

Die Mitbestimmung des Betriebsrats bei neuen Formen der Leistungsvergütung

Zur Reichweite des § 87 Abs. 1 Nr. 10 und 11 BetrVG bei Einführung und Ausgestaltung von Zielvereinbarungen, Pensumentgelten, Gainsharing-Systemen und Qualifikationsentgelten

PETER LANG
Europäischer Verlag der Wissenschaften

Die Deutsche Bibliothek - CIP-Einheitsaufnahme

Schang, Friederike:

Die Mitbestimmung des Betriebsrats bei neuen Formen der Leistungsvergütung : zur Reichweite des § 87 Abs. 1 Nr. 10 und 11 BetrVG bei Einführung und Ausgestaltung von Zielvereinbarungen, Pensumentgelten, Gainsharing-Systemen und Qualifikationsentgelten / Friederike Schang. - Frankfurt am Main ; Berlin ; Bern ; Bruxelles ; New York ; Oxford ; Wien : Lang, 2002

(Europäische Hochschulschriften : Reihe 2, Rechtswissenschaft ; Bd. 3528)
Zugl.: Köln, Univ., Diss., 2002
ISBN 3-631-39922-7

D 38
ISSN 0531-7312
ISBN 3-631-39922-7

www.peterlang.de

Meinen Eltern

Concordia parvae res crescunt,
Discordia maxumae dilabuntur.

Seneca

Vorwort

Die vorliegende Arbeit wurde im Wintersemester 2001/2002 von der Rechtswissenschaftlichen Fakultät der Universität zu Köln als Dissertation angenommen. Besonders herzlich möchte ich mich bei meinem Doktorvater Herrn Prof. Dr. Peter Hanau bedanken, der in zahlreichen Gesprächen und mit vielen wertvollen Anregungen diese Arbeit betreut und ihr Fortkommen maßgeblich gefördert hat.

Rechtsprechung und Literatur sind bis einschließlich Juli 2001 berücksichtigt worden.

Friederike Schang

Inhaltsverzeichnis

Literaturverzeichnis

Antoni, Conny Herbert/ Eyer, Eckhard/ Kutscher, Jan	(Hrsg.) Das flexible Unternehmen: Arbeitszeit, Gruppenarbeit, Entgeltsysteme Loseblattsammlung Düsseldorf Stand: Juli 2000
Baethge, Martin/ Denkinger, Joachim/ Kadritzke, Ulf	Das Führungskräfte-Dilemma Frankfurt a.M. u.a. 1995
Baierl, Friedrich	Lohnanreizsysteme – Mittel zur Produktivitätssteigerung München 1974
Becker, Fred G.	Strategische Ausrichtung von Beteiligungssystemen in: Weber, Wolfgang (Hrsg.) Entgeltsysteme Festschrift für Gaugler Stuttgart 1993, S. 313 ff. zit.: Becker Entgeltsysteme *Seite*
Becker, Klaus	Leistungsbeurteilungssystem mit integrierter Bewertung der Zielerreichung in: Institut für angewandte Arbeitswissenschaft (Hrsg.) Leistungsbeurteilung und Zielvereinbarung Köln 2000 S. 146 ff.
Becker, Klaus/ Engländer, Walter	Zielvereinbarungen – Ein Weg zu motivierten Mitarbeitern angewandte Arbeitswissenschaft Nr. 141 (1994), S. 23 ff.
Becker, Klaus/ Eyer, Eckhard/ Fremmer, Hans/ Hofmann, Axel	Einführung von Gruppenarbeit Ein Leitfaden für Führungskräfte

	Köln 1995 zit.: Becker u.a., *Seite*
Bierfreund, Hans	Jede Leistung hat ihren Preis Personalführung 5/1994, S. 418 ff.
Binkelmann, Peter/ Braczyk, Hans-Joachim/ Seltz, Rüdiger	(Hrsg.) Entwicklung der Gruppenarbeit in Deutschland Frankfurt a.M./ New York 1993
Birkwald, Reimar/ Lübben, Heinz	Tarifvertrag über die Grundsätze der Entlohnung bei der VW AG Arbeitsausschuß für Arbeitsstudien (AFA)-Informationen 4/1979 S. 20 ff.
Bispinck, Reinhard	Tarifentgelt nach Leistung und Erfolg Regelungen in ausgewählten Tarifbereichen in: Wirtschafts- und Sozialwissenschaftliches Institut in der Hans-Böckler-Stiftung (WSI) (Hrsg.) WSI-Tarifhandbuch 2000 S. 111 ff.
Blomeyer, Wolfgang	Anm. zum Beschluß des BAG vom 28.10.1986 - 1 ABR 11/85 SAE 1987 S. 279 f.
Bobke, Manfred/ Kamada, Hiroshi/ Hammarström, Olle	(Hrsg.) Lean Production Neue Formen der Arbeitsorganisation Baden-Baden 1996
Bolten, Dieter	Ist die Abschlußprovision ein leistungsbezogenes Entgelt i.S. des § 87 Abs. 1 Nr. 11 BetrVG? Der Betrieb 1977, S. 1650 ff.
Breisig, Thomas	Gruppenarbeit und ihre Regelung durch Betriebsvereinbarung Köln 1997

zit.: Breisig Gruppenarbeit *Seite*

Personalbeurteilung, Mitarbeitergespräch, Zielvereinbarungen
Frankfurt a.M. 1998
zit.: Breisig Personalbeurteilung *Seite*

Entlohnen und Führen mit Zielvereinbarungen
Frankfurt a.M. 2000
zit.: Breisig Zielvereinbarungen *Seite*

Brox, Hans — Besonderes Schuldrecht
25. Auflage München 2000

Däubler, Wolfgang — Das Arbeitsrecht 2
Leitfaden für Arbeitnehmer
11. Auflage Reinbek bei Hamburg 1998

Däubler, Wolfgang/
Kittner, Michael/
Klebe, Thomas — Betriebsverfassungsgesetz
Kommentar für die Praxis
7. Auflage Frankfurt a.M. 2000
zit.: DKK-*Bearbeiter § Rn.*

Deller, Jürgen/
Münch, Stephan — Das Zielvereinbarungssystem der Daimler-Chrysler Services (debis) AG
Personalführung 10/1999 S. 70 ff.

Deutsche Gesellschaft
für Personalführung e.V. — (Hrsg.) Neue Wege der Vergütung
Köln 1995

Dieterich, Thomas/
Hanau, Peter/
Schaub, Günter — Erfurter Kommentar zum Arbeitsrecht
2. Auflage München 2001
zit.: ErfKomm-*Bearbeiter § Rn.*

Dietz, Rolf/
Gaul, Dieter/
Hilger, Marie Luise — Akkord und Prämie

2. Auflage Heidelberg 1967
zit.: Dietz/Gaul/Hilger *Seite*

Dietz, Rolf/
Richardi, Reinhard
Betriebsverfassungsgesetz mit Wahlordnung
4. Auflage München 1967
zit.: D/R *§ Rn.*

Drucker, Peter F.
What results should you expect?
A users´ Guide to MBO
Public Administration Review 1,2/1976 S. 12 ff.

Drumm, Hans Jürgen
Personalwirtschaftslehre
3. Auflage
Berlin u.a.1995

Eberhardt, Hermann
Zielvereinbarung ja, ein Praxisbeispiel
Leistung und Lohn 4/1994, S. 17 ff.
Neuere Entwicklungen: Entlohnung bei Zielvereinbarung und Gruppenarbeit
in: Hromadka, Wolfgang (Hrsg.) Die Mitarbeitervergütung Stuttgart 1995
S. 25 ff.

v. Eckardstein, Dudo
Neue Technologien und betriebliche Lohnbestimmung
in: Emmerich, Knut/Hardes, Heinz-Dieter/Sadowski, Dieter/Spitznagel, Eugen (Hrsg.) Einzel- und gesamtwirtschaftliche Aspekte des Lohnes, Nürnberg 1989, S. 69 ff.
zit.: v. Eckardstein 1989 *Seite*

Von der anforderungsabhängigen zur qualifikationsorientierten Entlohnung?
in: Schanz, Günther (Hrsg.) Handbuch Anreizsysteme in Wirtschaft und Verwaltung, Stuttgart 1991 S. 215 ff.
zit.: v. Eckardstein 1991 *Seite*

Grundfragen der Entwicklung von Entlohnungssystemen in der industriellen Fertigung

in: Weber, Wolfgang (Hrsg.) Entgeltsysteme, Stuttgart 1993, S. 173 ff.
zit.: v. Eckardstein 1993 *Seite*

v. Eckardstein, Dudo u.a. — Die Qualifikation der Arbeitnehmer in neuen Entlohnungsmodellen
Frankfurt a.M. u.a. 1988
zit.: v. Eckardstein u.a. 1988 *Seite*

Ehlscheid, Christoph/ Meine, Hartmut/ Vogt, Walter — „Wieviel Geld für wieviel Leistung?“
in: Lang, Klaus/Meine, Hartmut/Ohl, Kay (Hrsg.) Handbuch Arbeit Entgelt Leistung 3. Auflage Frankfurt a.M. 2001 S. 204 ff.

Ehlscheid, Christoph/ Schild, Armin/ Wagner, Hilde — „Da schiebt keiner mehr ´ne ruhige Kugel“
in: Lang, Klaus/Meine, Hartmut/Ohl, Kay (Hrsg.) Handbuch Arbeit Entgelt Leistung 3. Auflage Frankfurt a.M. 2001 S. 438 ff.

Emmerich, Knut/ Hardes, Heinz-Dieter/ Sadowski, Dieter/ Spitznagel, Eugen — (Hrsg.) Einzel- und gesamtwirtschaftliche Aspekte des Lohnes
Nürnberg 1989

Evers, Heinz/ v. Hören, Martin — Bonussysteme als Umsetzungshebel zielorientierter Unternehmensführung
Personal 9/1996 S. 456 ff.

Eyer, Eckhard — Anforderungs- und leistungsgerechte Entlohnung in teilautonomen Arbeitsgruppen
angewandte Arbeitswissenschaft Nr. 135 (1993) S. 1 ff.
Leistungsentgelt bei Gruppenarbeit in schlanken Unternehmen
Personalführung 5/1994 S. 406 ff.

(Hrsg.) Report Vergütung
Entgeltgestaltung für Mitarbeiter und Manager
Düsseldorf 2000

Durch unternehmerische Entgeltpolitik die Wettbewerbsfähigkeit steigern
in: Eyer, Eckhard (Hrsg.) Report Vergütung
Entgeltgestaltung für Mitarbeiter und Manager
Düsseldorf 2000
S. 6 ff.

Analytische und Summarische Arbeitsbewertung zur Bestimmung des Wertes der Arbeit
in: Eyer, Eckhard (Hrsg.) Report Vergütung
Entgeltgestaltung für Mitarbeiter und Manager
Düsseldorf 2000
S. 22 ff.

Eyer, Eckhard/ Stockhausen, A. — Entgeltsysteme bei Gruppenarbeit – Ergebnisse einer aktuellen Studie
angewandte Arbeitswissenschaft 1997
Nr. 152, S. 18 ff.

Eyer, Eckhard/ Webers, Thomas — Leistungsbeurteilung bei Gruppenarbeit: Kombination aus Selbst- und Fremdbeurteilung
Personal 2/2000 S. 74 ff.

Leistungsbeurteilung bei Gruppenarbeit: Erfolg durch die Kombination aus Selbst- und Fremdbeurteilung
in: Antoni, Conny Herbert/Eyer, Eckhard/ Kutscher, Jan (Hrsg.) Das flexible Unternehmen: Arbeitszeit, Gruppenarbeit, Entgeltsysteme
Loseblattsammlung Düsseldorf 2000
06.06

Fabricius, Fritz/ Kraft, Alfons/ Wiese, Günther/

Kreutz, Peter/
Oetker, Hartmut — (Hrsg.) Gemeinschaftskommentar
6. Auflage Neuwied, Kriftel 1998
zit.: GK-*Bearbeiter § Rn.*

Femppel, Kurt — Tendenzen und Rahmenbedingungen der Vergütungspolitik
Personal 8/2000 S. 394 ff.

Fiebig, Andreas — Der Ermessensspielraum der Einigungsstelle
Berlin 1992

Grundprobleme der Arbeit betrieblicher Einigungsstellen Der Betrieb 1995 S. 1278 ff.

Fitting, Karl/
Kaiser, Heinrich/
Heither, Friedrich/
Engels, Gerd — Betriebsverfassungsgesetz – Handkommentar
20. Auflage München 2000
zit.: FKHE *§ Rn.*

Fremmer, Hans — Zeitgemäße Entgeltformen
Köln 1996
zit.: Fremmer *Seite*

Fremmer, Hans/
Voigtländer, H./
Weil, R. — Handbuch des Prämienlohns
Köln 1989

Galperin, Hans/
Löwisch, Manfred — Kommentar zum Betriebsverfassungsgesetz
6. Auflage Heidelberg 1982
zit.: G/L *§ Rn.*

Gaugler, Eduard/
Weber, Wolfgang — (Hrsg.) Handwörterbuch des Personalwesens
2. Auflage Stuttgart 1992

Gaul, Dieter — Rechtsprobleme der Akkordentlohnung
Der Betriebs-Berater 1990 S. 1549 ff.

Gebert, Diether | Führung im MbO-Prozeß
in: Kieser, Alfred (Hrsg.) Handwörterbuch der Führung
2. Auflage Stuttgart 1995
Sp. 426 ff.

Geffken, Rolf | Zielvereinbarungen – Eine Herausforderung für Personalwesen und Arbeitsrecht
Neue Zeitschrift für Arbeitsrecht 2000, S. 1033 ff.

Gieseking, Olof/
Sehnke, Ernfried/
Roos, Jürgen | Leistungs- und erfolgsorientierte Vergütung von Team- und Gruppenarbeit
Personalführung 4/1998 S. 22 ff.

Hallmen, Bettina | Die Beschwerde des Arbeitnehmers als Instrument innerbetrieblicher Konfliktlösung
Frankfurt a.M. u.a. 1997

Hammarström, Olle | Neue Formen der Arbeitsorganisation
Erfahrungen der Gewerkschaften in 20 Unternehmen
in: Bobke, Manfred/Kamada, Hiroshi/Hammarström, Olle (Hrsg.) Lean Production, S. 7 ff.

Hanau, Peter | Praktische Fragen der Mitbestimmung in sozialen Angelegenheiten
Betriebs-Berater 1972 S. 499 ff.

Allgemeine Grundsätze der betrieblichen Mitbestimmung
Recht der Arbeit 1973 S. 281 ff.

Die Mitbestimmung in der betrieblichen Altersversorgung nach der neuen Rechtsprechung des Bundesarbeitsgerichts
Betriebs-Berater 1976 S. 91 ff.

Aktuelle Probleme der Mitbestimmung über das Arbeitsentgelt
Betriebs-Berater 1977 S. 350 ff.

Anm. zum Beschluß des BAG vom 8.12.1981 - 1 ABR 55/79
EzA § 87 BetrVG 1972 Leistungslohn Nr. 6

Anm. zum Beschluß des BAG vom 13.9.1983 - 1 ABR 32/81
AP § 87 BetrVG 1972 Prämie Nr. 3.

Anm. zum Beschluß des BAG vom 13.3.1984 - 1 ABR 57/82
AP Nr. 4 zu § 87 BetrVG 1972 Provision

Arbeitsrechtliche Probleme der Vermögensbeteiligung der Arbeitnehmer
Zeitschrift für Unternehmens- und Gesellschaftsrecht
Sonderheft 5 „Beteiligung der Arbeitnehmer am Produktivvermögen"
Berlin 1985

Methoden der Auslegung des Betriebsverfassungsgesetzes
Festschrift für Albrecht Zeuner
Tübingen 1994

Haitzmann, Markus | Leistungsbeurteilung und Zielvereinbarung
Personal 9/1996 S. 478 ff.

Heisel, Richard | Partizipation der Mitarbeiter über Zielvereinbarung und Zielbewertung am Erfolg des Unternehmens
in: Institut für angewandte Arbeitswissenschaft (Hrsg.) Leistungsbeurteilung und Zielvereinbarung Köln 2000
S. 128 ff.

Partizipation der Mitarbeiter am Erfolg durch Zielvereinbarung

	in: Antoni, Conny Herbert/Eyer, Eckhard/ Kutscher, Jan (Hrsg.) Das flexible Unternehmen: Arbeitszeit, Gruppenarbeit, Entgeltsysteme Loseblattsammlung Düsseldorf 2000 07.05
Henssler, Martin	Der mitbestimmte Betrieb als „Insel der Beschaulichkeit" FS für Peter Hanau Köln 1999 S. 413 ff.
Herlitzius, Stephan	Lean Production – Arbeitsrechtsfragen bei Einführung und Gestaltung von Gruppenarbeit 2. Auflage Berlin 1997
Hess, Harald/ Schlochauer, Ursula/ Glaubitz, Werner	Kommentar zum Betriebsverfassungsgesetz 5. Auflage Neuwied, Kriftel 1997 zit.: HSG *§ Rn.*
Hettinger, Th./ Wobbe, G.	Kompendium der Arbeitswissenschaft Ludwigshafen 1993
Heuking, Günter	Provisionen als Entgelte im Sinne von § 87 Abs. 1 Nr. 11 BetrVG? Der Betrieb 1982, S. 279 ff.
Hey, Alexandra H./ Pietruschka, Sabine	Führung durch Ziele bei Gruppenarbeit angewandte Arbeitswissenschaft 1998 Nr. 155, S. 13 ff.
Hilger, Marie Luise	Anm. zum Beschluß des BAG vom 8.12.1981 - 1 APR 55/79 AP § 87 BetrVG 1972 Prämie Nr. 1
Hlawaty, Peter	Topthema: Zielvereinbarungen Mitbestimmung 9/1998 S. 42 ff.

Hlawaty, Peter/
Hlawaty, Ann Christine | Aushandlung und Implementierung von Zielvereinbarungssystemen
Führungshandbuch Gruppenarbeit im Fertigungsbetrieb
Stadtbergen 1998
S. 19 ff.

Hoos, Wilfrid/
Siebold, Martin | Gehaltsmanagement als Instrument der Führung im Mittelstand
Personalführung 10/1999 S. 32 ff.

v. Hoyningen-Huene, Gerrick | Anm. zum Beschluß des BAG vom 13.9.1983 - 1 ABR 32/81
ArbR-Blattei Betriebsverfassung XIV B, Entscheidung 78.

Die fehlerhafte Beteiligung des Betriebsrats in sozialen Angelegenheiten – Rechtsfolgen und Handlungsmöglichkeiten des Betriebsrat
Der Betrieb 1987, S. 1426 ff.

Betriebsverfassungsgesetz
4. Auflage München 1998

Vergütungsregelungen und Mitbestimmung des Betriebsrats (§ 87 I Nr. 10 BetrVG)
Neue Zeitschrift für Arbeitsrecht 1998, S. 1081 ff.

v. Hoyningen-Huene, Gerrick/
Meier-Krenz, Ulrich | Mitbestimmung trotz Tarifvertrages?
Neue Zeitschrift für Arbeitsrecht 1987 S. 793 ff.

Hromadka, Wolfgang | (Hrsg.) Die Mitarbeitervergütung
Entgeltsysteme der Zukunft
Stuttgart 1995

Hunold, Wolf | Lean Production: Rechtsfragen bei der Einführung neuer Arbeitsformen und Techniken
München 1993

	Zur Fragwürdigkeit des Einigungsstellenverfahrens über eine Mitarbeiter-Beschwerde gem. § 85 Abs. 2 BetrVG Der Betrieb 1993, S. 2282 ff.
Hurlebaus, Günther	Fehlende Mitbestimmung bei § 87 BetrVG Köln u.a.1987
Industriegewerkschaft Metall Bezirksleitung München	(Hrsg.) Gestaltungshinweise und Regelungsvorschläge für Zielvereinbarungen Stand: 29.5.1998 zit.: IG-Metall-Broschüre *Seite*
Industriegewerkschaft Metall Bezirksleitung NRW	(Hrsg.) Technologieberatungsstelle beim DGB Landesbezirk NRW e.V. (TBS) Zielvereinbarungen - Handlungshilfe für Betriebsräte Oberhausen/Düsseldorf 1999 zit.: TBS-Broschüre *Seite*
Institut für angewandte Arbeitswissenschaften	(Hrsg.) Lean Production II Köln 1994
	(Hrsg.) Leistungsbeurteilung und Zielvereinbarung 2.Auflage Köln 2000
Jahnke, Volker	Anm. zu BAG 29.3.1977 - 1 ABR 123/74 AR-Blattei Betriebsverfassung XIV B Entscheidung 33.
Jedzig, Joachim	Einführung standardisierter Verfahren zur Leistungsbeurteilung von Arbeitnehmern Der Betrieb 1991 S. 753 ff.

Mitbestimmung des Betriebsrats bei der Durchführung von Betriebsvereinbarungen über Leistungsbeurteilung von Arbeitnehmern
Der Betrieb 1991 S. 859 ff.

Jocham, Andrea — Mercedes-Benz: Für neues Motorenwerk zukunftsweisende Betriebsvereinbarung
Handelsblatt vom 27.7.1993 S. 3

Joost, Detlev — Betriebsverfassungsrechtliche Mitbestimmung bei Arbeitszeiten und betrieblichen Öffnungszeiten
Der Betrieb 1983, S. 1818 ff.

Betriebliche Mitbestimmung bei der Lohngestaltung im System von Tarifautonomie und Privatautonomie
Zeitschrift für Arbeitsrecht 1993, S. 257 ff.

Kaplan, Robert S./ Norton, David P. — The Balanced Scorecard: Translating strategy into action
Boston 1996

Kieser, Alfred — (Hrsg.) Handwörterbuch der Führung
2. Auflage Stuttgart 1995

Klein-Schneider, Hartmut — Leistungs- und erfolgsorientiertes Entgelt
Edition der Hans-Böckler-Stiftung
Düsseldorf 1999

Klinkhammer, Heinz — Die Mitbestimmung des Betriebsrats bei der Provisionsfestsetzung
Arbeit und Recht 1977, S. 363 ff.

Knebel, Heinz — Leistungsvergütung auf der Grundlage von Zielvereinbarungen: Wunsch und Wirklichkeit
Personal 5/1984 S. 187 ff.

Knicker, Theo — Führen mit Zielen
Personal 9/1996 S. 462 ff.

Knicker, Theo/
Gremmers, Uwe — Das Rüstzeug für zielorientiertes Führen
Harvard Manager 1/1990 S. 62 ff.

Köppen, Marc — Effiziente Gruppenarbeit: Leistungsgerecht entlohnen – wirtschaftlich nachweisen
Köln 1997

Kötter, Wolfgang — Die Regelung der Entgeltfrage – vom Hemmschuh zum tragenden Element bei der Einführung von Gruppenarbeit
in: Binkelmann, Peter/Braczyk, Hans-Joachim/Seltz, Rüdiger (Hrsg.) Entwicklung der Gruppenarbeit in Deutschland, Frankfurt, New York 1993, S. 307 ff.

Kraft, Alfons — Die betriebliche Lohngestaltung im Spannungsverhältnis von Tarifautonomie, betrieblicher Mitbestimmung und Vertragsfreiheit
Festschrift für Karl Molitor
München 1988, S. 207 ff.

Kreßel, Eckhard — Tarifvertragliche Regelungsbefugnisse bei Fragen der Arbeitsgestaltung
Recht der Arbeit 1994 S. 23 ff.

Kreuder, Thomas — Neue Managementstrategien und Mitbestimmung
Düsseldorf 1993

Krieg, Hans-Jürgen/
Drebes, Jürgen — Führen durch Ziele
Personalführung 1/1996, S. 54 ff.

Kürten, Tanja — Mitarbeiter als Mitunternehmer: Wege zur Leistungssteigerung durch Beteiligung
in: Antoni, Conny Herbert/Eyer, Eckhard/Kutscher, Jan (Hrsg.) Das flexible Unternehmen: Arbeitszeit, Gruppenarbeit, Entgeltsysteme
Loseblattsammlung Düsseldorf 2000
06.11

Lang, Jens — Moderne Entgeltsysteme
Wiesbaden 1998

Gainsharing, Zielvereinbarung, Balanced Scorecard
in: Antoni, Conny Herbert/Eyer, Eckhard/
Kutscher, Jan (Hrsg.) Das flexible Unternehmen: Arbeitszeit, Gruppenarbeit, Entgeltsysteme
Loseblattsammlung Düsseldorf 2000
06.04

Lang, Klaus/
Meine, Hartmut/
Ohl, Kay — (Hrsg.) Handbuch Arbeit Entgelt Leistung
3. Auflage Frankfurt a.M. 2001

Lang, Klaus/
Ohl, Kay — Lean Production
Ein praktischer Ratgeber
2. Aufl. Köln 1994

Larenz, Karl — Lehrbuch des Schuldrechts
Zweiter Band, Besonderer Teil, 1. Halbband
13. Auflage München 1986
zit.: Larenz Schuldrecht II/1 *Seite*

Latham, Gary P./
Locke, Edwin A. — Zielsetzung als Führungsaufgabe
in: Kieser, Alfred (Hrsg.) Handwörterbuch der Führung
2. Auflage Stuttgart 1995
Sp. 2222 ff.

Lattmann, Charles — Die Leistungsbeurteilung als Führungsmittel
2. Auflage Heidelberg 1994

Laws, Britta — Neue Wege der Vergütungspolitik für außertarifliche Mitarbeiter
in: Deutsche Gesellschaft für Personalführung e.V. (Hrsg.) Neue Wege der Vergütung, S. 91 ff.

Kompetenz als Kriterium für Vergütungskonzepte Personalführung 1/2000 S. 54 ff.

Lehmann, Detlef — Vergütung der Zukunft
in: Deutsche Gesellschaft für Personalführung e.V. (Hrsg.) Neue Wege der Vergütung, S. 7 ff.

Leinemann, Wolfgang — (Hrsg.) Kasseler Handbuch zum Arbeitsrecht
2. Auflage Neuwied, Kriftel 2000
zit.: Kasseler Handbuch-*Bearbeiter Ziffer Rn.*

Lewandowski, Rita/ Reimers, Eckart A. — Neue Bezahlungsgrundsätze bei IBM Deutschland Informationssysteme GmbH
in: Deutsche Gesellschaft für Personalführung e.V. (Hrsg.) Neue Wege der Vergütung, S. 21 ff.

Lieb, Manfred — Mitbestimmungsrechte des Betriebsrats gem. § 87 Nr. 11 BetrVG bei Provisionsentlohnung?
Der Betrieb 1975 S. 1748 ff.

Die Mitbestimmung beim Prämienlohn
Zeitschrift für Arbeitsrecht 1988, S. 413 ff.

Arbeitsrecht
6. Auflage Heidelberg 1997

Linnenkohl, Karl/ Rauschenberg, H.-J./ Schütz, R. — Anm. zum Beschluß des BAG vom 16.12.1986 - 1 ABR 26/85
AP § 87 BetrVG 1972 Prämie Nr. 8

Löwisch, Manfred — Die Mitbestimmung des Betriebsrats bei der Gehaltsfestsetzung für Angestellte nach Arbeitsplatzrangfolge und Leistungsbeurteilung
Der Betrieb 1973, S. 1746 ff.

Die Mitbestimmung des Betriebsrats bei Provisionsregelungen für kaufmännische Angestellte
Zeitschrift für das gesamte Handelsrecht und Wirtschaftsrecht 139 (1975), S. 362 ff.

	zit.: Löwisch ZHR 1975, *Seite*
	Möglichkeiten und Grenzen der Betriebsvereinbarung Arbeit und Recht 1978 S. 97 ff.
	Anm. zum Beschluß des BAG vom 28.7.1981 - 1 ABR 56/78 Sammlung arbeitsrechtlicher Entscheidungen 1982, S. 118
	Anm. zum Beschluß des BAG vom 22.10.1985 - 1 ABR 67/83 Sammlung arbeitsrechtlicher Entscheidungen 1986, S. 252 f.
	Taschenkommentar zum Betriebsverfassungsgesetz 4. Auflage Heidelberg 1996 zit.: Löwisch *§ Rn.*
Maier, Walter	Arbeitsanalyse und Lohngestaltung Stuttgart 1988
Matthes, Hans-Christoph	Die Rechtsprechung des Bundesarbeitsgerichts zur Mitbestimmung des Betriebsrats in Entgeltfragen Neue Zeitschrift für Arbeitsrecht 1987 S. 289 ff.
Maurer, Hartmut	Allgemeines Verwaltungsrecht 13. Auflage München 2000
Meine, Hartmut/ Ohl, Kay	Lohn- und leistungspolitische Konsequenzen veränderter Produktionskonzepte in der Metallindustrie WSI-Mitteilungen 4/1990 S. 197 ff.
Moll, Wilhelm	Die Mitbestimmung des Betriebsrats beim Entgelt Berlin 1977 zit.: Moll Mitbestimmung *Seite*

	Der Tarifvorrang im Betriebsverfassungsgesetz Berlin 1980 zit.: Moll Tarifvorrang *Seite*
Moll, Wilhelm/ Klunker, Hans-Jürgen	Das Beschwerdeverfahren nach dem Betriebsverfassungsgesetz 1972 Recht der Arbeit 1973, S. 361 ff.
Moritz, Klaus	Mitbestimmung des Betriebsrats bei Leistungsvergütungen – insbesondere bei Provisionsregelungen Arbeit und Recht 1983, S. 79 ff.
Mungenast, Matthias	Leistungsbeurteilung und Ziele Personal 2/1994 S. 56 ff.
Muster, Manfred	Gruppenarbeit und Standardprämie in: Antoni, Conny Herbert/Eyer, Eckhard/Kutscher, Jan (Hrsg.) Das flexible Unternehmen: Arbeitszeit, Gruppenarbeit, Entgeltsysteme Loseblattsammlung Düsseldorf 2000 06.10
Nagel, Kurt	Flexible Entgeltsysteme: fair entlohnen – besser motivieren Landsberg/Lech 1998
Nebendahl, Mathias/ Lunk, Stefan	Die Zuständigkeit der Einigungsstelle bei Beschwerden nach § 85 II BetrVG Neue Zeitschrift für Arbeitsrecht 1990, S. 676 ff.
Nunier, Hartmut	Die Einführung variabler und leistungsbezogener Vergütung Personalführung 7/1999 S. 36 ff.
Oechsler, Walter	Personal und Arbeit Einführung in die Personalwirtschaft unter Einbeziehung des Arbeitsrechts 6. Auflage München 1997

Otto, Hansjörg	Anm. zum Beschluß des BAG vom 26.7.1988 - 1 AZR 54/87 EzA § 87 BetrVG 1972 Leistungslohn Nr. 16
o.V.	Für das VW-Arbeitsmodell gibt es doch noch Chancen Frankfurter Allgemeine Zeitung vom 30.6.2001
Paasche, Johannes	Zeitgemäße Entlohnungssysteme Essen 1981
Pfeiffer, W./ Dörrie, U./ Stoll, F.	Menschliche Arbeit in der industriellen Produktion Göttingen 1977 zit.: Pfeiffer u.a. *Seite*
Pornschlegel, Hans	Begriff und Systematik leistungsbezogener Entgelte (Ein Beitrag zur Diskussion um § 87 Abs. 1 Ziff. 11 BetrVG) Arbeit und Recht 1983, S. 193 ff.
Pornschlegel, Hans/ Birkwald, Reimar	Mitbestimmen im Betrieb bei Lohn und Leistung Band 1: Grundlagen, Problem- und Handlungsfelder Köln 1994
Raab, Thomas	Mitbestimmung des Betriebsrats bei der Einführung und Ausgestaltung von Krankengesprächen Neue Zeitschrift für Arbeitsrecht 1993, S. 193 ff.
REFA - Verband für Arbeitsstudien und Betriebsorganisation e.V.	(Hrsg.) Methodenlehre des Arbeitsstudiums Band 2: Datenermittlung Darmstadt 1992 zit.: REFA Arbeitsstudium Band 2 *Seite*
REFA - Verband für	

Arbeitsstudien und Betriebsorganisation e.V. (Hrsg.) Methodenlehre der Betriebsorganisation Band 4: Grundlagen der Arbeitsgestaltung München 1991 zit.: REFA Band 4 *Seite*

REFA - Verband für Arbeitsstudien und Betriebsorganisation e.V. (Hrsg.) Methodenlehre der Betriebsorganisation Band 5: Entgeltdifferenzierung 3. Auflage München 1991 zit.: REFA Band 5 *Seite*

Reichel, Falk-Gerald/ Cmiel, Hans-Georg — Ermittlung leistungsabhängiger Entgeltbestandteile auf der Grundlage von Zielvereinbarungen angewandte Arbeitswissenschaft Nr. 141 (1994), S. 13 ff.

Reichold, Klaus — Entgeltmitbestimmung als Gleichbehandlungsproblem Recht der Arbeit 1995, S. 147 ff.

Remer, Andreas — Personalcontrolling in: Gaugler/Weber (Hrsg.) Handwörterbuch des Personalwesens Stuttgart 1992, Sp. 1642 ff.

Retzmann, Thomas — Lean Production zwischen Produktivität und Humanität Schriften zur Didaktik der Wirtschafts- und Sozialwissenschaften Nr. 67 Universität Bielefeld, Fakultät für Wirtschaftswissenschaften

Reuter, Dieter — Die Mitbestimmung des Betriebsrats über die Lage der Arbeitszeit von Ladenangestellten Zeitschrift für Arbeitsrecht 1981, S. 165 ff.,

Anm. zum Beschluß des BAG vom 17.3.1987 - 3 AZR 64/84 Sammlung arbeitsrechtlicher Entscheidungen 1987, S. 281 ff.

Reuter, Dieter/
Streckel, Siegmar | Grundfragen der betriebsverfassungsrechtlichen Mitbestimmung
Frankfurt a.M. 1973

Richardi, Reinhard | Kritische Anmerkungen zur Reform der Mitbestimmung des Betriebsrats in sozialen und personellen Angelegenheiten nach dem Regierungsentwurf
Der Betrieb 1971, S. 621 ff.

Die Mitbestimmung des Betriebsrats bei der Regelung des Arbeitsentgelts
Zeitschrift für Arbeitsrecht 1976 S. 1 ff.

Betriebsverfassungsgesetz mit Wahlordnung
7. Auflage München 1998
zit.: Richardi *§ Rn.*

Richardi, Reinhard/
Wlotzke, Otfried | Münchener Handbuch zum Arbeitsrecht
Band 1: Individualarbeitsrecht I
Band 2: Individualarbeitsrecht II
Band 3: Kollektives Arbeitsrecht
2. Auflagen München 2000
zit.: MünchArbR-*Bearbeiter § Rn.*

Rieble, Volker | Die Kontrolle des Ermessens der betriebsverfassungsrechtlichen Einigungsstelle: entwickelt aus einem Vergleich der Kontrolle behördlichen, gerichtlichen und privaten Ermessens
Heidelberg 1990

Anm. zum Beschluß des BAG vom 17.10.1989 - 1 ABR 31/87
Sammlung arbeitsrechtlicher Entscheidungen 1990
S. 175 ff.

Röder, Gerhard | Die Beteiligung von Arbeitnehmern am Unternehmen Neue Zeitschrift für Arbeitsrecht 1987, S. 799 ff.

v. Rosenstiel, Lutz/
Molt, Werner/
Rüttinger, Bruno — Organisationspsychologie
Stuttgart u.a. 1995

Rüthers, Bernd — Probleme der Organisation, des Weisungsrechts und der Haftung bei Gruppenarbeit
Zeitschrift für Arbeitsrecht 1977 S. 1 ff.

Rumpff, Klaus — Das Mitbestimmungsrecht des Betriebsrats bei Entgeltfragen insbesondere beim Leistungslohn nach dem Betriebsverfassungsgesetz 1972,
Arbeit und Recht 1972, S. 65 ff.

Säcker, Franz-Jürgen — Die Regelung sozialer Angelegenheiten im Spannungsfeld zwischen tariflicher und betriebsverfassungsrechtlicher Normsetzungsbefugnis Zeitschrift für Arbeitsrecht Sonderheft 1972 S. 41 ff.

Säcker, Franz Jürgen/
Oetker, Hartmut — Alleinentscheidungsbefugnisse des Arbeitgebers in mitbestimmungspflichtigen Angelegenheiten aufgrund kollektivrechtlicher Dauerregelungen
Recht der Arbeit 1992 S. 16 ff.

Schanz, Günther — (Hrsg.) Handbuch Anreizsysteme in Wirtschaft und Verwaltung
Stuttgart 1991

Schaub, Günter — Arbeitsrechts-Handbuch
9. Auflage München 2000
zit.: Schaub §

Schaubhut, Bettina — Auf dem Weg zur Lean Production
Münster 1996

Scheidl, Karl — Die Bedeutung der Entgeltgerechtigkeit für die Leistungsmotivation
in: Schanz, Günther (Hrsg.) Handbuch Anreizsysteme in Wirtschaft und Verwaltung Stuttgart 1991, S. 258 ff.

Schettgen, Peter	Arbeit, Leistung, Lohn Stuttgart 1996
Schimana, Rudolf/ Frauenkron, Karl-Peter	Arbeitsrechtliche Aspekte einer betrieblichen Regelung der Vermögensbildung durch Gewinn- und Kapitalbeteiligung Der Betrieb 1980, S. 445 ff.
Schlüter, Wilfried	Die Rechtsfolgen mangelnder Beteiligung des Betriebsrats in sozialen Angelegenheiten (§ 87 BetrVG n.F.) Der Betrieb 1972, S. 92 ff.
Schmidt-Dorrenbach, Heribert	Ergebnisorientierte Vergütung für Führungskräfte in: Deutsche Gesellschaft für Personalführung e.V. (Hrsg.) Neue Wege der Vergütung, S. 105 ff.
Schölzel, Günter	Rechtliche Bedingungen betrieblicher Beteiligungskonzepte Der Betriebsrat 5/1994 S. 101 ff. und 6/1994 S. 132 ff.
Schneider, Hans J./ Zander, Ernst	Erfolgs- und Kapitalbeteiligung der Mitarbeiter in Klein- und Mittelbetrieben 4. Auflage, Freiburg i.Br. 1993
Schudlich, Edwin	Anreiz oder Kompromiß? Leistungspolitische Folgen neuer Techniken WSI-Mitteilungen 4/1990 S. 205 ff.
Schulze-Osterloh, Joachim	Anm. zum Beschluß des BAG vom 29.3.1977 - 1 ABR 123/74 AP BetrVG 1972 Provision Nr. 1, Bl. 900 ff.
Schultetus, Wolfgang	REFA – nach wie vor Partner der deutschen Wirtschaft angew. Arbeitswiss. Nr. 147 (1996), S. 1 ff.

Schultz, Reinhard — Gewinn- und Kapitalbeteiligung der Arbeitnehmer (Vermögensbildung)
München 1987

Schwab, Brent — Arbeit im Leistungslohn
Wiesbaden 1988

Schwartmann , Josef — Leistung und Lohn
Zeitschrift für Arbeitsrecht 1993, S. 207 ff.

Sibben, Ralf — Die Rechtsprechung des Bundesarbeitsgerichts zur Mitbestimmung des Betriebsrats bei Prämien
Dissertation Köln 1988

Siegel, Konrad — Produktivitätssteigerung durch Gainsharing
in: Eyer, Eckhard (Hrsg.) Report Vergütung Entgeltgestaltung für Mitarbeiter und Manager
Düsseldorf 2000
S. 61 ff.

Gainsharing – die Verstetigung des Verbesserungsprozesses
in: Antoni, Conny Herbert/Eyer, Eckhard/ Kutscher, Jan (Hrsg.) Das flexible Unternehmen: Arbeitszeit, Gruppenarbeit, Entgeltsysteme
Loseblattsammlung Düsseldorf 2000
06.03

Simon, Armin — Datenermittlung bei zeitgemäßen Formen der Arbeitsorganisation
in: Institut für angewandte Arbeitswissenschaft (Hrsg.) Lean Production II Köln 1994, S. 230 ff.

Söllner, Alfred — Schlichten ist kein Richten
Zeitschrift für Arbeitsrecht 1982 S. 1 ff.

Stadler, Hubert — Die Mitbestimmung des Betriebsrats nach dem neuen Betriebsverfassungsgesetz in Fragen der betrieblichen Lohngestaltung
Der Betriebs-Berater 1972, S. 800 ff.

Stege, Dieter/ Weinspach, F.K.	Betriebsverfassungsgesetz 8. Auflage Köln 1999 zit.: S/W *§ Rn.*
Steves, Ferdinand/ Tauber, Josef L.L.	Erfolgshonorierung nach dem wertorientierten Ansatz Personalführung 7/1999 S. 16 ff.
Streckel, Siegmar	Anm. zum Beschluß des BAG vom 22.10.1985 - 1 ABR 67/83 AP BetrVG 1972 § 87 Leistungslohn Nr. 3.
Tondorf, Karin	Modernisierung der industriellen Entlohnung Berlin 1994 zit.: Tondorf *Seite*
	Alternative Formen industrieller Entlohnung als Qualifizierungs-, Motivations- und Flexibilitätsinstrument in: Semlinger, Klaus/Frick, Bernd (Hrsg.) Betriebliche Modernisierung in personeller Erneuerung Berlin 1995 S. 177 ff. zit.: Tondorf Alternative Formen *Seite*
	Leistung und Entgelt im öffentlichen Dienst: ein praktischer Ratgeber Köln 1997 zit.: Tondorf Leistung und Entgelt *Seite*
	Zielvereinbarungen – Zum Mitbestimmungspotential eines dezentralen Regulierungsmodus WSI-Mitteilungen 6/1998 S. 386 ff.
	Zielvereinbarungen – die Basis von Beurteilung und Leistungsvergütung Arbeitsrecht im Betrieb 6/1998 S. 322 ff.
	Erfolg vereinbaren? Mitbestimmung 9/1998 S. 64 ff.

Ueberschaer, Norbert — Leistung, Motivation und Vergütung in der Team- und Gruppenarbeit
Personalführung 4/1998 S. 14 ff.

Vogelsang, Annette — In der Zwickmühle
Chancen und Risiken von 5000 neuen Jobs bei VW
Mitbestimmung 4/2000 S. 43 ff.

Weber, Rainer — Entlohnungssysteme bei steigender Automatisierung und in der Lean-Production
Renningen-Malmsheim 1994

Weber, Wolfgang — (Hrsg.) Entgeltsysteme
Festschrift zum 65. Geburtstag von Eduard Gaugler
Stuttgart 1993

Webers, Thomas — Interview mit Karl-Heinz Raster:
Competency-based-pay
in: Eyer, Eckhard (Hrsg.) Report Vergütung
Entgeltgestaltung für Mitarbeiter und Manager
Düsseldorf 2000
S. 28 ff.

Westermann, Harm Peter — (Hrsg.) Erman
Bürgerliches Gesetzbuch, Handkommentar
10. Auflage Köln, Münster 2000
zit.: Erman-*Bearbeiter § Rn.*

Westhoff, Stefan — Die bisherige Rechtsprechung zur Mitbestimmung bei Provisionssystemen und ihre Folgen für die Praxis
Der Betrieb 1980 S. 1260 ff.

Wiemers, Eckhard — Vom „alten“ Handwerk zur „Lean Production“
Gewerkschaftliche Umschau 2/1994, S. 6 ff.

Wiese, Günther — Zum Verzicht auf Befugnisse nach dem Betriebsverfassungsgesetz
Recht der Arbeit 1968 S. 455 ff.

	Zur Zuständigkeit der Einigungsstelle nach § 85 II BetrVG FS für Müller Berlin 1981 S. 625 ff.
Wirtschafts- und Sozialwissenschaftliches Institut in der Hans-Böckler-Stiftung (WSI)	(Hrsg.) WSI-Tarifhandbuch 2000 Frankfurt a.M. 2000
Wolmerath, Martin	Anm. zu LAG Hamburg 15.7.1998 - 5 TaBV 4/98 Arbeitsrecht im Betrieb 1999, S. 102 f.
Womack, James P./ Jones, Daniel T./ Roos, Daniel	Die zweite Revolution in der Autoindustrie Frankfurt am Main 1991
Zander, Ernst	Entgeltformen bei veränderten Technologien, Arbeitsstrukturen und Arbeitszeitregelungen Zeitschrift für die betriebswirtschaftliche Forschung 4/1986 S. 289 ff.
	Handbuch der Gehaltsfestsetzung 5. Auflage München 1990
Zöllner, Wolfgang/ Loritz, Karl-Georg	Arbeitsrecht 5. Auflage München 1998
Zoellner, Klaus-Peter	Leistung durch Zielvereinbarung Arbeit und Arbeitsrecht 7/1992, S. 216 f.

Hinweis zur Begrifflichkeit

Da der Begriff „Lohn“ als nicht mehr zeitgemäßer Begriffsgegensatz zum „Gehalt“ zunehmend durch das neutrale, beide Begrifflichkeiten umfassende „Entgelt“ ersetzt wird, wird grundsätzlich auch in dieser Arbeit so verfahren. Von „Lohn“ wird dennoch dort gesprochen, wo er Bestandteil gesetzlicher („betriebliche Lohngestaltung“) oder terminologisch tradierter („Lohnkosten“) Formulierung ist.

§ 1 Einführung

Die in dieser Arbeit zu behandelnden neuen Formen der Leistungsvergütung sind zum großen Teil nicht wirklich neu. Sei es, daß sie ursprünglich dem angloamerikanischen Wirtschaftsraum oder einer speziellen Branche wie dem Großschiffbau entstammen, sei es, daß sie schon seit langem eine Entgeltform für leitende Führungskräfte darstellen; bekannt sind sie oftmals bereits seit vielen Jahren. Neu allerdings ist es, daß diese Vergütungsformen in jüngerer Zeit auf breiter Ebene ins Zentrum der Aufmerksamkeit gerückt sind und dies als ernstzunehmende, zum Teil sogar dringend geforderte Alternative zu herkömmlichen Leistungsentgeltformen wie dem Akkordlohn. Dies hat seine Ursache darin, daß sich die meisten der hier vorgestellten Vergütungsformen als entgelttechnische Antwort auf eine auf breiter Ebene wahrzunehmende Veränderung der Arbeitsorganisation darstellen. Als ein Aspekt dieser Veränderungen läßt sich zunächst schlagwortartig die zunehmende und verbesserte technologische Entwicklung nennen, durch die viele Erschwernisfaktoren schlicht weggefallen sind und die die zu erbringende Leistung von rein repetitiven Tätigkeiten zunehmend auf die Sicherstellung von Störungsfreiheit und Wartungsarbeiten verlagert hat.[1] Zugleich aber sind diese Veränderungen eingebettet in einen grundlegenden Wandel der wirtschaftlichen und gesellschaftlichen Rahmenbedingungen, in dessen Gefolge neue Managementstrategien das Ende der arbeitsteiligen, herkömmlichen Betriebsorganisation propagieren.[2]

A. Neue Formen der Arbeitsorganisation als Grundlage neuer Vergütungssysteme

I. Die Abkehr von arbeitsteiligen Organisationsformen

Wesentlich für das Verständnis der neuen Managementstrategien und der auf ihnen beruhenden Vergütungssysteme ist der Umstand, daß es sich hier um Ge-

---

[1] Schwartmann ZfA 1993 S. 207 ff., 208.

[2] Vgl. dazu auch Kreuder S. 9 ff.; Schwartmann ZfA 1993 S. 207 ff.; Lang/Ohl S. 13 ff.; Lang Moderne Entgeltsysteme S. 1 ff.

genmodelle zu den bislang praktizierten Produktionsmethoden und –vergütungsmodellen handelt.[3]
Herkömmliche Organisations- und Vergütungsstrukturen gehen zurück auf die Anfänge der Massenproduktion, die um die Jahrhundertwende maßgeblich geprägt wurde durch die „wissenschaftliche Betriebsführung" des Frederick W. Taylor. Als einer der ersten hat sich Taylor systematisch damit beschäftigt, wie der Einsatz der menschlichen Arbeitskraft in der industriellen Produktion zu optimieren sei. Seine Lösung lag in der Rationalisierung der Arbeitsabläufe durch deren Zersplitterung in kleinste, das Denkvermögen kaum noch belastende Einheiten, die schneller wiederholt werden konnten und so eine maximale Zeiteinsparung ermöglichten. Dieses Prinzip ist heute belegt mit dem Schlagwort des „Taylorismus". Einher geht mit diesem Prinzip die Vorstellung, daß der Arbeitnehmer durch die Vereinfachung der Arbeitsabläufe zufriedener sei und ihm als Anreiz die je nach Zeitersparnis gesteigerte Entlohnung ausreiche.[4]
Ergänzt und weiterentwickelt wurden die Ansätze von Taylor insbesondere in der Automobilindustrie durch Henry Ford; dies geschah vor allem dadurch, daß dieser in seinem Automobilkonzern die Fließbandproduktion einführte. Auch hier sollte durch Arbeitsteilung ein hohes Tempo, eine große Produktivität bei gleichzeitig möglichst geringen Lohnkosten und damit ein möglichst billiges Produkt erreicht werden, das sich zu möglichst günstigen Preisen absetzen ließ.[5]

Die Massenproduktion nach Taylor/Ford hat sich vor allem in der Automobil- und Elektroindustrie im letzten Jahrhundert weltweit durchgesetzt. Erste Ansätze, daß Verbesserungsmöglichkeiten ausgereizt sein könnten, zeigten sich jedoch bereits Ende der 70er Jahre. In diese Zeit fällt der Beginn der Globalisierung, zu deren Auswirkungen die Verschärfung des internationalen Wettbewerbs gehört. Im Zuge der Ausdehnung der Märkte galt und gilt es, die eigene internationale Wettbewerbsfähigkeit zu erhalten.[6] Als besonders scharfe Konkurrenz hat sich hier insbesondere die japanische Automobilindustrie erwiesen. In einer aufsehenerregenden Studie[7] konnte nachgewiesen werden, daß und aus welchen Gründen japanische Produktionsmethoden denen der westlichen Welt weit überlegen sind. Kernaussage dieser Studie war es, daß in außerhalb Japans angewendeten Formen der Arbeitsorganisation häufig zu stark auf Mechanisie-

---

[3] Kreuder S. 20.
[4] Kreuder S. 20 ff.; Hammarström S. 10 f.; Wiemers Gewerkschaftliche Umschau 2/1994 S. 6 ff.
[5] Kreuder S. 20 ff.; Wiemers Gewerkschaftliche Umschau 2/1994 S. 6 ff.
[6] Kreuder S. 9 f.
[7] Womack/Jones/Roos Die zweite Revolution in der Autoindustrie. Konsequenzen aus der weltweiten Studie des Massachusetts Institute of Technology.

rung und Automation gesetzt und die Ressource Mensch vielfach vernachlässigt wurde.[8]

Auf dieser Erkenntnis beruhen die Zielsetzungen moderner Managementstrategien maßgeblich. Unabhängig davon, ob sie mit Begriffen wie Lean Production, Total Quality Management oder Reengineering bezeichnet werden, gemeinsam ist diesen Konzepten die Vorstellung, daß Unternehmensziele schneller, qualitativ besser, kostengünstiger und kundenorientierter erreicht werden können, wenn die Arbeitnehmer an der Organisation und der Gestaltung der Arbeit beteiligt werden.[9] Einher geht mit diesen Konzepten daher auch eine veränderte Vorstellung von der Rolle und der Arbeitsmotivation des einzelnen Arbeitnehmers. Gingen Taylor und Ford und die auf ihnen beruhenden Konzepte noch von einem unselbständigen, arbeitsunwilligen und allein an materieller Sicherheit interessierten Arbeitnehmer aus, so beruhen moderne Organisations- und Vergütungssysteme auf der Vorstellung eines motivierten und interessierten Arbeitnehmers, der sich für sein Unternehmen einsetzen und Verantwortung übernehmen möchte.[10]
Auf diese Weise können neue Formen der Arbeitsorganisation auch dem auf den gesellschaftlichen Wertewandel und das gestiegene Ausbildungsniveau zurückzuführenden Wunsch vieler Mitarbeiter nach inhaltsreichen Tätigkeiten eher als herkömmliche Organisationsformen begegnen. Zugleich können moderne Strukturen auch gewerkschaftlichen Forderungen nach einer menschengerechten Gestaltung der Arbeits- und Leistungsbedingungen und erweiterten Beteiligungsrechten der Beschäftigten im Arbeitsalltag entgegenkommen.[11]
Da es in dieser Arbeit um die mit den veränderten Organisationsstrukturen einhergehenden neuen Vergütungssysteme gehen wird, erscheint im folgenden sinnvoller als eine Darstellung der verschiedenartigen Konzepte die Darstellung einzelner Elemente, die den verschiedenen Konzepten in unterschiedlicher Weise zugrundeliegen, die letztlich aber ausschlaggebend sind für die mit ihnen verbundenen und für die Anpassung der Entgeltsysteme allein maßgeblichen Veränderungen.

II. Die wesentlichen Elemente neuer Organisationsformen

Die neuen Formen der Arbeitsorganisation haben das Ziel, die Produktivität des Unternehmens weniger zu maximieren als zu optimieren. Unter Ausnutzung des

---

[8] Schwartmann ZfA 1993, S. 207 ff., 208.
[9] Schölzel Der Betriebsrat 5/1994, S. 101 ff., 101; Breisig Gruppenarbeit S. 19.
[10] Kreuder S. 24 ff.; Becker u.a. S. 9 f.
[11] Lang/Ohl S. 14.

Potentials der Beschäftigten soll ein Weg gefunden werden, das richtige Produkt der richtigen Qualität zur richtigen Zeit zu liefern.[12]

1. Gruppenarbeit

Eine Schlüsselrolle innerhalb der neuen Organisationsformen nimmt das Konzept der Gruppenarbeit ein.[13] Diese Einbettung in die modernen Produktionskonzepte darf jedoch nicht darüber hinwegtäuschen, daß bereits in den 20er Jahren Gruppenarbeit in Deutschland diskutiert und umgesetzt wurde, sich jedoch gegen den damals erstarkenden „Taylorismus" mit dessen arbeitsteiligen Strukturen in der Massenproduktion nicht durchsetzen konnte. In bestimmten Industriebereichen wie etwa dem Berg- und Schiffbau dagegen haben sich traditionelle Formen von Gruppenarbeit herausbilden können, die in ihren Voraussetzungen den heute diskutierten Formen nahe kommen.[14]
Während erste Gruppenarbeitskonzepte in Produktionsbetrieben in den 70er Jahren noch maßgeblich unter Humanisierungsaspekten eingeführt wurden, streben heutige Gruppenarbeitskonzepte darüber hinaus eine Verbesserung wirtschaftlicher Faktoren an. Dadurch, daß der Gruppe zumindest die Kompetenz übertragen wird, ihre Arbeitsabläufe weitgehend selbständig zu organisieren und zu optimieren, können Reibungsverluste vermieden und häufig ungenutzte Potentiale und Synergieeffekte freigesetzt werden. Erreicht werden kann damit eine Verbesserung der Wirtschaftlichkeit und Produktivität des ganzen Unternehmens.[15]

Die verschiedenen Gruppenarbeitskonzepte sind in der Praxis sehr vielfältig. Unterschieden werden können sie maßgeblich nach dem Grad der Autonomie, der der Arbeitsgruppe zugestanden wird.[16] Das Spektrum reicht dabei von der gemeinschaftlichen Erledigung zusammengefaßt übertragener Aufgaben[17] über sog. teilautonome Gruppen bis hin zu auch innerhalb des Produktionsprozesses weitgehend autarken Fertigungsinseln. Teilautonomen Gruppen werden dabei bestimmte einzelne dispositive, planende und kontrollierende Aufgaben (z.B. Wartungsarbeiten oder Materialbeschaffung) zur eigenen Verantwortung übertragen, wodurch sie in die Lage versetzt werden sollen, die von ihnen erwarteten Ziele weitgehend selbständig zu erreichen. Fertigungsinseln sind demgegenüber

[12] Vgl. Hammarström S. 18.
[13] Schaubhut S. 25; Herlitzius S. 13 ff.
[14] Becker u.a. S. 15.
[15] Becker u.a. S. 11, 16; Breisig Gruppenarbeit S. 23.
[16] Becker u.a. S. 13; Breisig Gruppenarbeit S. 30 f.
[17] Dies ist schon seit langem eine der Voraussetzung einer Akkordgruppe, die meist auch noch durch die spezielle Entgeltform des Gruppenakkords geprägt wird, vgl. BAG 26.4.1961 ArbR-Blattei D Akkordarbeit Entscheidung 5.

insofern erweitert, als zusätzlich auch die notwendigen Betriebsmittel räumlich und organisatorisch zusammengefaßt werden.[18] Die Grenzen zwischen den einzelnen Formen sind dabei fließend. Gruppenarbeit im Sinne moderner Produktionskonzepte strebt jedoch immer einen ganzheitlichen Aufgabenzuschnitt mit weitgehend selbständiger Steuerung und Kontrolle durch die einzelnen Arbeitsgruppen und eine dadurch erhoffte Erhöhung der Motivation und Arbeitszufriedenheit der Mitarbeiter an.[19]

Dadurch unterscheiden sich die modernen Formen von Gruppenarbeit von dem auch in arbeitsteiligen Strukturen bereits seit langem bestehenden gruppenorientierten Arbeitszuschnitt mit entsprechender Vergütung wie etwa der Akkord- oder Prämiengruppe. Dort kam es allein darauf an, daß mehreren Arbeitnehmern eine gemeinschaftlich auszuführende Arbeit gegen ein gemeinschaftliches Entgelt übertragen wird.[20] Planende und ausführende Tätigkeiten waren nach wie vor getrennt. Genau dies wird durch die verstärkte Autonomie der modernen Gruppenarbeitskonzepte partiell aufgehoben und ist Bestandteil des Bestrebens, Mitarbeiter zu Akteuren unternehmerischen Handelns werden zu lassen. Offensichtlich ist, daß eine solche Umstrukturierung auch ein Umdenken und die Bereitschaft zur Mitarbeit aller Beteiligter erfordert.[21]

Auf die juristische Einordnung der Arbeitnehmergruppen selbst hat sich die Verlagerung von Kompetenzen allerdings weniger ausgewirkt.[22] Bei allen Formen von betrieblicher Gruppenarbeit wird es sich um sog. Betriebsgruppen handeln. Diese kennzeichnen sich dadurch, daß ihre Mitglieder jeder einzeln einen Arbeitsvertrag mit dem Arbeitgeber geschlossen haben, in dem aus Gründen der Arbeitsorganisation die Zusammenarbeit in einer Gruppe von Arbeitnehmern vereinbart wurde.[23] Aus diesem Grund hat auch jeder Arbeitnehmer gegenüber dem Arbeitgeber einen unmittelbaren Entgeltanspruch. Unter anderem dadurch unterscheidet sich die Betriebsgruppe von der sog. Eigengruppe, deren Mitglieder, die bereits nicht notwendig Arbeitnehmer sein müssen[24], sich aus eigener Initiative vor Abschluß eines Vertrags zusammenschließen und dem Arbeitgeber ihre Leistung als Gruppenleistung gemeinsam und hier auch häufig in Form von

---

[18] Becker u.a. S. 14.
[19] Breisig S. 30 f.; Hammarström S. 18 f.; Kreuder S. 69 f.
[20] Rüthers ZfA 1977 S. 1 ff., 4; BAG 26.4.1961 ArbR-Blattei D Akkordarbeit Entscheidung 5.
[21] Becker u.a. S. 11 f.
[22] Dazu auch Herlitzius S.17.
[23] Vgl. hierzu ausführlich Rüthers ZfA 1977 S. 1 ff., 4, 16.
[24] Erman-Hanau § 611 Rn. 127.

Werkverträgen anbieten.[25] Der jeweilige Autonomiegrad der Arbeitsgruppe wird sich darüber hinaus in der Regel nicht auf die rechtliche Organisationsform der Gruppe auswirken. Selbst wenn aber etwa von einer gesellschaftlichen oder gesellschaftsähnlichen Organisation der Gruppe auszugehen wäre, änderte dies allein an ihrem Charakter als Betriebsgruppe mit einzelarbeitsvertraglichen Beziehungen zum Arbeitgeber nichts.[26]

2. Kontinuierlicher Verbesserungsprozeß

Mit dem Begriff „Kontinuierlicher Verbesserungsprozeß" (KVP) wird in der Regel eine Vielzahl unterschiedlicher Instrumente moderner Produktionskonzepte zusammengefaßt. Zunächst geht es dabei um eine Aktivierung des Know-hows und der Initiative der Mitarbeiter. Sie sollen dazu aufgefordert werden, ihre tätigkeitsbedingten Kenntnisse über Schwachstellen und Reibungspunkte im Produktionsablauf mit entsprechenden Verbesserungsvorschlägen und tatsächlichen Verbesserungen einzubringen und ständig umzusetzen.[27] Die so bestehende Vorstellung einer kontinuierlichen Verbesserung durch ständige Optimierung der Arbeitsprozesse stammt aus der japanischen Betriebsführung und hat dort den Namen „Kaizen".[28] Sie unterscheidet sich vom herkömmlichen betrieblichen Vorschlagswesen insbesondere dadurch, daß eine institutionalisierte und mit recht hohem bürokratischen Aufwand verbundene Prüfung nicht vorgenommen wird.[29] Angestrebt ist eine Wertsteigerung insgesamt, bei der nicht auf externe Kontrolle und zunächst auch nicht auf externe Anreize, sondern auf intrinsische Motivation und Initiative der Arbeitnehmer vertraut wird.[30]

Zum Prinzip des KVP gehört auch das Ziel der „Null-Fehler-Produktion" oder des „Total Quality-Management" (TQM).[31] Letztlich geht es auch hier darum, daß Arbeitnehmer Schwachstellen unverzüglich beseitigen, der Akzent liegt lediglich weniger auf einer Verbesserung, als auf einer Qualitätssicherung. Die Mitarbeiter sind angehalten, Fehler zu erkennen und sofort zu beseitigen, um den Aufwand bei Qualitätskontrolle und Nacharbeit so gering wie möglich zu halten.[32] Dadurch soll die Qualitätskontrolle idealerweise durch die Beschäftigten gegenseitig und unmittelbar an jedem Punkt des Produktionsprozesses erfol-

---

[25] Vgl. aber zu der Frage, ob es sich bei entgeltrelevanten Zielvereinbarungen unabhängig von einer Gruppenzugehörigkeit um werkvertragliche Vereinbarungen handelt, ausführlich unten § 4 A. III. 3.

[26] Rüthers ZfA 1977 S. 1 ff., 16.

[27] Breisig Gruppenarbeit S. 43.

[28] Schaubhut S. 28; Retzmann S. 5.

[29] Schaubhut S. 28; Breisig Gruppenarbeit S. 188 f.

[30] Retzmann S. 5.

[31] Schaubhut S. 27 f.; Kreuder S 30.

[32] Schaubhut S. 27.

gen.[33] Beide Aspekte lassen sich erst dann umsetzen, wenn die Arbeitnehmer nicht länger auf arbeitsteilige Ausführungsarbeiten im Sinne des „Taylorismus“ beschränkt sind, sondern ganzheitliche Aufgaben selbständig wahrnehmen können.[34]

3. Just-in-time-Production

Mit dem Konzept der „Just-in-time-Production“ läßt sich insbesondere das Rationalisierungsziel, die richtigen Erzeugnisse in der richtigen Menge zum richtigen Zeitpunkt herzustellen, umsetzen. Der Grundgedanke besteht darin, nicht mehr große Mengen – womöglich unter maximaler Zeiteinsparung mithilfe arbeitsteiliger Verfahren – zu produzieren, um sie dann unbenötigt, aber platz- und kostenintensiv zwischenzulagern.[35] Stattdessen geht es darum, möglichst termingenau und bedarfsgerecht zu arbeiten. Dazu gehört zum einen die Verringerung der Fertigungstiefe innerhalb des Betriebs. Statt so viele Teile wie möglich selbst herzustellen oder zumindest zu entwerfen, werden Produktionsschritte ganz ausgelagert und den Zulieferern zur selbständigen Planung und Herstellung überantwortet. Auch die optimale Abstimmung mit Produkten und Arbeitsweisen anderer Zulieferer wird diesen selbst überlassen, so daß das Unternehmen diese Synergie- und wohl auch Wettbewerbseffekte ohne eigenen Aufwand nutzen kann.[36] Insbesondere die Verringerung der Lagerhaltung wird angestrebt durch eine Steuerung des Materialnachschubs der externen Zulieferer. Dies erfolgt über ein möglichst exaktes Zeit- und Informationssystem, über das der Zulieferer stundengenaue Informationen über den benötigten Materialnachschub erhält und in das etwa die Transportzeiten der LKW bereits eingerechnet sind.[37] Innerhalb des Betriebs gestaltet sich das Konzept des „Just-in-time“ durch das – aus Japan stammende – „Kanban“- Prinzip.[38] Dabei holt nach dem Grundprinzip jeder Mitarbeiter die für seinen Produktionsschritt erforderlichen Materialien selbst und hinterläßt einen Zettel, einen „Kanban“. Dieser Kanban dient als Bestellzettel für eine Nachlieferung neuen Materials, die so nur erfolgt, wenn sie auch benötigt wird.[39] Diese Methode ermöglicht also eine eigenständige Steuerung des Materialflusses durch den Mitarbeiter, was wiederum eine größere Selbstverantwortung im Produktionsablauf voraussetzt.

---

[33] Retzmann S. 5.
[34] Breisig Gruppenarbeit S. 43.
[35] Schaubhut S. 25; Retzmann S. 5.
[36] Schaubhut S. 24.
[37] Retzmann S. 5; Schaubhut S. 25; Kreuder S. 30.
[38] Schaubhut S. 25.
[39] Retzmann S. 6.

B. Neue Formen der Leistungsvergütung und betriebliche Mitbestimmung

Angesichts der jahrzehntelangen Vorherrschaft arbeitsteiliger Produktionsverfahren verwundert es nicht, daß herkömmliche Systeme der Entgeltfindung sich ganz an diesen Bedingungen ausgerichtet haben. Insbesondere der Akkord mit seiner Zielsetzung der maximalen Mengenproduktion und Zeitersparnis entspricht den durch Taylor angestrebten Produktionssteigerungen durch Beschleunigung des Arbeitsablaufes unmittelbar und knüpft in seinen Ursprüngen auch an die Grundsätze wissenschaftlicher Betriebsführung nach Taylor an.[40] Aber auch sonstige typische Ausformungen herkömmlicher Entgeltfindung, sowohl hinsichtlich der Anforderungs- als auch der Leistungsdifferenzierung, wie sie in den geltenden Tarifverträgen und Betriebsvereinbarungen noch in großer Zahl zu finden sind, befinden sich angesichts der neuen Anforderungen durch veränderte Organisationsformen in einer tiefen Krise.[41] Hier setzen die in dieser Arbeit behandelten neuen Formen der Leistungsvergütung an. Sie stellen sich dar als Entgeltformen, die modernen Produktionsformen besser zu entsprechen vermögen als die traditionellen Systeme der Entgeltfindung.[42]

Das Betriebsverfassungsgesetz, in dem die betriebliche Mitbestimmung für Entgeltfragen in § 87 Abs. 1 Nr. 10 und Nr. 11 geregelt ist, stammt aus dem Jahr 1972, einer Zeit, in der Arbeitsteilung und Akkordlohn vorherrschend waren. Es stellt sich daher die Frage, wie stark diese Vorschriften vom Geist des „Taylorismus" geprägt sind und ob und wie auf ihrer Grundlage die Mitbestimmung moderner Vergütungsformen überhaupt zu handhaben ist.

Kann die bestehende Form der Mitbestimmung den Anforderungen moderner Leistungsvergütungssysteme entsprechen?[43] Es ist darauf zu verweisen, daß es nach § 88 BetrVG und unter Beachtung tariflicher Vorgaben ohne weiteres möglich ist und in der Praxis auch in großem Umfang vorgenommen wird, betriebliche Systeme zu neuen Vergütungsformen einvernehmlich und über den Rahmen der erzwingbaren Mitbestimmung hinaus zu regeln. Gerade die Frage jedoch, ob der Betriebsrat vor Ort auf die Einräumung erweiterter Handlungsspielräume und die Einigungsbereitschaft des Arbeitgebers angewiesen ist oder ob und inwieweit er eine Beteiligung auch bei neuen Formen der Leistungsvergütung noch gem. den §§ 87 Abs. 1 Nr. 10 und Nr. 11 BetrVG[44] erzwingen

---

[40] Lang Moderne Entgeltsysteme S. 8 f.; Schultetus angew. Arbeitswiss. Nr. 147 (1996), S. 1 ff., 2.

[41] Kötter S. 310; v.Eckardstein S. 73; Schwartmann ZfA 1993 S. 207 ff., 209.

[42] Vgl. ausführlich bei den jeweiligen Vergütungsformen.

[43] Kritisch Schudlich WSI-Mitteilungen 4/1990 S. 205 ff., 210.

[44] Auch wenn der durch das Gesetz zur Reform des Betriebsverfassungsgesetzes vom 23.07.2001 (BGBl. I, S. 1852 ff.) neu eingefügte § 87 Abs. 1 Nr. 13 BetrVG ein Mitbestimmungsrecht bei den Grundsätzen über die Durchführung der Gruppenarbeit vorsieht, wird davon ausgegangen, daß sich diese Vorschrift angesichts der insofern einschlägigen Ziffern

kann, ist trotz jüngster Reformbestrebungen offen. Ihr nachzugehen ist Anliegen dieser Arbeit.

1. Teil: Die Mitbestimmung nach § 87 Abs. 1 Nr. 10 BetrVG bei herkömmlichen Leistungs- und Beteiligungssystemen

§ 2 Herkömmliche Leistungs- und Beteiligungssysteme

A. Entgeltdifferenzierung nach dem Wert der Arbeit

Vorherrschend in allen herkömmlichen Entgeltsystemen ist die anforderungsabhängige Entgeltdifferenzierung. Sie stellt die Grundlage sowohl für Akkord- und Prämienlohn als Leistungsentgelte als auch für den Zeitentgelt dar. Zu beachten ist hier lediglich, daß beim reinen Zeitentgelt ohne Leistungszulage keine weitere Form der Entgeltdifferenzierung hinzutritt, während bei leistungsbezogenen Entgelten zusätzlich das Leistungsergebnis in die Entgeltdifferenzierung miteinbezogen wird. Die anforderungsabhängige Entgeltdifferenzierung bestimmt in diesem Fall das Grundentgelt und damit die Bezugsgrundlage, auf die die leistungsabhängige Entgeltdifferenzierung aufbaut oder die in ihre Berechnung miteinbezogen wird.[45]

Die anforderungsabhängige Entgeltdifferenzierung richtet sich nach dem sogenannten Arbeitswert. Der Arbeitswert ist der Schwierigkeitsgrad der menschlichen Arbeitsleistung. Er entspricht den Anforderungen, die eine Arbeit an einen Arbeitnehmer stellt und kann durch unterschiedliche Verfahren ermittelt werden.[46] Unterschieden wird dabei zwischen der analytischen und der summarischen Anforderungsbewertung.[47]

I. Die analytische Anforderungsbewertung

Bei der analytischen Anforderungsbewertung wird eine Arbeitsanforderung in sogenannte Anforderungsarten zerlegt, jede Anforderungsart bewertet und die Einzelbewertungen zu einem Gesamturteil, dem eigentlichen Arbeitswert zusammengefaßt. Dieses Verfahren ist sehr aufwendig, denn die umfassende Beschreibung der Anforderungsarten erfordert Sorgfalt und großes Differenzierungsvermögen.[48]

Orientierungsrahmen für die Festlegung der Anforderungsarten ist das sog. „Genfer Schema“, das bei einer internationalen Konferenz für Arbeitsbewertung

---

10 und 11 nicht auf vergütungsrechtliche Fragestellungen bezieht, die aber allein Gegenstand dieser Arbeit sein sollen.

[45] GK-Wiese § 87 Rn. 922; Schaub Arbeitsrechts- Handbuch § 62 II 3; REFA Band 5 S. 15.

[46] Schaub, Arbeitsrechts- Handbuch § 62 II; GK-Wiese § 87 Rn. 922.

[47] Moll, Mitbestimmung S. 146; Schettgen S. 122 ff..

[48] Schettgen S. 122.

im Jahre 1950 in Genf entwickelt wurde und heute zumeist in einer nach REFA[49] verfeinerten Fassung angewendet wird. Ausgehend von den vier Grundanforderungsarten „Geistige Anforderungen“, „Körperliche Anforderungen“, „Verantwortung“ und „Arbeitsbedingungen“ erfolgt eine immer differenziertere Aufteilung bis in die einzelnen endgültigen Anforderungsarten hinein.[50]
Analytische Verfahren für die Bewertung der so ermittelten Anforderungsarten sind das Rangreihenverfahren und das Stufen- oder Punktwertverfahren. Beim Rangreihenverfahren werden Arbeitnehmergruppen je nach Tätigkeit zusammengefaßt und systematisch geordneten Vergleichsbeispielen (sog. „Richtbeispielen“) zugeordnet. Diese Beispiele werden zunächst meist sog. REFA-Bewertungstafeln entnommen, erfordern jedoch eine individuelle Anpassung an die betrieblich gegebenen Voraussetzungen.[51] Beim Stufenwertverfahren ist jeder Anforderungsart eine formal – meist per Bewertungstafeln - festgelegte Punktwertreihe zugeordnet, anhand derer sich der Anforderungswert der Anforderungsart in seinem Schwierigkeitsgrad einordnen und „benoten“ läßt. Auch hier erfolgt oft eine zusätzliche Absicherung durch Richtbeispiele, so daß sich beide analytische Verfahren annähern.[52] Beiden Verfahren ist schließlich gemeinsam, daß bei der im Anschluß an die Bewertung der einzelnen Anforderungsarten vorgenommenen Addition eine Gewichtung erfolgt, die gewährleisten soll, daß die einzelnen Anforderungsarten wiederum nur entsprechend ihrer – aufgrund des Urteils der Beteiligten angenommenen - Bedeutung in den abschließend ermittelten Arbeitswert eingehen.[53]

II. Die summarische Anforderungsbewertung

Die summarische Anforderungsbewertung verzichtet auf eine eingehende Analyse der einzelnen Anforderungsarten und erfaßt die Tätigkeiten eher global als Ganzes.
Häufigstes Verfahren ist das Lohngruppenverfahren.[54] Dabei wird jede konkrete Tätigkeit in eine Tätigkeitsgruppe eingeordnet. Die Tätigkeitsgruppen sind nach Schwierigkeit gestaffelt. Jede Tätigkeitsgruppe ist einer Entgeltgruppe zugeordnet, die wiederum mit einem Entgeltgruppenschlüssel verbunden ist. Dieser Entgeltgruppenschlüssel orientiert sich als Basis an einem (i.d.R. tariflich) vorgegebenen Eckentgelt.[55] Weiteres summarisches Verfahren ist schließlich das

---

[49] Reichsausschuß für Arbeitsstudium, jetzt Verband für Arbeitsstudien.
[50] REFA Band 4 S. 46 ff.; Schettgen S. 119/120.
[51] Schettgen S. 122/123.
[52] Schettgen S. 124.
[53] Moll Mitbestimmung S. 147; Schettgen S. 122.
[54] Schettgen S. 125.
[55] Schettgen S. 126.

Rangfolgeverfahren, bei dem alle zur Bewertung anstehenden Tätigkeiten nach ihrem Gesamteindruck in eine Rangordnung gebracht werden.[56] Dies geschieht entweder durch eine globale Einschätzung oder durch einen äußerst aufwendigen – i.d.R. nur durch EDV zu bewältigenden - Paarvergleich, bei dem jeder Arbeitsplatz in Relation zu jedem anderen Arbeitsplatz des Betriebes gesetzt wird und sich so eine Rangfolge herausbildet.[57]

B. Leistungsentgeltsysteme

Im Unterschied zum Zeitentgelt richtet sich das Entgelt bei Leistungsentgelten zusätzlich nach dem sog. Leistungsgrad. Während der Arbeitswert den Schwierigkeitsgrad der menschlichen Arbeitsleistung betrifft, geht es beim Leistungsgrad um die Effektivität der menschlichen Arbeitsleistung. Nur bei Leistungsentgelten wird diese individuelle und konkrete Arbeitsintensität und Arbeitseffektivität der Arbeitnehmer berücksichtigt. Beim Zeitentgelt wird dagegen davon ausgegangen, daß alle Arbeitnehmer, die Arbeiten des gleichen Arbeitswerts verrichten, denselben Leistungsgrad erbringen, also alle gleich effektiv arbeiten.[58]

Zuweilen wird innerhalb der leistungsabhängigen Entgelte noch einmal differenziert zwischen sog. arbeitsabhängigen und erfolgs- und ergebnisabhängigen Entgelten. Bei den arbeitsabhängigen Entgelten soll die Arbeitsleistung an sich Maßstab der Vergütung sein, während bei ergebnisabhängigen Entgelten das Ergebnis dieser Arbeitsleistung maßgeblich sein soll, auf das auch andere Faktoren außerhalb der Arbeitsleistung des Arbeitnehmers Einfluß nehmen.[59]

Eine solche Unterscheidung erscheint jedoch nicht mehr als zweckmäßig, um eine sinnvolle Unterscheidung zwischen einzelnen Formen von Leistungsentgelten zu treffen. Bei allen leistungsabhängigen Entgelten wird maßgeblich auf die individuelle Leistung des Arbeitnehmers abgestellt. Eine Differenzierung danach, ob hier die Arbeitsleistung an sich oder nicht eher das Ergebnis dieser Leistung maßgeblich ist, ist zum einen nicht immer zweifelsfrei zu treffen, da es auch bei einer Vergütung der Arbeitsleistung „an sich" letztlich auf das konkrete Ergebnis dieser Leistung ankommt.[60] Zum anderen aber ist eine solche Unterteilung auch nicht erforderlich. Solange der gewählte Bezugsmaßstab es zuläßt,

---

[56] Schettgen S. 122 f..

[57] Schettgen S. 122 f..

[58] GK-Wiese § 87 Rn. 922; Schaub § 62 II; MünchArbR-Kreßel § 66 Rn. 30.

[59] MünchArbR-Kreßel § 66 Rn. 8; Richardi § 87 Rn. 817, 820; Schaub § 62 I, der hier zwischen kausaler Entgeltfindung, die auf menschlicher Arbeitsleistung beruht, und finaler Entgeltfindung differenziert, die allein auf den Marktwert des Ergebnisses abstelle.

[60] Vgl. etwa die Formulierungen bei MünchArbR-Kreßel § 66 Rn. 8 und Kasseler Handbuch-Künzl 2.1 Rn. 352.

von einem leistungsbezogenen Entgelt auszugehen, sind weitere Unterteilungen innerhalb dieser Entscheidung irrelevant.
Weitaus bedeutender erscheint es dagegen, solche Entgelte abzugrenzen, die nicht mehr als leistungsbezogen, sondern vielmehr als rein erfolgsbezogen anzusehen sind.[61] Zumindest mit den hier als Leistungsentgelten bezeichneten Entgelten Akkord- und Prämienlohn aber liegen Entgelte vor, deren Maßstab der individuelle Leistungsgrad ist.[62]

I. Akkordlohn

Der Akkordlohn ist über lange Zeit bis auch noch heute in der betrieblichen Praxis die klassische Form der Leistungsentlohnung gewesen.[63] Hier wird das Entgelt in der Regel anforderungs- und leistungsbezogen differenziert. Leistungsmerkmal ist die vom Menschen beeinflußbare Mengenleistung beziehungsweise der daraus abgeleitete Zeitgrad.[64] Ziel des Akkordlohnes ist die Produktionssteigerung. Die Bezahlung erfolgt hier demnach ausschließlich nach der in einer bestimmten Zeit erreichten Arbeitsmenge.[65] Der Verdienst verhält sich üblicherweise proportional, d.h. in direkter Abhängigkeit zu dieser auf Zeit bezogenen Mengenleistung. Diese beiden Faktoren, das Leistungsmerkmal der Arbeitsmenge bezogen auf Zeit und die sich dazu üblicherweise proportional verhaltende Entgelthöhe, stellen die wesentlichen Merkmale des Akkordlohnes dar.[66]
Der Akkordlohn kann nur eingesetzt werden, wenn die zu entlohnende Tätigkeit akkordfähig ist. Dafür müssen die Ergebnisse der Tätigkeit nicht nur mengenmäßig erfaßbar sein, darüber hinaus ist es erforderlich, daß der Arbeitserfolg beeinflußbar und der Arbeitsablauf vorhersehbar und damit reproduzierbar ist.[67]
Der Arbeitnehmer muß die Möglichkeit haben, die Menge der im Akkord vergebenen Arbeit zu beeinflussen. Diese Beeinflussungsmöglichkeit nimmt jedoch insbesondere bei zunehmender Mechanisierung der Fertigung in dem Maße ab, in dem der Produktionsablauf durch die Maschine vorgegeben ist. Solange dem Arbeitnehmer freilich noch eine Beeinflussungsmöglichkeit verbleibt, kann die Tätigkeit im Akkord vergeben werden, zu beachten ist lediglich, daß mit der Möglichkeit zur Beeinflussung auch der Leistungsanreiz schwindet.[68]

[61] Zu dieser Problematik ausführlich unten § 8 C. III. 1. b) aa).
[62] S. dazu etwa auch Kasseler Handbuch-Künzl 2.1 Rn. 361.
[63] Schwab S. 14.
[64] REFA Band 5, S. 32; s. auch FKHE § 87 Rn. 489; Gaul BB 1990 S. 1549 ff., 1549; Schaub § 64 II.
[65] ErfKomm-Hanau/Kania § 87 Rn. 118; Gaul BB 1990, S. 1549 ff., 1549.
[66] Richardi § 87 Rn. 873; Dietz/Gaul/Hilger S. 18; Schettgen S. 299.
[67] Gaul BB 1990, S. 1549 ff., 1550; Dietz/Gaul/Hilger S. 46; Schettgen S. 302.
[68] Dietz/Gaul/Hilger S. 46; Schettgen S. 302.

Eine Verknüpfung des Akkordverdienstes mit einem Arbeitserfolg ist schließlich nur dann sinnvoll möglich, wenn die Voraussetzungen dieses Arbeitserfolgs und die Anforderungen an den Arbeitnehmer durch den Arbeitsablauf im voraus überschaubar und gleichartig sind. Grundsätzlich muß daher eine klare Vorstellung darüber bestehen, welche Leistung vom Arbeitnehmer erwartet werden kann.[69]

1. Die Bezugsbasis

Welche Art von „Menge" dem Akkordlohn zugrundegelegt wird, ist gleichgültig, es kommen aber verschiedene Anknüpfungspunkte als Bezugsbasis in Betracht. Im wesentlichen läßt sich unterscheiden zwischen Stückakkord, bei dem es auf die Anzahl der produzierten Stücke ankommt, Gewichtsakkord, der auf das Gewicht des fertigen Produkts abstellt, Maß- oder Flächenakkord, die andere Meßgrößen, wie die Fläche einer zu verputzenden Hauswand oder die Länge einer Naht der Entgeltberechnung zugrundelegen, und schließlich dem Pauschalakkord, der sich auf eine größere Arbeitsaufgabe bezieht, die sich aus verschiedenartigen Arbeitsinhalten zusammensetzt.[70]

2. Geld- und Zeitakkord

Neben der Unterscheidung nach der Bezugsgröße auf der Leistungsseite des Arbeitnehmers läßt sich eine weitere Unterscheidung nach der Bezugsgröße auf der Leistungsseite des Arbeitgebers treffen.[71] Es wird hier unterschieden zwischen Geldakkord und Zeitakkord.

Der geschichtliche ältere Akkord ist der Geldakkord.[72] Hier wird einer bestimmten Leistungseinheit des Arbeitnehmers unmittelbar ein bestimmter Geldbetrag gegenübergestellt. Der Verdienst richtet sich nach der Anzahl der erbrachten Leistungseinheiten und dem pro Leistungseinheit vorgegebenen Geldbetrag (dem sog. Geldfaktor).[73] Da überlegt werden muß, wieviel Zeit der Arbeitnehmer – grob geschätzt - insgesamt für eine Leistungseinheit benötigt und gleichzeitig zu berücksichtigen ist, wieviel er pro Stunde verdienen soll, ist in der Festlegung des Geldfaktors die Zeitvorgabe von vornherein mit enthalten.[74]

Im Zeitakkord dagegen steht der Leistungseinheit des Arbeitnehmers nicht ein Geldbetrag, sondern ein Minutenwert gegenüber. Dies ist die sogenannte Vorgabezeit. Sie ist nicht mit den entsprechenden Zeitminuten gleichzusetzen, son-

---

[69] Dietz/Gaul/Hilger S. 45; Schettgen S. 302.

[70] Schaub § 64 II.; Richardi § 87 Rn. 874.

[71] Dietz/Gaul/Hilger S. 48 f.

[72] Schaub § 64 III. 2.

[73] FKHE § 87 Rn. 491.

[74] FKHE § 87 Rn. 491.

dern wie der Geldbetrag beim Geldakkord schlicht eine Berechnungseinheit.[75] Nicht der Leistungseinheit direkt, sondern jeder Akkordminute ist ein bestimmter Geldbetrag zugerechnet. Der Verdienst ergibt sich dann aus der Anzahl der erbrachten Leistungseinheiten multipliziert mit den pro Leistungseinheit vorgegebenen Akkordminuten (dem sog. Zeitfaktor) multipliziert mit dem pro Akkordminute vorgegebenen Geldbetrag (dem Geldfaktor). Es ist auch hier unerheblich, wie lange der Arbeitnehmer tatsächlich für die Erbringung einer Leistungseinheit in Zeitminuten gebraucht hat, er bekommt immer die Akkordminuten verrechnet. Ist er daher schneller, unterschreitet er die Vorgabezeit; die Anzahl der verrechneten Akkordminuten übersteigt dann die der gebrauchten Zeitminuten.
Ersichtlich ist, daß für die Festlegung des Geldfaktors in beiden Fällen immer zu berücksichtigen ist, wieviel der Arbeitnehmer in einer Stunde verdienen soll. Dieser Stundenverdienst ist der sog. Akkordrichtsatz, der in der Regel tariflich vorgegeben ist.
Beide Akkordarten unterscheiden sich somit nur in der Art ihrer Berechnung. In der Praxis durchgesetzt hat sich der Zeitakkord. Er wird dem Geldakkord vor allem deswegen vorgezogen, weil er bei tariflichen Entgelterhöhungen leichter zu korrigieren ist, denn unter Beibehaltung der Zeitfaktoren müssen nur die Geldfaktoren dem neuen Richtsatz angepaßt werden.[76]

3. Einzel- und Gruppenakkord

Alle übrigen Formen des Akkords sind Unterformen von Geld- oder Zeitakkord.[77] Der Akkordlohn kann dabei sowohl als Gruppen-, als auch als Einzelakkord ausgestaltet werden.[78] Beim Einzelakkord wird der Akkordlohn für jeden einzelnen Arbeitnehmer nach seinem Leistungsergebnis bemessen.[79] Der Vorteil des Einzelakkordes liegt vor allem darin, daß sich die Leistungsfähigkeit des Einzelnen im Rahmen der Arbeitsmöglichkeiten voll auswirken kann, so daß der Akkordverdienst auch der tatsächlichen Leistung entspricht.[80] Ein Gruppenakkord liegt dagegen vor, wenn mehreren Arbeitnehmern eine gemeinschaftlich auszuführende Arbeit übertragen wird, für die sie ein gemeinsames Entgelt erhalten, dessen Höhe sich nach dem gemeinschaftlich erzielten Arbeitsergebnis bemißt.[81] Die Entlohnung richtet sich also nach dem Leistungsergebnis einer

---

[75] Dietz/Gaul/Hilger S. 49.
[76] FKHE § 87 Rn. 493; Dietz/Gaul/Hilger S. 49; DKK-Klebe § 87 Rn. 273.
[77] ErfKomm-Hanau/Kania § 87 Rn. 118.
[78] GK-Wiese § 87 Rn. 902; ErfKomm-Hanau/Kania § 87 Rn. 100.
[79] Schaub § 64 III.3.
[80] Dietz/Gaul/Hilger S. 49/50; Baierl S. 101.
[81] BAG 26.4.1961 ArbR-Blattei Akkordarbeit D Entscheidung 5.

Arbeitsgruppe und wird dann auf die einzelnen Gruppenmitglieder verteilt. Sinnvoll ist der Gruppenakkord insbesondere dann, wenn eine Arbeit nicht anders als von mehreren Arbeitnehmern gemeinschaftlich erbracht werden kann.[82]
In Abgrenzung zum Einzelakkord liegt ein Vorteil speziell von Gruppenakkord in einer Abkehr von der kaum zu bewältigenden Kontrolle unterschiedlichster Einzelleistungen (das sog. „Zettelunwesen"), einer deutlich vereinfachten Abrechnung und der dadurch erreichten Kostenersparnis.[83]
Ein Nachteil speziell des Gruppenakkords im Gegensatz zu anderen Formen der Entlohnung von Gruppenarbeit liegt allerdings in der ausschließlichen Konzentration auf die größtmögliche Arbeitsmenge in kürzester Zeit, die besonders geeignet erscheint, den sozialen Druck in der Gruppe zu erhöhen, wenn sich einzelne Arbeitnehmer nicht dem Arbeitstempo der übrigen Gruppenmitglieder anpassen wollen.[84] Soweit durch Gruppenarbeit positive Effekte insbesondere im Hinblick auf eine sinnvolle Aufgabenverteilung und gemeinschaftlichem Zusammenwirken erreicht werden sollen, erscheint der Gruppenakkord nicht als die Entlohnungsform, die dieses Ziel am besten unterstützt.

4. Die Ermittlung der Vorgabezeiten

Bei allen Formen des Akkords hängt die Höhe des Verdienstes davon ab, in welchem Verhältnis das jeweilige Leistungsquantum zur Akkordvorgabe steht.[85] Beim Geldakkord ist die Akkordvorgabe der pro Leistungseinheit festgesetzte Geldwert, beim Zeitakkord die Zeit, die pro Leistungseinheit vorgegeben wird.[86] Bei der Ermittlung und Bestimmung der Akkordvorgabe lassen sich verschiedene Methoden unterscheiden.
Älteste Form ist der sog. ausgehandelte Akkord, bei dem der Akkordpreis frei vereinbart wird. Aus diesem „accord", dieser Übereinkunft hat sich der Name der Entgeltform entwickelt.[87] Der ausgehandelte Akkord tritt vor allem beim Geldakkord auf.[88] Bei ihm besteht die Besonderheit, daß die Vorstellungen, die über die arbeitsnotwendige Zeit existieren, irrelevant sind, da die tatsächlich vereinbarte Akkordvorgabe ein Verhandlungsergebnis abhängig von der Verhandlungsstärke der Parteien ist.[89] Der ausgehandelte Akkord stellt daher eine Ausnahme von dem Grundsatz dar, daß es zur Akkordfähigkeit einer klaren

---

[82] Schaub § 64 III.3.
[83] Baierl S. 102; Dietz/Gaul/Hilger S. 51; Schaub § 64 III.3.
[84] MünchArbR-Kreßel § 67 Rn. 9.
[85] Schaub § 64 IV.1.
[86] DKK-Klebe § 87 Rn. 274; FKHE § 87 Rn. 494.
[87] Dietz/Gaul/Hilger S. 34.
[88] FKHE § 87 Rn. 497.
[89] Schaub § 64 IV.2.; Dietz/Gaul/Hilger S. 45, 52.

Vorstellung von der zu erwartenden Leistung bedarf. Diese Vorstellung mag hier existieren, sie bleibt jedoch Motiv und wird nicht Vertragsinhalt.[90]
Völlig vorherrschend wird der Akkord nach heutigem Verständnis aber nach bestimmten Grundsätzen ermittelt, wie es dem Grundsatz der Akkordfähigkeit entspricht, und nicht mehr ausgehandelt. Die Akkordvorgabe kann dabei aufgrund von Erfahrung festgelegt werden. Dies ist beim sog. Faust- oder Meisterakkord der Fall. Hier wird die Akkordvorgabe auf Grund der betrieblichen Erfahrung von einer dazu bestellten und mit den Umständen besonders vertrauten Person auf der Grundlage von Schätzungen festgelegt.[91] Zwar wird die Akkordvorgabe hier häufig nur „über den Daumen gepeilt" und damit in gegebenenfalls nur loser Verbindung zu der tatsächlich arbeitsnotwendigen Zeit festgelegt, dennoch besteht der Unterschied zum ausgehandelten Akkord darin, daß es hier bereits um die Ermittlung der „richtigen" im Sinne von der zu erwartenden Zeit und nicht mehr um ein Verhandlungsergebnis geht.[92]
Die wissenschaftlichen Akkordsysteme erheben dagegen den Anspruch, daß sie die arbeitsnotwendige Zeit nach wissenschaftlichen Methoden exakt bestimmen könnten. Dieses Bedürfnis existiert freilich in erster Linie nur beim Zeitakkord für die Ermittlung des Zeitfaktors.[93] Im wesentlichen wird hier zwischen vier Systemen unterschieden. Es sind dies die Vorgabezeitermittlung nach REFA, das Bédaux-System, das Kleinstzeitverfahren, welches auch als Verfahren der vorbestimmten Zeiten bezeichnet wird und schließlich die Work-Factor-Berechnung.[94] Alle diese Methoden haben Zeitstudien oder Zeitaufnahmen zum Inhalt, aus denen sich ergeben soll oder nach denen berechnet wird, wie lange ein Arbeitnehmer für eine Leistungseinheit benötigt. Zu dieser Gruppe ist schließlich auch der Schätzakkord zu zählen, der zwar auf genau diese Studien verzichtet, jedoch im Gegensatz zum Faustakkord in methodisch gebundener Weise mit Hilfe von Erfahrungssätzen oder anderen Hilfskriterien die Zeitvorgabe festlegt.[95]

a) Die Normalleistung

Die Zeitermittlung dient der Feststellung leistungsabhängiger Kennzahlen. Hier ist zunächst grundlegend zwischen empirisch ermittelten Ist-Zeiten, die vom Menschen oder Betriebsmittel tatsächlich erbracht werden und vorgegebenen

---

[90] Dietz/Gaul/Hilger S. 45 Fn. 8.
[91] Richardi § 87 Rn. 881.
[92] Dietz/Gaul/Hilger S. 53; Richardi § 87 Rn. 881.
[93] FKHE § 87 Rn. 497; ErfKomm-Hanau/Kania § 87 Rn. 123.
[94] Vgl. zu den Methoden im einzelnen MünchArbR-Kreßel § 67 Rn. 21 ff .; Richardi § 87 Rn. 882.
[95] Richardi § 87 Rn. 883.

Soll-Zeiten zu unterscheiden.[96] Soll-Zeiten können auf zuvor erfaßten Ist-Zeiten beruhen, lassen sich aber auch etwa durch Schätzen bestimmen. Hier geht es darum, festzulegen, welche Zeit benötigt werden soll. Der Vorteil gegenüber den Ist-Zeiten liegt darin, daß sich die Soll-Zeiten auch für Planungen und Vorkalkulationen und hier insbesondere auch für die Entgeltberechnung besser verwenden lassen.[97] Die Ist-Zeiten dagegen können je nach Tätigkeit, Disposition und Motivation der betroffenen Arbeitnehmer stark schwanken.[98]
Gerade für die Ermittlung der Vorgabezeiten des Akkordlohnes wird daher auch nicht auf Ist-Zeiten, sondern auf Soll-Zeiten auch dann zurückgegriffen, wenn wissenschaftliche Methoden dabei zur Anwendung kommen. Wie diese Soll-Zeiten festgelegt werden, ist zwar von Methode zu Methode verschieden.
Als prägend kann jedoch die Definition der Normalleistung durch die REFA-Methodenlehre bezeichnet werden. Als REFA-Normalleistung gilt jedoch eine Bewegungsausführung, die dem Beobachter hinsichtlich der Einzelbewegungen, der Bewegungsfolge und ihrer Koordinierung besonders harmonisch, natürlich und ausgeglichen erscheint. Sie könne erfahrungsgemäß von jedem in erforderlichem Maße geeigneten, geübten und voll eingearbeiteten Arbeiter auf die Dauer und im Mittel der Schichtzeit erbracht werden, sofern er die für persönliche Bedürfnisse und gegebenenfalls auch für Erholung vorgegebenen Zeiten einhalte und die freie Entfaltung seiner Fähigkeiten nicht behindert werde.[99]
Dieser Normalleistung liegt also die Vorstellung zugrunde, was man „vernünftigerweise“ an Leistung von einem Arbeitnehmer erwarten darf. Diese Erwartung wird jedoch nicht exakt festgelegt, sondern variiert je nachdem, welcher Leistungsgrad zu veranschlagen ist. Die Normalleistung selbst wird dabei mit einem Leistungsgrad von 100 % angesetzt.[100]

b) Der Leistungsgrad

Um den jeweiligen Leistungsgrad ermitteln zu können, muß bei der REFA-Normalleistung das sogenannte Leistungsgradbeurteilen vorgenommen werden. Ähnliche Methoden liegen aber auch den anderen wissenschaftlichen Akkordsystemen zugrunde.[101]
Hinter dem Prozeß des Leistungsgradbeurteilens steht die Vorstellung, daß die gewonnenen Ist-Zeiten stark von der individuellen Effektivität des Arbeitnehmers, seinem Leistungsgrad, abhängen. Um von dieser Ist-Leistung auf eine der

---

[96] Schettgen S. 206.
[97] Schettgen S. 207.
[98] Schettgen S. 198.
[99] REFA Arbeitsstudium Band 2, S. 136.
[100] Schettgen S. 199.
[101] Vgl. Moll Mitbestimmung S. 39; Dietz/Gaul/Hilger S. 67 f.

Akkordberechnung zugrundezulegende Normalleistung schließen zu können, ist es erforderlich einzuschätzen, inwieweit die Ist-Leistung von der wie oben definierten Normalleistung abweicht. Dies kann nur durch Beobachten erfolgen.[102]
Der dafür eingesetzte „Arbeitsstudienmann" beobachtet das Erscheinungsbild des Bewegungsablaufes und vergleicht es mit dem Bild des vorgestellten „normalen" Bewegungsablaufs. Der Unterschied zwischen dem gedanklich vorgestellten und dem beobachteten Erscheinungsbild wird in Leistungsgradprozenten ausgedrückt. Dabei wird auf die Erfahrung des Arbeitsstudienmannes vertraut.[103] Je nachdem wie der Leistungsgradprozentwert angesetzt wird, fällt die Verdienstchance des Arbeitnehmers aus. Hat der Arbeitnehmer beispielsweise 6 Stück in der Stunde produziert, also 10 Minuten für ein Stück benötigt, und wird der Leistungsgrad mit 120 % veranschlagt, so entspricht einer Normalleistung von 100 % eine Zeit von 12 Minuten pro Leistungseinheit. Auf diese Weise ist der Zeitfaktor ermittelt. Bei einem Leistungsgrad von 90 % liegt der Zeitfaktor dagegen bei 9 Minuten pro Leistungseinheit.
Dieses Vorgehen macht es offensichtlich, daß hier keine im naturwissenschaftlichen Sinne exakte Ermittlung, sondern vielmehr ein vielfachen Einflüssen ausgesetzter Willensakt vorliegt.[104] Auch die Vertreter der REFA-Lehre selbst weisen darauf hin, daß es einen schlüssigen und quantitativen Beweis dafür, ob die von ihnen definierte Erscheinung der Normalleistung tatsächlich existiere, nicht gebe und betonen die Bedeutung von erfahrenen und geübten Arbeitsstudienleuten.[105]
In der Tat hängt die Schlüssigkeit und Richtigkeit der einzelnen Leistungsgrade maßgeblich von dem Urteilsvermögen und der Unerschütterlichkeit dieser Personen ab, was dazu führt, daß das Leistungsgradbeurteilen auch noch einem wechselseitigen sozialen Prozeß unterliegt. Naheliegend ist es nämlich, daß die Arbeitnehmer während der Anwesenheit der Arbeitsstudienleute nicht mit vollem Leistungseinsatz arbeiten, um so – im Vertrauen darauf, daß ihr Leistungsgrad immer noch überdurchschnittlich beurteilt werden wird - zu möglichst günstigen Vorgabezeiten zu gelangen.[106]
Es ist nicht unwahrscheinlich, daß die ganze Einrichtung des Leistungsgradbeurteilens sich auf diese Weise zu einer Art Spiel entwickelt, das durch seine methodischen Regeln davon ablenkt, daß hier stillschweigend Verhandlungselemente Eingang gefunden haben.[107]

[102] Schettgen S. 200.
[103] Schettgen S. 200.
[104] Moll Mitbestimmung S. 33; Richardi § 87 Rn. 986.
[105] REFA Arbeitsstudium Band 2, S. 135.
[106] Schettgen S. 201.
[107] Maier, S. 93; Schettgen S. 201.

II. Prämienlohn

Auch der Prämienlohn wird anforderungs- und leistungsabhängig differenziert. Er knüpft ebenso wie der Akkordlohn am Leistungsergebnis des Arbeitnehmers oder einer Gruppe von Arbeitnehmern an.[108] Im Unterschied zum Akkord ist eine proportionale Beziehung zwischen Entgelt und Leistung nicht geboten[109], es kommen als Leistungskennzahlen darüber hinaus alle vom Menschen beeinflußbaren Bezugsgrößen in Betracht, so z.B. neben der Arbeitsmenge die Güte der Arbeitsausführung, die wirtschaftliche Nutzung von Material, Energie, Maschinen oder Werkzeugen.[110]

Dies zeigt, daß der Prämienlohn im Vergleich zum Akkord einen deutlich weiteren Anwendungsbereich hat. Dadurch daß der Prämienlohn nicht auf die Arbeitsmenge beschränkt ist, ist es möglich, neben dem Ziel der Produktionssteigerung andere Ziele und diese sogar nebeneinander zu verfolgen. Die angestrebte Anreizwirkung kann durch die Wahl und Kombination verschiedener Bezugsgrößen viel flexibler und differenzierter gesteuert und den spezifischen Bedürfnissen des Betriebes entsprechend ausgestaltet werden.[111] Dieses Bedürfnis besteht vor allem deshalb, da durch die zunehmende Automation die Mengenleistung durch die Arbeitnehmer in immer geringerem Maße beeinflußt werden kann und so noch beeinflußbare Ziele wie die Maschinenausnutzung oder die Qualität der Leistung als neue Anknüpfungspunkte für Leistungsentgelte Bedeutung gewinnen.[112] Auf diese Weise kann auch der Tatsache Rechnung getragen werden, daß sich die Tätigkeit der Arbeitnehmer zunehmend von der Bedienung der Maschinen auf deren Überwachung verlagert, ohne auf eine Anreizwirkung durch Leistungsentgelt verzichten zu müssen.[113]

Der Prämienlohn stellt sich daher als eine Entlohnungsform dar, die den komplexen Anforderungen der industriellen Fertigung deutlich besser gerecht wird als der lange Zeit vorherrschende, heute aber als starr empfundene Akkordlohn.[114]

Wenn es aber nun auch möglich ist, durch die Wahl der verschiedenen Bezugsgrößen den Prämienlohn flexibel zu gestalten, so ist doch zu berücksichtigen, daß „echter" Prämienlohn von anderen Entgeltformen abzugrenzen ist, die oftmals ebenfalls unter der Bezeichnung „Prämie" gezahlt werden. Unter „echtem"

---

[108] Kasseler Handbuch-Künzl 2.1 Rn. 361.
[109] Dietz/Gaul/Hilger S. 24.
[110] REFA Band 5 S. 43; DKK-Klebe § 87 Rn. 279; BAG 16.12.1986 AP § 87 BetrVG 1972 Prämie Nr. 8.
[111] MünchArbR-Kreßel § 67 Rn. 78.
[112] GK-Wiese § 87 Rn. 988.
[113] FKHE § 87 Rn. 511.
[114] MünchArbR-Kreßel § 67 Rn. 78; FKHE § 87 Rn. 511; GK-Wiese § 87 Rn. 988.

Prämienlohn soll hier allein Leistungsentgelt verstanden werden, dessen Höhe durch den Arbeitnehmer maßgeblich beeinflußt werden kann.[115]
Dabei ist darauf zu verweisen, daß gerade in den letzten Jahren in der Praxis die herkömmlichen Bezugsgrößen des Prämienlohns zunehmend ergänzt werden durch betriebswirtschaftliche Erfolgsgrößen wie die Steigerung der produktiven Nutzung der Arbeitszeit oder die Senkung bestimmter Kostenarten.[116] Inwieweit diese Erfolgsgrößen es noch zulassen, die so gewährten „Prämien" noch als Leistungsentgelt und damit als „echten" Prämienlohn einzuordnen, wird noch zu erörtern sein.[117] Vorerst soll „echter" Prämienlohn nur dann angenommen werden, wenn die Bezugsgrößen eine Einordnung als Leistungsentgelt zweifelsfrei zulassen.
Zunächst liegt bereits kein echtes Leistungsentgelt vor, wenn das Leistungsergebnis nicht durch die Arbeitnehmer beeinflußbar ist.[118] Vielfach handelt es sich bei als „Prämien" gezahlten Entgelten daher nicht um Prämienlohn, sondern um Erfolgsbeteiligungen, Gratifikationen, Sozialleistungen oder sonstige Vergütungszuschläge, auf deren Höhe die Leistungshergabe der Arbeitnehmer keinen vollen oder gar keinen Einfluß hat oder deren Höhe völlig oder entscheidend in das Ermessen des Arbeitgebers gestellt ist.[119] Ein Beispiel ist hier die Treueprämie. Nicht mehr um den Entlohnungsgrundsatz Prämienlohn im Sinne eines echten Leistungsentgeltes handelt es sich auch, wenn als Bezugsgröße eine ohnehin bestehende vertragliche Verpflichtung, wie die Anwesenheit oder die Pünktlichkeit gewählt wird.[120]
Der Prämienlohn selbst schließlich ist von anderen Formen leistungsbezogener Entgelte dadurch abzugrenzen, daß die Leistung quantifizierbar und objektiv meßbar sein muß.[121] Hierin unterscheidet sich der Prämienlohn, wie noch darzustellen sein wird, insbesondere von den Leistungszulagen zum Zeitentgelt.

1. Die Bestandteile des Prämienlohnes

Um den Prämienlohn festlegen zu können, ist es zunächst erforderlich, den prämienpflichtigen Einflußbereich festzulegen. Dafür muß die minimal und maximal zu erreichende Leistungskennzahl bestimmt werden, welche den Prämienanfangs- und Endpunkt bilden. Zwischen diesen beiden Punkten verläuft die

---

[115] S. auch FKHE § 87 Rn. 512.
[116] Fremmer S. 29.
[117] Zur Abgrenzung § 8 C. III. 1. b) aa) und § 8 C. III. 2. c).
[118] FKHE § 87 Rn. 512; Moll Mitbestimmung S. 55.
[119] Dietz/Gaul/Hilger S. 75/76.
[120] mißverständlich Schaub § 65 II.
[121] Richardi § 87 Rn. 885; MünchArbR-Kreßel § 67 Rn. 98.

Prämienlinie. Die minimale Leistungskennzahl und damit der Prämienanfangspunkt stellt in der Regel die Prämienausgangsleistung dar.[122]
Neben diesen Entscheidungen auf der Leistungsseite des Prämienlohns gilt es auch Entscheidungen auf der Entgeltseite zu treffen. Das für die Prämienausgangsleistung gezahlte Entgelt stellt das Prämienausgangsentgelt dar, welches durch Tarifvertrag vorgegeben sein kann. Weiterhin muß aber mit der höchstmöglichen Prämie die Prämienspannweite festgelegt werden. Diese Festlegung kann absolut oder in prozentualem Verhältnis zum Grundentgelt bestimmt werden. Schließlich gilt es zwischen diesen beiden Punkten den Verlauf der Prämienentgeltlinie zu bestimmen, aus dem sich ergibt, wie die Prämien sich mit steigender Leistung entwickeln sollen. Anders als der Akkordlohn muß der Prämienlohn sich nicht notwendig linear entwickeln, die Prämienkurve kann vielmehr auch progressiv ansteigen, degressiv abflachen, stufenweise verlaufen oder verschiedene Verläufe kombinieren.[123]
Gerade die Prämienkurve stellt beim Prämienlohn neben der Bezugsgröße eine besonders weitgehende Möglichkeit dar, die gewünschten Ziele in die Ausgestaltung des Prämienlohnsystems aufzunehmen.[124] So wird ein besonders starker Leistungsanreiz mit einer progressiven Kurve erreicht, eine degressive dagegen verhindert, daß die Arbeitnehmer eine bestimmte Leistungshöhe überschreiten und so ihre Gesundheit schädigen.
Diesen aufbauenden stehen aber genauso die abbauenden Prämiensätze gegenüber. In diesem Fall erhält der Arbeitnehmer einen bestimmten Geldbetrag als Prämienlohn vorgegeben, der nicht der minimalen, sondern der maximalen – oder vielmehr optimalen[125] - Leistungskennzahl entspricht. Jede Verminderung der Leistung wirkt sich als Abschlag auf diesen vorgegebenen Prämiensatz aus. Ziel einer solchen Prämienlohngestaltung ist neben der Anreizwirkung meist eine zusätzliche erzieherische Wirkung.[126]
Diese Gestaltungsmöglichkeit des Prämienlohns zeigt, daß die Ausgangsleistung des Prämienlohns keineswegs wie beim Akkordlohn eine Normalleistung sein muß, die nach bestimmten Methoden zu ermitteln ist und von der aus die Leistung ins Unendliche gesteigert werden kann. Vielmehr bestehen bei der Festlegung der Prämienausgangsleistung selbst bereits große Gestaltungsspielräume im Hinblick auf die angestrebte Wirkung; die Ausgangsleistung kann hier auch

---

[122] Fremmer S. 29 ff.; Schettgen S. 303; Lieb ZfA 1988 s. 413 ff., 417.
[123] Fremmer S. 33 f.
[124] v. Hoyningen-Huene Anm. zu BAG 13.9.1983 ArbR-Blattei Betriebsverfassung XIV B, Entscheidung 78.
[125] Vgl. zur optimalen Leistung als Ziel des Prämienlohns im Gegensatz zur maximalen Leistung, die der Akkordlohn anstrebt Sibben S. 315 ff. und Fremmer/Voigtländer/Weil S. 29/30.
[126] Dietz/Gaul/Hilger S. 86; Schaub § 65 V.; GK-Wiese § 87 Rn. 927.

eine Durchschnitts-, Mindest-, oder bereits selbst die Optimalleistung sein. Diese Festlegung der Optimalleistung wird etwa da sinnvoll sein, wo eine Prämie von der Leistungsfähigkeit einer Maschine abhängt, die aufgrund technischer Gegebenheiten nur bis zu einem gewissen Punkt gesteigert werden kann. Hier kann die optimale Maschinenlaufzeit als Ausgangsleistung für einen abbauenden Prämiensatz festlegt werden.[127]
Die Bestimmung der Ausgangsleistung erfolgt beim Prämienlohn in der Regel nicht nach ähnlich arbeitskundlichen Methoden wie beim Akkordlohn. Vielmehr herrschen statistische oder empirische Verfahren vor. So stützt sich die Ermittlung der Ausgangsleistung in der Regel auf Daten, die über einen längeren Beobachtungszeitraum in der Organisation gewonnen wurden, um eine Einschätzung des individuellen Leistungsgrades zu ermöglichen.[128] Ihre richtige Festsetzung hat gleichwohl für die Effektivität eines Prämienlohnsystems maßgebliche Bedeutung und ist in Tarifverträgen häufig mit ausführlichen Bestimmungen versehen.[129] So soll etwa bezüglich der Abrechnungsperioden darauf zu achten sein, daß der Zusammenhang zwischen Leistung und Entgelt für die betroffenen Arbeitnehmer transparent bleibt.[130]

2. Verschiedene Arten des Prämienlohns

Zwar gibt es auch eine Mengenprämie, genauso kann aber eine Prämie auch gewährt werden als Qualitätsprämie, die auf die Qualität der Leistung abstellt, als Nutzungsprämie, die die optimale Ausnutzung von Maschinen anreizen soll, und als Ersparnisprämie, die die Ersparnis von Rohstoffen u.ä. prämiert und schließlich die Terminprämie, das Einhalten eines bestimmten Liefertermins prämiert. Bei jeder Bezugsgröße muß gegebenenfalls eine Bezugsbasis, d.h. die Leistungskennzahl festgelegt werden, so etwa für eine Mengenprämie die Stückzahl oder für eine Nutzungsprämie die Stillstandzeiten einer Maschine.[131]
Die Mengen- oder Quantitätsprämie ist die dem Akkordlohn ähnlichste Prämienform. Die Entgeltlinie verläuft hier meist linear oder gestuft. Die Nutzungsprämie dagegen wird meist progressiv ausgestaltet, um die Ziele der maximalen Anlagenauslastung und minimaler Stillstandzeiten entgelttechnisch zu unterstützen. Nutzungsprämien ersetzen den Akkordlohn häufig dann, wenn maschinelle Arbeitsabläufe zunehmend unbeeinflußbar geworden sind.[132]

---

127 Vgl. dazu Dietz/Gaul/Hilger S. 79 ff., 86; ausführlich Sibben S. 315 ff.
128 REFA Band 5 S. 44; Schettgen S. 303; Dietz/Gaul/Hilger S. 83.
129 Fremmer/Voigtländer/Weil Handbuch des Prämienlohns S. 28.
130 REFA Band 5 S. 46; Zander Handbuch der Gehaltsfestsetzung S. 249.
131 Schaub § 65 II.; Schettgen S. 304 f.; Dietz/Gaul/Hilger S. 78/79; vgl. die Übersicht bei Zander, Handbuch der Gehaltsfestsetzung S. 250.
132 REFA Band 5 S. 51; Schettgen S. 304; Fremmer S. 33.

Qualitätsprämien finden vor allem dann Anwendung, wenn es gilt, Nachbesserungen und den Anteil an Ausschußware zu verringern. Sie weisen in der Regel progressive Entgeltlinien auf und eignen sich besonders gut für eine Verknüpfung etwa mit einer Quantitätsprämie, um zu erreichen, daß die Arbeitsmenge nicht auf Kosten der Arbeitsqualität gesteigert wird.[133] Bei der Qualitätsprämie sich jedoch das Problem, daß auch eine Qualitätsprämie nur dann „echter" Prämienlohn ist, wenn auch hier die Quantifizierbarkeit und Beeinflußbarkeit der Leistung gewährleistet ist. Es sind daher für den Qualitätsmaßstab Kriterien zu finden, die einer objektiven Messung zugänglich sind.[134] Auch dies ist ein Grund dafür, daß häufig gewählte Leistungskennzahl eine zu senkende Ausschußquote ist, die sich objektiv messen läßt. Was die Beeinflußbarkeit dieser Quote angeht, so ist zuzugeben, daß für ihre Höhe neben der Sorgfalt des Arbeitnehmers immer auch andere, kaum erfaßbare Einflußfaktoren bestimmend sein werden. Erforderlich, aber auch ausreichend muß es für die Definition eines solchen qualitätsbezogenen Entgeltes als „Prämienlohn" aber sein, daß die Leistung des Arbeitnehmers die Ausschußquote zumindest auch und maßgeblich beeinflußt.[135]
Unter Ersparnisprämien werden solche Prämien verstanden, die auf die Einsparung von Rohstoffen, Materialverbrauch oder Energie abzielen. Auch bei Ersparnisprämien ist darauf zu achten, daß Leistungsmaßstäbe gefunden werden müssen, die maßgeblich auf das Leistungsverhalten der Mitarbeiter zurückzuführen sind und von diesen beeinflußt werden können, so z.B. ein bestimmter Verbrauch.[136]
Geht es schließlich in erster Linie darum, daß im Rahmen der betrieblichen Fertigungsplanung bestimmten Liefertermine eingehalten werden, empfiehlt sich die Vereinbarung von Terminprämien. Bezugsgröße des Prämienlohns ist dann die Einhaltung einer bestimmten festgelegten Frist.[137]

3. Einzel- oder Gruppenprämie

Wie auch beim Akkord kann der Prämienlohn als Einzel- oder Gruppenprämie ausgestaltet werden, je nachdem ob die Prämie nach der Leistung eines einzelnen Arbeitnehmer oder einer Gruppe von Arbeitnehmern bemessen und erst dann auf die einzelnen Arbeitnehmer verteilt werden soll.[138]

---

133 Fremmer S. 33; Schettgen S. 304; Schaub § 65 II.1.
134 Richardi § 87 Rn. 886; Fremmer S. 27.
135 Dietz/Gaul/Hilger S. 75.
136 Zander Handbuch der Gehaltsfestsetzung S. 249 f.
137 Schaub § 65 II. 6; Dietz/Gaul/Hilger S. 79; GK-Wiese § 87 Rn. 927.
138 GK-Wiese § 87 Rn. 906; FKHE § 87 Rn. 515; hinsichtlich der Verteilung sehen etwa viele Tarifverträge dafür als Möglichkeiten vor die Verteilung in gleichem Verhältnis, in ungleichem – etwa an der Grundentgeltdifferenzierung angelehntem – Verhältnis und nach einem

III. Leistungszulagen zum Zeitentgelt

Gerade in Bereichen, in denen traditionell ein Zeitentgelt gewährt wird, geschieht dies zumeist aus dem Grund, daß die hier geforderten Leistungen sich nicht in einer für die herkömmlichen Leistungsentgelte Akkord und Prämie erforderlichen Weise quantifizieren lassen.[139] Dies ist etwa insbesondere dann der Fall, wenn um die Erbringung von Dienstleistungen geht. Ist in diesen Bereichen aber dennoch eine stärker leistungsorientierte Vergütung erwünscht, so geschieht dies, indem zusätzlich zum Zeitentgelt Leistungszulagen gezahlt werden. Die Bemessung dieser Leistungszulagen erfolgt in aller Regel durch individuelle Leistungsbeurteilungen. Diese Leistungsbeurteilungen stellen sich dabei jedoch als planmäßige und formalisierte Bewertung der Leistung und/oder des Verhaltens mehrerer Arbeitnehmer in gleicher Weise und nach vorgegebenen, einheitlichen Kriterien dar. Solche Leistungsbeurteilungen dienen durchaus nicht immer nur Zwecken der Entgeltgestaltung, sondern können auch für anderen personalwirtschaftliche Ziele oder als Führungsinstrument eingesetzt werden.[140]
Grundlage der individuellen Beurteilung ist ein im vorhinein festgelegter Bewertungskatalog. Ohne einen solchen Katalog, der die Anspruchsvoraussetzungen für den Erhalt der Leistungszulage offenlegt und sachliche, objektiv bestimmbare Kriterien in für den Arbeitnehmer nachvollziehbarer Weise aufstellt, verstößt eine dennoch – nachträglich – vorgenommene Leistungsdifferenzierung gegen den Gleichbehandlungsgrundsatz. Ohne daß von Beginn an feststünde, an welche leistungsbezogenen Kriterien sich die Zahlung der Zulage anknüpft, könnten die Arbeitnehmer überdies ihr Verhalten auch kaum daran ausrichten und könnte die Zulage ihren Zweck daher gar nicht erreichen.[141]
Die Wahl der Kriterien trifft in der Praxis allerdings auf die faktische Schwierigkeit, daß die Kriterien einerseits für die Tätigkeit auf einem speziellen Arbeitsplatz aussagekräftig sein müssen, andererseits aber schon wegen der Vergleichbarkeit der Beurteilungen von verschiedenen Arbeitnehmern im Betrieb praktikabel bleiben sollen. Aus diesen Praktikabilitätsgründen werden daher in der Praxis zumeist nur sehr grobe Kriterienschemata entwickelt und angewendet.[142]
Die verwendeten Merkmale bleiben daher zumeist sowohl im Hinblick auf die Besonderheiten der Arbeitsplätze als auch im Hinblick auf eine bestimmte Lei-

---

Verteilungsschlüssel, den die Mitarbeiter unter sich festlegen; vgl. dazu auch Eyer/Webers Personal 2/2000 S. 74 ff.; Herlitzius S. 48 f.

139 MünchArbR-Kreßel § 67 Rn. 98 f.

140 Jedzig DB 1991, S. 753 ff., 753.

141 Zum Vorstehenden BAG 26.10.1994 BB 1995, 312 und LAG Hamm 5.11.1997 BB 1998, 428.

142 Jedzig DB 1991, S. 753 ff., 757.

stungserwartung abstrakt, was die Möglichkeiten der Mitarbeiter, ihr individuelles Verhalten auf eine bestimmte Leistung hin auszurichten, einschränkt. Die Effektivität von Leistungszulagen aufgrund einer Leistungsbeurteilung gerät daher bereits aus rein faktischen Gründen an ihre Grenzen. Weitere Nachteile von Leistungsbeurteilungssystemen ergeben sich schlicht aus der einer Beurteilung immer innewohnenden subjektiven Beeinflußbarkeit des Beurteilenden, sowie der Tatsache, daß die Beurteilung der Leistung über den Beurteilungszeitraum hinweg im Nachhinein nur mehr pauschal erfolgen kann.[143]

Die Aufstellung eines Bewertungskatalogs setzt dennoch voraus, daß für die einzelnen Arbeitsplätze Stellen- und Funktionsbeschreibungen vorhanden sind, aus denen sich die Rechte und Pflichten der Arbeitsaufgabe ergeben.[144] Erst auf Grundlage dieser Analyse ist es überhaupt möglich zu formulieren, welche Leistungskriterien und welches Verhalten durch die Gewährung einer Zulage besonders angereizt werden und damit in den Bewertungskatalog aufgenommen werden sollen. Welche Kriterien konkret gewählt werden, hängt daher von den Umständen im Einzelfall ab. Zumeist beziehen sie sich aber auf die Effektivität der Arbeit, also das Arbeitsergebnis, auf die Sorgfalt bei der Arbeitsausführung, den Arbeitseinsatz und auf das soziale Verhalten im Hinblick auf Kollegen und Untergebene.[145]
Bewertet wird dabei ausschließlich die Leistung des Mitarbeiters im Hinblick auf die Erfüllung seiner Aufgaben, nicht von der Leistungsbeurteilung erfaßt wird dagegen die Bewertung in menschlicher oder charakterlicher Hinsicht.[146]
Diese Leistungsbeurteilung erfolgt in turnusmäßigem, i.d.R. jährlichem Abstand. An ihr Ergebnis kann sich sowohl eine einmalige, als auch eine gleichbleibende laufende Zulage über die ganze Dauer einer Beurteilungsperiode anschließen. Letztere zeigt die Besonderheit, daß sich die Höhe der Zulage im aktuellen Zahlungszeitraum nach der Leistung im vorangegangenen Beurteilungszeitraum bestimmt, Änderungen im Leistungsverhalten sich also erst mit zeitlicher Verzögerung auswirken.[147]

---

[143] Mungenast Personal 2/1994, S. 56 ff.; Zander Handbuch der Gehaltsfestsetzung S. 212 f.; Schmidt-Dorrenbach in Neue Wege der Vergütung S. 105 ff., 113; zur Überwindung dieser Nachteile durch Zielvereinbarungssysteme ausführlich unten § 4 A. III.
[144] FKHE § 94 Rn. 31; DKK-Klebe § 94 Rn. 35; GK-Kraft § 94 Rn. 14, 27; D/R § 94 Rn. 39; GL § 94 Rn. 29; Lattmann S. 9.
[145] Vgl. die Beispiele bei HSG § 94 Rn. 21 ff. und MünchArbR-Kreßel § 67 Rn. 104, 116.
[146] Lattmann S. 8; MünchArbR-Kreßel § 67 Rn. 107; Zander Handbuch der Gehaltsfestsetzung S. 147 ff.
[147] MünchArbR-Kreßel § 67 Rn. 106.

C. Provisionen

Die Provision ist ein erfolgsbezogenes Leistungsentgelt. Obwohl sie gem. den §§ 87 ff. HGB typischerweise mit Handelsvertretern vereinbart wird, kann sie gem. § 65 HGB auch Handlungsgehilfen und anderen Arbeitnehmern zugesagt werden, so daß dann § 87 Abs. 1 und 3 sowie die §§ 87 a bis 87 c HGB Anwendung finden.[148]

Bemessungsgrundlage der Provision ist nicht allein die Arbeitsleistung des Arbeitnehmers, sondern auch oder sogar ausschließlich die wirtschaftliche Verwertung von Produkten oder Dienstleistungen auf dem freien Markt. Dementsprechend erfolgt die Berechnung der Provision in aller Regel als Prozentsatz des Geldgegenwertes für ein Geschäft, das auf die Tätigkeit des Arbeitnehmers zurückzuführen ist.[149]

Die verschiedenen Provisionsarten sind dabei äußerst vielgestaltig.[150] Als wichtigste Formen lassen sich aber die Abschluß- oder Vermittlungsprovision und die Anteils- oder Leitungsprovision ausmachen. Bei der Abschlußprovision wird der Arbeitnehmer an den von ihm persönlich abgeschlossenen oder vermittelten Geschäften beteiligt, während er bei der Anteils- oder Leitungsprovision einen Anteil an den Abschlußprovisionen der ihm unterstellten Mitarbeiter erhält.

In der Ausgestaltung einer Provision sind ebenfalls die unterschiedlichsten Formen denkbar. Eine Provision kann als alleinige oder als zusätzliche Vergütung zu einem monatlichen Mindestverdienst vorgesehen werden, der mit den Provisionsansprüchen gegebenenfalls verrechnet wird.[151] Stellt auch die Festlegung eines unmittelbaren Prozentsatzes den Regelfall dar, so ist es doch ebenso denkbar, daß für bestimmte Arten von Geschäften Punkte vergeben oder verdient werden, denen Geldsätze dann erst zugeordnet werden.[152]

D. Erfolgsbeteiligungen

Ist die Provision eine Beteiligung am individuellen Umsatz, stellen sich Erfolgsbeteiligungen als Beteiligungen des Arbeitnehmers an Erfolgsgrößen des ganzen Unternehmens oder Teilen davon dar. Der Begriff der „Erfolgsbeteiligung" hat sich in Literatur und Praxis dabei als Oberbegriff für alle Beteiligungsformen durchgesetzt, bei denen die Mitarbeiter zusätzlich zu ihrem Entgelt eine er-

---

148 Richardi § 87 Rn. 891; MünchArbR-Kreßel § 68 Rn. 1 ff.; Moll Mitbestimmung S. 66; Löwisch ZHR 1975, S. 362 ff., 363 ff.

149 Richardi § 87 Rn. 891.

150 Vgl. ausführlich Löwisch ZHR 1975, S. 362 ff., 363 ff. und MünchArbR-Kreßel § 68 Rn. 1 ff.

151 MünchArbR-Kreßel § 68 Rn. 5.

152 MünchArbR-Kreßel § 68 Rn. 3; Richardi § 87 Rn. 892; FKHE § 87 Rn. 424; ErfKomm-Hanau/Kania § 87 Rn. 100.

folgsabhängige Zuwendung erhalten.[153] Er ist zu unterscheiden vom Begriff der Kapitalbeteiligung, der aus der Sphäre des Arbeitsrechts herausfällt und auf die Ebene der gesellschaftsrechtlichen, bzw. teilweise auch generell schuldrechtlichen Verpflichtungen verlagert ist.[154]
Desweiteren stellt sich der Begriff der Erfolgsbeteiligung deswegen lediglich als Oberbegriff dar, weil verschiedene spezifische Ausprägungsformen möglich sind, die sich nach der gewählten Ausgangsbasis unterscheiden lassen. Dabei hat sich weitgehend durchgesetzt die Unterteilung nach Leistungs-, Ertrags- und Gewinnbeteiligung.[155]
Diese verschiedenen Bezugsgrößen lassen sich jeweils noch einmal unterteilen. So tritt die Leistungsbeteiligung als Produktions- Produktivitäts- und Kostenersparnisbeteiligung in Erscheinung, die Ertragsbeteiligung als Umsatz-, Wertschöpfungs- und Nettoertragsbeteiligung, die Gewinnbeteiligung schließlich als Bilanzgewinn-, Ausschüttungsgewinn- und Substanzgewinnbeteiligung.[155] In der Praxis ganz überwiegend angewendet wird die Bilanzgewinnbeteiligung, für die sich der Begriff „Tantieme" durchgesetzt hat. Speziell diese Form wird meist allein mit leitenden Angestellten vereinbart.[156]
Auch die Beteiligung der ganzen Mitarbeiterschaft am betrieblichen Erfolg aber wird aus verschiedenen Gründen praktiziert. Diese Gründe haben sich in den vergangenen Jahrzehnten in ihren Schwerpunkten verändert. In den 70er Jahren waren zumindest in Deutschland etwa verteilungspolitische Motive ein wichtiges Argument zugunsten einer Beteiligung der Mitarbeiter.[157] Es sollte eine Beteiligung der Arbeitnehmer am Produktivvermögen durchgesetzt werden, um einer Ungleichverteilung, welche einen Großteil des Eigentums an Produktivvermögen auf nur wenige Haushalte konzentriert, entgegenzuwirken.
Seit den 80er Jahren sind diese Motive zunehmend in den Hintergrund gedrängt worden. Ganz vorherrschend sind heute betriebswirtschaftliche Argumente und hier insbesondere solche aus personalwirtschaftlicher Perspektive. Zwar spielt auch hier der Gedanke einer veränderten Verteilungsrelation von Kapital insofern eine Rolle, als sich durch die Beteiligung die Mitarbeiter vom Kapitalgeber eher als Gleichwertige betrachtet fühlen können. Davon erhofft man sich jedoch primär eine gesteigerte Attraktivität des Unternehmens am umkämpften Arbeitsmarkt. Mitarbeiterbeteiligungsmodelle sollen so bessere Anreize zur Ar-

[153] Becker Entgeltsysteme S. 313 ff., 329; Oechsler S. 404 f., Drumm S. 506 f., Schneider/Zander Erfolgs- und Kapitalbeteiligung S. 19; Zander Handbuch der Gehaltsfestsetzung S. 387 ff.; Maier S. 161 f..
[154] Schneider/Zander Erfolgs- und Kapitalbeteiligung S. 17 f.
[155] Oechsler S. 404 f., Drumm S. 506 f., Schneider/Zander Erfolgs- und Kapitalbeteiligung S. 19; Zander Handbuch der Gehaltsfestsetzung S. 387 ff.; Maier S. 161 f.
[156] Kasseler Handbuch-Künzl 2.1 Rn. 370.
[157] Oechsler S. 403.

beitsmotivation und –leistung in der Form bieten, daß sie Mitarbeiter zum einen zum Eintritt und zum Verbleib im Unternehmen motivieren, das Betriebsklima verbessern und Fehlzeiten vermindern.[158]
Zum anderen aber wird eine Erfolgsbeteiligung zunehmend zu dem Zweck eingesetzt, gezielte Verhaltensänderungen bei den Mitarbeitern zu erreichen und bei diesen das Bewußtsein für wirtschaftliche Zusammenhänge und die Zielsetzungen des Unternehmens zu wecken. Gerade Motivationsziele, die auf die Steigerung der Motivation und der Arbeitsleistung, ein verbessertes Kostenbewußtsein und ein produktiveres Mitwirken abzielen, werden zunehmend auch mit Systemen der Erfolgsbeteiligung angestrebt.[159]

§ 3 Die Mitbestimmung nach § 87 Abs. 1 Nr. 10 BetrVG

§ 87 BetrVG regelt die Mitbestimmungsrechte des Betriebsrates in sozialen Angelegenheiten. Bei dieser Vorschrift handelt es sich um die Zentralvorschrift für die Mitbestimmung des Betriebsrates im engeren Sinne. Diese Form der Beteiligung, die auch als obligatorische, notwendige oder zwingende Mitbestimmung bezeichnet wird, ist wiederum das stärkste Beteiligungsrecht des Betriebsrates. Andere Beteiligungsrechte wie etwa Unterrichtungspflichten, Anhörungsrechte und Beratungsrechte belassen das letzte Entscheidungsrecht beim Arbeitgeber. Widerspruchs- und Vetorechte und das Recht der Zustimmung insbesondere bei personellen Einzelmaßnahmen sind nur unter bestimmten Voraussetzungen möglich, ihre Mißachtung hat keinen unmittelbaren Einfluß auf die rechtliche Wirksamkeit der Arbeitgebermaßnahme, die Initiative zu einer Maßnahme kann in allen Fällen nur von seiten des Arbeitgebers ausgehen. Es besteht somit keine gleichberechtigte Mitwirkung des Betriebsrates.[160]
Diese liegt allein beim Mitbestimmungsrecht des Betriebsrates im engeren Sinne vor, wie sie neben dem Hauptfall des § 87 BetrVG nur noch in den §§ 94 Abs. 1, 95 Abs. 1, 98 und 112 BetrVG vorgesehen ist und bei der sich insofern um die einzige echte, paritätische Mitbestimmung handelt.[161] In diesen Fällen darf der Arbeitgeber nicht allein entscheiden, sondern ist für die Wirksamkeit seiner Maßnahme auf das Einverständnis des Betriebsrates angewiesen. Im Falle der Nichteinigung kann und muß eine Entscheidung über die Einigungsstelle herbeigeführt werden, es wird daher auch von dem Erfordernis der

---

[158] Oechsler S. 402/403; Becker Entgeltsysteme S. 313 ff., 331; Maier S. 161; Kürten Das Flexible Unternehmen 6.11. S. 8.
[159] Schneider/Zander Erfolgs- und Kapitalbeteiligung S. 46; Kürten Das Flexible Unternehmen 6.11, S. 7, 8.
[160] v. Hoyningen-Huene S. 201 ff., S. 245; FKHE § 87 Rn. 1.
[161] v. Hoyningen-Huene S. 203.

„Zwangsschlichtung" gesprochen.[162] Dieses Erfordernis entspricht dem im Betrieb herrschenden Gebot der vertrauensvollen Zusammenarbeit gemäß § 2 Abs. 2 BetrVG, welches durch die Friedenspflicht und die Forderung nach einem ernsthaften Willen zur Einigung in § 74 Abs. 2 und Abs. 1 Satz 2 BetrVG konkretisiert wird. Dies bedeutet ein Verbot von Arbeitskämpfen der Betriebspartner untereinander und wird mit der Einrichtung einer Einigungsstelle gemäß § 76 BetrVG in letzter Konsequenz fortgeführt. Nur auf diese Weise kann auch gewährleistet werden, daß das echte Mitbestimmungsrecht des Betriebsrates im Konfliktfall nicht leerläuft.[163]

Mit der Regelung des § 87 BetrVG sollen alle Angelegenheiten umfaßt werden, die nicht schon gesetzlich oder tarifvertraglich geregelt sind, sich zugleich aber nicht anders als einheitlich für alle Arbeitnehmer im Betrieb regeln lassen.[164] Zweck der in § 87 BetrVG enthaltenen Mitbestimmungsrechte ist es allgemein, dem erhöhten Schutzbedürfnis der Arbeitnehmer im Bereich der sozialen Angelegenheiten zu begegnen.[165] Die Arbeitnehmer sollen geschützt werden durch gleichberechtigte Teilnahme an den sie betreffenden Entscheidungen des Arbeitgebers.[166] Dabei liegt der Schwerpunkt je nach Mitbestimmungstatbestand darauf, Direktionsrechte des Arbeitgebers einzuschränken oder die gestörte Vertragsparität zwischen Arbeitgeber und Arbeitnehmer durch eine Beteiligung des Betriebsrates auszugleichen.[167]

Aus diesem Schutzzweck ist schließlich die Theorie der Wirksamkeitsvoraussetzung entwickelt worden. Diese besagt, daß eine einseitige Maßnahme des Arbeitgebers, die einen Verstoß gegen die Mitbestimmungsrechte des Betriebsrates darstellt, rechtlich unwirksam ist.[168] Begründet wird dies damit, daß die Verletzung eines Schutzrechtes keine individualrechtlichen Rechtsfolgen nach sich ziehen darf, die die Rechtsstellung der geschützten Arbeitnehmer verschlechtern. Die Theorie der Wirksamkeitsvoraussetzung ist besonders bedeutsam im Bereich der Entgeltgestaltung.[169] Sie stellt eine wirksame Sanktion gegen die Verletzung von Mitbestimmungsrechten dar und ist entwickelt worden, um zu

---

[162] Hanau BB 1972 , S. 499 ff., 499; Lieb ZfA 1988, S. 413 ff., 432.

[163] FKHE § 76 Rn. 1.

[164] v.Hoyningen-Huene S. 245.

[165] FKHE § 87 Rn. 3; v.Hoyningen-Huene S. 245.

[166] BAG GS 3.12.1991 SAE 1993, S. 97 ff., 104; GK-Wiese § 87 Rn. 73; Galperin/Löwisch § 87 Rn. 42.

[167] v.Hoyningen-Huene S. 245.

[168] Ständige Rechtsprechung des BAG, vgl. BAG GS 3.12.1991 SAE 1993, S. 97 ff., 111; h.M.: GK-Wiese § 87 Rn. 92 m.w.N.

[169] FKHE § 87 Rn. 570.

verhindern, daß der Arbeitgeber dem Einigungszwang mit dem Betriebsrat durch Rückgriff auf arbeitsvertragliche Gestaltungsmöglichkeiten ausweicht.[170]

Nach § 87 Abs. 1 Nr. 10 BetrVG hat der Betriebsrat ein Mitbestimmungsrecht bei Fragen der betrieblichen Lohngestaltung, insbesondere bei der Aufstellung von Entlohnungsgrundsätzen und der Einführung und Anwendung von neuen Entlohnungsmethoden sowie deren Änderung. Der Zweck des Mitbestimmungsrechts ist es, die Angemessenheit und Durchsichtigkeit des innerbetrieblichen Entgeltgefüges und die Wahrung der innerbetrieblichen Entgeltgerechtigkeit zu gewährleisten. Es soll die Arbeitnehmer vor einer einseitig an den Interessen des Arbeitgebers orientierten oder willkürlichen Entgeltgestaltung schützen.[171] Die Regelung enthält ein umfassendes Mitbestimmungsrecht in allen Fragen der Entgeltgestaltung und hat damit den Charakter einer Generalklausel.[172]

A. Fragen der betrieblichen Lohngestaltung

Das Mitbestimmungsrecht des § 87 Abs. 1 Nr. 10 BetrVG bezieht sich lediglich auf Fragen der betrieblichen Lohngestaltung. Es fragt sich, was genau unter diesem Begriff zu verstehen ist.

I. Der Entgeltbegriff

„Lohn" im Sinne des § 87 Abs. 1 Nr. 10 BetrVG ist das Arbeitsentgelt schlechthin. Es fallen darunter alle Leistungen des Arbeitgebers mit Entgeltcharakter, also alle Leistungen des Arbeitgebers, die er als Gegenleistung aus dem Arbeitsverhältnis erbringt.[173] Dabei ist es unerheblich, ob es sich um eine Geld- oder Sachleistung handelt. Zum Lohn im Sinne der Vorschrift gehören etwa auch Dienstwagen. Ebenso müssen die Leistungen nicht unmittelbar leistungsbezogen sein, unter die Vorschrift fallen daher alle Gratifikationen, Ergebnisbeteiligungen, Zuschüsse und zinsgünstige Darlehen. Gleichgültig ist schließlich, ob die Leistung auf Dauer oder nur einmalig erbracht wird. Zum Lohn des § 87 Abs. 1 Nr. 10 BetrVG gehören damit alle Geldleistungen oder geldwerten Leistungen, die im Rahmen eines Arbeitsverhältnisses gezahlt werden.[174]

---

[170] BAG GS 3.12.1991 SAE 1993, S. 97 ff., 111; FKHE § 87 Rn. 568.

[171] Ständige Rechtsprechung des BAG, vgl. BAG GS 3.12.1991 SAE 1993, S. 97 ff., 106; BAG 29.3.1977 AP § 87 BetrVG 1972 Provision Nr. 1; h.M.: DKK-Klebe Rn. 241; HSG § 87 Rn. 463; FKHE § 87 Rn. 402; Richardi § 87 Rn. 795; GK-Wiese § 87 Rn. 696; kritisch Joost ZfA 1993, S. 257 ff.

[172] Vgl. die amtliche Begründung BR-Drucks. 715/70, S. 49; BAG GS 3.12.1991 SAE 1993, S. 97 ff., 107; FKHE § 87 Rn. 416; GK-Wiese § 87 Rn. 812; Richardi § 87 Rn. 792.

[173] FKHE § 87 Rn. 405; DKK-Klebe § 87 Rn. 243; GK-Wiese § 87 Rn. 826; Richardi § 87 Rn. 798; MünchArbR–Matthes § 333 Rn. 8.

[174] FKHE § 87 Rn. 405-408; DKK-Klebe § 87 Rn. 243; jeweils m.w.N.

Nur diese Auslegung des Begriffs als Entgelt im weitesten Sinne entspricht dem generalklauselartigen Charakter der Vorschrift. Eine Eingrenzung unter dem Gesichtspunkt, daß „Lohn" nur solche Leistungen des Arbeitgebers sein könnten, auf die der Arbeitnehmer einen rechtlich durchsetzbaren Anspruch habe oder die mit seiner dienstvertraglichen Arbeitspflicht korrespondierten, zielt darauf ab, sogenannte freiwillige Leistungen des Arbeitgebers aus dem Anwendungsbereich der Vorschrift auszunehmen.[175] Eine solche Abgrenzung griffe aber zu kurz und gefährdete den Schutzzweck des § 87 Abs. 1 Nr. 10 BetrVG. Mitbestimmungspflichtige Fragen können sich auch dann stellen, wenn noch kein Rechtsanspruch des Arbeitnehmers begründet wurde und sich der Arbeitgeber etwa für eine freiwillige Zuwendung erst entschieden und dies verlautbart hat.[176] Allein dadurch, daß der Arbeitgeber nicht verpflichtet ist, eine Leistung zu gewähren und sie möglicherweise nur aus Fürsorgegründen gewährt, verliert diese Leistung nicht ihren Entgeltcharakter. Für den Arbeitgeber gehören die dafür benötigten Aufwendungen zu den Personalkosten wie jeder andere Entgeltbestandteil.[177] Fürsorge- und Entgeltkomponente freiwilliger Leistungen lassen sich so aber nicht voneinander trennen; ihre Zahlung erfolgt auch mit Rücksicht auf die Arbeitsleistung des Arbeitnehmers.[178]

Auch Leistungen, zu deren Erbringung oder Vereinbarung der Arbeitgeber sich aus freien Stücken entschließt, d.h. insbesondere Sozialleistungen im allgemeinen und Leistungen der betrieblichen Alterversorgung[179] im besonderen sind „Lohn" im Sinne des § 87 Abs. 1 Nr. 10 BetrVG.[180]

Eine Abgrenzung kann lediglich dahingehend erfolgen, daß ausgenommen vom Tatbestandsmerkmal „Lohn" alle Zahlungen sind, denen jeglicher Vergütungscharakter fehlt, die vielmehr einen reinen Aufwendungsersatz darstellen, wie

---

[175] Moll, Mitbestimmung S. 136; GK-Wiese § 87 Rn. 832.

[176] So für die Errichtung einer Sozialeinrichtung gem. § 87 Abs. 1 Nr. 8 BetrVG: BAG 18.3.1976 § 87 BetrVG 1972 Altersversorgung Nr. 4, Bl. 177.

[177] Moll, Mitbestimmung S. 87, 138; diese Einschätzung spiegelt etwa auch das Lohnsteuerrecht wider, vgl. ErfKomm-Hanau/Kania § 87 Rn. 96.

[178] BAG 12.6.1975 § 87 BetrVG 1972 Altersversorgung Nr. 1, Bl. 244; LAG Bremen 27.10.1978 AP § 87 BetrVG Lohngestaltung Nr. 1; Hanau Anm. zu BAG 18.3.1976 AP § 87 BetrVG 1972 Altersversorgung Nr. 4; ders. BB 1976, S. 91 ff., 96; ders. BB 1977, S. 350 ff., 351 f.; FKHE § 87 Rn. 406 f.; Richardi § 87 Rn. 804 f.; DKK-Klebe § 87 Rn. 243; HSG § 87 Rn. 459 f.; GK-Wiese § 87 Rn. 829.

[179] Soweit es sich um eine Direktversicherung handelt, die nicht über selbständige Rechtsträger aus einem zweckgebundenen Sondervermögen erbracht wird; in solchen Fällen wird die Generalklausel des § 87 Abs. 1 Nr. 10 BetrVG verdrängt durch die Spezialvorschrift des § 87 Abs. 1 Nr. 8 BetrVG; BAG 12.6.1975 AP BetrVG 1972 Altersversorgung Nr. 1; GK-Wiese § 87 Rn. 845; FKHE § 87 Rn. 407; MünchArbR-Matthes § 341 Rn. 17.

[180] GK-Wiese § 87 Rn. 845; FKHE § 87 Rn. 407; MünchArbR-Matthes § 341 Rn. 17; Richardi § 87 Rn. 809.

etwa die Erstattung von Kontoführungsgebühren, Übernachtungs- und Umzugskosten oder die Zahlung einer Kilometerpauschale für die dienstliche Nutzung des privaten PKW.[181]

II. Mitbestimmung bei der Entgelthöhe?

1. Keine Unterscheidung zwischen materiellen und formellen Arbeitsbedingungen

Bei der Frage der Mitbestimmung über die Entgelthöhe gelangt man in einen Bereich, der nach der zur Zeit der Geltung des Betriebsverfassungsgesetzes von 1952 überwiegenden Ansicht klar aus der Mitbestimmungsbefugnis des Betriebsrates ausgeklammert war. Unterschieden wurde zwischen formellen und materiellen Arbeitsbedingungen, wobei nur die formellen Arbeitsbedingungen mitbestimmt sein sollten. Die Entgelthöhe gehört dagegen zu den sog. materiellen Arbeitsbedingungen, die in das Verhältnis von Leistung und Gegenleistung des Arbeitsverhältnisses eingreifen und daher geeignet sind, auf die Entgeltpolitik Einfluß zu nehmen und die unternehmerische Entscheidungsfreiheit einzuschränken.[182]

Diese Unterscheidung ist für das Betriebsverfassungsgesetz von 1972 jedoch gegenstandslos geworden.[183] Der Katalog der Mitbestimmungsrechte des § 87 Abs. 1 BetrVG läßt sich nicht mehr nach der alten Unterscheidung kategorisieren, er enthält sowohl formelle als auch materielle Angelegenheiten. Es besteht somit durchaus die Möglichkeit, über die Mitbestimmung materieller Arbeitsbedingungen in die unternehmerische Entscheidungsfreiheit einzugreifen. Gerade diese Teilnahme des Betriebsrates auch an unternehmenspolitischen Entscheidungen ist vom Gesetzgeber im Rahmen der Voraussetzungen des § 87 Abs. 1 BetrVG gewollt.[184]

2. Kein Grundsatz der Mitbestimmungsfreiheit unternehmerischer Entscheidungen

Mit dem Argument, Fragen der Unternehmenspolitik seien insgesamt der Mitbestimmung zu entziehen, wird zum Teil gefordert, die Mitbestimmungsrechte des Betriebsrats unter den Vorbehalt unternehmerischer Entscheidungsfreiheit zu

---

[181] FKHE § 87 Rn. 409; DKK-Klebe § 87 Rn. 244, HSG § 87 Rn. 468; Richardi § 87 Rn. 807; MünchArbR-Matthes § 341 Rn. 14.

[182] FKHE § 87 Rn. 20; GK-Wiese § 87 Rn. 24 ff., HSG § 87 Rn. 12; DKK-Klebe § 87 Rn. 17; ErfKomm-Hanau/Kania § 87 Rn. 2.

[183] FKHE § 87 Rn. 20; GK-Wiese § 87 Rn. 34, HSG § 87 Rn. 12; DKK-Klebe § 87 Rn. 17; ErfKomm-Hanau/Kania § 87 Rn. 2; Richardi § 87 Rn. 34; BAG GS 3.12.1991 SAE 1993, S. 97 ff., 102.

[184] FKHE § 87 Rn. 22; GK-Wiese § 87 Rn. 955; Richardi ZfA 1976, S. 1 ff., 25, 42; Rüthers ZfA 1973, S. 399 ff., 418.

stellen.[185] Die Mitbestimmungsfreiheit der Entgelthöhe stellte sich dann möglicherweise als ein Ausschnitt einer solchen immanenten Schranke dar.[186] Es ist zum einen jedoch bereits unklar, inwieweit dieser Grundsatz mit der Tatsache in Übereinklang zu bringen ist, daß materielle Arbeitsbedingungen und damit auch Fragen der Unternehmenspolitik eindeutig vom Betriebsverfassungsgesetz 1972 erfaßt werden.[187] Zum anderen ist einzuwenden, daß auch Fragen der reinen Entgeltfindung bereits sozial- und unternehmenspolitische Gesichtspunkte und damit Fragen der Entgeltpolitik beinhalten.[188] Ein genereller Ausschluß der Mitbestimmung bei Fragen der Unternehmenspolitik ist damit aber kaum möglich, da er im Bereich der Entgeltfindung immer auch mitenthalten ist.[189] Der Versuch einer Abgrenzung birgt daher die Gefahr, daß entweder ein Zustand der Rechtsunsicherheit geschaffen würde, oder aber die obligatorische Mitbestimmung bei sozialen Angelegenheiten große Teile ihres Anwendungsbereiches verlöre.[190] Die Einschränkung der Gestaltungsfreiheit des Arbeitgebers ist gerade der Zweck dieser Mitbestimmungsrechte; die Interessen der Arbeitnehmer sollen bei allen Entscheidungen berücksichtigt werden.[191] Es ist daher nicht anzunehmen, daß der Gesetzgeber Fragen der Unternehmenspolitik insgesamt der Mitbestimmung des Betriebsrates entziehen wollte. Ein Vorbehalt unternehmerischer Entscheidungsfreiheit ist daher abzulehnen.[192]
Die Tatsache, daß das Betriebsverfassungsgesetz von 1972 Mitbestimmung sowohl bei materiellen Arbeitsbedingungen als auch im Bereich unternehmerischer Entscheidungen ermöglicht, hat zu dem Vorwurf geführt, § 87 BetrVG sei verfassungswidrig. Verletzt seien insbesondere die Art. 9 Abs. 3 Satz 1, 12 Abs. 1, 14 Abs. 1 und 2 Abs. 1 GG.[193] Es entspricht jedoch heute allgemeiner Ansicht, daß § 87 BetrVG trotz der Erstreckung auf diese Fragenkomplexe verfassungsgemäß ist.[194]

---

185 Lieb ZfA 1988 S. 413 ff., 431 f.; noch DR § 87 Rn. 28 ff.; Zöllner/Loritz § 47 III 4; Joost DB 1983, S. 1818ff., 1820; Reuter ZfA 1981, S. 165 ff., 178 ff.; ders. SAE 1987, S. 37 ff.
186 Lieb ZfA 1988 S. 413 ff., 431 f.
187 FKHE § 87 Rn. 22.
188 MünchArbR-Matthes § 341 Rn. 23 f.
189 Zu dem Aspekt der Rechtsunsicherheit bereits bei der Unterscheidung, welche Maßnahmen den formellen und welche den materiellen Arbeitsbedingungen zuzuordnen sind: BAG GS 3.12.1991 SAE 1993, S. 97 ff., 102.
190 FKHE § 87 Rn. 22; GK-Wiese § 87 Rn. 955; Richardi ZfA 1976, S. 1 ff., 42; ders. § 87 Rn. 924; Rüthers ZfA 1973, S. 399 ff., 418.
191 FKHE § 87 Rn. 556; Richardi § 87 Rn. 924.
192 BAG 31.8.1982 AP BetrVG 1972 Arbeitszeit Nr. 8; Richardi § 87 Rn. 42; FKHE § 87 Rn. 22; MünchArbR-Matthes § 341 Rn. 103; GK-Wiese § 87 Rn. 955.
193 Vgl. Moll Mitbestimmung S. 46.
194 Allgemeine Ansicht; BAG 13.3.1973 AP § 87 BetrVG 1972 Werkmietwohnungen Nr. 1; 16.12.1986 AP § 87 BetrVG 1972 Prämie Nr. 8; GS 3.12.1991 SAE 1993, S. 97 ff., 102;

3. Keine Mitbestimmung über die Entgelthöhe

Das Mitbestimmungsrecht des Betriebsrates bezieht sich auf alle Fragen der Lohngestaltung. Eine Eingrenzung hinsichtlich der Entgelthöhe läßt sich daher nicht als Teil generell mitbestimmungsfreier Fragenkomplexe und Vorbehalte vornehmen. Es sind jedoch die Grenzen des jeweiligen Mitbestimmungstatbestandes selbst zu beachten.[195] § 87 Abs. 1 Nr. 10 BetrVG bezieht sich ausdrücklich nur auf Fragen der Lohngestaltung im Sinne der Entlohnungsgrundsätze und Entlohnungsmethoden.[196] Hieraus wird deutlich, daß die Mitbestimmung nach § 87 Abs. 1 Nr. 10 BetrVG sich auf die Grundlagen der Entgeltfindung und nicht auf die Höhe des Entgeltes bezieht.[197] Sinn des Mitbestimmungsrechtes nach § 87 Abs. Nr. 10 BetrVG ist es also nicht, den Betriebsrat in die Lage zu versetzen, selbst Entgeltpolitik zu betreiben in dem Sinne, daß er die Höhe der Personalkosten mitbestimmt und diese über sein Initiativrecht und die Einschaltung der Einigungsstelle maßgeblich beeinflußt.[198] Das wäre mit der Verantwortung des Arbeitgebers für den wirtschaftlichen Erfolg des Unternehmens und seiner Verpflichtung, das Risiko für den Einsatz der Produktionsmittel zu tragen, nicht zu vereinbaren.[199]

Das Mitbestimmungsrecht des Betriebsrates nach § 87 Abs. 1 Nr. 10 BetrVG bezieht sich daher nach allgemeiner Ansicht nicht auf die Entgelthöhe.[200] Deren Regelung hat grundsätzlich im Wege freier Verhandlungen zu erfolgen, denn nur auf diesem Wege ist gewährleistet, daß das durch gegenseitiges Nachgeben je nach Verhandlungsstärke erhandelte Ergebnis das nach den Regeln des Marktes „richtige“ Ergebnis ist. Solche Bedingungen bietet der Tarifvertrag mit der Möglichkeit des Arbeitskampfes, daneben eingeschränkt auch die Privatautonomie in Gestalt des Einzelarbeitsvertrages.[201] Die im Betrieb gebotene Zwangsschlichtung mit ihrem Erfordernis, die beiderseitigen Belange angemes-

---

BVerfG 18.12.1985 AP § 87 BetrVG 1972 Arbeitszeit Nr. 15; FKHE § 87 Rn. 21, § 76 Rn. 2 m.w.N..

[195] MünchArbR-Matthes § 332 Rn. 3; FKHE § 87 Rn. 22; Richardi § 87 Rn. 42; BAG 31.8.1982 AP § 87 BetrVG 1972 Arbeitszeit Nr. 8.

[196] BAG 22.1.1980 AP BetrVG 1972 Lohngestaltung Nr. 3; GK-Wiese § 87 Rn. 809; Richardi § 87 Rn. 833.

[197] GK-Wiese § 87 Rn. 809.

[198] FKHE § 87 Rn. 433; MünchArbR-Matthes § 341 Rn. 4; Richardi § 87 Rn. 833.

[199] BAG GS 3.12.1991 SAE 1993, S. 97 ff., 100; FKHE § 87 Rn. 433; ErfKomm-Hanau/Kania § 87 Rn. 103.

[200] H.M. in Rechtsprechung und Literatur: BAG 29.3.1977 AP § 87 BetrVG 1972 Provision Nr. 1 und 22.1.1980 AP § 87 BetrVG 1972 Lohngestaltung Nr.3; FKHE § 87 Rn. 433; Hanau BB 1972, 499; ders. RdA 1973 , S. 281 ff., 282; HSG § 87 Rn. 474; MünchArbR-Matthes § 341 Rn. 4 f.; S/W § 87 Rn. 167; GK-Wiese § 87 Rn. 808; Richardi § 87 Rn. 832 jeweils m.w.N.; a.A. DKK-Klebe § 87 Rn. 241, 253 ff.; Moll Mitbestimmung, S. 188.

[201] BAG 22.1.1980 BB 1982, S. 432; GK-Wiese § 87 Rn. 809; Löwisch § 87 Rn. 112.

sen zu berücksichtigen, bedeutete dagegen eine Bindung, für deren Folgen der Arbeitgeber die Verantwortung zu tragen hätte, ohne daß sie mit vom unternehmerischen Risiko gedeckten wirtschaftlichen Realitäten unmittelbar korrespondierte. Darüber hinaus steht die betriebliche Zwangsschlichtung unter dem Gebot der vertrauensvollen Zusammenarbeit und der Friedenspflicht. Ein so zentraler Aspekt der gegenseitigen Verpflichtungen innerhalb eines Arbeitsverhältnisses wie die Entgelthöhe birgt jedoch ein nicht unerhebliches Konfliktpotential, das den betrieblichen Frieden empfindlich zu stören geeignet ist.
Die betriebliche Mitbestimmung ist kein Ersatzinstrument für den Tarifvertrag.[202] Zu denken ist auch an den Schutz der Koalitionen durch Art. 9 Abs. 3 GG, der durch eine diesbezügliche Kompetenz des Betriebsrates verletzt werden könnte.[203] Mitbestimmt nach § 87 Abs. 1 Nr. 10 BetrVG ist demnach das System der Entgeltfindung, die Festlegung des Verteilungsschlüssels, nicht dagegen die primär und vertraglich zu treffende Entscheidung, auf welchem Gesamtniveau dieses System anzusiedeln ist.[204]
Beide Entscheidungen nehmen zwar in gleichem Maße auf die Entgeltgerechtigkeit Einfluß.[205] Ebenso ist zu betonen, daß beide Aspekte Fragen der Entgeltpolitik darstellen. Auch bezüglich der Entgeltfindung stehen keine objektiven Kriterien zur Gewährleistung ihrer Richtigkeit zur Verfügung. Gerade weil diese objektiven Kriterien fehlen und Beurteilungsspielräume existieren, die der Arbeitgeber nicht allein ausfüllen soll, besteht das Mitbestimmungsrecht des § 87 Abs. 1 Nr. 10 und Nr. 11 BetrVG.[206] Der Betriebsrat betreibt damit aber durchaus Entgeltpolitik, gerade auch bei der Mitbestimmung der Entgeltfindung. Die Reichweite dieser Mitbestimmung im Gebiet der Entgeltpolitik muß dem Betriebsrat jedoch kraft gesetzlicher Anordnung ausdrücklich eröffnet sein.[207]
§ 87 Abs. 1 Nr. 10 BetrVG eröffnet der Mitbestimmung des Betriebsrats aber nur einen der beiden Aspekte, nämlich Entgeltgerechtigkeit nicht im Sinne eines gerechten Entgelts für eine bestimmte Arbeit, sondern als ein einsehbares und angemessenes Verhältnis der einzelnen Entgeltleistungen zueinander, das grundsätzlich auch dann erreicht werden kann, wenn dem Betriebsrat hinsichtlich der absoluten Entgelthöhe kein Mitbestimmungsrecht zusteht.[208]
Es ist daher auch unschädlich, wenn auch durch die Entscheidungen hinsichtlich der Entgeltfindung indirekt die Entgelthöhe beeinflußt wird. Dies ist nur Aus-

---

[202] Richardi § 87 Rn. 794.
[203] Richardi § 87 Rn. 833.
[204] Richardi § 87 Rn. 794; GK-Wiese § 87 Rn. 809; Galperin/Löwisch § 87 Rn. 218a.
[205] Richardi § 87 Rn. 794.
[206] Richardi ZfA 1976, S. 1 ff., 24.
[207] MünchArbR-Matthes § 341 Rn. 24.
[208] MünchArbR-Matthes § 333 Rn. 6.

fluß der dem Betriebsrat zugewiesenen Aufgaben. Die Mitbestimmung muß nicht kostenneutral sein.[209]

Die Geltung dieses Grundsatzes der Mitbestimmungsfreiheit der Entgelthöhe zeigt sich schließlich besonders deutlich anhand einer Gegenüberstellung der Nrn. 10 und 11 des § 87 Abs. 1 BetrVG. Die Formulierung des § 87 Abs. 1 Nr. 11 BetrVG läßt erkennen, daß die Mitbestimmung des Betriebsrates sich auch auf die Geldseite der dort erfaßten Entgelte erstrecken soll. Diese ausdrückliche Anordnung wäre nicht erforderlich, wenn sich die Mitbestimmung der Entgelthöhe allgemein für alle Fragen der Lohngestaltung bereits aus § 87 Abs. 1 Nr. 10 BetrVG ergäbe.[210] Die Ausweitung der Mitbestimmung im Bereich der Entgeltpolitik durch § 87 Abs. 1 Nr. 11 BetrVG gilt nur für die dort genannten engen Voraussetzungen und stellt eine für diesen Sonderfall getroffene Ausnahme des Grundsatzes mitbestimmungsfreier Entgelthöhe dar.[211]

III. Maßstab der Entlohnung als Mitbestimmungsgegenstand

Mitbestimmt sind nach § 87 Abs. 1 Nr. 10 BetrVG ausschließlich Maßnahmen, die sich auf die Entgeltfindung beziehen. Bei der Mitbestimmung nach Nr. 10 geht es dagegen nicht um die Ausgestaltung des Synallagmas, also das Verhältnis von Leistung und Gegenleistung und damit um die Frage, ob der Arbeitgeber die Entlohnung auch dann gewähren muß, wenn der Arbeitnehmer seine Leistung nicht erbringt.[212]

Die Leistung des Arbeitnehmers ist für das Mitbestimmungsrecht vielmehr nur insoweit von Bedeutung, als von ihr die von § 87 Abs. 1 Nr. 10 BetrVG ausschließlich erfaßte Lohngestaltung abhängt. Nicht die Gestaltung der Leistung an sich, nicht der Arbeitsablauf oder die Definition von Aufgaben und Leistungserwartungen wie etwa Funktionsbeschreibungen[213] ist per se der Mitbestimmung des Betriebsrats unterstellt. Die Berechtigung des Betriebsrats, die vom Arbeitnehmer zu erbringende Arbeitsleistung mitzugestalten, ergibt sich aus § 87 Abs. 1 Nr. 10 BetrVG vielmehr erst in dem Augenblick, in dem diese Leistung als Maßstab für die Entlohnung gewählt wird.[214]

---

[209] BAG 14.11.1974 AP BetrVG 1972 Nr. 1; GK-Wiese § 87 Rn. 811; MünchArbR-Matthes § 341 Rn. 63; Richardi ZfA 1976 S. 1 ff., 15; FKHE § 87 Rn. 418.

[210] BAG AP § 87 BetrVG 1972 Lohngestaltung Nr. 3; GK-Wiese § 87 Rn. 809; FKHE § 87 Rn. 433; MünchArbR-Matthes § 341 Rn. 5; Hanau BB 1977, S. 350 ff., 353.

[211] GK-Wiese § 87 Rn. 809; FKHE § 87 Rn. 433; Hanau BB 1977, S. 350 ff., 353; MünchArbR-Matthes § 341 Rn. 81.

[212] Vgl. Richardi § 87 Rn. 793.

[213] BAG 14.1.1986 AP § 87 BetrVG 1972 Lohngestaltung Nr. 21.

[214] Richardi § 87 Rn. 793; ErfKomm-Hanau/Kania § 87 Rn. 101; FKHE § 87 Rn. 430; DKK-Klebe § 87 Rn. 251; GK-Wiese § 87 Rn. 931; HSG § 87 Rn. 481.

Nicht mitbestimmt sind daher alle Maßnahmen, die keinen Bezug zu einer konkreten Vergütungsregelung aufweisen. Dazu gehört insbesondere die Festlegung der Bandgeschwindigkeit beim Akkordlohn[215], aber ebenso alle Maßnahmen, die lediglich der Information des Arbeitgebers dienen oder die wie die Zuteilung von Arbeitsgebieten für Außendienstmitarbeiter[216] der Entgeltgestaltung noch vorgelagert sind und daher dem Direktionsrecht des Arbeitgebers unterliegen.[217]

IV. Kollektiver Tatbestand

Die Mitbestimmung des § 87 Abs. 1 BetrVG in sozialen Angelegenheiten insgesamt betrifft in den meisten Fällen Angelegenheiten mit kollektivem Bezug. Nur in kollektiven Angelegenheiten hat der Betriebsrat in der Regel ein Mitbestimmungsrecht, nicht in Einzelfällen.[218] Unter Maßnahmen mit kollektivem Bezug sind alle Fälle zu verstehen, bei denen es sich inhaltlich um eine generelle Regelung handelt, die sich abstrakt auf den ganzen Betrieb oder eine Gruppe von Arbeitnehmern oder einen Arbeitsplatz, nicht aber auf den Arbeitnehmer persönlich bezieht. In diesen Fällen regeln die Betriebspartner die betreffende Angelegenheit in Form einer Betriebsvereinbarung oder einer Regelungsabrede. Mitbestimmungsfrei sind demnach Individualmaßnahmen zumindest dann, wenn nicht ausnahmsweise doch eine Mitbestimmung in diesen Einzelfällen vorgesehen ist, wie die dies etwa für § 87 Abs. 1 Nr. 5[219] und 9[220] BetrVG der Fall sein kann. Eine mitbestimmungsfreie Einzelmaßnahme liegt immer dann vor, wenn ausschließlich die Besonderheiten des konkreten Arbeitsverhältnisses im Hinblick auf gerade den einzelnen Arbeitnehmer betreffende Umstände Maßnahmen erfordern und bei einander ähnlichen Maßnahmen gegenüber mehreren Arbeitnehmern kein innerer Zusammenhang besteht.[221]

Daß so aber die Mitbestimmung in sozialen Angelegenheiten grundsätzlich auf kollektive Tatbestände beschränkt wird, ist durch die Konzeption des Betriebsverfassungsgesetzes gerechtfertigt. Nach dieser sollen die individuellen Interessen einzelner Arbeitnehmer primär nach Maßgabe der §§ 81 ff. BetrVG Berücksichtigung finden, die aber dem Betriebsrat lediglich eine Hilfsfunktion zuweisen (vgl. § 81 Abs. 4 Satz 3, § 82 Abs. 2 Satz 2, § 83 Abs. 1 Satz 2, § 84 Abs. 1

---

[215] FKHE § 87 Rn. 430; DKK-Klebe § 87 Rn. 251; GK-Wiese § 87 Rn. 931; ErfKomm-Hanau/Kania § 87 Rn. 101.

[216] BAG 16.7.1991 DB 1991, S. 2677.

[217] ErfKomm-Hanau/Kania § 87 Rn. 101.

[218] GK-Wiese § 87 Rn. 15 ff., FKHE § 87 Rn. 13 ff., a.A. Richardi § 87 Rn. 15 ff., insbesondere 21 ff.

[219] Urlaub für einzelne Arbeitnehmer, vgl. dazu FKHE § 87 Rn. 13.

[220] Zuweisung und Kündigung von Werkswohnungen, vgl. dazu GK-Wiese § 87 Rn. 19.

[221] BAG GS 3.12.1991 SAE 1993, S. 97 ff., 107; GK-Wiese § 87 Rn. 15 ff., 33; FKHE § 87 Rn. 15, 410; DKK-Klebe § 87 Rn. 16, 242; ErfKomm-Hanau/Kania § 87 Rn. 99.

Satz 2, § 85 BetrVG). Die Vertragsfreiheit der Arbeitnehmer bleibt in diesen individuellen Angelegenheiten damit aber unangetastet. Bei kollektiven Tatbeständen dagegen steht der umfassende Schutz der betroffenen Arbeitnehmer und die Verwirklichung der gleichberechtigten Teilhabe beider Seiten im Vordergrund. Hier können im Gegensatz zu Individualvereinbarungen die Interessen der Arbeitnehmer angemessen nur gemeinsam durch den Betriebsrat wahrgenommen werden.[222]

Auch von § 87 Abs. 1 Nr. 10 BetrVG wird nur erfaßt die Festlegung kollektiver allgemeiner Regelungen für die Entlohnung.[223] Es geht um die um die Grundlagen der Entgeltfindung, die auch als Strukturformen des Entgeltes und seine näheren Vollziehungsformen bezeichnet werden. Erfaßt werden soll die Ausformung des jeweiligen Entlohnungssystems und damit die Festlegung derjenigen Elemente, die dieses System im einzelnen ausgestalten und es zu einem in sich geschlossenen System machen.[224]

Die Vergütung im Einzelfall ist damit von der Vorschrift nicht erfaßt. Dem kollektiven Tatbestand wird jedoch nach allgemeiner Ansicht ein umfassendes Verständnis zugrundegelegt.[225] Dabei wird die Abgrenzung zwischen kollektiven Regelungen und individueller Entgeltgestaltung nicht allein quantitativ bestimmt. Die Anzahl der betroffenen Arbeitnehmer ist nur ein Indiz für eine kollektive Regelung. Es sind generelle Regelungen denkbar, die nur wenige oder sogar nur einen Arbeitnehmer betreffen.[226] Um einen kollektiven Tatbestand handelt es sich vielmehr bereits dann, wenn Grund und Höhe der Zahlungen von allgemeinen Merkmalen abhängig gemacht werden, die theoretisch von einer Mehrzahl der Arbeitnehmer des Betriebes erfüllt werden können, unabhängig davon, wieviele Arbeitnehmer tatsächlich betroffen sind.[227]

Ein solches Merkmal ist immer die Leistung als solche, da dieses Kriterium notwendig den Vergleich mit der Leistung anderer Arbeitnehmer voraussetzt. Dies gilt auch dann, wenn bei einzelnen Arbeitnehmer auf unterschiedliche Leistungen abgestellt wird. Auch wenn Zahlungen sich an der Anzahl von Fehlzeiten, der Dauer der Betriebszugehörigkeit oder nach allgemeinen Erwägungen

---

[222] GK-Wiese § 87 Rn. 24 ff.; HSG § 87 Rn. 18; a.A. Richardi § 87 Rn. 15 ff.

[223] FKHE § 87 Rn. 410; DKK-Klebe § 87 Rn. 242.

[224] Ständige Rechtsprechung des BAG, vgl. BAG 22.1.1980 und 31.1.1984 AP § 87 BetrVG 1972 Lohngestaltung Nr. 3 und Nr. 15; BAG 14.12.1993 DB 1994, 1573; DKK-Klebe § 87 Rn. 242; GK-Wiese § 87 Rn. 814.

[225] BAG GS 3.12.1991 SAE 1993, S. 97 ff., 107; FKHE § 87 Rn. 411; Richardi § 87 Rn. 815; DKK-Klebe Rn. 242; GK-Wiese § 87 Rn. 814; ErfKomm-Hanau/Kania § 87 Rn. 99; a.A. HSG § 87 Rn. 470 a; Kraft S. 207 ff., 220.

[226] BAG GS 3.12.1991 SAE 1993, S. 97 ff., 107; FKHE § 87 Rn. 411; Richardi § 87 Rn. 815.

[227] BAG GS 3.12.1991 SAE 1993, S. 97 ff., 107; FKHE § 87 Rn. 412; ErfKomm-Hanau/Kania § 87 Rn. 99.

sozialer Art, die mehrere Arbeitnehmer betreffen können, vergeben werden, liegt ein kollektiver Tatbestand vor.[228]
Ein kollektiver Tatbestand ist dabei auch dann gegeben, wenn der Arbeitgeber sich nicht selbst binden und gerade keine allgemeine Regelung will, sondern mit einer Vielzahl von Arbeitnehmern jeweils vermeintlich individuelle Vereinbarungen über eine bestimmte Vergütung trifft. Mit einer solchen Vorgabe, keine allgemeine Regelung zu wollen, könnte jedes Mitbestimmungsrecht des Betriebsrats ausgeschlossen werden. Liegt aber ein kollektiver Tatbestand vor, bedarf dieser einer mitbestimmten und allgemeinen Regelung durch den Betriebsrat.[229]
Ein mitbestimmungsfreier Einzelfall wird dagegen etwa angenommen, wenn für die Entgeltbemessung der Wunsch des einzelnen Arbeitnehmers maßgebend ist, der steuerliche Nachteile vermeiden will[230] oder wenn ein bestimmter, konkret von einem anderen Arbeitsangebot umworbener Arbeitnehmer nur gegen eine Vergütung, die über derjenigen vergleichbarer Arbeitskollegen liegt, zum Abschluß eines Arbeitsvertrages oder zum Verbleib bewogen werden kann.[231]

V. Entlohnungsgrundsätze und Entlohnungsmethoden

Der Begriff der betrieblichen Lohngestaltung wird in § 87 Abs. 1 Nr. 10 BetrVG beispielhaft erläutert durch die Tatbestände „Entlohnungsgrundsätze" und „Entlohnungsmethoden". Dabei fragt es sich, ob und inwieweit sich beide Tatbestände voneinander abgrenzen lassen.

1. Allgemeine Problematik

a) Abgrenzung der Tatbestände

Zunächst handelt es sich bei den in § 87 Abs. 1 Nr. 10 BetrVG genannten Entlohnungsgrundsätze um die übergeordneten allgemeinen Vorschriften, nach denen die gesamte Entlohnung für den Betrieb, für bestimmte Betriebsabteilungen oder Gruppen von Arbeitnehmern geordnet wird.[232] Es handelt sich dabei um Systeme, nach denen das Arbeitsentgelt bemessen werden soll und um ihre Ausformung.[233] Die Aufstellung von Entlohnungsgrundsätzen bedeutet also die pri-

---

[228] BAG 14.6.1994 BB 1995, S. 825 ff., 826; FKHE § 87 Rn. 412; S/W Rn. 166a.
[229] BAG 17.12.1985 AP § 87 BetrVG 1972 Tarifvorrang Nr. 5; 14.6.1994 BB 1995, S. 825 ff., 826.
[230] FKHE § 87 Rn. 413.
[231] ErfKomm-Hanau/Kania § 87 Rn. 99.
[232] BAG 29.3.1977 AP § 87 BetrVG 1972 Provision Nr. 1; GK-Wiese § 87 Rn. 898; FKHE § 87 Rn. 416; ErfKomm-Hanau/Kania § 87 Rn. 100; Richardi ZfA 1976, S. 1 ff., 8; Moll, Mitbestimmung S. 26.
[233] BAG 29.3.1977 AP § 87 BetrVG 1972 Provision Nr. 1; BAG 10.7.1979 AP § 87 BetrVG 1972 Lohngestaltung Nr. 2; DKK-Klebe § 87 Rn. 246.

märe Entscheidung für bestimmte Vergütungssysteme.[234] Entschieden werden muß etwa, ob im Zeitentgelt oder im Leistungsentgelt gearbeitet werden soll, im letzteren Fall, ob im Akkord- oder im Prämienlohn oder in anderen leistungsbezogenen Entgeltformen.
Zum Entlohnungsgrundsatz können auch Fragen geordnet werden wie die Festlegung des Zeitraumes der Entgeltfindung (Monat, Tag, Schicht, Stunde), sowie die Anzahl der Entgeltzahlungszeiträume (z.B. 13. Monatsgehalt).[235]

Mit dem Begriff der Entlohnungsmethode dagegen wird die Art und Weise erfaßt, wie der gewählte Entlohnungsgrundsatz nun durchgeführt wird. Es geht hier um die Bewertung der Arbeitsleistung für die Entgeltgestaltung im Rahmen der vorher festgelegten Entlohnungsgrundsätze.[236] Eine Abgrenzung zum Entlohnungsgrundsatz kann nun insbesondere im Bereich der Ausformung eines Entgeltes schwierig sein.[237] Das Bundesarbeitsgericht nimmt deshalb eine Differenzierung gar nicht vor, sondern erfaßt die Mitbestimmung des § 87 Abs. 1 Nr. 10 BetrVG unter dem Aspekt des umfassenden Tatbestandes des betrieblichen Lohngestaltung. Dementsprechend wendet es zumeist die hierfür entwickelte Formel an, daß es um die Strukturformen des Entgeltes einschließlich seiner näheren Vollziehungsformen gehe.[238] Zuweilen wird daraus auch in der Literatur geschlossen, auch die Fragen der Bewertung der Arbeitsleistung gehörten noch zum Entlohnungsgrundsatz.[239]
Dieses letzte Vorgehen erscheint jedoch als nicht gerechtfertigt. Anders als über die Entlohnungsmethoden erscheint eine Bewertung der Arbeitsleistung als nicht möglich. Ist das Vorgehen der Rechtsprechung auch unter dem Gesichtspunkt der fehlenden Differenzierung durchaus zu kritisieren, so ist ihr doch darin zuzustimmen, daß nicht der Entlohnungsgrundsatz der umfassende Tatbestand des § 87 Abs. 1 Nr. 10 BetrVG ist, sondern die Fragen der betrieblichen Lohngestaltung. Erst Entlohnungsgrundsatz und Entlohnungsmethoden zusammen ergeben die endgültige Struktur der Vergütungsform. Eine Entgeltfindung erfordert dabei immer auch methodische Überlegungen, die durchaus innerhalb ein und desselben Entlohnungsgrundsatzes variieren und dessen Struktur verändern

---

[234] GK-Wiese § 87 Rn. 898; FKHE § 87 Rn. 417; ErfKomm-Hanau/Kania § 87 Rn. 100.
[235] GK-Wiese § 87 Rn. 901.
[236] GK-Wiese § 87 Rn. 921; v.Hoyningen-Huene S. 280; Moll Mitbestimmung S. 27; Löwisch § 87 Rn. 118; ErfKomm-Hanau/Kania § 87 Rn. 101.
[237] BAG 29.3.1977 AP § 87 BetrVG 1972 Provision Nr. 1; BAG 10.7.1979 AP § 87 BetrVG 1979 Lohngestaltung Nr. 2; Richardi ZfA 1976, S. 1 ff., 8/9; Rumpff AuR 1972, S. 65 ff., 67 f.; FKHE § 87 Rn. 432; DKK-Klebe § 87 Rn. 249; Moll Mitbestimmung S. 146.
[238] Vgl. BAG 22.1.1980 und 31.1.1984 AP § 87 BetrVG 1972 Lohngestaltung Nr. 3 und Nr. 15; BAG 14.12.1993 DB 1994, 1573.
[239] Richardi § 87 Rn. 818.

können. Sobald sich eine Variation aber aus einer unterschiedlichen Durchführung des feststehenden Entlohnungsgrundsatzes ergibt, kann diese Entscheidung nicht anders als den Entlohnungsmethoden zugeordnet werden. Will man hier aber keine willkürliche Grenze ziehen, die allzu beliebige Interpretationsspielräume zuließe, erscheint es sinnvoll, alle Entscheidungen, die über die primäre Festlegung der Vergütungsform hinausgehen und die sich der Bewertung der Arbeitsleistung für die Entgeltgestaltung im Rahmen der vorher festgelegten Entlohnungsgrundsätze zuwenden, den Entlohnungsmethoden zuzuordnen. Zu denken ist hier etwa beim Akkordlohn an die Festlegung der Methode für die Bestimmung der Akkordvorgabe, also die Entscheidung für ein Aushandeln, ein Schätzen oder ein arbeitswissenschaftliches System.[240] Bei Leistungsbeurteilungen ist z.B. das nähere Procedere des Beurteilungsvorgangs den Entlohnungsmethoden zuzuordnen.[241]

Entgegen der in Rechtsprechung[242] und zuweilen auch Literatur[243] zu beobachtender Ungenauigkeit ist auf diese Weise auch eine genaue Subsumtion unter die einzelnen Tatbestände des § 87 Abs. 1 Nr. 10 BetrVG möglich. Zugleich rückt dadurch jedoch auch die genaue Bedeutung der einzelnen Tatbestandsmerkmale in den Mittelpunkt.

b) Der Begriff der „Anwendung"

aa) Problemaufriß

Das Mitbestimmungsrecht des § 87 Abs. 1 Nr. 10 BetrVG bezieht sich über die Einführung hinaus auch auf die „Anwendung von neuen Entlohnungsmethoden". Was unter „Anwendung" der Entlohnungsmethoden zu verstehen ist, wird nicht einheitlich beurteilt. Zum einen wird darunter die Gesamtheit aller Maßnahmen verstanden, die im Hinblick auf die geplante Anwendung der neuen Entlohnungsmethoden getroffen werden.[244] Das Mitbestimmungsrecht des Betriebsrates soll danach nicht beschränkt sein auf die Ausgestaltung der Grundsätze und des Verfahrens, sondern auch gegeben sein bei deren Praktizierung, d.h. bei der praktischen Durchführung der zuvor festgelegten Regelungen.

Zum anderen wird unter „Anwendung" der Entlohnungsmethoden lediglich soviel wie die „Handhabung" der einmal gewählten Entlohnungsmethode verstanden, die dem Umstand Rechnung trage, daß auch bei der Wahl einer bestimmten

---

[240] Vgl. oben § 2 B. I. und unten § 3 A. V. 2. b) aa) (2); Richardi § 87 Rn. 825.

[241] Vgl. oben § 2 B. III. und unten § 3 A. V. 2. b) cc) (2); Richardi § 87 Rn. 825; GK-Wiese § 87 Rn. 937.

[242] Vgl. BAG 22.1.1980 und 31.1.1984 AP § 87 BetrVG 1972 Lohngestaltung Nr. 3 und Nr. 15; BAG 14.12.1993 DB 1994, 1573.

[243] Etwa FKHE § 87 Rn. 432; DKK-Klebe § 87 Rn. 249.

[244] GK-Wiese § 87 Rn. 937; DKK-Klebe § 87 Rn. 252; Richardi § 87 Rn. 828, 884.

Entlohnungsmethode, möge sie noch so bis in die Einzelheiten bestimmt sein, immer wieder Fragen aufträten, die durch eine Auslegung oder Weiterentwicklung der gewählten Methode gelöst werden müßten.[245] Nach dieser Ansicht wird von § 87 Abs. 1 Nr. 10 also nur die Regelung der Grundsätze und des Verfahrens einer Entgeltform erfaßt, nicht aber die tatsächliche Durchführung dieses Verfahrens.
Beide Ansichten betonen, daß die Anwendung der Entlohnungsmethoden in Nr. 10 lediglich eine generelle Anwendung umfasse, und es nicht möglich sei, auf diesem Wege das Erfordernis eines kollektiven Tatbestandes zu umgehen und zu einer Mitbestimmung des Einzelfalles zu gelangen.[246]

Die Frage, welcher Ansicht zuzustimmen ist, läßt sich nicht beantworten, ohne zugleich auch eine Aussage über die Reichweite des Tatbestandes von § 87 Abs. 1 Nr. 10 BetrVG zu treffen; es geht darum, ob sich die Mitbestimmung nach dieser Vorschrift auf die praktische Durchführung der gewählten Methoden erstreckt oder nicht.
Problematisch erscheint hier aber, was unter der „praktischen Durchführung" der Entlohnungsmethoden zu verstehen ist. Es fragt sich, inwieweit genau die Reichweite des Tatbestands der Nr. 10 durch den Streitentscheid berührt ist, wie weitreichend also die Konsequenzen sind, die die Entscheidung für die eine oder die andere Ansicht im einzelnen nach sich zieht. Dafür ist zu klären, welche genauen Mitbestimmungsinhalte dem Tatbestandsmerkmal der „Anwendung" der Entlohnungsmethoden zugeordnet werden können, wenn diesem die Bedeutung einer praktischen Durchführung zukommen soll.
Das Bundesarbeitsgericht hat sich zur Bedeutung des Tatbestandsmerkmals der „Anwendung" der Entlohnungsmethoden bislang nicht geäußert. Wie bereits erwähnt, nimmt es insgesamt bei der Mitbestimmung nach § 87 Abs. 1 Nr. 10 BetrVG keine Unterscheidung innerhalb der einzelnen Tatbestände und Tatbestandsmerkmale vor, sondern geht nach der Formel vor, daß es um die Strukturformen des Entgeltes einschließlich seiner näheren Vollziehungsformen gehe. Zur Entscheidung nach § 87 Abs. 1 Nr. 10 BetrVG über den Entlohnungsgrundsatz und die Entlohnungsmethoden gehöre etwa bei einem leistungsbezogenen Entgelt die Ausformung des einzelnen Entlohnungssystems und damit die Festlegung aller derjenigen Elemente, die ein Vergütungssystem im einzelnen aus-

---

[245] Löwisch DB 1973 S. 1746 ff., 1748; ders. § 87 Rn. 121; ErfKomm-Hanau/Kania § 87 Rn. 102; HSG § 87 Rn. 504; Moll Mitbestimmung S. 145; MünchArbR-Matthes § 341 Rn. 67.
[246] GK-Wiese § 87 Rn. 937; DKK-Klebe § 87 Rn. 252; HSG § 87 Rn. 504; Moll Mitbestimmung S. 28, 145; MünchArbR-Matthes § 341 Rn. 67; Hanau BB 1977, S. 350 ff., 355; Richardi § 87 Rn. 31; vgl. auch BAG 17.12.1980 AP § 87 BetrVG 1972 Lohngestaltung Nr. 4.

gestalteten und zu einem in sich geschlossenen System machten, das sich zu anderen Möglichkeiten der Gewährung leistungsbezogener Entgelte abgrenzen lasse.[247]

So ist insbesondere auf die Mitbestimmung beim Prämienlohn zu verweisen. Nach Ansicht des Bundesarbeitsgerichtes sind hier bereits nach Nr. 10 weitgehende Entscheidungen zu treffen. Die ganz herrschende Literaturmeinung hat sich dieser Ansicht mit Differenzierungen in den Einzelheiten angeschlossen, soweit jedenfalls die Leistungsseite des Prämienlohnes erfaßt sein soll.[248] Mitbestimmt sein soll demnach bereits nach Nr. 10 zuweilen die Prämienlinie als die Leistungsseite der Prämienkurve[249], jedenfalls aber ganz überwiegend die Prämienausgangsleistung als Anfangspunkt dieser Linie.[250]

Bemerkenswert an dieser Ansicht ist für die hier zu entscheidende Frage, daß zugleich als Teil der Entlohnungsmethode nicht nur die Entscheidung darüber angesehen wird, wie die tatsächlich erbrachte Leistung ermittelt, sondern gerade auch, nach welchem Verfahren die Prämienausgangsleistung als Leistungsvorgabe ermittelt und festgelegt werden soll.[251]

Wenn aber sowohl die Methoden für die Festlegung eines Leistungselements als auch die Festlegung dieses Elements selbst nach § 87 Abs. 1 Nr. 10 BetrVG mitbestimmt sein sollen, liegt es nahe, die Festlegung des Elements als praktische Durchführung der Methode unter das Tatbestandsmerkmal der „Anwendung" der Entlohnungsmethoden zu fassen.[252]

Damit könnte die Entscheidung des Streits über die Bedeutung des Tatbestandsmerkmals der „Anwendung" der Entlohnungsmethode Bedeutung erlangen für die Frage, inwieweit die Ausgestaltung insbesondere eines Leistungsentgeltes überhaupt der Mitbestimmung nach § 87 Abs. 1 Nr. 10 BetrVG unterfallen soll. Möglicherweise ist die Schlußfolgerung zu ziehen, daß nur dann konse-

---

[247] Zuerst LAG Hamm 14.5.1976 EzA § 87 BetrVG 1972 Leistungslohn Nr. 1; BAG 10.7.1979 AP § 87 BetrVG 1972 Lohngestaltung Nr. 2; 30.3.1982 AP § 87 BetrVG 1972 Lohngestaltung Nr. 10; 13.9.1983 AP § 87 BetrVG 1972 Prämie Nr. 3; 13.3.1984 und 26.7.1988 AP § 87 BetrVG 1972 Provision Nrn. 4 und 6.

[248] GK-Wiese § 87 Rn. 907; Richardi § 87 Rn. 887 f.; FKHE § 87 Rn. 424, 513; ErfKomm-Hanau/Kania § 87 Rn. 125; S/W § 87 Rn. 182; Lieb ZfA 1988, S. 413 ff.; Löwisch § 87 Rn. 140; a.A. allein HSG § 87 Rn. 501, 557; vgl. die ausführliche Darstellung unter Einbeziehung der weitergehenden Ansicht des BAG unten 1. Teil § 3 A. V. 2. b) bb).

[249] GK-Wiese § 87 Rn. 907; Lieb ZfA 1988 S. 413 ff., 423; S/W § 87 Rn. 182; Richardi § 87 Rn. 887, 888; Löwisch § 87 Rn. 140.

[250] Wie vorstehend und zudem FKHE § 87 Rn. 513; ErfKomm-Hanau/Kania § 87 Rn. 101.

[251] Richardi § 87 Rn. 889; GK-Wiese § 87 Rn. 926; FKHE § 87 Rn. 431; Löwisch § 87 Rn. 119; ErfKomm-Hanau/Kania § 87 Rn. 101.

[252] Diesen Schluß zieht auch Moll, Mitbestimmung S. 59, der die Entscheidung über die Prämienausgangsleistung dann aber konsequent Nr. 11 zuweist und sich für die „Anwendung" der Ansicht anschließt, sie erfasse nur die Handhabung, s. a.a.O. S. 145.

quent von einer Auslegung des Tatbestandsmerkmals im Sinne einer „Handhabung“ ausgegangen werden kann, wenn zugleich auch der Kreis der nach Nr. 10 BetrVG mitbestimmbaren Entscheidungen in entsprechender Weise verkleinert wird. Wer aber der Ansicht zuneigt, etwa die Ausgangsleistung des Prämienlohns sei nach Nr. 10 mitbestimmt, müßte sich auch bezüglich der Auslegung des Tatbestandsmerkmals der „Anwendung“ zu der Bedeutung einer praktischen Durchführung bekennen.
Es fragt sich, ob sich hier Einwände vorbringen lassen, nach denen diese Schlußfolgerung angezweifelt werden müßte.

bb) Strukturentscheidungen ohne Anwendung der Methoden?
Zunächst könnte man die Ansicht vertreten, die genaue Reichweite der Mitbestimmung nach Nr. 10 entscheide sich bereits im Rahmen des Entlohnungsgrundsatzes oder der Entlohnungsmethoden für die endgültige Festlegung der Struktur, ohne daß man aus diesem Grund Konsequenzen bezüglich des Tatbestandsmerkmals der „Anwendung“ der Entlohnungsmethoden ziehen müßte.
Diese Ansicht wird durch das Vorgehen der Rechtsprechung durchaus befördert, die eine Differenzierung und Subsumtion unter einzelne Tatbestandsmerkmale unterläßt. An der Konsequenz des soeben Dargestellten ändert sich dadurch jedoch nichts; es erscheint konstruiert, die Anwendung einer Entlohnungsmethode von § 87 Abs. 1 Nr. 10 BetrVG erfaßt zu sehen, ohne dieses Vorgehen dann auch unter das entsprechende Tatbestandsmerkmal zu subsumieren. Die offensichtlich angenommene Reichweite des Tatbestandes von Nr. 10 läßt sich nicht relativieren, indem man einem Tatbestandsmerkmal die entsprechende Bedeutung verweigert.
Auch ein Vorgehen, welches bestimmte Entscheidungen, die nur unter Anwendung einer Entlohnungsmethode getroffen werden können, dem Entlohnungsgrundsatz zuordnet und dann darauf verweist, das Tatbestandsmerkmal der „Anwendung“ beziehe sich nur auf die Entlohnungsmethoden[253], verfängt nicht. Nicht der Entlohnungsgrundsatz ist der umfassende Tatbestand des § 87 Abs. 1 Nr. 10 BetrVG, sondern die Fragen der betrieblichen Lohngestaltung. Erst Entlohnungsgrundsatz und Entlohnungsmethoden zusammen ergeben die endgültige Struktur der Vergütungsform. Es läßt sich daher nicht einwenden, nur die Anwendung der Entlohnungsmethoden sei erfaßt, nicht aber die Anwendung des Entlohnungsgrundsatzes. Die entsprechende Gesetzesformulierung erscheint vielmehr als besonders treffend, kann doch nur die Entlohnungsmethode unter Beachtung der Vorgaben des Entlohnungsgrundsatzes angewendet werden. Die

[253] Widersprüchlich GK-Wiese § 87 Rn. 908, 926, 1003.

Anwendung von Entlohnungsgrundsätzen ist demnach der Sache nach im Begriff der Entlohnungsmethoden bereits enthalten.[254]
Möglicherweise läßt sich aber aus dieser Erkenntnis allein keine Entscheidung über die Bedeutung des Tatbestandsmerkmals der „Anwendung" neuer Entlohnungsmethoden herleiten. Der Reichweite des § 87 Abs. 1 Nr. 10 BetrVG selbst könnten andere Grenzen gesetzt sein, die eine Entscheidung im Hinblick auf das Tatbestandsmerkmal der „Anwendung" neuer Entlohnungsmethoden vorwegnehmen. Zu denken ist hier insbesondere an das Verhältnis von § 87 Abs. 1 Nr. 10 zu § 87 Abs. 1 Nr. 11 BetrVG.
Für den Fall aber, daß Entscheidungen, die wie die Festlegung der Leistungsseite eines Leistungsentgeltes nicht anders als in Durchführung eines bestimmten Verfahrens getroffen werden können, der Mitbestimmung nach § 87 Abs. 1 Nr. 10 BetrVG nicht aus anderen Gründen zu entziehen sind, sind diese Entscheidungen dem Tatbestandsmerkmal der „Anwendung" der Entlohnungsmethoden zuzuordnen.

cc) Verhältnis zu § 87 Abs. 1 Nr. 11 BetrVG

In der Literatur wird von den Vertretern der Ansicht, die „Anwendung" der Entlohnungsmethoden bedeute deren praktische Durchführung, darauf verwiesen, daß diese Auslegung besondere Bedeutung für die Mitbestimmung des Zeitentgeltes und des Leistungsentgeltes erlange, soweit es nicht von § 87 Abs. 1 Nr. 11 BetrVG erfaßt sei.[255] Es fragt sich daher, inwieweit § 87 Abs. 1 Nr. 11 BetrVG auf die Reichweite der Mitbestimmung nach § 87 Abs. 1 Nr. 10 BetrVG Einfluß nehmen kann.
In § 87 Abs. 1 Nr. 11 BetrVG wird klargestellt, daß der Betriebsrat bei der Festsetzung der Akkord- und Prämiensätze und vergleichbarer leistungsbezogener Entgelte und damit bei der Festlegung aller Bezugsgrößen eines leistungsbezogenen Entgeltes im Sinne dieser Vorschrift mitzubestimmen hat, einschließlich der sog. Geldfaktoren.[256] Insbesondere in älterer Literatur wird dabei darauf verwiesen, daß die Entlohnungsmethoden hier der Festsetzung der Akkord- und Prämiensätze gegenüberständen. Dabei halte sich Nr. 10 im Grundsätzlichen und Nr. 11 im Konkreten; während nach Nr. 10 festzulegen sei, wie ein bestimmtes Entgeltsystem durchzuführen sei, gebe erst Nr. 11 im Falle seiner Ein-

[254] Ebenso Moll, Mitbestimmung S. 146.
[255] Richardi § 87 Rn. 828; GK-Wiese § 87 Rn. 937.
[256] BAG 29.3.1977 AP § 87 BetrVG 1972 Provision Nr. 1; FKHE § 87 Rn. 485; GK-Wiese § 87 Rn. 962; DKK-Klebe § 87 Rn. 268; Richardi § 87 Rn. 944; MünchArbR-Matthes § 341 Rn. 76; S/W § 87 Rn. 189a; vgl. auch BT-Drucks. VI/1786, S. 49.

schlägigkeit ein Mitbestimmungsrecht auch bei der dann erfolgenden tatsächlichen Durchführung.[257]
Möglicherweise kann deshalb der „Anwendung" der Entlohnungsmethoden in Nr. 10 nicht die Bedeutung einer praktischen Durchführung beigemessen werden, da dieser Begriff so mit der „Festsetzung der Akkord- und Prämiensätze" in Nr. 11 kollidierte. Offen ist, wie sich beide Begriffe in ihren Anwendungsbereichen gegeneinander abgrenzen lassen.

(1) Grenzziehung nach dem „Einzelfall"?
Hier wird nun für die Ausgangsleistung des Prämienlohnes eine Ansicht vertreten, nach der diese nur im Ausnahmefall – und im Unterschied zu der Normalleistung des Akkordlohnes, bei dem dies die Regel sei - für Arbeitnehmer oder Arbeitnehmergruppen „im Einzelfall" etwa im Zuge einer Schätzung ermittelt werden müsse und nur dann Nr. 11 unterfiele, ansonsten aber bereits nach Nr. 10 mitbestimmt werden könne.[258] In eine ähnliche Richtung geht die Äußerung, die Mitbestimmung nach § 87 Abs. 1 Nr. 10 BetrVG beziehe sich im Gegensatz zu der nach Nr. 11 nur auf allgemeine Regelungen.[259]
Dazu ist zunächst zu bemerken, daß auch nach § 87 Abs. 1 Nr. 11 BetrVG eine andere als eine allgemeine Regelung nicht zulässig ist. Auch die Festsetzung der Akkord- und Prämiensätze nach Nr. 11 stellt eine allgemeine, kollektive Regelung dar, die die individuelle Entgeltberechnung für den einzelnen Akkordarbeiter nicht umfaßt.[260] Von einer unzulässigen Anwendung im Einzelfall gehen zwar alle Ansichten aus, diese ist jedoch nicht gleichbedeutend mit der Abgrenzung von § 87 Abs. 1 Nr. 10 und Nr. 11 BetrVG. Die Frage nach einer Anwen-

---

[257] Richardi ZfA 1976 S. 1 ff., 25; Rumpff AuR 1972, S. 65 ff., 71; Moll Mitbestimmung S. 28.
[258] Löwisch ZHR 139 (1975), S. 362 ff., 376; ders. § 87 Rn. 140; die in ZHR 139 a.a.O. zitierten Dietz/Gaul/Hilger S. 245 beziehen sich m.E. allein auf die Wahl der Bezugsbasis des Prämienlohnes als Teil der damals nach § 56 Abs. 1 lit. h) BetrVG 1952 mitbestimmten Entscheidung und nicht auf die Festsetzung eines konkreten Ausgangswertes, dessen Festsetzung nach dieser Vorschrift in Ermangelung eines entsprechenden Tatbestandsmerkmals nicht erfolgen konnte. Löwisch meint dagegen in ZHR 139 a.a.O. die konkrete und tatsächliche „Normalleistung" des Prämienlohnes und setzt sie auch zunächst mit der des Akkordlohnes gleich.
[259] Löwisch DB 1973 S. 1746 ff., 1748.
[260] Schriftl. Bericht des Bundestagsausschusses für Arbeit und Sozialordnung zum BetrVG zu BT-Drucks. VI/2729, S. 29; vgl. auch Moll Mitbestimmung S. 31/32, 144; statt vieler auch Dietz/Gaul/Hilger S. 195-197; die gleiche Aussage treffen letztlich Äußerungen, die betonen, nur die Änderung des Akkordsatzes, nicht aber der Wechsel des Akkordarbeitsplatzinhabers löse das Mitbestimmungsrecht erneut aus: Löwisch § 87 Rn. 138; ErfKomm-Hanau/Kania § 87 Rn. 121.

dung im Einzelfall gilt es daher unabhängig von dieser Abgrenzung zu entscheiden.
Möglicherweise aber muß man für eine Grenzziehung zwischen Nr. 10 und Nr. 11 von der Vorstellung ausgehen, daß es gleichsam zwei verschiedene Qualitäten der Ausgangsleistung des Prämienlohns gibt, die zwar beide allgemein sind, von denen aber nur eine auch für Nr. 10 tauglich ist, die andere dagegen nicht. Offensichtlich soll es darauf ankommen, ob mehrere Personen von der Maßnahme in gleicher Weise erfaßt werden oder nur eine einzige Gruppe oder ein einziger Arbeitnehmer.[261]
Eine solche Differenzierung innerhalb der Leistungsseite ein und desselben Leistungsentgeltes erscheint jedoch problematisch. Als wichtigstes Gegenargument läßt sich hier anführen, daß für die Annahme einer solchen Unterteilung keine Anhaltspunkte in § 87 Abs. 1 Nr. 10 oder Nr. 11 BetrVG ersichtlich sind. So ist bereits nicht einzusehen, weshalb es von der Ermittlungsmethode abhängen sollte, nach welcher Vorschrift Elemente eines Entgeltes mitbestimmt sind, inwieweit bei Schätzungen also etwa anders zu verfahren sei als bei anderen Formen der Leistungsermittlung. Durch den Versuch, eine Unterteilung nach der betroffenen Personenzahl vorzunehmen aber wird die Bedeutung des kollektiven Tatbestandes und seine Unterscheidung zum mitbestimmungsfreien Einzelfall verwischt. Es kommt für die Mitbestimmung nach Nr. 10 und Nr. 11 allein auf das Vorliegen eines kollektiven Tatbestandes an. Auf die Zahl der jeweils durch eine Entgeltregelung betroffenen Arbeitnehmer soll es gerade nicht ankommen, auch bei nur einem einzigen Arbeitnehmer kann ein kollektiver Tatbestand vorliegen. Der Arbeitgeber soll sich durch vermeintlich individuelle Regelungen der Mitbestimmung bei Vorliegen eines kollektiven Tatbestandes gerade nicht entziehen können.[262] Nur die Mitbestimmung des personenbezogenen Einzelfalls soll nach beiden Vorschriften mitbestimmungsfrei sein. Nur diese Unterteilung kann für die Mitbestimmung nach beiden Vorschriften Bedeutung haben.
Bejaht man also die Mitbestimmung der Leistungsseite eines Leistungsentgelts aufgrund des Vorliegens eines kollektiven Tatbestandes, was ja möglicherweise – allerdings dann auch für Nr. 11 - abzulehnen ist, wenn nur einzelne Arbeitnehmer persönlich betroffen sind, kommen weitere Unterteilungen nicht mehr in Betracht. Eine bereits allgemeine Regelung wird nicht dadurch noch allgemeiner, daß sie nun noch für mehrere Personen in gleicher Weise gilt.
Eine Grenzziehung innerhalb der Leistungsseite eines Leistungsentgeltes ist damit nicht möglich. Eine unterschiedliche Behandlung von Akkord- und Prämienlohn oder eine Differenzierung innerhalb des Prämienlohns läßt sich mit die-

---

[261] Löwisch § 87 Rn. 131, 140.
[262] S. oben § 3 A. IV.

ser Begründung daher nicht herleiten. Kommt die Mitbestimmung der konkreten Vorgabeleistung eines Leistungsentgeltes aufgrund des Vorliegens eines kollektiven Tatbestandes in Betracht, kann sie – unabhängig davon, wieviele Arbeitnehmer betroffen sind - nur zur Gänze nach der einen oder der anderen Vorschrift erfolgen.

(2) Sonderbehandlung von Leistungsentgelten gem. § 87 Abs. 1 Nr. 11 BetrVG?

Es fragt sich aber, ob auch die Entscheidung, die Leistungsseite lasse sich nicht trennen, für alle Entgelte eine zwingende Entscheidung im Hinblick auf das Tatbestandsmerkmal der „Anwendung" der Entlohnungsmethoden nach sich ziehen muß.

Möglicherweise ließe sich die Auslegung des Tatbestandsmerkmals in der Weise, daß es sich dabei um die praktische Durchführung handele, auf solche Entgelte begrenzen, die ohnehin auch nach § 87 Abs. 1 Nr. 11 BetrVG mitbestimmt werden. Für solche Entgelte, so könnte man argumentieren, wäre es letztlich gleichgültig, nach welcher Vorschrift nun die Festsetzung der Leistungsseite erfolgt, da jedenfalls beide einschlägig wären.[263] Unter welches Tatbestandsmerkmal in Nr. 10 diese Festsetzung dann subsumiert werden müßte, wäre dementsprechend unwichtig, da eigentlich ja die Festsetzung des Akkord- und Prämiensatzes gemeint wäre. Die nach Nr. 10 mitbestimmte Leistungsseite könnte dann aber auch immer nur eine solche sein, die auch die Voraussetzungen erfüllte, die man an Leistungsentgelte gem. Nr. 11 stellt.

Wollte man dieser Ansicht zustimmen, müßte man daher konsequenterweise die Mitbestimmung der Leistungsseite eines Leistungsentgeltes, das nicht nach § 87 Abs. 1 Nr. 11 BetrVG mitbestimmt ist, auch nach Nr. 10 ablehnen. Dies hätte weitreichende Folgen. Als Beispiel ist der Fall zu nennen, daß man die Mitbestimmung bei Provisionen nach Nr. 11 ablehnte. Auch bei einem Provisionensystem gilt es zu klären, wie bestimmte Bezugsgrößen oder Umsatzschwellen festzulegen sind. Lehnte die hier vorgestellte Ansicht aber die Mitbestimmung nach Nr. 11 bei Provisionen ab, müßte sie auch annehmen, daß die Mitbestimmung von Provisionen nach Nr. 10 an diesem Punkt stehenbleibt und die mitbestimmte konkrete Festsetzung aller Elemente der Entgeltberechnung einer Provisionsvergütung (und nicht nur der Entgeltseite[264]) ablehnen.

Ein Begrenzung der Mitbestimmung der Leistungsseite nach Nr. 10 auf Entgelte, die auch Nr. 11 unterfallen, müßte es weiterhin verbieten, daß zwischen den einzelnen Entgelten innerhalb von Nr. 10 Parallelen gezogen werden. Die Unter-

---

[263] So GK-Wiese § 87 Rn. 1003, der allerdings keine Begrenzung auf Entgelte im Sinne von Nr. 11 vornehmen möchte.

[264] Vgl. hierzu FKHE § 87 Rn. 424; ausführlich unten § 3 A. V. 2. c).

scheidung, die erst in Nr. 11 getroffen wird, hätte damit bereits jeweils für die Reichweite der Mitbestimmung nach Nr. 10 Bedeutung. Ein Vorgehen, welches eine Einheitlichkeit des Tatbestandes von § 87 Abs. 1 Nr. 10 BetrVG für alle Entgelte anstrebt[265], wäre nicht möglich.
Ein Beispiel dafür, daß auch die Rechtsprechung aber durchaus von einer solchen Parallelwertung ausgeht, ist die Rechtsprechung des BAG zu sog. Wettbewerbsprämien.[266] Obwohl die Anwendbarkeit von § 87 Abs. 1 Nr. 11 BetrVG anschließend abgelehnt wird, soll nach § 87 Abs. 1 Nr. 10 BetrVG doch bereits „die Regelung der allgemeinen Leistungsbedingungen wie etwa die Festsetzung der sog. „Eintrittsschwelle" und sonstige Anknüpfungspunkte für die Zahlung der Wettbewerbsprämien...sowie die Festlegung der Prämienkurve und des Verfahrens bei der Prämienermittlung" mitbestimmt sein. Auf diese Formulierung wird in einem späteren Urteil[267] ausdrücklich und unter Hinweis, daß dies auch für die Ausgestaltung eines Provisionssystems gelte, dort verwiesen, wo es um die Reichweite der Mitbestimmung des „echten" Prämienlohns nach Nr. 10 geht.

Gegen eine solche einheitliche Anwendbarkeit des § 87 Abs. 1 Nr. 10 BetrVG läßt sich nun nicht einwenden, daß § 87 Abs. 1 Nr. 11 BetrVG eine Spezialvorschrift darstelle, die für die ihr unterfallenden Entgelte die Anwendbarkeit der Nr. 10 modifiziere oder etwa auch verdränge. So läßt sich auch nicht – von ähnlichen gedanklichen Voraussetzungen wie die hier vorgestellte Ansicht ausgehend, aber den umgekehrten Schluß ziehend - argumentieren, daß die Mitbestimmung solcher Fragen, die Nr. 11 unterfallen könnten, zwar für Leistungsentgelte i.S.d. Nr. 11 nach Nr. 10 nicht möglich sei, für alle übrigen Entgelten dagegen durchaus.[268] Zunächst sind vielmehr auch Leistungsentgelte im Sinne von § 87 Abs. 1 Nr. 11 BetrVG Entgeltformen, die wie alle anderen Entgelte auch § 87 Abs. 1 Nr. 10 BetrVG unterfallen. Hier liegt die Generalklausel vor, der alle Fragen der betrieblichen Lohngestaltung unterworfen sein sollen.[269] § 87

---

[265] Vgl. etwa Otto Anm. zu BAG 26.7.1988 EzA § 87 BetrVG 1972 Leistungslohn Nr. 16; Lieb ZfA 1988 S. 413 ff., 425 f.; Westhoff DB 1980, S. 1260 ff.; auch Löwisch ZHR 1975 S. 362 ff., 370 weist ausdrücklich auf die hier bestehende Parallelität zum Prämienlohn hin.
[266] BAG 10.7.1979 AP § 87 BetrVG 1972 Lohngestaltung Nr. 2.
[267] BAG 13.9.1983 AP § 87 BetrVG 1972 Prämie Nr. 3, Bl. 976.
[268] So aber wohl HSG § 87 Rn. 491, 499, der bis auf die ganz primäre Entscheidung für den Entlohnungsgrundsatz alle weiteren Fragen von Akkord und Prämie inklusive der Entlohnungsmethoden § 87 Abs. 1 Nr. 11 BetrVG zuweist, für nicht nach Nr. 11 mitbestimmte Entgelte dagegen von einer weitergehenden Anwendbarkeit der Nr. 10 ausgeht.
[269] Ganz herrschende Ansicht: BAG GS 3.12.1991, SAE 1993, S. 94 ff., 107; Richardi § 87 Rn. 792 und GK-Wiese § 87 Rn. 812 jeweils m.w.N.; Lieb ZfA 1988 S. 413 ff., 426; S/W § 87 Rn. 181; FKHE § 87 Rn. 416; DKK-Klebe § 87 Rn. 241; MünchArbR-Matthes § 341 Rn. 68.

Abs. 1 Nr. 10 und Nr. 11 BetrVG stehen nicht in einem Spezialitätsverhältnis zueinander dergestalt, daß Entgelte nach Nr. 11 ausschließlich oder maßgeblich nach dieser Vorschrift mitbestimmt sind. Vielmehr ist in Nr. 11 eine besondere, aus Nr. 10 herausgehobene Frage geregelt, die die Mitbestimmung nach Nr. 10 ergänzt, aber nicht verdrängt.[270]

Fraglich ist allein, worin diese herausgehobene Frage bestehen soll, bzw. wie groß die Reichweite der Generalklausel sein soll. Es ist denkbar, daß die Reichweite des Tatbestandes aus Nr. 10 so beschränkt werden muß, daß eine Überschneidung mit Nr. 11 unter dem Gesichtspunkt der praktischen Durchführung nicht mehr möglich ist. Auf diese Weise wäre erreicht, daß eine Mitbestimmung der Leistungsseite nur bei Entgelten i.S.v. § 87 Abs. 1 Nr. 11 BetrVG möglich wäre, allerdings auch nur und erst im Tatbestand der Nr. 11, den man dann und nur für diese Entgelte allenfalls – etwas unsauber - als mit Nr. 10 in einen „Gesamttatbestand“ zusammengefaßt betrachten könnte. Nr. 10 selbst aber könnte mit allen Konsequenzen für nicht nach Nr. 11 mitbestimmte Entgelte für keine Entgeltform diese Reichweite beanspruchen.
Möchte man hingegen von einer größeren Reichweite des § 87 Abs. 1 Nr. 10 BetrVG ausgehen, so kann auch dies nur einheitlich für alle Entgelte geschehen, mögen sie nach Nr. 11 mitbestimmt sein oder nicht. Eine Kollision mit § 87 Abs. 1 Nr. 11 BetrVG ließe sich dann möglicherweise nicht vermeiden. Welche Bedeutung dieser Tatsache zuzumessen ist, ist noch zu entscheiden.
Maßgeblich aber muß berücksichtigt werden, daß der Tatbestand des § 87 Abs. 1 Nr. 10 BetrVG eine Generalklausel für alle Fragen der betrieblichen Lohngestaltung enthält. Gewährleistet sein soll mit dieser Vorschrift ein umfassendes Mitbestimmungsrecht des Betriebsrats.[271] Ein Vorgehen, welches die Reichweite des Tatbestandes von § 87 Abs. 1 Nr. 10 BetrVG von der Anwendbarkeit des § 87 Abs. 1 Nr. 11 BetrVG abhängig machte und so zu Differenzierungen zwischen den einzelnen Vergütungsformen bereits innerhalb des Tatbestandes der Nr. 10 gelangte, mißachtete aber die umfassende Bedeutung der Generalklausel. Eine solche Differenzierung ist daher abzulehnen. Der Tatbestand des § 87 Abs. 1 Nr. 10 BetrVG verlang vielmehr nach einem einheitlichen Vorgehen für alle Entgeltformen.

dd) Zwischenergebnis

Es ist als Zwischenergebnis festzuhalten, daß sich auch aus dem Verhältnis zwischen § 87 Abs. 1 Nr. 10 und Nr. 11 BetrVG keine Einwände gegen die These

---

270 Richardi § 87 Rn. 872; GK-Wiese § 87 Rn. 807; MünchArbR-Matthes § 341 Rn. 68; FKHE § 87 Rn. 485; mit Einschränkungen Moll Mitbestimmung S. 28.

271 Vgl. BAG 12.6.1975 § 87 BetrVG 1972 Altersversorgung Nr. 1.

herleiten lassen, der Streit über die Auslegung des Tatbestandsmerkmals der „Anwendung" neuer Entlohnungsmethoden könne nicht entschieden werden, ohne entsprechende Konsequenzen bezüglich des Umfangs aller nach Nr. 10 mitbestimmbaren Fragen zu ziehen. Es hat sich gezeigt, daß die Entscheidung, welcher der beiden Ansichten zum Tatbestandsmerkmal der „Anwendung" neuer Entlohnungsmethoden man zuneigt, weitreichende Folgen für die Mitbestimmung gem. § 87 Abs. 1 Nr. 10 BetrVG hat. Zwar ist es möglich, lediglich von der Bedeutung einer „Handhabung" und damit von einer Mitbestimmung nur der Grundsätze und des Verfahrens auszugehen, dies kann jedoch nicht ohne entsprechende Konsequenzen für die Mitbestimmung aller Entgelte nach Nr. 10 erfolgen.

Dabei ist zu bemerken, daß diese Erkenntnisse nicht nur Bedeutung für die Mitbestimmung von solchen Entgelten haben, zu deren praktischer Durchführung die Festsetzung konkreter Bezugsgrößen gehört, wie dies insbesondere bei Leistungsentgelten der Fall ist. Dies ist nur Teil der speziellen Ausgestaltung solcher Entgelte. Für das Zeitentgelt und sonstige Entgelte kann nichts anderes gelten, lediglich die praktischen Auswirkungen sind hier weniger offensichtlich.

ee) Streitentscheid

Es fragt sich daher nun, welcher Ansicht bezüglich des Tatbestandsmerkmals der „Anwendung" neuer Entlohnungsmethoden unter Berücksichtigung der soeben gewonnenen Erkenntnisse zuzuneigen ist.

Dafür fragt es sich zunächst, welche Argumente sich ganz unabhängig von dem aufgezeigten Zusammenhang gegen die eine oder die andere Ansicht anführen ließen.

So wird gegen die zweite Ansicht, die besagt, das Tatbestandsmerkmal bedeute lediglich eine „Handhabung" im Sinne einer Auslegung oder Weiterentwicklung der gewählten Methode, vorgebracht, daß dies die Bedeutung des Tatbestandsmerkmals der „Anwendung" neuer Entlohnungsmethoden auf Inhalte reduziere, die bereits von anderen Tatbestandsmerkmalen und Vorschriften erfaßt seien.[272] So ist in § 87 Abs. 1 Nr. 10 BetrVG auch die „Änderung" der Entlohnungsmethoden vorgesehen. Jede dem Begriff „Änderung" zuzuordnende Bedeutung kann nicht zugleich vom Begriff „Anwendung" erfaßt sein.[273] Gegen die zweite Ansicht ist dementsprechend zu Recht vorgebracht worden, daß jede Weiterentwicklung der Methode bereits eine Änderung der Methode darstelle, die insoweit bereits von dem entsprechenden Tatbestandsmerkmal in § 87 Abs. 1 Nr. 10 BetrVG abgedeckt sei. Der von der zweiten Ansicht weiterhin angenommene

---

[272] GK-Wiese § 87 Rn. 938.

[273] A.A. MünchArbR-Matthes § 341 Rn. 67, für den die Grenzen zwischen beiden Tatbeständen fließend sind.

Bedeutungsinhalt der möglicherweise erforderlich werdenden Auslegung der gewählten Methode gehe dagegen bereits über in das Recht auf Kontrolle der Durchführung durch den Arbeitgeber, welches sich jedoch bereits aus § 80 Abs. 1 Nr. 1 BetrVG ergebe.[274]
Die Ansicht, das Tatbestandsmerkmal der „Anwendung" neuer Entlohnungsmethoden bedeute lediglich deren Handhabung, muß sich daher dem Vorwurf aussetzen, die Existenz des Tatbestandsmerkmals nahezu zur Bedeutungslosigkeit zu marginalisieren, denn eine eigenständige Funktion kommt ihm nach dieser Ansicht im Grunde nicht mehr zu.

Den Vorwurf, das Tatbestandsmerkmal lediglich mit dem Inhalt anderer Vorschriften zu füllen, muß sich aber möglicherweise auch die Ansicht gefallen lassen, die „Anwendung" bedeute die praktische Durchführung der gewählten Methode. Zumindest für solche Leistungsentgelte, die auch Nr. 11 unterfallen und zumindest für die Festlegung der Leistungsseite dieser Entgelte könnte es mit der Annahme dieser Ansicht zu Kollisionen mit dem Tatbestand der „Festsetzung der Akkord- und Prämiensätze" nach § 87 Abs. 1 Nr. 11 BetrVG kommen. Möglicherweise dehnt dies den Anwendungsbereich der Generalklausel des § 87 Abs. 1 Nr. 10 BetrVG unzulässig weit in den Schutzbereich des § 87 Abs. 1 Nr. 11 BetrVG aus.
Diesen Bedenken ist jedoch nun die soeben gewonnene Erkenntnis entgegenzuhalten, daß eine Entscheidung für alle Entgelte gemäß § 87 Abs. 1 Nr. 10 BetrVG gleichermaßen zu treffen ist. Lehnte man eine Auslegung im Sinne einer praktischen Durchführung ab, hätte dies zur Folge, daß der Mitbestimmung solcher Entgelte, die nicht der Nr. 11 unterfallen, für Nr. 10 konsequenterweise nur in eingeschränktem Maße zugestimmt werden könnte.
Dies käme einer erheblichen Einschränkung der Reichweite des Mitbestimmungsrechts aus § 87 Abs. 1 Nr. 10 BetrVG gleich, die Bedenken aufkommen läßt, inwieweit eine solche Einschränkung dem Charakter der Nr. 10 als Generalklausel und umfassendes Mitbestimmungsrecht für alle Fragen der betrieblichen Lohngestaltung noch gerecht würde.
Auf der anderen Seite käme es dann, wenn man von der Bedeutung einer praktischen Durchführung ausginge, zu einer wirklichen Kollision mit der „Festsetzung der Akkord- und Prämiensätze" nur für solche Entgelte, die auch § 87 Abs. 1 Nr. 11 BetrVG unterfallen. Für solche Entgelte, die nicht § 87 Abs. 1 Nr. 11 BetrVG unterfallen, erlangte das Tatbestandsmerkmal der „Anwendung" hingegen eine ganz neue, eigenständige Bedeutung.[275]

---

[274] GK-Wiese § 87 Rn. 938.
[275] Vgl. auch GK-Wiese § 87 Rn. 937; Richardi § 87 Rn. 828, die diese Bedeutung ebenfalls betonen.

Der Sinn und Zweck des § 87 Abs. 1 Nr. 10 BetrVG in seiner seit Einführung des Betriebsverfassungsgesetzes von 1972 erweiterten Bedeutung einer Generalklausel für alle Fragen der betrieblichen Lohngestaltung, die auch zu der Einführung des Tatbestandsmerkmals der „Anwendung" neuer Entlohnungsmethoden geführt hat, erfordert es aber, eher von einer größeren als von einer eingeschränkten Reichweite dieser Generalklausel auszugehen. Dem Tatbestandsmerkmal der „Anwendung" neuer Entlohnungsmethoden ist daher eine eigenständige Bedeutung im Sinne einer praktischen Durchführung der gewählten Entlohnungsmethode zuzumessen.
Einschränkend kann hier lediglich wirken, inwieweit zum einen von einer noch abzugrenzenden und mitbestimmungsfreien Anwendung im Einzelfall ausgegangen werden muß.[276] Zum anderen läßt es sich nicht leugnen, daß für Entgelte i.S.d. § 87 Abs. 1 Nr. 11 BetrVG das Tatbestandsmerkmal der „Anwendung" der Entlohnungsmethoden nun mit der „Festsetzung der Akkord- und Prämiensätze" kollidieren könnte. Diese Entgelte könnten zumindest hinsichtlich ihrer Leistungsseite beiden Tatbeständen zugeordnet werden, ohne daß es wie gezeigt möglich wäre, innerhalb dieser Leistungsseite eine Grenze zu ziehen.
§ 87 Abs. 1 Nr. 11 BetrVG verbleibt aber zunächst selbst für den Fall, daß die Leistungsseite eines Entgeltes im Sinne dieser Vorschrift vollständig Nr. 10 zugeordnet würde, immer noch ein eigenständiger Anwendungsbereich, da sich dieses Mitbestimmungsrecht nicht in der Mitbestimmung der Leistungsseite erschöpft, sondern sich darüber hinaus auch auf den Geldfaktor erstreckt.[277]
Die Frage, nach welchen Kriterien nun zu entscheiden ist, wenn es um die Zuordnung der Leistungsseite eines Entgeltes gem. § 87 Abs. 1 Nr. 11 BetrVG zur Mitbestimmung nach Nr. 10 oder Nr. 11 geht, läßt sich aber nur anhand des einzelnen Entgeltes unter Berücksichtigung des Sinns und Zwecks von § 87 Abs. 1 Nr. 10 BetrVG als Generalklausel für alle Fragen der betrieblichen Lohngestaltung beantworten. Soweit es für diese Lohngestaltung im Sinne einer umfassenden Festlegung und Ausgestaltung einer Entgeltform unerläßlich ist, die Leistungsseite eines Entgeltes nach Nr. 10 auch dann festzulegen, wenn das Entgelt auch Nr. 11 unterfällt, kann die lediglich ergänzende Vorschrift der Nr. 11 die Generalklausel der Nr. 10 nicht einschränken. Lediglich für den Fall, daß eine Vergütungsform bereits nach Nr. 10 abschließend und den Erfordernissen dieser Vorschrift genügend festgelegt werden kann, obwohl eine Bestimmung von Elementen der Leistungsseite unter Anwendung der Entlohnungsmethoden noch

---

[276] S. dazu zugleich unter ff)
[277] Vgl. auch Lieb ZfA 1988, S. 413 ff., 426; GK-Wiese § 87 Rn. 1003; diese Beschränkung auf die Geldseite kritisiert freilich HSG § 87 Rn. 499, der in Konsequenz als einziger Akkord und Prämie vollständig § 87 Abs. 1 Nr. 11 unterstellt.

offensteht, kann diese Anwendung im Falle seiner Einschlägigkeit nach § 87 Abs. 1 Nr. 11 BetrVG erfolgen.[278]

Es ist daher der ersten Ansicht zuzustimmen, nach der dem Tatbestandsmerkmal der „Anwendung" neuer Entlohnungsmethoden die Bedeutung einer praktischen Durchführung der gewählten Methode zukommt.

ff) Wann liegt eine unzulässige Anwendung im Einzelfall vor?

Nach wie vor gilt es abzugrenzen, wann nun eine mitbestimmungsfreie Anwendung im Einzelfall vorliegt, auf die auch von Vertretern der Ansicht verwiesen wird, die „Anwendung" der Entlohnungsmethoden bedeute deren praktische Durchführung.[279]

Häufig genanntes Beispiel ist hier die konkret vorgenommene einzelne Leistungsbeurteilung bei Zulagen, die zusätzlich zum Zeitentgelt aufgrund periodischer Leistungsbeurteilung gezahlt werden.[280]

Gerade dieses Beispiel deutet jedoch nun darauf hin, daß möglicherweise zur Lösung der hier gestellten Frage zwischen der Bestimmung der Voraussetzungen für den Bezug eines Entgeltes und der Entscheidung, ob diese Voraussetzungen erfüllt sind, zu differenzieren ist. Für beide Entscheidungen können gem. § 87 Abs. 1 Nr. 10 BetrVG Methoden vorgegeben werden. Dies entspricht etwa beim Leistungsentgelt den Methoden für die Ermittlung der Leistungsvorgabe auf der einen und den Methoden für die Ermittlung der tatsächlich erbrachten Leistung auf der anderen Seite.[281]

Während nun für die Anwendung der einen Methode ein kollektiver Tatbestand auch dann noch in Betracht kommen kann, wenn nur ein einziger Arbeitnehmer betroffen ist, weil bei dieser Entscheidung kollektive Gesichtspunkte maßgeblich waren, sie sich nur auf ein Arbeitsvorhaben oder den Arbeitsplatz bezieht, den der Arbeitnehmer ausfüllt, kann bei der Entscheidung, ob bestimmte Voraussetzungen tatsächlich erfüllt sind, nicht anders als für den Einzelfall entschieden werden.

Dabei ist zwar darauf zu verweisen, daß auch bei der Festsetzung der Voraussetzungen für den Bezug eines Entgeltes eine Einzelfallgestaltung denkbar ist,

---

278 Ähnlich Richardi § 87 Rn. 819.

279 GK-Wiese § 87 Rn. 937; Richardi § 87 Rn. 31; vgl. auch BAG 17.12.1980 AP § 87 BetrVG 1972 Lohngestaltung Nr. 4.

280 GK-Wiese § 87 Rn. 937; Hanau BB 1977 S: 350 ff., 355; Löwisch DB 1973, 1746 ff., 1749.

281 S. bereits soeben § 3 A. V. 1. b) aa); Löwisch § 87 Rn. 119; GK-Wiese § 87 Rn. 925, 926; DKK-Klebe § 87 Rn. 250; FKHE 3 87 Rn. 419, 513; ErfKomm-Hanau/Kania § 87 Rn. 101; Richardi § 87 Rn. 824 ff.; S/W § 87 Rn. 181, 182; a.A. nur HSG § 87 Rn. 501, 557 ff.

wenn nur die individuellen Besonderheiten des Arbeitnehmers eine Rolle spielen. Allerdings verlangt der Tatbestand des § 87 Abs. 1 Nr. 10 BetrVG für den Fall, daß hier ein kollektiver Bezug gegeben ist, die Ersetzung einer solch einzelfallbezogenen Ausgestaltung durch eine die innerbetriebliche Entgeltgerechtigkeit berücksichtigende allgemeine Regelung unter Mitbestimmung des Betriebsrats. Einen solch kollektiven Bezug nimmt die Rechtsprechung etwa bereits dann an, wenn Leistungsgesichtspunkte für die Gewährung eines Entgeltes maßgeblich sind.[282] Die Mitbestimmungsrechte des Betriebsrats sollen durch eine Vielzahl von Einzelabmachungen nicht ausgehöhlt werden, wenn diese durch einen kollektiven Bezug miteinander verbunden sind. Sollen in dieser Konstellation dennoch die individuellen Besonderheiten einzelner Arbeitnehmer berücksichtigt werden[283], so ist dafür nach Lösungen zu fragen.
Die dargestellte Differenzierung nach verschiedenen Methoden, die zur Anwendung kommen können, weist dagegen auf eine darüber hinaus gehende Problematik hin. Diese Unterscheidung entspricht einer Unterteilung, die für die Anwendbarkeit des § 87 Abs. 1 Nr. 10 BetrVG auch angenommen wird; während die Bestimmung der Voraussetzungen für den Bezug eines Entgeltes immer noch in den Bereich der von Nr. 10 erfaßten Rechtsgestaltung fällt, kann die Entscheidung, ob diese Voraussetzungen erfüllt sind, nur dem Bereich der Rechtsanwendung zugewiesen werden, der der Mitbestimmung des § 87 Abs. 1 Nr. 10 BetrVG aber entzogen sein soll.[284]

Diese Differenzierung kann nun maßgeblich dazu beitragen, eine mitbestimmungsfreie „Anwendung im Einzelfall“ unabhängig von den konkret betroffenen Entgeltformen abzugrenzen. Solange eine Methode noch auf Entscheidungen verweist, die den Bereich der mitbestimmungspflichtigen kollektiven Rechtsgestaltung nicht verlassen, liegt bei der tatsächlichen Durchführung dieser Methode zwar deren Anwendung vor, unabhängig von der Zahl der betroffenen Arbeitnehmer aber nicht eine Anwendung im Einzelfall.
Ist dagegen nur noch die Methode kollektiv mitbestimmbar, die selbst aber auf Entscheidungen verweist, die bereits dem Bereich der Rechtsanwendung zuzuordnen sind, liegt bei der dann tatsächlich erfolgenden Anwendung eine mitbestimmungsfreie Anwendung im Einzelfall vor.
Dieser Fall ist immer dann gegeben, wenn eine Entlohnungsmethode die Voraussetzungen für den Bezug eines Entgeltes nicht so abschließend regelt oder

---

[282] Vgl. oben § 3 A. IV. und BAG 14.6.1994 BB 1995 S. 825 ff., 826.
[283] Wie dies etwa in einem Zielvereinbarungssystem der Fall ist, vgl. dazu ausführlich unter § 4 B.
[284] S/W § 87 Rn. 168; v.Hoyningen-Huene NZA 1998 S. 1081 ff., 1083; GK-Wiese § 87 Rn. 923; BAG 8.3.1983 AP § 87 BetrVG 1972 Lohngestaltung Nr. 14.

aufgrund ihrer Natur nicht so abschließend regeln kann, daß sich daraus zweifelsfrei ergäbe, ob und wann diese Voraussetzungen erfüllt sind. Eine solche Zweifelsfreiheit ist möglicherweise etwa bei der Messung einer Leistung erreicht. Sind dagegen bei der tatsächlichen Durchführung des Entlohnungsgrundsatzes etwa noch Vergabe-, Beurteilungs-, Auswahl- oder Einordnungsentscheidungen zu treffen, kann dies nur unter Anwendung der vorgegebenen und mitbestimmten Grundsätze und Methoden für den Einzelfall erfolgen. Dieser Einzelfall steht daher zwar immer noch unter mittelbarem Einfluß der Mitbestimmung, denn der Arbeitgeber darf bei ihm nur eine Regelung anwenden, die unter Beachtung des Mitbestimmungsrechts zustandegekommen ist.[285] Die Entscheidung selbst aber ist mitbestimmungsfrei.

Diese Grundsätze lassen sich auf die Beurteilungsentscheidung der Leistungsbeurteilung anwenden. Welche Kriterien hier als Bemessungsgrundlage für das Entgelt in Betracht kommen sollen, kann – und muß - als Akt der Rechtsgestaltung kollektiv vorgegeben werden. Die tatsächliche Leistungserbringung kann dann aber nur durch den Arbeitnehmer persönlich erfolgen. Sieht die Entlohnungsmethode hier vor, daß diese persönliche Leistung nicht gemessen, sondern beurteilt wird, und werden für diesen Beurteilungsvorgang selbst wieder Methoden vorgegeben, stellt ihre Anwendung nicht einen kollektiven Gestaltungsakt, sondern vielmehr die Anwendung von kollektiven Vorschriften im Einzelfall dar. Diese Einordnung entspricht auch der Wertung etwa des § 94 Abs. 2 BetrVG, nach dem ebenfalls nur die allgemeinen Beurteilungsgrundsätze, nicht aber die aufgrund dieser Grundsätze vorgenommene einzelne Beurteilung durch den Betriebsrat mitbestimmt ist.[286]
Genauso muß die Wertung ausfallen, wenn es etwa um die Vergabe oder den Widerruf von übertariflichen Zulagen aufgrund bestimmter Kriterien geht, die nur durch die Person des Arbeitnehmers ausgefüllt werden können. In der einzelnen Vergabe- oder Widerrufsentscheidung, der Entscheidung also, wann welche Arbeitnehmer im einzelnen inwiefern der mitbestimmten Regelung unterfallen, liegt kein Gestaltungsakt, sondern die Anwendung von kollektiven und mitbestimmten Kriterien im Einzelfall.[287]
Mit den aufgezeigten Überlegungen läßt sich schließlich auch die Frage lösen, ob und wann eine „Anwendung“ des Zeitentgelts angenommen werden müsse. Schwierig ist hier insbesondere die Abgrenzung zur Ein- und Umgruppierung

---

[285] So auch Richardi § 87 Rn. 31 und 815.
[286] Hanau BB 1977, S. 350 ff., 355; FKHE § 94 Rn. 28; GK-Wiese § 94 Rn. 10; DKK-Klebe § 94 Rn. 29.
[287] Ebenso BAG 17.12.1980 AP § 87 BetrVG 1972 Lohngestaltung Nr. 4.

gem. § 99 BetrVG.[288] Ganz eindeutig aber handelt es sich bei dieser sog. personellen Einzelmaßnahme um einen Akt der Rechtsanwendung aufgrund kollektiver und mitbestimmter Kriterien.[289] Diese Anwendung erfolgt zwar nicht im Hinblick auf eine der Person des einzelnen Arbeitnehmers zuzuordnende Individualität, sondern ist eine arbeitsplatzbezogene Einordnung.[290] Der Arbeitnehmer wird hinsichtlich seines Arbeitsplatzes, den er einnimmt, in die bestehende Vergütungsordnung eingereiht. Dennoch kann auch hier unter dem Gesichtspunkt der Rechtsanwendung von einer - nach § 87 Abs. 1 Nr. 10 BetrVG - nicht mitbestimmten Anwendung im Einzelfall ausgegangen werden.

2. Herkömmliche Leistungs- und Beteiligungsentgelte

a) Mitbestimmung bei der Grundentgeltdifferenzierung

Wie bereits dargestellt kann die Differenzierung sowohl des Zeitentgelts, als auch des Leistungsentgelts anforderungsbezogen nach dem Wert der Arbeit erfolgen. Die Art und Weise dieser Grundentgeltdifferenzierung ist nun den Entlohnungsmethoden zuzuordnen. Sie bestimmt als Einführung und Anwendung der Entlohnungsmethode die nähere Ausgestaltung der einzelnen Entlohnungsgrundsätze.

Die obligatorische Mitbestimmung des Betriebsrates nach § 87 Abs. 1 Nr. 10 BetrVG bezieht sich hier auf alle Entscheidungen, die im Rahmen der genannten Methoden und Verfahren zu treffen sind.[291] Dies ist zum Erhalt der innerbetrieblichen Entgeltgerechtigkeit auch unerläßlich, denn keine der genannten Methoden kann wissenschaftliche Objektivität für sich beanspruchen.[292] Den Methoden der Anforderungsbewertung ist gemein, daß sie sich als ein Prozeß kumulativer Wertungen darstellen, der an mehreren Stellen Auslegungsspielräume offenläßt. Dies beginnt bereits bei der Beschreibung der Anforderungsarten, setzt sich über die Auswahl der im einzelnen einer Arbeit zugrundezulegenden Anforderungsarten fort und zeigt sich schließlich besonders deutlich bei der Bewertung der Anforderungsarten und ihrer Gewichtung für die Gesamtbeurteilung.[293] Hier fließen verschiedenste soziologische und ökonomische Wertungen ein, die die Ausformung eines Entlohnungssystems bereits als Teil der Entgeltfindung zu einer politischen Entscheidung machen, bei der es letztlich nur darauf ankommt, ein Ergebnis zu erzielen, das von allen Beteiligten aner-

---

288 Vgl. auch Moll Mitbestimmung S. 146; Hanau BB 1977, S. 350 ff., 355; Löwisch DB 1973, 1746 ff., 1748.

289 So auch v.Hoyningen-Huene NZA 1998, S. 1081 ff., 1083.

290 Löwisch DB 1973 S.1746 ff., 1749.

291 GK-Wiese § 87 Rn. 923.

292 Moll Mitbestimmung S. 147; Schettgen S. 139.

293 Schettgen S. 140.

kannt wird.[294] Aufgabe des Betriebsrat ist es gemäß der bekannten Formulierung[295], auch in diesem Prozeß darauf zu achten, daß sich die Entscheidungsfindung nicht einseitig an den Interessen des Unternehmens orientiert oder gar willkürlich erfolgt.
Das Mitbestimmungsrecht des Betriebsrates nach § 87 Abs. 1 Nr. 10 BetrVG bezieht sich nicht nur auf die genannten Methoden, sondern auf alle Entscheidungen über das im Hinblick auf die Entgeltgestaltung anzuwendende Verfahren, auch wenn sich diese nach anderen Kriterien als den Arbeitswert bemessen sollen.[296] Mitbestimmt ist – vorbehaltlich tarifvertraglicher Vorgaben - die Schaffung einer Gehaltsgruppenordnung insgesamt. Davon umfaßt sind die Zahl, die Art und die Tatbestandsmerkmale der Vergütungsgruppen, sowie die Entgeltrelationen zwischen den einzelnen Vergütungsgruppen im Rahmen der vorgegebenen Entgeltsumme.[297]
Eine Unterscheidung ist lediglich deutlich zu treffen im Hinblick auf die Eingruppierung, die anhand der so festgelegten Vergütungsgruppenordnung im konkreten Einzelfall vorgenommen wird.[298] Hier handelt es sich um eine personelle Einzelmaßnahme, bei der ein Mitbestimmungsrecht nur nach § 99 BetrVG gegeben ist.[299]

b) Leistungsentgelte

Auch Leistungsentgeltsysteme unterfallen der Mitbestimmung gem. § 87 Abs. 1 Nr. 10 BetrVG. Zwar existiert für Leistungsentgelte die Sondervorschrift des § 87 Abs. 1 Nr. 11 BetrVG. Diese gilt jedoch zum einen nur dann, wenn es sich um Akkord- und Prämienlohn oder um mit diesen vergleichbare Leistungsentgelte handelt. Zum anderen stellt § 87 Abs. 1 Nr. 11 BetrVG nur eine Ergänzung, nicht aber eine Verdrängung der Mitbestimmungsrechte aus § 87 Abs. 1 Nr. 10 BetrVG dar. Es ist vielmehr in § 87 Abs. 1 Nr. 11 BetrVG eine besondere, aus § 87 Abs. 1 Nr. 10 BetrVG herausgehobene Frage geregelt.[300]

---

[294] Moll Mitbestimmung S. 147; REFA Band 4 S. 88.
[295] Vgl. BAG GS 3.12.1991 SAE 1993, S. 97 ff., 106.
[296] MünchArbR-Matthes § 341 Rn. 54; GK-Wiese § 87 Rn. 923, 943.
[297] BAG AP § 87 BetrVG 1972 Lohngestaltung Nr. 65; GK-Wiese § 87 Rn. 923; Hanau BB 1977, S. 350 ff., 353.
[298] Vgl. auch oben § 3 A. V. 1. b) ff) und v. Hoyningen-Huene NZA 1998 S. 1081 ff., 1083.
[299] GK-Wiese § 87 Rn. 923.
[300] Vgl. bereits oben § 3 A. V. 1. b) cc); Richardi § 87 Rn. 872; Lieb ZfA 1988 S., 413 ff., 426/427; FKHE § 87 Rn. 485.

aa) Akkordlohn

Die wesentlichen Eigenarten des Akkordlohnes als Vergütungsform wurden bereits vorgestellt.[301] Nun fragt es sich, inwieweit der Betriebsrat beim Akkordlohn nach § 87 Abs. 1 Nr. 10 BetrVG mitzubestimmen hat.

(1) Einführung des Akkordlohnes, Festlegung der Bezugsbasis, Auswahl zwischen Gruppen- und Einzelakkord

Bei der Entscheidung über die Einführung von Akkordlohn handelt es sich um die Aufstellung eines Entlohnungsgrundsatzes.[302] Der Betriebsrat hat nach § 87 Abs. 1 Nr. 10 BetrVG daher über die Einführung dieses Entlohnungsgrundsatzes mitzubestimmen.

Zur Aufstellung des Entlohnungsgrundsatzes gehört auch die Festlegung der Bezugsbasis, die für den Akkord gewählt wird. Der Betriebsrat bestimmt daher auch darüber mit, ob Stück-, Gewichts-, Maß-, Flächen- oder Pauschalakkord zur Anwendung kommen soll.[303] Schließlich kann ebenfalls zur mitbestimmungspflichtigen Entscheidung über den Entlohnungsgrundsatz die Frage gezählt werden, ob der Akkordlohn als Einzel- oder Gruppenakkord ausgestaltet werden soll.[304]

(2) Auswahl der Akkordart und der Methode der Vorgabeermittlung

Die Entscheidung, welche Möglichkeiten der Gruppenakkordberechnung[305] zur Anwendung kommen sollen und ob im Geld- oder im Zeitakkord entlohnt werden soll, betrifft dagegen das Verfahren der Bewertung der Arbeitsleistung im Rahmen des vorher festgelegten Entlohnungsgrundsatzes[306] und ist daher als Teil der Entlohnungsmethode gem. § 87 Abs. 1 Nr. 10 BetrVG mitbestimmt.[307]

Zu den Entlohnungsmethoden gehört auch die Wahl, welche Methode der Vorgabeermittlung zur Anwendung kommen soll, ob sie also ausgehandelt, geschätzt oder nach wissenschaftlichen Methoden ermittelt werden soll. Die Frage danach, welche Methode hier zur Anwendung kommt, ist nach § 87 Abs. 1

---

[301] Vgl. oben § 2 B. I.

[302] Allgemeine Ansicht: Richardi § 87 Rn. 873; FKHE § 87 Rn. 419; ErfKomm-Hanau/Kania § 87 Rn. 100; MünchArbR-Matthes § 341 Rn. 62; DKK-Klebe § 87 Rn. 247; GK-Wiese § 87 Rn. 902.S/W § 87 Rn. 178.

[303] Richardi § 87 Rn. 874; vgl. zu en einzelnen Formen auch Schaub § 64 II..

[304] GK-Wiese § 87 Rn. 902; ErfKomm-Hanau/Kania § 87 Rn. 100; Richardi § 87 Rn 822; a.A.: DKK-Klebe § 87 Rn 250 und Moll Mitbestimmung S. 27: Entlohnungsmethoden.

[305] Neben der Akkordberechnung in Gestalt der Vorgabeermittlung gilt es hier speziell auch die Akkordverteilung innerhalb der Gruppe festzulegen, vgl. dazu Moll Mitbestimmung S. 27 und ausführlich Baierl S. 114 ff.

[306] Vgl. GK-Wiese § 87 Rn. 921, v. Hoyningen-Huene, S. 280.

[307] Ebenso Moll Mitbestimmung S. 27.

Nr. 10 BetrVG mitbestimmt.[308] Mitbestimmt ist auch, ob die gewählte Methode modifiziert und abgewandelt werden soll.[309]

(3) Anwendung der Entlohnungsmethoden?

Das Mitbestimmungsrecht des § 87 Abs. 1 Nr. 10 BetrVG erstreckt sich gemäß seinem eindeutigen Wortlaut nicht nur auf die Einführung des Akkords, die Festlegung seiner Bezugsbasis und die Auswahl der Methode für seine Durchführung, sondern auch auf deren Anwendung. Nach der hier vertretenen Ansicht ist darunter die praktische Durchführung der Entlohnungsmethode zu verstehen, ohne daß dadurch freilich das Erfordernis eines kollektiven Tatbestandes umgangen werden darf.[310]

Für den Akkordlohn könnte dies etwa bedeuten, daß der Betriebsrat bereits nach § 87 Abs. 1 Nr. 10 BetrVG nicht nur bei der Auswahl der Ermittlungsmethode mitbestimmen soll, sondern auch bei deren Durchführung und der daraus resultierenden konkreten Festlegung der einzelnen Akkordvorgaben, zumindest hinsichtlich ihrer Leistungsseite.[311] Hier kommt es für den Akkordlohn nun zu einer Überschneidung mit der Festsetzung der Akkordsätze nach § 87 Abs. 1 Nr. 11 BetrVG.[312] Dagegen ist eingewendet worden, daß der gleiche Sachverhalt nicht in zwei verschiedenen Vorschriften geregelt werden könne.[313] Es wurde jedoch bereits dargestellt[314], daß sich eine willkürfreie Grenze zwischen den Tatbeständen von Nr. 10 und Nr. 11 nur treffen läßt, wenn diese Grenze auch für alle Entgelte – insbesondere für den Prämienlohn - Anwendung fände und nicht nur für den Akkordlohn.

Wenn dennoch einer Mitbestimmung der Akkordvorgaben nicht nach Nr. 10, sondern nach Nr. 11 zuzustimmen ist, so liegt der Grund in den speziellen Eigenarten des Entlohnungsgrundsatzes „Akkordlohn". Mit der Entscheidung für diesen Entlohnungsgrundsatz sind bereits die wesentlichen Entscheidungen für die Anforderungen des § 87 Abs. 1 Nr. 10 BetrVG getroffen.[315] Der Akkordlohn ist in seinen Merkmalen so uniform, daß weitere Entscheidungen außer den bereits dargestellten im Rahmen der Generalklausel der betrieblichen Lohngestaltung nicht mehr erforderlich sind. Sowohl das Leistungsmerkmal Menge bezogen auf Zeit, als auch der lineare Entgeltverlauf stehen mit der Entscheidung für

---

[308] Richardi § 87 Rn, 878; FKHE § 87 Rn. 431; ErfKomm-Hanau/Kania § 87 Rn. 101; GK-Wiese § 87 Rn. 925 a.A. allein HSG § 87 Rn. 499.
[309] FKHE § 87 Rn. 431; GK-Wiese § 87 Rn. 925.
[310] Vgl. oben unter § 3 A. V. 1. b).
[311] Vgl. Richardi § 87 Rn. 884; FKHE § 87 Rn. 508; Moll Mitbestimmung S. 145.
[312] Richardi § 87 Rn. 884.
[313] Insbesondere S/W § 87 Rn. 181, Stadler BB 1972, 800 ff.; HSG § 87 Rn. 499.
[314] § 3 A. V. 1. b).
[315] Ähnlich Richardi § 87 Rn. 819; vgl. zu diesem Kriterium bereits § 3 A. V. 1. b) ee).

„Akkordlohn" fest und bedürfen zu ihrer Eindeutigkeit keiner weiteren Ausformungen mehr.
Für die Festsetzung der Leistungsvorgabe selbst ist es aber von besonderer Bedeutung, daß bereits mit der Wahl für den Entlohnungsgrundsatz „Akkordlohn" ihre Ausrichtung an der Normalleistung feststeht. Der Begriff der Normalleistung ist in dieser speziellen Bedeutung allein dem Akkord zu eigen, er allein gewährleistet bereits eine bestimmte Ausgestaltung der Leistungsseite des Akkordlohns, die keiner weitergehenden Festlegungen nach § 87 Abs. 1 Nr. 10 BetrVG bedarf.[316] Die Mitbestimmung der Akkordsätze erfolgt daher nicht nach § 87 Abs. 1 Nr. 10 BetrVG, sondern nach § 87 Abs. 1 Nr. 11 BetrVG.

bb) Prämienlohn

(1) Einführung und Form des Prämienlohnes

Nach § 87 Abs. 1 Nr. 10 BetrVG hat der Betriebsrat als Teil der Aufstellung des Entlohnungsgrundsatzes darüber mitzubestimmen, ob und welche Form von Prämienlohn eingeführt werden soll.[317] Prämienlohn wird in der Regel als Zulage zum Zeitentgelt oder Akkordlohn gezahlt, er wird dann als kombinierter Prämienlohn bezeichnet.[318] Beabsichtigt ist hier, überhaupt einen oder einen zusätzlichen anderen Leistungsanreiz zu dem der Produktionssteigerung zu schaffen.
Es ist jedoch auch möglich, die Vergütung insgesamt als selbständigen Prämienlohn vorzusehen. Dann ist die Entgelthöhe als Ganzes von der erbrachten Leistung abhängig, wobei eine Mindestentgeltgarantie vereinbart werden kann. Daß der kombinierte Prämienlohn die Regel darstellt, hängt damit zusammen, daß in der Praxis meist Tarifentgelte zu berücksichtigen sind, zu denen der Prämienlohn auf Betriebsebene als zusätzliche Leistung hinzutritt.[319]
Besteht keine tarifliche Regelung, hat der Betriebsrat mitzuentscheiden, ob kombinierter oder selbständiger Prämienlohn, letzterer mit oder ohne Mindestentgeltgarantie gewährt werden soll.[320]
Wie auch beim Akkord kann der Prämienlohn schließlich als Einzel- oder Gruppenprämie ausgestaltet werden, je nachdem ob die Prämie nach der Leistung

---

[316] So auch Sibben S. 349 ff., 351 f.; vgl. zum Begriff der Normalleistung auch oben § 2 B. I. 4. a).
[317] Übereinstimmende Ansicht: GK-Wiese § 87 Rn. 904; Richardi § 87 Rn. 817; FKHE § 87 Rn. 419; ErfKomm-Hanau/Kania § 87 Rn. 100; MünchArbR-Matthes § 341 Rn. 51; DKK-Klebe § 87 Rn. 247; S/W § 87 Rn. 178; HSG § 87 Rn. 478.
[318] Schaub § 65 III.; Richardi § 87 Rn. 890; MünchArbR-Kreßel § 67 Rn. 87.
[319] Richardi § 87 Rn. 890; MünchArbR-Kreßel § 67 Rn. 87.
[320] Richardi § 87 Rn. 890; GK-Wiese § 87 Rn. 904; Moll Mitbestimmung S. 56, dieser allerdings: Entlohnungsmethode; zu beachten ist aber bei freiwilligen Prämien die Rechtsprechung des BAG: BAG 8.12.1981 AP § 87 BetrVG 1972 Prämie Nr. 1.

eines einzelnen Arbeitnehmers oder einer Gruppe von Arbeitnehmern bemessen und erst dann auf die einzelnen Arbeitnehmer verteilt werden soll. Diese Entscheidung hat der Betriebsrat als Teil des Entlohnungsgrundsatzes nach § 87 Abs. 1 Nr. 10 BetrVG mitzubestimmen [321], während Einzelheiten der Gruppenprämienberechnung[322] auch hier den Entlohnungsmethoden zuzurechnen sind.

(2) Wahl der Bezugsgröße und der Bezugsbasis

Gerade die Tatsache, daß im Gegensatz zum Akkordlohn die Elemente der Entlohnung beim Prämienlohn nicht vorgegeben sind, führt dazu, daß es keinen Prämienlohn an sich gibt.[323] Mit der Entscheidung für „Prämienlohn" ist noch keine abschließende Aussage über den anzuwendenden Entlohnungsgrundsatz getroffen. Dieser muß vielmehr in seiner konkreten Struktur weiter bestimmt werden. Bereits die Wahl der verschiedenen Bezugsgrößen bewirkt jeweils eine andere Form des Prämienlohnes.

Bevor Bezugsgröße und Bezugsbasis nicht feststehen, ist über den Entlohnungsgrundsatz „Prämienlohn" nicht mehr bekannt, als daß das Entgelt mit einer leistungsabhängigen, beeinflußbaren und meßbaren Größe verknüpft werden soll.[324] Weil so erst mit der Auswahl der Bezugsgrößen der Entlohnungsgrundsatzes konkretisiert wird, erstreckt sich die Mitbestimmung des Betriebsrates nach § 87 Abs. 1 Nr. 10 BetrVG auf die Auswahl der Bezugsgröße und der Bezugsbasis des Prämienlohnes als Teil des Entlohnungsgrundsatzes.[325]

(3) Ausgangsleistung und Prämienkurve

Eine weitere Konsequenz aus der Möglichkeit, beim Prämienlohn verschiedene Bezugsgrößen zu wählen, ist die Tatsache, daß nicht wie beim Akkord von einer direkt proportionalen Beziehung zwischen Leistung, Zeit und Menge ausgegangen werden kann.[326]

Beim Prämienlohn fällt diese unbedingte Zeitabhängigkeit der Leistung weg. Zwar ist es möglich, daß die Leistungskennzahlen von Prämienlohn sich auch auf Zeit beziehen können[327], dies ist aber nicht mehr selbstverständlich Teil des

---

[321] GK-Wiese § 87 Rn. 906; FKHE § 87 Rn. 515.

[322] Auch hier gilt es neben der Ermittlung der Vorgabeleistung als Teil der Prämienberechnung die Verteilungsgrundsätze innerhalb der einzelnen Gruppen festzulegen, s. § 3 A. V. 2. b) aa) (2); Baierl S. 114 ff.; Herlitzius S. 50.

[323] Richardi § 87 Rn. 886.

[324] Moll Mitbestimmung S. 58.

[325] Richardi § 87 Rn. 886; Moll Mitbestimmung S. 58; FKHE § 87 Rn. 513; GK-Wiese § 87 Rn. 905; HSG § 87 Rn. 492; a.A. (Entlohnungsmethode) ErfKomm-Hanau/Kania § 87 Rn. 101.

[326] Richardi § 87 Rn. 887.

[327] REFA Band 5 S. 45.

Prämienlohns, sondern hängt davon ab, welche Bezugsgröße gewählt wurde und welches Ziel mit einer Prämie verfolgt werden soll. Daraus ergeben sich unterschiedliche Grade der Beziehung zwischen Leistung und Leistungsergebnis, die in Gestalt der Ausgangsleistung und der Prämienkurve festzulegen sind.[328] Keineswegs kann daher beim Prämienlohn wie beim Akkordlohn in jedem Fall vom Vorliegen einer Normalleistung ausgegangen werden. Welche Leistungen überhaupt prämienwürdig sein sollen und ob als Prämienausgangsleistung ein durchschnittliches, optimales oder überhaupt erreichbares Arbeitsergebnis dienen soll, ist eine Verfahrensfrage.[329] Genauso stellt die Prämienkurve eine besonders weitgehende Möglichkeit dar, einem Prämienlohnsystem die gewünschte Zielrichtung zu geben, je nachdem ob sie progressiv, degressiv, stufenförmig oder linear verläuft.[330]
Je nach gewählter Bezugsgröße und gewünschtem Ziel sind daher bereits im Rahmen der arbeitstechnischen und arbeitswissenschaftlichen Ausformung vielfältigste Ausgestaltungen denkbar, die es erfordern, weitere Entscheidungen auf der Leistungsseite des Prämienlohnes zu treffen. Es ist festzulegen, von welcher Ausgangsleistung ab eine Prämie gezahlt werden soll und wie sich die Leistungsanforderungen in Gestalt der Prämienkurve weiter entwickeln.[331]

Diese Entscheidungen gehören nun jedoch zur Bewertung der Arbeitsleistung im Rahmen des vorher festgelegten Entlohnungsgrundsatzes und damit zu den Entlohnungsmethoden.[332] Insbesondere die Frage, wie die Ausgangsleistung und der Verlauf der Prämienkurve ermittelt werden, gehört zu den Entlohnungsmethoden. Wenn auch eine streng arbeitswissenschaftliche Durchdringung des Prämienlohns nicht in einer dem Akkord vergleichbaren Weise stattgefunden hat, so kommen doch insbesondere für die Ermittlung der Prämienausgangsleistung ähnliche Methoden in Betracht wie beim Akkordlohn; die Ausgangsleistung kann ausgehandelt, oder empirisch oder methodisch ermittelt werden.[333]

---

[328] Richardi § 87 Rn. 887.
[329] S. oben unter § 2 B. II.; Sibben S. 352; Lieb ZfA 1988 S. 413 ff., 423.
[330] v. Hoyningen-Huene Anm. zu BAG 13.9.1983 ArbR-Blattei Betriebsverfassung XIV B, Entscheidung 78.
[331] BAG 10.7.1979 AP § 87 BetrVG 1972 Lohngestaltung Nr. 2, 25.5.1982, 13.9.1983, 16.12.1986 AP § 87 BetrVG 1972 Prämie Nrn. 2, 3, 8; FKHE § 87 Rn. 513; ErfKomm-Hanau/Kania § 87 Rn. 125; GK-Wiese § 87 Rn. 908; Richardi § 87 Rn. 887; s. dazu bereits § 2 B. II.
[332] So auch Moll Mitbestimmung S. 60 f.; S/W § 87 Rn. 182; DKK-Klebe § 87 Rn. 250; ErfKomm-Hanau/Kania § 87 Rn. 101; a.A. (Entlohnungsgrundsatz) GK-Wiese § 87 Rn. 907; Richardi § 87 Rn. 888; ohne Zuordnung FKHE § 87 Rn. 419, 431, 513.
[333] Richardi § 87 Rn. 889; Löwisch § 87 Rn. 119; GK-Wiese § 87 Rn. 925, 926; DKK-Klebe § 87 Rn. 250; FKHE 3 87 Rn. 419, 513; ErfKomm-Hanau/Kania § 87 Rn. 101; S/W § 87 Rn. 181, 182; Moll Mitbestimmung S. 59; a.A. nur HSG § 87 Rn. 501, 557 ff.

Die genannten Eigenschaften des Prämienlohns im Unterschied zu den Besonderheiten des Akkordlohnes haben dazu geführt, daß auch die tatsächliche Festlegung der Prämienausgangsleistung im Unterschied zu der Normalleistung des Akkordlohns bereits nach § 87 Abs. 1 Nr. 10 BetrVG erfolgen muß. Dies wie auch die Festlegung des Verlaufs der Prämienkurve ist in Nr. 10 unter das Tatbestandsmerkmal der „Anwendung" der Entlohnungsmethoden zu subsumieren. Zugleich sind diese Fragen damit aber der Mitbestimmung gem. § 87 Abs. 1 Nr. 11 BetrVG entzogen.[334]

Streitig ist hier jedoch für die Prämienkurve, inwieweit deren Mitbestimmung tatsächlich noch nach § 87 Abs. 1 Nr. 10 BetrVG erfolgen kann und nicht bereits § 87 Abs. 1 Nr. 11 BetrVG zugeordnet werden muß.
Die weitestgehende Ansicht vertritt hierzu das Bundesarbeitsgericht, nach dem nicht nur die Prämienlinie als die jeweils zu prämierenden Leistungsgrade, sondern auch die dazugehörigen Geldbeträge bereits nach Nr. 10 mitbestimmt sein sollen. Eine Trennung zwischen Leistungsstufen und ihnen zuzuordnenden Geldbeträgen sei nicht möglich, da sich eine Kurve, und zwar die Prämienkurve, nur dann ergebe, wenn Leistungsgraden auf der X-Achse auch Geldbeträge auf der Y-Achse zugeordnet seien.[335]
Dem wird entgegengehalten, daß zu der Entscheidung über die Prämienkurve nach § 87 Abs. 1 Nr. 10 BetrVG lediglich gehöre, die einzelnen Leistungsstufen als die Punkte auf einer Leistungsskala ausgehend von der Ausgangsleistung festzulegen, denen erst später ein bestimmter Geldbetrag zugeordnet würde. Die Entscheidung über die Geldbeträge stelle dagegen die von der Prämienkurve zu unterscheidende Prämienentgeltkurve dar, die die Entgelthöhe betreffe und daher nicht von § 87 Abs. 1 Nr. 10 BetrVG erfaßt sein könne.[336]
Eine vermittelnde Ansicht verweist nun darauf, daß es möglich sei, nicht den konkreten, sondern nur den abstrakten Verlauf der Prämienkurve nach § 87 Abs. 1 Nr. 10 BetrVG festzulegen.[337] Auf diese Weise werde eine Schar vieler möglicher Kurven mit dem gewählten Verlauf festgelegt, ohne daß mit der Zuordnung von Geldbeträgen zu den jeweiligen Leistungseinheiten aus dieser Schar beispielsweise progressiver Kurven bereits eine bestimmte Leistungskurve mit einer bestimmten Progression ausgewählt werden müsse. Auch nur mit Hilfe des abstrakten Verlaufs könne festgelegt werden, wie im Hinblick auf die

[334] Vgl. § 3 A. V. 1. b) ee).
[335] BAG 16.12.1986 AP § 87 BetrVG 1972 Prämie Nr. 8, Bl. 75; vgl. auch MünchArbR-Matthes § 341 Rn 62.
[336] Lieb ZfA 1988, S. 413 ff., 422, 423.
[337] v. Hoyningen-Huene Anm. zu BAG 13.9.1983 ArbR-Blattei Betriebsverfassung XIV B, Entscheidung 78.

gewünschten Ziele die Mehrleistung der Arbeitnehmer beeinflußt werden solle. Damit sei aber dem Bedürfnis Genüge getan, das Ziel des Prämienlohnsystems mit Hilfe der Prämienkurve näher zu definieren.
Zu bedenken ist hier, daß in der Generalklausel des § 87 Abs. 1 Nr. 10 BetrVG der Entlohnungsgrundsatz und die Entlohnungsmethode als Fragen der betrieblichen Lohngestaltung festzulegen sind. Es ist der Rechtsprechung darin zuzustimmen, daß dafür das Entlohnungssystem auszuformen ist und damit alle Elemente, die dieses System im einzelnen ausgestalten und zu einem in sich geschlossenen System machen, festgelegt werden müssen.
Dazu gehört aber als Entscheidung auf der Leistungsseite zunächst die Festlegung der Mehrleistungen, die jeweils prämienwürdig sein sollen. Damit werden einzelne Abschnitte auf der X-Achse der Leistungsgrade abgeteilt. Zwar ergibt sich daraus – in Ermangelung der Geldwerte auf der Y-Achse - in der Tat nur eine Leistungsskala und noch keine Kurve. Dies ist aber auch nicht erforderlich. Hier kann die vermittelnde Ansicht herangezogen werden, der darin zuzustimmen ist, daß es – allerdings zusätzlich zur Festlegung der Leistungseinheiten - für die technische Ausgestaltung nach § 87 Abs. 1 Nr. 10 BetrVG nur erforderlich ist, den Verlauf der Prämienkurve in Form einer Kurvenschar abstrakt festzulegen. Beide Entscheidungen zusammen formen das Entlohnungssystem entsprechend seiner Zielsetzung. So läßt sich durch diese beiden Entscheidungen festlegen, daß das Entgelt bis zu einem bestimmten Leistungsgrad linear und ab dort parallel zur X-Achse verlaufen soll. Zwar läßt diese abstrakte Entscheidung für die Konkretisierung des Kurvenverlaufs noch mehrere Wahlmöglichkeiten bezüglich der Y-Werte und damit einen Ermessensspielraum offen, was möglicherweise zu einem nicht völlig in sich abgeschlossenen System führt.[338] Dazu ist jedoch zu bedenken, daß der verbleibende Ermessensspielraum bezüglich der Y-Werte sich nur noch darauf bezieht, ob die mit der Festlegung der Geldwerte sich ergebenden konkreten Beträge in der absoluten Höhe mehr oder weniger angemessen sind.[339] Auch die Angemessenheit der Höhe etwa des Zeitentgelts ist aber nicht Entscheidungsgegenstand des § 87 Abs. 1 Nr. 10 BetrVG, denn diese Entscheidung geht über die im Rahmen der Angemessenheit und Durchsichtigkeit des innerbetrieblichen Entgeltgefüges zu treffende Entscheidung hinaus. Sie betrifft vielmehr bereits den von § 87 Abs. 1 Nr. 10 BetrVG nicht mehr erfaßten Bereich der Entgelthöhe.[340]
Diese die Höhe der Steigerungsbeträge betreffende Festlegung der Geldwerte auf der Y-Achse ist daher aus der Entscheidung über die Prämienkurve nach

---

338 In diese Richtung BAG 16.12.1986 AP § 87 BetrVG 1972 Prämie Nr. 8, Bl. 74.
339 v. Hoyningen-Huene Anm. zu BAG 13.9.1983 ArbR-Blattei Betriebsverfassung XIV B, Entscheidung 78.
340 S. § 3 A. II.; vgl. auch GK-Wiese § 87 Rn. 804, 924.

§ 87 Abs. 1 Nr. 10 BetrVG herauszunehmen. Auch wenn so von der Prämienkurve nur die Leistungsskala und der abstrakte Verlauf bestimmt werden, wird damit aber die Prämienkurve soweit festgelegt, daß das Prämienlohnsystem in einer den Anforderungen des § 87 Abs. 1 Nr. 10 BetrVG genügenden Weise in sich geschlossen und ausgestaltet wird. Festzuhalten ist, daß jedenfalls die Ausgangsleistung, sowie die Leistungsskala und der abstrakte Verlauf der Prämienkurve bereits als Teil der Einführung und Anwendung neuer Entlohnungsmethoden nach § 87 Abs. 1 Nr. 10 BetrVG mitbestimmt sind.

(4) Ermittlung der Leistungserbringung

Nicht nur die Methoden für die Ermittlung der Prämienausgangsleistung, sondern auch die Methoden für die Ermittlung der tatsächlich erbrachten Leistung sind zu bestimmen.[341] Diese Frage gehört ebenso zu den nach § 87 Abs. 1 Nr. 10 BetrVG mitbestimmten Entlohnungsmethoden. Da es sich bei dieser Methode bei Prämienlohn angesichts der Notwendigkeit meßbarer Bezugsgrößen immer um eine Messung handelt, beschränkt sich die Mitbestimmung des Betriebsrats naturgemäß auf die Ausgestaltung der anzuwendenden Methode, eine Anwendung dieser Methoden kommt unter keinem Gesichtspunkt nicht in Betracht.

cc) Leistungszulagen zum Zeitentgelt

Bei der Frage, inwieweit Leistungszulagen zum Zeitentgelt aufgrund einer Leistungsbeurteilung der Mitbestimmung des Betriebsrats unterliegen, ist zu bedenken, daß die konkret vorgenommene Leistungsbeurteilung als Fall der Anwendung von Entlohnungsmethoden im Einzelfall wie bereits ausgeführt[342] der Mitbestimmung nach § 87 Abs. 1 Nr. 10 BetrVG entzogen ist. Mitbestimmt sind daher nur die Grundsätze und das Verfahren der Leistungsbeurteilung.[343]

(1) Einführung, Beurteilungsmerkmale und Grundprinzipien

Obwohl die aufgrund einer Leistungsbeurteilung gewährten Zulagen gerade zusätzlich zu einem Grundentgelt gezahlt werden, wird davon ausgegangen, daß es sich hier um einen – ergänzenden – Entlohnungsgrundsatz handelt.[344] Die Entscheidung, ob diese Zulagen eingeführt werden, unterliegt daher als Aufstellung eines Entlohnungsgrundsatzes der Mitbestimmung des Betriebsrats.

Wie beim Prämienlohn ist aber auch bei den Leistungszulagen davon auszugehen, daß diese sich erst dann als Entgeltfindungsaspekt im Sinne eines Entlohnungsgrundsatzes ausmachen lassen, wenn auch geklärt ist, welche Zulagen

---

[341] GK-Wiese § 87 Rn. 926, 927; S/W § 87 Rn. 182.

[342] § 3 A. V. 1. b) ff).

[343] GK-Wiese § 87 Rn. 937; Hanau BB 1977, S. 350 ff., 355.

[344] GK-Wiese § 87 Rn. 910.

überhaupt gezahlt werden sollen. Dies steht jedoch erst mit der Festlegung der Beurteilungsmerkmale fest, aus denen sich ergibt, ob auf die Leistung oder auf das Verhalten und auf welche Aspekte hier jeweils abgestellt wird. Auch die Frage, welche und damit auch zwangsläufig wieviele Beurteilungsmerkmale zur Anwendung kommen sollen, ist daher dem Entlohnungsgrundsatz zuzuordnen. Nicht hierher gehören allerdings die der Aufstellung von Beurteilungsmerkmalen vorgelagerten Stellen- und Funktionsbeschreibungen, soweit sie wie hier keinen Bezug zu einer konkreten Vergütungsregelung aufweisen.[345]
Zum Entlohnungsgrundsatz gehören aber schließlich auch die Grundentscheidungen, wie sich der Kreis der beurteilten Arbeitnehmer definiert und ob die Zulage einmalig oder laufend gezahlt wird.

(2) Bewertungsstufen und Verfahren
Zu den Entlohnungsmethoden gehören auch bei den aufgrund einer Leistungsbeurteilung ermittelten Leistungszulagen zum Zeitentgelt alle weiteren Ausgestaltungsfragen. So bedarf die konkrete Bewertung eines formalen Verfahrens, das dem Arbeitnehmer die Nachvollziehbarkeit seiner Beurteilung gestattet. Dafür ist eine Punkte- oder Notenskala festzulegen, anhand derer die Kriterien vom Vorgesetzten für jeden einzelnen Mitarbeiter bewertet werden. Die dabei angewendeten Methoden ähneln den analytische und summarische Verfahren der Anforderungsbewertung, wie dort kann auch bei Leistungsbeurteilungen wiederum eine Gewichtung der einzelnen Kriterien vorgenommen werden.[346]
Werden die jeweiligen Bewertungsstufen nicht als Noten (z.B. von „nicht zufriedenstellend" bis „hervorragend") zu den einzelnen Bewertungskriterien zugeordnet, werden sie zumeist genau definiert und mit Punkten versehen. So ist es denkbar, für jedes Beurteilungsmerkmal eine Skala zu entwickeln, die von der mit 0 Punkten versehenen untersten Stufe etwa des Bewertungsmerkmals „Arbeitssorgfalt" mit der Umschreibung „oberflächliche und unsachgemäße Behandlung" bis hin zur Stufe „vorbildlich gewissenhafte Behandlung" reicht, für die 8 Punkte vorgesehen sind.[347]
Die Regelungen im Hinblick auf das Beurteilungsverfahren betreffen dagegen in erster Linie die Durchführung des Beurteilungsgespräches selbst. Individualrechtliche Erörterungsrechte des einzelnen Arbeitnehmers ergeben sich dabei insbesondere bereits aus § 82 Abs. 2 Satz 1 BetrVG.[348] Auf Grundlage von § 87 Abs. 1 Nr. 10 BetrVG ist zu regeln, wie oft und durch wen eine entgeltrelevante

[345] BAG 14.1.1986 AP § 87 BetrVG 1972 Lohngestaltung Nr. 21; ErfKomm-Hanau/Kania § 87 Rn. 101; S/W § 87 Rn. 167a.
[346] Jedzig DB 1991, S. 753 ff., 754 f.; MünchArbR-Kreßel § 67 Rn. 105.
[347] Vgl. dazu MünchArbR-Kreßel § 67 Rn. 116; Jedzig DB 1991 S. 753 ff., 755.
[348] FKHE § 94 Rn. 31.

Leistungsbeurteilung vorgenommen werden soll und in welcher Weise die Beurteilungen ausgewertet und mit dem Arbeitnehmer besprochen werden.[349]

(3) Verhältnis zu § 94 Abs. 2 BetrVG

Auch nach § 94 Abs. 2 BetrVG hat der Betriebsrat ein nicht erzwingbares Zustimmungsrecht bei der Aufstellung allgemeiner Beurteilungsgrundsätze. Dabei handelt es sich um Regelungen, die die Bewertung des Verhaltens oder der Leistung der Arbeitnehmer verobjektivieren und nach einheitlichen Kriterien ausrichten sollen, damit Beurteilungserkenntnisse miteinander verglichen werden können.[350] Regelungen zu Leistungsbeurteilungen im hier verstandenen Sinne werden von dieser Definition daher erfaßt.

Unstreitig verdrängt aber § 87 Abs. 1 Nr. 10 BetrVG die Anwendbarkeit des § 94 Abs. 2 BetrVG, wenn die auf Grundlage der Regelung vorgenommenen Beurteilungen lediglich zur Ermittlung von Leistungszulagen verwendet werden. Auch für den Fall aber, daß Beurteilungsgrundsätze zugleich sowohl für die Bemessung von Leistungszulagen als auch die allgemeine Beurteilung der Leistung der Arbeitnehmer eingesetzt werden, geht die überwiegende Ansicht[351] von der Verdrängung des § 94 Abs. 2 BetrVG durch § 87 Abs. 1 Nr. 10 BetrVG aus. Maßgebliches und zutreffendes Argument ist hier, daß keine sachlichen Gründe ersichtlich sind, weshalb ein schwächeres Beteiligungsrecht des Betriebsrats ein stärkeres und weitreichenderes aus seinem eindeutigen Anwendungsbereich soll verdrängen können. Bedenken, die Anwendbarkeit des § 87 Abs. 1 Nr. 10 BetrVG führe zu einer ungerechtfertigten Erweiterung der Beteiligung des Betriebsrats und zu einer Umgehung des § 94 Abs. 2 BetrVG[352], kann daher nicht gefolgt werden.

c) Provisionen

aa) Einführung und Art

Die Frage, ob Arbeitnehmer ihr Entgelt in Form von Provisionen erhalten und nach welcher Provisionsart die Vergütung erfolgt, stellt die Aufstellung eines Entlohnungsgrundsatzes dar. Zu diesem mitbestimmungspflichtigen Sachverhalt kann weiterhin die Entscheidung darüber gezählt werden, in welchem Verhältnis

---

[349] Jedzig DB 1991, S. 753 ff., 755; FKHE § 94 Rn. 32.

[350] BAG 23.10.1984 AP § 87 BetrVG 1972 Ordnung des Betriebs Nr. 8.

[351] Jedzig DB 1991 S. 753 ff., 757; HSG § 94 Rn. 28; S/W § 94 Rn. 30; G/L § 94 Rn. 36; GK-Kraft § 94 Rn. 12.

[352] So Löwisch DB 1973 S. 1746 ff., 1750 f.

die Provision zum Gehaltsfixum stehen soll und wie sich mehrere Provisionen zueinander verhalten sollen.[353]

Neben möglichen Einschränkungen der Mitbestimmung durch die §§ 65, 87 Abs. 1 und 3, 87 a - 87 c HGB ist hier auch bei Tarifungebundenheit zu beachten, daß bei Vereinbarung einer Provision als Arbeitsentgelt ein Gehaltsfixum oder eine Provisionsgarantie vorzusehen ist, da sonst die Provisionsvergütung sittenwidrig gem. § 138 Abs. 1 BGB sein kann. Zu berücksichtigen ist hier die besondere Abhängigkeit und Schutzbedürftigkeit des Arbeitnehmers, die es erforderlich macht, daß er eine angemessene Gegenleistung für seine Arbeit verdienen kann.[354]

bb) Ausformung des Systems

Die weiteren Ausgestaltungsfragen im Rahmen der Entlohnungsmethoden hängen davon ab, in welcher Weise das Provisionssystems konkretisiert wird. Sie umfassen zunächst die Entscheidung, ob bei Erreichen einer bestimmten Umsatzgrenze die Provisionssätze linear, progressiv oder degressiv verlaufen ebenso wie die abstrakte Staffelung der Provisionssätze.[355]

Sollen Provisionsgruppen gebildet werden, denen einzelne Artikel zugeordnet werden, so fällt die Gruppenbildung ebenso unter die Mitbestimmung der Entlohnungsmethoden nach § 87 Abs. 1 Nr. 10 BetrVG wie die Zuordnung der Artikel. Sollen bestimmten Geschäftsarten Punkte zugeordnet werden, so ist die zahlenmäßige Zuordnung mitbestimmt.[356]

Die Festlegung eines Prozentsatzes des Geldgegenwertes eines Geschäfts bestimmt dagegen die Höhe des Entgelts in einer Weise, daß er nicht mehr als von § 87 Abs. 1 Nr. 10 BetrVG erfaßt angesehen werden kann.[357] Sobald jedoch eine Ausgestaltung gewählt wird, die über diese reine prozentuale Festlegung hinausgeht und dagegen die Leistungsseite der Provisionsvergütung etwa in Gestalt von Artikelgruppen oder Punktbewertungen weiter ausgestaltet, ist diese Ausge-

---

[353] BAG 29.3.1977 AP § 87 BetrVG 1972 Provision Nr. 1; Moll Mitbestimmung S. 66; ErfKomm-Hanau/Kania § 87 Rn. 100; Richardi § 87 Rn. 892; FKHE § 87 Rn. 419.

[354] BAG 3.11.1986 AP § 65 HGB Nr. 14; LAG Hamm 16.10.1989 ZIP 1990, S. 880 ff., 886; MünchArbR-Kreßel § 68 Rn. 5.

[355] Moll Mitbestimmung S. 66; ErfKomm-Hanau/Kania § 87 Rn. 101; Entlohnungsgrundsätze: FKHE § 87 Rn. 424; Richardi § 87 Rn. 892.

[356] von Teilen der Literatur werden auch diese Entscheidungen als Teil des Entlohnungsgrundsatzes angesehen, vgl. Richardi § 87 Rn. 892; unklar bleibt BAG 13.3.1984 und 26.7.1988 AP § 87 BetrVG 1972 Provision Nrn. 4 und 6; wie hier dagegen Löwisch ZHR 1975, S. 362 ff., 369 – 370; grundsätzlich zur Abgrenzung § 3 A. V. 1. a).

[357] BAG 26.7.1988 AP § 87 BetrVG 1972 Provision Nr. 6; FKHE § 87 Rn. 424.

staltung nach ganz allgemeiner Ansicht[358] in vollem Umfang mitbestimmungspflichtig.
Ebenso übereinstimmend[354] wird schließlich davon ausgegangen, daß die dann erst erfolgende Zuordnung von Geldwerten zu den jeweiligen Provisionsgruppen, Artikelarten und Punktwerten wiederum als die Entgelthöhe betreffend aus dem Anwendungsbereich des § 87 Abs. 1 Nr. 10 BetrVG herausfällt und allenfalls nach § 87 Abs. 1 Nr. 11 BetrVG mitbestimmt werden kann.

d) Erfolgsbeteiligungen

Die Einordnung von Erfolgsbeteiligungen als Teil der arbeitsrechtlichen Entgeltsystematik hat in der Vergangenheit mehrfache Umwertungen und Veränderungen erfahren, auch soweit es sich – wie hier - lediglich um solche Beteiligungen handelt, die bereits eindeutig dem Arbeitsrecht und nicht als Kapitalbeteiligung dem Gesellschafts- oder allgemeinen Schuldrecht zuzuordnen sind.

aa) Erfolgsbeteiligungen als Entgelt

Zunächst war es bereits streitig, ob es sich bei Erfolgsbeteiligungen überhaupt um „Lohn“ i.S.d. § 87 Abs. 1 Nr. 10 BetrVG handelte. Diese Frage erscheint beantwortet, wenn man wie hier von einem weiten Entgeltbegriff ausgeht, der alle Leistungen, die der Arbeitgeber aus Anlaß des Arbeitsverhältnisses erbringt, als Gegenleistung mit Entgeltcharakter auffaßt. Zum Teil wird hiergegen jedoch eingewendet, daß dies nicht der Fall sei, wenn die Erfolgsbeteiligung über die Beteiligung am Ergebnis des Betriebs hinaus, das sich in der Regel nach betriebswirtschaftlichen Grundsätzen feststellen ließe, zur unmittelbaren Beteiligung am handelsrechtlichen Gewinn führen solle.[359] Hiergegen ist jedoch einzuwenden, daß nicht ersichtlich ist, woraus sich eine unterschiedliche Behandlung der Gewinnbeteiligung im Gegensatz zu anderen Formen der Erfolgsbeteiligung rechtfertigen ließe. Zwar stellt der Gewinn sicherlich eine Erfolgsgröße dar, auf die der einzelne Arbeitnehmer den wenigsten Einfluß hat, so daß hier am fraglichsten erscheint, inwieweit noch von einer Gegenleistung aus dem Arbeitsverhältnis ausgegangen werden kann. Eine Abgrenzung zu gesellschaftsrechtlichen Beteiligungsmodellen wurde aber bereits vorgenommen; durchaus

---

[358] BAG 13.3.1984 und 26.7.1988 AP § 87 BetrVG 1972 Provision Nrn. 4 und 6; FKHE § 87 Rn. 424; Richardi § 87 Rn. 892, 893; GK-Wiese § 87 Rn. 914 ff.; ErfKomm-Hanau/Kania § 87 Rn. 100-101; Lieb ZfA 1988 S. 413 ff., 425; Löwisch ZHR 1975 S. 362 ff., 370, der hier selbst die deutliche Parallele zum Prämienlohn zieht; ausführlich Lieb ZfA 1988 S. 413 ff., 424 ff.
[359] FKHE § 87 Rn. 428; vgl. auch LAG Bremen 27.10.1978 AP § 87 BetrVG 1972 Lohngestaltung Nr. 1.

lassen sich auch Gewinnbeteiligungen arbeitsrechtlich ausgestalten.[360] Wenn aber eine Gewinnbeteiligung dem Arbeitsrecht zuzurechnen ist, handelt es sich auch um eine Leistung, die der Arbeitgeber im Hinblick auf das Arbeitsverhältnis erbringt und damit um ein Arbeitsentgelt.
Bei allen Formen von Erfolgsbeteiligungen ist daher davon auszugehen, daß es sich dabei um Entgelt und damit um „Lohn" i.S.d. § 87 Abs. 1 Nr. 10 BetrVG handelt.[361]

bb) Die Einführung von Erfolgsbeteiligungen als Entlohnungsgrundsatz

Erst durch die Feststellung, daß es sich bei Erfolgsbeteiligungen um Entgelt handelt, bedarf es nun der Entscheidung, ob nicht auch die Einführung von Erfolgsbeteiligungen ein Entlohnungsgrundsatz ist. Auch diese Frage hat eine Umwertung erfahren. Wird heute ganz überwiegend davon ausgegangen, daß die Einführung aller Formen von Erfolgsbeteiligungen die Aufstellung eines Entlohnungsgrundsätze ist[362], so ist insbesondere in älterer Literatur[363] die Ansicht zu finden, daß dies nicht der Fall sei.
So wird darauf verwiesen, daß der Begriff der Entlohnungsgrundsätze historisch befrachtet sei und darunter lediglich rein technische Entgeltfindungsregeln zu verstehen seien, die die entgeltpolitische Frage der Entgelthöhe nicht beträfen. Liege aber ein Entgelt vor, bei dem es weniger um entgelttechnische Fragen des Verteilungsschlüssels, sondern vielmehr um eine reine Erhöhung des Entgelts und damit letztlich nur um eine Erweiterung des Leistungsumfangs des Arbeitgebers gehe, könne nicht mehr von einem Entlohnungsgrundsatz ausgegangen werden. Die Entscheidung, ob ein solches Entgelt vorliegt, sei eine Wertungsfrage, die nach dem schwerpunktmäßigen Zweck des Entgelts zu treffen sei.[364]
Hiergegen ist nun einzuwenden, daß auch Fragen der Entgeltfindung wie dargestellt[365] durchaus die Entgelthöhe beeinflussen können, diese Folge aber ausdrücklich durch das Gesetz eröffnet ist, soweit der Tatbestand der einschlägigen Mitbestimmungsnorm reicht. Zumindest soweit in der Einführung eines Entgelts aber die Primärentscheidung über die Einführung eines Systems zu erblicken ist,

---

[360] Bekanntestes Beispiel ist hier die Tantieme, s. bereits § 2 D.; zum ganzen auch Hanau Zeitschrift für Unternehmens- und Gesellschaftsrecht Sonderheft 5 1985 S. 111 ff., 113, 118.
[361] So auch Moll Mitbestimmung S. 152.
[362] GK-Wiese § 87 Rn. 919; FKHE § 87 Rn. 428; Richardi § 87 Rn. 817; Schimana/Frauenkron DB 1980, S. 445 ff., 447; auch LAG Bremen 27.10.1978 AP § 87 BetrVG 1972 Lohngestaltung Nr. 1.
[363] Moll Mitbestimmung S. 154 ff.; Fitting/Auffarth/Kaiser 11.Aufl. 1974 § 87 Rn. 55-56; GK-Wiese 1974 § 87 Rn. 138; Nikisch Arbeitsrecht III. Band 2. Aufl. 1966 § 113 X 4 b, S. 437.
[364] Moll Mitbestimmung S. 154 ff.
[365] S. § 3 A. II. 3.

nach dem das Arbeitsentgelt im Betrieb allgemein, d.h. für den Betrieb, für bestimmte Betriebsabteilungen oder Gruppen von Arbeitnehmern ermittelt werden soll[366], erscheint es nicht gerechtfertigt, hierin nicht auch die Aufstellung eines Entlohnungsgrundsatzes zu erblicken. Zwar ist es richtig, daß diese Entscheidung letztlich nur schwerpunktgemäß am Zweck des Entgelts orientiert werden kann. Gerade hier hat aber die Erfolgsbeteiligung durchaus in den letzten Jahrzehnten eine Umwertung erfahren.[367] Keineswegs handelt es sich hier mehr in erster Linie um zusätzliche Zahlungen aus sozialen Erwägungen.[368] Vielmehr werden Erfolgsbeteiligungen heute überwiegend als bewußte Mittel der Entgeltgestaltung eingesetzt, die Fragen der Entgeltfindung und Entgeltgerechtigkeit in einem Umfang aufwerfen, der es rechtfertigt, hier von einem in sich geschlossenen Entgeltsystem und damit von einem Entlohnungsgrundsatz auszugehen.
Es ist daher mit der heute überwiegenden Ansicht davon auszugehen, daß es sich auch bei der Einführung von Erfolgsbeteiligungen um die Aufstellung eines Entlohnungsgrundsatzes handelt.

cc) Mitbestimmte Maßnahmen

Zur Frage, inwieweit Erfolgsbeteiligungen der Mitbestimmung des Betriebsrats nach § 87 Abs. 1 Nr. 10 BetrVG unterliegen, ist trotz ihrer Eigenschaft als Entlohnungsgrundsatz zu unterscheiden. Zum einen geht es um solche Maßnahmen, die es überhaupt bei einer Erfolgsbeteiligung zu entscheiden gilt und solche, die davon dem erzwingbaren Mitbestimmungsrecht nach Nr. 10 unterworfen sind.
Die Maßnahmen bei Gestaltung einer Erfolgsbeteiligung lassen sich zunächst in vier Problemebenen aufteilen.[369] Es gilt, die Ausgangsbasis festzulegen, also zu entscheiden, welche Art von Beteiligung gewählt werden soll. Desweiteren muß der Erfolgsmaßstab normiert werden, also geklärt sein, welche Kriterien die Ausschüttung der Beteiligung auslösen. Auf der dritten Problemebene gilt es den Erfolgsanteil der Mitarbeiter insgesamt festzulegen, während es auf der vierten Ebene schließlich darauf ankommt, wie dieser Erfolgsanteil auf die einzelnen Mitarbeiter verteilt werden soll.

Die Mitbestimmbarkeit dieser Maßnahmen nach § 87 Abs. 1 Nr. 10 BetrVG hängt nun möglicherweise davon ab, ob Erfolgsbeteiligungen trotz ihrer Eigenschaft als Entgelt und Entlohnungsgrundsatz als freiwillige Leistungen anzusehen sind. Freiwillige Leistungen werden nach Nr. 10 nur in eingeschränktem

---

[366] GK-Wiese § 87 Rn. 897 m.w.N.
[367] Vgl. bereits oben unter § 2 D.
[368] Dazu auch Oechsler S. 402; Maier S. 161.
[369] Vgl. dazu Schneider/Zander Erfolgs- und Kapitalbeteiligung S. 65 ff.; Schultz S. 47 ff.; Drumm S. 504 f.

Umfang mitbestimmt, der es erlaubt, daß diese Leistungen ihren Freiwilligkeitscharakter nicht verlieren.
Keineswegs aber kann die Freiwilligkeit einer Leistung bewirken, daß die Mitbestimmung in diesem Fall völlig entfiele.[370] Es ist daher hier der Frage nachzugehen, welche Maßnahmen unabhängig von der Freiwilligkeit der Erfolgsbeteiligung in jedem Fall mitbestimmt sind.
Dafür ist jedoch zu unterscheiden zwischen den verschiedenen Formen der Erfolgsbeteiligung.

(1) Leistungsbeteiligung
Grundlage der Leistungsbeteiligung ist immer die Gesamtleistung der Belegschaft insgesamt, einer Abteilung oder einer spezifisch abgegrenzten Mitarbeitergruppe, so daß nicht die Leistung des einzelnen Mitarbeiters, sondern die Summe der Leistungen aller in die Beteiligung einbezogener Mitarbeiter ausschlaggebend ist. Während bei der Produktionsbeteiligung Ausgangsbasis immer die Produktionsmenge ist, die in Stück, Meter, Liter, Kilogramm usw. quantifiziert werden kann, ist Ausgangsbasis der Produktivitätsbeteiligung das Verhältnis der produzierten Menge zum Faktoreinsatz, also zu den Kosten. Ausgangsbasis der Kostenersparnisbeteiligung schließlich sind die Verbrauchsmengen wie z.B. Verrechnungsstückkosten pro Produkteinheit, das sog. Input/Output-Verhältnis. Dieses soll verbessert werden, was idealerweise eine Erhöhung des Outputs bei gleichzeitiger Senkung der Kosten bedeutet.[371]

Die Normierung des Erfolgsmaßstabes auf der zweiten Problemebene erfolgt hier jedoch analog zu einem Leistungsentgeltsystem, indem eine Ausgangsleistung definiert wird, ab deren Überschreiten der im System festgelegte Erfolgsanteil an die Mitarbeiter ausgezahlt wird.[372] Angesichts dieser Notwendigkeit, eine Ausgangsleistung festzulegen, ab deren Überschreiten erst Anteile ausgezahlt werden, zeigt sich, daß die Leistungsbeteiligung in der Konzipierung große Ähnlichkeiten mit dem Prämienlohn aufweist.[373]
Diese Ähnlichkeit setzt sich auf der dritten Problemebene fort. Hier geht es darum, den Erfolgsanteil der Mitarbeiter insgesamt festzulegen. Dies bedeutet für die Leistungsbeteiligung, daß eine Verbindung zu ziehen ist zwischen der Höhe der Ausgangsleistungsüberschreitung und der Höhe des Erfolgsanteils der Mit-

[370] Zum Umfang der Einschränkungen im einzelnen siehe ausführlich unten § 3 D. II.
[371] Zum Ganzen Schneider/Zander Erfolgs- und Kapitalbeteiligung S. 68 f.; Zander Handbuch der Gehaltsfestsetzung S. 387 ff; Oechsler S. 402; Maier S. 161; Drumm S. 504 f.
[372] Schneider/Zander Erfolgs- und Kapitalbeteiligung S. 68 f.; Zander Handbuch der Gehaltsfestsetzung S. 387 ff.
[373] Vgl. dazu auch Drumm S. 506.

arbeiter. Dies erfolgt in der Regel durch eine formelmäßige Bestimmung, indem ein kurvenmäßiger Verlauf des Erfolgsanteils festgelegt wird, der proportional, progressiv oder degressiv ausfallen kann.[374]
Schließlich geht es auf der vierten Problemebene – auch hier nicht unähnlich zu Methoden der Gruppenprämienberechnung – darum, wie der Erfolgsanteil der gewählten Mitarbeitermehrheit auf die Mitglieder dieser Gruppe verteilt werden sollen. In Betracht kommt eine absolut gleiche oder eine am entsprechenden Grundentgelt orientierte relativ gleiche Verteilung, aber auch eine Verteilung nach noch einmal individualisierten Leistungsgesichtspunkten, ebenso wie nach sozialen Gesichtspunkten.[375]
Alle diese Fragen erfordern methodische Überlegungen dahingehend, welche Wirkungsweise mit dem Entgelt erzielt werden soll. Beim Prämienlohn sind diese Fragen in ganz ähnlicher Weise zu beantworten und als Entlohnungsmethoden gewertet worden. Es ist nicht ersichtlich, inwieweit von dieser Wertung bei der Leistungsbeteiligung abgewichen werden könnte. Auch bei der Leistungsbeteiligung sind daher sowohl die Verteilungsgrundsätze an die einzelnen Mitarbeiter innerhalb der Gruppe, als auch die Festlegung der Ausgangsleistung, der Steigerungsschritte auf der Leistungsseite (z.B. eine Staffelung der Produktivitäts-Kennziffer in Abständen von 0,01 Punkten) und der abstrakten „Anteilskurve“ als Einführung und Anwendung neuer Entlohnungsmethoden mitbestimmt. Auch hier kommt jedoch eine Festlegung der konkreten Geldbeträge etwa innerhalb der Beteiligungskurve nicht in Betracht, denn Fragen der Entgelthöhe sind von § 87 Abs. 1 Nr.10 BetrVG nicht erfaßt.

(2) Ertragsbeteiligung

Die Ertragsbeteiligung mit ihren Unterformen Umsatzbeteiligung, Wertschöpfungsbeteiligung und Nettoertragsbeteiligung unterscheidet sich in ihrer Ausgestaltung auf den genannten Problemebenen nur geringfügig von der Leistungsbeteiligung. Die auch hier festzulegende Ausgangsleistung wird lediglich als Schwellen-Ertrag u.ä. bezeichnet.[376] Der Erfolgsanteil der Mitarbeiter insgesamt wird auch bei der Ertragsbeteiligung durch einen Kurvenverlauf ausgedrückt, die Verteilung an die einzelnen Mitarbeiter unterscheidet sich nicht von der Leistungsbeteiligung. Als einziger wirklicher Unterschied zu einer Leistungsbeteiligung lassen sich daher nur die jeweiligen Bezugsgrößen nennen, die hier eben

[374] Schneider/Zander Erfolgs- und Kapitalbeteiligung S. 66.
[375] Schultz S. 61 ff.; Schneider/Zander Erfolgs- und Kapitalbeteiligung S. 66; Eyer/Webers Das Flexible Unternehmen 06.06., S. 2, 4; dies. Personal 2/2000 S. 74 ff.; s. auch oben unter § 2 B. II. 3.
[376] Zander Handbuch der Gehaltsfestsetzung S. 388; Schneider/Zander Erfolgs- und Kapitalbeteiligung S. 66; Drumm S. 505.

nicht in der Leistung der Mitarbeitergesamtheit, sondern im Ertrag des Unternehmens liegen. Die Mitbestimmung nach § 87 Abs. 1 Nr. 10 BetrVG hängt von solchen Bezugsgrößen freilich nicht ab. Auch die Mitbestimmung der Ertragsbeteiligung umfaßt daher jedenfalls die Festlegung des Schwellenertrages, der abstrakten Ertragsstaffelung und Beteiligungskurve, sowie der Verteilungsgrundsätze an die einzelnen Mitarbeiter als Teil der Entlohnungsmethoden, nicht jedoch die Festlegung konkreter Geldbeträge.
Im Hinblick auf die demnach mitbestimmungsfreie Entgelthöhe muß – wie auch möglicherweise bereits bei der Kostenersparnisbeteiligung - bedacht werden, daß die Festlegung des Erfolgsanteils der Mitarbeiter auch dann die Entgelthöhe betrifft, wenn ein bestimmter prozentualer Ertragsanteil je nach Überschreitung des Schwellenertrags festgelegt werden soll.[377] Auch wenn es sich hier nicht um absolute Geldbeträge handelt, so bewirkt doch die Festlegung eines prozentualen Anteils an einer bestimmten Erfolgsgröße den gleichen Effekt, nämlich die Mitbestimmung des konkreten Leistungsumfangs des Arbeitgebers, die jedoch nicht von Nr. 10 gedeckt ist. Die Festlegung der Beteiligungskurve darf auch hier nur abstrakt erfolgen.

(3) Gewinnbeteiligung

Die Gewinnbeteiligung unterscheidet sich nun von den beiden anderen Formen der Erfolgsbeteiligung in ihrer Ausgestaltung durchaus. Der Festlegung einer Ausgangs- oder Schwellenleistung bedarf es hier nicht, vielmehr wird der je nach gewählter Form der Gewinnbeteiligung berechnete Ausgangsgewinn um bestimmte Korrekturfaktoren, die etwa insbesondere in Anbetracht des Unternehmerrisikos angebracht erscheinen, korrigiert. Diese korrigierte Größe wird dann als verteilungsfähiger Gewinn bezeichnet. Auch auf der dritten Problemebene kommt es zu Abweichungen im Vergleich zu den beiden anderen Formen der Erfolgsbeteiligung: die Festlegung des Erfolgsanteils der Mitarbeiter stellt sich hier als reines Verteilungsproblem dar. Es geht darum, welcher Anteil des verteilungsfähigen Gewinns auf den Faktor Arbeit, mithin die Mitarbeiter entfallen soll.[378] Die Verteilung dieses Anteils an die einzelnen Mitarbeiter erfolgt dann jedoch wieder in gleicher Weise wie zuvor dargestellt.
Diese vierte Problemebene stellt sich damit bei allen Formen der Erfolgsbeteiligungen gleich dar, es erscheint daher auch gerechtfertigt, sie in gleicher Weise

---

[377] Genauso ist freilich auch die Mitbestimmung des Geldfaktors im engeren Sinne in Gestalt prozentualer Abstände von einer noch zu bestimmenden Prämie für die Ausgangsleistung nicht von Nr. 10 erfaßt; vgl. dazu auch v. Hoyningen-Huene Anm. zu BAG 13.9.1983 ArbR-Blattei Betriebsverfassung XIV B Entscheidung 78 unter 3. und Dietz/Gaul/Hilger S. 108.

[378] Drumm S. 507 ff; Zander Handbuch der Gehaltsfestsetzung S. 389 f.; Schneider/Zander Erfolgs- und Kapitalbeteiligung S. 65 f.

und damit auch bei der Gewinnbeteiligung als Entlohnungsmethode der Mitbestimmung des Betriebsrats zu unterwerfen. Im Hinblick auf die anderen Ebenen jedoch erscheint eine solche Wertung als problematisch. Die Besonderheiten in der Ausgestaltung der Gewinnbeteiligungen bewirken, daß die hier zu treffenden Entscheidungen möglicherweise der erzwingbaren Mitbestimmung des Betriebsrats gem. § 87 Abs. 1 Nr. 10 BetrVG entzogen werden müssen, um den eventuellen Freiwilligkeitscharakter dieser Entgeltform zu wahren. Es erscheint damit nicht ohne weiteres gerechtfertigt, sie der Mitbestimmung des Betriebsrats nach § 87 Abs. 1 Nr. 10 BetrVG zu unterwerfen.[379] Festzuhalten ist aber zunächst, daß zumindest die Festlegung der Grundsätze über die Verteilung des Gewinns dem Mitbestimmungsrecht nach § 87 Abs. 1 Nr. 10 BetrVG als Entlohnungsmethoden auch bei der Gewinnbeteiligung unterliegt.

B. Tarifvorrang

Nach § 87 Abs. 1 Satz 1 BetrVG hat der Betriebsrat nur mitzubestimmen, soweit nicht eine gesetzliche oder tarifliche Regelung besteht. Mit diesem Vorrang berücksichtigt der Gesetzgeber, daß der Zweck des § 87 BetrVG darin liegt, individualrechtliche Gestaltungsmöglichkeiten des Arbeitgebers in Form einzelvertraglicher Regelungen oder der Ausübung seines Direktionsrechts zurückzudrängen. Für diesen Zweck ist jedoch kein Raum mehr vorhanden, wenn eine den Arbeitgeber bereits bindende Regelung durch Gesetz oder Tarifvertrag vorliegt.[380] Daß die Betriebspartner bei der Mitbestimmungsausübung an gesetzliche und tarifliche Regelungen gebunden sind, ergibt sich dagegen bereits aus dem Grundsatz des Vorrangs der stärkeren vor der schwächeren Rechtsquelle.[381] Der in § 87 Abs. 1 Satz 1 angeordnete Vorrang bedeutet darüber hinaus, daß das erzwingbare Mitbestimmungsrecht des Betriebsrates entfällt, soweit eine mitbestimmungspflichtige Angelegenheit durch Gesetz oder Tarifvertrag abschließend geregelt ist.[382] Aus der Formulierung „soweit" ergibt sich jedoch, daß dieser Vorrang die Mitbestimmung nicht ganz oder gar nicht zuläßt, sondern es sich hier vielmehr um eine Schranke handelt, die das Mitbestimmungsrecht auch nur partiell verdrängen kann.[383] Die praktische Bedeutung des Gesetzesvorranges tritt dabei hinter der des Tarifvorranges zurück.[384]

---

[379] S. dazu unten § 3 D. III. 2.
[380] BAG GS 3.12.1991 SAE 1993, S. 97 ff., 103; Richardi § 87 Rn. 143; FKHE § 87 Rn. 38.
[381] Richardi § 87 Rn. 144; FKHE § 87 Rn. 37.
[382] Richardi § 87 Rn. 144.
[383] Richardi § 87 Rn. 144.
[384] FKHE § 87 Rn. 36.

I. Bestehen einer tariflichen Regelung

Das Mitbestimmungsrecht des Betriebsrates wird nur durch eine zwingende tarifliche Regelung ausgeschlossen. Läßt der Tarifvertrag dagegen abweichende Abmachungen gemäß § 4 Abs. 3 TVG zu, so kann er in diesem Bereich keine Schutzwirkung entfalten; wäre aber auch durch eine solche Regelung die Mitbestimmung ausgeschlossen, wären die Arbeitnehmer bei abweichenden Abmachungen gar nicht geschützt.[385]

Sperrwirkung entfaltet weiterhin nur ein tatsächlicher gültiger Tarifvertrag, der nicht abgelaufen ist. Auch wenn ein Tarifvertrag nach § 4 Abs. 5 TVG noch nachwirkt, schließt dies das Mitbestimmungsrecht des Betriebsrates nicht mehr aus.[386]

Schließlich muß ein Tarifvertrag auch für den Betrieb gelten. Eine Tarifbindung ist dafür nach überwiegender Ansicht nur seitens des Arbeitgebers erforderlich, unabhängig davon, ob und wieviele Arbeitnehmer tarifgebunden sind.[387] Wollte man die Tarifbindung aller Arbeitnehmer fordern, wie sie für die Tarifgeltung von Inhaltsnormen gemäß der §§ 3 Abs. 1, 4 Abs. 1 Satz 1 TVG Voraussetzung ist[388], so wäre der Tarifvorrang des § 87 Abs. 1 Satz 1 BetrVG praktisch bedeutungslos oder würde doch zumindest aufgespalten und dadurch stark eingeschränkt und unpraktikabel.[389]

Nicht ausreichend ist daher, daß der Betrieb unter den Geltungsbereich eines Tarifvertrages fällt, der die mitbestimmungsrechtliche Angelegenheit regelt. Dies gilt auch dann, wenn Arbeitnehmer tarifgebunden sind oder wenn tarifliche Regelungen durch eine entsprechende Abrede in Arbeitsverträge einbezogen worden sind.[390]

Bei einem Verbandstarifvertrag besteht eine Tarifbindung des Arbeitgebers und damit die Sperrwirkung des Tarifvorranges, wenn der Tarifvertrag gemäß § 5 Abs. 4 TVG für allgemeinverbindlich erklärt wurde oder mit dem Zeitpunkt des tatsächlichen Beitritts des Arbeitgebers zu seinem Verband.[391] Sie endet jedoch nicht mit einem Verbandsaustritt des Arbeitgebers, sondern gemäß § 3 Abs. 3 TVG erst dann, wenn der Tarifvertrag endet. Die Tarifbindung aufgrund Allgemeinverbindlichkeitserklärung endet dagegen direkt mit deren Aufhebung.[392]

---

385 BAG GS 3.12.1991 SAE 1993, S. 97 ff., 104; h.M. Richardi § 87 Rn. 151 m.w.N..

386 BAG 24.2.1987 AP § 77 BetrVG 1972 Nr. 21; FKHE § 87 Rn. 41 m.w.N..

387 BAG 24.2.1987 AP § 77 BetrVG 1972 Nr. 21; 10.8.1993 AP § 87 BetrVG 1972 Auszahlung Nr. 12; FKHE § 87 Rn. 41 m.w.N.; a.A. nur noch GK-Wiese § 87 Rn. 67 f..

388 So GK-Wiese § 87 Rn. 67 f..

389 Vgl. dazu Richardi § 87 Rn. 155.

390 Richardi § 87 Rn. 157.

391 BAG 20.12.1988 AP § 87 BetrVG 1972 Auszahlung Nr. 9.

392 Richardi § 87 Rn. 157.

II. Inhalt der tariflichen Regelung

Die Mitbestimmung des Betriebsrates tritt nur zurück, „soweit" der Tarifvertrag eine Regelung trifft. Wie weit der Umfang der betrieblichen Mitbestimmung von dieser Schranke eingegrenzt wird, hängt daher entscheidend von der Reichweite und inhaltlichen Ausgestaltung der jeweiligen tariflichen Norm ab.

Nur in dem Maße, in dem der Tarifvertrag ein abschließende und zwingende inhaltliche Regelung enthält und so dem Schutzzweck des verdrängten Mitbestimmungsrechts genügt, entfällt das Mitbestimmungsrecht des Betriebsrates.[393]

Der Sinn des § 87 BetrVG ist es, soziale Angelegenheiten, die sich nicht anders als einheitlich für alle Arbeitnehmer im Betrieb regeln lassen, betrieblich zu regeln, wenn sie nicht gesetzlich oder tarifvertraglich geregelt sind.[394] Entscheidend ist, daß dem Arbeitnehmer keine einseitige Regelungsmöglichkeit verbleibt.[395] Es ist jeweils zu fragen, ob der im Betrieb geltende Tarifvertrag dem Arbeitgeber noch ein einseitiges Bestimmungsrecht beläßt oder nicht.[396]

Die gesetzliche Mitbestimmung steht nicht zur Disposition der Tarifvertragsparteien. Eine Nichtregelung stellt daher keine die Mitbestimmung des Betriebsrates ausschließende Negativregelung dar.[397] Ebenso ist es nicht möglich, daß die Tarifvertragsparteien in einer mitbestimmungspflichtigen Angelegenheit das Alleinbestimmungsrecht des Arbeitgebers wieder herstellen.[398] Ein Tarifvertrag soll das Mitbestimmungsrecht des Betriebsrates nicht ausschließen können, ohne selbst eine ausreichende Regelung getroffen zu haben.[399]

Ob die mitbestimmungspflichtige Angelegenheit durch den Tarifvertrag abschließend geregelt ist, richtet sich zwar nach dem gemeinsamen Willen der Tarifvertragsparteien[400], dies aber nur so, wie er sich in der tatsächlichen Regelung darstellt.[401]

---

[393] Moll Tarifvorrang S. 24; FKHE § 87 Rn. 46.

[394] v.Hoyningen-Huene S. 245.

[395] Richardi § 87 Rn. 161.

[396] BAG GS 3.12.1991 SAE 1993, 97 ff., 105.

[397] BAG 22.1.1980 AP § 87 BetrVG 1972 Lohngestaltung Nr. 3; FKHE § 87 Rn. 5; Richardi § 87 Rn. 160; GK-Wiese § 87 Rn. 77; Hanau BB 1972, S. 499 ff., 500; Moll Tarifvorrang S. 75; einschränkend MünchArbR-Matthes § 332 Rn. 20; a.A. Lieb ZfA 1978, S. 179 ff., 209 ff..

[398] BAG 17.12.1985 AP § 87 BetrVG 1972 Tarifvorrang Nr. 5; 18.4.1989 AP § 87 BetrVG 1972 Tarifvorrang Nr. 18; FKHE § 87 Rn. 54, 5; Richardi § 87 Rn. 164; ErfKomm-Hanau/Kania § 87 Rn. 17; MünchArbR-Matthes § 332 Rn. 17; Moll Tarifvorrang S. 31; einschränkend GK-Wiese § 87 Rn. 6.

[399] ErfKomm-Hanau/Kania § 87 Rn. 16; FKHE § 87 Rn. 46, 47.

[400] BAG 18.4.1989 AP § 87 BetrVG 1972 Tarifvorrang Nr. 18; 4.7.1989AP § 87 BetrVG 1972 Tarifvorrang Nr. 20.

[401] Moll Tarifvorrang S. 25; Richardi § 87 Rn. 162; FKHE § 87 Rn. 46.

Dies führt dazu, daß durch Auslegung ermittelt werden muß, ob die jeweilige Tarifnorm den betreffenden Regelungsgegenstand abschließend regelt. Diese Entscheidung kann nur anhand des Einzelfalls getroffen werden.[402] Es existieren eine Fülle unterschiedlicher Formulierungen, die versuchen, die Anforderungen und Kriterien zusammenzufassen. Eine häufige Formulierung ist hier, jede auch nur einigermaßen vollständige Tarifregelung schließe das Mitbestimmungsrecht des Betriebsrates aus.[403] Ebenso ist formuliert worden, jede tarifliche Regelung, die nicht ohne weiteres als nur unvollständig gemeint erkennbar sei, entfalte Sperrwirkung für die Betriebspartner.[404] Es kann jedoch nicht von einer Vermutung für eine abschließende Regelung der Tarifpartner ausgegangen werden.[405] Vielmehr kommt es darauf an, ob durch die Tarifregelung die Angelegenheit tatsächlich inhaltlich vollständig und abschließend geregelt wird.[406]
Die tarifliche Regelung kann die nähere Ausgestaltung der mitbestimmungspflichtigen Angelegenheit dabei ganz den Betriebspartnern überlassen. Dies kann auch ausdrücklich durch eine tarifliche Öffnungsklausel geschehen.[407] Als Variante ist hier denkbar, daß dies nur durch eine freiwillige Betriebsvereinbarung möglich sein soll, also zu einer alternativ bestehenden tariflichen Regelung zurückzukehren ist, wenn sich die Betriebspartner nicht einigen können.[408]
Weiterhin ist es denkbar, daß der Tarifvertrag Rahmenvorschriften für eine nähere Regelung durch die Betriebspartner vorgibt. Diese tariflichen Vorgaben binden die Betriebspartner nach dem Grundsatz des Vorranges der höherrangigen Rechtsquelle.[409]
Ganz ausgeschlossen ist demnach das Mitbestimmungsrecht des Betriebsrates dann, wenn der Arbeitgeber eine Tarifnorm nur noch zu vollziehen hat, ohne daß ihm ein Regelungsspielraum verbliebe. Wo nichts mehr zu bestimmen ist, ist auch nichts mehr mitzubestimmen. Dies ändert sich auch dann nicht, wenn sich der Arbeitgeber in einem solchen Fall tarifwidrig verhält.[410]

---

402 BAG 18.4.1989 AP § 87 BetrVG 1972 Tarifvorrang Nr. 18; 4.7.1989 AP § 87 BetrVG 1972 Tarifvorrang Nr. 20; FKHE § 87 Rn. 47; Richardi § 87 Rn. 162; GK-Wiese § 87 Rn. 71; Moll Tarifvorrang S. 25.
403 BAG 6.7.1962 AP § 37 BetrVG 1952 Nr. 7.
404 BAG 4.8.1981 AP § 87 BetrVG 1972 Tarifvorrang Nr. 1.
405 Richardi § 87 Rn. 162; GK-Wiese § 87 Rn. 70.
406 BAG 18.4.1989 und 4.7.1989 AP § 87 BetrVG 1972 Tarifvorrang Nr. 18 und Nr. 20; Richardi § 87 Rn. 162; Moll Tarifvorrang S. 25; Hanau Anm. zu BAG AP § 87 BetrVG 1972 Alterversorgung Nr. 4.
407 FKHE § 87 Rn. 53; ErfKomm-Hanau/Kania § 87 Rn. 17.
408 MünchArbR-Matthes § 332 Rn. 18.
409 BAG 18.8.1987 AP § 77 BetrVG 1972 Nr. 23; MünchArbR-Matthes § 332 Rn. 19.
410 FKHE § 87 Rn. 46.

Das Mitbestimmungsrecht des Betriebsrates bei Tarifbindung des Arbeitgebers bleibt also bestehen, wenn die Tarifvertragsparteien von ihrer vorrangigen Regelungsbefugnis soweit keinen Gebrauch machen, daß Arbeitgeber und Betriebsrat eine Regelungschance bleibt.[411]

III. Verbleibende Möglichkeiten der betrieblichen Entgeltgestaltung

Auf Grundlage der vorhergehenden Überlegungen stellt sich die Frage, welche Möglichkeiten speziell für den Entgeltbereich auf betrieblicher Ebene verbleiben. Grundsätzlich ist hier zu bedenken, daß angesichts der Komplexität der Regelungsmaterien gerade im Vergütungsbereich Tarifverträge aufgrund ihres allgemeinen Charakters zwangsläufig ausfüllungsbedürftig bleiben. Zwar gibt es viele Mantel- und Entgelttarifverträge, die durch ausführliche Bestimmungen in diesem Bereich partiell die Mitbestimmungsrechte des Betriebsrats nach § 87 Abs. 1 Nr. 10 und Nr. 11 BetrVG ausschließen. Schon aus praktischen Gründen bleiben aber ebenso tarifvertraglich kaum zu besetzende Freiräume, die der näheren Ausgestaltung auf Betriebsebene bedürfen. Freilich bedeutet dies in der Praxis mehrheitlich die Aufstellung tariflicher Rahmenregelungen, deren Ausfüllung so den Schwerpunkt betrieblicher Entgeltgestaltung bildet.[412]

1. Ergänzende Leistungsentgeltsysteme bei tariflichem Zeitentgelt

Einen besonderen Fall stellt die Situation dar, daß ein Tarifvertrag ausschließlich Zeitentgelt vorsieht. Für diesen Fall stellt sich die Frage, inwieweit es möglich ist, daß auf betrieblicher Ebene ergänzend Leistungsentgeltsysteme eingeführt werden. Müßte man die Zeitentgeltregelung des Tarifvertrages als abschließend und umfassend ansehen, sperrte der Tarifvorrang des § 87 Abs. 1 Satz 1 BetrVG[413] eine leistungsbezogene Zusatzentlohnung auf betrieblicher Ebene.

Zu unterscheiden ist hier zwischen der grundsätzlichen Möglichkeit, ein solches Zusatzentgelt auf Betriebsebene einzuführen, und der Möglichkeit des Betriebsrates, dieses Zusatzentgelt über sein Initiativrecht zu erzwingen. Bejaht man nur den ersten Aspekt, so könnte nur der Arbeitgeber eine leistungsbezogene Zusatzentlohnung einführen, die erst dann mitbestimmt wäre.

Für diesen ersten Aspekt hat die Rechtsprechung bereits früh entschieden, daß der Arbeitgeber trotz einer tariflichen Zeitentgeltregelung für zusätzliche Leistungen der Mitarbeiter auch zusätzliche Vergütungen gewähren könne und die-

---

[411] Vgl. Moll Tarifvorrang S. 28; BAG 22.12.1981 AP § 87 BetrVG 1972 Lohngestaltung Nr. 7; FKHE § 87 Rn. 53.

[412] Moll Tarifvorrang S. 28.

[413] Ebenso der Tarifvorbehalt des § 77 Abs. 3 BetrVG; für die Reichweite der tarifvertraglichen Regelung ist das Verhältnis der beiden Vorschriften zueinander irrelevant.

se auch durch Betriebsvereinbarung regelbar seien.[414] Dieser Entscheidung ist zuzustimmen. Sie entspricht der heute überwiegenden Ansicht, daß keine Vermutung für die Vollständigkeit tariflicher Regelungen besteht und Tarifverträge nicht mit dem Anspruch auftreten, Arbeitsbedingungen lückenlos zu regeln.[415] Eine Zeitentgeltregelung berücksichtigt gerade keine Leistungsgesichtspunkte und bezieht sich damit auf einen anderen Ansatz der Entgeltfindung als ein Leistungsentgelt. Aus diesem Aspekt ergibt sich der Umfang des durch den Tarifvertrag gezogenen Regelungsspielraumes der Betriebspartner. Weder darf das betriebliche Leistungsentgelt an Kriterien anknüpfen, die dem tariflichen Zeitentgelt zugrundeliegen, noch darf es die tarifliche Entscheidung für diese Form der Entgeltfindung bedeutungslos machen, indem die betriebliche Vergütung maßgeblich nur noch nach dem Leistungsentgeltsystem erfolgt.[416]

Diese Grenze ist für jede Form von kumulativem betrieblichem Leistungsentgelt zum tariflichen Zeitentgelt zu beachten. Zugleich folgt daraus auch, daß es ausgeschlossen ist, eine bestehende tarifliche Zeitentgeltregelung durch eine alternative Leistungsentgeltregelung auf Betriebsebene ganz zu ersetzen. Die Frage nach einem Initiativrecht des Betriebsrates für einen solchen Wechsel des Entlohnungsgrundsatzes stellt sich in dieser Situation daher bereits aus diesem Grund nicht mehr.

Dagegen ist für die Einführung zusätzlichen Leistungsentgeltes zu fragen, ob der Betriebsrat hier bei Bestehen einer tariflichen Zeitentgeltregelung ein Initiativrecht geltend machen kann.

Grundsätzlich reicht das Initiativrecht soweit wie das Mitbestimmungsrecht, welches - wie gerade gesehen – hier zu bejahen ist. Doch wird dieser Grundsatz bei Bestehen einer entsprechenden tariflichen Regelung zu Recht durchbrochen.[417]

Wäre es dem Betriebsrat möglich, zusätzlich zum tariflichen Zeitentgelt eine betriebliche Leistungsentlohnung zu erzwingen, hebelte er den unter den Tarifvertragsparteien gefundenen Entgeltkompromiß aus. Lautet dieser auf ein Zeitentgeltsystem, so haben sich die Tarifvertragsparteien für ein Entgelt entschieden, daß unabhängig von der individuellen Leistung der Arbeitnehmers gezahlt wird und damit allen Leistungsstufen gerecht werden muß.[418] Durch ein betriebliches Leistungsentgeltsystem sollen überdurchschnittliche Leistungen noch zu-

---

[414] BAG 14.11.1974 BB 1975, S. 420 f., 420.

[415] BAG AP § 1 TVG Auslegung Nr. 123; GK-Wiese § 87 Rn. 70; Richardi § 87 Rn. 162; FKHE § 87 Rn. 50; Moll Tarifvorrang S. 27.

[416] Moll Tarifvorrang S. 27.

[417] BAG 13.9.1983 AP § 87 BetrVG 1972 Prämie Nr. 3; Lieb ZfA 1988, S. 413 ff., 440; Hanau Anm. zu BAG 8.12.1981 EzA § 87 BetrVG 1972 Leistungslohn Nr. 6; ders. Anm. zu BAG 13.9.1983 a.a.O.

[418] Hanau Anm. zu BAG 8.12.1981 EzA § 87 BetrVG 1972 Leistungslohn Nr. 6.

sätzlich vergütet werden, so daß dadurch eine höhere als die tarifliche Belastung auf den Arbeitgeber zukommt.[419] Dies ist eine Entscheidung, die durch den Arbeitgeber selbst getroffen werden kann. Fordert aber der Betriebsrat eine solche „zweite Lohnrunde", so setzt er sich an die Stelle der Tarifpartner und bedroht damit die Tarifautonomie unmittelbar. Ebenso soll die dem Tarifvertrag innewohnende Ordnungs- und Befriedungsfunktion dem Arbeitgeber für die Laufzeit des Tarifvertrages Sicherheit für den Umfang seiner Entgeltverpflichtungen geben.[420]

Es ist also festzuhalten, daß eine tarifliche Zeitentgeltregelung keine alternative, wohl aber eine zusätzliche mitbestimmte Leistungsentgeltregelung auf Betriebsebene zuläßt. Der Betriebsrat kann eine solche Zusatzvergütung aber nicht mit seinem Initiativrecht erzwingen.

2. Mitbestimmung bei der Vergütung der AT-Angestellten

Bei AT-Angestellten handelt es sich um außertariflich vergütete Angestellte. Ihre Vergütung wird nicht durch Tarifvertrag geregelt, weil ihre Tätigkeit höher zu bewerten ist als die Tätigkeit in der obersten Tarifgruppe.[421] AT-Angestellte gehören damit aber zu den Arbeitnehmern, auf die das Betriebsverfassungsgesetz uneingeschränkt anzuwenden ist, denn einerseits handelt es sich hier nicht um leitende Angestellte gem. § 5 Abs. 3 BetrVG, andererseits kommen auch Einschränkungen aufgrund tariflicher Regelungen für sie gerade nicht in Betracht. Daher müssen die Betriebspartner hier die Rollen von Tarifpartnern übernehmen und Gehaltsgruppen bilden sowie deren Wertigkeit zueinander festlegen.[422]

Obwohl gerade im AT-Bereich das Entgelt besonders oft einzelvertraglich vereinbart wird, entfällt das Mitbestimmungsrecht zumindest dann nicht, wenn ein kollektiver Tatbestand vorliegt.[423] In diesem Fall besteht wie immer das Bedürfnis zur Wahrung der innerbetrieblichen Lohngerechtigkeit und zur Durchschaubarkeit der Entgeltgestaltung. Die einzelnen Entgeltvereinbarungen müssen sich innerhalb eines mitbestimmten Rahmens für die einzelnen Entgeltgruppen halten.[424] Voraussetzung für das Vorliegen eines kollektiven Tatbestands ist, daß

---

[419] Hanau Anm. zu BAG 8.12.1981 EzA § 87 BetrVG 1972 Leistungslohn Nr. 6 unter Bezugnahme auf Moll Tarifvorrang S. 44, der auf die Regelung übertariflicher Zulagen durch Betriebsvereinbarung insgesamt abstellt.

[420] Moll Tarifvorrang S. 44; Hanau Anm. zu BAG 8.12.1981 EzA § 87 BetrVG 1972 Leistungslohn Nr. 6 und zu BAG 13.9.1983 AP § 87 BetrVG 1972 Prämie Nr. 3.

[421] FKHE § 87 Rn. 469; ErfKomm-Hanau/Kania § 87 Rn. 106.

[422] BAG 28.9.1994 AP § 87 BetrVG 1972 Lohngestaltung Nr. 68; FKHE § 470; ErfKomm-Hanau/Kania § 87 Rn. 106.

[423] Richardi § 87 Rn. 849; FKHE § 87 Rn. 474; a.A. Lieb ZfA 1978, S. 179 ff., 188.

[424] FKHE § 87 Rn. 474.

der Arbeitgeber die Vergütungsstruktur der AT-Angestellten nach abstrakten Kriterien festlegt[425], zumindest aber etwa einen Gesamtbetrag für Gehaltserhöhungen der AT-Angestellten zur Verfügung stellt.[426] Auch wenn ein AT-Gehaltsgruppensystem innerhalb einer gewissen Bandbreite Spielräume für individuelle Gehaltsvereinbarungen beläßt, liegt ein kollektiver Tatbestand vor und ist die Anwendung von § 87 Abs. 1 Nr. 10 BetrVG geboten.[427]

3. Freiwillige Betriebsvereinbarungen?

§ 87 Abs. 1 Satz 1 BetrVG bezieht sich nur auf solche Angelegenheit, die der erzwingbaren Mitbestimmung unterliegen. Der in diesem Satz enthaltene Tarifvorrang bewirkt daher nur, daß im Falle der tariflichen Regelung die für eine Angelegenheit ansonsten angeordnete erzwingbare Mitbestimmung entfällt. Damit wird diese Angelegenheit wie alle anderen Arbeitsbedingungen zu einer Angelegenheit der freiwilligen Mitbestimmung.[428]

Diese Angelegenheiten können durch eine freiwillige Betriebsvereinbarung i.S.d. § 88 BetrVG geregelt werden. Hieraus könnte sich eine Möglichkeit der betrieblichen Mitbestimmung ergeben, die freilich nicht mit den Rechten der erzwingbaren Mitbestimmung ausgestattet wäre, also insbesondere nicht durch den Betriebsrat initiiert werden könnte, nicht zwangsweise gegen den Willen einer Partei durch die Einigungsstelle entschieden werden könnte und bei es daher auf die Einigungsbereitschaft vor allem des Arbeitgebers ankäme.

§ 87 Abs. 1 Satz 1 BetrVG jedenfalls steht einer solch freiwilligen Betriebsvereinbarung nach überwiegender Ansicht nicht entgegen.[429] Diese Vorschrift schließt demnach nur die Erzwingbarkeit, nicht aber die Zulässigkeit einer Betriebsvereinbarung aus.[430]

Anders verhält es sich jedoch bei der Vorschrift des § 77 Abs. 3 BetrVG, nach der Arbeitsentgelte und sonstige Arbeitsbedingungen, die durch Tarifvertrag geregelt sind oder üblicherweise geregelt werden, nicht Gegenstand einer Betriebsvereinbarung sein können, auch nicht einer freiwilligen. Diese Vorschrift könnte daher gegen den Abschluß freiwilliger Betriebsvereinbarungen sprechen.[431]

---

[425] ErfKomm-Hanau/Kania § 87 Rn. 106.
[426] FKHE § 87 Rn. 474.
[427] BAG 28.9.1994 AP § 87 BetrVG 1972 Lohngestaltung Nr. 68; FKHE § 87 Rn. 470; ErfKomm-Hanau/Kania 106.
[428] MünchArbR-Matthes § 332 Rn. 22; Richardi § 87 Rn. 170.
[429] FKHE § 87 Rn. 39; GK-Wiese § 87 Rn. 65; MünchArbR-Matthes § 332 Rn. 22; Richardi § 87 Rn. 169; v.Hoyningen-Huene/Meier-Krenz NZA 1987 S. 793 ff., 797.
[430] Richardi § 87 Rn. 169.
[431] Richardi § 87 Rn. 169; MünchArbR-Matthes § 332 Rn. 22; FKHE § 87 Rn. 39; GK-Wiese § 87 Rn. 65.

Zwar gibt es Angelegenheiten gem. § 87 Abs. 1 BetrVG, die nicht Arbeitsentgelte oder sonstige Arbeitsbedingungen gem. § 77 Abs. 3 Satz 1 BetrVG sind. Für diese Angelegenheiten kann die Vorschrift des § 77 Abs. 3 BetrVG nicht eingreifen, es bleibt daher bei der Möglichkeit einer freiwilligen Betriebsvereinbarung, die jedoch noch an die tarifliche Regelung als höherrangiges Recht gebunden ist.[432]
Wenn aber eine Angelegenheit tarifvertraglich geregelt ist und beiden Vorschriften unterfällt, wie dies insbesondere für die „Arbeitsentgelte" selbst der Fall sein kann, sind freiwillige Betriebsvereinbarungen nach § 77 Abs. 3 Satz 1 Alt. 1 BetrVG ausgeschlossen. Dies gilt nach überwiegender Ansicht und zu Recht unabhängig davon, wie man das Verhältnis der §§ 87 Abs. 1 und 77 Abs. 3 BetrVG zueinander beurteilt.[433] Insoweit ist zwischen der Situation des § 77 Abs. 3 Satz 1 Alt. 1 und 2 BetrVG zu unterscheiden. Während im Falle der vorhandenen Tarifregelung § 77 Abs. 3 Satz 1 Alt. 1 BetrVG mit den soeben genannten Konsequenzen eingreift, geht es im Falle des § 77 Abs. 3 Satz 1 Alt. 2 BetrVG darum, wie zu verfahren ist, wenn eine Angelegenheit nicht tariflich geregelt ist und daher nicht durch § 87 Abs. 1 Satz 1 BetrVG der erzwingbaren Mitbestimmung entzogen ist, aber üblicherweise tarifvertraglich geregelt wird und daher weiterhin noch § 77 Abs. 3 BetrVG unterfallen könnte. Nur für diese zweite Konstellation kommt es aber auf das Verhältnis zwischen § 87 Abs. 1 und § 77 Abs. 3 BetrVG an.

4. Verhältnis zu § 77 Abs. 3 BetrVG

Während der Tarifvorbehalt in § 87 Abs. 1 BetrVG das Mitbestimmungsrecht des Betriebsrats ausschließt, soweit eine tarifliche Regelung tatsächlich existiert, bestimmt der Tarifvorrang in § 77 Abs. 3 BetrVG, daß Arbeitsentgelte und sonstige Arbeitsbedingungen nicht Gegenstand einer Betriebsvereinbarung sein können, selbst wenn sie nur üblicherweise durch Tarifvertrag geregelt werden. § 77 Abs. 3 BetrVG ragt daher in seinem Anwendungsbereich über § 87 Abs. 1 BetrVG hinaus. Lange Zeit war aus diesem Grund umstritten, ob das Mitbestimmungsrecht des Betriebsrats, auch wenn es aufgrund des Fehlens einer tariflichen Regelung die Hürde des § 87 Abs. 1 BetrVG genommen hatte, noch wegen einer dennoch bestehenden Tarifüblichkeit an § 77 Abs. 3 BetrVG scheitern konnte. Die dies bejahende Theorie wird plastisch als „Zwei-Schranken-Theorie" bezeichnet.

---

[432] dies bedeutet insbesondere eine Geltung des Günstigkeitsprinzips: MünchArbR-Matthes § 332 Rn. 22; FKHE § 87 Rn. 39; Richardi § 87 Rn. 171.

[433] v. Hoyningen-Huene/Meier-Krenz NZA 1987, S. 793 ff., 797; Richardi § 87 Rn. 168; MünchArbR-Matthes § 332 Rn. 22; ebenso, aber als Vertreter der Zwei-Schranken-Theorie: FKHE § 87 Rn. 39; GK-Wiese § 87 Rn. 65; Hanau BB 1977 S. 350 ff., 350.

Der Große Senat des Bundesarbeitsgerichtes[434] hat sich mittlerweile der entgegengesetzten „Vorrangtheorie“ angeschlossen, wonach § 87 BetrVG als die speziellere Vorschrift die Anwendbarkeit des § 77 Abs. 3 BetrVG ausschließt. § 77 Abs. 3 BetrVG schließe nicht die Mitbestimmung generell, sondern nur den Abschluß von Betriebsvereinbarungen aus und schütze damit nach seinem Zweck im wesentlichen die Tarifautonomie vor konkurrierenden Betriebsvereinbarungen. Zugleich aber sei es der Zweck des § 87 BetrVG, die Interessen der Arbeitnehmer zu schützen, weshalb das Mitbestimmungsrecht gemäß des Gesetzes- und Tarifvorbehalts in § 87 Abs. 1 BetrVG auch nur entfallen könne, wenn und soweit eine ausreichende gesetzlich oder tarifliche Regelung tatsächlich und aktuell existiere. Der mit dem Mitbestimmungsrecht bezweckte Schutz der Arbeitnehmer sei dagegen bei bloßer Tarifüblichkeit nicht mehr ausreichend gewährleistet, zugleich sei aber auch allein durch einen dennoch vorgenommenen Ausschluß der Mitbestimmungsrechte die Tarifautonomie nicht sichergestellt. Es sei den Tarifvertragsparteien im übrigen unbenommen, unter Ausnutzung auch nur des Tarifvorbehalts in § 87 Abs.1 BetrVG jederzeit ausreichende und zwingende tarifliche Regelungen zu schaffen und so ihre verfassungsrechtlich geschützte Koalitionsfreiheit wahrzunehmen.
Zu Recht folgt auch die ganz herrschende Literaturansicht[435] diesem Aspekt der Ansicht des Bundesarbeitsgerichts, wonach das Mitbestimmungsrecht des Betriebsrats auch bei Tarifüblichkeit nicht entfällt.

Zu klären ist aber nach wie vor die Frage, ob der Betriebsrat sein Mitbestimmungsrecht bei Tarifüblichkeit nun auch vermittels einer Betriebsvereinbarung wahrnehmen darf. Während das Bundesarbeitsgericht dies bejaht, steht die überwiegende Literaturansicht[436] auf dem Standpunkt, auch der Schutzzweck des § 77 Abs. 3 BetrVG müsse gewahrt sein; bei Tarifüblichkeit sei der Abschluß von Betriebsvereinbarungen im mitbestimmungspflichtigen Bereich daher ausgeschlossen. Der Betriebsrat sei zur Ausübung seiner Mitbestimmungsrechte nicht auf das Instrument der Betriebsvereinbarung angewiesen, sondern könne diese auch über andere Instrumente wie einer formlosen Regelungsabrede wahrnehmen.
Gegen diese Ansicht der Literatur ist jedoch einzuwenden, daß die Betriebsvereinbarung das zur Wahrnehmung der Mitbestimmungsrechte am besten geeig-

---

[434] BAG GS 3.12.1991 AP § 87 BetrVG 1972 Nrn. 51 und 52 = SAE 1993, 97 ff.
[435] FKHE § 87 Rn. 58 f.; DKK-Klebe § 87 Rn. 32; Richardi § 87 Rn. 166 f., GK-Wiese § 87 Rn. 59; MünchArbR-Matthes § 332 Rn. 22; HSG § 87 Rn. 62.
[436] FKHE § 87 Rn. 58 f.; Richardi § 87 Rn. 166 f., GK-Wiese § 87 Rn. 59; MünchArbR-Matthes § 332 Rn. 22; HSG § 87 Rn. 62.

nete Regelungsinstrument darstellt.[437] Die Ausübung der Mitbestimmungsrechte wird dem Betriebsrat praktisch erheblich erschwert, wenn ihm der Abschluß von Betriebsvereinbarungen verwehrt wird. Insbesondere die Regelungsabrede entfaltet im Gegensatz zur Betriebsvereinbarung keine normative Wirkung und müßte daher durch den Arbeitgeber vermittels entsprechender Weisungen oder Änderungskündigungen in die Einzelarbeitsverhältnisse umgesetzt werden. Damit läßt sich aber die Frage nach dem Bestehen des Mitbestimmungsrechts nicht sinnvoll von der Frage trennen, ob der Betriebsrats dieses durch Betriebsvereinbarungen ausüben kann.

Besteht daher keine tarifliche Regelung, so kann eine Tarifüblichkeit i.S.d. § 77 Abs. 3 BetrVG weder das Mitbestimmungsrecht des Betriebsrats, noch seine Befugnis, dieses durch den Abschluß von Betriebsvereinbarungen auszuüben, ausschließen.

C. Initiativrecht

Das Mitbestimmungsrecht des § 87 BetrVG stellt den Hauptfall der paritätischen Mitbestimmung als das stärkste Beteiligungsrecht des Betriebsrates dar.[438] Nur bei dieser Mitbestimmungsform hat der Betriebsrat ein Mitentscheidungsrecht nach dem positiven Konsensprinzip[439], d.h. der Arbeitgeber ist gezwungen, sich in den hier genannten sozialen Angelegenheiten mit dem Betriebsrat zu einigen oder die Einigungsstelle anzurufen. Beiden Teilen sind daher gleiche Rechte einzuräumen.[440]

Dem Betriebsrat steht daher aber ein sog. Initiativrecht zu.[441] Dies bedeutet, daß der Betriebsrat aus eigener Initiative eine Regelung aus dem Bereich des § 87 Abs. 1 BetrVG vorschlagen und im Falle der Nichteinigung auch über die Einigungsstelle erzwingen kann. Das Initiativrecht reicht grundsätzlich so weit wie der jeweiligen Mitbestimmungstatbestand, umfaßt im Bereich des § 87 Abs. 1 Nr. 10 BetrVG also nicht die Entgelthöhe, wohl aber das ganze Gebiet der Entgeltgestaltung einschließlich der Aufstellung von Entlohnungsgrundsätzen. Ausnahmen und Einschränkungen müssen hier jedoch im Hinblick auf möglicherweise bestehende tarifliche Entgeltregelungen[442] sowie für freiwillige Entgelte[443] gemacht werden.

---

[437] BAG GS 3.12.1991 SAE 1993, 97 ff., 105.

[438] S. bereits § 3 A.

[439] Richardi § 87 Rn. 53.

[440] BAG 14.11.1974 AP § 87 BetrVG 1972 Nr. 1.

[441] Allgemeine Ansicht: Richardi § 87 Rn. 922 f.; DKK-Klebe § 87 Rn. 261; GK-Wiese § 87 Rn. 949ff., FKHE § 87 Rn. 553 ff.

[442] Dazu § 3 B.

[443] Dazu sogleich § 3 D.

D. Freiwillige Leistungen

Freiwillige Leistungen sind solche Leistungen, zu deren Gewährung der Arbeitgeber weder durch Gesetz noch durch Tarifvertrag verpflichtet ist. Mit dem Argument, der Arbeitgeber dürfe nicht zur Erbringung zusätzlicher Leistungen gezwungen werden, soll der Betriebsrat bei diesen Leistungen nach ständiger Rechtsprechung des BAG[444] und herrschender Auffassung im Schrifttum[445] nicht in vollem Umfang mitbestimmen können.

Dem Arbeitgeber soll die Entscheidungsfreiheit darüber belassen werden, ob er überhaupt eine bestimmte freiwillige Leistung erbringen will, in welchem Umfang er dafür finanzielle Mittel zur Verfügung stellen will, zu welchem Zweck die Leistung erbracht werden soll und welcher Personenkreis durch diese Leistung begünstigt werden soll. Als Begründung wird angeführt, daß die Entgeltpolitik in ihrer Gesamtheit der Mitbestimmung des Betriebsrates entzogen sei. Leistungen, zu deren Erbringung der Arbeitgeber nicht schon aufgrund bestehender Rechtsvorschriften verpflichtet sei, gewähre er aber aufgrund seiner eigenen, entgeltpolitischen Entscheidung.[446] Diese Leistungen dürften nicht durch Betriebsrat oder Einigungsstellenspruch erzwungen werden, sie seien vielmehr freiwillig.

I. Entwicklung der Einschränkungen aufgrund Freiwilligkeit

Ursprünglich stammen die Einschränkungen aufgrund von Freiwilligkeit aus dem Bereich der Sozialleistungen. Bei der Frage nach der Gewährung von Betriebsrenten hat das BAG in Entscheidungen des Jahres 1975[447] Grundsätze, die bisher nur für die Errichtung einer Sozialeinrichtung gemäß § 87 Abs. 1 Nr. 8 BetrVG entwickelt worden waren, auch auf die betriebliche Altersversorgung übertragen, soweit § 87 Abs. 1 Nr. 10 BetrVG dabei zur Anwendung kam.[448] Später wurden diese Grundsätze allgemein auf alle betrieblichen Sozialleistungen übertragen.[449] Es wurde bereits ausgeführt[450], daß es sich auch bei diesen Leistungen um „Lohn" im Sinne des § 87 Abs. 1 Nr. 10 BetrVG handelt. Es hat sich die Auffassung durchgesetzt, daß sich Fürsorge- und Entgeltkomponente

---

[444] BAG 12.6.1975 AP § 87 BetrVG Altersversorgung Nr. 1-3; BAG 8.12.1981 AP § 87 BetrVG 1972 Prämie Nr. 1; BAG 10.7.1979 AP § 87 BetrVG 1972 Lohngestaltung Nr. 2; BAG GS 3.12.1991 SAE 1993, S. 97 ff., 98; BAG 26.5.1998 AP § 87 BetrVG 1972 Lohngestaltung Nr. 98.

[445] MünchArbR-Matthes § 341 Rn. 17; FKHE § 87 Rn. 436; Richardi § 87 Rn. 809; ErfKomm-Hanau/Kania § 87 Rn. 107; GK-Wiese § 87 Rn. 860 f. m.w.N..

[446] MünchArbR-Matthes § 341 Rn. 17.

[447] BAG 12.6.1975 AP § 87 BetrVG Altersversorgung Nr. 1-3.

[448] GK-Wiese § 87 Rn. 836; Galperin/Löwisch § 87 Rn. 229.

[449] BAG AP § 87 BetrVG 1972 Lohngestaltung Nr. 5.

[450] Oben § 3 A. I.

dieser Leistungen nicht voneinander trennen lassen und ihre Zahlung auch mit Rücksicht auf die Arbeitsleistung des Arbeitnehmers erfolgt.[451]
Zu dieser Auffassung gelangte das BAG in der gleichen Entscheidung[452], in der es auch die Einschränkungen aufgrund von Freiwilligkeit postulierte. Damit rückte es von der früher herrschenden Auffassung[453] ab, die dahin ging, die Mitbestimmung des Betriebsrates bei freiwilligen Leistungen – worunter damals allein Sozialleistungen verstanden wurden – ganz auszuschließen und die Freiwilligkeit der Leistung mithin als negatives Tatbestandsmerkmal zu behandeln. Diese Ansicht läßt sich jedoch heute nicht mehr aufrechterhalten, stellt sich doch auch bei der Gewährung freiwilliger Leistungen das Problem der Verteilungsgerechtigkeit und der angemessenen Verhältnisses der einzelnen Leistungen zueinander.[454] Die Freiwilligkeit von Sozialleistungen ist daher kein negatives Tatbestandsmerkmal mehr, sondern vielmehr nur eine quantitative Einschränkung des Mitbestimmungsrechts.[455]

II. Ausmaß der Einschränkungen aufgrund Freiwilligkeit

Das Ausmaß der Einschränkungen der Mitbestimmungsrechte aufgrund von Freiwilligkeit richtet sich danach, welche mitbestimmungsfreien Vorentscheidungen dem Arbeitgeber zu belassen sind, damit sichergestellt ist, daß die gewährten Leistungen nicht ihren Freiwilligkeitscharakter verlieren.[456] Die Art der Einschränkungen entspricht dabei den Fragen der „Errichtung" einer Sozialeinrichtung, die nach dem ausdrücklichen Wortlaut des § 88 Nr. 2 BetrVG nur durch freiwillige Betriebsvereinbarungen regelbar sein soll.[457] § 87 Abs. 1 Nr. 8 BetrVG, dessen Anwendungsbereich für freiwillige Leistungen wie gesehen auf Nr. 10 lediglich übertragen wird, erfaßt hingegen gleichsam komplementär für den erzwingbaren Bereich nur die „Form, Ausgestaltung und Verwaltung von Sozialeinrichtungen", mithin alle Fragen, die eben nicht mehr mit der „Errichtung" zusammenhängen, sondern diese voraussetzen.

Der Arbeitgeber muß demnach zunächst in der Entscheidung frei sein, ob er überhaupt finanzielle Mittel für den von ihm angestrebten Zweck zur Verfügung stellen will. Damit hängt eng zusammen die Frage, in welchem Umfang, mit welchem finanziellen Aufwand der Arbeitgeber Mittel zur Verfügung stellen

---

[451] GK-Wiese § 87 Rn. 828.
[452] BAG 12.6.1975 AP § 87 BetrVG 1972 Altersversorgung Nr. 1-3.
[453] Nachweise bei BAG 27.10.1978 AP § 87 BetrVG 1972 Lohngestaltung Nr. 1, Bl. 368.
[454] Richardi ZfA 1976, S. 1 ff., 14; Moll, Mitbestimmung S. 150.
[455] Vgl. hierzu BAG 27.10.1978 AP § 87 BetrVG 1972 Lohngestaltung Nr. 1.
[456] Richardi ZfA 1976, S. 1 ff., 13.
[457] Vgl. dazu auch GK-Wiese § 88 Rn. 19; § 87 Rn. 716.

will. Hier handelt es sich in der von der Konnotation mit Sozialeinrichtungen gelösten Terminologie um den sog. „Dotierungsrahmen“.[458] Der Dotierungsrahmen ist die Summe aller Leistungen, die der Arbeitgeber versprochen hat. Dabei ist nicht notwendig, daß es sich um eine feste Summe handelt. In vielen Fällen wird sich eine solche feste Größe nicht ausmachen lassen. Der Umfang der Verpflichtungen muß dann geschätzt oder hochgerechnet werden.[459]
Mitbestimmungsfrei ist weiter die Entscheidung, welchen Zweck der Arbeitgeber mit der Leistung verfolgen will, womit schließlich die ebenfalls mitbestimmungsfreie Frage zusammenhängt, für welchen Personenkreis die geplanten Leistungen gedacht sind.[460] Die Bestimmung des Personenkreises kann wesentlichen Einfluß auf den Zweck der Leistung wie auch auf die finanzielle Belastung insgesamt nehmen. Diese Entscheidungen müssen dem Arbeitgeber überlassen bleiben, soll die Freiwilligkeit einer Leistung nicht durch Einschränkungen hinsichtlich ihrer Wirkungsweise wieder zunichte gemacht werden.[461]

Innerhalb des so abgesteckten Rahmens dieser vier mitbestimmungsfreien Vorgaben hat der Betriebsrat das volle Mitbestimmungsrecht hinsichtlich der Entgeltgestaltung des § 87 Abs. 1 Nr. 10 BetrVG. Die nähere Ausgestaltung der Entgelte und insbesondere die Aufstellung der Verteilungsgrundsätze ist mitbestimmt.[462] Bei diesem mitbestimmten Bereich handelt es sich um den sog. Leistungsplan.[463]
Diese Aufteilung der Zuständigkeiten wird angesichts der Tatsache, daß Kernpunkt der mitbestimmungsfreien Vorgaben der Dotierungsrahmen ist, auch als „Topftheorie“ bezeichnet. Diese Theorie besagt, daß die Füllung des Geldtopfes in Gestalt des Dotierungsrahmens von der Mitbestimmung des Betriebsrates noch nicht erfaßt ist, während seine Verteilung der Mitbestimmung unterfällt.[464]
Die Entscheidungsfreiheit des Arbeitgebers bezüglich des Dotierungsrahmens bedeutet, daß diese Leistungen nicht durch den Betriebsrat erzwungen werden können. Bei freiwilligen Leistungen besteht daher kein Initiativrecht des Betriebsrates.[465] So wie die Einführung der freiwilligen Leistungen nicht durch den Betriebsrat erzwungen werden kann, kann der Arbeitgeber kollektivrechtlich auch nicht daran gehindert werden, die Leistungen zu kürzen oder einzustel-

---

458 BAG 12.6.1975 AP § 87 BetrVG 1972 Altersversorgung Nr. 1-3.
459 FKHE § 87 Rn. 437; MünchArbR-Matthes § 341 Rn. 27.
460 BAG 12.6.1975 AP § 87 BetrVG 1972 Altersversorgung Nr. 1-3.
461 FKHE § 87 Rn. 442; Hanau BB 1977, S. 350 ff., 351, 352.
462 BAG 12.6.1975 AP § 87 BetrVG 1972 Altersversorgung Nr. 1-3; FKHE § 87 Rn. 443; ErfKomm-Hanau/Kania § 87 Rn. 110; MünchArbR-Matthes § 341 Rn. 20.
463 MünchArbR-Matthes § 341 Rn. 38; Hanau BB 1977, S. 350 ff., 351.
464 Hanau BB 1977, S. 350 ff., 351.
465 FKHE § 87 Rn. 437;

len.[466] Die Mitbestimmung setzt jedoch dort ein, wo durch eine ungleichmäßige Kürzung die Verteilungsgrundsätze berührt werden.[467]
Daß der Arbeitgeber nicht zur Einführung der Entgelte gezwungen werden kann, bedeutet nicht, daß er sie gegen den Willen des Betriebsrates einführen kann. Insofern besteht ein Zustimmungs- oder Vetorecht[468] des Betriebsrates, das sich darauf bezieht, ob eine Leistung eingeführt werden soll oder nicht. Die Verweigerung dieser Zustimmung kann allerdings durch einen entsprechenden Einigungsstellenspruch überwunden werden.[469]
Umgekehrt kann der Arbeitgeber durch einen Einigungsstellenspruch nicht gezwungen werden, eine ursprünglich freiwillige Leistung in der durch die Einigungsstelle vorgesehenen Verteilung zu akzeptieren.[470] Insofern steht dem Arbeitgeber eine sog. Verwerfungskompetenz[471] zu, nach der er von der Erbringung der Leistung auch wieder ganz absehen kann. Diese Verwerfungskompetenz darf allerdings nicht mißbraucht werden. Das Mitbestimmungsrecht nach § 87 Abs. 1 Nr. 10 BetrVG wird daher verletzt, wenn der Arbeitgeber mit einer Kürzungsentscheidung eigene Verteilungsgrundsätze vorgibt, über die er keine Verhandlungen zuläßt, sondern für den Fall der Ablehnung durch den Betriebsrat ungeachtet des Umweges über die Einigungsstelle von vornherein eine mitbestimmungsfreie vollständige Kürzung vorsieht.[472]

III. Anwendung der Einschränkungen aufgrund Freiwilligkeit auch auf Entlohnungsgrundsätze?

1. Allgemeine Problematik

Die genannten Einschränkungen sind im Hinblick auf die Besonderheiten von betrieblichen Sozialleistungen entwickelt worden, die wegen ihrer Freiwilligkeit nach früher herrschender Ansicht überhaupt nicht mitbestimmt sein sollten.[473]
Diese Besonderheit läßt es problematisch erscheinen, die „Topftheorie" umstandslos auf alle Arbeitsentgelte zu übertragen, insbesondere soweit es sich dabei um Entlohnungsgrundsätze handelt, die nach dem ausdrücklichen Wortlaut des § 87 Abs. 1 Nr. 10 BetrVG vom Tatbestand der Vorschrift in vollem Umfang erfaßt scheinen. Dies erscheint jedoch unausweichlich, wenn man mit der

---

[466] FKHE § 87 Rn. 440;
[467] FKHE § 87 Rn. 440 m.w.N.
[468] Begriff nach Hanau Anm. zu BAG 8.12.1981 EzA § 87 BetrVG Leistungslohn Nr. 6.
[469] MünchArbR-Matthes § 341 Rn. 22; GK-Wiese § 87 Rn. 838; ErfKomm-Hanau/Kania § 87 Rn. 110.
[470] BAG 13.9.1083 AP § 87 BetrVG 1972 Prämie Nr. 3.
[471] Begriff nach Lieb ZfA 1988 S. 413 ff., 414.
[472] BAG 26.5.1998 AP § 87 BetrVG 1972 Lohngestaltung Nr. 98.
[473] Vgl. LAG Bremen 27.10.1978 AP § 87 BetrVG 1972 Lohngestaltung Nr. 1.

ständigen Rechtsprechung[474] und der überwiegenden Literaturansicht[475] die Freiwilligkeit einer Leistung als ausschlaggebendes Moment zugrundelegt, da der Arbeitgeber letztlich alle Leistungen, die nicht tariflich oder gesetzlich geregelt sind, „freiwillig“ erbringt. Es hängt immer allein von seiner Entscheidung ab, ob er sich arbeitsvertraglich verpflichten will oder nicht.[476] In diesem wörtlichen, alle Entgelte i.S.d. § 87 Abs. 1 Nr. 10 BetrVG umfassenden Sinne wird die Freiwilligkeit einer Leistung nach herrschender Meinung freilich angenommen und die Topftheorie in Form der vier mitbestimmungsfreien Vorgaben angewandt. Das bedeutet, daß es überhaupt keine über- und außertariflichen Leistungen gibt, die nicht freiwillig sind.[477] Mitbestimmung, die nicht alternativ durch die Vorgaben des Tarifvertrages[478] oder durch Freiwilligkeit beschränkt ist, ist damit aber nicht mehr möglich.[479]

Diesem Vorgehen kann so nicht gefolgt werden. Zunächst hatte der Freiwilligkeitsbegriff einen Hintergrund, der sich mit der wörtlichen Bedeutung, die ihm heute zugemessen wird, kaum vereinbaren läßt. Nur die Fürsorgeleistung wurde unter der Geltung des Betriebsverfassungsgesetzes von 1952 als freiwillige Sondervergütung betrachtet, die – auch begrifflich scharf abgegrenzt zum Entgelt - keinen Gegenwert zur Leistung des Arbeitnehmers darstellen sollte. An diese Unterteilung knüpften sich weitreichende Rechtsfolgen, freiwillige Leistungen sollten gemäß des angenommenen Charakters der Freiwilligkeit als negatives Tatbestandsmerkmal der obligatorischen Mitbestimmung des Betriebsrates ganz entzogen sein.[480] Nun ist diese alte Unterteilung durch die unterschiedslose Erfassung aller Arbeitgeberleistungen aus Anlaß des Arbeitsverhältnisses durch § 87 Abs. 1 Nr. 10 BetrVG aufgegeben worden und auch die Notwendigkeit, diese Unterscheidung zu treffen, wurde durch die modifizierte Rechtsfolge in Gestalt der nurmehr vier mitbestimmungsfreien Vorgaben wesentlich entschärft. Diese Gegebenheiten können es jedoch kaum rechtfertigen, unter Hinweis auf eine letztlich allen Arbeitgeberleistungen zugrundeliegende „Freiwilligkeit“ eine

---

[474] Vgl. BAG 8.12.1981 EzA § 87 BetrVG 1972 Leistungslohn Nr. 6; BAG GS 3.12.1991 SAE 1993, 97 ff.; BAG 26.5.1998 AP § 87 BetrVG 1972 Lohngestaltung Nr. 98.
[475] FKHE § 87 Rn. 436; GK-Wiese § 87 Rn. 833; ErfKomm-Hanau/Kania § 87 Rn. 107; HSG § 87 Rn. 411; S/W § 87 Rn. 169c; Matthes NZA 1987, S. 289 ff., 293; anders aber MünchArbR-Matthes § 341 Rn. 21; differenzierend auch Richardi ZfA 1976, S. 1 ff., 23 f.; ders. § 87 Rn. 809, 836.
[476] Hilger Anm. zu BAG 8.12.1981 AP § 87 BetrVG 1972 Prämie Nr. 1; MünchArbR-Matthes § 341 Rn. 17; Moll Mitbestimmung S. 139.
[477] Hilger Anm. zu BAG 8.12.1981 AP § 87 BetrVG 1972 Prämie Nr. 1.
[478] GK-Wiese § 87 Rn. 866.
[479] Daher wohl konsequent den Begriff „Freiwilligkeit“ meidend Löwisch § 87 Rn. 122 f.
[480] LAG Bremen 27.10.1978 AP § 87 BetrVG 1972 Lohngestaltung Nr. 1.

allgemeine Grenze des Mitbestimmungsrechts in Form der „Topftheorie" zu statuieren.[481]

Es ist allerdings darauf zu verweisen, daß auch die herrschende Ansicht eine solche Beschränkung aufgrund von „Freiwilligkeit" nur dann vornehmen möchte, wenn es sich um „zusätzliche" Entgelte handelt. Soweit es darum gehe, ein Entgeltsystem durch ein anderes zu ersetzen, könne nicht mehr davon ausgegangen werden, daß es sich hier um ein freiwilliges Entgelt handele, vielmehr sei hier das Mitbestimmungsrecht des Betriebsrats und insbesondere sein Initiativrecht aus § 87 Abs. 1 Nr. 10 BetrVG in vollem Umfang gegeben. Handele es sich dagegen um die Einführung zusätzlicher Entgelte, etwa um zusätzlichen Prämienlohn zu einem Zeitentgelt, dann seien diese zusätzlichen Prämien freiwillig.[482]
Auch hier erscheint nun überaus fragwürdig, weshalb ein Unterschied gemacht werden sollte zwischen der völligen Ersetzung eines Entgelts durch ein anderes und der zusätzlichen Einführung eines neuen Entlohnungsgrundsatzes. Insbesondere kann nicht davon ausgegangen werden, daß die zusätzliche Einführung grundsätzlich eher geeignet ist, den Gesamtumfang der Leistungsverpflichtung des Arbeitgebers zu erweitern. Bereits die Überlegung, daß etwa allein das Prämienausgangsentgelt in aller Regel das entsprechende Zeitentgelt auch dann überschreitet[483], wenn es dieses ganz ersetzt, läßt eine solche Schlußfolgerung als wenig tragfähig erscheinen.[484] Dessen ungeachtet aber kann eine Erweiterung des Leistungsumfangs des Arbeitgebers allein die Mitbestimmung des Betriebsrats jedenfalls auch dann nicht hindern, wenn diese Erweiterung durch die Einführung eines Entlohnungsgrundsatzes hervorgerufen und gerechtfertigt wird. Wenn hier auch der Bereich der Entgelthöhe berührt wird, so ist dies doch zulässig, soweit es durch die der Entgeltfindung dienende Mitbestimmung nach § 87 Abs. 1 Nr. 10 BetrVG erforderlich und gedeckt ist. Die Mitbestimmung muß nicht kostenneutral sein.[485] Eine pauschale Beschränkung der Mitbestim-

---

[481] So auch Hanau Anm. zu BAG 8.12.1981 EzA § 87 BetrVG 1972 Leistungslohn Nr. 6, ders. Anm. zu BAG 13.9.1983 AP § 87 BetrVG 1972 Prämie Nr. 3 und Hilger Anm. zu BAG 8.12.1981 AP § 87 BetrVG 1972 Prämie Nr. 1.
[482] Vgl. dazu BAG 13.9.1983 AP § 87 BetrVG 1972 Prämie Nr. 3, Bl. 977.
[483] Vgl. zu den wiederholten Überlegungen des BAG, daß es sich hier um den i.d.R. höheren Preis dafür handele, daß überhaupt im Leistungsentgelt gearbeitet werde BAG 25.5.1982 AP § 87 BetrVG 1972 Prämie Nr. 2 Bl. 1948 und auch BAG 13.9.1983 AP § 87 BetrVG 1972 Prämie Nr. 3 Bl. 975.
[484] Zu diesem Gesichtspunkt – freilich mit entgegengesetzter Schlußfolgerung – auch Lieb ZfA 1988 S. 413 ff., 442 f.
[485] Richardi § 87 Rn. 836; GK-Wiese § 87 Rn. 703; MünchArbR-Matthes § 341 Rn. 64; vgl. dazu auch § 3 A. II. 3.

mung allein aus dem Grund, daß es sich um ein „zusätzliches" Entgelt handele, läßt sich dem § 87 Abs. 1 Nr. 10 BetrVG damit aber nicht entnehmen.
Vielmehr lassen die Herleitung des Freiwilligkeitsbegriffs und die auf dieser Herleitung letztlich beruhenden speziellen Einschränkungen nur den Schluß zu, daß es Gründe geben mag, ein Entgelt als „freiwillig" aufzufassen, diese Gründe aber jeweils zu benennen sind.[486] Eine pauschale Beschränkung unter Verweis auf eine wörtlich zu nehmende Freiwilligkeit oder die Auffassung, „zusätzliche" Entgelte seien immer geeignet, die Entgelthöhe in einer Weise zu erfassen, daß der Rahmen von § 87 Abs. 1 Nr. 10 BetrVG überschritten werde, erscheint dagegen als undifferenzierte Einschränkung des Gesetzeswortlauts und dies insbesondere, soweit es sich um hier ausdrücklich erfaßte Entlohnungsgrundsätze handelt.

Es ist daher danach zu fragen, ob sich Gründe benennen lassen, auch Entgeltsysteme, deren Einführung die Aufstellung eines Entlohnungsgrundsatzes darstellt, als „freiwillig" zu erfassen. Streitig ist dies nur, soweit es sich um zusätzliche Entgelte handelt.

2. Erfolgsbeteiligungen

Zunächst legt die Tatsache, daß die Einschränkungen aufgrund von Freiwilligkeit aus dem Bereich der Sozialleistungen stammen, es nahe, nach weiteren Entgeltformen zu fragen, für die vergleichbare Einschränkungen aus ähnlichen Gründen in Betracht kommen.
Zu nennen sind hier aus folgenden Gründen insbesondere die Formen der Erfolgsbeteiligung. Wie gesehen, liegt den speziellen Einschränkungen aufgrund von Freiwilligkeit ursprünglich das Zusammenspiel der §§ 88 Nr. 2 und 87 Abs. 1 Nr. 8 BetrVG zugrunde. Zwar läßt sich eine solch explizite Übereinstimmung für den Bereich der Erfolgsbeteiligung nicht aufzeigen, wohl aber ist in § 88 Nr. 3 BetrVG bestimmt, daß auch Maßnahmen zur Förderung der Vermögensbildung nur durch freiwillige Betriebsvereinbarungen geregelt werden können. § 88 Nr. 3 BetrVG wurde nun aber ausdrücklich deshalb in das Betriebsverfassungsgesetz von 1972 eingefügt, um klarzustellen, daß auch andere Formen der Vermögensbildung als die im Vermögensbildungsgesetz[487] vorgesehenen von den Betriebspartnern vereinbart werden können.[488] Während durch das Vermögensbildungsgesetz nur vermögenswirksame Leistungen[489] erfaßt

---

[486] Hanau Anm. zu BAG 8.12.1981 EzA § 87 BetrVG 1972 Leistungslohn Nr. 6, ders. Anm. zu BAG 13.9.1983 AP § 87 BetrVG 1972 Prämie Nr. 3.
[487] Aktuell ist das 5. Vermögensbildungsgesetz i. d. F. vom 4.3.1994 (BGBl. I, S. 406).
[488] Vgl. BT-Drucks. VI/2729, S. 40; zu BT-Drucks. VI/2729, S. 4, 30.
[489] Zum Begriff vgl. § 2 Vermögensbildungsgesetz

werden, die zugunsten des Arbeitnehmers angelegt werden, unterfallen damit aber zumindest die hier vorgestellten, arbeitsrechtlichen Formen der Erfolgsbeteiligung gerade auch dann § 88 Nr. 3 BetrVG, wenn sie sich als davon abweichende Formen der Vermögensbeteiligung darstellen.[490]
Da aber so für Erfolgsbeteiligungen in § 88 Nr. 3 BetrVG die Aussage getroffen wird, daß diese nur freiwilligen Betriebsvereinbarungen offenstehen, kann sich daran auch dann nichts ändern, wenn man wie hier davon ausgeht, daß zumindest arbeitsrechtliche Erfolgsbeteiligungen aller Art als Entgelt und ihre Einführung als Aufstellung eines Entlohnungsgrundsatzes i.S.d. § 87 Abs. 1 Nr. 10 BetrVG anzusehen sind. Auch wenn demnach Erfolgsbeteiligungssysteme einer erzwingbaren Mitbestimmung unterworfen werden, so darf doch dadurch die Aussage des § 88 Nr. 3 BetrVG nicht völlig unterlaufen werden, auch wenn es sich hier um eine ordnungspolitisch nachrangige Vorschrift handelt.[491] Eine Wechselwirkung zwischen beiden Vorschriften läßt sich auch im Bereich des § 87 Abs. 1 Nr. 10 BetrVG nicht abstreiten. Die Mitbestimmung nach dieser Vorschrift soll jedoch auch gar nicht ausgeschlossen werden, vielmehr geht es auch hier darum, sie soweit einzuschränken, daß der freiwillige Charakter der Erfolgsbeteiligungen als Maßnahmen der Vermögensbildung erhalten bleibt. Bezüglich der Frage, welche Einschränkungen hier in Betracht kommen, kann nun auf die durch die Rechtsprechung für die betriebliche Alterversorgung entwickelten vier mitbestimmungsfreien Vorgaben verwiesen werden, denn die Interessenlagen entsprechen sich gerade im Hinblick auf die Freiwilligkeit.[492]

Auch bei arbeitsrechtlich ausgestalteten Erfolgsbeteiligungen, deren Einführung die Aufstellung eines Entlohnungsgrundsatzes darstellt, ist daher der Dotierungsrahmen und damit die Entscheidung, ob, mit welchem finanziellem Aufwand, zu welchem Zweck und für welchen abstrakten Arbeitnehmerkreis der Arbeitgeber die Leistungen einführen will, mitbestimmungsfrei. Mitbestimmt nach § 87 Abs. 1 Nr. 10 BetrVG sind dagegen alle weiteren Ausgestaltungsfragen.[493] Je nach gewählter Form der Erfolgsbeteiligung verläuft die Grenze zwischen mitbestimmungsfreiem Dotierungsrahmen und mitbestimmten Bereich jedoch unterschiedlich.

---

[490] GK-Wiese § 88 Rn. 23; HSG § 88 Rn. 2; FKHE § 88 Rn. 20.

[491] Dazu auch Moll Mitbestimmung S. 152 ff.

[492] So auch Hanau Zeitschrift für Unternehmens- und Gesellschaftsrecht Sonderheft 5 1985 S. 111 ff., 120; vgl. auch MünchArbR-Hanau § 70 Rn. 23 ff.

[493] So im Ergebnis auch LAG Bremen AP § 87 BetrVG 1972 Lohngestaltung Nr. 1; GK-Wiese § 87 Rn. 919; Röder NZA 1987, S. 799 ff., 804; Moll Mitbestimmung S. 152 ff. und 154 ff.

a) Leistungs- und Ertragsbeteiligung

Bei der Leistungs- und Ertragsbeteiligung zeigt sich der Freiwilligkeitscharakter letztlich nur darin, daß dem Betriebsrat die Entscheidung, ob die Beteiligung eingeführt wird, soweit verwehrt ist, daß ihm diesbezüglich kein Initiativrecht zusteht. Wohl verbleibt es aber bei einem Vetorecht.[494] Mit dem Initiativrecht ist dem Betriebsrat zugleich die Entscheidung über den Zweck genommen, mithin die Entscheidung darüber, ob eine Leistungs- oder eine Ertragsbeteiligung und welche Form derselben eingeführt wird, nicht jedoch die Festlegung der genauen Kennzahlen. Ein solches Verständnis ginge zu weit und griffe bereits in den Bereich der Ausgestaltung der Entgeltform ein.[495] Mitbestimmungsfrei ist schließlich der abstrakte Personenkreis, der in den Genuß der Beteiligung kommen soll, mithin die Frage, ob eine Beteiligung für den ganzen Betrieb oder nur für Teile davon eingeführt werden soll.

Übertragen auf die bei der Gestaltung einer Erfolgsbeteiligung zu beachtenden vier Problemebenen[496] bedeutet dies, daß die Ausgangsbasis auf der ersten Problemebene nur zum Teil, nämlich bei der Frage der genau zu wählenden Leistungskennzahlen mitbestimmt ist. Die zweite und dritte Problemebene, auf denen es um die Definition eines Ausgangswertes und die formelmäßige Bestimmung des Erfolgsanteils geht, unterfallen dagegen ebenso in vollem Umfang der Mitbestimmung des Betriebsrats wie die Entscheidung für einen bestimmten Verteilungsschlüssel an die einzelnen Mitarbeiter auf der vierten Problemebene.

b) Gewinnbeteiligung

Anders stellt sich die Situation bei der Gewinnbeteiligung dar. Insbesondere diese Form der Erfolgsbeteiligung weist Besonderheiten in ihrer Struktur auf, die Entscheidungen in einem größeren Umfang als freiwillig und damit mitbestimmungsfrei erscheinen läßt als bei der Leistungs- und Ertragsbeteiligung. Zunächst besteht auch hier kein Initiativrecht und auch die Entscheidung, welche Form der Gewinnbeteiligung eingeführt werden soll, ist mitbestimmungsfrei. Bis in die dritte Problemebene hinein betreffen auch die weiteren Fragen jedoch letztlich den Dotierungsrahmen. So läßt sich weder die Korrektur des Reingewinns, um den verteilungsfähigen Gewinn zu ermitteln, noch die Entscheidung, welcher Anteil dieses Gewinns auf die Mitarbeiter entfallen soll, vornehmen, ohne direkt den finanziellen Aufwand der Gewinnbeteiligung selbst zu bestimmen. Diese Entscheidungen sind damit aber als Teil des Dotierungsrahmens aufgrund der Freiwilligkeit der Gewinnbeteiligung der Mitbestimmung des Be-

---

[494] S. bereits oben § 3 D. II.

[495] MünchArbR-Matthes § 341 Rn. 36.

[496] Dazu § 3 A. V. 2. d) cc).

triebsrats gem. § 87 Abs. 1 Nr. 10 BetrVG entzogen[497] - trotz der Entgelteigenschaft einer solchen Beteiligung und obwohl ihre Einführung ein Entlohnungsgrundsatz ist.
Mitbestimmt ist dagegen wie bereits ausgeführt[498] auch bei der Gewinnbeteiligung die vierte Problemebene und damit die Ermittlung eines bestimmten Schlüssels zur Verteilung des Gewinnanteils an die einzelnen Mitarbeiter.

3. Prämienlohn und andere „zusätzliche" Entlohnungsgrundsätze
a) Freiwilligkeit aufgrund bestehender tariflicher Regelung?

Es fragt sich, ob sich weitere Gesichtspunkte finden lassen, nach denen die Mitbestimmung bei der Aufstellung von Entlohnungsgrundsätzen aufgrund von Freiwilligkeit einzuschränken ist. Hier ist auf die bereits angeführte Ansicht der Rechtsprechung zu verweisen, daß ein solcher Gesichtspunkt vorliege, wenn ein Entgelt zusätzlich gezahlt werde. Dieser Ansicht kann aus den genannten Gründen zwar für Entlohnungsgrundsätze nicht generell gefolgt werden. Eine andere Wertung erscheint jedoch dann als geboten, wenn innerhalb des Betriebs bereits eine tarifvertragliche Grundentgeltregelung gilt. Hier ist auf die bereits dargestellten[499] Überlegungen zu verweisen, daß der Betriebsrat den unter den Tarifvertragsparteien gefundenen Entgeltkompromiß aushebelte, wäre es ihm möglich, zusätzlich zum tariflichen Zeitentgelt eine betriebliche Leistungsentlohnung zu erzwingen. Diese Überlegung muß auch gelten, wenn es nicht um ein Zeitentgelt, sondern um jegliche tarifliche Grundentlohnung und entsprechend übertarifliche Zulagen geht. In einer Forderung des Betriebsrats, hier zusätzliche Entgelte einzuführen, liegt nicht nur eine Bedrohung der Tarifautonomie, sondern auch der dem Tarifvertrag innewohnenden Ordnungs- und Befriedungsfunktion, die den Arbeitgeber vor den Unsicherheiten einer „zweiten Lohnrunde" im Betrieb schützen soll. Bereits aus diesem Grund ist dem Betriebsrat ein Initiativrecht zur Einführung übertariflicher Entgelte zu verweigern.
Besteht aber so bereits kein Initiativrecht des Betriebsrats mehr, kann es sich bei dennoch „zusätzlich" zum Tarifentgelt eingeführten Entgelten nur um freiwillige Entgelte handeln.[500] Auch wenn in dieser Einführung zugleich die Aufstellung eines Entlohnungsgrundsatzes, also etwa die Einführung zusätzlichen Prämienlohns, liegt, erscheint es gerechtfertigt, in diesen Fällen die genannten Einschränkungen aufgrund von Freiwilligkeit in Gestalt der „Topftheorie" auch auf solcherart zusätzliche Entgelte anzuwenden. Daß es dem Betriebsrat überdies verwehrt ist, ein tarifliches Entgelt ganz zu ersetzen, ergibt sich bereits ganz un-

---

[497] So auch Röder NZA 1987 S. 799 ff., 804.
[498] S. § 3 A. V. 2. d) cc) (3).
[499] S. § 3 B. III. 1.
[500] Hanau Anm. zu BAG 8.12.1981 EzA § 87 BetrVG 1972 Leistungslohn Nr. 6.

abhängig von der Freiwilligkeitsproblematik aus § 87 Abs. 1 BetrVG selbst. Eine bestehende tarifliche Grundentgeltregelung stellt aber so einen Gesichtspunkt dar, unter dem es gerechtfertigt erscheint, ein Entgelt auch dann als „zusätzliche" und „freiwillige" Arbeitgeberleistung aufzufassen, wenn in seiner Einführung zugleich die Aufstellung eines Entlohnungsgrundsatzes liegt. Dieser Aspekt kann es daher rechtfertigen, die Mitbestimmung des Betriebsrats bei der Aufstellung von „zusätzlichen" Entlohnungsgrundsätzen aufgrund von Freiwilligkeit einzuschränken.[501]

b) Folgen der Freiwilligkeit für die Mitbestimmung nach § 87 Abs. 1 Nr. 10 BetrVG

Neben der bereits erwähnten Beschränkung des Initiativrechts des Betriebsrats auf ein Vetorecht und der mitbestimmungsfreien Festsetzung des abstrakten Empfängerkreises bewirkt die Freiwilligkeit im Bereich des § 87 Abs. 1 Nr. 10 BetrVG auch die Mitbestimmungsfreiheit des generellen Zwecks eines Entlohnungsgrundsatzes.

Hier fragt es sich, wie weit diese Einschränkung insbesondere für Leistungsentgelte reicht. Mitbestimmungsfrei ist die Frage, welche Art von Leistungsentgelt mit welcher generellen Zielrichtung eingeführt werden soll. Wie auch bei der Leistungs- und Ertragsbeteiligung kann jedoch auch bei Leistungsentgelten die nähere Ausgestaltung der Mitbestimmung nach § 87 Abs. 1 Nr. 10 BetrVG selbst dann nicht entzogen sein, wenn sie der Verwirklichung des Zwecks dient. Ein solches Verständnis führte zu einem Ausschluß der Mitbestimmungsrechte des Betriebsrats bei der näheren Ausgestaltung der Leistung, welche aber als Leistungsplan gerade bei freiwilligen Entgelten erhalten bleiben soll.[502] Die Festlegung der Leistungskennzahlen und Bezugsgrößen unterliegt damit aber ebenso der Mitbestimmung des Betriebsrats nach § 87 Abs. 1 Nr. 10 BetrVG wie gegebenenfalls die Festlegung einer Leistungsvorgabe, ohne daß die Freiwilligkeit des Entgelts hier eine Änderung bewirkte.

Etwas anderes kann aber auch nicht gelten für die Frage, ob ein Entgelt an die Leistung einer Gruppe oder eines einzelnen Arbeitnehmers anknüpfen soll. Zwar vertritt das Bundesarbeitsgericht hier die Ansicht, die Ersetzung einer Einzelprämie durch eine Gruppenprämie tangiere die Zielvorstellungen des Arbeitgebers so stark, daß hierdurch die generelle Zwecksetzung des Entgelts beeinflußt werde und diese Entscheidung daher mitbestimmungsfrei bleiben müsse.[503] Gerade die Frage, ob die Leistung einer Gruppe oder eines einzelnen Arbeitneh-

---

[501] Zur Frage, wie sich die Freiwilligkeit auf die Mitbestimmbarkeit nach § 87 Abs. 1 Nr. 11 BetrVG auswirkt s. § 8 D.

[502] MünchArbR-Matthes § 341 Rn. 36 ff.

[503] BAG 8.12.1981 EzA § 87 BetrVG 1972 Leistungslohn Nr. 6.

mers für die Bemessung des Entgelts maßgeblich sein soll, tangiert aber auch die Interessen der betroffenen Arbeitnehmer in einer Weise, daß sie durchaus als nähere Ausgestaltung des Entlohnungsgrundsatzes der Mitbestimmung zu unterwerfen ist.[504] Daß sie sicherlich zugleich der Verwirklichung des Zwecks dient, stellt allein keinen Hinderungsgrund für ihre Mitbestimmungspflichtigkeit dar. Die Entscheidung, ob ein Leistungsentgelt an der Leistung eines einzelnen Arbeitnehmers oder an der einer Gruppe anknüpfen soll, ist daher ebenfalls nach wie vor nach § 87 Abs. 1 Nr. 10 BetrVG mitbestimmt.[505]

---

[504] Hanau Anm. zu BAG 8.12.1981 EzA § 87 BetrVG 1972 Leistungslohn Nr. 6.
[505] So auch MünchArbR-Matthes § 341 Rn. 36; Hanau a.a.O.

2. Teil: Neue Formen der Leistungsvergütung und ihre Mitbestimmung nach § 87 Abs. 1 Nr. 10 BetrVG

§ 4 Zielvereinbarungen

Zielorientierte Führungs- und auch Vergütungskonzepte sind für den oberen Angestellten- und Führungsbereich bereits seit längerem bekannt.[1] Neu ist jedoch, daß Zielvereinbarungen nun auch für Beschäftigte auf mittleren und unteren Ebenen und damit für alle Mitarbeitergruppen Anwendung finden und das in jüngerer Zeit mit geradezu „rasantem Tempo"[2]. Der Begriff der „Zielvereinbarungen" wird in der Praxis jedoch nicht einheitlich verwendet. Zum Verständnis des Phänomens „Zielvereinbarungen" ist es daher unerläßlich, zunächst den Begriff, die Herkunft und die wesentlichen Erscheinungsmerkmale von Zielvereinbarungen zu klären und darzustellen.

A. Der Begriff der Zielvereinbarung.

I. Herkunft, theoretischer Hintergrund und konzeptionelle Grundlagen

Die Eigenarten von Zielvereinbarungen lassen sich maßgeblich auf ihre theoretischen Ansätze zurückführen, denen verschiedene Konzepte zugrundeliegen.

1. Management by Objectives

Maßgeblicher Ursprung der Zielvereinbarung ist das in den 50er Jahren in den USA entwickelte Konzept des „Management by Objectives" (MbO) oder auch „Führen mit Zielen". Charakteristisch für dieses Führungssystem ist die Ermittlung einer Zielhierarchie. Ausgehend von der Spitze einer solchen Hierarchie in Gestalt der strategischen Unternehmensziele werden weitere Ziele kaskadenförmig auf die untergeordneten Organisationseinheiten (Hauptabteilungen, Gruppen, einzelne Stellen) „heruntergebrochen" und dort jeweils als individuelle Ziele vereinbart.[3] Angestrebt ist, die Zielhierarchie so aufzubauen, daß über die Erreichung der nachgeordneten Ziele das Erreichen der übergeordneten Unternehmensziele sichergestellt ist. Dafür müssen die Oberziele in Subziele zerlegt werden, die zwingend aus ihnen ableitbar sind.[4] Nur wenn die Ziele so miteinander kompatibel sind, ist auch die Zielhierarchie in sich stimmig.

Der Sinn eines solchen Zielsystems liegt darin, daß die Festsetzung von Zielen die unternehmenspolitische Steuerung offenbar erheblich erleichtern. Dies ist vor allem deshalb erforderlich, da unter dem Eindruck von Wettbewerbsver-

---

[1] Reichel/Cmiel angew. Arbeitswiss. Nr. 141 (1994), S. 13 ff., 15; Hlawaty Mitbestimmung 1998 S. 42 ff., 42; Breisig Zielvereinbarungen S. 29.

[2] Hlawaty Mitbestimmung 9/1998 S. 42 ff., 42.

[3] Breisig Zielvereinbarungen S. 30.

[4] Gebert Handwörterbuch der Führung Sp. 426 ff., 427.

schärfungen eine erhöhte Markt- und Kundenorientierung zunehmend über eine flexible, dezentrale Organisation erreicht werden soll. Hierarchien sollen in der dargestellten Weise abgebaut und kleinere marktorientierte Einheiten geschaffen werden, die zunehmend eigenverantwortlich handeln sollen. Diese Dezentralisierung erfordert jedoch auch ein entsprechendes Führungskonzept, welches die einzelnen Aktivitäten aufeinander ausrichtet und die Ressourcen des Unternehmens optimal ausnutzt. Dieses Führungskonzept wurde in jüngerer Zeit in Form von Zielvereinbarungen wiederentdeckt.[5] Vermittels einer Zielhierarchie ist es möglich, alle Unternehmensteile auf die Unternehmensziele auszurichten, sie im Sinne der Unternehmenspolitik zu koordinieren und zu integrieren.
Das Bestreben des MbO-Ansatz liegt maßgeblich darin, die Mitarbeiter durch die Verpflichtung auf unternehmerische Ziele zu Akteuren unternehmerischen Handelns werden zu lassen.[6] Vom einzelnen Mitarbeiter wird stärker als bisher eine neue Form der unternehmerischen Reflexion erwartet.[7] Ein konsequent durchgeführtes MbO-System kann es so auch auf mittleren und unteren Ebenen ermöglichen, die dort bestehende Kluft zwischen den Interessen und dem Verhalten des einzelnen Mitarbeiters und den strategisch geprägten Unternehmenszielen zu überbrücken.[8]
Die Mitarbeiter sollen miteinbezogen werden in einen strategischen Planungsprozeß, in dem es um die Ziele und Strategien geht, vermittels derer Mitarbeiter im Bereich ihrer Möglichkeiten zum Erfolg ihres Unternehmen beitragen können. Für diesen Beitrag sollen die Mitarbeiter selbst die Verantwortung übernehmen.[9] Durch eine solche Selbstverpflichtung auf Ziele soll zugleich die persönliche Motivation des Mitarbeiters geweckt werden. Hier tritt nun ein motivationstheoretischer Ansatz hinzu, der das MbO-Konzept in einen verhaltenswissenschaftlichen Kontext setzt und als „Goal-Setting-Theorie" oder auch „Zieltheorie der Arbeitsmotivation" bezeichnet wird.

2. Goal-Setting-Theorie

Goal-Setting-Theorie und MbO gehen beim Konzept der Zielvereinbarungen eine enge Verbindung ein. Die zentrale Annahme der Goal-Setting-Theorie ist, daß Ziele die unmittelbaren Regulatoren menschlichen Handelns sind.[10] Von

[5] Krieg/Drebes Personalführung 1/1996 S. 54 ff., 54; Evers/v. Hören Personal 9/1996 S. 456 ff., 456; Geffken NZA 2000, S. 1033 ff.
[6] Gebert Handwörterbuch der Führung Sp. 426 ff., 427; Hlawaty Mitbestimmung 1998 S. 42 ff., 42.
[7] Hlawaty/Hlawaty Führungshandbuch Gruppenarbeit S. 19 ff., 22.
[8] Becker, Entgeltsysteme S. 313 ff., 328; Hlawaty Mitbestimmung 9/1998 S. 42 ff., 42.
[9] Drucker, Public Administration 1, 2/1976 S. 12 ff., 18.
[10] Latham/Locke Handwörterbuch der Führung Sp. 2222 ff., 2222; Breisig Zielvereinbarungen S. 34.

Zielen geht demnach eine Sogwirkung („traction") aus, die den Betreffenden dazu veranlaßt, jede Unterbrechung und Störung auf dem Weg zur Zielerreichung abzuwehren. Ziel der Vertreter der Goal-Setting-Theorie ist es, herauszufinden, inwiefern sich diese Motivationswirkung von Zielen noch steigern läßt, wie also Ziele gestaltet sein müssen, damit sie motivations- und leistungssteigernd wirken.
Von den Anforderungen, die demnach an Ziele zu stellen sind[11], sind im wesentlichen vier hervorzuheben.[12]
Eine wesentliche Bedeutung wird zunächst der Zielakzeptanz und dem „Zielcommitment" zugesprochen. Hierunter wird verstanden der Grad, zu dem Mitarbeiter ein Ziel verinnerlichen und es als ihr eigenes ansehen und verfolgen, bzw. zu dem Mitarbeiter ein persönliches Interesse an der Zielerreichung entwickeln.[13] Je höher diese Zielbindung, desto höher der Leistungsgrad der Mitarbeiter. Um die damit angestrebte Motivation zu erreichen, wird als ein Mittel die bevorzugte Vereinbarung von Zielen gegenüber einer einseitigen Zielvorgabe gesehen.[14] Der Mitarbeiter soll die Freiheit („volition") erlebt haben, sich bewußt für ein Ziel entschieden zu haben und so sich so selbst verpflichtet zu haben, also ein „commitment" eingegangen zu sein.[15] Als effektiv wird weiterhin die Belohnung von höheren Zielerreichunggraden angesehen, was sicherlich in erster Linie die Verknüpfung der Zielerreichung mit einer Vergütung bedeutet. Genauso kann die Belohnung - und die entsprechende Bestrafung bei negativer Zielabweichung – aber auch in abgeschwächter Form etwa als Begründungspflicht gegenüber der Vorgesetzten operationalisiert werden.[16]
Als weiteres wesentliches Kriterium wird die sog. Zielspezifität genannt. Spezifische und klare Ziele bringen gegenüber einer globalen Zielsetzung („Tu´ Dein Bestes") die besseren Resultate.[17] Der Grundsatz, daß die Leistung des Mitarbeiters steigt, je prägnanter sein Ziel formuliert ist, gerät allerdings dort an eine Grenze, wo innovative und komplexe Aufgabenstellungen gegeben sind. In diesem Bereich ist es u.U. gar nicht möglich, ein exaktes Ziel zu bestimmen, ohne dadurch möglicherweise erst durch die Kreativität des Mitarbeiters zu entdekkende Lösungswege und Entwicklungschancen von Beginn an auszugrenzen.[18]

---

[11] Vgl. auch v.Rosenstiel/Molt/Rüttinger S. 235.
[12] Vgl. Breisig Zielvereinbarungen, S. 34 f., ähnlich auch Gebert Handwörterbuch der Führung Sp. 426 ff., 428 ff.
[13] Breisig Zielvereinbarungen S. 35.
[14] v.Rosenstiel/Molt/Rüttinger S. 235.
[15] Böhnisch/Freisler-Traub/Reber Personal 1/2000, S. 38 ff., 39.
[16] Gebert Handwörterbuch der Führung Sp. 426 ff., 429.
[17] Latham/Locke Handwörterbuch der Führung Sp. 2222 ff., 2223 f.
[18] Gebert Handwörterbuch der Führung Sp. 426 ff., 428; ähnlich Breisig Personalbeurteilung S. 304.

„Commitmentsteigernd“ soll hier wirken, bei möglichst klarer Zielorientierung durch Delegation den Weg zum Ziel freizugeben und so das angestrebte unternehmerische Handeln dieser Mitarbeiter zu fördern.[19]
Weiterhin wird eine große Bedeutung für Motivation und Leistung einem „feedback“ in Form von Rückkoppelungsinformationen zum aktuellen Zielerreichungsgrad zugesprochen. Gerade bei schwierigen Zielen, bei denen die Wahrscheinlichkeit für negative Zielabweichungen systematisch zunehme, sei es für die Zielbindung unerläßlich, eine Rückmeldung zu gewährleisten, die spezifisch, eindeutig, sofortig und fundiert, d.h. so objektiviert wie möglich erfolge.[20] Auf diese Weise soll die bisher dominierende Fremdkontrolle durch eine entsprechende Selbstkontrolle ersetzt werden, was als maßgeblicher Faktor für die Entwicklung einer unternehmenszielorientierten Eigenverantwortung der Mitarbeiter gesehen wird.[21]
Schließlich besteht ein wesentlicher Grundsatz der Goal-Setting-Theorie darin, das gerade schwierigere und anspruchsvollere Ziele zu mehr Leistung führten als leichter zu erreichende, weniger anspruchsvolle. Die Zielhöhe müsse als Herausforderung („challenge“) erlebt werden, was konkret natürlich immer von der Erwartungshaltung des einzelnen Mitarbeiters abhänge.[22]

3. Kennzahlensysteme

Einer der prägenden Bestandteile des MbO-Konzeptes ist wie dargestellt die Erstellung einer Zielhierarchie. Es geht darum, die Kompatibilität der Ziele zu erreichen, die Unternehmensziele also in konkrete Einzelziele aufzulösen.[23] Die so angestrebte Zielkompatibilität kann um so bruchloser und stringenter erreicht werden, je konkreter und meßbarer die Ziele sind. Es ist daher eine Tendenz zu beobachten, die dahin geht, möglichst mit Hilfe von Daten und Fakten eine in sich stimmige Zielhierarchie zu errechnen. Angewendet werden dafür zunehmend Kennzahlensysteme, die auf jede einzelne Ebene abgestimmt werden können und eine effiziente Zielkontrolle ermöglichen sollen.[24]
Ein bekanntes Kennzahlensystem, das insbesondere für Zielvereinbarungssysteme Anwendung findet, sind dabei die von Robert S. Kaplan und David P.

---

[19] Gebert Handwörterbuch der Führung Sp. 426 ff., 431.
[20] Gebert Handwörterbuch der Führung Sp. 426 ff., 431.
[21] Lang, Das flexible Unternehmen 06.04., S. 3; Gebert Handwörterbuch der Führung Sp. 426 ff., 432; Drucker, Public Administration 1,2/1976 S. 12 ff., 18.
[22] v. Rosenstiel/Molt/Rüttinger S. 235; Gebert Handwörterbuch der Führung Sp. 426 ff., 430; Breisig Zielvereinbarungen S. 34.
[23] Breisig Zielvereinbarungen S. 38; Lang Das flexible Unternehmen 06.04., S. 4.
[24] Krieg/Drebes Personalführung 1/1996 S. 54 ff., 56; Lang Das flexible Unternehmen 06.04., S. 4.

Norton entwickelten sogenannten „Balanced Scorecards".[25] Nach diesem Konzept werden Unternehmensvisionen zunächst den vier Kriterien „Finanzen", „Kunden", „Prozesse" sowie „Lernen und Innovation" zugeordnet. Die Strategie eines Unternehmens soll so in konkrete, objektive und meßbare Kenngrößen überführt werden, welche als Maßstab für andere Messungen herangezogen und so „nach unten" in relevante Einzelziele und Maßgrößen übersetzt werden können. Die Besonderheit der Balanced Scorecards liegt darin, daß eine Balance zwischen den genannten vier Kriterien hergestellt werden soll und auf diese Weise neben bewährten Ergebnis-Kennzahlen auch zukunftsorientierte Innovations- und Entwicklungsziele gleichmäßige Berücksichtigung finden können.[26]
Genauso, wie es eine Vielzahl weiterer Daten und Kennzahlen innerhalb eines Betriebes gibt[27], lassen sich entsprechende Kennzahlensysteme herausbilden, die hier nicht im einzelnen dargestellt werden sollen. Gemeinsam ist allen Kennzahlensystemen jedoch die Eigenschaft, abstrakte Unternehmensziele in Zahlen abzubilden und so die entsprechend der MbO-Philosophie geforderte abgestimmte Zielauflösung bis in die einzelnen Ebenen formelhaft zu ermöglichen und im wahrsten Sinne berechenbar zu machen.[28]
Es wird darauf hingewiesen, daß Zielvereinbarungssysteme auf diese Weise eine konzeptionelle Nähe zum Instrument des Personalcontrolling aufweisen.[29] Zumindest der Begriff des „Controlling" wird im Zusammenhang mit Zielvereinbarungen verschiedentlich erwähnt.[30] Meist hat er dabei die Bedeutung einer verbesserten Kontrolle der Zielerreichung oder der Rückmeldung (Feedback), wie sie unter anderem durch Kennzahlen wie gezeigt erreicht werden soll. Der Begriff des „Personalcontrolling" selbst läßt jedoch eine Fülle von Interpretationsmöglichkeiten zu. Er kann neben Zwecken der Personalplanung ebenso solchen der Überwachung, der Kommunikation oder der reinen Information dienen.[31] Es ist daher zwar naheliegend, daß innerhalb eines Zielvereinbarungssystems Elemente des Personalcontrolling Anwendung finden.[32] Dies wird insbesondere dann der Fall sein, wenn Zielvereinbarungen die Steuerung durch Kennzahlen anstreben. Ein notwendiger Zusammenhang beider Systeme besteht jedoch nicht.[33]

---

[25] Kaplan/Norton Balanced Scorecards.
[26] Lang Das flexible Unternehmen 06.04., S. 4 f., Breisig Zielvereinbarungen S. 36.
[27] S. auch Eberhardt Die Mitarbeitervergütung S. 25 ff., 28.
[28] S. auch Krieg/Drebes Personalführung 1/1996 S. 54 ff., 56.
[29] Breisig Zielvereinbarungen S. 35 ff.
[30] Vgl. etwa Nagel S. 88; Nunier Personalführung 7/1999 S. 36 ff., 37.
[31] Remer Handwörterbuch des Personalwesens Sp. 1642 ff.
[32] Wenn sich das Personalcontrolling dafür u.U. auch in ein Personalmanagement wandeln müßte, vgl. Remer Handwörterbuch des Personalwesens Sp. 1642 ff., 1652.
[33] So auch Breisig Zielvereinbarungen S. 38.

II. Der Zielvereinbarungsprozeß

1. Das Zielvereinbarungsgespräch

Zentraler Bestandteil der Zielvereinbarung ist das Zielvereinbarungsgespräch. Es dient sowohl dazu, den Erreichungsgrad der Ziele aus der vergangenen Zielvereinbarungsperiode zu besprechen, als auch zur Festlegung neuer Ziele. Der Ablauf dieses Gesprächs entscheidet also nicht nur maßgeblich darüber, welche Ziele für den Mitarbeiter nun für die Folgezeit verbindlich sind. Die Gesprächssituation selbst ist vielmehr bereits Teil des Zielvereinbarungskonzeptes, denn hier soll der Dialog zwischen Vorgesetztem und Mitarbeiter gefördert und sollen Sichtweisen ausgetauscht, die jeweiligen Prozeßabläufe insgesamt transparent und nachvollziehbar gemacht werden. Das Zielvereinbarungsgespräch ist bereits Hauptbestandteil des Bestrebens, Mitarbeiter zu Akteuren mitunternehmerischen Handelns werden zu lassen.[34]
Das Ziel des Zielvereinbarungsgesprächs ist es, mit jedem einzelnen Mitarbeiter ein Einverständnis über die jeweilige Teilzielsetzung herzustellen[35], es soll ein sog. Top-Down- und Bottom-Up-Ausgleich erreicht werden.[36] Die Art und Weise, auf welche dies geschieht, hat dabei bereits Bedeutung für die gesamte Zielerreichung und damit für den Erfolg des Konzepts selbst. Hier entstehende Mißverständnisse und psychologische Unstimmigkeiten können nicht nur das Zielcommitment empfindlich beeinträchtigen, sondern auch ganz praktische Nachbesserungen und zeitraubende spätere Klärungen erfordern.[37]

Die Zielfestlegung selbst kann nun auf unterschiedliche Weise erfolgen, im wesentlichen lassen sich zwei Grundprinzipien als Extreme ausmachen, welche mehrere Zwischenstufen zulassen. Es sind dies die Zielvorgabe auf der einen und die echte Zielvereinbarung auf der anderen Seite. Beide Formen unterscheiden sich nach dem Grad der Beteiligung des Mitarbeiters an der Zielfestsetzung. Bei der Zielvorgabe legt die Vorgesetzte in alleiniger Kompetenz die Ziele für die ihr unterstellten Mitarbeiter fest. Die Mitarbeiter sollen diese Ziele jedoch als ihr persönliches Ziel akzeptieren und haben daher im Verlauf des dennoch geführten Gespräches Gelegenheit, Zielerreichungsgrade, Rahmenbedingungen wie technische Ausstattung und persönliche Qualifikation und Umsetzungswege zu besprechen, das Ziel selbst jedoch steht nicht mehr zur Diskussion.[38]

---

[34] Breisig Zielvereinbarungen S. 22; Reichel/Cmiel angew. Arbeitswiss. Nr. 141 (1994) S. 13 ff., 18; Krieg/Drebes Personalführung 1/1996 S. 54 ff., 55; Hlawaty Mitbestimmung S. 42 ff., 42; Steves/Tauber Personalführung 7/1999 S. 16 ff., 17.
[35] Hlawaty/Hlawaty Führungshandbuch Gruppenarbeit S. 19 ff., 22.
[36] Gebert Handwörterbuch der Führung Sp. 426 ff., 426.
[37] Krieg/Drebes Personalführung 1/1996 S. 54 ff., 55/ 56.
[38] Breisig Zielvereinbarungen S. 22; Tondorf AiB 6/1998 S. 322 ff., 323; Haitzmann Personal 9/1996 S. 478 ff., 478.

Bei der echten Zielvereinbarung dagegen soll der kooperative Dialog auch inhaltlich umgesetzt werden. Entweder entwickelt – gleichsam genau entgegengesetzt zur Zielvorgabe – der Mitarbeiter Zielvorschläge, die er der Vorgesetzten zur Genehmigung vorlegt oder aber Vorgesetzte und Mitarbeiterin legen gemeinsam Ziele fest. Dabei entwickeln sie zunächst unabhängig voneinander Zielvorstellungen, die im Gespräch ausgetauscht und diskutiert werden, bis dann ein Verhandlungsergebnis festgelegt werden kann. Dieses Verfahren wird auch als Gegenstromverfahren bezeichnet. Im Vordergrund stehen soll dabei die gleichberechtigte Einflußnahme beider Parteien auf das Ziel, es wird auf eine einseitige Vorgabe verzichtet.[39]

Überwiegend wird der echten Zielvereinbarung im Gegensatz zur Zielvorgabe ein wichtiges Motivationspotential zugeschrieben.[40] Zwar weisen einige Stimmen darauf hin, daß laut empirischer Untersuchungen allein dem Grad der Beteiligung eine motivationserhebliche Bedeutung nicht nachgewiesen werden könne. Es spielten zu viele Randbedingungen wie insbesondere die spezielle Gesprächssituation in die Zielfestlegung hinein. Entscheidend sei vielmehr, daß die Ziele nicht nur durch eine kurze Schilderung („tell") gesetzt, sondern auch begründet und verkauft („tell and sell") würden. In der Situation des Zielvereinbarungsgesprächs sei daher für die Motivation entscheidender das Führungsverhalten der Vorgesetzten.[41]
Dieselben Ansichten verweisen jedoch auch darauf, daß eine echte Vereinbarung insofern positiv wirke, als effektive Handlungsstrategien und ein größeres Selbstbewußtsein entwickelt werden könnten, das Ziel auch wirklich zu erreichen.[42] Ebenso werde es so möglich, auch den Erfahrungshintergrund des Mitarbeiters einzubringen und Ziele so realistischer zu gestalten. Ein partizipatives Vorgehen erscheine daher auch geeignet, die Zielerreichungswahrscheinlichkeit zu erhöhen.[43]
Es kann daher als übereinstimmende Ansicht angesehen werden, daß durch eine echte Beteiligung auch bei der Zielauswahl eine höhere Identifikation der Beschäftigten mit den Zielen möglich ist, und die Beschäftigten demnach ein stär-

---

[39] Breisig Zielvereinbarungen S. 22; Tondorf AiB 6/1998 S. 322 ff., 323; dies. Mitbestimmung 1998 S. 64 f., 64; Haitzmann Personal 9/1996 S. 478 ff., 478.
[40] Haitzmann Personal 9/1996 S. 478 ff., 478; Knicker Personal 9/1996 S. 462 ff., 463; Breisig Personalbeurteilung S. 304 f.; Tondorf WSI-Mitteilungen 6/1998 S. 386 ff., 389.
[41] Vgl. Latham/Locke Handwörterbuch der Führung Sp. 2222 ff., 2224; ähnlich Gebert Handwörterbuch der Führung Sp. 426 ff., 429 und 430.
[42] Gebert Handwörterbuch der Führung Sp. 426 ff., 429 f. und Latham/Locke Handwörterbuch der Führung Sp. 2222 ff., 2225; s. dazu auch Böhnisch/Freisler-Traub/Reber Personal 1/2000, S. 38 ff., 39.
[43] Gebert und Latham/Locke a.a.O.

keres Verantwortungsbewußtsein und eine stärkere persönliche Verpflichtung entwickeln als bei einer als fremd empfundenen Vorgabe. Für das Zielcommitment entscheidend angesehen wird das bereits beschriebene Gefühl, sich frei und bewußt für ein Ziel zu entscheiden.[44]

In der Praxis stellt sich nun gerade bei einer Betonung einer Zielhierarchie aber das Problem, daß die untergeordneten Bereichs-, Gruppen- und Einzelziele mit den zugehörigen Oberzielen kompatibel sein müssen. Demgegenüber wirkt ein wirklicher Ausgleich unterschiedlicher Standpunkte mit entsprechender vorangehender Diskussion im Rahmen einer echten und individuellen Vereinbarung tendenziell als Störfaktor.[45] Zwar will auch das MbO-Konzept selbst durch echte Vereinbarungen das unternehmerische Potential und die Motivation der Mitarbeiter fördern, die zugleich bestehenden Anforderungen der Zielhierarchie lassen diese Bestrebungen jedoch als paradox erscheinen.[46]
Bei Betonung einer Zielhierarchie werden Vorgesetzte oft selbst maßgeblich durch die jeweiligen Oberziele – und ihre entsprechenden eigenen Zielvereinbarungen - gebunden sein und die einzelnen Mitarbeiterziele zunächst „Top-Down" als Zielvorgaben festlegen. Das „Bottom-Up-Element" dient dann nur noch dazu, die individuellen Modalitäten der Zielerreichung, nicht aber mehr das Ziel selbst zu bestimmen.[47]
Das beschriebene Dilemma zwischen einer Bindung durch die Zielhierarchie und dem Bestreben nach Einbeziehung der Mitarbeiter in die Auflösung derselben hat in der Praxis nach übereinstimmender Einschätzung[48] dazu geführt, daß überwiegend Mischformen zwischen Zielvorgaben und echten Zielvereinbarungen auftreten. Denkbar ist hier, daß – bei einer grundsätzlichen Kommunikation der Ziele von oben nach unten - die Mitarbeiter aufgefordert werden, eigene Ideen und Ansätze einzubringen.[49]

---

[44] Böhnisch/Freisler-Traub/Reber Personal 1/2000, S. 38 ff., 39.
[45] Breisig Personalbeurteilung S. 305; Fendrich, REFA Zielvereinbarungen, S. 99 ff., 116; Tondorf Mitbestimmung 1998 S. 64 f., 64.
[46] Breisig Personalbeurteilung S. 304 f.
[47] Vgl. dazu auch Heisel Das flexible Unternehmen 07.05 S. 12 f.
[48] Breisig Zielvereinbarungen S. 38; ders. Personalbeurteilung S. 305 f.; Hlawaty Mitbestimmung 1998 S. 42 ff., 42; Tondorf Mitbestimmung 1998 S. 64 ff., 64; Knicker Personal 9/1996 S. 462 ff., 465; Evers/v. Hören Personal 9/1996 S. 456 ff., 460; Becker Leistungsbeurteilung und Zielvereinbarung S. 146 ff., 150.
[49] So im Zielvereinbarungssystem der DaimlerChrysler Services (debis) AG für Mitarbeiter, vgl. Deller/Münch Personalführung 10/1999 S. 70 ff., 78; eine ähnliche Regelung findet sich auch in den Tarifverträgen Nr. 29, 49 und 94 der Deutschen Telekom AG, vgl. Breisig Zielvereinbarungen S. 145 und Bispinck WSI-Tarifhandbuch S. 111 ff., 129.

Es existieren jedoch auch Zielvereinbarungssysteme, in denen die Betonung einer stringenten Zielhierarchie in den Hintergrund tritt, da man sich eine größere Effektivität aufgrund der Aspekte Eigeninitiative, Erfahrungsaustausch und Dialog verspricht. Auch wird es bei komplexen, strategischen und konzeptionellen Zielen u.U. entscheidend auf die Erfahrungen und Kenntnisse der Mitarbeiter ankommen und sich eine einseitige Umsetzung der übergeordneten Ziele gar nicht realisieren lassen. Hier sind auch echte Zielvereinbarungen auf dem Verhandlungsweg bzw. im Gegenstromverfahren denkbar.[50] In diesen Fällen können nach wie vor Daten erhoben werden, sie dienen dann jedoch nur als Grundlage einer Diskussion über die Ziele zwischen den Zielvereinbarungsparteien.[51] Der so angestrebten größeren Akzeptanz und Mitwirkungsbereitschaft wird für das Gelingen eines Zielvereinbarungssystems eine höhere Bedeutung zugemessen als einer perfekten Zielhierarchie.[52] Sie ist jedoch bei diesem Vorgehen zugleich auch Voraussetzung.
Diese Voraussetzung muß jedoch nach nahezu einstimmiger Ansicht bei jeder Form der Zielfestlegung vorliegen; der Erfolg des Zielvereinbarungsgespräches und mit ihm des ganzen Zielvereinbarungssystems erfordere daher bereits vom Stadium der Systemkonzeption an eine glaubwürdige Personalführung.[53]

2. Beteiligte Parteien

Zum Konzept der Zielvereinbarung gehört als maßgeblicher Gesichtspunkt die Tatsache, daß das Zielvereinbarungsgespräch unmittelbar zwischen Mitarbeiter und direktem Vorgesetzten stattfindet. Gerade dieser Aspekt soll das unternehmerische Denken und Handeln der Mitarbeiter befördern, das sich so von der Ebene der Unternehmensleitung auf untergeordnete Bereiche verlagern und alle Mitarbeiter zu wirklichen „Akteuren unternehmerischen Handelns" werden lassen soll. Der Mitarbeiter soll wahrnehmen, daß er mit der Verfolgung seines individuellen Zieles zugleich zur Erfüllung höherstehender Ziele und letztlich zum Gedeihen der Unternehmensentwicklung selbst beiträgt.[54]
Diese unternehmerische Reflexion soll bereits während des Zielvereinbarungsgesprächs auch dann geweckt werden, wenn die Ziele selbst bereits vorgegeben

[50] Vgl. z.B. die Betriebsvereinbarung zur Vereinbarung von gruppenbezogenen Zielgrößen bei Mercedes-Benz, Jocham Handelsblatt vom 27.7.1993, S. 3 und Breisig Zielvereinbarungen S. 141; das Zielvereinbarungssystem mit Bonus für Gruppen der Carl-Schenck-AG aus dem Jahr 1997, vgl. Dilk, Report Vergütung S. 91 ff., 94.
[51] Jocham a.a.O.
[52] Evers/v. Hören Personal 9/1996 S. 456 ff., 457 f.
[53] Femppel Personal 8/2000 S. 394 ff., 398 f.; Evers/v. Hören Personal 9/1996 S. 456 ff., 457; Hlawaty/Hlawaty Führungshandbuch Gruppenarbeit S. 19 ff., 26; zu den insofern zu beachtenden betrieblichen Rahmenbedingungen § 11 B. I.
[54] Reichel/Cmiel angew. Arbeitswiss. Nr. 141 (1994), S. 13 ff., 18.

sind, indem der Mitarbeiter doch die Details seines persönlichen Zieles selbst mit der Vorgesetzten abstimmt und sich persönlich zu ihrer Erreichung verpflichtet. Im Mittelpunkt steht die Zielakzeptanz, die maßgeblich davon abhängt, wie anspruchsvoll der einzelne Mitarbeiter sein Ziel erlebt. Im weiteren Verlauf kommt sie dann zum Tragen, wenn der Weg zur Zielerreichung allein gestützt durch Feedbackinformationen selbst organisiert werden muß und so die Selbstkontrolle an die Stelle der Fremdkontrolle tritt.[55]

Neben den einzelnen Mitarbeitern sind häufig auch ganze Arbeitsgruppen Partner im Zielvereinbarungsgespräch. Hier werden Ziele festgesetzt, die die Gruppe als Einheit erreichen soll. Im Falle von Gruppenzielen wird der Selbstorganisation der Gruppe ein besonders hoher Stellenwert für die Entwicklung eines unternehmerischen Handlungsbewußtseins und größerer Eigenverantwortung zugemessen.[56] Durch die auch organisatorische Verlagerung von Planungs-, Gestaltungs- und Steuerungsaufgaben in die Gruppen werden Zielvereinbarungen als ideales Instrument angesehen, diese Selbständigkeit zu steuern, die Gruppen mit Zielen zu führen und ihre Bestrebungen so auf die Zielrichtung des ganzen Unternehmens auszurichten.[57]

3. Vereinbarte Ziele

Die konkreten Ausgestaltungen von Zielvereinbarungen sind in der Praxis außerordentlich vielgestaltig. Zielvereinbarungen können theoretisch zu allen Aspekten des Arbeitsprozesses getroffen werden, Zielinhalte dementsprechend unterschiedlich ausfallen. Welche Zielkriterien vereinbart werden, hängt davon ab, was mit dem Zielvereinbarungssystem erreicht werden soll.

a) Unternehmensziele und Mitarbeiterziele

Es ist zunächst zwischen Unternehmens- und Mitarbeiterzielen zu unterscheiden. Unter Mitarbeiterzielen werden dabei – im Gegensatz zur Beteiligung der Mitarbeiter an der Auflösung der Unternehmensziele[58] – ureigene Interessen der Mitarbeiter selbst verstanden, so etwa Bereiche wie Arbeitsplatzsicherung, Selbstentfaltung, Eigenverantwortung und Arbeitszeitsouveränität. Unternehmensziele werden sich dagegen auf ökonomisch orientierte Zielsetzungen des Unternehmens beziehen.

---

[55] Vgl. dazu Lang, Das flexible Unternehmen 06.04., S. 3; Gebert Handwörterbuch der Führung Sp. 426 ff., 432.

[56] Breisig Gruppenarbeit S, 166; Gieseking/Sehnke/Roos Personalführung 4/1998 S. 22 ff., 26.

[57] Eberhardt Leistung und Lohn 4/1994 S. 17 ff., 18; Hey/Pietruschka angew. Arbeitswiss. Nr. 155 (1998), S. 13 ff.

[58] S. dazu oben unter § 4 A. II. 1.

Zum Teil wird als Sinn einer Zielvereinbarung angesehen, beide Bereiche in Einklang zu bringen und so ein Ziel zu vereinbaren, daß gleichermaßen beide Interessen abdeckt.[59] Dies wird durchaus möglich sein etwa bei Zielkriterien wie Kundenzufriedenheit oder Personalentwicklung.[60] In vielen Fällen wird eine solche Symbiose jedoch nicht zu erreichen sein.[61] Es bleibt daher dann nur die Möglichkeit, Mitarbeiterziele zusätzlich zu Unternehmenszielen zu vereinbaren[62] oder auf ihre weitere Einbeziehung zu verzichten.

Unternehmensziele lassen sich verschiedenen Bereichen zuordnen. Oft sind dies Ergebnis- oder Geschäftsziele wie Deckungsbeträge, Kosten oder die Rendite, speziell vertriebsorientierte Ziele sind Marktanteile, das Auftragsvolumen oder der angestrebte Umsatz, kundenorientierte Ziele sind oft verringerte Reklamationen oder erhöhte Kundenzufriedenheit. Produktivitätssorientierte Ziele beziehen sich auf Fertigungszeiten und Kapazitätssteuerung. Denkbar sind auch Personalentwicklungs- und Führungsziele, die eine besondere Qualifikationsstruktur, aber auch etwa eine Senkung des Krankenstandes anstreben.
Besonders oft werden als Ziele explizit Verbesserungen oder völlige Neugestaltungen (Innovationen) einzelner Bereiche oder Produkte angestrebt. Zielvereinbarungen werden dann als Mittel innerhalb des bereits dargestellten kontinuierlichen Verbesserungsprozesses (KVP) eingesetzt, der insgesamt eine ständige Optimierung einzelner Bereiche umsetzen soll.[63]

Viele der genannten Ziele entziehen sich zunächst einer direkten Beeinflussung durch die Leistung von Mitarbeitern auf untergeordneten Teilzielebenen. Die Unternehmensziele müssen daher auf jeder Ebene in zunehmend konkreter werdende operationale Ziele bis hin zu Einzelzielen aufgelöst, auf die Handlungsmöglichkeiten und stellenspezifischen Besonderheiten der einzelnen Arbeits-

---

[59] Heisel Das flexible Unternehmen 07.05 S. 13; ders. REFA Den Erfolg vereinbaren S. 342 ff., 352; ders. Leistungsbeurteilung und Zielvereinbarung S. 128 ff., 140; Knicker/Gremmers Harvard Manager 1/1990 S. 62 ff., 63.

[60] Vgl. das Zielvereinbarungssystem der DaimlerChrysler Services (debis) AG für Mitarbeiter, Deller/Münch Personalführung 10/1999 S. 70 ff., 78.

[61] Knicker Personal 9/1996 S. 462 ff., 464 f.

[62] So nach Tondorf WSI-Mitteilungen 6/1998 S. 386 ff., 390 bei den Zielvereinbarungssystemen von Mercedes-Benz und der Carl-Schenck-AG; vgl. zur Carl-Schenck-AG auch Heisel Leistungsbeurteilung und Zielvereinbarung, S. 128 ff.; zu Mercedes-Benz Breisig Zielvereinbarungen S. 142.

[63] Vgl. zu Unternehmenszielen insgesamt Knicker Personal 9/1996 S. 462 ff., 463 und 464; Krieg/Drebes, Personalführung 1/1996 S. 54 ff., 58; Nagel S. 82; s. die Beispiele von Deller/Münch Personalführung 10/1999; S. 70 ff., 72 und 78; Becker/Engländer angew. Arbeitswiss. Nr. 141 (1994), S. 23 ff., 36; Eberhardt Leistung und Lohn S. 17 ff., 20 f.

plätze oder –gruppen abgestimmt[64] und so in den Beeinflußbarkeitsrahmen der Mitarbeiter eingepaßt werden.[65] Mit der Zielauflösung soll erreicht werden, daß alle Organisationseinheiten und jeder Mitarbeiter bei klaren Verantwortlichkeiten in die gleiche Richtung arbeiten und so alle Aktivitäten zielgerichtet gebündelt werden.[66]
Dabei sind Leistungsmaßstäbe und Meß- oder Bewertungskriterien zu finden, mit deren Hilfe das Ziel umgesetzt werden soll. In einer Zielhierarchie kann das z.B. so aussehen, daß das Unternehmensziel „Kostensenkung“ für den Produktionsbereich „Stückkosten senken“ bedeutet. Als Zwischenziel für die Abteilungen wird daraufhin die Senkung der Fehlerkosten um einen konkreten Betrag vereinbart, und die einzelne Arbeitsgruppe oder der einzelne Mitarbeiter schließlich vereinbart das Ziel, die Ausschußquote eines ganz bestimmten Produktes um 5 % zu senken. Ist das Ziel der Abteilung dagegen etwa die Senkung der Rüstzeiten um einen bestimmten Prozentsatz, kann das Ziel einer Arbeitsgruppe etwa auf die Durchführung eines Werkzeugwechsels innerhalb von 2 Minuten lauten.[67] In der Realität wird die Zielauflösung freilich meist komplexere Strukturen aufweisen.
Diese Zielauflösung und die Ableitung und Definition von Zielen, die für den einzelnen Arbeitnehmer gelten, stellt den eigentlichen Zielvereinbarungsprozeß dar. Es ist jedoch darauf zu verweisen, daß für diesen Prozeß eine strikte Zielhierarchie nicht notwendige Voraussetzung ist. Es werden in der Praxis auch solche Systeme angewendet, die nur allgemein die kontinuierliche Verbesserung des Arbeitssystems anstreben und die Bestimmung der Leistungsgrößen nicht stringent aus Oberzielen ableiten.[68]

b) Beeinflußbarkeit als Voraussetzung?

Zuweilen wird dem Konzept der Zielvereinbarungen der Vorwurf gemacht, eine weit verbreitete Schwierigkeit liege in der Beeinflußbarkeit der Ziele durch die Mitarbeiter. Eine besondere Gefahr wird hier gesehen in der Vereinbarung betriebswirtschaftlicher Erfolgskriterien.[69] In der Tat wird man bei marktorientierten Zielen wie Marktanteilen, dem Auftragsvolumen, einem angestrebten Marktpreis oder Umsatz, und betriebswirtschaftlich-orientierten Zielen wie Deckungsbeiträgen, der Rendite und dem Betriebsergebnis nicht davon ausge-

---

[64] Krieg/Drebes Personalführung S. 54 ff., 56.
[65] Evers/v. Hören Personal 9/1996 S. 456 ff., 458 f.
[66] Krieg/Drebes Personalführung S. 54 ff., 56.
[67] Vgl. das Beispiel bei Krieg/Drebes Personalführung S. 54 ff., 57.
[68] Vgl. dazu das Zielvereinbarungssystem von Mercedes-Benz, Breisig Zielvereinbarungen S. 142.
[69] Breisig Zielvereinbarungen S. 61; Tondorf WSI-Mitteilungen 6/1998 S. 386 ff., 389.

hen können, daß einzelne Mitarbeiter auf mittleren und unteren Hierarchieebenen allein mit ihrem Leistungsverhalten für das Erreichen dieser Ziele verantwortlich sind.
Aus diesem Grund werden Ziele dieser Art, die die unaufgelösten und obersten Unternehmensziele selbst darstellen, in der Regel allenfalls mit Führungskräften vereinbart.[70] In diesem – betriebsverfassungsrechtlich allerdings kaum relevanten Bereich – nähern sich die Ziele des Unternehmens so stark an die Ziele der Führungskräfte an, daß keine oder höchstens eine bereichs- oder abteilungsspezifische Auflösung Voraussetzung für die Festlegung des individuellen Ziels des für den jeweiligen Bereich verantwortlichen Leiters ist.
Für Arbeitnehmer, die dem Betriebsverfassungsgesetz unterfallen, müssen die Unternehmensziele dagegen in der dargestellte Weise aufgelöst werden, um ein sinnvolles und erreichbares Ziel darzustellen.
Gerade die Möglichkeit, vermittels eines konsequent durchgeführten Mbo-Systems eine Beziehung zwischen der Arbeitsaufgabe des Mitarbeiters und den Zielen des Unternehmens herzustellen, wird als einer der maßgeblichen Vorzüge eines Zielvereinbarungssystems gesehen. In der Festlegung stellenspezifischer Ziele, die zugleich in einem finalen Zusammenhang mit strategisch geprägten Unternehmenszielen ständen, liege die einzige Möglichkeit, auch bei solchen Mitarbeitern, deren Tätigkeit keinen oder nur geringen unmittelbaren Einfluß auf die betriebliche Entwicklung nehme, einen dieser Entwicklung entsprechenden Leistungsanreiz zu schaffen.[71]

Dabei ist auch zu berücksichtigen, daß gerade in neueren Organisationsformen eine Verschiebung der Tätigkeiten von repetitiven zu qualifizierten Arbeiten und zugleich eine größere Dezentralisierung stattfindet. Kompetenzen werden zunehmend delegiert, der Handlungsspielraum und die Entscheidungsbefugnisse auf mittleren und unteren Ebenen haben sich erweitert.[72] Sind daher etwa die Kompetenzen einer teilautonomen Arbeitsgruppe größer als bei einer herkömmlichen „tayloristischen" Arbeitsorganisation, so können Ziele gewählt werden, die diesem erweiterten Handlungsspielraum entsprechen.
Diese Ziele unterscheiden sich von den Meßgrößen herkömmlicher Leistungsentgelte dadurch, daß sie nicht nur einen Ausschnitt der Tätigkeit erfassen. Dieser Ausschnitt entspricht in stark arbeitsteiligen Fertigungsstrukturen der herkömmlichen Art den tatsächlichen Handlungsmöglichkeiten durch die Mitarbeiter, mit gesteigerten Kompetenzen und erweitertem Handlungsspielraum

---

[70] Vgl. dazu Deller/Münch Personalführung 10/1999 S. 70 ff.
[71] Becker Entgeltsysteme S. 313 ff., 328; Zitat bei Hlawaty Mitbestimmung 9/1998 S. 42 ff., 42; Krieg/Drebes Personalführung 1/1996 S.54 ff., 60.
[72] Vgl. dazu Lang Moderne Entgeltsysteme S. 101 ff.; oben § 1 A. I.

werden diese Kriterien der tatsächlich durchgeführten Tätigkeit nicht mehr gerecht. Gefordert sind daher durchaus auch ganzheitlichere Ziele, die die Arbeitsaufgabe in der Gesamtheit erfassen und zugleich an den Zielen des Unternehmens ausgerichtet sind.[73]

Es ist jedoch durchaus denkbar, daß bei dieser Suche nach stellenspezifischen Zielen mit finalem Unternehmenszielbezug die Beeinflußbarkeit dieser Ziele durch die Arbeitnehmer nicht immer gewährleistet werden kann.[74] Bekannt ist dieses Problem bereits aus den eher arbeitsteiligen und von daher wesentlich übersichtlicheren traditionellen Bezugsgrößen des Prämienlohns, bei dem es zu den maßgeblichen Voraussetzungen gehört und daher unbedingt zu fragen ist, inwieweit gewählte Bezugsgrößen noch der Beeinflußbarkeit durch die Arbeitnehmer unterliegen. Inwieweit eine Beeinflußbarkeit der Zielkriterien nun zu den maßgeblichen Voraussetzungen eines Zielvereinbarungssystems gezählt werden kann, hängt von dessen Zielsetzung insbesondere als Entgeltinstrument ab.
Auch die konzeptionellen Grundlagen eines Zielvereinbarungssystems fordern nun zumindest eine Anreiz- und Motivationswirkung der festgelegten Ziele. Durchaus aber läßt sich eine solche Anreizwirkung auch bereits bei solchen Zielkriterien ausmachen, die im Punkte der Beeinflußbarkeit durch die Arbeitnehmerleistung hinter die Anforderungen zurückfallen, die an Bezugsgrößen etwa des echten Prämienlohns zu stellen sind. Genauso sind Zielvereinbarungen freilich zu Leistungskennzahlen denkbar, die mit denen des Prämienlohns identisch sind.[75] Die Funktionsfähigkeit eines Zielvereinbarungssystems hängt damit aber weniger an der Frage der Beeinflußbarkeit, als vielmehr daran, ob die für die notwendige Motivation und Anreizwirkung erforderlichen Voraussetzungen eines stellen- und aufgabenspezifisch abgestimmten Ziels gegeben sind.[76]

c) Quantifizierbarkeit

Für die Umsetzung der Ziele wird in vielen Fällen großer Wert darauf gelegt, daß die Ziele quantifizierbar sind.[77] Dies ist nicht nur bei Vorliegen einer kenn-

---

[73] Lang Moderne Entgeltsysteme S. 101 ff.; Becker Entgeltsysteme S. 313 ff., 328; Krieg/Drebes Personalführung 1/1996 S.54 ff., 60.
[74] Lang Moderne Entgeltsysteme S. 153, 169.
[75] Reichel/Cmiel angew. Arbeitswiss. Nr. 141 (1994), S. 13 ff., 15.
[76] Zu einer diesbezüglichen Ermessensbindung der Einigungsstelle s. ausführlich unten § 11 B I.
[77] Krieg/Drebes Personalführung 1/1996 S. 54 ff., 56; Becker/Engländer angew. Arbeitswiss. Nr. 141 (1994) S. 23 ff., 36; Lang Das flexible Unternehmen 06.04 S. 4.

zahlengestützen Zielhierarchie der Fall[78], auch andere Bedürfnisse eines Zielvereinbarungssystems, die dessen konzeptionellen Grundlagen entspringen, erfordern möglichst eindeutig meßbare Ziele. Dies ist zunächst die Erkenntnis der Goal-Setting-Theorie, daß ein Ziel um so motivierender wirkt, je spezifischer es formuliert wird.[79] Eine exakte Zielerfassung erleichtert darüber hinaus die Verständigung im Zielvereinbarungsgespräch. Weiterer maßgeblicher Gesichtspunkt ist die Zielkontrolle, die vermittels meßbarer Faktoren deutlich effizienter und nachvollziehbarer gestaltet werden kann. Dies ist nicht nur für die Folgen von Bedeutung, die sich an die Zielerreichung anschließen, sondern auch für die angestrebte Rückmeldung während des Zielvereinbarungszeitraumes, die wirklich informativ und vor allem verläßlich nur sein kann, wenn sie in möglichst objektiver, am besten meßbarer Form gegeben wird.[80]

Oft wird – wie bereits dargestellt[81] – aus diesen Gründen die Verwendung von Kennzahlen und Indizes angestrebt. Hier stellt sich nun das Problem, daß sich nicht immer alle relevanten Ziele eines Tätigkeitsbereiches in Kennzahlen abbilden lassen. Dies sind meist qualitative Ziele, wie sie insbesondere im Dienstleistungsbereich eine Rolle spielen, innerhalb dessen eher Verhaltensweisen für die Qualität der Dienstleistung ausschlaggebend sind, die sich einer Quantifizierung entziehen.[82]

Ganz üblich ist es, diese Dilemma zu umgehen, indem etwa ein „Kundenzufriedenheitsindex" errichtet wird, der bis Ende des Jahres z.B. um 10 % verbessert werden soll.[83] Die Möglichkeiten, diesen Kundenzufriedenheitsindex zu erfassen, sind unterschiedlich. Es kommen dafür die Reklamationsquoten ebenso in Betracht wie das Ergebnis von jährlichen Kundenbefragungen. Hier besteht die Gefahr, daß auf diese Weise nur äußerlich eine objektivere Form der Messung

---

[78] Nicht anders ist das Vorgehen in solchen Zielvereinbarungssystemen, in denen keine Zielhierarchien gebildet werden, dafür aber etwa „arbeitssystembezogene Kenndaten" für individuelle Vereinbarungen zur Verfügung gestellt werden, wie in der Betriebsvereinbarung von Mercedes-Benz, Breisig Zielvereinbarungen S. 142, oder vorgeschlagen wird, die ohnehin ermittelte Datenfülle zur zielorientierten Entwicklung einzusetzen, vgl. Eberhardt Die Mitarbeitervergütung S. 25 ff., 28.

[79] Latham/Locke Handwörterbuch der Führung Sp. 2222 ff., 2223 f.; vgl. auch oben unter C. II. 1. a) bb).

[80] Gebert Handwörterbuch der Führung Sp. 426 ff., 431; oben unter C.II.1.a)bb).

[81] § 4 A. I.

[82] Aus diesem Grund lassen sich diese Faktoren auch nicht durch Entgeltformen wie Akkord und Prämie erfassen, sondern machen die Einführung von Leistungsbeurteilungen erforderlich.

[83] Z.B. im Zielvereinbarungssystem für Mitarbeiter der DaimlerChrysler Services (debis) AG, Deller/Münch Personalführung 10/1999 S. 70 ff., 78; ein Kundenzufriedenheitsindex existiert auch z.B. in den Tarifverträgen Nr. 29/49 der Deutschen Telekom AG, vgl. Breisig Zielvereinbarungen S. 145.

von Dienstleistungsqualität gefunden wird.[84] Zum einen sind üblicherweise hohe Anforderungen an die Erstellung und Durchführung von Befragungen zu stellen, damit diese repräsentativ sein können. Das Ergebnis selbst einer groß angelegten jährlichen Umfrage kann darüber hinaus möglicherweise nur eine Momentaufnahme sein, die durch kurz zuvor eingetretene Veränderungen beeinflußt ist und keineswegs die Leistung der Mitarbeiter während des beanspruchten Zeitraums widerspiegelt. Was die Messung von Reklamationsquoten betrifft, so können diese von den verschiedensten Faktoren abhängen, so z.B. nicht zuletzt von einem untauglichen Produkt.[85]

Oftmals wird daher bei komplexen und qualitativen Zielen auf eine Darstellung durch Kennzahlen verzichtet. Dies ist neben den bereits erwähnten Dienstleistungsbereichen auch in hochqualifizierten Forschungsgebieten und insbesondere auch bei Entwicklungszielen der Fall, die auf erhöhte fachliche und persönliche Qualifikationen, konzeptionelle Vorschläge, sowie Verbesserungen in der Organisation abstellen.[86] In diesen Fällen werden die angestrebten Ziele möglichst konkret beschrieben. Es reicht für die beschriebenen Vorteile eines spezifischen Zieles aus, daß das Ziel möglichst objektiv wiedergegeben und damit „überprüfbar" ist. Angesichts der Schwierigkeiten, für diese Bereiche zu einer Zielquantifizierung zu gelangen, erscheint diese Methode auch im Hinblick auf Motivation und Beeinflußbarkeit als die sinnvollere.[87] Kennzahlensysteme sind lediglich ein möglicher, aber keineswegs notwendiger Bestandteil eines Zielvereinbarungssystems.
Wo daher auf Kennzahlen und Daten verzichtet wird, soll das Ziel nicht als operationalisierte Tätigkeit („Termintreue verbessern"), sondern als finaler Zustand möglichst konkret und eindeutig beschrieben werden.[88] Eine hier empfohlene Formulierung ist: „Das Ziel ist erreicht, wenn...". Als zusätzliche Unterstützung sollen hier Bewertungsmerkmale, Indikatoren und Kriterien hinzugefügt werden, anhand derer die Mitarbeiter erkennen können, wann welcher Zielerreichungsgrad gegeben ist und welche Faktoren bei dessen Bewertung besondere

[84] So auch Breisig Zielvereinbarungen S. 58 f.
[85] Breisig Zielvereinbarungen S. 58 f.
[86] Becker/Engländer angew. Arbeitswiss. Nr. 141 (1994) S. 23 ff., 36; Krieg/Drebes Personalführung 1/1996 54 ff., 56.
[87] Vgl. dazu Klein-Schneider S. 52 ff.; Evers/v. Hören Personal 9/1996 S. 456 ff., 461.
[88] Deller/Münch Personalführung 10/1999 S. 70 ff., 78; Krieg/Drebes Personalführung 1/1996 S. 54 ff., 56/57.

Berücksichtigung finden. Es soll vereinbart werden, welche Meßkriterien für die Überprüfung der Ziele Anwendung finden.[89]
Schließlich ist anzumerken, daß es hochspezialisierte Bereiche gibt, in denen selbst eine spezifische Zielformulierung nicht in jedem Fall wünschenswert ist. In diesen Bereichen sind Kreativität und Innovationsbereitschaft gefordert, die Gefahr laufen, eingeengt zu werden.[90] In diesen Bereichen wird daher zuweilen selbst von einer allzu exakten Zielformulierung abgesehen und eher eine allgemeine Richtung vorgegeben, die erst gegen Ende des Zielvereinbarungszeitraums von Vorgesetztem und Mitarbeiter ex post argumentativ untermauert wird.[91] Ein solches Vorgehen freilich hat sich weit vom Konzept des Management by Objectives entfernt. Da aber eine exakte Zielfestlegung offensichtlich in diesen Bereichen kontraproduktiv wirken kann, sind Zweifel angebracht, ob Zielvereinbarungen in diesem Fall überhaupt die ihnen zugedachte Funktion erfüllen können und eingesetzt werden sollten.[92]

d) Zielhöhe, Anzahl, Gewichtung und Laufzeit

Das Ziel selbst ist die Definition eines Soll-Zustandes, der im Gegensatz zum Ist-Zustand im Zielvereinbarungszeitpunkt steht. Zum Teil wird für die Zielfindung eine Einteilung empfohlen nach der grundlegenden Zielsetzung. So soll in Standardziele und Leistungsziele und daneben auch noch wie bereits erwähnt in Innovationsziele differenziert werden. Während sich Innovationsziele ausschließlich auf Neuerungen und damit eher auf eine Erweiterung des bestehenden Handlungsrahmens beziehen, könnte sich die Differenzierung zwischen Standard- und Leistungszielen als ein Einflußfaktor für die Zielhöhe darstellen. So sollen Standardziele dem Erhalt und der Absicherung, Leistungsziele dagegen der Veränderung und Verbesserung des bisher erreichten Ist-Zustandes dienen.[93] Ein Unterschied wird sich hier jedoch insbesondere daraus ergeben, daß bei einem Standardziel bereits ein hohes Niveau erreicht ist. Das Halten desselben stellt dann bereits die zu erstrebende Leistung dar. Die Ziele selbst sollen nach allgemeiner Ansicht immer eine Herausforderung („challenge“ gemäß der Goal-Setting-Theorie) darstellen; sie sollen herausfordernd und dennoch realistisch[94], anspruchsvoll, aber erreichbar sein. Wann dies der Fall sei, unterliege

---

89 Krieg/Drebes Personalführung 1/1996 S. 54 ff., 56/57; Becker/Engländer angew. Arbeitswiss. Nr. 141 (1994) S. 23 ff., 36 f.; vgl. auch Beispiele bei Breisig Personalbeurteilung S. 422, 495, 501, 507.
90 S. bereits oben unter C. II. 1. a) bb) und C. II. 1. b) aa).
91 Vgl. dazu Baethge/Denkinger/Kadritzke S. 101 ff.
92 Baethge/Denkinger/Kadritzke S. 104; siehe dazu auch § 11 B. I.
93 Knicker/Gremmers Harvard Manager 1/1990 S. 62 ff., 63; Nagel S. 88.
94 Deller/Münch Personalführung 10/1999 S. 70 ff., 78; Krieg/Drebes Personalführung 1/1996 S. 54 ff., 57.

jedoch der subjektiven Einschätzung beider Gesprächspartner. Maßgeblich sei vor allem, daß alle Beteiligten das gefundene Ergebnis akzeptierten.[95]

Es werden mit den einzelnen Mitarbeiter(gruppen) in der Regel mehr als ein Ziel vereinbart. Empfohlen sind dabei verschiedene Mengen, zumeist sind es nicht weniger als drei und nicht mehr als acht Ziele. Die einzelnen Ziele können untereinander unterschiedlich gewichtet werden.[96]
Maßgeblich für die endgültige Zielfestlegung ist schließlich der Zielvereinbarungszeitraum, bzw. die Laufzeit, bis zu deren Ende das Ziel erreicht sein soll. In der Praxis werden häufig recht kurze Zeiträume gewählt, meist liegen diese zwischen 3 und 6 Monaten. Dies soll es ermöglichen, flexibel auf zwischenzeitlich eingetretene Veränderungen zu reagieren und in der neuen Zielvereinbarungsperiode entsprechend veränderte Ziele zu vereinbaren.[97] Genauso können mit Zielvereinbarungen aber auch langfristige Ziele verfolgt werden, die mehr Zeit zur Umsetzung benötigen. Länger als ein Jahr ist ein Zielvereinbarungszeitraum in der Regel jedoch nicht.[98]

4. Zielkontrolle

Am Ende des Zielvereinbarungszeitraumes ist eine Zielkontrolle erforderlich. Sie findet im Rahmen des Zielvereinbarungsgespräches statt und geht einer Vereinbarung neuer Ziele voraus. Das Prinzip ist hier der Vergleich zwischen dem erreichten Ist-Zustand und dem vereinbarten Soll-Zustand (Soll/Ist-Vergleich).[99] Die Art und Weise, in der dieser Vergleich durchgeführt werden kann, hängt nun eng damit zusammen, welche Art von Zielen vereinbart wurde.

---

95 Krieg/Drebes Personalführung 1/1996 S. 54 ff. 57.

96 Vgl. zu Anzahl und Gewichtung Reichel/Cmiel angew. Arbeitswiss. Nr. 141 (1994) S. 13 ff., 16; Eyer Personalführung 5/1994 S. 406 ff., 412; Ueberschaer Personalführung 4/1998 S. 14 ff., 20; Krieg/Drebes Personalführung 1/1996 S.54 ff., 56 f.; vgl. die Beispiele bei Breisig Personalbeurteilung S. 421 ff., 498; weitere Beispiele bei Breisig Zielvereinbarungen S. 129, 134, 138, 139; vgl. auch das Zielvereinbarungssystem der DaimlerChrysler Services (debis) AG, Deller/Münch Personalführung 10/1999 S. 70 ff., 72, 78, im vorausgegangenen Ergänzungstarifvertrag vom 1.1.1999 § 2.8.2; Zielvereinbarungssystem der Carl Zeiss Gruppe Gieseking /Sehnke/Roos Personalführung 4/1998 S. 22 ff., 25; zum Zielvereinbarungssystem der Carl Schenck AG Heisel Leistungsbeurteilung und Zielvereinbarung S. 128 ff., 143; § 8 Tarifvertrag Nr. 94 Variable Entgelte Deutsche Telekom AG vom 9.12.1999.

97 Reichel/Cmiel angew. Arbeitswiss. Nr. 141 (1994) S. 13 ff., 17; Hlawaty/Hlawaty Führungshandbuch Gruppenarbeit S. 104 f.; Eyer Personalführung 5/1994 S. 406 ff., 413.

98 Beispiel bei Breisig Personalbeurteilung S. 508; vgl. auch Breisig Zielvereinbarungen S. 109.

99 Breisig Zielvereinbarungen S. 24 ff.; Becker/Engländer angew. Arbeitswiss. Nr. 141 (1994), S. 23 ff., 38.

Konnte das Ziel mit Hilfe von Kennzahlen oder Daten quantifiziert werden, läßt sich der Grad der Zielerreichung eindeutig feststellen. Es kann daher von einer Zielmessung gesprochen werden.
Anders ist dies im Falle nicht quantifizierter Ziele, die nur beschrieben worden sind. In diesem Fall wird auf eine Beurteilung zurückgegriffen.[100] Diese Beurteilung kann durch den Vorgesetzen erfolgen. Es sind aber auch Systeme denkbar, in denen Mitarbeiter(gruppe) und Vorgesetzter gemeinsam beurteilen, ob das Ziel erreicht wurde.[101]
Hier fällt nun besonders ins Gewicht, daß die Zielkontrolle im Rahmen des Zielvereinbarungsgesprächs stattfindet. Auch bei der Kontrolle soll der Charakter der Zielvereinbarung als kommunikatives Element innerhalb eines transparenten Arbeitsablaufes im Vordergrund stehen.[102]
Zur Phase des Soll/Ist-Vergleiches gehört daher im Zielvereinbarungsgespräch auch, eine Abweichungsanalyse vorzunehmen, wenn bestimmte Zielerreichungsgrade hinter dem Soll zurückgeblieben sind. Es soll herausgefunden werden, wo die Gründe für diese Abweichung gelegen haben, wobei hier sowohl persönliche Leistungsdefizite als auch veränderte und unvorhergesehene Rahmenbedingungen berücksichtigt werden können. Schließlich sollen anschließend an diese Analyse konkrete, an den Aufgaben und Bedürfnissen des Mitarbeiters ausgerichtete Folgemaßnahmen vereinbart werden, die bereits in die neue Zielsetzung miteinfließen können. Zu denken ist hier etwa an bestimmte Qualifizierungsmaßnahmen, aber auch an Rahmenbedingungen, die für den nächsten Zielvereinbarungszeitraum geändert werden sollen.[103]
Meist wird nicht einfach kontrolliert, ob ein Ziel erreicht wurde oder nicht, sondern der Soll/Ist-Vergleich schließt in aller Regel eine Einordnung auf einer Skala etwa zwischen „Ziel wesentlich unterschritten" und „Ziel wesentlich überschritten" ein. Solche Skalen sehen meist auch die Stufe „Ziel erfüllt" vor.[104] Denkbar sind aber auch Skalen, die den Zielerreichungsgrad nur mit den Noten „ungenügend", „unbefriedigend", „gut" und „sehr gut" bewerten.[105]

---

[100] Breisig Zielvereinbarungen S. 25.
[101] Eyer Personalführung 5/1994 S. 406 ff., 419.
[102] Becker/Engländer angew. Arbeitswiss. Nr. 141 (1994) S. 23 ff., 41; Mungenast Personal 2/1994 S. 56 ff., 59; Haitzmann Personal 9/1996 S. 478 ff., 482.
[103] Mungenast Personal 2/1994 S. 56 ff., 56; Breisig Zielvereinbarungen S. 26; Haitzmann Personal 9/1996 S. 478 ff., 479; Becker/Engländer angew. Arbeitswiss. Nr. 141 (1994) S. 23 ff., 38.
[104] Breisig Zielvereinbarungen S. 26; Becker/Engländer angew. Arbeitswiss. Nr. 141 (1994) S. 23 ff., 41; Deller/Münch Personalführung 10/1999 S. 70 ff., 79.
[105] Eyer Personalführung 5/1994 S. 406 ff., 414; Becker/Engländer angew. Arbeitswiss. Nr. 141 (1994) S. 23 ff., 35; Heisel Leistungsbeurteilung und Zielvereinbarung S. 128 ff., 144.

Den einzelnen Leistungsstufen werden sinnvollerweise wie bereits beschrieben schon im Vorfeld Bewertungsmerkmale, Indikatoren und Kriterien hinzugefügt, anhand derer die Mitarbeiter erkennen können, wann welcher Zielerreichungsgrad gegeben ist. Bei quantifizierbaren Zielen kann dies bedeuten, feste Ergebnisbandbreiten zuzuordnen. So ist etwa festzulegen, welche Werte z.B. der Durchlaufzeit der jeweiligen Stufe entsprechen, also „Ziel wesentlich unterschritten bei über 38 Stunden", „Ziel unterschritten bei 37-38 Stunden", „Ziel erfüllt bei 36 Stunden" etc.[106] Die Notwendigkeit dieser Zuordnung findet jedoch nicht in allen Praxisbeispielen Erwähnung.[107]

Möglicherweise ist dies ein Grund dafür, daß auch dann, wenn die Festlegung meßbarer, quantitativer Ziele vorgesehen ist, ausschließlich von einer abschließenden Zielbewertung oder auch Zielbeurteilung gesprochen wird[108]; die Zielerfüllung soll ausgewertet[109], gewertet[110] oder erörtert[111] werden. Denkbar wäre, daß bei meßbaren Zielen nur das Ziel als Kennzahl angegeben ist, die Erreichung aber einer Beurteilung unterliegen soll.[112]
Die entscheidendere Rolle wird jedoch folgende Besonderheit spielen, die in aller Regel den meisten Zielvereinbarungssystemen zu eigen ist.[113] In der Regel ist es wie bereits dargestellt so, daß mehr als ein Ziel für einen Zielvereinbarungszeitraum festgelegt wurde. Dabei wird es sich bereits nicht immer nur um quantifizierbare Ziele handeln. Jedes Ziel bekommt je nach Zielerreichungsgrad nun einen Punktwert, der zuvor ebenfalls der jeweiligen Leistungsstufe auf der Leistungsskala zugeordnet wurde. Erst die durch Addition dieser Punkte erreichte Gesamtpunktzahl aber wird als die endgültige Zielerreichung betrachtet. Auch schließen sich an diese Gesamtpunktzahl in aller Regel erst die Konsequenzen der Zielerreichung an, bei Zielvereinbarungen mit Entgeltbezug werden erst bestimmten Gesamtpunktzahlstufen feste Geldbeträge zugeordnet.[114]

---

[106] Breisig Zielvereinbarungen S. 26; Becker Leistungsbeurteilung und Zielvereinbarung S. 146 ff., 151; Becker/Engländer angew. Arbeitswiss. Nr. 141 (1994) S. 23 ff., 39.
[107] Z.B. bei Eyer Personalführung 5/1994 S. 406 ff., 414; Heisel Leistungsbeurteilung und Zielvereinbarung S. 128 ff., 144.
[108] Eyer Personalführung 5/1994 S. 406 ff., 413; Deller/Münch Personalführung 10/1999 S. 70 ff., 79.
[109] Becker/Engländer angew. Arbeitswiss. Nr. 141 (1994) S.23 ff., 38.
[110] Heisel Das flexible Unternehmen 07.05 S. 14.
[111] Beispiel bei Breisig Zielvereinbarungen S. 135.
[112] Beachte z.B. die Formulierung einer „Beurteilung der Erfüllung der vereinbarten Ziele" durch den Vorgesetzten bei Deller/Münch Personalführung 10/1999 S. 70 ff., 79.
[113] Breisig Zielvereinbarungen S. 26; Knebel Personal 5/1984 S. 187 ff., 188.
[114] Vgl. Breisig Zielvereinbarungen S. 26; Eyer Personalführung 5/1994 S. 406 ff., 412; Becker/Engländer angew. Arbeitswiss. Nr. 141 (1994) S. 23 ff., 35, 41; Heisel Das flexible Unternehmen 07.05 S. 16.

Die Situation wird noch etwas komplizierter, wenn die einzelnen Ziele gewichtet wurden. In diesem Fall gehen die einzelnen Ziele mit Punktwerten entsprechend ihrer Gewichtung in die Gesamtpunktzahl ein.
Selbst wenn also ausschließlich quantifizierbare Ziele vereinbart worden sind, so hängt der abschließende Gesamtpunktwert von der Erreichung aller Ziele gemeinsam und gegebenenfalls noch ihrer vereinbarten Gewichtung ab. Es kann also bereits in diesem Fall nur noch von einer rechnerischen Gesamtbewertung, nicht aber mehr von einer Zielmessung gesprochen werden.[115] Treten nun noch qualitative oder komplexe, nicht meßbare Ziele hinzu, deren Erreichung sich nur durch Beurteilung ermitteln läßt, wandelt sich die Gesamtbewertung endgültig in eine Gesamtzielbeurteilung.
Es ist darüber hinaus schließlich auf Zielvereinbarungssysteme zu verweisen, die die ermittelten Punktwerte nur noch als Basis einer umfassenden summarischen Bewertung der Zielerfüllung verstehen.[116] In diesem Fall finden weitere Gesichtspunkte wie etwa ein besonderes Engagement, um einen möglichen Schaden zu begrenzen oder die allgemeine Aufgeschlossenheit gegenüber den neuen Freiheitsgraden Eingang in die abschließende Zielbewertung, die so freilich nur noch in loser Verbindung zum eigentlichen Zielerreichungsgrad steht.
Aber auch ohne eine solche summarische Bewertung wird im Falle der Ermittlung einer Gesamtpunktzahl deutlich, daß der bei der Zielkontrolle vorgenommene Soll/Ist-Vergleich in der Mehrzahl der in der Praxis zu beobachtenden Fälle weniger einer exakten Leistungsmessung als vielmehr einer Standortbestimmung dient. Es soll - eventuell gemeinsam - festgehalten werden, wie die Gesamtentwicklung des Mitarbeiters oder der Gruppe gediehen ist, überlegt werden, ob unter den vereinbarten Zielen noch Entwicklungspotential besteht und inwieweit die eingeschlagene Aktionsrichtung im Zusammenklang der Einzelziele noch wünschenswert oder durch neue Ziele zu modifizieren ist. Durch das Vorgehen in Form einer Gesamtpunktbewertung tritt besonders deutlich in Erscheinung, daß es sich bei einem Zielvereinbarungssystem in erster Linie um ein Führungskonzept handelt, welches unternehmerische Zielsetzungen verfolgt.

5. Konfliktlösung

Das Zielvereinbarungsgespräch soll die Kommunikation zwischen Mitarbeitern und unmittelbaren Vorgesetzten verbessern und durch Leistungsvereinbarungen auf dezentraler Ebene soll der Unternehmensablauf transparenter werden. Zugleich stellen Gespräche dieser Art auf dieser Ebene aber auch eine Neuigkeit

---

[115] So auch bereits Knebel Personal 5/1984, S. 187 ff., 188.
[116] Vgl. Heisel Das flexibel Unternehmen 07.05 S. 15 f.

dar, die einiges an führungspsychologischem Fingerspitzengefühl erfordern und bedingt durch ihre Inhalte ein großes Konfliktpotential bergen.
Konflikte können sich dabei sowohl an der Frage der Zielfestlegung als auch der Zielkontrolle (ggf. –bewertung) entzünden. Für diese Fälle gehört zum Zielvereinbarungsprozeß daher schließlich auch, einen Konfliktlösungsmechanismus vorzusehen.
Die Lösungen in der Praxis sind hier sehr vielgestaltig. Sie reichen von freiwilligen Zielvereinbarungen, die bei Uneinigkeit schlicht unterbleiben, über das Angebot eines wiederholten Gespräches unter Hinzuziehung des nächsthöheren Vorgesetzten und eines Kollegen bis hin zur Regelung aller Fragen durch eine paritätisch besetzte Konfliktkommission, welche sogar bis vor die betriebsverfassungsrechtliche Einigungsstelle ziehen können soll.[117]

III. Zielvereinbarungen als Entgeltinstrument

Es hat sich gezeigt, daß sich Zielvereinbarungen nicht als Entgeltinstrument entwickelt haben. Zielvereinbarungen sind daher nicht notwendig Bestandteil von Vergütungregelungen, durchaus sind auch Zielvereinbarungen ohne Entgeltbezug denkbar. Im Rahmen dieser Arbeit aber sind die weiteren Untersuchungen auf solche Zielvereinbarungssysteme zu beschränken, die zur Ermittlung von Entgeltbestandteilen eingesetzt werden.

Es ist zu beobachten, daß Zielvereinbarungen zunehmend unmittelbar mit der Entgeltregelung verbunden werden, um einen zusätzlichen Anreiz zur Zielerreichung zu setzen. Für diese Verbindung sind verschiedene Wege denkbar. Auch entgeltrelevante Zielvereinbarungen sind daher nicht von vornherein an eine bestimmte Ausgestaltung gebunden, sondern können in vielfältiger Form zur Ermittlung von Entgeltbestandteilen verwendet werden.[118] Dies führt allerdings nicht dazu, daß sie beliebig mit jedem Entgelt kombiniert werden könnten. Insbesondere dann, wenn es sich bei der Einführung einer Entgeltform um die Aufstellung eines anderen eigenständigen Entlohnungsgrundsatzes handelt, wie dies etwa beim Prämienlohn der Fall ist, sind die Anforderungen dieses Entlohnungsgrundsatzes zu berücksichtigen, die sich möglicherweise mit den Eigenarten von Zielvereinbarungen nicht in Einklang bringen lassen. Sowohl die Erscheinungsformen als auch die Funktionen von Zielvereinbarungen mit Entgeltbezug sind dabei außerordentlich vielfältig.

---

[117] Vgl. hierzu Breisig Zielvereinbarungen S. 114 ff, ders. Personalbeurteilung S. 432 ff.; zur rechtlichen Bewertung § 4 B. III. 6.

[118] Schettgen S. 322; Bispinck WSI-Tarifhandbuch S. 111 ff., 127; Reichel/Cmiel angew. Arbeitswiss. Nr. 141 (1994) S. 13 ff., 15.

1. Erscheinungsformen von Zielvereinbarungen mit Entgeltbezug

Hinsichtlich der Erscheinungsformen von Zielvereinbarungsentgelten in der Praxis fällt es nun besonders ins Gewicht, daß sich das Instrument der Zielvereinbarung aus den Führungsetagen in die unteren und mittleren Ebenen verlagert hat. In diesen Einkommensgruppen wird das Entgelt traditionell maßgeblich durch kollektive Vereinbarungen bestimmt. Problematisch und prägend für die Frage, welche Entgeltgestaltung dabei gewählt wird, ist deshalb zunächst oft eine bestehende Tarifbindung.

Eine häufige Variante ist es, den Grad der Erfüllung vereinbarter Ziele als Basis der Leistungsbeurteilung für tarifliche Leistungszulagen zu verwenden.[119] In diesem Fall ist jedoch zu beachten, wie detailliert das Verfahren zur Leistungsbeurteilung im entsprechenden Tarifvertrag ausgestaltet ist, bzw. inwiefern ein Tarifvertrag in einer Öffnungsklausel alternative betriebliche Systeme der Leistungsbeurteilung vorsieht.[120]

Zumeist dienen Zielvereinbarungen daher als Grundlage über- bzw. außertariflicher zusätzlicher Entgeltbestandteile.[121]

Das aufgrund der Zielvereinbarungen gezahlte Entgelt läßt sich hier – ähnlich wie bei Leistungszulagen - danach unterscheiden, ob es laufend oder einmalig gezahlt wird.[122] Zum Teil wird dieser Unterschied auch durch die Verwendung unterschiedlicher Begriffe gekennzeichnet, so wird eine einmalige Zielvereinbarungszulage auch als Bonus oder Prämie bezeichnet.[123] Eine solche Zahlung erfolgt einmalig im Anschluß an den Zielvereinbarungszeitraum, der meist zwischen drei Monaten und einem Jahr liegt, ihre Höhe hängt mehr oder weniger unmittelbar von dem Ergebnis des aktuell durchgeführten Soll-Ist-Vergleichs ab. Eine Zulage hingegen wird laufend – zumeist monatlich – zu dem normalen Entgelt und für die gesamte Dauer eines Zielvereinbarungszeitraumes gezahlt.[124] Ihre Höhe richtet sich nach dem Ergebnis der Zielbewertung aus dem letzten Zielvereinbarungszeitraum. Wird bei der nächsten Zielbewertung eine Veränderung der Leistung festgestellt, kann die Zulage für den folgenden Zeitraum nach oben oder unten korrigiert werden. Ein solches Vorgehen wird zum Teil als vorteilhaft insbesondere für Zielvereinbarungen gesehen.[125] Da Ziele eine Lei-

---

[119] Hlawaty Mitbestimmung 9/1998 S. 42 ff., 43 f.

[120] Vgl. z.B. § 6 Tarifvertrag zur Leistungsbeurteilung von Angestellten in der Metall- und Elektroindustrie in NRW; § 2 f. Tarifvertrag Leistungszulagen für Angestellte der Eisen- und Stahlindustrie in NRW vom 11.12.1975.

[121] Becker/Engländer angew. Arbeitswiss. Nr.141 (1994), S. 23 ff., 39.

[122] Vgl. dazu MünchArbR-Kreßel § 67 Rn. 120.

[123] Femppel Personal 8/2000 S. 394 ff., 396.

[124] Femppel Personal 8/2000 S. 394 ff., 396.

[125] Insbesondere Eberhardt Die Mitarbeitervergütung S. 25 ff., 29 und 31; ders. Leistung und Lohn 4/1994 S. 17 ff., 23 f.

stungserwartung ausdrückten, komme hier besonders zum Ausdruck, daß man darauf vertraue, diese Leistung werde auch eingehalten. Dieses Vertrauen soll sich auch in der Garantie einer gleichbleibenden Summe äußern, die den Arbeitnehmern die Möglichkeit gebe, sich voll auf die Zielerreichung zu konzentrieren.[126]
In der Praxis läßt sich jedoch eine Tendenz ausmachen, die einmalige Zahlungen gegenüber den laufenden bevorzugt. Gerade in solchen Zielvereinbarungen wird in der Praxis offensichtlich eine Möglichkeit gesehen, das Entgelt flexibel zu gestalten.[127]

Der typische Entgeltaufbau bei Verwendung von Zielvereinbarungen sieht demnach so aus, daß ein festes Grundentgelt gezahlt wird, auf das sich – möglicherweise neben anderen Zulagen - ein variabler, meist über- bzw. außertariflicher Entgeltbestandteil aufbaut, dessen Höhe vom Grad der Erfüllung vereinbarter Ziele abhängt.
Fehlt eine tarifliche Bindung ganz[128], so bestehen aber noch andere Gestaltungsspielräume. So ist es etwa möglich, ein Zielgehalt einzuführen. Hinter diesem Begriff verbergen sich in der Praxis jedoch mindestens zwei verschiedene Ausprägungen.
Als erste Variante ist zu beobachten, daß von einem einzigen variablen Entgeltanteil in Gestalt einer einmaligen Jahreszahlung ausgegangen wird, dessen konkrete Höhe zu einem bestimmten Prozentsatz von der Erreichung gesetzter Ziele, ansonsten aber von verschiedenen Faktoren des Unternehmenserfolges abhängig ist. Der Begriff des Jahreszielgehalts[129], bzw. des Zieleinkommens[130]

---

[126] Eberhardt Leistung und Lohn 4/1994 S. 17 ff., 24; ähnlich auch Schettgen S. 322, Maier S. 141 und bereits Paasche S. 103; diese Einschätzung entspricht jedoch dem Wunsch, Zielvereinbarungen als Sonderform eines Pensumentgeltes zu betrachten.
[127] Vgl. etwa einmal mehr das Zielvereinbarungssystem der DaimlerChrysler Services (debis) AG, Deller/Münch Personalführung 10/99 S. 70 ff.; die erfolgs- und leistungsorientierte Vergütung (ELV) der Metallgesellschaft AG, Steves/Tauber Personalführung 7/1999 S. 16 ff.; auch Ueberschaer Personalführung 4/1998 S. 14 ff.; die von Evers/v. Hören in Personal 9/1996 S. 456 ff. vorgestellten Bonussysteme; vgl. auch Hlawaty Mitbestimmung 9/1998 S. 42 ff., 43 und bereits Knebel Personal 5/1984, S. 187 ff., 189.
[128] Neben dem AT-Bereich ist hier an die Unternehmen zu denken, die nicht von Flächentarifverträgen erfaßt werden, dies sind 50% der Unternehmen in den alten und 75% der Unternehmen in den neuen Bundesländern, vgl. Femppel Personal 8/2000 S. 394 ff., 394; daneben sind in jüngster Zeit verstärkt Firmentarifverträge mit Zielvereinbarungsinhalten geschlossen worden; vgl. dazu Bispinck WSI-Tarifhandbuch S. 111 ff., 127 ff.
[129] So im Zielvereinbarungssystem der DaimlerChrysler Services (debis) AG (Haustarifvertrag), Deller/Münch Personalführung 10/1999 S. 70 ff., 76 ff.
[130] So im „Vier-Säulen.Modell" der Metallgesellschaft AG, Steves/Tauber Personalführung 7/1999, S. 16 ff., 17.

rechtfertigt sich dadurch, daß die Höhe des gesamten Jahreseinkommens maßgeblich von dieser einen variablen Komponente beeinflußt wird. Das Zieleinkommen entspricht dabei dem tatsächlich zu zahlenden Einkommen bei hundertprozentiger Erfüllung aller Einzelkomponenten des variablen Anteils. Dieser variable Anteil kann z.B. zwischen 10 und 20 %[131] liegen, der konkrete Anteil hängt vom Grad der Führungsverantwortung ab und kann bis zu 60% betragen. Er tritt an die Stelle aller bisherigen Zulagen. Im konkreten Beispiel[132] wurde das – nach wie vor feste - Grundentgelt dementsprechend von vorher 90 % auf einen Anteil von 80 % am Gesamtjahreseinkommen gesenkt. Die konkrete Höhe des variablen Anteils hängt nun z.B. zu 50 % von der Erreichung festgelegter Ziele ab, zu 50 % vom Unternehmensgewinn. Alle Werte gehen in eine rechnerische Gesamtformel ein, die den abschließenden Prozentwert der individuellen variablen Komponente auswirft, der mit der Summe in Beziehung gesetzt wird, die für die virtuelle hundertprozentige Erfüllung aller Anteile festgesetzt wurde (das angestrebte Zieleinkommen). Insgesamt soll es möglich sein, die Komponenten zu 200 % zu erfüllen und so den variablen Anteil faktisch zu verdoppeln, also im konkreten Beispiel zu einem Gesamteinkommen von 110% - 120% zu gelangen. Genauso ist es theoretisch denkbar, daß bei 0% Leistung bzw. Gewinn der variable Anteil ganz entfällt und so nur das feste Grundentgelt gezahlt wird.

Die andere Variante benutzt wiederum Zielvereinbarungen dort, wo bisher Leistungsbeurteilungen eingesetzt wurden. So gibt es schon seit längerem Systeme, nach denen sich das gesamte Gehalt eines Mitarbeiters entsprechend seiner individuellen Leistungsstufe aus einer jährlichen Leistungsbeurteilung nach oben oder unten bewegt.[133] Beabsichtigt ist mit diesem System, die Grundgehaltsdifferenzierung leistungsorientierter auszugestalten.[134] Zwar wird auch hier der Begriff „Zielgehalt" verwendet, mit der eigentlichen Zielvereinbarung hat dies jedoch nicht zwangsläufig etwas zu tun. Das Gehalt jeder Gehaltsgruppe wird einheitlich mit Bandbreiten von z.B. +20 % bis –20% versehen, denen eine bestimmte Anzahl von Leistungsstufen fest zugeordnet sind. Je nach Beurteilungsergebnis kann nun das Gehalt eines Mitarbeiters für den folgenden Jahreszeitraum zwischen 80 und 120 % liegen. Wie dies genau geschieht, ist abhängig von dem konkreten System. So kann etwa als „Zielbandlage" das Erreichen des ak-

---

[131] Im Jahreszielgehalt für Mitarbeiter der debis AG, vgl. Deller/Münch a.a.O. S. 76; beim Zieleinkommen der Metallgesellschaft AG kann der variable Anteil im AT-Bereich zwischen 30 und 60 % liegen.

[132] Hier das Jahreszielgehalt für Mitarbeiter der debis AG, Deller/Münch Personalführung 10/1999 S. 70 ff., 76.

[133] Zander Handbuch der Gehaltsfestsetzung S. 266 ff., vgl. Beispiel der Wetzel GmbH bei Hoos/Siebold Personalführung 10/1999 S.32 ff., 34 f.; auch Laws Neue Wege der Vergütung S. 91 ff., 101.

[134] Tondorf WSI-Mitteilungen 6/1998 S. 386 ff., 387; Breisig Zielvereinbarungen S. 19.

tuellen Gehalts vorgesehen sein, so daß sich nichts ändert, wenn die Leistungsbeurteilung der Leistungsstufe des aktuellen Gehaltes entspricht. Es ist hier aber auch denkbar, daß etwa andere Bandlagen als Zielbandlage vorgesehen sind, oder – und erst hier kommt das eigentliche Instrument der Zielvereinbarung zum Einsatz – statt oder ergänzend zu einer Leistungsbeurteilung das Ergebnis eines Soll-Ist-Vergleichs nach Zielvereinbarung für die Einordnung innerhalb des Gehaltsbandes den Ausschlag gibt.[135]

2. Wirkungsweisen von Zielvereinbarungen mit Entgeltbezug

Zielvereinbarungsentgelte lassen sich jedoch nicht nur nach der äußeren Erscheinungsform, sondern auch nach der mit ihnen verfolgten Wirkung innerhalb eines Entgeltgefüges unterscheiden. Es wird nun zum Teil davon ausgegangen, daß bei Anwendung von meß- und zählbaren Größen Zielvereinbarungen zur Grundlagen eines „Quasi-Leistungslohns" i.S.d. § 87 Abs. 1 Nr. 11 BetrVG würden.[136] Dieser Ansicht ist einiges entgegenzusetzen. Zunächst kann nicht davon ausgegangen werden, daß ein Entgelt bestimmte Eigenschaften annimmt, nur weil man seine Mitbestimmbarkeit nach einer bestimmten Vorschrift behauptet. Vielmehr hängt umgekehrt die Mitbestimmbarkeit des Entgelts von seinen zu ermittelnden Eigenschaften ab.

Für die Darstellung der Entgeltform „Zielvereinbarungen" selbst ist allein von Interesse, welche Funktionen diese Entgeltform im Vergütungsaufbau übernimmt. Diese Frage läßt sich nicht anhand von bestimmten Kategorisierungen wie etwa „Leistungslohn i.S.v. § 87 Abs. 1 Nr. 11 BetrVG" im Gegensatz zu einer nur „leistungsorientierten Bezahlung" beantworten. Die Mitbestimmung eines Zielvereinbarungsentgelts insbesondere nach § 87 Abs. 1 Nr. 11 BetrVG gilt es an späterer Stelle zu entscheiden. Die Frage nach den bei einem entgeltrelevanten Zielvereinbarungssystem auftretenden Typen kann sie nicht beeinflussen.

Es lassen sich aber Zielvereinbarungsentgelte hinsichtlich ihrer Wirkungsweise in solche Systeme unterteilen, die den Zielerreichungsgrad an meßbare Größen binden und die Zahlung des Entgelts auch von einer Messung abhängig machen und solche, die eine Beurteilung vorsehen. Das bereits dargestellte Vorgehen bei

[135] Vgl. Laws in Neue Wege der Vergütung S. 91 ff., 103.

[136] Breisig Zielvereinbarungen S. 19; ähnlich Becker/Engländer angew. Arbeitswiss. Nr.141 (1994) S. 23 ff., 38; auch von gewerkschaftlicher Seite und hier insbesondere der IG-Metall wird offensichtlich davon ausgegangen, daß die Wahl meß- und zählbarer Größen allein ausreiche, um ein Zielvereinbarungsentgelt zu einem vergleichbaren leistungsbezogenen Entgelt gem. § 87 Abs. 1 Nr. 11 BetrVG werden zu lassen, vgl. TBS – Broschüre S. 41 und 43; IG.Metall-Broschüre S. 9 f; vgl. dagegen unten § 9 A.

der Zielkontrolle zeigt auch, daß hier wiederum zahlreiche Mischformen existieren, die hier jedoch in zwei Funktionstypen differenziert werden sollen.

a) Von einer Leistungsbewertung unabhängige Zielvereinbarungsentgelte

Es wurde bereits dargestellt, daß der Grad der Zielerreichung in der Praxis weitaus häufiger Gegenstand einer Gesamtbewertung als einer exakten Messung ist. Dennoch lassen sich Systeme beobachten, die diesem Vorgehen nicht folgen und einen in der Regel als „Zielbonus" bezeichneten Entgeltbestandteil ausdrücklich von einer Leistungsbewertung unabhängig gestalten und an die Erreichung klar definierter Ziele binden wollen. Als Begründung angeführt werden Unzulänglichkeiten eines Bewertungssystems, die hier vor allem in der Beeinflußbarkeit der Beurteilenden gesehen wird. So führe ein Beurteilungssystem fast immer zu einer Verschiebung der Gaußschen Normalverteilung in Richtung „gute bis sehr gute Leistung". Eine wirkliche Leistungsdifferenzierung sei dadurch aber nicht erreichbar. Ein rein ergebnisorientiertes Bonussystem ermögliche dies aber, es sei für den Arbeitnehmer transparenter und zudem leichter zu handhaben.[137]

Der Vorteil eines Zielvereinbarungsentgelts wird hier demnach speziell darin gesehen, daß ein zusätzlicher Entgeltbestandteil strikt ergebnisbezogen ausgestaltet werden kann, während ein Leistungsbeurteilungssystem dies nicht vermochte.[138] Steht diese strikte Ergebnisbezogenheit bei Einführung eines Zielvereinbarungsentgeltes daher im Vordergrund, führt dies dazu, daß ein solches Entgelt herkömmliche Leistungsbeurteilungsentgelte völlig ersetzt oder zusätzlich, aber völlig unabhängig davon gewährt wird.

Dies kann zunächst für besonders leistungswillige Arbeitnehmer, die sichergehen möchten, daß die Ergebnisse ihrer Arbeit sich unmittelbar auszahlen, von entscheidender Bedeutung sein, da im Gegensatz dazu ein herkömmliches Leistungsbeurteilungsverfahren immer auch die Gefahr einer willkürlichen, jedenfalls aber mit einem Rest von Unberechenbarkeit ausgestatteten Entscheidung beinhaltet.

Ein weiterer wichtiger Anwendungsfall von rein quantifizierten und gemessenen Zielen ist das Vereinbaren von Leistungsstandards mit Gruppen. Es wurde bereits dargestellt, daß gerade für teilautonome Gruppen Zielvereinbarungen eine

---

[137] Vgl. Schmidt-Dorrenbach in Neue Wege der Vergütung S. 105 ff., 113; ähnlich auch die Bezahlungsgrundsätze bei IBM Deutschland Informationssysteme GmbH, Lewandowski/Reimers in Neue Wege der Vergütung S. 21 ff., 28.

[138] Dadurch allein wird ein Zielvereinbarungsentgelt freilich nicht automatisch etwa zu einer Prämie i.S.d. echten Prämienlohns. Zur Frage, ob diese Meßbarkeit ausreicht, Zielvereinbarungen als mit dem Prämienlohn vergleichbares leistungsbezogenes Entgelt i.S.v. § 87 Abs. 1 Nr. 11 BetrVG anzusehen, siehe unten § 9 A.

besondere Möglichkeit darstellen, Leistungserwartungen zu formulieren, die auch die Entscheidungs- und Handlungsspielräume der Gruppen berücksichtigen. Ziele können die gewünschte Selbstregulation der Gruppe in besonderer Weise unterstützen, indem klare Leistungsniveaus gemeinsam definiert werden.[139] Als besonders förderlich hat sich hier erwiesen, wenn die Gruppen die Möglichkeiten haben, ihren Leistungsstand ständig selbst abzufragen und auf diese Weise mit diesem kontinuierlichen Feedback die Erreichung des Ziels präzise zu steuern. Alle diese Vorteile lassen sich am besten umsetzen, wenn die Zielerreichung in eindeutigen Daten und Kennzahlen dargestellt werden kann und nicht mehr von einer Beurteilung abhängig gemacht wird, sondern es für die Gruppe klar und verfolgbar ist, ob und wann ihr Ziel erreicht ist.

b) Zielvereinbarungsentgelte als Bestandteil eines Beurteilungssystems

Zielvereinbarungsentgelte der soeben beschriebenen Art übernehmen die Funktion von auf Leistungsbeurteilungen beruhenden Entgeltbestandteilen innerhalb des Vergütungsaufbaus oder sie treten zu ihnen hinzu. Die Praxis zeigt jedoch, daß Zielvereinbarungen sehr oft auch mit dem Instrument der Leistungsbeurteilung verbunden werden.[140] Zielvereinbarungen sollen dann das bisherige Leistungsbeurteilungsverfahren nicht ganz ersetzen, sondern nur ergänzen. Die zu überwindenden Nachteile der Beurteilungsverfahren werden dementsprechend hier weniger in der Beeinflußbarkeit der Beurteilenden gesehen als vielmehr in den recht beliebig interpretierbaren merkmalsorientierten Bezugsgrößen, die herkömmlicherweise angewendet werden, sowie in der zur Ermittlung der Leistungszulage vorgenommenen pauschalen Durchschnittsbetrachtung der Leistung im Beurteilungszeitraum.[141]

Werden Zielerreichungsgrade beurteilt, bietet sich hier zunächst ein Anknüpfungspunkt für die Kombination mit einem Leistungsbeurteilungssystem. So bietet sich die Möglichkeit an, die Beurteilung einer Sollerreichung an allgemeinen Kriterien auszurichten. Diese Kriterien können auch bereits bei der Zielfestlegung als später maßgebliche Beurteilungskriterien vereinbart werden, so daß eine zusätzliche Ausrichtung des Leistungsverhaltens möglich wird.

---

[139] Vgl. dazu auch Hey/Pietruschka angew. Arbeitswiss. Nr. 155 (1998), S. 13 ff.

[140] Laws in Neue Wege der Vergütung S. 91 ff., 103; Breisig Personalbeurteilung S. 88 ff., Mungenast Personal 2/1994, S. 56 ff.; Haitzmann Personal 9/1996 S. 478 ff.; Zander Handbuch der Gehaltsfestsetzung S. 212 ff.

[141] MünchArbR-Kreßel § 67 Rn. 121; Hlawaty Mitbestimmung 9/1998 S. 42 ff., 45; Breisig Personalbeurteilung S. 95 ff., 299 f.; Mungenast Personal 2/1994, S. 56 ff.; Haitzmann Personal 9/1996 S. 478 ff.; Tondorf Mitbestimmung 9/1998 S. 42 ff., 43 f.

Ebenso können aber auch die Ergebnisse eines gemessenen Soll-Ist-Vergleichs zur Grundlage einer Leistungsbeurteilung, möglicherweise neben anderen Kriterien, gemacht werden. Mit dieser „Fundamentierung“ der Leistungsbeurteilung durch die Vorteile der ergebnisbezogenen Zielvereinbarung erhofft man sich ein objektiveres Vorgehen und eine Überwindung der bereits beschriebenen Nachteile der rein merkmalsorientierten Leistungsbeurteilung. Eine Leistungsbeurteilung könne ohnehin nur dann erfolgen, wenn eine Vorstellung über die erwartete Leistung, das „Soll“, bestände. Die ausdrückliche Festlegung dieser ansonsten diffus bleibenden Erwartung in der Zielvereinbarung trage sehr zur Versachlichung und Objektivierung des Beurteilungsvorganges bei.[142] Die Beurteilung soll sich also auf den Grad der Erfüllung vereinbarter Ziele stützen und konzentrieren, so daß ein konkreter Maßstab zur Verfügung steht, mit dem man Willkür und Pauschalisierungen zu vermeiden hofft.
Zielvereinbarungen als Bestandteil eines Beurteilungssystems bedingen damit keinesfalls, daß hier keine meßbaren Zielkriterien mehr angewendet würden. Jedoch bewirkt die unabhängig von der Meßbarkeit des Kriteriums vorgenommene Einbettung in ein Beurteilungssystem eine ganz andere Wirkungsweise der entgeltrelevanten Zielvereinbarung. Dabei ist noch einmal darauf zu verweisen, daß diese Erscheinungsform die in der Praxis häufiger anzutreffende ist. Insbesondere auch dann, wenn viele verschiedene Zielkriterien gewichtet und zusammenfassend gewertet werden, lassen sich diese im Hinblick auf ihre Wirkungsweise selbst dann eher in die Kategorie eines Bewertungssystems einordnen, wenn die Zielerreichungsgrade der einzelnen Ziele selbst zunächst gemessen werden.[143]

3. Rechtscharakter von Zielvereinbarungen mit Entgeltbezug

Die Frage nach dem Rechtscharakter von Zielvereinbarungen mit Entgeltbezug stellt ein Problem dar, das in der Literatur entweder gar nicht oder nur mit Vorsicht behandelt wird. Insbesondere wird als problematisch die Frage empfunden, inwieweit Zielvereinbarungen nicht Elemente eines Werkvertrags gem. § 631 BGB aufweisen.[144]
Zu dieser Überlegung führt zunächst die Tatsache, daß sich ein Zielvereinbarungsentgelt ergebnisbezogen ausgestaltet, also davon abhängt, daß das vereinbarte Arbeitsergebnis erbracht wird. In der Tat erfolgt die Abgrenzung zwischen einem Dienstvertrag gem. § 611 BGB, von dem der Arbeitsvertrag eine Sonderform darstellt, und einem Werkvertrag theoretisch danach, ob eine Dienstleistung als solche oder ein bestimmter Arbeitserfolg versprochen wurde. Jedoch

---

[142] S. dazu Zander Handbuch der Gehaltsfestsetzung S. 212 f.
[143] Vgl. auch bereits § 4 A. II. 4.
[144] Tondorf WSI-Mitteilungen 6/1998 S. 386 ff., 387; MünchArbR-Kreßel § 66 Rn. 20.

läßt sich diese Abgrenzung in dieser klaren Form selten vornehmen. Gerade die Existenz des Leistungsentgelts, das sich auch in den ganz herkömmlichen Formen letztlich immer nach dem Arbeitsergebnis berechnet, ohne daß hier ein Werkvertragscharakter angenommen würde, zeigt, daß eine Einordnung eines Vertragsverhältnisses nicht aufgrund einzelner Merkmale erfolgen kann.[145] Vielmehr ist diese Entscheidung unter Berücksichtigung aller Umstände des Einzelfalls durch Auslegung zu ermitteln. Als wesentlicher Unterschied zwischen Dienst- und Werkvertrag läßt sich letztlich nur die Frage ausmachen, inwieweit der Verpflichtete mit dem unternehmerischen Erfolgsrisiko belastet werden soll, also für das Eintreten des Erfolgs einzustehen hat. Dabei spielen die Indizien, die auch für die Feststellung der Arbeitnehmereigenschaft entscheidend sind, für das Vorliegen eines Arbeitsvertrags eine entscheidende Rolle. Wo die Tätigkeit daher aber unter fachlicher Anleitung und Mitverantwortung des Berechtigten geleistet wird, der auch die erforderlichen Einrichtungen und Arbeitsmittel stellt und wo der Verpflichtete sich in einer persönlich und wirtschaftlich abhängigen Stellung befindet, liegt ein Arbeitsvertrag vor.[145] Zielvereinbarungen stellen nun zwar durchaus gesonderte Abreden dar. Es kann daher nicht davon ausgegangen werden, daß sie ohne weiteres Bestandteil des Arbeitsvertrags sind. Dennoch aber trifft sie der Mitarbeiter in seiner Eigenschaft als persönlich abhängiger Arbeitnehmer. Auch bezieht die Abrede sich ausschließlich auf Umstände, die mit der Aufgabe des Mitarbeiters im Betrieb und seiner Stelle im Zusammenhang stehen. Trotz ihrer entgeltrelevanten Ergebnisbezogenheit stellt die Zielvereinbarungsabrede daher keinen Werkvertrag dar. Darin unterscheiden sich entgeltrelevante Zielvereinbarungen schließlich auch nicht von den ganz herkömmlichen Formen der Leistungsvergütung. Es ist noch einmal auf die bereits erwähnte Tatsache zu verweisen, daß auch beim Akkord- und Prämienlohn ganz konkrete Leistungserwartungen an die Arbeitnehmer gerichtet werden.

Möglicherweise führt zu Verwirrungen bei der Einordnung von Zielvereinbarungsentgelten als Arbeitsentgelt aber auch die Tatsache, daß bei ihnen im Gegensatz zu den herkömmlichen Leistungsentgelten eine unmittelbare, zusätzlich zum eigentlichen Arbeitsvertrag zu treffende Vereinbarung zwischen Arbeitnehmer und Vorgesetztem überhaupt vorgesehen ist. Hierzu ist zu bemerken, daß Grundlage jeder Leistungsentlohnung zunächst immer die einzelvertragliche Vereinbarung ist, nach der der Arbeitnehmer in einem bestimmten Leistungsentgeltsystem beschäftigt werden soll. Keineswegs kann der Arbeitgeber allein

---

[145] Brox Besonderes Schuldrecht S. 172 f.; Larenz Schuldrecht II/1 S. 310; Erman-Hanau § 611 Rn. 17.

kraft seines Direktionsrechts Leistungsentgelt anordnen. Es ist daher immer eine besondere Abrede über die Leistungsentlohnung erforderlich. Diese Abreden können zwar bereits im Arbeitsvertrag und auch in der Weise getroffen werden, daß dem Arbeitgeber auch konkludent eine einseitige Zuweisungsmöglichkeit eingeräumt wird.[146] Auch wird sie im Falle der Tarifgebundenheit oder der Mitbestimmungspflichtigkeit durch die Tarifpartner oder die Betriebsparteien getroffen werden und so zwingende Wirkung für das Einzelarbeitsverhältnis entfalten.[147] Ohne besondere Abrede ist eine Vergütung im Leistungsentgelt jedoch nicht möglich. So stellt insbesondere auch die Prämienlohnvereinbarung eine gesonderte Vereinbarung über die konkrete Ausgestaltung eines Prämienlohns dar.

Aus diesen Überlegungen ergibt sich jedoch folgendes: ein wichtiger Unterschied zwischen einer Prämienlohnvereinbarung und einer Zielvereinbarung besteht darin, daß im ersten Fall in aller Regel eine kollektive Regelung vorliegt, die zur Gänze insbesondere durch den Betriebsrat mitbestimmt und dementsprechend in einer Betriebsvereinbarung geregelt werden kann, deren Vereinbarungspartner damit die Betriebsparteien sind. Dagegen sind Vereinbarungspartner der Zielvereinbarung gerade typischerweise die Parteien des Einzelarbeitsverhältnisses, dies zumindest dann, wenn überhaupt eine „echte“ Zielvereinbarung und nicht ohnehin eine reine Zielvorgabe vorgesehen ist. Wie soeben gesehen, sagt dies über die Notwendigkeit oder auch die Rechtsverbindlichkeit der Abrede jedoch nichts aus, denn Partner einer besonderen Entgeltabrede sind zunächst immer die Parteien des Einzelarbeitsverhältnisses.[148] Keineswegs kommt daher insbesondere den Betriebsparteien das Recht zu, statt der einzelnen Arbeitnehmer inhaltlich unbegrenzt Regelungen zu treffen, vielmehr ist der Betriebsrat dazu nur im Rahmen und in Anwendung seiner Mitbestimmungsrechte befugt. Durchaus können gesonderte Abreden auch durch die Arbeitsvertragsparteien selbst getroffen werden.[149] Aus dem Umstand der verschiedenen Vereinbarungsparteien läßt sich damit aber ein Unterschied zum Prämienlohn im Hinblick auf eine etwaige werkvertragliche Charakterisierung von Zielvereinbarungen ebenfalls nicht herleiten. Auch eine „echte“ entgeltrelevante Zielvereinbarung stellt daher lediglich eine zusätzlich zum Arbeitsvertrag, aber von Arbeitnehmern im Rahmen ihres Beschäftigtenstatus´ getroffene rechtsverbindli-

---

[146] S. zum ganzen ausführlich MünchArbR-Kreßel § 66 Rn. 18-20.
[147] Dazu ausführlich § 4 B. II. 1.
[148] So auch Reichel/Cmiel angew. Arbeitswiss. (1994) Nr. 141, S. 13 ff., 18 f.
[149] Siehe aber zur Frage, wie sich die Mitbestimmungsrechte des Betriebsrats dazu verhalten, ausführlich § 4 B. II. 1.

che Vereinbarung über einen besonderen ergebnisbezogenen Entgeltbestandteil dar.[150]

B. Mitbestimmung des Betriebsrats nach § 87 Abs. 1 Nr. 10 BetrVG

Die Mitbestimmung des Betriebsrats nach § 87 Abs. 1 Nr. 10 BetrVG bezieht sich auf die betriebliche Lohngestaltung, insbesondere die Aufstellung von Entlohnungsgrundsätzen und die Einführung und Anwendung von neuen Entlohnungsmethoden sowie deren Änderung. Es fragt sich, inwieweit eine Mitbestimmung bei Zielvereinbarungen nach dieser Vorschrift gegeben ist.

I. Zielvereinbarungen als „Lohn" i.S.d. § 87 Abs. 1 Nr. 10 BetrVG

Eine Mitbestimmung des Betriebsrats nach § 87 Abs. 1 Nr. 10 BetrVG kommt bei Zielvereinbarungen nur dann in Betracht, wenn auf ihrer Grundlage ein Entgelt gezahlt wird, das sich als „Lohn" im Sinne der Vorschrift darstellt. Damit fallen alle Zielvereinbarungen ohne Entgeltbezug aus dem Anwendungsbereich der Vorschrift heraus. Unter „Lohn" ist im übrigen jedoch das Arbeitsentgelt schlechthin und im weitesten Sinne zu verstehen, es fallen darunter alle Geldleistungen und geldwerten Leistungen, die im Rahmen eines Arbeitsverhältnisses gezahlt werden. Gleichgültig ist, ob sie im Gegenseitigkeitsverhältnis zur Arbeitsleistung stehen, einmalig oder auf Dauer erbracht werden.
Wird eine Zielvereinbarung daher an die Zahlung eines wie auch immer gestalteten Entgeltes geknüpft, liegt „Lohn" im Sinne des § 87 Abs. 1 Nr. 10 BetrVG vor. Zielvereinbarungen mit Entgeltbezug unterfallen damit unter diesem Gesichtspunkt der Mitbestimmung des Betriebsrats nach dieser Vorschrift.

II. Die Problematik der dezentralisierten Vereinbarungsebene

1. Hindert die Vereinbarungsebene die Mitbestimmung?

Eines der besonderen Charakteristika von Zielvereinbarungen ist es, daß die einzelnen Ziele unmittelbar zwischen dem Vorgesetzten auf Arbeitgeberseite und den einzelnen Arbeitnehmern, bzw. Arbeitnehmergruppen vereinbart und festgelegt werden. Gerade dies ist ein wichtiger Bestandteil der mit Zielvereinbarungen angestrebten besonderen Einbeziehung der Mitarbeiter in strategische Unternehmensziele. Es soll den verstärkt dezentralisierten Gestaltungsstrukturen begegnet werden, indem die Rolle des unmittelbaren Vorgesetzten selbst als Führungskraft gestärkt, die Eigenverantwortung aller Beteiligter befördert und durch die persönliche Gesprächs- und gegebenenfalls sogar Vereinbarungssituation die Motivation der Mitarbeiter gesteigert wird.[151]

---

[150] MünchArbR-Kreßel § 66 Rn. 20; Reichel/Cmiel angew. Arbeitswiss. (1994) Nr. 141, S. 13 ff., 18 f.

[151] Reichel/Cmiel angew. Arbeitswiss. Nr. 141 (1994), S. 13 ff., 17; s. auch bereits § 4 A. I.

Daß Leistungsbedingungen eines Entgelts auf dieser unmittelbaren Ebene vereinbart werden, stellt jedoch eine deutliche Veränderung im Vergleich zu den Gepflogenheiten bei herkömmlichen Leistungsentgeltsystemen dar. Zwar kann die grundsätzlich immer erforderliche besondere Leistungsentgeltabrede auch durch die Parteien des Einzelarbeitsvertrages selbst getroffen werden.[152] Häufiger wird jedoch bereits eine tarifvertragliche Vereinbarung als vorrangige Rechtsquelle in Frage kommen. Gerade die zwingenden Mitbestimmungsrechte des Betriebsrats im Entgeltbereich bewirken jedoch, daß insbesondere dann, wenn keine tariflichen Bindungen bestehen, die Vereinbarung durch die Betriebspartner und hier in der Regel unmittelbar in einer Betriebsvereinbarung gem. § 77 BetrVG erfolgt. Die Betriebsvereinbarung stellt das gängige und nach Ansicht des Bundesarbeitsgerichtes auch am besten geeignete Regelungsinstrument dar, die Mitbestimmungsrechte wahrzunehmen. Zwar ist dies auch vermittels einer Regelungsabrede möglich, die im Gegensatz zur Betriebsvereinbarung nicht unmittelbar und zwingend auf die Arbeitsverhältnisse der im Betrieb beschäftigten Arbeitnehmer einwirkt. Gerade dieser Umstand aber, der es bei der Regelungsabrede erforderlich machte, daß die vereinbarten Regelungen nun noch gegebenenfalls vermittels einer Änderungskündigung in das Einzelarbeitsverhältnis umgesetzt werden müssen, läßt die Betriebsvereinbarung als bevorzugtes Instrument zur Wahrung der Effizienz der Mitbestimmung erscheinen.[153]
Auf diese Weise aber haben die einzelnen Arbeitnehmer in der bisherigen Praxis nur wenig Möglichkeiten, persönlich auf die entgeltrelevanten Inhalte ihres Arbeitsverhältnisses Einfluß zu nehmen. Sind diese Inhalte tarifvertraglich vereinbart oder unterliegen sie der Mitbestimmung des Betriebsrates, so erfolgt die für die Arbeitnehmer zwingende Festlegung in der Regel vielmehr auf kollektiver Ebene durch die Tarifvertragsparteien oder die Betriebspartner.
Diese Einschränkung der Vertragsfreiheit wird im Bereich der Mitbestimmung in sozialen Angelegenheiten gem. § 87 BetrVG allgemein wie bereits dargestellt damit gerechtfertigt, daß hier einem erhöhten Schutzbedürfnis der Arbeitnehmer zu begegnen sei.[154]
Es fragt sich daher, welche Folgen es für die Mitbestimmung des Betriebsrats hat, wenn Zielvereinbarungen die Regel der kollektiven Vereinbarung zu durchbrechen suchen und eine Vereinbarung der Entgeltabrede auf dezentraler, individualisierter Ebene vorsehen.

Möglicherweise muß hier eine Differenzierung danach vorgenommen werden, inwieweit die Arbeitnehmer tatsächlich schutzbedürftig sind. So könnte man die

[152] Vgl. dazu bereits § 4 A. III. 3.; MünchArbR-Kreßel § 66 Rn. 20.
[153] Dazu BAG GS 3.12.1991 SAE 1993, S. 97 ff., 103/104.
[154] FKHE § 87 Rn. 3; v.Hoyningen-Huene S. 245; s. § 3 A.

Ansicht vertreten, daß diese Schutzbedürftigkeit dann zu verneinen sei, wenn die Arbeitnehmer freiwillig eine Zielvereinbarung eingehen möchten, etwa gerade aus dem Grund, daß hier im Gegensatz zu herkömmlichen Leistungsentgelten eine individuelle Gestaltungs- und Mitwirkungsmöglichkeit hinsichtlich der eigenen Leistungsbedingungen besteht. Möglicherweise müßte hier noch weiter berücksichtigt werden, inwieweit die Arbeitnehmer im Falle der Nichteinigung von einer Vereinbarung wieder abrücken könnten, oder inwieweit sie tatsächlich an der Zielgestaltung gleichberechtigt beteiligt wären. Zum Tragen käme aber der Gedanke, daß der Arbeitnehmerschutz durch Mitbestimmung nicht so weit gehen können soll, daß er in eine belastende Bevormundung umschlägt.[155]
Zugespitzt findet sich diese Ansicht in der Annahme wieder, die Mitbestimmung des Betriebsrates setze voraus, daß der Arbeitgeber ein rechtlich einseitiges Bestimmungsrecht im Rahmen seines Direktionsrechts ausübe, eine einzelvertragliche Vereinbarung schließe angesichts der Privatautonomie die Mitbestimmung dagegen aus.[156] Die kollektive Interessenvertretung der betrieblichen Mitbestimmung wäre damit aber davon abhängig, inwieweit der Arbeitgeber auf die vertragliche Mitwirkung der Arbeitnehmer angewiesen wäre. Die Gleichung lautete, je größer die tatsächliche Vertragsfreiheit der Arbeitnehmer, je geringer ihre Schutzbedürftigkeit, desto weniger Mitbestimmung.
Von einer solchen Abhängigkeit der Mitbestimmung von der Privatautonomie selbst dann, wenn sie nur bei fehlendem konkreten Schutzbedürfnis angenommen würde, kann jedoch nicht ausgegangen werden. Zwar ist die Einschränkung des Direktionsrechts angesichts des besonderen Schutzbedürfnisses der Arbeitnehmer in dieser auch rechtlich einseitigen Situation maßgeblicher Grund für die Einführung der Mitbestimmung in sozialen Angelegenheiten gewesen.[157] Zum einen ist es jedoch bereits fragwürdig, inwieweit davon ausgegangen werden kann, das konkrete Schutzbedürfnis des Arbeitnehmers könne in Fällen der vertraglichen Vereinbarung entfallen. Zunächst befindet sich der Arbeitnehmer angesichts seiner Abhängigkeit und Unselbständigkeit in der Regel generell in einer gegenüber dem Arbeitgeber schwächeren Position, so daß es naheliegt, auch

---

[155] Hurlebaus S. 131; Schlüter DB 1972, S. 92 ff., 140 f.; ausdrücklich nur für Einzelfälle Hanau RdA 1973 S. 281 ff., 287 f.; ähnlich wohl Richardi § 87 Rn. 18, 25 und 29, anders noch ders. DB 1971, S. 621 ff., 626.
[156] Nach wie vor auf den Schutz des Arbeitnehmers lediglich vor einseitigen Regelungen des Arbeitgebers stellt Richardi § 87 Rn. 25, 29 ab; ebenso ders. in DB 1971, S. 621 ff., 626; ihm folgend Schlüter DB 1972, 92, 139, 140 f. und Hurlebaus S. 131; dagegen heute v. Hoyningen-Huene DB 1987, S. 1426 ff., 1429; GK-Wiese § 87 Rn. 106 ff., vor § 87 Rn. 4 ff.; bereits Säcker ZfA 1972 Sonderheft, S. 41 ff., 59; differenzierend auch Lieb Arbeitsrecht Rn 756.
[157] GK-Wiese § 87 Rn. 96; vor § 87 Rn. 5; Lieb Arbeitsrecht Rn. 756; vgl. auch den Bericht der Mitbestimmungskommission BT-Drucks. VI/334, S. 59 und 61.

für Fälle der vertraglichen Vereinbarung von einem generell zu bejahenden Schutzbedürfnis auszugehen.[158]

Zum anderen zeigt jedoch gerade die Ausgestaltung der Mitbestimmung in sozialen Angelegenheiten als obligatorische Mitbestimmung, daß sich der Zweck dieser „echten" Mitbestimmungsrechte nicht im Schutz der Arbeitnehmer erschöpft. Vielmehr begründet diese stärkste Form der Beteiligung zugleich auch eine gleichberechtigte Teilhabe der durch den Betriebsrat repräsentierten Arbeitnehmerseite an den sie betreffenden Entscheidungen. Diese Teilhabefunktion ist ein Ordnungsprinzip des Betriebsverfassungsrechts, das über den reinen Schutzgedanken hinausgeht. Allein aus diesem Teilhabegedanken ergibt sich sowohl das ganz übereinstimmend bejahte Initiativrecht des Betriebsrats als auch die von der herrschenden Ansicht angenommene Theorie der Wirksamkeitsvoraussetzung.[159] Die Folge dieser Theorie, nach der ohne die Mitbestimmung des Betriebsrats vorgenommene einzelvertragliche ungünstigere Vereinbarungen nichtig sind, erscheint auch sinnvoll. Andernfalls könnte der Arbeitgeber durch arbeitsvertragliche Gestaltungsmöglichkeiten die gesetzlichen Mitbestimmungsrechte eigenmächtig umgehen.[160] Es ist daher unerheblich, ob der Arbeitgeber eine mitbestimmungspflichtige Angelegenheit ohne Mitbestimmung einseitig oder nur aufgrund eines Vertrags regeln könnte.[161]

Freilich führt der Teilhabegedanke dazu, daß die Vertragsfreiheit als Ausdruck der Selbstbestimmung der Beteiligten im Betriebsverfassungsrecht auf kollektiver Ebene verwirklicht wird. Es wird damit eine neue Zuständigkeitsordnung geschaffen, die den Betriebspartnern einen bestimmten Bereich zur eigenverantwortlichen und gleichberechtigten Regelung zuweist, der sonst der Zuständigkeit der Arbeitsvertragsparteien unterläge. So weit dieser Zuständigkeitsbereich reicht, führt die so erzwungene Teilhabe des Betriebsrats daher dazu, daß abweichende Individualinteressen der einzelnen Arbeitnehmer sich der vom Betriebsrat kollektiv wahrgenommenen Interessenvertretung unterordnen müssen.[162]

Diese Unterordnung und Einschränkung der individuellen Selbstbestimmung der einzelnen Arbeitnehmer läßt sich nun angesichts auch des Teilhabegedankens

---

[158] Säcker ZfA 1972 Sonderheft S. 41 ff., 56 f.; GK-Wiese § 87 Rn. 25; a.A. Hurlebaus S. 26 ff. und S. 37 ff.

[159] Ständige Rechtsprechung des BAG, vgl. BAG GS 3.12.1991 SAE 1993, S. 97 ff., 111; GK-Wiese § 87 Rn. 95 f. m.w.N.

[160] Vgl. dazu auch BAG GS 3.12.1991 SAE 1993, S. 97 ff., 104 und 111; BAG 18.10.1994 AP § 87 BetrVG 1972 Lohngestaltung Nr. 70.

[161] GK-Wiese § 87 Rn. 96 f., 119; vor § 87 Rn. 8; FKHE § 87 Rn. 402; HSG § 87 Rn. 10, welche die Theorie der Wirksamkeitsvoraussetzung allerdings in § 87 Rn. 92 ablehnen; Moll Mitbestimmung S. 175 f.

[162] Säcker ZfA 1972, Sonderheft S. 41 ff., 56 f., GK-Wiese § 87 Rn. 113.

nur dann rechtfertigen, wenn es um Angelegenheiten geht, die angemessen nur gemeinsam durch den Betriebsrat wahrgenommen werden können.[163] Dies ist jedoch der Fall bei kollektiven Tatbeständen. Dort wo eine Regelung die Interessen mehrerer Arbeitnehmer in ähnlicher Weise berührt, hat der Betriebsrat nicht nur die Belange der Arbeitnehmer gegenüber dem Arbeitgeber zu vertreten, sondern zugleich für einen Interessenausgleich aller durch diese Regelung betroffenen Arbeitnehmer untereinander zu sorgen. In diesem Fall werden die Individualinteressen der einzelnen Arbeitnehmer durch das vom Betriebsrat definierte Kollektivinteresse verdrängt. Eine Grenze findet sich hier freilich in den gem. § 75 Abs. 2 BetrVG zu schützenden Persönlichkeitsrechten der Arbeitnehmer.[164] Ein unzulässiger Eingriff in die Vertragsfreiheit kann darin jedoch nicht erblickt werden, denn die individuellen Interessen der Arbeitnehmer werden auch nach der Konzeption des Betriebsverfassungsgesetzes nach Maßgabe der §§ 81 ff. BetrVG gewahrt.[165]

Liegt daher bei einem Zielvereinbarungssystem ein kollektiver Tatbestand vor, so entfällt durch das Vorliegen von dezentralen Abreden innerhalb dieses Systems nicht die Mitbestimmung des Betriebsrats nach § 87 Abs. 1 Nr. 10 BetrVG.

2. Kollektiver Tatbestand

Auch das Vorliegen eines kollektiven Tatbestandes wird nun nicht dadurch gehindert, daß Zielvereinbarungen typischerweise dezentral zwischen Vorgesetzten und Mitarbeitern unmittelbar vereinbart werden. Insbesondere soll auch diese Frage gerade nicht davon abhängen, inwieweit der Arbeitgeber sich seine Entscheidung im Einzelfall offenhalten will, ohne sich selbst zu binden oder eine allgemeine Regelung aufzustellen. Andernfalls wäre es dem Arbeitgeber durch eine entsprechende einzelfallbezogene Ausgestaltung jederzeit möglich, mitbestimmungspflichtige Gestaltungsfragen in eine Vielzahl von Einzelabmachungen umzuwandeln und damit die Mitbestimmungsrechte des Betriebsrats auszuhöhlen.[166]

Es ist vielmehr danach zu fragen, ob sich hinter den individuellen Abmachungen eine über die geregelten Einzelfälle hinausgreifende kollektive, an abstrakten

---

[163] Hier setzt die nach wie vor bestehende Kritik von Richardi an, s. ders. § 87 Rn. 25 .

[164] GK-Wiese § 87 Rn. 113; GK-Kreutz § 77 Rn. 250 ff.; Richardi § 87 Rn. 849/850.

[165] H.M.: GK-Wiese § 87 Rn. 25; HSG § 87 Rn. 18; FKHE § 87 Rn. 15; Reuter/Streckel S. 23 ff.; Säcker ZfA 1972, Sonderheft S. 41 ff., 62; Hanau BB 1972, S. 499 ff., 500; ders. RdA 1973 S. 281 ff., 287; .; a.A. Richardi § 87 Rn. 15 ff., insbesondere 24 f..

[166] BAG GS 3.12.1991 SAE 1993, S. 97 ff., 108; BAG 17.12.1985 AP § 87 BetrVG 1972 Tarifvorrang Nr. 5, Bl. 1383.

Merkmalen orientierte Ordnung verbirgt, oder ob tatsächlich nur der besonderen Situation der betreffenden Arbeitnehmer Rechnung getragen werden soll.[167] Die Zahl der Einzelregelungen kann hier zwar ein Indiz für einen kollektiven Tatbestand sein, ob von einer Regelung aber eine Vielzahl von Fällen oder nur ein einzelner Arbeitsplatz betroffen ist, spielt jedoch keine Rolle.[168] Es kommt auch nicht auf die Dauer der vorgesehenen Maßnahme an, zu fragen ist allein nach der inhaltlichen Ausgestaltung. Selbst individuelle Wünsche von Arbeitnehmern lassen eine Regelung nicht individuell werden, wenn kollektive Fragen dadurch geregelt werden; eine individuelle Regelung liegt erst in dem Fall vor, in dem ausschließlich individuelle Bedürfnisse einzelner Arbeitnehmer befriedigt werden sollen, die in keinem Zusammenhang mit Leistungen an andere Arbeitnehmer stehen.[169]

Das im Rahmen eines Zielvereinbarungssystems gezahlte Entgelt knüpft nun in allen Fällen daran an, inwiefern ein vorgegebenes oder vereinbartes Ziel erreicht wurde.
Ein kollektiver Tatbestand liegt hier bereits dadurch vor, daß die Entgelte der betroffenen Arbeitnehmer nach dem Prinzip „Zielvereinbarung" ermittelt werden. Darin liegt bereits ein allgemeiner Grundsatz, der alle individuellen Besonderheiten außer Betracht läßt. Der Arbeitgeber gibt hier ein System vor, er läßt eine Regel erkennen, nach der er die Gewährung von Leistungen vornimmt und damit strukturiert. Das „Ob" der Regelung, der Regelungsanlaß, weist damit bereits kollektiven Bezug auf.[170] Gerade bei Zielvereinbarungen wird als Gefahr gesehen, daß der Arbeitgeber bei der Aushandlung der Ziele sich an dem „Höchstgebot" des leistungsstärksten Beschäftigten orientieren könnte.[171] Hier besteht also die Gefahr, daß der Arbeitgeber die anzuwendenden Maßstäbe und Strukturen selbst setzt oder gar ganz auf sie verzichtet, statt sich zu allgemeinen Regeln zu bekennen. Erst auf Grundlage einer allgemeinen Regelung der Vergütungsfindung und damit eines Vergütungssystems aber ist eine Gleichbehandlung aufgrund klar definierter Kriterien möglich und eine willkürfreie und durchsichtige Entgeltgestaltung gewährleistet.[172]

---

167 G/L § 87 Rn. 10.
168 Löwisch § 87 Rn. 2.
169 BAG 13.10.1987 BB 1988, S. 270; Löwisch § 87 Rn. 2.
170 Vgl. dazu Raab NZA 1993 S. 193 ff., 196.
171 Tondorf Leistung und Entgelt S. 98.
172 BAG 21.6.2000 DB 2000 S. 1920 f., 1921.

Möglicherweise müßte der kollektive Tatbestand aber bezüglich der inhaltlichen Ausgestaltung der Regelung, dem „Wie"[173], verneint werden, etwa weil einzelne Zielbereiche keinen Zusammenhang mit Leistungen anderer Arbeitnehmer aufwiesen.
Hinsichtlich der Zielbereiche ist wie bereits ausgeführt zu differenzieren zwischen Unternehmenszielen und Mitarbeiterzielen. Bei der Umsetzung der Unternehmensziele kommt es aber nun maßgeblich darauf an, verschiedenen Einzelaktivitäten eine gemeinsame Richtung und Ordnung zu geben und sie optimal aufeinander abzustimmen. Bei der Auswahl der Zielkriterien und der Bemessung des für die Zielerreichung zu zahlenden Entgelts geht es daher um den Beitrag des Arbeitnehmers zur Erreichung der Unternehmensziele, es geht nicht um besondere Umstände in der Person des Arbeitnehmers selbst. Die hierfür erforderliche Entscheidung, welche Aspekte einer Arbeitsaufgabe durch Zielvereinbarungen besonders hervorgehoben werden sollen, betrifft abstrakt die Besonderheiten der einzelnen Arbeitsplätze und Arbeitsvorhaben und nicht die individuellen Besonderheiten der die Arbeitsplätze ausfüllenden konkreten Arbeitnehmer. Jedes gewählte Unternehmenszielkriterium weist damit aber einen kollektiven Bezug auf.
Dies muß aber schließlich auch dann gelten, wenn Mitarbeiterziele vereinbart werden, soweit diese in reiner Form, ohne zugleich Unternehmensziele zu verfolgen, mit der Vergütung verbunden werden. Es erscheint aber auch dann wenig wahrscheinlich, daß zur Regelung rein privater und isolierter Einzelinteressen Zielvereinbarungen verwendet würden, sollen doch auch Zielvereinbarungen über Mitarbeiterziele in das Gesamtkonzept des Zielvereinbarungssystems einbezogen werden und zumeist der innerbetrieblichen Veränderung und Entwicklung des Mitarbeiters oder seines Arbeitsumfeldes dienen. Sobald aber Mitarbeiterzielen solche Kriterien zugrundeliegen, die auch von anderen Arbeitnehmern des Betriebs erfüllt werden können, spielt es keine Rolle mehr, wenn das spezielle Ziel mit nur einem Mitarbeiter vereinbart wird. Gerade dann liegt in der Bevorzugung eines Mitarbeiters im Gegensatz zu anderen Mitarbeitern, die diese Entwicklungsziele auch haben könnten, ein kollektiver Bezug. Der innere Zusammenhang zu Leistungen an andere Arbeitnehmer ist damit hergestellt.

Ein Zielvereinbarungssystem weist also einen kollektiven Tatbestand auf und unterliegt damit der Mitbestimmung des Betriebsrats nach § 87 Abs. 1 Nr. 10 BetrVG.

---

[173] Raab NZA 1993 S. 193 ff., 196.

3. Lösung Rahmenregelung?

a) Die Zielvereinbarung als Einzelregelung

Die Tatsache, daß ein Zielvereinbarungssystem einen kollektiven Tatbestand aufweist, führt nun dazu, daß die hier enthaltenen Regelungsfragen der Zuständigkeit des Betriebsrats zuzuweisen sind. Der durch den kollektiven Bezug erforderlich gewordene Interessenausgleich zwischen den betroffenen Arbeitnehmern erfordert eine allgemeine und kollektive Regelung.
Diese Verlagerung der Regelungszuständigkeit wirft aber nun die Frage auf, inwieweit das mit einem Zielvereinbarungssystem untrennbar verbundene dezentrale Zielvereinbarungsgespräch zwischen Vorgesetztem und Arbeitnehmer damit in Einklang gebracht werden kann. Überspitzt formuliert sieht es so aus, als könne nicht nur die dezentralisierte Vereinbarungsebene die Mitbestimmung nicht hindern, sondern vielmehr umgekehrt die Mitbestimmungspflichtigkeit der Regelung eine solche Vereinbarungsebene ausschließen.

Die unmittelbare Vereinbarung zwischen Arbeitgeber und Arbeitnehmer gehört aber zu den unabdingbaren Notwendigkeiten eines Zielvereinbarungssystems auch dann, wenn sie auf eine individualisierte Festlegung im Zuge der reinen Zielvorgabe reduziert wird. Das dezentrale Zielvereinbarungsgespräch ist konstituierendes Element dieses Systems. Würde das Ziel selbst nicht mit dem jeweiligen Partner auf Arbeitnehmerebene vereinbart oder zumindest im Zuge eines individuellen Gesprächs mit ihm abgestimmt werden, sondern etwa mit dem Betriebsrat vereinbart, lägen Zielvereinbarungen im Sinne der hier verstandenen und allgemein zugrundegelegten Bedeutung mehr vor.[174]
Sinn und Zweck eines Zielvereinbarungssystems erfordern in mehrfacher Hinsicht eine individuelle und persönliche Vereinbarung des Ziels mit dem betroffenen Arbeitnehmer selbst. So sollen gemäß den Annahmen der Goal-Setting-Theorie die einzelnen Arbeitnehmer das Ziel entsprechend ihrer individuellen Wahrnehmung als Herausforderung („challenge“) erleben, gerade dadurch, daß das Ziel im persönlichen Gespräch auf ihre individuelle Situation zugeschnitten wird, sollen die vereinbarten Ziele eine besonders hohe „Zugkraft“ bekommen und Motivation hervorrufen. Keineswegs kann daher auch mit der entsprechenden Kontrollüberlegung davon ausgegangen werden, daß ein Wechsel des Ar-

---

[174] Soweit in Gestaltungsvorschlägen für Betriebsvereinbarungen zu Zielvereinbarungen daher vorgeschlagen wird, die Ziele seien zwischen Arbeitgeber und Betriebsrat zu vereinbaren (vgl. IG-Metall-Broschüre S. 9, Ziff. 9.3), wird die grundlegende Charakteristik eines Zielvereinbarungssystems verkannt und auch zerstört.

beitsplatzinhabers nicht auch eine Neubestimmung der Ziele notwendig machte.[175]

Eine solche Individualität, die sich an den persönlichen Bedürfnissen der einzelnen Arbeitnehmer orientiert, bewirkt jedoch, daß sich die einzelne, individuell getroffene Zielvereinbarung als eine individuelle Einzelregelung darstellt, wie sie der Betriebsrat nach § 87 Abs. 1 Nr. 10 BetrVG gerade nicht treffen kann.[176]
Nun steht jedoch wie gesehen zum einen lediglich das Bedürfnis nach einer individuellen Regelung von Entgeltgestaltungsfragen bei bestehendem kollektiven Bezug einem Mitbestimmungsrecht nicht entgegen.
Zum anderen kann der Betriebsrats in einer allgemeinen Regelung, wie sie nach wie vor zu fordern ist, aber keine individuellen, sondern nur kollektive Interessen wahrnehmen.
Eine allgemeine und zentrale Regelung könnte damit aber die geforderte Individualität der Zielfestlegung nicht ersetzen. Zugleich geriete sie selbst dann, wenn sie versuchte, alle kollektiven Fragen soweit wie möglich auszudifferenzieren und so viele Besonderheiten etwa der einzelnen Arbeitsplätze wie möglich zu berücksichtigen, schnell an die Grenzen der Praktikabilität. Soll eine zentrale kollektive Regelung noch praktikabel bleiben, ist eine Schematisierung und Standardisierung in aller Regel unausweichlich.[177]

Die mit der Mitbestimmungspflichtigkeit einer Angelegenheit verbundene Verlagerung der Regelungszuständigkeiten auf die kollektive Ebene steht damit aber in entschiedenem Kontrast zu der mit einem Zielvereinbarungssystem angestrebten dezentralen und individuellen Elastizität, Motivation und Kommunikation.
Soll aber ein Zielvereinbarungssystem dennoch durchgeführt und die damit zwingend verbundene Flexibilisierung und Individualisierung nicht aufgegeben werden, muß dies in der Ausgestaltung der mitbestimmten Regelung entsprechend berücksichtigt werden. Dabei kommt nur eine Lösung in Betracht, die Spielräume der dezentralen Vereinbarung offenläßt und dementsprechend die zentrale Regelung durch die Betriebspartner zurücknimmt und auf eine Rahmenregelung beschränkt.

---

[175] Vgl. zur entsprechenden Kontrollfrage, ob sich etwas am Regelungsbedürfnis und –inhalt ändert, wenn man die Person des betroffenen Arbeitnehmers austauschte DKK-Klebe § 87 Rn. 16; Raab NZA 1993, S. 193 ff., 196; auch Dietz/Gaul/Hilger S. 195-197.
[176] So auch ErfKomm-Hanau/Kania § 87 Rn. 100.
[177] Vgl. dazu BAG 17.12.1985 AP § 87 BetrVG 1972 Tarifvorrang Nr. 5; Jedzig DB 1991 S. 753 ff., 757; Hanau BB 1977 S. 350 ff., 354 f.

b) Unzulässiger Verzicht auf Mitbestimmungsrechte?

Hier stellt sich jedoch das Problem, inwieweit der Betriebsrat berechtigt ist, seine Mitbestimmungsbefugnisse zurückzunehmen. Möglicherweise liegt in einem Vorgehen, das kollektive Fragen der Entgeltgestaltung der individuellen Regelung durch die Zielvereinbarungsparteien überläßt, ein unzulässiger Verzicht auf Mitbestimmungsrechte. Dafür fragt es sich zunächst, wann von einem solchen Verzicht ausgegangen werden muß.

aa) Meinungsstand in Rechtsprechung und Literatur

Nach Ansicht des Bundesarbeitsgerichts bedeutet Mitbestimmung des Betriebsrats in einer bestimmten Angelegenheit, daß eben diese Angelegenheit zwischen Arbeitgeber und Betriebsrat zu regeln sei. Welchen Inhalt diese Regelung aber habe, bleibe der Vereinbarung der Betriebspartner und notfalls dem Spruch der Einigungsstelle überlassen.[178] Den Betriebspartnern sei es unbenommen, die Regelung mitbestimmungspflichtiger Angelegenheiten auf Rahmenregelungen zu beschränken.[179] Eine Grenze sei jedoch dann erreicht, wenn die Substanz des Mitbestimmungsrechts gefährdet werde, diese müsse vielmehr unberührt bleiben.[180] Eine solche Substanzverletzung sei jedoch möglicherweise selbst dann nicht erreicht, wenn etwa dem Arbeitgeber eine Freiheit zur Alleingestaltung eingeräumt werde, die einem mitbestimmungsfreien Zustand nahekomme.[181]

In der Literatur wird ganz überwiegend davon ausgegangen, daß es dem Betriebsrat verwehrt ist, die ihm zwingend zugewiesenen Mitbestimmungsrechte so einzuschränken, daß ein unzulässiger Verzicht vorliegt.[182] Dabei wurde bereits recht früh darauf verwiesen, daß im Privatrecht im allgemeinen ein Verzicht für zulässig gehalten wird.[183] Unter Verzicht sei dabei die auf dem Willen des Berechtigten beruhende Aufgabe eines ihm rechtlich gewährleisteten Vorteils zu verstehen. Im Betriebsverfassungsrecht sei jedoch zu berücksichtigen, daß sämtliche Befugnisse den Beteiligten nicht um ihrer selbst, sondern um der ihnen vom Gesetzgeber zugedachten Funktion willen zuständen. Darüber hinaus

---

[178] BAG 28.10.1986 AP § 87 BetrVG 1972 Arbeitszeit Nr. 20.

[179] BAG 31.1.1989 AP § 87 BetrVG1972 Tarifvorrang Nr. 15.

[180] BAG 7.9.1956 AP § 56 BetrVG Nr. 2; BAG 26.7.1988 AP § 87 BetrVG 1972 Provision Nr. 6.

[181] BAG 11.3.1986 AP § 87 BetrVG 1972 Überwachung Nr. 14; BAG 17.10.1989 AP § 76 BetrVG 1972 Nr. 39; vgl. auch die Übersicht bei Säcker/Oetker RdA 1992 S. 16 ff., 20 f.

[182] GK-Wiese § 87 Rn. 5; FKHE § 87 Rn. 5; G/L § 87 Rn. 15; HSG § 87 Rn. 37; DKK-Klebe § 87 Rn. 39; Blomeyer Anm. zu BAG 28.10.1986 SAE 1987 S. 279 ff.; Otto Anm. zu BAG 26.7.1988 EzA § 87 BetrVG 1972 Leistungslohn Nr. 16; eingehend Säcker/Oetker RdA 1992 S. 16 ff., 20 ff.

[183] Wiese RdA 1968, S. 455 ff.

sei durch das Betriebsverfassungsgesetz ein Teilbereich der Sozialordnung im Interesse der Allgemeinheit neu gestaltet worden. Damit sei den Betroffenen aber zugleich eine Aufgabe gesetzt, die sie unter Berücksichtigung des Gemeinwohls auszuüben hätten. Daraus folge, daß die Befugnisse des Betriebsrats unter dem Aspekt einer besonderen Pflichtenstellung zu sehen seien. Für solcherart pflichtgebundene Rechte ließe sich jedoch insbesondere aus dem Familienrecht und dem öffentlichen Recht der Grundsatz herleiten, daß sie unverzichtbar seien.[184]

Von dieser Unzulässigkeit des Verzichts wird jedoch ähnlich wie in der Rechtsprechung des Bundesarbeitsgerichtes unterschieden ein zulässiges Vorgehen, bei dem der Inhalt des Mitbestimmungsrechts lediglich konkretisiert und modifiziert wird. Es sei Aufgabe der Betriebspartner, eine für die betrieblichen Belange zweckmäßige Rahmenregelung zu finden, die insofern keinen Verzicht, sondern eine vorweggenommene Ausübung der gesetzlichen Befugnisse darstellten, mit der die Mitbestimmung hinsichtlich des Regelungsgegenstandes verbraucht sei.[185] Angenommen wird hier die Konstruktion der antezipierten Zustimmung, die im Gegensatz zu einer nachträglichen Zustimmung in Fragen der notwendigen Mitbestimmung Anwendung finden könne.[186]

Dementsprechend wurde für die Frage, inwieweit dem Arbeitgeber Alleinentscheidungsbefugnisse eingeräumt werden könnten, lange Zeit darauf abgestellt, ob durch die Betriebsvereinbarung die Regelung einer mitbestimmungspflichtigen Angelegenheit unzulässigerweise dem Arbeitgeber übertragen werde, oder ob durch sie eine Gestaltung der mitbestimmungspflichtigen Angelegenheit durch beide Betriebsparteien erfolge, in deren Rahmen einzelne Ordnungsprobleme so gelöst würden, daß dem Arbeitgeber das Recht zur einseitigen Gestaltung eingeräumt werde.[187]

Sowohl Rechtsprechung als auch Literatur unterscheiden demnach zwischen einer echten Einschränkung gesetzlicher Befugnisse, die zu einer Verletzung der Substanz der Mitbestimmungsrechte führt und daher, wird sie durch den Betriebsrat selbst vorgenommen, einen unzulässigen Verzicht darstellt, und einer

---

[184] Vgl. Wiese RdA 1968, S. 455 ff., 457.

[185] GK-Wiese § 87 Rn. 6; MünchArbR-Matthes § 332 Rn. 29; Henssler in FS für Hanau S. 413 ff., 432.

[186] GK-Wiese § 87 Rn. 6 und 95 f.; Säcker/Oetker RdA 1992, S. 16 ff., 24; grundsätzlich BAG 2.3.1982 AP § 87 BetrVG 1972 Arbeitszeit Nr. 6.

[187] Dietz/Richardi § 87 Rn. 62; vgl. auch entsprechende Zitate der Rechtsprechung BAG 26.7.1988 DB 1989 S. 384 f., 385.

zulässigen praktikablen Ausgestaltung der Mitbestimmung in Gestalt einer Rahmenregelung. Offen ist, wo genau die Grenze einer solchen Zulässigkeit verlaufen soll.

bb) Besonderheiten aufgrund der Zielvereinbarungssituation?

Zunächst ist darauf zu verweisen, daß die bisher genannten Ansichten nun vornehmlich die Frage betreffen, inwieweit die Betriebspartner bei der Regelung mitbestimmungspflichtiger Angelegenheiten die konkrete Ausgestaltung dem Arbeitgeber allein überlassen dürfen. Davon unterscheidet sich die vorliegende Frage insoweit, als die nähere Ausgestaltung der Zielvereinbarung Arbeitgeber und Arbeitnehmern gemeinsam überlassen bleiben soll. Es fragt sich daher zunächst, ob dieser Unterschied für die Frage des unzulässigen Verzichts Bedeutung haben kann.

Hier ist nun auf die vielfältigen Zwischenformen von Zielvorgaben und Zielvereinbarungen zu verweisen, die sich gegebenenfalls nicht wesentlich von einem Alleinbestimmungsrecht des Arbeitgebers unterscheiden werden.

Selbst für den Fall aber, daß in einem Zielvereinbarungssystem die größtmögliche Gleichberechtigung der Arbeitnehmer bei der Vereinbarung des Ziels vorgesehen ist, so bleibt es doch bei der Notwendigkeit der Auseinandersetzung und vertraglichen Vereinbarung mit dem Arbeitgeber. Wollte man diese Situation anders bewerten als die Situation der Alleinentscheidung durch den Arbeitgeber, so hieße dies, daß zwar die Mitbestimmungspflichtigkeit einer Angelegenheit nicht davon abhängig ist, ob der Arbeitgeber diese kraft seines Direktionsrechts oder aber nur durch vertragliche Vereinbarung regeln könnte, die Möglichkeiten zur Einschränkung dieser Mitbestimmung aber durchaus. Darin liegt jedoch ein nicht hinnehmbarer Widerspruch, denn letztlich gelangte man mit einer solchen Annahme doch dazu, daß es für die Notwendigkeit einer Beteiligung des Betriebsrats auf die konkrete Schutzbedürftigkeit der Arbeitnehmer ankommt. Einer solche Annahme muß aber für die Frage des Verzichts auf Mitbestimmungsrechte mit den gleichen Argumenten widersprochen werden, wie für die Frage der Mitbestimmungspflichtigkeit, denn Umstände, die das Bestehen gesetzlicher Befugnisse nicht hindern, können die Einschränkung derselben zumindest dann nicht rechtfertigen, wenn den betreffenden Entscheidungsträgern die entsprechende Dispositionsbefugnis fehlt. Die Dispositionsbefugnis über die gesetzliche Reichweite seiner Mitbestimmungsrechte fehlt dem Betriebsrat wie gesehen[188] jedoch gerade; die Mitbestimmungsrechte des § 87 BetrVG sind ihm nicht um seiner selbst, sondern um seiner Funktion in der Betriebsverfassung

---

[188] S. § 4 B. II. 1.

willen eingeräumt worden. Über den reinen Schutzgedanken hinaus sollen sie eine gleichberechtigte Teilhabe aller durch den Betriebsrat repräsentierten Arbeitnehmer gewährleisten und damit für die Gesamtbelegschaft eine betriebliche Ordnungsfunktion erfüllen, die über punktuelle Entscheidungen hinausgreift.
Die Beteiligung von einzelnen Arbeitnehmern oder Arbeitnehmergruppen an mitbestimmungspflichtigen Entscheidungen kann die notwendige Beteiligung des Betriebsrats damit aber nicht ersetzen. Allerdings können sich durchaus Einschränkungen daraus ergeben, daß der Betriebsrat selbst in seinen Mitbestimmungsrechten begrenzt ist, wie dies insbesondere bei § 87 Abs. 1 Nr. 10 BetrVG mit der Zulässigkeit einer lediglich allgemeinen Regelung der Fall ist.[189] Auch diese Einschränkungen betreffen jedoch die Situation einer dezentralen Zielvereinbarung nicht anders als die Situation einer Alleinentscheidung durch den Arbeitgeber.

Für die Frage, ob in einem Verhalten des Betriebsrats ein unzulässiger Verzicht auf Mitbestimmungsrechte zu sehen ist, kann daher aber die Situation einer durch dieses Verhalten ermöglichten Alleinentscheidung durch den Arbeitgeber nicht anders beurteilt werden als die Situation einer dezentralen Zielvereinbarung.

Fraglich ist jedoch, anhand welcher Merkmale sich nun konkret entscheidet, ob ein unzulässiger, die Substanz des Mitbestimmungsrechts verletzender Verzicht oder eine zulässige praktikable Ausgestaltung des Mitbestimmungsinhalts vorliegt.

cc) Grenzziehung zwischen unzulässigem Verzicht und zulässiger Ausgestaltung

(1) Lösungsvorschläge in der Literatur

Nach dem soeben Festgestellten sind für eine Grenzziehung zum unzulässigen Verzicht auf Mitbestimmungsrechte zunächst die Lösungsversuche für die Frage eines Alleinbestimmungsrechts des Arbeitgebers heranzuziehen.
Diese stellen zum Teil[190] auf eine Fallgruppenbildung ab, nach der eine Regelung nur dann für zulässig gehalten wird, wenn der Betriebsrat die Zustimmung zu bestimmten, nach Voraussetzungen und Inhalten her genau beschriebenen Maßnahmen im voraus erteilt, oder aber in Ausnahmefällen ein sofortiges Handeln des Arbeitgebers erforderlich sei, bzw. es nur um die Durchführung vorläufiger, zeitlich begrenzter Maßnahmen gehe.

---

[189] S. dazu unten § 4 B. II. 3. b) cc) (2).
[190] Otto Anm. zu BAG 26.7.1988 EzA § 87 BetrVG 1972 Leistungslohn Nr. 16.

Mehrheitlich hat sich aber ein flexibleres Vorgehen durchgesetzt, welches die allgemeine Funktion der Mitbestimmungsrechte, den Zweck des konkret betroffenen Mitbestimmungstatbestandes und die Belange des Betriebes, bzw. des konkreten einzelnen Arbeitnehmers miteinander in Einklang zu bringen versucht.
Zum Teil[191] werden die genannten drei Elemente als bewegliches System gesehen, wobei sowohl auf die Schutz- als auch auf die Ordnungsfunktion der Mitbestimmung abgestellt wird. Diese Funktionen bildeten gemeinsam mit dem Zweck des konkreten Mitbestimmungstatbestandes die Grenzen, die dem Ermessen des Arbeitgebers in der mitbestimmten Rahmenregelung gesetzt werden müßten. Die Belange des Betriebes, bzw. des einzelnen betroffenen Arbeitnehmers dagegen ließen um ihrer Verwirklichung willen einen Kernbereich offen, der der Regelungsbefugnis des Arbeitgebers vorbehalten werden dürfe.

Ähnlich ist das Vorgehen, wenn zwischen einem sogenannten primären und sekundären Regelungsbereich unterschieden wird.[192] Zu dem primären Regelungsbereich gehörten diejenigen Vorschriften, die sich von den jeweiligen Einzelanlässen abstrahieren ließen. Hier müßten alle für die Gestaltung des mitbestimmungspflichtigen Sachverhalts wesentlichen Entscheidungen getroffen werden. Dem sekundären Regelungsbereich gehörten hingegen alle diejenigen regelungsbedürftigen Detailaspekte an, die von der Besonderheit des jeweiligen Sachverhalts abhängig und daher sachnotwendig einer Strukturierung per Rahmenregelung entzogen seien.
Erst der Verzicht im Bereich des primären Regelungsbereiches berühre die Substanz des Mitbestimmungsrechts und sei daher unzulässig. Im Bereich des sekundären Regelungsbereiches dagegen seien Alleinentscheidungsbefugnisse des Arbeitgebers als zulässige Ausgestaltung des Mitbestimmungsrechts unter Beachtung bestimmter Auflagen möglich.
Zu diesen Auflagen gehöre, daß dem primären Regelungsbereich alle die Entscheidungen zuzuordnen seien, die für den Zweck des Mitbestimmungstatbestandes unerläßlich seien. Das bedeute, daß der primäre Regelungsbereich den mitbestimmungspflichtigen Sachverhalt so weit strukturieren müsse, daß bereits diese Regelung dem Normzweck des Mitbestimmungsrechts Rechnung trage.[193]
Daher müsse die Rahmenbetriebsvereinbarung die zur Alleinentscheidung berechtigenden Tatbestände klar definieren und die Vollzugsentscheidungen so inhaltlich binden. Nur auf diese Weise könne davon ausgegangen werden, daß der Betriebsrat durch die primäre Regelung seine antezipierte Zustimmung zu

[191] Blomeyer Anm. zu BAG 28.10.1986 SAE 1987 S. 279 ff.
[192] Ausführlich Säcker/Oetker RdA 1992, S. 16 ff., 22 ff.
[193] Säcker/Oetker RdA 1992, S. 16 ff., 23.

den in Vollzug der Betriebsvereinbarung getroffenen Entscheidungen gegeben habe.[194] Diese Forderung müsse aber mit den Erfordernissen des Betriebes und seiner Arbeitnehmer sowie damit in Einklang gebracht werden, daß die Tatbestände zugleich auf eine Vielzahl von einzelnen Sachverhalten anwendbar bleiben sollen.[195]
Zur Frage, wie primärer und sekundärer Regelungsbereich voneinander abzugrenzen sind, wird darauf verwiesen, daß dies nur anhand des konkreten Mitbestimmungstatbestandes und des regelungsbedürftigen Sachverhaltes entschieden werden könne. Generalisierende Problemlösungen verböten sich dagegen von selbst.[196]

(2) Eigene Ansicht

Für die Frage, wie weit der Betriebsrat seine Mitbestimmung zugunsten dezentraler Einzelregelungen zurücknehmen darf, ist nun zunächst zu bedenken, daß das Bedürfnis nach Entscheidungen ohne Beteiligung des Betriebsrats typischerweise immer dann bestehen wird, wenn flexible und dezentrale Lösungen gesucht werden.
Eine allzu starre Fallgruppenbildung erscheint diesem Bedürfnis als nicht angemessen. Zwar ist der Betriebsrat nicht völlig frei in der Entscheidung, wie weit er seine Mitbestimmungsbefugnisse zurücknehmen möchte, er ist vielmehr durch die Verzichtsgrenze gebunden. Diese Grenze bezieht sich jedoch lediglich auf die Mitbestimmung generell, im Hinblick auf die Gestaltungsfreiheit im Anwendungsfall ist dagegen nicht ersichtlich, inwieweit nicht auch große Entscheidungsspielräume zulässig sein sollten. Für diese Gestaltungsfreiheit trifft auch die Aussage des Bundesarbeitsgerichts zu, daß hier durchaus eine Freiheit herrschen kann, die einem mitbestimmungsfreien Zustand nahekommt.[197] Es ist daher einer flexiblen Lösung der Vorzug zu geben, die eine praktikable und situationsgerechte Handhabung ermöglicht.

Trotzdem bewirkt die Mitbestimmungspflichtigkeit der Angelegenheit, daß der Zweck der Mitbestimmung erfüllt werden muß. Es muß nach wie vor eine allgemeine Ordnung gewährleistet sein, an der sich die Ausführungsentscheidungen orientieren, so daß es nicht zu Zersplitterung und Uneinheitlichkeit kommt, die letztlich genau die Unübersichtlichkeit, Ungleichbehandlung und Willkür nach sich zieht, die die Mitbestimmung des Betriebsrats verhindern soll.

---

[194] Säcker/Oetker RdA 1992, S. 16 ff., 24.
[195] Säcker/Oetker RdA 1992, S. 16 ff., 25.
[196] Säcker/Oetker RdA 1992, S. 16 ff., 23.
[197] BAG 11.3.1986 AP § 87 BetrVG 1972 Überwachung Nr. 14; hierzu auch GK-Wiese § 87 Rn. 6.

Eine Rahmenregelung erfordert daher eine Strukturierung. Als besonders klar und sinnvoll erscheint hier die Differenzierung in einen primären und einen sekundären Regelungsbereich. Dieses Vorgehen hat den Vorteil, daß es sich durch die Annahme einer tatbestandlichen Bindung des sekundären Regelungsbereiches durch die Vorgaben des primären Regelungsbereiches mit der allseits angenommenen Konstruktion einer antezipierten Zustimmung gut in Einklang bringen läßt. Demnach ist ein primärer Regelungsbereich zu bilden, in dem die Tatbestände geregelt sind, die das Ermessen des Arbeitgebers, bzw. die Entscheidungsspielräume der Zielvereinbarungsparteien bei der dann erfolgenden Ausführungsregelung binden.
Dabei formulieren die genannten Vertreter der Literatur, daß eine antezipierte Zustimmung in dieser Bindung nur dann gesehen werden könne, wenn der Betriebsrat die Tragweite dieser Zustimmung überblicken könne, d.h. die Tatbestände so präzise festgelegt seien, wie es der jeweilige Sachverhalt zulasse.[198]

Dazu ist nun allerdings zu bemerken, daß nicht nur der Sachverhalt, sondern auch der jeweilige Mitbestimmungstatbestand die Reichweite dieser tatbestandlichen Bindung beeinflußt. Sie kann nur soweit gehen, wie das jeweilige Mitbestimmungsrecht des Betriebsrats. Gerade im Bereich des § 87 Abs. 1 Nr. 10 BetrVG, der nur abstrakt-generelle Regelungen umfaßt, ist nun etwa die Ausgestaltung individueller Besonderheiten der Mitbestimmung des Betriebsrats von vornherein entzogen.[199] Auch tatbestandliche Vorgaben in der Rahmenregelung können sich daher nur auf die Regelung von allgemeinen Fragen und kollektiven Gesichtspunkten richten. Soweit es um die Besonderheiten des Einzelfalls geht, die erst durch die entstandenen Freiräume in der kollektiven Regelung mitberücksichtigt werden könnten, kommt eine Determinierung durch tatbestandliche Vorgaben nicht in Betracht.
Insofern kann bereits der Tatbestand des § 87 Abs. 1 Nr. 10 BetrVG nur eine weniger weitreichende Bindung des Arbeitgebers bewirken als dies bei Mitbestimmungstatbeständen der Fall wäre, die dem Betriebsrat wie etwa § 87 Abs. 1 Nr. 3 BetrVG ein Mitbestimmungsrecht in jedem Einzelfall geben. Die Entscheidungen, die der Arbeitgeber allein, bzw. mit dem Zielvereinbarungspartner treffen soll, sind solche, die der Betriebsrat gerade nicht hätte treffen können. Zu fordern ist jedoch, daß durch die Ausgestaltung des Einzelfalls nicht gegen die kollektiven Vorgaben verstoßen werden darf. Die Einflußnahme und tatbestandliche Bindung durch den Betriebsrat bleibt demnach in mittelbarer Weise bestehen.

---

[198] Säcker/Oetker RdA 1992, S. 16 ff., 24.
[199] S. aber ähnlich Säcker/Oetker RdA 1992 S. 16 ff., 23 und 25.

Es liegt daher aber eine Rücknahme der Ausübung des Mitbestimmungsrechts aus § 87 Abs. 1 Nr. 10 BetrVG darin, daß der Betriebsrat einen Sachverhalt mit kollektivem Bezug nicht lückenlos durch eine allgemeine Regelung regelt, sondern Einzelfallregelungen überhaupt zuläßt und sich auf diese mittelbare Einflußnahme beschränkt. Gerade die zulässige Reichweite dieser Rücknahme steht aber hier in Frage. In der mittelbaren Einflußnahme liegt die nach wie vor zu fordernde kollektive Bindung der auf Grundlage der Rahmenregelung getroffenen Einzelvereinbarungen. Die Überlegungen im Hinblick auf die Charakteristik des primären Regelungsbereich als tatbestandliche Bindung finden daher mit den genannten Einschränkungen auch dem Fall Anwendung, daß der Betriebsrat wie in § 87 Abs. 1 Nr. 10 BetrVG nur zur Regelung abstrakt-genereller Fragen befugt ist.

Bezüglich des Umfangs, in dem die jeweiligen Rahmentatbestände demnach zu präzisieren sind, ist jedoch desweiteren zu bedenken, daß es nicht allein darum geht, hier die Interessen der – sicherlich durch den Betriebsrat idealtypisch repräsentierten – Gesamtbelegschaft bei der dann erfolgenden Ausführungsregelung zu sichern. Zugleich sind vielmehr auch die Belange gerade der einzelnen Arbeitnehmer sowie des Betriebes bei der Ausgestaltung der Bindungen zu berücksichtigen.[200] Hier kommt dem jeweiligen Sachverhalt durchaus eine maßgebliche Bedeutung zu. Da der Zweck einer Rahmenregelung die praktische Ausgestaltung einer mitbestimmungspflichtigen Angelegenheit ist, ist eine dem jeweiligen Sachverhalt und seinen Besonderheiten angemessene Lösung zu finden, die allen beteiligten Interessen gerecht wird. Auch soweit die Ausführungsentscheidungen daher durch die Vorgaben des primären Regelungsbereichs gebunden sein müssen, damit auf die betriebliche Mitbestimmung nicht in unzulässiger Weise verzichtet wird, darf dies jedoch nicht in einem Ausmaß geschehen, bei dem wiederum die Interessen des Betriebs und der einzelnen Arbeitnehmer, zu deren Berücksichtigung die Konstruktion einer Rahmenregelung gerade gewählt wurde, verletzt würden.

Es fragt sich, welche Gesichtspunkte nach diesen Überlegungen bei einer Rahmenregelung für entgeltrelevante Zielvereinbarungen zu berücksichtigen sind.

---

[200] Blomeyer Anm. zu BAG 28.10.1986 SAE 1987 S. 279 ff., 280; Säcker/Oetker RdA 1992 S. 16 ff., 25.

c) Übertragung der Ergebnisse auf eine Rahmenregelung für Zielvereinbarungen

Neben der generell für soziale Angelegenheiten angenommenen Schutz- und Teilhabefunktion der Mitbestimmung muß für die notwendige Reichweite der entgeltrelevante Rahmenregelung nun auf den Zweck des konkreten Mitbestimmungstatbestandes abgestellt werden, dessen Substanz nach übereinstimmender Ansicht nicht berührt werden darf. Sinn der Mitbestimmung nach § 87 Abs. 1 Nr. 10 BetrVG ist es, die Arbeitnehmer vor einer einseitig an den Interessen des Arbeitgebers orientierten oder willkürlichen Entgeltgestaltung zu schützen. Darüber hinaus aber soll auch die Angemessenheit und Durchsichtigkeit des innerbetrieblichen Entgeltgefüges sowie die innerbetriebliche Entgeltgerechtigkeit gesichert werden.[201] Der Betriebsrat soll mitbestimmen, damit die Grundlagen der Entgeltfindung angemessen, in sich stimmig und durchschaubar gestaltet werden und durch generelle Regelungen entsprechend § 75 Abs. 1 BetrVG eine gleichmäßige Behandlung der Arbeitnehmer gewährleistet ist.[202]

Auf der anderen Seite ist für die Abgrenzung der notwendigen Reichweite einer Rahmenregelung als primärer Regelungsbereich auf die betrieblichen Belange und das konkrete Interesse des einzelnen Arbeitnehmers abzustellen, zu deren Wahrung Aspekte dem sekundären Regelungsbereich und damit der Gestaltung durch die Zielvereinbarungsparteien überlassen bleiben können. Diese Belange dürfen durch die Ausgestaltung des primären Regelungsbereiches nicht verdrängt werden.

Als betriebliche Interessen lassen sich hier insbesondere die mit einem Zielvereinbarungssystem angestrebte Flexibilisierung und Motivierung nennen. Angestrebt ist ein geeignetes Führungs- und Entgeltinstrument, das veränderten, dezentralisierten Arbeitsstrukturen entspricht. Zum einen kann mit Zielvereinbarungen eine flexible und anpassungsfähige Führung entsprechend der Unternehmensziele erreicht werden. Bereits hier spielt die Berücksichtigung der persönlichen Erfahrungen der Mitarbeiter bis hin zu einer gleichberechtigten Einflußnahme eine Rolle, da auf diese Weise das Know-how vor Ort besser genutzt und die Motivation und Identifikation der Mitarbeiter mit ihren Zielen und damit die Flexibilität und Reibungslosigkeit des Zielvereinbarungssystems gestärkt werden kann. Zum anderen soll die Eigenverantwortung der jeweiligen durch neue Formen der Arbeitsorganisation angereicherten Arbeitsbereiche gestärkt

[201] Vgl. BAG GS 3.12.1991 SAE 1993, 97 ff.; BAG 9.5.1995 AP § 76 BetrVG 1972 Einigungsstelle Nr. 2; GK-Wiese § 87 Rn. 805; FKHE § 87 Rn. 402; DKK-Klebe § 87 Rn. 241; Richardi § 87 Rn. 795; ErfKomm-Hanau/Kania § 87 Rn. 96; HSG § 87 Rn. 463; Löwisch § 87 Rn. 111.

[202] BAG 16.7.1991 AP § 87 BetrVG 1972 Lohngestaltung Nr. 49; GK-Wiese § 87 Rn. 804.

und ihr entsprochen werden, es wird in Zielvereinbarungen ein Instrument gesehen, die Kommunikation mit diesen Bereichen zu intensivieren und zu institutionalisieren.[203]
Dazu treten nun die Interessen des einzelnen Arbeitnehmers. Bedeutung erlangt auch hier die Vorgabe eines auf die persönliche Situation zugeschnittenen Ziels, welches selbständig erreicht werden soll, wodurch gewonnene Kompetenzen und Eigenverantwortung betont werden. Die genannten Motivationsaspekte gelten gerade hier.
Größte Bedeutung freilich erlangen die Arbeitnehmerinteressen dann, wenn die Mitarbeiter an der Gestaltung ihrer Leistungsbedingungen selbst mitwirken können sollen.[204] Wurde bisher im Leistungsentgelt gearbeitet, so wurden die Leistungsbedingungen durch den Betriebsrat vereinbart. Besteht hier die Möglichkeit, anstelle des Betriebsrats die eigenen Interessen selbst zu vertreten, liegt darin ein Gewinn an individueller Freiheit und Selbstbestimmung, wie er bisher nicht möglich war. Es können auf diese Weise persönliche Absprachen mit Vorgesetzten getroffen werden, die auch eine langfristige Entwicklung der eigenen persönlichen Arbeitssituation ermöglichen, welche in einer kollektiven Vereinbarung nicht denkbar sind.
Wenn daher die Konstruktion einer Rahmenregelung für den Sachverhalt eines Zielvereinbarungssystems diese dezentrale und individuelle Vereinbarung ermöglicht, darf dies im Rahmen des primären Regelungsbereich nicht ad absurdum geführt werden. Die Interessen des einzelnen Arbeitnehmers, die durchaus an der unmittelbaren Vereinbarung mit dem Arbeitgeber bestehen können, können durch die zwangsläufig kollektivierenden Vorgaben einer mitbestimmten Regelung nach § 87 Abs. 1 Nr. 10 BetrVG nicht ersetzt werden. Vielmehr muß die Reichweite des primären Regelungsbereiches und damit durchaus auch das in der Mitbestimmung repräsentierte kollektive Interesse der Gesamtbelegschaft soweit zurückgenommen werden, daß insbesondere auch den durch ein Zielvereinbarungssystem einbezogenen Interessen des einzelnen Arbeitnehmers an einer selbstverantwortlichen oder zumindest individuellen Festlegung von Leistungsbedingungen ein Spielraum verbleibt.

III. Inhalt einer Rahmenregelung

Die Tatsache, daß die Mitbestimmung nach § 87 Abs. 1 Nr. 10 BetrVG bei Zielvereinbarungen sinnvoll nur in Gestalt einer Rahmenregelung erfolgen kann, ändert nichts am Tatbestand der Vorschrift. Der Betriebsrat bestimmt daher die Fragen der betrieblichen Lohngestaltung mit, insbesondere gehören hierzu die

---

[203] S. dazu oben § 4 A. I. 2. und II. 1.
[204] Tondorf a.a.O.; Breisig Zielvereinbarungen S. 100.

beispielhaft aufgeführten Tatbestände des Entlohnungsgrundsatzes und der Entlohnungsmethoden.

1. Einführung von Zielvereinbarungen

Die erste zu treffende Entscheidung betrifft die Frage, ob ein Vergütungssystem eingeführt werden soll, in dem das Arbeitsentgelt aufgrund von Zielvereinbarungen gewährt wird. Diese Frage betrifft den Entlohnungsgrundsatz. Entlohnungsgrundsätze stellen die Primärentscheidung über die Einführung des Systems dar, nach dem das Arbeitsentgelt im Betrieb allgemein, d.h. für den Betrieb, für bestimmte Betriebsabteilungen oder Gruppen von Arbeitnehmern ermittelt werden soll.[205] Zielvereinbarungen liegt wie gesehen in der Tat ein System, eine übergeordnete und allgemeine Vorschrift zugrunde, nach dem Vergütungsbestandteile ermittelt werden. Fraglich ist, welche Bedeutung es erlangt, daß an Zielvereinbarungen in der Regel nur zusätzliche Vergütungsbestandteile geknüpft sind. Aber auch der Prämienlohn – dessen Einführung ohne Zweifel die Aufstellung eines Entlohnungsgrundsatzes darstellt – kann als zusätzliche Leistung zu einem Grundentgelt gewährt werden.[206] Dieser Gesichtspunkt kann daher bei einem Zielvereinbarungssystem das Vorliegen eines Entlohnungsgrundsatzes nicht hindern. Auch in der Einführung eines Zielvereinbarungssystems liegt damit aber die Aufstellung eines Entlohnungsgrundsatzes.[207] Die Einführung von entgeltrelevanten Zielvereinbarungen unterliegt daher der Mitbestimmung des Betriebsrats und ist Kernentscheidung des primären Regelungsbereiches einer Rahmenregelung.

2. Wahl der Zielkriterienbereiche und Grundprinzipien

Das Zielvereinbarungssystem muß nun näher ausgeformt und in seiner konkreten Struktur bestimmt werden. Gerade bei Zielvereinbarungen sind die Gestaltungsmöglichkeiten außerordentlich vielfältig. Ähnlich wie beim Prämienlohn wird auch der Entlohnungsgrundsatz „Zielvereinbarungen" erst dann zu einem konkreten Entgeltfindungsgesichtspunkt, wenn die Bezugsgrößen feststehen, an die die Entgeltberechnung anknüpft. Auch gilt es einige weitere, für das Prinzip der Zielvereinbarung grundlegende Faktoren festzulegen, die den Entlohnungsgrundsatz jeweils erst als solchen ausmachen.

Dies bedeutet zunächst, daß die Entscheidungen, in welchen Zielkriterienbereichen einzelne Zielvereinbarungen getroffen und wieviele Ziele innerhalb eines Zeitraums vereinbart werden können, wer die Parteien auf Arbeitnehmer- und

---

[205] GK-Wiese § 87 Rn. 897 m.w.N.

[206] Vgl. dazu Moll Mitbestimmung S. 56.

[207] So auch ErfKomm-Hanau/Kania § 87 Rn. 100.

Arbeitgeberseite sein sollen und wie lange ein Zielvereinbarungszeitraum dauert, noch dem Entlohnungsgrundsatz zuzuordnen sind.
Noch nicht zur Mitbestimmung des Betriebsrat über den Entlohnungsgrundsatz gehört dagegen – gegebenenfalls - die Auflösung einer Zielhierarchie selbst, solange diese noch nicht zur Vereinbarung entgeltrelevanter Individualziele führt. Die Mitbestimmung nach § 87 Abs. 1 Nr. 10 BetrVG bezieht sich ausschließlich auf Fragen der Entlohnung. Werden daher Unternehmensziele auf die Niederlassungen heruntergebrochen und anschließend auf die Abteilungen verteilt, so setzt die Mitbestimmung des Betriebsrats nach § 87 Abs. 1 Nr. 10 BetrVG erst dort ein, wo es darum geht, ein Ziel an ein Entgelt zu knüpfen. Die hier bestehenden kollektiven Regelungsfragen sind mitbestimmt. Dabei ist der Betriebsrat jedoch bei der Festlegung der Zielkriterien an die für die Einzelziele geltenden Teil- und Oberziele zumindest dann nicht zwingend gebunden, wenn es sich bei Zielvereinbarungsentgelten nicht um übertarifliche und damit freiwillige[208] Entgelte handelt. Hier handelt es sich um eine Zweckvorstellung des Arbeitgebers. Diesen Vorstellungen ist jedoch auch bei nicht freiwilligen Leistungen durch die Betriebspartner oder im Falle der Nichteinigung durch die Einigungsstelle bei der Ausgestaltung der Entlohnungsformen angemessen Rechnung zu tragen.[209]

Wesentlich ist nun insbesondere die Frage nach den zulässigen Zielkriterienbereichen. Untrennbar mit dieser Frage verknüpft ist die ebenfalls mitbestimmungspflichtige Frage, ob und welche Daten und Kennzahlensysteme gegebenenfalls als Bezugsbasis innerhalb der jeweiligen Bereiche zur Anwendung kommen sollen. Ebenso sind aber auch nicht quantifizierbare Ziele denkbar. Es kann hier insgesamt ein abschließender Katalog an Zielkriterien vorgegeben werden, aus dem sich die zulässigen Kriterien wie auch die Anzahl der maximal zulässigen Ziele im Bewertungszeitraum ergeben.[210] Hier stehen sich nun bereits das Bedürfnis nach einer ausdifferenzierten Vielzahl aussagekräftiger Kriterien, die die Komplexität der Aufgaben- und Arbeitsplatzsituation im Unternehmen widerspiegeln und das Bedürfnis nach Praktikabilität und Flexibilität gegenüber.[211] Wann die für erforderlich angesehene Aussagekraft erreicht ist, ist nicht zuletzt eine Frage des Anspruchs, der an die inhaltliche Perfektion eines Entgelt-

---

[208] Dazu § 3 D. III. 3. a).
[209] MünchArbR-Matthes § 341 Rn. 103; BAG 13.3.1984 AP § 87 BetrVG 1972 Provision Nr. 4; zu der insofern bestehenden „weichen“ Grenzziehung zwischen unternehmerischer Entscheidungsfreiheit und Mitbestimmung unten § 10.
[210] Becker/Engländer angew. Arbeitswiss. Nr. 141 (1994) S. 23 ff., 39; Eyer Personalführung 5/1994, S. 406 ff., 412.
[211] Zander Handbuch der Gehaltsfestsetzung S. 193; Hunold S. 32; vgl. für ein Leistungsbeurteilungssystem Jedzig DB 1991 S. 753 ff., 757; s. bereits § 2 B. III. und § 3 A. V. 2. b) cc).

systems gestellt wird.[212] Es muß überlegt werden, inwieweit eine kollektive Regelung die Befriedigung beider oder auch nur eines der genannten betrieblichen Bedürfnisse leisten kann.

Es ist daher bereits an dieser Stelle eine Abgrenzung im Hinblick darauf vorzunehmen, welche Entscheidungen als für den Zweck des Mitbestimmungsrechts unverzichtbar dem primären Regelungsbereich zuzuordnen sind und inwiefern die konkrete Zielgestaltung den Zielvereinbarungsparteien überlassen bleiben kann.

Wie dicht unter diesen Gesichtspunkten eine solche Rahmenregelung für entgeltbezogene Zielvereinbarungen sein muß, um den Ansprüchen des § 87 Abs. 1 Nr. 10 BetrVG noch zu genügen, hängt nun in erster Linie von den Besonderheiten des Einzelfalls ab. Die Größe des Unternehmens spielt dabei ebenso eine Rolle wie die Vielzahl seiner Arbeitsbereiche. Die zentrale und kollektive Regelung der Zielbereiche bewirkt nun schon bereits aus Praktikabilitätsgründen eine gewisse Standardisierung. Es ist daher anzustreben, solche Zielbereiche zu formulieren, die zumindest bei ihrer dann auf die Zielvereinbarungsparteien delegierten Ausgestaltung eine entsprechende Vielfalt ermöglichen. Dies ist auch unter dem Gesichtspunkt der gleichmäßigen Behandlung aller Arbeitnehmer zu fordern. Entsprechend zurückhaltend müßten die in Frage kommenden Bereiche in einer für einen längeren Zeitraum und einen Betrieb mit vielen unterschiedlichen Arbeitsbereichen Geltung beanspruchenden Rahmenvereinbarung formuliert sein. Eine Grenze, deren Überschreitung einen unzulässigen Verzicht bedeutete, findet diese Zurückhaltung aber in ihrer Anwendungsbreite; die konkrete Struktur des Entlohnungsgrundsatzes darf ein Maß nicht unterschreiten, das einen Arbeitsplatz, für den Zielvereinbarungen getroffen werden, ganz unberücksichtigt ließe.[213]
Bestehen dennoch Bedenken hinsichtlich der Aussagekraft, so könnte an eine zusätzliche Einrichtung von paritätisch besetzten Kommissionen zu denken sein, die für einzelne Betriebsbereiche tätig werden und entsprechend sachnäher arbeiten könnten.[214] Mit diesen Kommissionen ließen sich auch Defizite hinsichtlich der Arbeitskapazität und Sachkompetenz des Betriebsrats beheben[215] und auch eine Schematisierung aufgrund von Praktikabilitätsgründen abmildern. Zu bedenken ist freilich, daß auch bei Einsatz von Kommissionen die kollektiven Gestaltungsmaßnahmen noch den Charakter einer Rahmenregelung behalten

---

212 Hierzu Hanau BB 1977 S. 350 ff., 354/355.
213 Vgl. Hanau BB 1977 S. 350 ff., 355.
214 Breisig Zielvereinbarungen S. 96 f; s. dazu § 4 B. III. 8.
215 Diese gibt Tondorf, WSI-Mitteilungen 6/1998 S. 386 ff., 389 zu bedenken.

müssen, soll den genannten betrieblichen Bedürfnissen und Interessen der einzelnen Arbeitnehmer noch ein Spielraum verbleiben. Hier läßt sich daher die Grenze in die andere Richtung zum sekundären Regelungsbereich und den dahinter stehenden Interessen der Selbstbestimmung, Flexibilität, unmittelbaren Kommunikation und Motivation ziehen. Ermöglichen paritätisch besetzte Kommissionen daher auch eine größere Regelungsdichte, so darf dies doch nicht dazu führen, daß den Parteien der einzelnen Zielvereinbarungen gar keine Regelungsinhalte mehr zur individuellen Festlegung im Zielvereinbarungsgespräch verbleiben.

3. Ausgestaltung des Zielvereinbarungssystems

Alle weiteren Ausgestaltungsfragen gehören nun aber in den Bereich der Entlohnungsmethoden. Auch hier ist zu bedenken, daß der primäre Regelungsbereich den mitbestimmungspflichtigen Sachverhalt so weit strukturieren muß, daß bereits diese Regelung dem Normzweck des Mitbestimmungsrechts Rechnung trägt.[216] Zu den daher unverzichtbaren Strukturierungen gehört auch ein einheitliches Vorgehen bei der konkret vorgenommenen Zielvereinbarung. Dies gilt sowohl für die formalen als auch für die inhaltlichen Anforderungen an das vereinbarte Ziel.

a) Formale Anforderungen an die Zielvereinbarung

Einer einheitlichen Regelung bedürfen auch die formalen Anforderungen an die einzelne Zielvereinbarung. Zu denken ist hier insgesamt etwa an ein entsprechendes Formblatt.[217] Mitbestimmt sind daher die Entscheidungen darüber, ob und wie die einzelnen Ziele gewichtet werden und ob und wie die Zielerreichungsgrade gestuft werden sollen. Erfolgt eine solche Stufung, so kann den einzelnen Stufen eine relative Stufendefinition zugeordnet werden, etwa relativgraduelle Einteilungen von „Ziel wurde wesentlich unterschritten" bis „Ziel wurde wesentlich überschritten".[218] Zur Entscheidung über die Entlohnungsmethoden gehört auch, ob und in welcher abstrakten Stufung den Zielerreichungsgraden Punktwerte zugeordnet werden. Ebenso hat der Betriebsrat mitzubestimmen, wenn bestimmte Gesamtpunktzahlen zu Leistungsstufen zusammengefaßt werden, denen später Geldwerte zugeordnet werden sollen. Nicht erfaßt von § 87 Abs. 1 Nr. 10 BetrVG ist die Mitbestimmung dieser Geldwerte.[219]

---

[216] Säcker/Oetker RdA 1992, S. 16 ff., 23.

[217] Vgl. die Beispiele für Formblätter bei Eyer Personalführung 5/1994 S. 406 ff., 412; Heisel Das flexible Unternehmen 07.05 S. 16.

[218] Vgl. dazu Zander Handbuch der Gehaltsfestsetzung S. 211 ff.

[219] Vgl. für ein Provisionssystem BAG 13.3.1984 AP § 87 BetrVG 1972 Provision Nr. 4; BAG 22.10.1985 AP § 87 BetrVG 1972 Provision Nr. 6.

Sollen die Zielerreichungsgrade gestuft werden, so ist zumindest für quantifizierbare Ziele eine Regelung anzustreben, nach der auch den einzelnen Zielerreichungsstufen genaue Meßwerte zuzuordnen sind.[220] Zweck der Mitbestimmung nach § 87 Abs. 1 Nr. 10 BetrVG ist es, die Arbeitnehmer vor einer einseitigen und willkürlichen Entgeltgestaltung zu schützen. Bieten meßbare Zielkriterien daher einen – zumindest im Vergleich zu nicht meßbaren Kriterien – objektiveren Maßstab der Leistungsfeststellung, so ist im Rahmen einer mitbestimmten allgemeinen Ordnung zu fordern, daß dieser Maßstab auch ausgenutzt wird und so exakt wie möglich festgelegt wird, an welche Leistungen die Entgeltzahlung anknüpft. Nur so kann die mit der entgeltrelevanten Zielvereinbarung angestrebte Wirkung auch erreicht werden.[221]
Bereits im Rahmen der Zielfestlegung muß daher auch weiter das Verfahren festgelegt werden, nach dem die Zielerreichungsgrade (das spätere Ist) ermittelt werden sollen. Während bei quantifizierbaren Zielen nur eine Messung in Frage kommt, sind in allen übrigen Fällen Beurteilungen erforderlich. Das Verfahren der Ermittlung kann als Teil der Entlohnungsmethode gegebenenfalls für jedes einzelne Zielkriterium oder auch für bestimmte Typen generell vorgegeben werden.
Zu diesem Komplex gehört auch die mitbestimmungspflichtige Frage, ob und nach welchem Verfahren gegebenenfalls eine gewichtete Summe der Einzelzielpunktzahlen noch einmal durch eine summarische Leistungsbeurteilung korrigiert werden kann.[222] Auch hier ist zu fordern, daß die dabei anzuwendenden Kriterien bereits zum Zeitpunkt der Zielvereinbarung festgelegt werden. Eine Differenzierung erst im Zeitpunkt der Zielbewertung wäre nicht nur willkürlich und verletzte damit das durch den Betriebsrat zu schützende Kollektivinteresse. Zugleich machte sie es auch unmöglich, daß die Arbeitnehmer ihr Leistungsverhalten an den Kriterien ausrichten können und so die gerade mit dem entsprechenden Zielvereinbarungsentgelt erstrebte Wirkung überhaupt eintreten kann.[223] Welche Kriterien hier im einzelnen in Frage kommen können, ist als Rahmenregelung bereits als Teil des Entlohnungsgrundsatzes unter Berücksichtigung der dort[224] dargestellten Grenzen festzulegen.

---

[220] S. zu den nicht immer eindeutigen Aussagen in der Literatur bereits § 4 A. II. 4.
[221] Vgl. dazu auch LAG Hamm 5.11.1997 BB 1998, S. 428 f.; BAG 26.10.1994, BB 1995, S. 312 ff.
[222] Vgl. dazu etwa Heisel Das flexible Unternehmen 07.05 S. 14 ff.; Laws Neue Wege der Vergütung S. 91 ff., 102 f.
[223] LAG Hamm 5.11.1997 BB 1998, S. 428 f.; BAG 26.10.1994, BB 1995, S. 312 ff.
[224] § 4 B. III. 2.

Schließlich muß bestimmt werden, ob und unter welchen Umständen das festgelegte Ziel vor Ablauf des Zielvereinbarungszeitraums noch einmal geändert werden kann.

b) Inhaltliche Anforderungen an die Zielvereinbarung – das Leistungsniveau

Fraglich ist nun, inwieweit sich auch die inhaltliche Ausgestaltung einer Zielvereinbarung als mitbestimmungspflichtiger Teil der Entlohnungsmethode darstellt. Angesprochen ist hier die Frage nach den in Anwendung der bisherigen Grundsätze jeweils konkret angestrebten Leistungsniveaus. Ein häufiger Kritikpunkt bei Systemen der merkmalsorientierten Leistungsbeurteilung ist die Tatsache, daß diese keinen Leistungsmaßstab vorsehen, anhand dessen die Leistung des Arbeitnehmers bewertet werden könnte.[225] Genau dies ist bei Zielvereinbarungen anders, hier ist die Festlegung einer konkreten Sollvorgabe vorgesehen. Problematisch ist hier, daß eine bestimmte entgelttechnische Methode zur Ermittlung einer solchen Sollvorgabe bei Zielvereinbarungen gerade nicht vorgesehen ist, sondern diese Frage allein der Vereinbarung durch die Zielvereinbarungsparteien überlassen bleiben soll. Dennoch kann aber nun nicht ohne weiteres davon ausgegangen werden, daß es sich bei der Festlegung des konkreten Leistungsniveaus um einen mitbestimmungsfreien Einzelfall ohne jeden Bezug zur Leistung anderer Arbeitnehmer handelt.

Zunächst ist zu bedenken, daß es sich auch bei der Festlegung des Leistungsniveaus nicht um eine Maßnahme handelt, die ausschließlich durch besondere, nur den einzelnen Arbeitnehmer betreffende Umstände veranlaßt oder inhaltlich bestimmt wurde. Vielmehr sind wie gesehen hier zugleich kollektive Schutz- und Teilhabeinteressen berührt, die gerade hinsichtlich des Leistungsniveaus ein Interesse der Gesamtbelegschaft daran begründen, daß sich die Niveauhöhe nicht – faktisch - einseitig an den Interessen des Arbeitnehmers bestimmt und insbesondere einzelne Arbeitnehmer nicht gegeneinander ausgespielt werden. Dieses Interesse bedarf einer allgemeinen Regelung, innerhalb derer die Interessen aller durch die Regelung betroffenen Arbeitnehmer untereinander zu einem Ausgleich gebracht werden. Für die Ausgestaltung des Leistungsniveaus in individualisierter Form mag zwar ein Bedürfnis bestehen, lediglich das Bedürfnis nach einer individuellen Regelung steht bei bestehendem kollektiven Bezug einem Mitbestimmungsrecht aber nicht entgegen. Andernfalls wäre es dem Arbeitgeber durch eine entsprechende einzelfallbezogene Ausgestaltung jederzeit möglich, mitbestimmungspflichtige Gestaltungsfragen in eine Vielzahl von Ein-

[225] Zander Handbuch der Gehaltsfestsetzung S. 212; Hlawaty Mitbestimmung 9/1998 S. 42 ff., 45; Breisig Personalbeurteilung S. 95 ff., 299 f.; Mungenast Personal 2/1994, S. 56 ff.; Haitzmann Personal 9/1996 S. 478 ff.; Tondorf Mitbestimmung 9/1998 S. 42 ff., 43 f.

zelabmachungen umzuwandeln und damit die Mitbestimmungsrechte des Betriebsrats auszuhöhlen.[226] Auch die Festlegung des Leistungsniveaus berührt Kollektivinteressen und unterliegt damit aber zunächst der Mitbestimmung des Betriebsrats.

Möglicherweise ist gegen diese Wertung einzuwenden, daß die Mitbestimmung des Leistungsniveaus bereits deswegen aus der Mitbestimmung des § 87 Abs. 1 Nr. 10 BetrVG herausfalle, weil der Tatbestand dieser Vorschrift eine solche weitgehende Festsetzung nicht mehr umfaßte. Allerdings erstreckt sich die Mitbestimmung des Betriebsrat hinsichtlich der Fragen der betrieblichen Lohngestaltung auf alle Elemente eines Entgeltsystems, die dieses im einzelnen ausgestalten und es zu einem in sich geschlossenen, von anderen Möglichkeiten der Gewährung vergleichbarer Vergütung sich abgrenzenden System machen.[227] Darunter fallen insbesondere alle Fragen der Gestaltung eines Entgeltsystems, durch die in Anwendung der Entlohnungsgrundsätze und –methoden die Voraussetzungen für den Bezug eines Entgelts festgelegt werden.[228]
Ein Zielvereinbarungssystem ist aber nun von so vielen unterschiedlichen Faktoren abhängig, daß gerade hinsichtlich des Leistungsniveaus nicht von einem auch ohne dessen Festlegung in sich abgeschlossenen System ausgegangen werden kann. Insbesondere läßt sich nicht annehmen, daß die einzelnen Leistungsniveaus an einer bestimmten uniformen Leistungsdefinition wie einer „Normalleistung" ausgerichtet werden und hier ein einheitliches Vorgehen gewährleistet ist. Vielmehr fehlt es für die Frage des Leistungsniveaus sogar an jeder entgelttechnischen Vorgehensweise. Für eine den Anforderungen des § 87 Abs. 1 Nr. 10 BetrVG genügende Ausgestaltung eines Zielvereinbarungssystems ist es damit aber erforderlich, auch die Festlegung des Leistungsniveaus von Zielvereinbarungen der Mitbestimmung des Betriebsrats nach dieser Vorschrift zu unterstellen.
Damit stellt sich aber auch die inhaltliche Ausgestaltung der Zielvereinbarung im Hinblick auf das Leistungsniveau als Teil der Entlohnungsmethoden dar, deren Anwendung durch den Betriebsrat nach § 87 Abs. 1 Nr. 10 BetrVG mitbestimmt ist.

Zugleich stellt aber nun gerade das Leistungsniveau einen Faktor dar, der nach dem Sinn und Zweck eines Zielvereinbarungssystems maßgeblich individuell und dezentral im Zielvereinbarungsgespräch festzulegen ist. Partner der Zielver-

---

[226] Vgl. dazu bereits oben und BAG 17.12.1985 AP § 87 BetrVG 1972 Tarifvorrang Nr. 5.
[227] Siehe dazu bereits § A. V. 1. b); zur Formulierung vgl. LAG Hamm 14.5.1976 DB 1976, S. 1973 ff., 1974; BAG 13.9.1983 AP § 87 BetrVG 1972 Prämie Nr. 3, Bl. 976.
[228] § 3 A. V. 1. b) ee).

einbarungsabrede ist der konkrete Arbeitnehmer persönlich. Gerade dadurch, daß das Leistungsniveau im persönlichen Gespräch auf die individuelle Situation der Arbeitnehmer zugeschnitten wird, sollen die vereinbarten Ziele als besonders motivierend und herausfordernd erlebt werden. Die Festlegung des Leistungsniveaus gehört zu den Aspekten, die selbst dann mit den einzelnen Arbeitnehmern abgestimmt werden, wenn im Falle reiner Zielvorgaben der Vorgesetzte alle anderen Aspekte bestimmt. Sie stellt daher zugleich einen besonders maßgeblichen Ausdruck der selbstbestimmten Einflußnahme der Arbeitnehmers auf ihre eigenen Arbeitsbedingungen und damit ihrer Interessen dar.

Es stellt sich daher nun auch an dieser Stelle die Frage, wie das Bedürfnis nach einer solcherart individuellen Festlegung des Leistungsniveaus im Zielvereinbarungsgespräch und die zugleich bestehende Mitbestimmungspflichtigkeit dieses Leistungsniveaus im Zuge der Rahmenregelung miteinander in Einklang gebracht werden können.
Soll es möglich sein, die Festlegung des jeweiligen konkreten Leistungsniveaus innerhalb der einzelnen Zielvereinbarungen individuell auszugestalten, muß diese Frage dem sekundären Regelungsbereich zugewiesen werden. Zu diesem Bereich gehören gerade die Detailaspekte, die von der Besonderheit des Einzelfalls abhängig und daher einer Festlegung per Dauerregelung entzogen sind.

Zugleich müssen im primären Regelungsbereich aber nach wie vor alle die Entscheidungen getroffen werden, die für den Zweck des Mitbestimmungstatbestandes unerläßlich sind. Die Entscheidungen des sekundären Regelungsbereiches müssen damit aber durch die mitbestimmte Rahmenregelung so weit strukturiert werden, daß bereits diese Regelung dem Normzweck des Mitbestimmungsrechts Rechnung trägt.[229]
Nach wie vor ist es daher Aufgabe des Betriebsrats, die Angemessenheit und Durchsichtigkeit des innerbetrieblichen Entgeltgefüges zu gewährleisten. Auch bei der Festlegung des Leistungsniveaus ist daher über eine vergleichende Wertung des Entgeltgefüges die gem. § 87 Abs. 1 Nr. 10 BetrVG geschützte Verteilungsgerechtigkeit anzustreben. Als wesentliche Anknüpfungspunkte für die Zahlung eines Zielvereinbarungsentgelts müssen daher auch in einer Rahmenregelung Fragen der Leistungsstaffelung und die Festlegung des Verteilungsschlüssels hinsichtlich verschiedener Arbeitsplätze geregelt sein.
Vorgeschlagen wird hier, eine Bandbreite zulässiger Zielniveaus vorzugeben.[230]
Solche Bandbreiten müssen sich jedoch im Hinblick auf das Bedürfnis nach aus-

---

[229] S. bereits § 4 B. II. 3. b); Säcker/Oetker RdA 1992, S. 16 ff., 23.
[230] Breisig Zielvereinbarungen S. 96/97; vgl. auch Tondorf WSI-Mitteilungen 6/1998, S. 386 ff., 389.

reichender Flexibilität für eine Vielzahl von Arbeitsplätzen und möglichen Zielkriterien festgelegen lassen. Sinnvoller erscheint es hier, abstraktere Maßstäbe zur Gestaltung der vereinbarten Leistungspensen festzulegen. Zu denken ist hier zunächst an einen abstrakten Maßstab zur Quantifizierung der Zielhöhe innerhalb des jeweiligen Zielvereinbarungszeitraums. Um hier dennoch eine Koppelung an die jeweiligen Arbeitsplätze und –vorhaben und damit die Gleichbehandlung von Arbeitnehmern auf vergleichbaren Arbeitsplätzen zu erreichen, könnte etwa jeweils für vergleichbare Arbeitsplätze eine maximal zulässige Steigerung zwischen dem aktuellen, vermittels Datenermittlung jeweils zu quantifizierenden Ist-Wert und dem als die Stufe „Ziel erreicht" vorgesehenen Sollwert festgelegt werden.[231] Bei diesen Steigerungswerten könnte auch zwischen verschiedenen Daten oder Datentypen differenziert werden. Welche Datensysteme oder andere Größen überhaupt jeweils zur Anwendung kommen können, ergäbe sich bereits aus dem Entlohnungsgrundsatz. Hinzutreten könnte eine abstrakte Staffelung der Verhältnisabstände von gestuften Zielerreichungsgraden etwa in der Art, daß die Stufe „Ziel wesentlich überschritten" die Stufe „Ziel erreicht" nicht um einen bestimmten verhältnismäßigen Prozentsatz überschreiten darf.

Auf diese Weise ist eine abstrakte, auf eine Vielzahl von Sachverhalten anwendbare Zielerreichungsskala festgelegt, der – auch hier entsprechend der abstrakten Prämienentgeltkurvenschar[232] – eine Bestimmung darüber zur Seite zu stellen ist, wie sich die Entgeltentwicklung innerhalb dieser Skala verhalten soll. So ist es denkbar, daß eine abstrakte Entgeltkurvenschar bis zur Stufe „Ziel erreicht" linear, ab dort aber etwa degressiv verlaufen soll.

Darüber hinaus wird es angesichts der Tatsache, daß insbesondere kurzfristige Zielvereinbarungen zur Durchsetzung eines kontinuierlichen Verbesserungsprozesses eingesetzt werden, erforderlich sein, das Gefüge aufeinanderfolgender Zielvereinbarungszeiträume zu regeln. Durch die Orientierung am jeweilig aktuellen Ist-Wert ist hier bereits eine gewisse Regelhaftigkeit erreicht, darüber hinaus ist es denkbar, etwa eine maximale Anzahl von Zielvereinbarungszeiträumen festzulegen, in denen dasselbe Zielkriterium aufeinanderfolgend gesteigert werden kann. Auch kann eine maximale, prozentuale Steigerung des anfänglichen Ist-Werts der ersten Zielvereinbarung oder eine degressive Begrenzung der von Zeitraum zu Zeitraum zulässigen Steigerungen vorgesehen sein, die sich auch auf eine entsprechende abstrakte Entgeltgestaltungsvorgabe erstreckt.

Als problematisch anzusehen ist es freilich, daß diese Vorschläge nur für quantifizierbare Zielkriterien umgesetzt werden können. Für nicht quantifizierbare

---

[231] Eine ähnliche Regelung findet sich bei Breisig Zielvereinbarungen S. 130 in Beispiel Nr. 3.

[232] Vgl. dazu § 3 A. V. 2. b) bb) (3).

Kriterien werden sich auch exakte Vorgaben nicht finden lassen. Sind daher auch nicht quantifizierbare Zielkriterien im Entlohnungsgrundsatz vorgesehen, können als Teil der Entlohnungsmethoden nur die Anforderungen festgelegt werden, die an das Anspruchsniveau und die exakte Formulierung des konkreten Zielerreichungsgrades zu stellen sind. Hier sind etwa Bestimmungen denkbar, daß auch die Stufe „Ziel wesentlich übertroffen" zumindest bei überdurchschnittlicher Leistung noch erreichbar sein muß und daß dem Mitarbeiter beispielhaft darzustellen oder mit ihm gemeinsam zu formulieren ist, wann das Ziel verfehlt, erreicht und übererfüllt ist.[233]

4. Keine Erweiterung der Mitbestimmungsrechte des Betriebsrats durch die Konstruktion der Rahmenregelung

Aus § 77 Abs. 1 Satz 1 BetrVG ergibt sich der Grundsatz, daß der Arbeitgeber die mit dem Betriebsrat getroffene Betriebsvereinbarung im eigenen Namen und eigenverantwortlich durchführt.[234] Die Einflußnahme des Betriebsrats kann nur soweit reichen wie seine Beteiligungsrechte; aus § 77 Abs. 1 Satz 1 und 2 BetrVG ergibt sich, daß ihm keineswegs das Recht zusteht, einseitig in die betrieblichen Abläufe einzugreifen.

Dieser Grundsatz erfährt nun nicht deshalb eine Änderung, weil es sich bei der für Zielvereinbarungen geltenden Regelung um eine Rahmenregelung handelt. Die Konstruktion der Rahmenregelung führt wie gesehen bei einem Zielvereinbarungssystem dazu, daß die Entscheidung im sekundären Regelungsbereich zu Einzelfallentscheidungen werden. Damit hat der Betriebsrat durch die Bestimmung des primären Regelungsbereiches aber die Grenzen seiner eigenen Zuständigkeit bestimmt. Zum einen hat er durch die tatbestandlichen Bindungen des primären Regelungsbereichs zu von der Regelung gedeckten Ausführungsmaßnahmen seine antezipierte Zustimmung – soweit erforderlich - erteilt und damit sein Mitbestimmungsrecht verbraucht.[235] Zum anderen ändert sich an der Tatsache, daß das Mitbestimmungsrecht des § 87 Abs. 1 Nr. 10 BetrVG nicht für den Einzelfall gilt, auch durch seine Wahrnehmung in Form einer Rahmenregelung nichts. Solange eine im Zielvereinbarungsgespräch in Anwendung der

---

[233] So in der Betriebsvereinbarung über die Einführung eines Bonussystems für außertarifliche Mitarbeiterinnen und Mitarbeiter der Deutschen Bank AG vom 23.10.1997 unter IV.2.f); vgl. auch Formulierungen, die auf die Vermeidung von Überforderung abstellen und genaue Prozentwerte der Variablen für die einzelnen Zielerreichungsgrade vorgeben, so im Tarifvertrag Nr.94 der Deutschen Telekom AG vom 9.12.1999 § 15 (3) und (4), oder anspruchsvolle, aber realistische Ziele fordern, so im Tarifvertrag zur Eingruppierung und Leistungsorientierten Vergütung der Gmünder Ersatzkasse vom 1.8.1997 § 2 I. (2), § 4 (3).

[234] Allgemeine Ansicht, vgl. Richardi § 77 Rn. 3 ff. m.w.N.

[235] GK-Wiese § 87 Rn. 6; MünchArbR-Matthes § 332 Rn. 29; Henssler in FS für Hanau S. 413 ff., 432.

Rahmenregelung getroffene konkrete Zielvereinbarung damit aber nicht gegen die Rahmenregelung verstößt, kann der Betriebsrat dagegen nicht mehr vorgehen, insbesondere hat er dann kein „Rückholrecht", vermittels dessen er in das Geschehen „korrigierend eingreifen" könnte.[236]
Möglicherweise kann ein solches Recht freiwillig vereinbart werden, wie § 77 Abs. 1 Satz 1 2. Halbsatz BetrVG nahelegt. Aus § 87 Abs. 1 Nr. 10 BetrVG läßt sich ein erzwingbares Recht auf eingreifende Korrektur aber nicht herleiten. Bei den konkret getroffenen einzelnen Zielvereinbarungen handelt es sich vielmehr um Einzelfälle, deren Ausgestaltung dem Betriebsrat nur mittelbar[237] im Hinblick auf das Kollektivinteresse eröffnet ist.

Weitere Rechte des Betriebsrats könnten allerdings für den Fall in Betracht kommen, daß eine Zielvereinbarung gegen die Rahmenregelung und damit gegen kollektive Gesichtspunkte verstößt, die vom Mitbestimmungsrecht des § 87 Abs. 1 Nr. 10 BetrVG gedeckt sind. Allerdings besteht für den Betriebsrat auch dann, wenn der Arbeitgeber oder auch die Zielvereinbarungsparteien die Betriebsvereinbarung nicht richtig durchführen, zunächst das Verbot des Eingriffs in die Betriebsleitung.[238] In diesem Fall aber ist zu beachten, daß sich aus § 77 Abs. 1 Satz 1 BetrVG auch eine Durchführungspflicht des Arbeitgebers ergibt, der zugleich ein Durchführungsanspruch des Betriebsrats gegenübersteht.[239] Dieser Durchführungsanspruch beinhaltet auch einen Anspruch auf Unterlassung der betriebsvereinbarungswidrigen Maßnahmen und kann im arbeitsgerichtlichen Beschlußverfahren durchsetzt werden[240], ohne daß der Betriebsrat auf den nunmehr höchstrichterlich anerkannten[241] allgemeinen Unterlassungsanspruch gegen mitbestimmungswidrige Maßnahmen zurückgreifen müßte. Der Betriebsrat ist jedoch auf diesen Rechtsweg beschränkt und kann nicht zur Selbsthilfe greifen.

Zu betonen ist, daß auch dieser Durchführungsanspruch des Betriebsrats begrenzt ist auf solche Regelungen, zu denen sich der Arbeitgeber in der Betriebsvereinbarung gegenüber dem Betriebsrat verpflichtet hat. Bei einem Entgeltsystem kommen hier insbesondere Regelungen des Entlohnungsgrundsatzes und

---

236 So aber Breisig Zielvereinbarungen S. 97; Lang Moderne Entgeltsysteme S. 209.
237 Vgl. BAG 17.12.1980 AP § 87 BetrVG 1972 Lohngestaltung Nr.4; Richardi § 87 Rn. 31.
238 GK-Kreutz § 77 Rn. 23; Richardi § 77 Rn. 8 f.
239 GK-Kreutz § 77 Rn. 21; FKHE § 77 Rn. 7.
240 Gem. § 2a Abs. 1 Nr. 1, Abs. 2, §§ 80 ff. ArbGG; BAG 24.2.1987 AP § 77 BetrVG 1972 Nr. 21; 10.11.1987 AP § 77 BetrVG 1972 Nr. 24; 23.6.1992 EzA § 87 BetrVG 1972 Arbeitszeit Nr. 51; GK-Kreutz § 77 Rn. 22; FKHE § 77 Rn. 193; DKK-Berg § 77 Rn. 83.
241 BAG 3.5.1994 EzA § 23 BetrVG 1972 Nr. 36; 28.9.1994 AP § 87 BetrVG 1972 Lohngestaltung Nr. 68; 23.7.1996 EzA § 87 BetrVG 1972 Arbeitszeit Nr. 56.

der Entlohnungsmethoden in Betracht. Soweit dagegen durch die Betriebsvereinbarung Ansprüche der Arbeitnehmer begründet werden, ist der Betriebsrat nicht berechtigt, aus eigenem Recht vom Arbeitgeber die Erfüllung dieser Ansprüche zu verlangen. Keineswegs kommt dem Betriebsrat die Funktion zu, die Individualrechte des einzelnen Arbeitnehmers für diesen wahrzunehmen und gerichtlich oder auf sonstigem Wege durchzusetzen.[242]

Bedenkenswert ist es aber, inwieweit für den Fall einer betriebsvereinbarungswidrigen Zielvereinbarung Zugeständnisse an die Konstruktion der Rahmenregelung gemacht werden müssen, die dem Betriebsrat die Durchsetzung seiner Ansprüche erleichtern. Trotz der tatbestandlichen Bindungen des primären Regelungsbereichs wäre die Schutz- und Teilhabefunktion der Mitbestimmung gefährdet, wenn sich der Betriebsrat im sekundären Regelungsbereich jeglicher Interventionsmöglichkeit begäbe.[243] Hier wird zunächst vorgeschlagen, in Anlehnung an § 100 Abs. 2 Satz 1 BetrVG als Mindeststandard dem Arbeitgeber die Pflicht zur Unterrichtung des Betriebsrats über einzelne Durchführungsmaßnahmen aufzuerlegen. Auch in dieser Vorschrift sei der Arbeitgeber tatbestandlich bereits gebunden, dennoch eröffne das Gesetz dem Betriebsrat die Chance, die Rechtmäßigkeit der vom Arbeitgeber getroffenen Entscheidung zu überprüfen.[244] § 100 Abs. 2 Satz 1 BetrVG geht durch den ausdrücklichen Bezug auf die jeweiligen Einzelmaßnahmen in seiner Reichweite durchaus über das dem Betriebsrat ohnehin zustehende allgemeine Informationsrecht gem. § 80 Abs. 2 Satz 1 BetrVG hinaus, denn dieses Recht steht ihm nur zu, soweit er Informationen zur Durchführung seiner gesetzlichen Aufgaben benötigt.[245] Ob die Überwachung der einzelnen Zielvereinbarungen zu den gesetzlichen Aufgaben des Betriebsrats gehört, erscheint aber durchaus fraglich. Zwar ergeben sich umfassende Überwachungsrechte aus § 80 Abs. 1 Nr. 1 BetrVG. Auch § 80 Abs. 1 Nr. 1 BetrVG aber macht zunächst aus dem Betriebsrat kein dem Arbeitgeber übergeordnetes Kontrollorgan; auch ergibt sich aus dieser Vorschrift kein Recht zur Mitdurchführung der Betriebsvereinbarung. Am Grundsatz des § 77 Abs. 1 Satz BetrVG ändert sich durch diese Vorschrift daher nichts, insbesondere ergibt sich aus ihr nicht, daß der Betriebsrat als eine Art gesetzlicher Beistand des ein-

---

[242] BAG 17.10.1989 NZA 1990 S. 441 ff.; Jedzig DB 1991 S. 859 ff., 859.

[243] So auch Säcker/Oetker RdA 1992 S. 16 ff., 24; Blomeyer Anm. zu BAG 28.10.1986, SAE 1987 S. 279 ff., 280.

[244] Säcker/Oetker RdA 1992 S. 16 ff., 24; gegen eine analoge Anwendung des § 100 BetrVG wegen dessen Ausnahmecharakter: Henssler in FS für Hanau S. 413 ff., 432 f.

[245] GK-Kraft § 80 Rn. 49, 58.

zelnen Arbeitnehmers von Amts wegen auf die Wahrung von dessen Rechten zu achten hätte.[246]
Es ist jedoch so, daß sich aus § 80 Abs. 1 Nr. 1 BetrVG auch im Bereich des § 87 Abs. 1 Nr. 10 BetrVG Überwachungsrechte im Hinblick auf die Einhaltung der generellen Entgeltregelungen im Einzelfall ergeben können, die wiederum ein entsprechendes Informationsrecht des Betriebsrats aus § 80 Abs. 2 Satz 1 BetrVG nach sich ziehen würden.[247] Die hier bestehenden Auslegungsunsicherheiten und Unklarheiten könnten sich in der besonderen Situation der Rahmenregelung jedoch durchaus als eine Gefährdung für die Schutzwirkung der Mitbestimmungsrechte darstellen. Es erscheint daher für die Rechtmäßigkeit der Rahmenregelung auch für Zielvereinbarungen geboten, dem Betriebsrat in Anlehnung an § 100 Abs. 2 Satz 1 BetrVG ein umfassendes Informationsrecht über die Ergebnisse der einzelnen Zielvereinbarungen einzuräumen, welches ihm eine unmittelbare und unkomplizierte Kenntnisnahme und zügige Reaktionen ermöglicht, falls der konkrete Zielvereinbarungsinhalt den vereinbarten und den Betriebsrat berechtigenden allgemeinen Rahmenregelungen widerspricht.[248]

Allerdings bedeutet auch dieses Informationsrecht nicht, daß der Betriebsrat nun weitergehende Rechte als die ihm aufgrund seiner eigenen Ansprüche zustehenden wahrnehmen könnte. Soweit daher vorgeschlagen wird, über das Informationsrecht hinaus dem Betriebsrat ein Widerspruchsrecht zuzugestehen, dessen Ausübung dazu führe, daß der Arbeitgeber ein Einigungsstellenverfahren durchführen müsse[249], kann dieser Ansicht nicht gefolgt werden. Die Rechte des Betriebsrats können nicht erzwingbar über die Grenzen des jeweils einschlägigen Mitbestimmungstatbestandes ausgedehnt werden. Geht es wie hier um eine Rahmenregelung auf Grundlage von § 87 Abs. 1 Nr. 10 BetrVG, so besteht ein Mitbestimmungsrecht gerade nicht in jedem Einzelfall, sondern nur für abstraktgenerelle Regelungen. Soweit aber die Konstruktion einer Entgeltrahmenregelung dazu führt, daß die Entscheidung im sekundären Regelungsbereich zu Einzelfallentscheidungen werden, ist der unmittelbare Zugriff des Betriebsrat auf diese konkrete Entscheidung auch dann verbaut, wenn sie gegen die Rahmenregelung verstößt. Es bleibt bei dem Grundsatz, daß er in diesem Fall aus eigener

---

[246] GK-Kraft § 80 Rn. 17, 28 f.; FKHE § 80 Rn. 3, 9; D/R § 80 Rn. 13 f.; G/L § 80 Rn. 13; Jedzig DB 1991 S. 859 ff., 860.
[247] Vgl. ausführlich Jedzig DB 1991 S. 859 ff., 861 ff.
[248] Vgl. als Beispiele in der Praxis Ziff. VII. b) bis f) der Betriebsvereinbarung über die Einführung eines Bonussystems für außertarifliche Mitarbeiterinnen und Mitarbeiter der Deutschen Bank AG vom 23.10.1997 und die ausführlichen Regelungen im Tarifvertrag Nr. 94 der Deutschen Telekom AG vom 9.12.1999 § 13.
[249] So Säcker/Oetker RdA 1992 S. 16 ff., 26.

Initiative nur eigene Ansprüche wahrnehmen kann und hier auf den Rechtsweg zu verweisen ist.

Die Unterscheidung zwischen den Rechten des Betriebsrats und solchen der Arbeitnehmer selbst erlangt nun insbesondere auch dort Bedeutung, wo es um die Festlegung der Verfahrensabläufe bei der Durchführung der einzelnen Zielvereinbarungen geht.

5. Verfahrensregeln

a) Verfahrensregeln als Entlohnungsmethoden

Die Tatsache, daß auch ein mitbestimmtes Zielvereinbarungssystem einen Verhandlungsspielraum auf dezentraler Ebene zuläßt, führt dazu, daß die eigentliche Zielfestlegung nun zwischen Arbeitgeber und Arbeitnehmer unmittelbar in Vollzug der Rahmenregelung stattfindet. Die Arbeitnehmer sind in der Situation des dezentralen Zielvereinbarungsgespräches „auf sich" gestellt, ein Zustand, der mit der dadurch gerade angestrebten Selbstbestimmungsfreiheit auch die Notwendigkeit mit sich bringt, sich mit dem Arbeitgeber, bzw. dem auf dessen Seite agierenden unmittelbaren Vorgesetzten selbst auseinanderzusetzen und zu einigen. Diese Situation birgt ein nicht unerhebliches Konfliktpotential.
Grundsätzlich besteht daher ein Bedürfnis danach, sowohl für die Situation des Zielvereinbarungsgespräches selbst als auch die Lösung von Konflikten geeignete Verfahren zu finden. Dennoch finden diese Verfahren auf dezentraler Ebene statt. Es fragt sich daher zunächst, inwieweit Regeln für diese Verfahren zu den Entlohnungsmethoden gem. § 87 Abs. 1 Nr. 10 BetrVG gezählt werden können.
Zu den Entlohnungsmethoden gehören alle Entscheidungen über das im Hinblick auf die Entgeltgestaltung für die Bewertung und Ermittlung der Arbeitsleistung anzuwendende Verfahren.[250] Das Verfahren der Zielvereinbarung selbst im Zielvereinbarungsgespräch dient nun durchaus der Ermittlung der entgeltrelevanten Arbeitsleistungsvorgabe und ihrer Bewertung und läßt sich daher – wie auch die Institutionalisierung des Beurteilungsgesprächs in einem Leistungsbeurteilungssystem - bei unbefangener Betrachtung recht zwanglos als Entlohnungsmethode ansehen.[251] Unerheblich ist, daß die tatsächliche Durchführung dieser Methode den Zielvereinbarungsparteien obliegt, denn gerade an der einheitlichen Gestaltung des dabei anzuwendenden Verfahrens besteht ein kollektives Interesse.

---

[250] GK-Wiese § 87 Rn. 921 m.w.N.
[251] GK-Wiese § 87 Rn. 937; vgl. auch Jedzig DB 1991 S. 859 ff., 860.

Etwas weniger eindeutig stellt sich die Situation bei der Mitbestimmung des Konfliktverfahrens dar. Es ist nicht selbstverständlich, daß die Lösung von Konflikten der Entgeltfindung dienen soll.
Die Besonderheit eines Zielvereinbarungssystems, daß dort nicht eine einseitige Beurteilung, sondern in erster Linie eine dezentrale Vereinbarungssituation vorgesehen ist, stellt jedoch nun ein Charakteristikum dieses Entlohnungsgrundsatzes dar, aufgrund dessen es bei dieser Vereinbarung in besonderer Weise zu Konflikten kommen kann. Auf die endgültig getroffene Vereinbarung ist zugleich die Vergütung bezogen. Ist aber so mit der entgeltrelevanten Vereinbarung der Bezugspunkt der Vergütung typischerweise mit Konflikten verbunden, so erscheint auch die Frage nach der Lösung dieser Konflikte als ein Bestandteil des im Hinblick auf die Entgeltgestaltung anzuwendenden Verfahrens.[252]
Es ist daher davon auszugehen, daß in einem entgeltrelevanten Zielvereinbarungssystem auch ein Konfliktlösungsverfahren zu den Entlohnungsmethoden gem. § 87 Abs. 1 Nr. 10 BetrVG gehört. Auch hier ist daher eine einheitliche Gestaltung und Ordnung dieses Verfahren vorzunehmen.

Zugleich aber ist nun zu bedenken, daß § 87 Abs. 1 BetrVG selbst einen Gesetzesvorbehalt enthält. Die individuellen Anhörungs-, Erörterungs- und Beschwerderechte des Arbeitnehmers sind im Betriebsverfassungsgesetz selbst bereits in den §§ 81 ff. geregelt. Diese Bestimmungen stellen Individualrechte des Arbeitnehmers dar, die sich nach allgemeiner Ansicht zumindest weitgehend bereits aus der arbeitsvertraglichen Fürsorgepflicht des Arbeitgebers ergeben.[253]
Zugleich stehen diese Vorschriften im Zusammenhang mit dem Schutz des Persönlichkeitsrechts gem. § 75 Abs. 2 BetrVG, der auch dem Betriebsrat als unveräußerliche Aufgabe übertragen ist.[254]
Es wird hier die Ansicht vertreten, daß aufgrund des in den §§ 81 ff. BetrVG enthaltenen Schutzgedankens diese Vorschriften zwingend und abweichende ungünstigere kollektive Vereinbarungen damit unwirksam seien.[255]
Soweit es um das Verhältnis der §§ 81 ff. zu § 87 Abs. 1 BetrVG geht, ist dieser Ansicht zuzustimmen. Insbesondere bei Ausübung des Mitbestimmungsrechts aus § 87 Abs. 1 Nr. 10 BetrVG verdrängt das kollektive Interesse das Individualinteresse des einzelnen Arbeitnehmers. Grenze ist hier aber der Schutz der

---

[252] Zur Bedeutung der Konfliktlösung bei Zielvereinbarungen vgl. auch MünchArbR-Kreßel § 66 Rn. 20.
[253] GK-Wiese vor § 81 Rn. 18; FKHE § 81 Rn. 1; HSG vor §§ 81-86 Rn. 2; ErfKomm-Hanau/Kania § 81 Rn. 1; G/L vor § 81 Rn. 5; FKHE § 81 Rn. 2.
[254] LAG Hamburg 15.7.1998, NZA 1998 S. 1245; GK-Wiese vor § 81 Rn. 31; zum Bezug zu § 75 Abs. 2 auch FKHE § 81 Rn. 1; ErfKomm-Hanau/Kania § 81 Rn. 1.
[255] GK-Wiese vor § 81 Rn. 31; G/L vor § 81 Rn. 5.

Persönlichkeitsrechte der Arbeitnehmer aus § 75 Abs. 2 BetrVG.[256] Genau diesem Schutz aber dienen die §§ 81 ff. BetrVG, erklärter Zweck dieser Vorschriften ist es, die Selbstverantwortung des einzelnen Arbeitnehmers zu stärken und seine faktische Objektstellung abzubauen.[257] Diese Vorschriften stellen insoweit eine Konkretisierung des § 75 Abs. 2 BetrVG dar[258] und sind daher bei der Ausübung des Mitbestimmungsrechts aus § 87 Abs. 1 Nr. 10 BetrVG zu beachten.

Im Hinblick auf die Frage, wann eine für den Arbeitnehmer ungünstigere Regelung vorliegt, ist insbesondere darauf zu verweisen, daß es die Selbstverantwortung des Arbeitnehmers nicht fördert, wenn durch eine mitbestimmte Regelung die eigentlich durch die §§ 81 ff. BetrVG zu mildernde Abhängigkeit vom Arbeitgeber ersetzt bzw. ergänzt wird durch eine neue Abhängigkeit vom Betriebsrat.[259] Eine Regelung, die Rechte des einzelnen Arbeitnehmers aus den §§ 81 ff. BetrVG zugunsten einer gegenüber der gesetzlichen Lage verstärkten Beteiligung des Betriebsrats einschränkt, kann daher durch das Günstigkeitsprinzip nicht gerechtfertigt werden, auf das der Betriebsrat hier aufgrund des besonderen Schutzgedankens der §§ 81 ff. BetrVG aber angewiesen ist.

b) Zielvereinbarungsgespräch

Im Rahmen der Ausgestaltung des Zielvereinbarungsgespräches ist dessen einheitlich anzuwendendes äußeres Verfahren festzulegen. Es ist zu klären, wie oft und unter welchen Umständen es stattfindet, wie lange es dauern soll, welche Punkte in welcher Weise zu besprechen sind.

Entscheidungsspielraum, für dessen Ausfüllung eine Methode festzulegen ist, besteht in dem Rahmen, den der Entlohnungsgrundsatz vorgegeben hat. Es muß für die Ausfüllung dieser Spielräume geklärt werden, inwieweit die Mitarbeiter Einfluß nehmen können, ob also eine echte Zielvereinbarung vorgesehen ist, eine Zielvorgabe oder eine Mischform. In allen Fällen ist zu regeln, wie das konkrete Verfahren aussehen soll, welche Spielregeln also gelten sollen. Dazu gehört, inwiefern den einzelnen Mitarbeitern einzelne Punkte erläutert werden und welche Möglichkeiten der Stellungnahme sie haben. Diese Verfahrensgrundsätze gelten sowohl für eine gegebenenfalls zu treffende Auswahl unter mehreren Kriterien, als auch für die Festlegung des konkret angestrebten Leistungsniveaus.

---

[256] S. § 4 B. II. 1.

[257] Amtliche Erklärung des Regierungsentwurfes BT-Drucks. VI/1786, S. 47; Moll/Klunker RdA 1973 S. 361 ff., 368; S/W § 75 Rn. 9; HSG vor §§ 81-86 Rn. 1; GK-Wiese vor § 81 Rn. 1.

[258] FKHE § 81 Rn. 1, § 75 Rn. 63 f.; GK-Kreutz § 75 Rn. 65; GK-Wiese vor § 81 Rn. 6.

[259] So auch Moll/Klunker RdA 1973 S. 361 ff., 368.

Es sind bereits im Rahmen des Zielvereinbarungsgesprächs Regelungen denkbar, die das Verfahren der Einigung steuern, ohne daß es bereits zu einem Konflikt gekommen sein muß.[260] So läßt sich etwa bereits in diesem Stadium bestimmen, daß bei fehlender Einigung in einem ersten Gespräch ein zweites Zielvereinbarungsgespräch – eventuell unter Hinzuziehung weiterer Beteiligter - institutionalisiert wird, ohne daß es der Beschwerde des Mitarbeiters bedarf. Zu solchen Regelungen gehören auch Bestimmungen darüber, wie im Falle dauerhafter Nichteinigung zu entscheiden ist, ob also die Zielvereinbarung ganz unterbleibt, mithin freiwillig ist, oder ob der Vorgesetzte – ggf. vorerst und unter Vorbehalt eines Konfliktverfahrens - allein entscheidet.[261] Beide Regelungen erscheinen möglich und von § 87 Abs. 1 Nr. 10 BetrVG gedeckt, denn einerseits kann der Betriebsrat im Zuge der – notwendigen[262] - Rahmenregelung dem Arbeitgeber einen Alleinentscheidungsspielraum im Einzelfall einräumen, der lediglich unter Berücksichtigung der §§ 81 ff. BetrVG an bestimmte Verfahrensregeln gebunden ist. Andererseits handelt es sich bei einer entgeltrelevanten Zielvereinbarung nach wie vor um eine besondere Vereinbarung, die als gesonderte Entgeltabrede getroffen werden muß und nicht ohne weiteres vom Direktionsrecht des Arbeitgebers gedeckt ist.[263] Zwar läßt sich diese gesonderte Abrede in den Grenzen des kollektiven Tatbestands auch mit dem Betriebsrat als Betriebsvereinbarung treffen, es erscheint aber durchaus als möglich, daß der in der Rahmenregelung zu belassende Spielraum innerhalb des sekundären Regelungsbereiches von der tatsächlichen Einigung mit dem einzelnen Arbeitnehmer als Partei des Arbeitsvertrags abhängig gemacht wird und für diesen daher so freiwillig ist, wie dies innerhalb eines Arbeitsverhältnisses möglich ist.[264]

Desweiteren ist das formelle Verfahren der Zielkontrolle, des Soll/Ist-Vergleichs mitzubestimmen. Es ist festzulegen, ob er zusammen mit der neuen Zielfestlegung im Rahmen des Zielvereinbarungsgespräches durchgeführt wird. Im Falle

---

[260] Vgl. als Beispiele § 9 (4) des Tarifvertrags Nr. 94 der Deutschen Telekom AG vom 9.12.1999, die Vorgaben für eine ergänzende Betriebsvereinbarung im debis-Ergänzungstarifvertrag vom 1.1.1999 unter 2.8.2.; Ziff. VII. a) der Betriebsvereinbarung über die Einführung eines Bonussystems für außertarifliche Mitarbeiterinnen und Mitarbeiter der Deutschen Bank AG vom 23.10.1997.

[261] Vgl. neben den soeben genannten Beispielen dazu auch die ausführlichen, anonymisierten Praxisbeispiele bei Breisig Personalbeurteilung, S. 433-440.

[262] Dazu ausführlich oben § 4 B. II. 3.

[263] Vgl. dazu oben § 4 A. III. 3.

[264] Erst in diesem Fall liegt zumindest eine „echte" Zielvereinbarung und nicht eine reine Zielvorgabe vor; auf die Reichweite des erforderlichen primären Regelungsbereiches hat diese Alternative jedoch keinen Einfluß, da der Betriebsrat nicht auf seine dem kollektiven Interesse der Gesamtbelegschaft dienenden Mitbestimmungsrechte verzichten darf, s. § 4 B. II. 3. b).

einer Zielbeurteilung bedarf es der Mitbestimmung, ob eine Beurteilung durch den Vorgesetzten allein oder gemeinsam mit den Mitarbeitern vorzunehmen ist. Bezüglich des Gesprächsablaufs geht es auch hier darum, inwieweit den Mitarbeitern einzelne Punkte erläutert werden und welche Möglichkeiten der Stellungnahme sie haben.

Bei Regelung dieser Fragen sind immer die §§ 81 und 82 BetrVG zu beachten. In Betracht kommt hier insbesondere § 82 BetrVG, der den Arbeitnehmer im ersten Absatz berechtigt, in allen betrieblichen Angelegenheiten, die ihn persönlich betreffen, gehört zu werden, sowie zu ihn betreffenden Maßnahmen Stellung zu nehmen und Vorschläge bezüglich des Arbeitsablaufes zu machen. Betriebliche Angelegenheiten sind hier vor allem solche, die mit der persönlichen Arbeitsleistung des Arbeitnehmers zusammenhängen.[265] Auch § 82 Abs. 2, nach dem der Arbeitnehmer ein Recht darauf hat, daß ihm die Berechnung und Zusammensetzung seines Arbeitsentgeltes erläutert und die Beurteilung seiner Leistungen sowie die Möglichkeiten seiner beruflichen Entwicklungen erörtert werden, findet auf die Situation des Zielvereinbarungsgespräches und der Abweichungsanalyse unmittelbare Anwendung.
Unmittelbare Mitbestimmungsrechte werden dem Arbeitnehmer durch § 82 BetrVG nicht eingeräumt.[266] Diese Vorschrift bedeutet damit auch nicht die Notwendigkeit einer echten oder freiwilligen Zielvereinbarung, regelt wohl aber die Mindestvoraussetzungen der Beteiligung an einer Zielvorgabe.
Ebenfalls bereits in § 82 Abs. 2 Satz 2 BetrVG ist das Recht des Arbeitnehmers verankert, zu einem Gespräch mit dem Arbeitgeber ein Mitglied des Betriebsrats hinzuzuziehen. Auch hier handelt es sich um ein Recht des Arbeitnehmers, angesprochen ist lediglich ein Mitglied des Betriebsrats als Person, die selbst keinen Anspruch darauf hat, hinzugezogen zu werden.[267] Aus der Bestimmung ergibt sich damit lediglich eine Hilfsfunktion des Betriebsrats. Nicht möglich ist es daher, davon abweichende weitergehende Regelungen zu treffen, die etwa den Arbeitnehmer dazu verpflichteten, ein Betriebsratsmitglied hinzuzuziehen.

c) Konfliktlösung

Kommt es im Verlauf des Zielvereinbarungsgesprächs zu Meinungsverschiedenheiten, bedarf es einer Regelung, wie dieser Konflikt einer Lösung zugeführt werden soll. Konflikte können sowohl bei der Zielvereinbarung, als auch bei einer eventuell erforderlichen Zielbeurteilung auftreten.

---

[265] ErfKomm-Hanau/Kania § 82 Rn. 3.
[266] ErfKomm-Hanau/Kania § 82 Rn. 4.
[267] BAG 23.2.1984 AP § 82 BetrVG 1972 Nr. 2.

aa) Regelungen der §§ 84 und 85 BetrVG

Angesprochen sind hier alle Verfahren, die dem einzelnen Mitarbeiter ein Recht geben, gegen für ihn unbefriedigende Umstände, wie den Verlauf oder das Ergebnis des Zielvereinbarungsgespräches, vorzugehen und sich darüber zu beschweren. Problematisch ist, daß gerade dieser Konflikt mit den §§ 84 und 85 BetrVG eine eindeutige gesetzliche Regelung gefunden hat.

In den §§ 84 und 85 BetrVG ist vorgesehen, daß der Arbeitnehmer sich bei den zuständigen Stellen des Betriebs (§ 84 BetrVG) oder aber beim Betriebsrat (§ 85 BetrVG) beschweren kann, wenn er sich in irgendeiner Weise beeinträchtigt fühlt. Gleichgültig ist es nach allgemeiner Ansicht, ob eine wirkliche oder vermeintliche Beeinträchtigung vorliegt und ob sie rechtlicher oder tatsächlicher Art ist. Entscheidend ist allein der subjektive Standpunkt des Arbeitnehmers.[268]

Konflikte im Rahmen eines Zielvereinbarungsprozesses fallen damit unter den Beschwerdebegriff, sobald sich ein Arbeitnehmer durch einen negativ bewerteten Zustand individuell beeinträchtigt fühlt.

Während der Beschwerdebegriff und -gegenstand in den §§ 84 und 85 BetrVG derselbe ist, besteht der Unterschied zwischen beiden Vorschriften in den unterschiedlichen Ansprechpartnern für den Arbeitnehmer. Während dieser sich gem. § 84 BetrVG an den Arbeitgeber unmittelbar, bzw. an die entsprechend zuständige betriebliche Stelle wendet, kann er sich gem. § 85 BetrVG auch für eine Beschwerde unter Zuhilfenahme des Betriebsrats entscheiden. Beide Verfahren stehen nach mehrheitlicher Ansicht gleichberechtigt nebeneinander.[269]

Die zuständige Stelle gem. § 84 Abs. 1 Satz 1 BetrVG ist in der Regel der unmittelbare Vorgesetzte. Die Prüfung der Beschwerde obliegt gem. § 84 Abs. 2 BetrVG dem Arbeitgeber, erkennt er ihre Berechtigung an, ist er gesetzlich zur Abhilfe verpflichtet.

Im Unterschied dazu ist gem. § 85 Abs. 1 BetrVG die Beschwerde an den Betriebsrat zu richten. Das weitere Vorgehen obliegt dann dem Betriebsrat. Hält dieser die Beschwerde für berechtigt, und kommt es bei Verhandlungen mit dem Arbeitgeber über die Berechtigung der Beschwerde zu Meinungsverschiedenheiten, sieht § 85 Abs. 2 Satz 1 BetrVG vor, daß der Betriebsrat die Einigungs-

---

[268] LAG Schleswig-Holstein NZA 1990, S. 703 f., FKHE § 84 Rn. 4; GK-Wiese § 84 Rn. 8; ErfKomm-Hanau/Kania § 84 Rn. 4; Hallmen S. 15 ff., Moll/Klunker RdA 1973, S. 361 ff., 361.

[269] FKHE § 85 Rn. 1; Richardi § 85 Rn. 2; MünchArbR – v. Hoyningen-Huene § 295 Rn. 25; ErfKomm-Hanau/Kania § 85 Rn. 1.

stelle anrufen kann, wenn Gegenstand der Beschwerde kein Rechtsanspruch ist (§ 85 Abs. 2 Satz 3 BetrVG).[270]

In diesem Verfahren ist daher ein Einigungsstellenspruch denkbar, der gem. § 85 Abs. 2 Satz 2 BetrVG die Einigung zwischen Betriebsrat und Arbeitgeber ersetzt. Für den Fall, daß die Beschwerde als berechtigt gilt, bedeutet dies die gleiche Wirkung wie eine Anerkennung der Beschwerdeberechtigung durch den Arbeitgeber, also dessen gesetzliche Verpflichtung zur Abhilfe. Diese Verpflichtung des Arbeitgebers kann sich auch bei einem Einigungsstellenspruch nur auf Abhilfe richten, nicht auf eine bestimmte Maßnahme. Die Art und Weise der Abhilfe bestimmt daher der Arbeitgeber nach Maßgabe seiner Einflußmöglichkeiten.[271]
Wenn auch die Einigungsstelle gem. § 85 Abs. 2 BetrVG nur durch den Betriebsrat angerufen werden kann, und es sich hier um dessen eigenes, von der Zustimmung des Arbeitnehmers unabhängiges Recht handelt, kann doch der Arbeitnehmer jederzeit dem Verfahren die Grundlage dadurch entziehen, daß er die Beschwerde ganz zurückzieht.[272] Die Anerkennung der Beschwerde bewirkt zudem in allen Fällen, daß ein im Klagewege durchsetzbarer Rechtsanspruch des einzelnen Arbeitnehmers auf Abhilfe entsteht, es handelt sich hier um einen individualrechtlichen Anspruch. Der Betriebsrat kann daher die Abhilfe der Beschwerde nicht verlangen.[273]

bb) Abweichende Konfliktregelungen aufgrund von § 87 Abs. 1 Nr. 10 BetrVG?

Es fragt sich, inwieweit der Betriebsrat von den §§ 84 und 85 BetrVG abweichende oder darüber hinausgehende Regelungen in einer Rahmenvereinbarung gem. § 87 Abs. 1 Nr. 10 BetrVG erzwingen kann.
Speziell für das Beschwerdeverfahren nach den §§ 84 und 85 BetrVG wird hier die Ansicht vertreten, daß es dem Betriebsrat auch unter Berufung auf seine

---

[270] Vgl. zu den Verfahren nach den §§ 84 und 85 BetrVG allgemein FKHE § 84 Rn. 13 ff., § 85 Rn. 1 ff.

[271] LAG Düsseldorf NZA 1994, S. 767 ff., 767; DKK-Buschmann § 85 Rn. 15; FKHE § 85 Rn. 5; GK-Wiese § 85 Rn. 23; Richardi § 85 Rn. 35; Nebendahl/Lunk NZA 1990, S. 676 ff.; HSG § 85 Rn. 10; G/L § 85 Rn. 17; Moll/Klunker RdA 1973, S. 361 ff., 364 f.; ErfKomm-Hanau/Kania § 85 Rn. 6.

[272] Vgl. dazu den schriftl. Bericht des 10. Ausschusses, zu BT-Drucks. VI/2729, S. 29; LAG Düsseldorf NZA 1994, S. 767 ff., 768; GK-Wiese § 85 Rn. 9; ErfKomm-Hanau/Kania § 85 Rn. 3; MünchArbR – v. Hoyningen-Huene § 295 Rn. 31; FKHE § 85 Rn. 3; Richardi § 85 Rn. 14; Hallmen S. 103 f.

[273] ErfKomm-Hanau/Kania § 85 Rn. 6; FKHE § 85 Rn. 5; GK-Wiese § 85 Rn. 23, 25; Hallmen S. 98 f., DKK-Buschmann § 85 Rn. 16; a.A. G/L § 85 Rn. 17.

Mitbestimmungsrechte aus § 87 BetrVG nicht gestattet sei, die Lösung von Konflikten zwischen Arbeitgeber und Arbeitnehmer unmittelbar einem anderem Procedere zu unterstellen, als es die Vorschriften der §§ 82 ff. BetrVG vorsehen.[274] Im konkreten Fall sollte dies zumindest dann nicht möglich sein, wenn Gegenstand des Konfliktverfahrens eine Beschwerde über das Verhalten anderer Arbeitnehmer ist[275], da genau diese Konfliktlösung in den §§ 82 ff. BetrVG und hier insbesondere in den §§ 84 und 85 BetrVG ihre Regelung gefunden habe.
Als Begründung angeführt wird neben der besonderen Bedeutung des § 75 BetrVG insbesondere der in § 87 Abs. 1 BetrVG vorgesehene Gesetzesvorbehalt.[276]

Möglicherweise muß diese Beschränkung auf das gesetzlich vorgesehene Beschwerdeverfahren auch für das Konfliktverfahren in einem entgeltrelevanten Zielvereinbarungssystem gelten.
Es fragt sich, welche Bedeutung hier der Existenz des § 86 BetrVG zuzumessen ist.[277] In dieser Vorschrift hat der Gesetzgeber gerade für das Beschwerdeverfahren der §§ 84, 85 BetrVG eine Abweichung zugleich vorgesehen und beschränkt. § 86 BetrVG räumt die Möglichkeit ein, durch Tarifvertrag oder Betriebsvereinbarung die näheren Einzelheiten des betrieblichen Beschwerdeverfahrens zu regeln.
Daß eine Regelung gem. § 86 BetrVG aber nun nicht als für die individuelle Rechtsposition des einzelnen Arbeitnehmers ungünstig anzusehen ist, läßt sich bereits aus der systematischen Stellung des § 86 BetrVG als Teil der Individualrechte der §§ 81 ff. BetrVG schließen. Eine Abweichung im Sinne dieser Vorschrift hat der Gesetzgeber ausdrücklich der Disposition der Kollektivpartner überlassen. Der Schutz des Persönlichkeitsrechts kann damit aber keine Schranke für eine mitbestimmte Regelung sein, die zwar von den §§ 84 und 85 BetrVG abwiche, dabei aber die Grenzen des § 86 BetrVG beachtete.
Es verbleibt damit das Argument des Gesetzesvorbehaltes in § 87 Abs. 1 BetrVG. § 86 selbst ermöglicht nach übereinstimmender Ansicht nur freiwillige Betriebsvereinbarungen[278]; der Arbeitgeber soll gem. § 86 BetrVG Änderungen der Gesetzeslage nur hinnehmen müssen, wenn er diesen zustimmt, eine Erzwingbarkeit ist nicht vorgesehen. Hier ist jedoch zu bedenken, daß nach der

---

274 LAG Hamburg 15.7.1998, NZA 1998 S. 1245; S/W §§ 84-86 Rn. 12a.
275 Die Entscheidung erging zu einem Konfliktverfahren zum Thema „Mobbing" auf Grundlage des § 87 Abs. 1 Nr. 1 BetrVG.
276 LAG Hamburg 15.7.1998 NZA 1998 S. 1245.
277 Vgl. hierzu Wolmerath Anm. zu LAG Hamburg 15.7.1998 AiB 1999, S. 102 f., der der Entscheidung insgesamt kritisch gegenübersteht.
278 FKHE § 86 Rn. 1; ErfKomm-Hanau/Kania § 86 Rn. 2; GK-Wiese § 86 Rn. 1; Richardi § 86 Rn. 6; G/L § 86 Rn. 6; HSG § 86 Rn. 1.

hier vertretenen Ansicht das Konfliktverfahren eines entgeltrelevanten Zielvereinbarungssystems als Entlohnungsmethode gem. § 87 Abs. 1 Nr. 10 BetrVG anzusehen ist. Eine Erzwingbarkeit könnte sich daher aus dieser Vorschrift ergeben. Beschränkungen des § 87 BetrVG als Mitbestimmungstatbestand und damit stärkstem Beteiligungsrecht des Betriebsrats sollen aber auch nach dem Gesetzesvorbehalt in § 87 Abs. 1 BetrVG nur gegeben sein, „soweit" eine gesetzliche Regelung besteht. § 86 BetrVG läßt aber ausdrücklich einen Regelungsspielraum zu. Wenn nun die Ausnutzung desselben auch aufgrund der Vorschrift selbst nicht erzwungen werden kann, so stellen die §§ 84 und 85 BetrVG doch keine Regelungen dar, die nach dem Willen des Gesetzgebers gar keiner Abweichung zugänglich sein sollen. Berührt das zu regelnde Verfahren aber gleichzeitig den Anwendungsbereich eines Mitbestimmungstatbestandes gem. § 87 Abs. 1 BetrVG, so erscheint es sinnvoll, diese Abweichungen als Teil eines gesetzlich zulässigen Regelungsspielraumes zu betrachten und auch ihre Erzwingbarkeit gem. § 87 BetrVG zuzulassen. Eine Beschränkung dieses Vorgehens ergibt sich bereits daraus, daß es einer besonderen Begründung bedarf, warum ein individuelles Konfliktverfahren als Teil eines Mitbestimmungstatbestandes gem. § 87 Abs. 1 BetrVG anzusehen sein sollte. In einem Zielvereinbarungssystem erklärt sich dies allein aus der besonderen Charakteristik des Entlohnungsgrundsatzes in Form der für diese Entgeltform unerläßlichen dezentralen Vereinbarungsebene und dem damit verbundenen besonderen Konfliktpotential.

Auch unter der Annahme, daß § 86 BetrVG einen Regelungsspielraum eröffnet, kann es jedoch nicht möglich sein, auf Grundlage von § 87 BetrVG eine Regelung zu erzwingen, die im Rahmen von § 86 BetrVG nicht getroffen werden könnte.[279] Dies ergibt sich schon daraus, daß den Betriebspartnern oder der Einigungsstelle gem. § 87 Abs. 2 BetrVG nicht erlaubt sein kann, was selbst den Tarifvertragsparteien gem. § 86 BetrVG verwehrt ist.

Die Grenzen des § 86 BetrVG sind daher auch bei einer Ausgestaltung eines Konfliktverfahrens auf Grundlage von § 87 Abs. 1 Nr. 10 BetrVG zu beachten.
Der Disposition der Kollektivpartner nach § 86 BetrVG unterliegen nun aber lediglich die Einzelheiten des Beschwerdeverfahrens nach den §§ 84 und 85 BetrVG und die Ersetzung der Einigungsstelle in § 85 Abs. 2 BetrVG durch eine betriebliche Beschwerdestelle. Weder ist es möglich, eine Verpflichtung des Arbeitnehmers zu begründen, vor der gerichtlichen Geltendmachung von Rechten die betrieblichen Beschwerdemöglichkeiten auszuschöpfen, noch kann die ge-

---

[279] Zu den hier zu beachtenden Einschränkungen sogleich.

setzlich vorgesehene Zuständigkeit der Einigungs- oder Beschwerdestelle eingeschränkt oder erweitert werden.[280]

Zu denken ist dagegen an nähere Bestimmungen darüber, wer die „zuständige Stelle des Betriebes“ gem. § 84 Abs. 1 Satz 1 BetrVG sein soll, an die Festlegung von Frist- und Formvorschriften für die Durchführung des Beschwerdeverfahrens, Unterrichtungsrechte aller Beteiligten, Art und Weise der Hinzuziehung eines Betriebsratsmitglieds nach § 84 Abs. 1 Satz 2, sowie gegebenenfalls die Bildung eines betrieblichen Instanzenzugs, etwa vom unmittelbaren Vorgesetzten über den nächsthöheren Vorgesetzten und einen Beschwerdeausschuß bis hin zur Personalabteilung.[281]

Fraglich ist jedoch, ob es auch möglich ist, eine Beschwerdestelle einzusetzen, die anstelle der betrieblichen Einigungsstelle in § 85 Abs. 2 BetrVG tätig werden könnte. Solche Kommissionen sind in der Praxis z.T. in großem Umfang vorgesehen und werden mit weitreichenden Befugnissen ausgestattet.[282] Soweit es aber um erzwingbare Entscheidungsbefugnisse im Bereich der Konfliktlösung eines entgeltrelevanten Zielvereinbarungssystems geht, müßte die Einigungsstelle zunächst selbst zuständig und § 85 Abs. 2 BetrVG damit überhaupt anwendbar sein.

6. Zulässigkeit einer Letztentscheidung durch die Einigungsstelle

Es findet sich in der Literatur recht häufig der Vorschlag, bei Meinungsverschiedenheiten zwischen den Zielvereinbarungsparteien die Entscheidung in „letzter Instanz“ nach Durchführung eines Konfliktverfahrens der betrieblichen Einigungsstelle zu überlassen.[283] Während die Festlegung der bisherigen Verfahrensregelungen noch einem kollektiven Interesse entsprangen und die Methoden gestalteten, die bei der konkret zu treffenden einzelnen Zielvereinbarung einheitlich Anwendung finden sollen, handelt es sich bei dieser Zielvereinbarung selbst um einen Einzelfall. Ist für diese Einzelfallentscheidung nun die Zustän-

---

[280] GK-Wiese § 86 Rn. 3; Moll/Klunker RdA 1973 S. 361 ff., 368; FKHE § 86 Rn. 3; G/L § 86 Rn. 3; HSG § 86 Rn. 5; ErfKomm-Hanau/Kania § 86 Rn. 1; Richardi § 86 Rn. 2.

[281] S. mit weiteren Beispielen FKHE § 86 Rn. 2; GK-Wiese § 86 Rn. 5.

[282] Breisig Zielvereinbarungen S. 112; ders. Personalbeurteilung S. 440-447; Hlawaty/Hlawaty Führungshandbuch Gruppenarbeit S. 121; Jocham Handelsblatt vom 27.7.1993, S. 3; IG-Metall-Broschüre S. 11; TBS-Broschüre S. 33/34; vgl. als Regelungsbeispiele auch § 3 des Tarifvertrags zur Eingruppierung und Leistungsorientierten Vergütung der Gmünder Ersatzkasse vom 1.8.1997; § 11 des Tarifvertrags Nr. 94 der Deutschen Telekom AG vom 9.12.1999; § 5 des Tarifvertrags über leistungs- und ergebnisorientierte Bezahlung der Aral AG vom 1.1.2000.

[283] S. vorige Fn.

digkeit der Einigungsstelle vorgesehen, stellt sich die Frage, ob der Betriebsrat nicht eine Entscheidung, die eigentlich gerade aus seinen zwingenden Mitbestimmungsrechten ausgenommen ist, unzulässigerweise nun doch wieder an sich zieht. Jedenfalls wird die eigentlich für die dezentrale Ebene zwischen Arbeitnehmern und Arbeitgeber unmittelbar vorgesehene Einigung letztlich der Auseinandersetzung zwischen diesen beiden Parteien entzogen und (wieder) einer betrieblichen Zwangsschlichtung unterworfen. Möglicherweise widerspricht ein solches Vorgehen dem ausdifferenzierten System der Beteiligungsrechte der einzelnen Arbeitnehmer in den §§ 81 ff. BetrVG einerseits und des Betriebsrats gem. § 87 Abs. 1 BetrVG andererseits.

a) Unzulässige Erweiterung der Mitbestimmungsrechte auf den Einzelfall?

Die Rahmenregelung für Zielvereinbarungen wird auch im Hinblick auf die Ausgestaltung der Verfahrensregeln nach § 87 Abs. 1 Nr. 10 BetrVG mitbestimmt. Eine Zuständigkeit der Einigungsstelle ist hier nur gem. § 87 Abs. 2 BetrVG vorgesehen und auf kollektive Tatbestände beschränkt. Für einen Einzelfall, wie sie die Letztentscheidung der Beschwerde eines einzelnen Arbeitnehmers darstellt, läßt sich eine Zuständigkeit der Einigungsstelle aus den §§ 87 Abs. 1 Nr. 10 und 87 Abs. 2 BetrVG daher nicht herleiten. Es wurde bereits dargestellt, daß aus diesem Grund der Betriebsrat aus eigener Initiative eine einzelne Zielvereinbarung nicht einem Einigungsstellenverfahren unterwerfen könnte. Zu denken ist jedoch an eine Zuständigkeit der Einigungsstelle aus § 85 Abs. 2 BetrVG.

§ 85 Abs. 2 BetrVG begründet die Zuständigkeit der Einigungsstelle gerade für eine Entscheidung darüber, ob die Beschwerde eines einzelnen Arbeitnehmers berechtigt ist. Es entspricht jedoch allgemeiner Ansicht[284], daß durch § 85 Abs. 2 BetrVG die Mitbestimmung des Betriebsrats nicht erweitert und das abgestufte System der Beteiligungsrechte nicht durchbrochen werden darf.

Es wird hier daher die Ansicht vertreten, daß § 85 Abs. 2 BetrVG dann nicht anwendbar sei, wenn nach anderen Vorschriften des Betriebsverfassungsgesetzes der Betriebsrat nur bei kollektiven Tatbeständen mitbestimmen dürfe. Dem Betriebsrat werde sonst ein Mitbestimmungsrecht im Einzelfall in Fällen eingeräumt, in denen der Gesetzgeber nur eine Mitbestimmung für kollektive Tatbestände vorgesehen habe. Darin liege aber eine unzulässige Erweiterung der Mitbestimmung.[285] Nach dieser Ansicht wäre eine Regelung, die eine letztinstanzli-

---

[284] LAG Hamm BB 1986, 1359 ff., 1360; DKK-Buschmann § 85 Rn. 3; Richardi § 85 Rn. 25; FKHE § 85 Rn. 7; GK-Wiese § 85 Rn. 15; S/W § 84-86 Rn. 15; G/L § 85 Rn. 10; Hanau BB 1977, S. 350 ff., 354.

[285] Hunold DB 1993, S. 2282 ff., 2285; auch Söllner ZfA 1982 S. 1 ff., 13.

che Entscheidungsbefugnis der Einigungsstelle im Falle von Zielvereinbarungen vorsieht, nicht zulässig.
Gegen diese Ansicht wird insbesondere eingewendet, daß mit ihr der Anwendungsbereich des § 85 Abs. 2 BetrVG erheblich eingeschränkt werde, denn gerade die inhaltlich weitreichenden Vorschriften des § 87 BetrVG seien grundsätzlich an das Vorliegen eines kollektiven Tatbestandes gebunden.[286]

Zum Teil[287] wird daher darauf abgestellt, ob einzelne Mitbestimmungstatbestände ausschließlich auf kollektive Tatbestände beschränkt seien, oder ob auch eine Mitbestimmung im Einzelfall nicht ausgeschlossen werde. Letzteres sei etwa bei § 87 Abs. 1 Nr. 1 , 5 und 9 BetrVG der Fall. In diesen Fällen sei ohnehin die Regelung eines Einzelfalls in die Mitbestimmung des Betriebsrats gestellt, so daß die Entscheidungskompetenz der Einigungsstelle für diese Einzelfälle auch nach § 85 Abs. 2 BetrVG als eröffnet anzusehen sei. Habe dagegen ein Mitbestimmungstatbestand einen rein kollektiven Charakter, so könne auch über den Beschwerdeweg des § 85 BetrVG keine Zuständigkeit der Einigungsstelle für eine Einzelfallentscheidung begründet werden. Da § 87 Abs. 1 Nr. 10 BetrVG aber einen solch rein kollektiven Charakter hat, wäre auch nach dieser Ansicht eine Entscheidungskompetenz der Einigungsstelle für die Konfliktlösung bei Zielvereinbarungen unzulässig.

Mehrheitlich wird jedoch mittlerweile davon ausgegangen, daß die Verfahren nach § 87 Abs. 2 und § 85 Abs. 2 BetrVG nicht miteinander vergleichbar sind, sondern vielmehr unterschiedliche Funktionen erfüllen. Im Verfahren nach § 85 Abs. 2 BetrVG gehe es im Unterschied zu dem Verfahren nach § 87 Abs. 2 BetrVG nicht um die Durchsetzung von Rechten des Betriebsrats, sondern um Individualrechte des Arbeitnehmers. Obwohl allein der Betriebsrat zur Anrufung der Einigungsstelle befugt sei, übe er im Verfahren nach § 85 Abs. 2 nur eine Unterstützungsfunktion zugunsten des beschwerdeführenden Arbeitnehmers aus, von dessen freier Entscheidung es abhänge, ob durch die Einlegung der Beschwerde beim Betriebsrat das Verfahren eröffnet werden solle oder ob er diesem durch einen Rückzug der Beschwerde wieder die Grundlage entziehen wolle. Plakativ zusammengefaßt wird diese Ansicht mit der Formel, der Betriebsrat habe im Beschwerdeverfahren nach § 85 Abs. 2 BetrVG nur ein Recht im Verfahren, nicht aber über das Verfahren.[288]

---

[286] GK-Wiese § 87 Rn. 16; ders. FS für Müller S. 625 ff., 633 f.
[287] G/L § 85 Rn. 14; S/W § 84-86 Rn. 16; unklar FKHE § 85 Rn. 7.
[288] Formulierung nach LAG Düsseldorf NZA 1994, S. 767 ff., 768 in Anlehnung an FKHE § 85 Rn. 7; vgl. auch FKHE § 85 Rn. 5; GK-Wiese § 85 Rn. 15 ff.; Richardi § 85 Rn. 25;

Gerade in dieser Funktion der Einigungsstelle sei die Sinnhaftigkeit der §§ 81 ff. BetrVG zu erkennen, die durch die Einführung von Individualrechten die Rechtsposition des einzelnen Arbeitnehmers in solchen Angelegenheiten stärken sollten, in denen die Mitbestimmung des Betriebsrats auf kollektive Tatbestände beschränkt sei. Durch die spezielle Ausgestaltung des Verfahrens nach § 85 Abs. 2 BetrVG könnten die Individualinteressen des Arbeitnehmers nicht gegen seinen Willen durchgesetzt werden.[289] Eine Grenze finde die Zuständigkeit der Einigungsstelle nach § 85 Abs. 2 BetrVG aber dort, wo die Begründung neuer oder der Umfang bestehender Leistungspflichten des Arbeitgebers und des Arbeitnehmers unmittelbar berührt seien. Solche Fragen seien in § 87 Abs. 1 Nr. 3 und Nr. 11 BetrVG als Ausnahmen für den kollektiven Bereich abschließend geregelt und daher nur im Rahmen des § 87 Abs. 2 BetrVG einer Entscheidung durch die Einigungsstelle eröffnet.[290]

Gegen die zweite Ansicht ist zunächst einzuwenden, daß sie den Anwendungsbereich von § 85 Abs. 2 BetrVG einer nicht unerheblichen Rechtsunsicherheit unterwirft, denn inwieweit in Angelegenheiten nach § 87 Abs. 1 BetrVG eine Mitbestimmung in Einzelfällen nicht ganz ausgeschlossen ist, läßt sich keinesfalls immer zweifelsfrei feststellen. Vor allem aber mißachtet diese Ansicht die Tatsache, daß die Entscheidungsbefugnis der Einigungsstelle in § 85 Abs. 2 BetrVG bereits nach dem Wortlaut der Vorschrift und insoweit ganz übereinstimmender Ansicht[291] eine andere ist als in § 87 Abs. 2 BetrVG. Während sie nach § 87 Abs. 2 BetrVG in der Sache selbst gem. § 76 Abs. 5 BetrVG abschließend entscheidet, kann sie nach § 85 Abs. 2 BetrVG nur über die Berechtigung der Beschwerde entscheiden und so die gesetzliche Verpflichtung des Arbeitgebers zur Abhilfe auslösen.[292]
Daraus ergibt sich aber, daß eine Einigungsstellenzuständigkeit in Einzelfällen gerade nicht auch dann für § 85 Abs. 2 BetrVG als eröffnet angesehen werden kann, wenn diese auch nach § 87 Abs. 2 BetrVG gegeben wäre; bei gem. § 87 BetrVG mitbestimmungspflichtigen Einzelfällen könnte der Arbeitgeber seiner gesetzlichen Verpflichtung zur Abhilfe gar nicht nachkommen, da er nach der

---

MünchArbR - v. Hoyningen-Huene § 295 Rn. 34; Hallmen S. 135 f.; zur Herrschaft des Arbeitnehmers über das Verfahren auch ErfKomm-Hanau/Kania § 85 Rn. 3.

[289] Wiese FS für Müller S. 625 ff., 633 ff.; ders. GK § 85 Rn. 16; Hallmen S. 135 f.; auch LAG Düsseldorf NZA 1994, S. 767 ff., 768.

[290] GK-Wiese § 85 Rn. 19.

[291] LAG Düsseldorf NZA 1994, S. 767 ff., 767; DKK-Buschmann § 85 Rn. 15; FKHE § 85 Rn. 5; GK-Wiese § 85 Rn. 23; Richardi § 85 Rn. 35; Nebendahl/Lunk NZA 1990, S. 676 ff.; HSG § 85 Rn. 10; G/L § 85 Rn. 17; Moll/Klunker RdA 1973, S. 361 ff., 364 f.; ErfKomm-Hanau/Kania § 85 Rn. 6.

[292] Vgl. dazu auch GK-Wiese § 85 Rn. 18; Hallmen S. 136.

Theorie der notwendigen Mitbestimmung eine Entscheidung über eine bestimmte Abhilfemaßnahme gar nicht allein treffen könnte.[293]
Es kann daher nicht davon ausgegangen werden, daß § 85 Abs. 2 BetrVG dem Betriebsrat ein Mitbestimmungsrecht auch in Einzelfällen eröffnet.
Damit bleiben als Alternativen aber nur noch die Ansicht, daß § 85 Abs. 2 BetrVG im Anwendungsbereich des § 87 BetrVG ausgeschlossen ist oder daß von einer völlig unterschiedlichen Funktion der Einigungsstelle in beiden Fällen auszugehen ist.
Gegen die erste Ansicht ist hier aber der Einwand zu wiederholen, daß § 85 Abs. 2 BetrVG praktisch bedeutungslos würde, wenn man diese Vorschrift im weitreichenden Anwendungsbereich des § 87 BetrVG für unanwendbar erklärte. Insbesondere kann nicht davon ausgegangen werden, daß § 85 Abs. 2 BetrVG sich nur auf die im selben Abschnitt geregelten Mitwirkungsrechte des Arbeitnehmers bezieht[294], die nur Rechtsansprüche zum Gegenstand haben, welche aber gerade gem. § 85 Abs. 2 Satz 3 BetrVG aus der Zuständigkeit der Einigungsstelle ausgenommen sind.[295] Der Gesetzgeber hat die Zuständigkeit der Einigungsstelle gem. § 85 Abs. 2 BetrVG ausdrücklich vorgesehen. Diesem gesetzgeberischen Willen läßt sich nicht dadurch entgehen, daß man den Anwendungsbereich der Vorschrift bis zur Bedeutungslosigkeit reduziert.
Vielmehr spricht die systematische Stellung des § 85 Abs. 2 BetrVG als Teil der Individualrechte des Arbeitnehmers gem. § 81 ff. BetrVG für die letztgenannte Ansicht. Diese Individualrechte werden lediglich durch die Beteiligung des Betriebsrats nicht zu dessen Rechten. Allein die jederzeit zurückziehbare Beschwerde des Arbeitnehmers ist Anlaß und Grundlage für die Eröffnung und Durchführung eines Einigungsstellenverfahrens gem. § 85 Abs. 2 BetrVG. Auch das Einigungsstellenverfahren nach § 85 BetrVG ist daher den Individualrechten des Arbeitnehmers zuzuordnen. Die individuellen Interessen des Arbeitnehmers sollen auch dort durchsetzbar sein, wo die Mitbestimmung des Betriebsrats nur das kollektive Interesse wahren kann und dem Arbeitnehmer selbst auch der Weg zum Arbeitsgericht nicht eröffnet ist.[296] Die Funktion der Einigungsstelle gem. § 85 Abs. 2 BetrVG ist damit eine andere als die gem. § 87 Abs. 2 BetrVG. Soweit daher die Grenzen des § 85 Abs. 2 BetrVG insbesondere im Hinblick auf die inhaltliche Entscheidungsbefugnis der Einigungsstelle beachtet werden, kann in einer Regelung, die die letztinstanzliche Entscheidung eines Zielvereinbarungskonflikts auf Initiative des einzelnen Arbeitnehmers der Einigungsstelle

---

[293] GK-Wiese § 85 Rn. 18.
[294] So aber Söllner ZfA 1982 S. 1 ff., 13.
[295] GK-Wiese § 85 Rn. 16.
[296] Zu dieser Funktion des Beschwerdeverfahrens als alternative Kontrolle auch Hallmen S. 122 f.; LAG Düsseldorf NZA 1994 S. 767f., 768.

zuweist, keine unzulässige Erweiterung der Mitbestimmung auf den Einzelfall erblickt werden.
Möglicherweise ergibt sich die Unzuständigkeit der Einigungsstelle für diese Frage aber noch aus anderen Gründen.

b) Keine erzwingbare Erweiterung auf Rechtsansprüche

In § 85 Abs. 2 Satz 3 BetrVG ist bestimmt, daß die Einigungsstelle für die Entscheidung über die Berechtigung der Beschwerde nur zuständig ist, soweit Gegenstand der Beschwerde kein Rechtsanspruch ist. Über Rechtsansprüche entscheiden allein die Gerichte für Arbeitssachen. Der Betriebsrat kann nicht erzwingen, daß die Zuständigkeit der Einigungsstelle auf Rechtsansprüche einzelner Arbeitnehmer erweitert wird. Weder aus § 87 Abs. 1 Nr. 10 BetrVG noch aus § 86 BetrVG läßt sich eine entsprechende Erweiterung der Zuständigkeit der Einigungsstelle herleiten.[297]
Möglich bliebe allenfalls, aufgrund einer freiwilligen Vereinbarung gem. § 76 Abs. 6 BetrVG die Zuständigkeit der Einigungsstelle auch auf Rechtsansprüche zu erweitern. Dadurch aber wird entsprechend § 76 Abs. 7 BetrVG der Rechtsweg nicht ausgeschlossen, so daß ein freiwilliges Einigungsverfahren in der Regel als wenig sinnvoll erscheint.[298]

Gegenstand eines Einigungsstellenverfahrens nach § 85 Abs. 2 BetrVG können demnach aber nur individuelle Regelungsstreitigkeiten sein. Es fragt sich, inwieweit diese bei einem Zielvereinbarungskonflikt überhaupt vorliegen.

aa) Individuelle Regelungsstreitigkeiten bei Vereinbarung eines neuen Ziels?

Für die Annahme von individuellen Regelungsstreitigkeiten kommen insbesondere solche Konflikte in Betracht, die bei Vereinbarung eines neuen Ziels entstehen. Soweit ein Einigungsstellenverfahren in letzter Instanz gefordert wird, soll dies vor allem dazu dienen, dem Arbeitnehmer zur Durchsetzung seiner inhaltlichen Zielvorstellungen zu verhelfen. Zu beachten ist, daß eine tatsächliche Beeinträchtigung erforderlich ist, durch die sich der Arbeitnehmer persönlich

---

[297] Zur Reichweite des § 86 BetrVG FKHE § 86 Rn. 3; G/L § 86 Rn. 3; HSG § 86 Rn. 5; GK-Wiese § 86 Rn. 4; Richardi § 86 Rn. 2; DKK-Buschmann § 86 Rn. 4; ErfKomm-Hanau/Kania § 86 Rn. 1, s. auch bereits § 4 B. III. 5. c) bb).

[298] BAG 28.6.1984 AP § 85 BetrVG 1972 Nr. 1; ausführlich Moll/Klunker RdA 1973, S. 361 ff., 367 ff.; HSG § 85 Rn. 3, 11; Richardi § 85 Rn. 18; FKHE § 85 Rn. 4; GK-Wiese § 85 Rn. 14; a.A. DKK-Buschmann § 85 Rn. 10.

benachteiligt fühlt. Dabei sind im wesentlichen zwei Fallgestaltungen denkbar.[299]
Zum einen könnte der Arbeitnehmer sich durch die Rahmenregelung selbst beschwert fühlen und für sich persönlich eine abweichende Regelung begehren. Zum anderen aber ist es gerade für eine anwendungsbedürftige Rahmenregelung eine typische Konfliktkonstellation, daß der Arbeitgeber eine vom Arbeitnehmer begehrte, im Rahmen der Regelung liegende und zulässige Zielgestaltung verweigert.

Gegen die Einordnung dieser beiden Fallgestaltungen als Regelungsstreitigkeiten wird jedoch eingewendet, daß der Beschwerdesachverhalt letztlich die Rahmenregelung selbst sei.[300] Für den Fall einer abweichenden Sonderregelung habe die Einigungsstelle bestehende Betriebsvereinbarung getreu dem Grundsatz „pacta sunt servanda" zu respektieren und dürfe nicht im regelungsfreien Raum tätig werden.[301] Auch wenn die Regelung selbst dem Arbeitnehmer gerade keinen Anspruch auf die von ihm begehrte konkrete Abhilfe gebe, weil mehrere Möglichkeiten im Rahmen eines Ermessensspielraums gegeben seien, sei Gegenstand seiner Beschwerde eine rechtliche Regelung. Streitigkeiten, die in den Bereich dieser Regelung fielen, seien damit aber Rechtsstreitigkeiten, die vor das Arbeitsgericht gehörten, auch wenn hier lediglich ein Anspruch auf ermessensfehlerfreie Entscheidung geltend gemacht werden könne. [302]

Bei der Frage, welcher Wertung zuzuneigen ist, ist unter dem Gesichtspunkt der von der Rahmenregelung gedeckten, aber vom Arbeitgeber verweigerten Abweichung nun durchaus zu bedenken, daß die Betriebspartner in ihrer Regelung die einzelne Entscheidung bewußt offengelassen und – im Falle der Zielvereinbarungen – der zweiseitigen Vereinbarung durch die Zielvereinbarungsparteien überlassen haben. Könnte hier nun eine Entscheidung über die Einigungsstelle erzwungen werden, würde diese Wertung möglicherweise letztlich wieder durch § 85 Abs. 2 BetrVG durchbrochen und an die Stelle der dezentralen Einigung träte die betriebliche Zwangsschlichtung.[303]
Hiergegen ist jedoch nun einzuwenden, daß wie dargestellt davon auszugehen ist, daß das individuelle Beschwerdeverfahren des § 85 Abs. 2 Satz 3 BetrVG und die Funktion der Einigungsstelle nach § 85 Abs. 2 BetrVG gerade eine andere ist als in § 87 Abs. 2 BetrVG. Ganz überwiegend wird davon ausgegangen,

---

[299] Vgl. dazu GK-Wiese § 85 Rn. 17; Hallmen S. 142 ff.
[300] S. dazu ausführlich Hallmen S. 116 ff., 122 ff.
[301] Dazu Söllner ZfA 1982 S. 1 ff., 12; FKHE § 85 Rn. 7.
[302] Hallmen S.144 f.
[303] Hallmen S. 124.

daß das individuelle Beschwerdeverfahren die Rechtsposition des Arbeitnehmers stärken soll. Damit ist im Rahmen der individuellen Beschwerderechte aber gerade nicht dem Betriebsrat, sondern dem einzelnen Arbeitnehmer das scharfe Schwert des Ganges zur Einigungsstelle in die Hand gegeben, auch wenn dieser von der Mitwirkung des Betriebsrats dabei abhängig ist. Die Einigungsstelle kann nach § 85 Abs. 2 BetrVG zudem keine abschließende Entscheidung treffen, sondern nur über die Berechtigung der Beschwerde entscheiden, deren Abhilfe nach wie vor dem Arbeitgeber obliegt. Die Durchsetzungsmöglichkeiten des einzelnen Arbeitnehmers sind unter diesem Gesichtspunkt gerade nicht mit einem Einigungsstellenspruch nach § 87 Abs. 2 BetrVG vergleichbar.

Es ließe sich die Frage stellen, ob auch nur für eine solche Stärkung der Position des Arbeitnehmers eine Notwendigkeit vorliegt, ob nicht lieber den freien Kräften der Auseinandersetzung im individuellen Verhältnis zwischen Arbeitgeber und Arbeitnehmer, bzw. der einseitigen Gestaltungsmacht des Arbeitgebers Raum gelassen und erzwingbare Regelungen dem kollektiven Bereich überlassen bleiben sollten.[304] Zum einen ist dieser Frage entgegenzuhalten, daß ein solcher Zwang jederzeit durch eine Einigung abgewendet werden kann und das drohende, für alle Beteiligten hinsichtlich des Ausgangs ungewisse Einigungsstellenverfahren somit sogar für eine gerade durch ein Zielvereinbarungssystem angestrebte dezentrale und einvernehmliche Einigung förderlich wirken kann.[305] Zum anderen aber bezöge sich eine solche Fragestellung direkt auf den Sinn und die Funktion der durch den Gesetzgeber nun einmal ausdrücklich vorgesehenen Einigungsstelle in § 85 Abs. 2 BetrVG.

Hat man diese Frage nach der Funktion der Vorschrift nun aber im Sinne der hier vertretenen Ansicht in der dargestellten Weise[306] entschieden, so lassen sich weitere Entscheidungen nicht mehr damit begründen, daß dadurch dem Betriebsrat die Möglichkeit eröffnet werde, eine von ihm selbst getroffene Wertung mit der Vorschrift zu durchbrechen. Es ist vielmehr von einer besonderen Funktion der Einigungsstelle in § 85 Abs. 2 BetrVG auszugehen, die gerade in erster Linie der Stärkung der Rechtsposition des einzelnen Arbeitnehmers dienen soll, und dem Betriebsrat kein Recht über das, sondern nur in dem Beschwerdeverfahren gibt.

---

[304] Eberhardt Die Mitarbeitervergütung S. 25 ff., 31, 34.; für die Begründung zusätzlicher oder die Veränderung des Umfangs bestehender Leistungspflichten, wie sie etwa gem. § 87 Abs. 1 Nr. 3 und 11 BetrVG möglich wären, wird diese Beschränkung der Zwangsschlichtung auf den kollektiven Bereich überwiegend angenommen: GK-Wiese § 85 Rn 19; Richardi § 85 Rn 26/27; S/W §§ 84-86 Rn 16; MünchArbR - v.Hoyningen-Huene § 295 Rn. 34.

[305] So auch Oechsler S. 57.

[306] S. oben § 4 B. III. 6. a).

Diese gleichen Bedenken sind nun den Argumenten der ersten Ansicht entgegenzusetzen, nach denen im Falle einer vom Arbeitnehmer begehrten Abweichung außerhalb der bestehenden Rahmenregelung sich der Betriebsrat gem. des Grundsatzes „pacta sunt servanda“ an einer einmal getroffenen Regelung im Einzelfall festhalten lassen müsse und nicht in jedem Einzelfall eine Abweichung erzwingen könne.[307] Es ist nach der hier vertretenen Ansicht nicht der Betriebsrat, sondern der einzelne Arbeitnehmer, der eine Abweichung für den Einzelfall verlangt. Dem Betriebsrat kommt in § 85 Abs. 2 BetrVG lediglich eine Hilfsfunktion zu. Schließlich stehen aber auch Rechte des Betriebsrats selbst, etwa im Hinblick auf die Einhaltung der von ihm selbst getroffenen Rahmenregelung, nicht in Gefahr, denn eine von ihm nicht für angemessen gehaltene Abweichung von der allgemeinen Regelung kann er dadurch verhindern, daß er die Einigungsstelle nicht anruft.[308]

Es ist daher davon auszugehen, daß Gegenstand der Beschwerde erst dann ein Rechtsanspruch ist, wenn das konkrete Abhilfebegehren des einzelnen Arbeitnehmers rechtlich verankert ist und ihm einen Rechtsanspruch gibt. In den dargestellten Fallkonstellationen aber wird eine individuelle Regelung begehrt, für die es keine Rechtsgrundlagen gibt, die dem Arbeitnehmer einen auch auf dem Rechtsweg einklagbaren Anspruch auf die von ihm begehrte Abhilfe verschafften.[309]

Sowohl für den Fall, daß ein Arbeitnehmer eine von der Rahmenregelung abweichende Zielvereinbarung verlangt, als auch dann, wenn er einen von der Rahmenregelung gedeckten, aber vom Arbeitgeber verweigerten Zielinhalt begehrt, liegt damit aber eine Beschwerde vor, deren Gegenstand kein Rechtsanspruch ist. Die Zuständigkeit der Einigungsstelle gem. § 85 Abs. 2 BetrVG ist für diese Konflikte damit aber gegeben.

bb) Rechtsstreitigkeiten

Eine andere Wertung muß jedoch gelten, wenn es nicht um eine Streitigkeit bei der Vereinbarung eines neuen Ziels, sondern bei der Beurteilung der Zielerreichung geht. Zwar wird davon ausgegangen, daß Leistungsbeurteilungen, und eine solche ist auch eine Beurteilung der Zielerreichung, Beschwerdegegenstände gem. den §§ 84, 85 BetrVG sein können, soweit der Arbeitnehmer sich durch eine seiner Meinung nach ungerechtfertigte Beurteilung beeinträchtigt fühlt.[310]

---

[307] Hallmen S. 144; Söllner ZfA 1982 S. 1 ff., 12; FKHE § 85 Rn. 7.
[308] GK-Wiese § 85 Rn. 16.
[309] Allgemein GK-Wiese § 85 Rn. 16; Richardi § 85 Rn. 26.
[310] FKHE § 84 Rn. 5 f.

Darin ist jedoch ein Rechtsanspruch zu erblicken, der gem. § 85 Abs. 2 Satz 3 BetrVG die Zuständigkeit der Einigungsstelle ausschließt. Zwar hat der Arbeitnehmer auf eine bestimmte Beurteilung insofern keinen rechtlich durchsetzbaren Abhilfeanspruch, da dem Beurteilenden in der Regel wegen der Verwendung weitgehend unbestimmter Rechtsbegriffe von den Gerichten ein großer Beurteilungsspielraum zugestanden wird.[311] Hier handelt es sich jedoch nicht um eine ermessensgerechte Auswahl unter mehreren in einer kollektiven Regelung vorgesehenen Regelungsmöglichkeiten, sondern um einen auch bei getroffener Auswahl bestehenden tatbestandlichen Spielraum. Ist die Entscheidung für die Verwendung unbestimmter Beurteilungskriterien einmal gefallen, unterliegt dieser Spielraum weder der Einflußnahme des Betriebsrats noch des einzelnen Arbeitnehmers, sondern ist allein dem Arbeitgeber vorbehalten. Es handelt es sich bei einer Beurteilungsentscheidung daher um einen Fall der Rechtsanwendung und damit nicht um eine Regelungs-, sondern um eine Rechtsfrage.

Auch bei allen anderen Fragen, die um die Auslegung unbestimmter Rechtsbegriffe kreisen, etwa wenn die Reichweite eines in der Rahmenregelung vorgegebenen Zielkriteriums selbst in Streit steht, liegt eine Rechtsstreitigkeit vor. Hier geht es letztlich um den Anspruch der Arbeitnehmer auf Einhaltung der in der Betriebsvereinbarung getroffenen Regelungen, über den durch das Arbeitsgericht und nicht durch die Einigungsstelle nach § 85 Abs. 2 BetrVG zu entscheiden ist.[312] Dazu gehören auch Streitigkeiten über die Einhaltung des in der Rahmenregelung festgelegten Verfahrens.

Schließlich ist eine Rechtsstreitigkeit in allen Konflikten zu sehen, die sich um die Angemessenheit des für die Zielerreichung anzusetzenden Entgelts drehen. Diese Frage ist dem Bereich des § 87 Abs. 1 Nr. 11 BetrVG zuzuordnen, für den die Zuständigkeit der Einigungsstelle nach § 85 Abs. 2 BetrVG aber abzulehnen ist, denn zur Veränderung des Umfangs von finanziellen Leistungspflichten des Arbeitgebers soll das Einigungsstellenverfahren nach § 85 Abs. 2 BetrVG nach zutreffender Ansicht nicht führen.[313]

cc) Ergebnis

Soweit die Zuständigkeit der Einigungsstelle gem. § 85 Abs. 2 BetrVG für im Rahmen einer Zielvereinbarung auftretende Konflikte gegeben ist, ist der Betriebsrat nicht darauf angewiesen, die Zuständigkeit der Einigungsstelle gem.

---

[311] Für ein Leistungsbeurteilungssystem Jedzig DB 1991 S. 859 ff., 860.

[312] So auch Hallmen S. 144.

[313] GK-Wiese § 85 Rn 19; Richardi § 85 Rn 26/27; S/W §§ 84-86 Rn 16; MünchArbR - v.Hoyningen-Huene § 295 Rn. 34.

§ 76 Abs. 6 BetrVG freiwillig zu erweitern. Es handelt sich in diesen Fällen um Beschwerden, deren Gegenstand kein Rechtsanspruch, sondern eine individuelle Regelungsstreitigkeit ist, so daß sich eine Zuständigkeit der Einigungsstelle aus § 85 Abs. 2 BetrVG unmittelbar ergibt. In diesem Fall kann es auch einer Rahmenregelung zur Entgeltgestaltung nach § 87 Abs. 1 Nr. 10 BetrVG nicht verwehrt sein, unter Verweis auf § 85 Abs. 2 BetrVG und bei Beachtung der Grenzen des § 86 BetrVG eine letztinstanzliche Zuständigkeit der Einigungsstelle für die genannten Fallkonstellationen vorzusehen.
Dabei ist es unter Anwendung des § 86 Satz 2 BetrVG auch möglich, anstelle der Einigungsstelle eine betriebliche Beschwerde- oder Konfliktstelle zu etablieren, um die besonderen betrieblichen Gegebenheiten zu berücksichtigen.[314]
Regelungen aber, die die Zuständigkeit von Beanstandungs-, Überprüfungs- oder sonstigen Kommissionen für die Kontrolle des gesamten Zielvereinbarungsprozesses vorsehen[315], Zuständigkeiten zur Festsetzung des „endgültigen" Ergebnisses der Beurteilung[316] oder der Entscheidung darüber begründen, ob Teams oder Einzelpersonen aufgrund von Zielerreichungsgraden Leistungszulagen erhalten oder nicht[317], sind nicht erzwingbar. Dies gilt auch für „paritätische Prämienkommissionen"[318], die in aller Regel über die Berechnung und Zusammensetzung des Prämienentgelts und damit über Rechtsfragen entscheiden. Es sind die Grenzen des § 85 Abs. 2 BetrVG selbst zu beachten, der einen Einsatz der Einigungsstelle allein im Bereich individueller Regelungsstreitigkeiten auf Beschwerde des einzelnen Arbeitnehmers hin rechtfertigt und weder ein Entscheidungsrecht über Rechtsansprüche noch ein solches über die Entscheidung in der Sache selbst einräumt.

7. Situation bei Zielvereinbarungen mit Gruppen

Die Besonderheit der genannten Konflikte bestand nun bisher maßgeblich darin, daß diese sich im Spannungsfeld zwischen den Individualrechten des Arbeitnehmers und den Mitbestimmungsrechten des Betriebsrates bewegen. Es fragt sich daher, ob etwas anderes gilt, wenn nicht ein einzelner Arbeitnehmer, sondern eine Arbeitnehmergruppe Partei der Zielvereinbarung ist.

---

[314] FKHE § 86 Rn. 3.
[315] Vgl. Beispiele 8, 10 und 12 in Breisig Personalbeurteilung S. 445 ff.
[316] Beispiel 12 in Breisig a.a.O. S. 447.
[317] Nach Breisig, Zielvereinbarungen S. 97 im Zielvereinbarungssystem der Stadt Saarbrükken.
[318] Sehr oft wird hier eine Parallele zur Situation der Zielvereinbarung angenommen, vgl. IG Metall Bayern S. 11 und 12; TBS-Broschüre S. 33; Jocham Handelsblatt vom 27.7.1993, S. 3.

a) Einzelfall?

Zunächst fragt es sich, ob bei Zielvereinbarungen mit Gruppen überhaupt ein Einzelfall vorliegt. Wäre das nicht der Fall, läge die Situation in mitbestimmungsrechtlicher Hinsicht bei gruppenbezogenen Zielvereinbarungen grundlegend anders als bei Zielvereinbarungen mit einzelnen Arbeitnehmern. Auf Ausführungsentscheidungen im sekundären Regelungsbereich, die keinen Einzelfall darstellen, müßten dem Betriebsrat möglicherweise weitergehende Zugriffs- und Korrekturrechte zugestanden werden, da die Beschränkung des § 87 Abs. 1 Nr. 10 BetrVG auf allgemeine Regelungen hier nicht mehr hinderlich wirken könnte. Jedenfalls die Kompetenz des Betriebsrats, bzw. der Einigungsstelle zur letztinstanzlichen Konfliktentscheidung müßte abweichend beurteilt werden, denn die bisherigen Ausführungen drehten sich gerade um das Problem, inwieweit hier nicht widerrechtliche Entscheidungsbefugnisse im Einzelfall abzuwenden seien.

Zunächst ist zu bedenken, daß es sich bei den hier zu untersuchenden Zielvereinbarungen generell um entgeltrelevante Regelungen handelt, bei denen ein kollektiver Tatbestand vorliegt. An diesem Umstand ändert die Anzahl der Mitarbeiter, mit der das Ziel vereinbart wird, nichts. Eine Zielvereinbarung mit Gruppen erfordert auch nicht anders als die mit einzelnen Arbeitnehmern die unmittelbare Vereinbarung zwischen Arbeitgeber und Arbeitnehmern. Das Zusammentreffen von dezentraler Vereinbarungsebene und gleichzeitig bestehenden kollektivem Bezug liegt daher auch hier vor und kann nur durch eine Rahmenregelung aufgelöst werden.
Fraglich ist allein, ob die bisherige Bewertung der in Anwendung der Rahmenregelung konkret getroffenen Zielvereinbarung als Einzelfall auch dann aufrechterhalten werden kann, wenn Vereinbarungspartner auf Arbeitnehmerseite nicht ein einzelner Arbeitnehmer, sondern eine Arbeitnehmergruppe ist.

Zur Beantwortung dieser Frage ist nun zunächst darauf zurückzugreifen, nach welchen Kriterien sich bestimmt, ob eine Einzelfall- oder eine allgemeine Regelung vorliegt. So soll eine mitbestimmungsfreie Einzelmaßnahme immer dann vorliegen, wenn ausschließlich die Besonderheiten des konkreten Arbeitsverhältnisses im Hinblick auf gerade den einzelnen Arbeitnehmer betreffende Umstände Maßnahmen erfordern. Dagegen handelt es sich um eine generelle Regelung, wenn diese sich abstrakt auf den ganzen Betrieb oder eine Gruppe von Ar-

beitnehmern oder einen Arbeitsplatz, nicht aber auf den Arbeitnehmer persönlich bezieht.[319]
Bisher wurde die konkret vereinbarte Zielvereinbarung mit einem einzelnen Arbeitnehmer als Einzelfall und damit als konkret-individuelle Regelung bewertet. Es fragt sich, ob eine Zielvereinbarung nun allein deshalb zu einer mitbestimmten abstrakt-generellen Regelung wird, weil sich der Adressatenkreis geändert hat.

Hier ist nun auf eine recht ähnlich gelagerte Problematik im Verwaltungsrecht zu verweisen, bei der es darum geht, den Verwaltungsakt als konkret-individuelle Regelung im Gegensatz zur abstrakt-generellen Rechtsnorm abzugrenzen.[320] Die dort strenge Trennung in einen abstrakten oder konkreten Sachverhalt einerseits und einen individuellen oder generellen Personenbezug andererseits läßt sich zwar nicht vollständig auf die betriebliche Mitbestimmung übertragen, da es hier immer um mehr oder weniger konkrete Sachverhalte gehen wird. Allerdings ist es interessant, daß im Verwaltungsrecht für die Frage, wann eine individuelle Regelung vorliegt, nicht allein auf die Anzahl der Adressaten abgestellt wird. Maßgeblich sei vielmehr, daß sich eine Regelung zwar nicht an eine Person, aber doch an einen individuell bestimmten oder bestimmbaren Personenkreis richte. Dieser individuelle Regelungscharakter bestimme sich danach, ob der Adressatenkreis zur Zeit des Erlasses der Regelung objektiv feststehe oder nicht. Eine generelle Regelung liege dagegen immer dann vor, wenn sie sich an einen unbestimmten Personenkreis richte.[321]

Diese Argumentation ähnelt nun durchaus der vertrauten arbeitsrechtlichen Abgrenzung danach, ob es für eine Regelung auf Umstände in der Person des Arbeitnehmers ankomme. Letztlich entschieden wird diese Frage mit der Kontrollüberlegung, ob sich etwas am Regelungsbedürfnis und –inhalt ändert, wenn man die Person des betroffenen Arbeitnehmers austauschte.[322]
Überträgt man diese Überlegungen auf die Zielvereinbarung, so wird deutlich, daß es für deren Inhalt durchaus maßgeblich darauf ankommt, mit welchen kon-

[319] BAG GS 3.12.1991 SAE 1993, S. 97 ff., 107; GK-Wiese § 87 Rn. 15 ff., 33; FKHE § 87 Rn. 15, 410; DKK-Klebe § 87 Rn. 16, 242; ErfKomm-Hanau/Kania § 87 Rn. 99.
[320] Vgl. dazu auch Herlitzius S. 68.
[321] Maurer Allgemeines Verwaltungsrecht S. 184 f.
[322] S. bereits oben und DKK-Klebe § 87 Rn. 16; Raab NZA 1993, S. 193 ff., 196; aus diesem Grund wird etwa auch für Akkordsätze übereinstimmend darauf abgestellt, daß nur eine Änderung des Akkordsatzes, nicht aber ein Wechsel des Arbeitsplatzinhabers das Mitbestimmungsrecht des Betriebsrates erneut auslöst; vgl. Dietz/Gaul/Hilger S. 195/196; Moll Mitbestimmung S. 31/32; FKHE § 87 Rn. 505; GK-Wiese § 87 Rn. 990; Richardi § 87 Rn. 965; ErfKomm-Hanau/Kania § 87 Rn. 121; HSG § 87 Rn. 542.

kreten Personen sie abgeschlossen wurde, und dies unabhängig davon, um wieviele Personen es sich dabei handelt. Auch Zielvereinbarungen mit Arbeitnehmergruppen stellen auf die Bedürfnisse und Erfahrungen der jeweils betroffenen Arbeitnehmer ab, die Zielinhalte müssen auch hier den motivationssteigernden Anforderungen der Goal-Setting-Theorie als Zieltheorie der Arbeitsmotivation entsprechen. Gerade unter dem Gesichtspunkt, daß das jeweilige Ziel auf eine ganz bestimmte Gruppe von Arbeitnehmern zugeschnitten und mit ihr vereinbart wurde, kann auch bei Zielvereinbarungen mit Gruppen keineswegs davon ausgegangen werden, daß ein personaler Wechsel innerhalb der Arbeitsgruppe ohne Folgen für die ursprünglich vereinbarte Zielvereinbarung bleiben könne.
Zusätzlich stützen läßt sich dieser Aspekt mit der Überlegung, daß selbst dann, wenn nach der o.a. Abgrenzung für eine Gruppe von Arbeitnehmern eine allgemeine Regelung angenommen wird, dies nur für den Fall gilt, daß in dieser Regelung eine Gruppe nach abstrakten Merkmalen abgegrenzt wird. Solche Abgrenzungen könnten etwa in funktionellen Merkmalen wie bestimmten Arbeitsbereichen liegen, in bestimmten Ausbildungsgraden oder sonstigen Typisierungen, nach denen sich Arbeitnehmer innerhalb des Betriebs in Gruppen differenzieren lassen, ohne daß es auf die diese Typisierungen erfüllenden Arbeitnehmer in ihrer Person ankäme.[323] Adressat einer Zielvereinbarung ist dagegen auch im Falle von deren Gruppenbezogenheit immer eine im Hinblick auf ihre Mitglieder persönlich bestimmte und konkretisierte Arbeitnehmergruppe. Nach verwaltungsrechtlichen Maßstäben läge in einer Regelung für einen derart individuell bestimmten Personenkreis eine individuelle Regelung vor.
Für das Arbeitsrecht kommt es aber für die Bestimmung eines Einzelfalls ebenfalls darauf an, ob persönlich-individuelle oder generell-abstrakte Kriterien den Ausschlag geben.[324] Die konkrete, einzelne Zielvereinbarung wird zwar in Durchführung der abstrakt festgelegten Bestimmungen der Rahmenregelung festgelegt, bei ihrer Fixierung selbst jedoch spielen abstrakte Kriterien gerade nur noch eine mittelbare Rolle. An dieser Stelle wird der Charakter dieser Regelung in Gestalt eines dezentralen und individuellen Ziels vielmehr maßgeblich bestimmt durch die individuellen Personen der einzelnen Arbeitnehmer in der konkret als Zielvereinbarungspartner bestimmten Gruppe. Es handelt sich damit aber auch bei einer gruppenbezogenen Zielvereinbarung um einen Einzelfall, der dem unmittelbaren Zugriff des Betriebsrats entzogen ist.

Dieser Einzelfallcharakter muß aber nun alle Regelungspunkte der einzelnen Zielvereinbarung erfassen, also die einzelnen Ziele, die Zielniveaus, die dabei

---

[323] Vgl. dazu Dietz/Gaul/Hilger S. 195/196.
[324] Dietz/Gaul/Hilger S. 195/196.

geltenden Rahmenbedingungen, das für die Erreichung bestimmter Niveaus zu zahlende Entgelt und auch die Entscheidung darüber, wie dieses Entgelt innerhalb der Gruppe verteilt wird. Zwar enthalten alle diese Punkte einen kollektiven Tatbestand, soweit aber die Mitbestimmung nach § 87 Abs. 1 Nr. 10 BetrVG reicht, kann der Betriebsrat diesem kollektiven Tatbestand nur durch eine kollektive (Rahmen)regelung begegnen. Stellen sich die innerhalb dieser Rahmenregelung erfolgenden Entscheidungen als Einzelfallentscheidungen dar, so ist die Mitbestimmung darauf beschränkt, diese Entscheidungen durch die Vorgaben des Rahmens indirekt zu binden.

Zu betonen ist, daß diese Wertung sich allein aus dem individuellen Charakter der Zielvereinbarung ergibt. Keineswegs läßt sich die Frage, ob in einer Entgeltregelung ein Einzelfall vorliegt oder nicht, pauschal auf die Gruppenbezogenheit an sich abstellen.[325] Hier gilt nichts anderes als für die Frage, ob die nur für einen einzigen Arbeitnehmer geltenden Regelung einen Einzelfall darstellt. Auf die Anzahl der betroffenen Arbeitnehmer kommt es in beiden Fällen nicht an. Auch Umstände wie eine dezentralen Vereinbarung machen nicht notwendig die Annahme eines Einzelfalls erforderlich. Keineswegs lassen sich etwa pauschale Aussagen aufstellen dergestalt, daß eine unmittelbare Vereinbarung zwischen Arbeitnehmer(-gruppe) und Arbeitgeber immer zur Annahme eines Einzelfalls führt. Zwar wird solch eine dezentrale Vereinbarung gerade im Entgeltbereich durchaus ein Indiz sein für eine Einzelfallgestaltung; denn je zwingender eine Entgeltform diese persönliche Vereinbarung voraussetzt, desto eher wird davon auszugehen sein, daß es für den Inhalt der Regelung gerade auf die Arbeitnehmer persönlich ankommen soll. Maßgeblich ist aber allein diese inhaltliche Zielsetzung der jeweiligen Entgeltform, die es aber von Fall zu Fall zu ermitteln gilt.

b) Vorgehen im Konfliktfall

Ist es anzunehmen, daß auch eine Zielvereinbarung für Gruppen einen Einzelfall darstellt, so fragt es sich, inwieweit die §§ 81 ff. und hier insbesondere die §§ 84 und 85 BetrVG auch für eine Arbeitnehmergruppe Anwendung finden. Grundsätzlich zu berücksichtigen ist, daß die Vorschrift des § 84 BetrVG voraussetzt, daß sich der Arbeitnehmer selbst beeinträchtigt fühlt und sich nicht zum Fürsprecher anderer Arbeitnehmer macht. Die §§ 84 und 85 BetrVG begründen also kein Recht zur Popularbeschwerde.[326] Für kollektive Beschwerden ist der Be-

---

[325] Mißverständlich Herlitzius S. 68.

[326] LAG Schleswig-Holstein NZA 1990, S. 702 f., DKK-Buschmann § 84 Rn. 7; G/L § 84 Rn. 4; HSG § 84 Rn. 4; MünchArbR – v. Hoyningen-Huene § 295 Rn. 17; S/W §§ 84 –86 Rn. 3; Hanau BB 1971 S. 485 ff., 489; Hallmen S. 19 ff., FKHE § 84 Rn. 4; GK-Wiese § 84 Rn. 11.

triebsrat der zuständige Interessenvertreter, den die Arbeitnehmer gem. § 80 Abs. 1 Nr. 3 BetrVG auch anregen können, Verhandlungen mit dem Arbeitgeber aufzunehmen und auf eine Erledigung hinzuwirken.[327]
Davon zu unterscheiden ist jedoch die individuelle Beeinträchtigung eines Arbeitnehmers, die sich daraus ergeben kann, daß der Arbeitgeber eine die ganze Belegschaft oder auch eine Arbeitnehmergruppe betreffende Maßnahme vornimmt oder eine gemeinsam mit dem Betriebsrat getroffene Regelung durchführt. Werden durch diese Maßnahmen mehrere Arbeitnehmer in gleicher Weise betroffen, können sich diese Arbeitnehmer auch gleichzeitig beschweren. Lediglich in den Fällen, in denen der gerügte Mißstand keinen Bezug zur individuellen Stellung des einzelnen Beschwerdeführers im Betrieb aufweist, liegt eine unzulässige Popularbeschwerde vor.[328]

Zu bedenken ist jedoch nun, daß es sich bei einer betrieblichen Arbeitsgruppe, die Partner einer Zielvereinbarung wird, in aller Regel um eine Betriebsgruppe handeln wird.
Eine Betriebsgruppe umfaßt eine Mehrheit von Arbeitnehmern, die jeder einzeln einen Arbeitsvertrag mit dem Arbeitgeber abgeschlossen haben.[329] In den Einzelarbeitsverträgen wurde der Arbeitgeber berechtigt, die Arbeitnehmer aus arbeitsorganisatorischen Gründen zu einer Gruppe zusammenzufassen, die Arbeitnehmer haben sich verpflichtet, gegen eine Entlohnung nach dem Gesamterfolg eine gemeinsame Gesamtleistung als Gruppe zu erbringen.
In dieser Besonderheit unterscheidet sich die Betriebsgruppe insbesondere von der Eigengruppe, die von den Arbeitnehmern selbst und aus eigener Initiative gebildet wird.[330] Die Eigengruppe schließt sich vor dem Vertrag mit dem Arbeitgeber als Gruppe zusammen und bietet ihre Dienstleistung von vornherein nur als Gesamtleistung an.
In einer Betriebsgruppe hat dagegen jedes Gruppenmitglied ein unmittelbares Arbeitsverhältnis zum und einen unmittelbaren Entgeltanspruch gegen den Arbeitgeber.[331] Auch eine mit der ganzen Gruppe vereinbarte Zielvereinbarung wirkt sich damit aber auf das Arbeitsverhältnis jedes einzelnen Gruppenmitgliedes aus.

---

[327] GK-Wiese § 84 Rn. 11; durch das Gesetz zur Reform des Betriebsverfassungsgesetzes vom 23.7.2001 (BGBl. I S. 1852 ff.) ist in § 86 a insofern eine Erweiterung vorgenommen worden, als einzelne Arbeitnehmer dem Betriebsrat allgemein Themen zur Beratung initiativ vorschlagen können sollen.
[328] Nebendahl/Lunk NZA 1990, S. 676 ff., 677 f.
[329] Vgl. ausführlich Rüthers ZfA 1977 S. 1 ff., 4; s. auch bereits oben unter § 1 A. I. 1.
[330] Rüthers a.a.O.
[331] Vgl. dazu Rüthers ZfA 1977 S. 1 ff., 4 f. und 16.

Fühlen sich Gruppenmitglieder nun durch den gleichen Mißstand im Zusammenhang mit der Durchführung einer gruppenbezogenen Zielvereinbarung durch den Arbeitgeber beschwert, liegt darin immer noch ein Bezug auf das einzelne Arbeitsverhältnis des Gruppenmitgliedes und damit zu dessen individueller Stellung als einzelner Arbeitnehmer. Die betroffenen Gruppenmitglieder, gegebenenfalls auch die ganze Gruppe in Gestalt der Gesamtheit ihrer Mitglieder kann sich daher auch gleichzeitig beschweren. Geltend gemacht werden muß dabei zwar eine individuelle Beeinträchtigung, diese kann jedoch gerade auch bei einer gruppenbezogenen Maßnahme vorliegen.

Zugleich verbleibt das Recht jedes einzelnen Gruppenmitgliedes, sich über die von der Gruppe getroffene Zielvereinbarung auch allein zu beschweren. Hier ist die Konstellation denkbar, daß ein Gruppenmitglied mit der durch die Gruppe getroffenen Vereinbarung nicht einverstanden ist und sich zur Wehr setzen möchte. In diesem Fall wendet sich die Beschwerde nicht nur gegen den Arbeitgeber, sondern gegebenenfalls auch gegen die anderen Gruppenmitglieder, soweit diese an der Zielvereinbarung beteiligt waren und sich auf eine Regelung eingelassen haben, mit der der einzelne Arbeitnehmer nicht einverstanden ist. Hier sind die §§ 84 und 85 BetrVG, die gem. § 84 Abs. 1 Satz 1 BetrVG auch Beschwerden über Beeinträchtigungen durch andere Arbeitnehmer des Betriebs ausdrücklich vorsehen, unmittelbar anwendbar.[332] Ebenso kann im Hinblick auf die Zuständigkeit der Einigungsstelle gem. § 85 Abs. 2 Satz 3 BetrVG für die Entscheidungen solcher Regelungsstreitigkeiten nichts anderes gelten, als wenn der einzelne Arbeitnehmer gegenüber dem Arbeitgeber eine abweichende Vereinbarung begehrt und dieser sie ihm verweigert.

Etwas anderes kann aus den genannten Gründen aber schließlich auch für die individuellen Anhörungs- und Erörterungsrechte gem. den §§ 81 und 82 BetrVG nicht gelten, nur weil es sich bei den betroffenen Arbeitnehmern um Mitglieder einer Arbeitsgruppe handelt. Diese Individualrechte bestehen auch für die Betriebsgruppe und ihre Mitglieder in gleicher Weise fort.[333] Es ergeben sich daher aber sowohl für die Ausgestaltung des Zielvereinbarungsgespräches als auch des Konfliktverfahrens in einer Rahmenregelung i.S.d. § 87 Abs. 1 Nr. 10 BetrVG keine Abweichungen für den Fall, daß die Zielvereinbarungen mit Gruppen getroffen werden, bzw. für Gruppen gelten sollen.

---

[332] Rüthers ZfA 1977 S. 1 ff., 16.
[333] Im Ergebnis ebenso FKHE § 82 Rn. 7b, § 81 Rn. 27.

8. Übertragung auf Kommissionen

Recht häufig findet sich in der Literatur[334] der Vorschlag, der zum Teil auch in der Praxis[335] umgesetzt wird, es sollten paritätisch besetzte Kommissionen die Rahmenregelung zur Zielvereinbarung ergänzen und den Zielvereinbarungsprozeß insgesamt „besser beherrschbar" machen. Dabei oszilliert das vorgesehene Tätigkeitsfeld für diese Kommissionen von der genaueren Definition von zulässigen Zielbereichen bis hin zu abschließenden Entscheidungskompetenzen bei Zielbeurteilungen, Zulagenvergaben oder Konfliktlösungen.
Für den Bereich der erzwingbaren Mitbestimmung nach § 87 Abs. 1 Nr. 10 BetrVG ist auch hier wiederholt darauf zu verweisen, daß dem Betriebsrat nach dieser Vorschrift kein Mitbestimmungsrecht im Einzelfall zusteht. Um einen Einzelfall handelt es sich aber bei einer Zielvereinbarung und –beurteilung, einer Vergabeentscheidung und auch – wie gesehen[336] – meist bei einer Konfliktlösung im Zielvereinbarungsprozeß.

Auf Kommissionen übertragen kann der Betriebsrat aber nur solche Entscheidungsbefugnisse, die auch ihm selbst zustehen. Wenn Kommissionen im Bereich der Zielvereinbarungen weitere Kompetenzen zugestanden werden, so resultiert dies wohl daraus, daß man sich an der Tätigkeit von Akkord- und Prämienkommissionen orientiert.
Gerade im Bereich dieser herkömmlichen Leistungsentgelte hat aber der Betriebsrat ein Mitbestimmungsrecht bis in das letzte Glied der Leistungsvorgabe für den einzelnen Arbeitsplatz, sei es nach § 87 Abs. 1 Nr. 10 oder Nr. 11. Die Problematik, daß mitbestimmungsfreie Einzelfallentscheidungen zu berücksichtigen sind, besteht daher zum einen für diese Entgeltformen nicht. Zum anderen aber erfolgt die Wahrnehmung der Mitbestimmungsrechte in Form der Einsetzung von Kommissionen hier auch in erster Linie aus Gründen der Praktikabilität.
Gerade in großen Betrieben wird es dem Betriebsrat unmöglich sein, jede einzelne Akkord- oder auch Prämienvorgabe gesondert mit dem Arbeitgeber zu

[334] Breisig Zielvereinbarungen S. 96; Hlawaty Mitbestimmung 1998, S. 42 ff., 44; Tondorf WSI-Mitteilungen 1998 S. 386 ff., 388.
[335] So im Tarifvertrag zur Zahlung von Zulagen aufgrund von Zielvereinbarungen bei der AOK, 1.12.1995, in der Betriebsvereinbarung von Mercedes-Benz zur Vereinbarung von gruppenbezogenen Zielen, den Tarifverträgen Nr. 29 vom 14.5.1997 und Nr. 49 vom 16.2.1998 der Deutschen Telekom AG, alle zitiert bei Breisig Zielvereinbarungen S. 140 ff.; vgl. auch die Regelungen im Tarifvertrag Leistungsorientierte Vergütung Gmünder Ersatzkasse vom 19.9.1997 § 3; TV Leistungs- und ergebnisorientierte Bezahlung Aral AG vom 1.1.1998 § 7; TV Nr. 94 Variable Entgelte Deutsche Telekom AG vom 9.12.1999 §§ 11 und 12.
[336] § 4 B. III. 6.

vereinbaren oder diese auch nur zu kontrollieren. Daß der Betriebsrat auf diese unmittelbare Beteiligung aber auch nicht verpflichtet ist, zeigen die §§ 27, 28 BetrVG. Hieraus ergibt sich, daß es durchaus möglich ist, zweckmäßige Wege zur Durchführung der Mitbestimmung zu finden, die nach dem Ermessen der Betriebspartner die Einsetzung von und die Entscheidung durch Ausschüsse vorsieht. Dabei besteht sowohl die Möglichkeit, Betriebsratsausschüsse gem. § 28 Abs. 1 BetrVG, als auch gemeinsame Ausschüsse gem. § 28 Abs. 3 BetrVG zu bilden. Letztere werden zumeist als paritätische Ausschüsse gebildet, d.h. von Betriebsrat und Arbeitgeber wird die gleiche Anzahl von Mitgliedern benannt. Eine solche numerische Gleichheit ist aber nicht zwingend erforderlich; ausreichend, allerdings auch unverzichtbar ist eine gleichberechtigte Einflußnahme des Betriebsrats auf die Kommissionsentscheidung unter Wahrung der Substanz seines Mitbestimmungsrechts, etwa durch bestimmte Entscheidungsquoren.[337]

Diese Situation unterscheidet sich von der Zielvereinbarungssituation nun insoweit, als hier nicht vom Betriebsrat verlangt wird und es ihm auch gar nicht zusteht, daß er jede einzelne Zielvereinbarung mitbestimmt. Die Einsetzung von Kommissionen läßt sich daher zunächst bereits nicht so eindeutig mit Praktikabilitätsgründen rechtfertigen wie im Bereich des Akkord- und Prämienlohns. Vielmehr erscheint geradezu das Gegenteil der Fall zu sein; die größte Flexibilität ist beim Zielvereinbarungssystem dann erreicht, wenn möglichst wenig Vorgaben auf kollektiver Ebene gemacht werden und möglichst viele Entscheidungen den Zielvereinbarungsparteien selbst verbleiben. Da aber auch Kommissionen im Rahmen des § 87 Abs. 1 Nr. 10 BetrVG nur kollektive Vorgaben machen können, erscheint ihre Einsetzung im Bereich eines Zielvereinbarungssystems nicht als Gewinn, sondern tendenziell eher als Einbuße zumindest an Flexibilität. Unter dem Blickwinkel der Mitbestimmung besteht freilich dennoch ein Praktikabilitätsinteresse dergestalt, daß der Einsatz von Kommissionen immer noch eine größere Beteiligung des Betriebsrats (eine „bessere Beherrschbarkeit" des Zielvereinbarungssystems) erlaubt als eine – wiederum aus Praktikabilitätsgründen - abstrahierte und reduzierte reine Rahmenregelung.[338]

Kommissionen erscheinen daher innerhalb eines Zielvereinbarungssystems zwar als möglich, dienen hier aber in erster Linie den Interessen des Betriebsrats an

---

[337] Vgl. dazu BAG 26.7.1988 AP § 87 BetrVG 1972 Provision Nr. 6; FKHE § 87 Rn. 508; Richardi § 87 Rn. 985, Moll Mitbestimmung S. 39 f.

[338] Die innerhalb des Spannungsfeldes zwischen aussagekräftiger kollektiver Vorgabe und individueller Flexibilität bestehende Bedeutung von Kommissionen wurde bereits dargestellt, vgl. § 4 B. III. 2.

einer größeren Beteiligung und einer besseren Beherrschung innerhalb des Systems.[339]
Hier fragt es sich nun zunächst, inwieweit es innerhalb eines Zielvereinbarungssystems als möglich erscheint, daß statt eines Betriebsratsausschusses oder einer paritätischen Kommission auch einer Gruppe von Arbeitnehmern bestimmte Aufgaben übertragen werden, in deren Rahmen sie Vereinbarungen mit dem Arbeitgeber treffen.[340] Die Einflußnahme des Betriebsrats, ohne die möglicherweise ein unzulässiger Verzicht vorläge[341], beschränkte sich in einem solchen Fall im wesentlichen darauf, daß der Betriebsrat das Beteiligungsrecht erst im Konfliktfall wahrnähme. Bereits aus diesem letzten Punkt wird jedoch wiederum deutlich, daß ein solches Vorgehen nur soweit möglich ist, als es sich dabei um Aufgaben handelt, deren Mitbestimmung dem Betriebsrat zusteht und die er daher übertragen und vor allem – ob mit oder ohne Konfliktfall – auch selbst (mit)entscheiden kann. Dies erscheint vor allem für Gebiete möglich, in denen dem Betriebsrat ohnehin und zum Teil auch im Einzelfall weitreichende Mitbestimmungsrechte eingeräumt werden, so etwa im Bereich des § 87 Abs. 2, 3 und 5 BetrVG, also für Fragen der Arbeitszeit und der Urlaubsplanung. Gerade im Bereich des § 87 Abs. 1 Nr. 10 BetrVG können aber nur abstrakt-generelle Regelungen mitbestimmt werden. Die Möglichkeit der Übertragung von Entscheidungsbefugnissen und der Lösung von Konflikten besteht nur im Rahmen der gesetzlichen Befugnisse des Betriebsrats und ist damit im Bereich des § 87 Abs. 1 Nr. 10 BetrVG auf allgemeine Regelungen auch dann beschränkt, wenn es sich beim Übertragungsadressaten um eine Arbeitnehmergruppe handelt. Auch durch die Übertragung und „Rückübernahme" von Entscheidungsbefugnissen kann die Mitbestimmung des Betriebsrats nicht erweitert werden.

Gerade im Bereich der Entgeltgestaltung aber hängt die Frage, inwieweit es sich bei Entscheidungen noch um allgemeine Regelungen oder nicht bereits um eine Einzelfallentscheidung handelt, von den Besonderheiten des konkreten Entloh-

---

[339] Diese Interessen müssen daher in der mitbestimmten Regelung mit den Flexibilitätsinteressen des Betriebs und der einzelnen Arbeitnehmer abgewogen werden, s. oben § 4 B. III. 2. und sogleich.

[340] Eine solche Regelung wurde bereits seit längerem in der Literatur vorgeschlagen, vgl. Kreßel RdA 1994 S. 23 ff., 30 und DKK-Klebe § 87 Rn. 39, und ist im Gesetz zur Reform des Betriebsverfassungsgesetzes vom 23.07.2001 (BGBl. I, S. 1852 ff.) in § 28 a ausdrücklich vorgesehen.

[341] Angesichts der Ordnungs- und Teilhabefunktion, die der Mitbestimmung des Betriebsrats zugunsten der Gesamtbelegschaft zukommt, besteht die Gefahr eines unzulässigen Verzichts auch dann, wenn der Arbeitgeber nicht allein, sondern mit einzelnen Arbeitnehmer(gruppe)n gemeinsam anstelle des Betriebsrats im mitbestimmungspflichtigen Bereich handeln soll, s. dazu oben § 4 B. II. 3 b) bb).

nungsgrundsatzes ab und ist daher jeweils gesondert zu prüfen. Bei Zielvereinbarungen stellt wie gesehen[342] die einzelne Zielvereinbarung auch dann einen Einzelfall dar, wenn sie durch eine Gruppe getroffen wurde. Dieser Einzelfallcharakter erfaßt auch alle Regelungspunkte der einzelnen Zielvereinbarung, denn diese soll nur für genau die Arbeitnehmer gelten, mit der die Zielvereinbarung getroffen wurde und nicht für etwaige Nachfolger. Bei Zielvereinbarungen kann daher von einer Übertragung von kollektiven Beteiligungsrechten nicht gesprochen werden und kommt eine entsprechende Konfliktlösungskompetenz des Betriebsrats nicht in Betracht.[343]

Die Entscheidung durch eine Kommission oder auch, soll sie in vergleichbarer Weise durch den Betriebsrat kontrolliert werden, durch eine Arbeitnehmergruppe kann aber dennoch innerhalb eines Zielvereinbarungssystems für allgemeine Regelungen vorgesehen werden. Alle in einer Zielvereinbarung zu treffenden Einzelfallentscheidungen mit kollektiven Bezug können durch entsprechende Vorgaben in der Rahmenregelung gebunden werden, die sich wiederum unterschiedlich stark ausdifferenzieren läßt. In welchem Maße dies mit der Funktionsfähigkeit eines Zielvereinbarungssystems in Einklang zu bringen ist, ist – wie bereits ausgeführt[344] – eine Frage des Einzelfalls. Zu denken ist aber daran, daß Kommissionen für einzelne Arbeitsbereiche zulässige Zielbereiche konkretisieren und definieren und etwa auch die abstrakten Regelungen für die Zulässigkeit bestimmter Zielniveaus auf bestimmte Arbeitsbereiche stärker zuschneiden. Denkbar und im Sinne größerer Sach- und Praxisnähe möglicherweise sogar sinnvoll erscheint es hier durchaus, daß eine Arbeitsgruppe diese Entscheidungen für ihren Arbeitsbereich allgemein und für etwaige Nachfolger verbindlich regelte. Freilich dürfen alle diese Regelungen nicht dazu führen, daß die Regelung den Charakter einer Rahmenregelung verliert. Die hier bestehenden, angeführten[345] Interessen des Betriebs und der einzelnen Arbeitnehmer an einer dezentralen, individuellen Regelung und einem funktionsfähigen Zielvereinbarungssystem können durch eine noch so ausdifferenzierte kollektive Regelung nicht ersetzt werden. Im Gegenteil erfordern sie es zwingend, daß auf die einzelnen Arbeitnehmer persönlich zugeschnittene Zielvereinbarungen im sekundären Regelungsbereich möglich bleiben und nicht alle Fragen restlos durch eine kommissionsgestützte Kollektivregelung ausgeschöpft werden.

---

[342] § 4 B. III. 7. a).
[343] § 4 B. III. 7 a).
[344] § 4 B. III. 2.
[345] § 4 B. II. c).

IV. Parallelkompetenz der Einigungsstelle

Können sich die Betriebspartner in einer mitbestimmungspflichtigen Angelegenheiten nicht einigen, so ersetzt die Entscheidung der Einigungsstelle gem. § 87 Abs. 2 BetrVG die Einigung. Von der Frage, wo die Grenzen des der Einigungsstelle dabei gem. § 76 Abs. 5 Satz 3 BetrVG zustehenden Ermessens verlaufen[346], ist die nun zu erörternde Frage zu unterscheiden, ob die Einigungsstelle innerhalb dieser Grenzen über den gleichen Entscheidungsspielraum verfügt wie die Betriebspartner.

Die Ansichten in Literatur und Rechtsprechung sind hier nicht einheitlich. Während in der Literatur wohl überwiegend[347] von einem kongruenten Gestaltungsspielraum von Einigungsstelle und Betriebsvereinbarungsparteien ausgegangen wird, beschränkt das Bundesarbeitsgericht seine Ansicht, die Betriebspartner könnten dem Arbeitgeber bei der Gestaltung einer mitbestimmungspflichtigen Angelegenheit eine Freiheit einräumen, die einem mitbestimmungsfreien Zustand nahekomme, zuweilen für die entsprechende Entscheidungsbefugnis der Einigungsstelle.[348] Dabei verweist das BAG darauf, daß nicht jede Regelung, die die Betriebspartner einvernehmlich treffen könnten, auch Inhalt eines Einigungsstellenspruchs sein könne. Die Einigungsstelle sei im Verhältnis zu den Betriebspartnern „Dritter" und müsse bei der von ihr zu treffenden Regelung noch von dem jeweiligen Mitbestimmungsrecht des Betriebsrats einen angemessenen Gebrauch machen. Sie dürfe dieses Mitbestimmungsrecht nicht ignorieren oder ausschließen.[349]

Allerdings bedeutet diese Ansicht des Bundesarbeitsgerichtes nach dessen eigenem Dafürhalten nicht, daß ein Einigungsstellenspruch deshalb eine mitbestimmungspflichtige Angelegenheit so weitreichend wie irgend möglich ausgestalten muß. So hat der Erste Senat die Befugnis der Einigungsstelle für einen Spruch über die Aufstellung einzelner Schichtpläne ausdrücklich bejaht, obwohl die Grundsätze und Kriterien für die Aufstellung der Dienstpläne dem Arbeitgeber hinsichtlich der nicht geregelten Fragen noch einen relativ weiten eigenen Ermessensspielraum beließen.[350]

---

[346] Dazu unten 4. Teil.

[347] Im Schrifttum wird diese Frage freilich wenig diskutiert, vgl. aber Säcker/Oetker RdA 1992 S. 16 ff., 26 ff.; Blomeyer Anm. zu BAG 28.10.1986 SAE 1987 S. 279 ff.; bereits Hanau BB 1977 S. 350 ff., 354; a.A. Otto Anm. zu BAG 26.7.1988 EzA § 87 BetrVG 1972 Leistungslohn Nr. 16.

[348] BAG 11.3.1986 AP § 87 BetrVG 1972 Überwachung Nr. 14; 28.10.1986 AP § 87 BetrVG 1972 Arbeitszeit Nr. 20 („Heimdialyseentscheidung"); 17.10.1989 AP § 76 BetrVG 1972 Nr. 39; anders BAG 12.1.1988 AP § 81 ArbGG 1979 Nr. 8.

[349] BAG 17.10.1989 AP § 76 BetrVG 1972 Nr. 39.

[350] In der sog. Heimdialyseentscheidung BAG 28.10.1986 AP § 87 BetrVG 1972 Arbeitszeit Nr. 20.

Es fragt sich daher, worin sich ein unterschiedlicher Gestaltungsspielraum von Betriebsvereinbarung durch die Betriebspartner und Einigungsstellenspruch manifestieren könnte. Maßgeblich könnte hier etwa ein entsprechend unterschiedlicher Kontrollmaßstab sein.[351] Zumindest dem Bundesarbeitsgericht ist jedoch entgegenzuhalten, daß nach dessen eigener Rechtsprechung auch eine auf einer einvernehmlichen Einigung der Betriebspartner beruhende Betriebsvereinbarung einer allgemeinen gerichtlichen Billigkeitskontrolle zu unterwerfen ist[352], die sich in ihrem Ausmaßen von der Ermessenskontrolle des Einigungsstellenspruchs nach § 76 Abs. 5 Satz 3 BetrVG im Prinzip kaum unterscheidet.[353]
Darüber hinaus aber ergeben sich die hier ausgearbeiteten Verzichtsgrenzen aus dem Zweck des Mitbestimmungsrechts unmittelbar. Auch in einer einvernehmlich getroffenen Betriebsvereinbarung liegt nur dann kein unzulässiger Verzicht auf Mitbestimmungsrechte, wenn diese Betriebsvereinbarung die Grenzen des primären Regelungsbereichs und insbesondere die hier erforderlichen tatbestandlichen Bindungen beachtet. Auch ein Einigungsstellenspruch, der diesem Maßstab entspricht, kann dann aber zumindest das Mitbestimmungsrecht nicht mehr ausschließen oder ignorieren und entspräche so auch den Anforderungen, die das Bundesarbeitsgericht aufstellt.

Ein unterschiedlicher Gestaltungsspielraum von Einigungsstellenspruch und einvernehmlicher Lösung ergibt sich schließlich aber auch nicht aus dem Gedanken, daß die Einigungsstelle eine Angelegenheit nur soweit regeln darf, als sie unter den Betriebspartnern streitig ist. [354] Eine Gefahr, daß etwa die Einigungsstelle den Rahmen des primären Regelungsbereiches und damit die Grenzen der Zuständigkeit des Betriebsrats verbindlich festgelegt und sein Mitbestimmungsrecht – möglicherweise unzulässig - verbraucht, besteht dann nicht, wenn die Zuständigkeit des Betriebsrats im Bereich des sekundären Regelungsbereiches bereits aus anderen Gründen eingeschränkt wäre. Gerade dies ist aber der Fall im Bereich des § 87 Abs. 1 Nr. 10 BetrVG, denn die im sekundären Regelungsbereich ermöglichten Einzelfallentscheidungen sind der Mitbestimmung nach dieser Vorschrift ohnehin entzogen. Eine Streitigkeit kann sich im Entgeltbereich damit nur auf allgemeine Regelungsfragen und hier auch auf die Frage beziehen, inwieweit eine Angelegenheit überhaupt durch eine generalisierende

---

[351] Säcker/Oetker RdA 1992 S. 16 ff., 27; Rieble Anm. zu BAG 17.10.1989 SAE 1990 S. 175 f.; ders. Einigungsstelle S. 153 ff.
[352] BAG 25.3.1971 AP § 57 BetrVG Nr. 5; 1.12.1992 EzA § 77 BetrVG 1972 Nr. 50; zur Kritik der Literatur GK-Kreutz § 77 Rn. 259 m.w.N..
[353] Löwisch § 76 Rn. 12; Säcker/Oetker RdA 1992 S. 16 ff., 27; a.A. Rieble SAE 1990 S. 176.
[354] Zu diesem Gedanken Säcker/Oetker RdA 1992 S. 16 ff., 27 f.

Kollektivregelung geregelt werden soll.[355] Erscheint hier aber – wie im Falle der Zielvereinbarungen - allein eine Lösung als sachgerecht, die diese Kollektivregelung auf die Festlegung eines Rahmens beschränkt und weitere, einzelfallbezogene Gestaltungen in Durchführung dieses Rahmens zuläßt, so entschiede ein entsprechender Einigungsstellenspruch nicht mehr, als unter den Betriebspartner streitig gewesen ist.

Aus diesen Überlegungen ergibt sich aber, daß auch die Einigungsstelle nicht verpflichtet ist, eine mitbestimmungspflichtige Angelegenheit in weiterem Umfang auszuschöpfen als die Betriebspartner. Sie ist vielmehr in gleicher Weise verpflichtet, zwischen dem Zweck der Mitbestimmung und den Belangen des Betriebs und der einzelnen Arbeitnehmer abzuwägen und verfügt damit über eine parallel gelagerte Entscheidungskompetenz und einen kongruenten Gestaltungsspielraum.

§ 5 Pensumentgelte

In der Literatur hat der Begriff der Pensumentgelte begonnen, sich als Bezeichnung für eine spezielle Art von Entgelten durchzusetzen, die sich von herkömmlichen Entgelten in ähnlicher Weise unterscheiden, bzw. ähnliche Zielsetzungen verfolgen.

Dabei ist jedoch von vornherein darauf zu verweisen, daß Theorie und Wirklichkeit hier oftmals nicht übereinstimmen. Versuche, alle Entgelte, die unter den Begriff des Pensumentgeltes gefaßt werden, mit einheitlichen Merkmalen erfassen zu wollen, müssen an der Vielgestaltigkeit der einzelnen Formen in der Realität scheitern. Es gibt einen theoretischen Überbau, mithilfe dessen versucht wird, die arbeitswissenschaftlichen Gemeinsamkeiten dieser Entgelte zu erfassen. Dieser Überbau soll im folgenden zunächst dargestellt werden. Im Anschluß aber bedürfen die einzelnen Entgelte der eingehenden Darstellung, um herauszufinden, inwieweit sich verschiedene Typen voneinander unterscheiden und abgrenzen lassen. Nur so kann dann eine Aussage über ihre Mitbestimmungspflichtigkeit getroffen werden.

A. Der Begriff „Pensumentgelt“

I. Allgemein

Pensum bedeutet „zugeteilte Arbeitsaufgabe“ oder „zugeteilter Arbeitsabschnitt“; das Pensumentgelt soll das dieser Aufgabe oder diesem Abschnitt entsprechende Entgelt sein.[356] Es soll in der Erwartung gezahlt werden, daß das vorher festgelegte Arbeitsergebnis auch erreicht wird. Pensumentgelte beruhen

[355] So auch Hanau BB 1977 S. 350 ff., 354.
[356] Paasche S. 94.

dementsprechend auf dem Kontrollprinzip des Vertrauens und erhalten so den Charakter einer Entgeltgarantie. Konsequenzen bei Nichterreichen des Arbeitspensums beziehen sich erst auf die nachfolgende Abrechnungsperiode.[357] Diese Konsequenzen können darin liegen, daß die Soll-Leistung und der entsprechende Entgeltanteil für die künftige Periode verändert wird, sich aber auch darauf beschränken, daß die Arbeitspersonen dazu aufgefordert werden, die Soll-Leistung zukünftig einzuhalten.[358] Aus diesem Grund werden Pensumentgelte zuweilen auch als Festentgelte mit Leistungskontrolle[359] u.ä. bezeichnet.
Pensumentgelte nach diesem Verständnis liegen nach einer REFA-Definition[360] vor, wenn bei der Festlegung der Höhe des leistungsbezogenen Entgeltbestandteils das in einer bestimmten Periode erwartete Leistungsergebnis mit Hilfe einer bestimmten Leistungskennzahl quantifiziert und seine Einhaltung durch Gegenüberstellung der Soll- mit der Ist-Leistung periodisch überwacht wird. Als Leistungskennzahl kann ähnlich wie beim Akkordlohn die Mengenleistung verwendet werden, genauso sind aber auch alle anderen quantitativ erfaßbaren Leistungskennzahlen möglich. Im Unterschied zu den Entlohnungsgrundsätzen Akkord- und Prämienlohn soll aber nicht mehr die individuelle schwankende Leistung maßgeblich sein für den leistungsabhängigen Teil des Entgeltes, sondern vielmehr das zuvor festgelegte und erwartete Leistungsergebnis. Ein Über- oder Unterschreiten dieser Leistung durch den einzelnen Mitarbeiter in der laufenden Periode ist nicht erwünscht und soll das gezahlte Entgelt daher nicht rückwirkend berühren, sondern allenfalls erst in der künftigen Periode.[361]
Besondere Bedeutung erlangt eine Entlohnung nach einem solchen Pensum daher in hochentwickelten Formen der Arbeitsplanung, wie sie insbesondere auch im Gefolge der Gruppenarbeit auftreten. Das Pensumentgelt ist daher überall dort eine Alternative zu herkömmlichen Formen der Vergütung, wo vorübergehende Mehrleistungen den Produktionsablauf störten oder unberechenbar machten und es vielmehr darum geht, ein vorgeplantes Ergebnis „just in time" zu erreichen, einen möglichst stetigen Arbeitsablauf zu halten oder einer Gruppe ein festes Arbeitspensum zur selbständigen Bewältigung vorzugeben.[362]

---

357 Maier S. 139; Schettgen S. 319/320; REFA Band 5 S. 61 ff.
358 REFA Band 5 S. 61.
359 Vgl. z.B. Däubler Arbeitsrecht 2 S. 454.
360 REFA Band 5 S. 62.
361 REFA Band 5 S. 61; Schettgen S. 320; Maier S. 139; Fremmer/Voigtländer/Weil Handbuch des Prämienlohns S. 18 f.
362 Vgl. Paasche S. 95; Fremmer/Voigtländer/Weil Handbuch des Prämienlohns S. 18 f.

II. Zielvereinbarungen als Pensumentgelt?

Auch Zielvereinbarungen werden zuweilen als Form eines Pensumentgeltes dargestellt.[363] Dazu ist jedoch folgendes zu bemerken. Gemeinsamkeiten zwischen einem Zielvereinbarungssystem und der dargestellten typischen Ausprägung eines Pensumentgeltes in Gestalt einer Leistungserwartung und anschließendem Soll-Ist-Vergleich liegen ohne Zweifel vor. Dennoch liegt hierin nur eine der vielen Besonderheiten eines Zielvereinbarungssystems. Gerade Zielvereinbarungen aber haben mit dem Konzept des Management by Objectives und der Goal-Setting-Theorie einen ganz eigenen konzeptionellen Hintergrund. Desweiteren sind bei Zielvereinbarungen die verschiedendsten Ausprägungen denkbar, von denen der ganz überwiegende Teil gar keinen Bezug zu dem theoretischen Konzept des Pensumentgelts insbesondere im Hinblick auf die garantierte Entgeltzahlung aufweisen, sondern sich in diesem Punkt vielmehr durchaus herkömmlichen Entgeltsystemen angenähert haben. Auch im Hinblick auf die Einhaltung des „Pensums" hinkt ein Vergleich mit dem vorgegebenen „Ziel", denn dieses kann und soll in den meisten Fällen gerade auch überschritten werden, was wiederum die unterschiedliche konzeptionelle Grundlage der beiden Entgeltformen unterstreicht. Schließlich ist darauf zu verweisen, daß Zielvereinbarungen in großem Umfang als Teil von Beurteilungssystemen eingesetzt werden, in denen es im Gegensatz zu Pensumentgelten nach der hier verstandenen Definition auf arbeitswirtschaftlich fundierte, quantifizierbare Leistungskennzahlen gerade nicht ankommt, sondern die Zielfestlegung und -erreichung eher Gegenstand der Diskussion, bzw. Beurteilung sein soll.
Die Besonderheiten von Zielvereinbarungen sind dadurch aber so prägend, daß es nicht als gerechtfertigt erscheint, Zielvereinbarungen lediglich als über- oder untergeordnete Form des Pensumentgeltes zu begreifen. Vielmehr bilden sie sowohl aufgrund ihrer Herkunft als auch in ihrer Vielgestaltigkeit eine ganz eigenständige Kategorie, die Bezüge zu dem Begriff des Pensumentgelts in der hier verstandenen Weise zwar aufweist, sich diesem aber nicht mehr sinnvoll zuordnen läßt.

B. Kontrakt-, Vertrags- und Standardentgelt

I. Darstellung

Standardentgelt sowie Kontrakt- oder Vertragsentgelt stellen die Formen des Pensumentgeltes dar, die der Umschreibung dieses Begriffs in der Literatur am weitestgehenden entsprechen. Die ältere Form ist das Kontrakt- oder Vertragsentgelt. Hier soll sich der Arbeitnehmer verpflichten, während eines vereinbar-

---

[363] Maier S. 141; Schettgen S. 322; auch Paasche S. 103, der jedoch von einem weiteren Verständnis des Begriffs „Pensumentgelt" ausgeht.

ten Vertragszeitraumes eine bestimmte Leistung zu erbringen. Dafür bekommt er ein Festentgelt garantiert, das auch dann ausbezahlt wird, wenn die Leistung insgesamt nicht den Erwartungen entspricht. Die während der vereinbarten Zeit erbrachte Leistung ist für das Entgelt allerdings nicht ohne Bedeutung. Weicht die gezeigte Leistung in nicht mehr geringfügigem Maße von der erwarteten Leistung ab, wird der Arbeitnehmer für die zukünftige Periode in einen höheren oder niedrigeren Vertragszeitgrad mit entsprechendem Verdienst eingestuft.[364]
Auch das Standardentgelt läßt sich dem Vertrags- oder Kontraktentgelt zuordnen.[365] Es unterscheidet sich zum einen darin, daß eine direkte Vereinbarung zwischen Arbeitnehmer und Arbeitgeber, die die Bezeichnung „Vertragsentgelt" geprägt hat, nicht vorgesehen ist, sondern grundsätzlich von einer Leistungsvorgabe ausgegangen wird. Diese Leistung gilt als Standardleistung. Wird die Standardleistung nicht erreicht, erfolgt keine Verdienstminderung.[366] Auch eine Veränderung der Standardleistung mit entsprechender Verdienständerung für die Zukunft ist nicht vorgesehen[367], worin ein weiterer Unterschied zwischen dem Standardentgelt und einem Vertragsentgelt liegt.
Typische Gemeinsamkeit beider Entgeltformen aber ist es, daß hier mit dem Prinzip des Entgeltanreizes, wie es im Akkord- und Prämienlohn üblich ist, gebrochen wird. Es wird z.B. nicht eine Vorgabezeit vorgegeben, deren Unterschreitung mit einem Mehrverdienst honoriert wird, sondern es wird eine Soll-Zeit vorgegeben, für deren Einhaltung ein Festentgelt gezahlt wird.[368]

1. Reaktion auf veränderte Technologien

Gerade das Vertrags- oder Standardentgelt wird so aber zu einer Entgeltform, die den veränderten technologischen Entwicklungen und neuen Organisationsformen in der Praxis eher als herkömmliche Vergütungssysteme gerecht zu werden versucht. Wie bereits dargestellt[369], hat sich die technologisch-organisatorische Situation in der Praxis durch den Einsatz computergesteuerter Produktionstechniken und flexibler Fertigungssysteme verändert. Ganzheitlicher Aufgabenzuschnitt, flexibler Arbeitseinsatz in Arbeitsgruppen und die Übertra-

---

[364] Däubler Das Arbeitsrecht 2 S. 455; Paasche S. 96 f.; Schettgen S. 324 f.
[365] Vgl. Paasche S. 97/98; als Beispiel läßt sich hier insbesondere der VW-Standardlohn nennen, der im Tarifvertrag über die Grundsätze der Entlohnung zwischen der Volkswagen AG und der IG Metall vom 1.2.1979 geregelt ist, s. dazu auch Birkwald/Lübben AFA-Information 4/1979, S. 20 ff.; Ehlscheid/Meine/Vogt verweisen darauf, daß Standardentgeltsysteme außerdem bei „Mercedes, BMW und Opel ... vereinbart worden sind", S. 251.
[366] Ehlscheid/Meine/Vogt S. 248 ff., 251; Meine/Ohl WSI-Mitteilungen 4/1990 S. 197 ff., 201; Muster Das flexible Unternehmen 6.10 S. 14 f.
[367] Vgl. dazu Muster Das flexible Unternehmen 6.10 S. 15.
[368] Ehlscheid/Meine/Vogt S. 248 f.
[369] S. § 1.

gung von Dispositions- und Planungsbefugnissen auf die Beschäftigten ersetzen herkömmliche „tayloristische" Produktionsweisen zunehmend. Hinzu treten auch andere Veränderungen im Zuge der lean production wie durch das Ziel des „just-in-time" gekennzeichnete Logistikkonzepte.[370] Termingenaue Produktion, die flexibel auf Kundenwünsche und Marktsituationen reagieren kann und lange Lagerzeiten vermeidet, steht im Gegensatz zu der mit herkömmlichen Methoden angestrebten möglichst hohen Leistung. Erwünscht ist vielmehr die Einhaltung einer möglichst konstanten Leistung. Hinzutritt hier die Besonderheit, daß in computergesteuerten Systemen und verketteten Fertigungssystemen die Leistungserbringung oft auch gar nicht mehr durch den Arbeitnehmer beeinflußt werden kann, sondern vielmehr durch die Maschinenlaufzeiten und Prozeßzeiten bestimmt wird.[371]

Diesen Veränderungen können die herkömmlichen Entgeltsysteme aber nur eingeschränkt oder gar nicht entsprechen.

Zum einen geht insbesondere der Akkordlohn von einer direkten individuellen Beeinflußbarkeit des Arbeitstempos aus.[372] Diese Beeinflußbarkeit gehört zu den maßgeblichen Voraussetzungen der Akkordfähigkeit, ohne die eine Arbeit nicht im Akkord vergeben werden kann.[373] Aus diesem Grund stellte bereits die konventionelle Mechanisierung in Gestalt von Fließbändern das Problem, daß Maschinenlaufzeiten technisch determiniert waren und nicht unterschritten werden konnten.[374]

Auch dort, wo das Arbeitsergebnis aber noch von den Arbeitnehmern beeinflußt werden kann, wird durch die Anforderungen der geschilderten neuen Produktionsformen die Logik des Akkordlohns ad absurdum geführt. Um ein Akkordlohnsystem mit den Anforderungen einer konstanten Leistung in Einklang bringen zu können, werden zuweilen Kunstgriffe angewendet, wie etwa rechnerisch erhöhten Vorgabezeiten, die nun zwar unterschritten werden können, de facto aber zu der erwünschten Soll-Leistung führen.[375] Ähnliche Veränderungen des reinen Akkordlohnes bis zum garantierten Akkord oder „eingefrorenen Akkord" mit festen Monatsentgelten, die bereits eine Art des Vertragsentgeltes darstellen[376], erklären sich oft allein daraus, daß nur so eine Lösung für die Vereinba-

---

[370] Ehlscheid/Meine/Vogt S. 248; Meine/Ohl WSI-Mitteilungen 4/1990 S. 197 ff.; Paasche S. 95.

[371] Meine/Ohl WSI-Mitteilungen 4/1990 S. 197 ff., 200; Schudlich WSI-Mitteilungen 4/1990 S. 205 ff., 207; Zander ZfbF 4/1986 S. 289 ff., 291 f.

[372] Ehlscheid/Meine/Vogt S. 249 ff., Meine/Ohl WSI-Mitteilungen 4/1990 S. 197 ff., 200.

[373] Gaul BB 1990, S. 1549 ff., 1550; Dietz/Gaul/Hilger S. 46; Schettgen S. 302.

[374] Dies führte bereits in den 60er Jahren zur „Krise des Akkordlohns", vgl. Meine/Ohl WSI-Mitteilungen 4/1990 S. 197 ff., 200.

[375] Meine/Ohl WSI-Mitteilungen 4/1990 S. 197 ff., 200.

[376] Paasche S. 97; Hettinger/Wobbe S.636; Schettgen S. 325.

rung von technisch-organisatorischen Gegebenheiten mit den Vorgaben des Tarifvertrages erreicht werden kann.[377]

Ein solches Vorgehen zeigt jedoch, daß auch dort, wo Akkordlohn noch Anwendung findet, große Leistungsschwankungen nicht erwünscht sind. In der Praxis zeichnet sich in der Regel ein betriebsüblicher Verdienstgrad ab, von dem kaum ein Arbeitnehmer um mehr als 5% nach oben oder unten abweicht und auch weder aufgrund seiner eigenen Entgeltvorstellungen noch nach den Erwartungen des Arbeitgebers davon abweichen will und soll. In manchen Betrieben ist es Brauch, den Mitarbeitern bei Nichterreichen des üblichen individuellen Verdienstes einen entsprechenden Verdienstzuschlag zu gewähren.[378]

Ist aber eine solcher konstanter Verdienst und eine solche konstante Leistung erwünscht, hilft auch die größere Flexibilität des Prämienlohnes, die lediglich darin liegt, die Steigerung anderer Bezugsgrößen als der Menge anzureizen, nicht weiter.

Konsequenter erscheint es dagegen, die zu erwartende und letztlich tatsächlich erbrachte Leistung sowie ein zugeordnetes Fest- oder Standardentgelt von vornherein zu vereinbaren. Dadurch wird die Normalleistung des Akkordlohns ersetzt, die sich auf das Leistungsniveau bezieht, das dem Akkordrichtsatz entspricht und von der erwartet wird, daß die Arbeitnehmer sie überbieten. Vielmehr wird genau diese – offensichtlich sehr präzise - Leistungserwartung als Vertrags- oder Standardleistung definiert und festgesetzt.[379] Als Anforderungen an diese Leistung wird formuliert, daß sie zumutbar und über ein Arbeitsleben ohne körperliche, geistige oder seelische Gesundheitsschäden erreichbar sein müsse.[380]

Grundlage dieser Soll-Leistung sind wie bei der Festsetzung der Normal- oder Bezugsleistung des Akkord- und Prämienlohnes zunächst die gemessenen Ist-Zeiten. Auch das Vertrags- oder Standardentgelt erfordert daher gründliche Arbeitsstudien zur Ermittlung und Pflege der Sollzeiten. Um zu überprüfen, ob die Festleistung eingehalten wurde, müssen regelmäßig alle Soll- und Ist-Zeiten und deren Verhältnis zueinander ebenso erfaßt werden wie alle Stör-, Warte- und Erholungszeiten.[381]

---

[377] Paasche s. 97; Zander ZfbF 4/1986 S. 289 ff., 297.

[378] Paasche S. 97; Ehlscheid/Meine/Vogt S. 251.

[379] Vgl. dazu den VW-Tarifvertrag vom 1.2.1979 Protokollnotiz zu § 4.1, erster Absatz: „ Die VW-Standardleistung (100 %) entspricht der bisherigen tariflichen Akkordgruppendurchschnittsleistung (134%).“ und entsprechend Protokollnotiz zu § 4.2: „ Der Geldbetrag des VW-Standardlohnes (100%) entspricht dem bisherigen Akkordlohn (Grundlohn plus 34 %).“, vgl. Paasche S. 97; s. auch Schettgen S.325 und Hettinger/Wobbe S. 636.

[380] Ehlscheid/Meine/Vogt S. 249; ebenso VW-Tarifvertrag vom 1.2.1979 § 4.1 letzter Absatz, vgl. Paasche S. 97.

[381] Paasche S. 96, Ehlscheid/Meine/Vogt S. 249; REFA Band 5 S. 61.

2. Vor- und Nachteile

Der Vorteil einer Standard- oder Vertragsleistung mit einem entsprechenden Festentgelt wird insbesondere darin gesehen, daß der Prozeß des Leistungsgradbeurteilens aus dem Akkordlohn entfalle, der aufgrund seiner auf die subjektive Wahrnehmung der Arbeitsstudienleute abstellenden Willkürgefahr als problematisch bewertet wird. Das bei diesem Prozeß in der Regel ablaufende „Spiel" des Vorenthaltens von Zeitvorteilen und der entsprechenden erfahrungsgestützten Korrektur durch die Festlegung des „tatsächlichen" Leistungsgrades entbehre jeder Objektivität und stelle vielmehr eine entgeltpolitische Entscheidung dar.[382] Bei der Festlegung einer Standard- oder Vertragsleistung dagegen gehe es von vornherein nur darum, einen akzeptablen Konsens über die zu erbringende Leistung zu finden, bzw. die ohnehin längst stillschweigend vorgenommene Übereinkunft in Gestalt nahezu konstanter betrieblicher Verdienst- und entsprechender Leistungsgrade offiziell und konsequent festzulegen.

In diesem Wegfall des Leistungsgradbeurteilens wird von anderer Seite jedoch eine Gefahr für die Arbeitnehmer gesehen, die darin bestehe, daß sie nun zur Hergabe aller Leistungsreserven gezwungen werden könnten. Auch sei eine Überprüfung, warum die vorgesehene Leistung nicht erbracht worden ist, für den Arbeitnehmer unangenehmer als der schlichte Verzicht auf einen Mehrverdienst.[383]

Dagegen wird jedoch wiederum ganz im Sinne der arbeitswissenschaftlichen Theorie angeführt, daß die Festlegung der zu erbringenden Leistung und die Zahlung eines entsprechenden festen Entgeltes gerade eine Vertrauensatmosphäre schaffen solle, in der es möglich sei, unbelastet von direkten Einkommenssorgen an der Methodenverbesserung und der Optimierung des Produktionsablaufes mitzuarbeiten.[384]

Ein weiterer Vorteil des Standard- oder Vertragsentgeltes wird schließlich in seiner Einsetzbarkeit im Zusammenhang mit Gruppenarbeit gesehen.[385] Weder Gruppenarbeit im Zeitentgelt, noch der Gruppenakkord oder die Gruppenprämie könnten den Besonderheiten der Gruppenarbeit, insbesondere der hier im Vordergrund stehenden gemeinsamen Leistungserbringung wirklich gerecht werden.[386] Insbesondere die Anreizwirkung der herkömmlichen Leistungsentgeltsysteme könnten bei Gruppenarbeit kontraproduktiv wirken, da der die ganze

---

[382] Ehlscheid/Meine/Vogt S. 251 und 322 f.; Meine/Ohl WSI-Mitteilungen 4/1990 S. 197 ff., 202.

[383] Däubler Arbeitsrecht 2 S. 455.

[384] Paasche S. 96/97; Ehlscheid/Meine/Vogt S. 251 f.

[385] Muster Flexible Unternehmen 6.10 S. 12 ff.; Paasche S. 95; Meine/Ohl WSI-Mitteilungen 4/1990 S. 197 ff., 202; Ehlscheid/Meine/Vogt S. 256 f.

[386] Meine/Ohl WSI-Mitteilungen 4/1990 S. 197 ff., 202.

Gruppe treffende Minderverdienst leicht zu Schuldzuweisungen und erhöhtem Leistungsdruck innerhalb der Gruppe führe.[387] Dies wirke der mit Gruppenarbeit angestrebten Eigenverantwortung und Synergieeffekten aufgrund produktiver Zusammenarbeit entgegen. Mit dem Vertrags- oder Standardentgelt seien diese Probleme dagegen gelöst, gerade die Gruppe könne sich nun vom Blick auf das Resultat und seine Verursacher lösen und sich vielmehr befreit von Einkommenssorgen der intelligenten Verbesserung ihrer Zusammenarbeit widmen.[388]

3. Verschiedene Formen des Standardentgelts?

Zum Teil wird in der Literatur[389] noch einmal differenziert zwischen verschiedenen Formen des Standardentgeltes. So soll es sich bei der hier beschriebenen Form um die sog. feste Standardprämie handeln, bei der ein Nichterreichen der Standardleistung keine Verdienstminderung im Gefolge habe. Davon werden als Varianten unterschieden die sog. variable Standardprämie und die Vario-Prämie. Während bei der variablen Standardprämie zwar auch eine Standardleistung vereinbart werde, habe ein Unterschreiten dieser Leistung aber doch unmittelbare Folgen für die Vergütung gemäß einer vorher festgelegten Prämienentgeltlinie, dies zumindest dann, wenn die Beschäftigten die Gründe für die Unterschreitung der Standardleistung zu vertreten hätten. Bei der Vario-Prämie werde dagegen eine durchschnittliche Soll-Leistung vereinbart, die mit entsprechenden rückwirkenden Folgen für die Vergütung innerhalb einer bestimmten Spannbreite über- oder unterschritten werden könne.
Es scheint jedoch nun so, daß sich diese „Varianten" eines Standardentgeltes dem normalem Prämienlohn stark angenähert haben, es sich sogar zumindest bei der Vario-Prämie um nichts anderes als um einen Prämienlohn handelt, wenn hinsichtlich auch der Leistungskennzahl alle hierfür erforderlichen Voraussetzungen erfüllt sind.
Inwieweit dies der Fall ist, soll an dieser Stelle jedoch nicht weiter verfolgt werden. Jedenfalls weichen die genannten Varianten gerade im Hinblick auf für das Standardentgelt typische Eigenschaften, die wie insbesondere die Entgeltgarantie den wesentlichen Teil der beschriebenen Besonderheiten des Standardentgeltes ausmachen, ab. Nur dadurch, daß man solche „Varianten" anführt, die sich herkömmlichen Entgeltformen annähern, ist es nicht gerechtfertigt, auch der „Grundform" eine solche Nähe zuzuschreiben, mag man sie auch – mögli-

---

[387] Muster Das Flexible Unternehmen 6.10 S. 13; MünchArbR-Kreßel § 67 Rn. 9; vgl. bereits oben § 3 B. I. 3.
[388] Muster Das Flexible Unternehmen 6.10 S. 13; Meine/Ohl WSI-Mitteilungen 4/1990 S. 197 ff., 202.
[389] Ehlscheid/Meine/Vogt S. 246/247, Muster Das flexible Unternehmen 6.10 S. 14/15.

cherweise aus Gründen der betrieblichen Mitbestimmung und der tarifvertraglichen Kompatibilität – unterstützend mit der Bezeichnung „Prämie“ versehen. Unter Standardentgelt soll daher an dieser Stelle allein die beschriebene Ausformung mit den nur für sie typischen und abgrenzbaren Eigenschaften verstanden werden, die in der Terminologie von Teilen der Literatur als „feste Standardprämie“ bezeichnet wird.

II. Mitbestimmung nach § 87 Abs. 1 Nr. 10 BetrVG

1. Einführung und Art

In der Frage, ob Arbeitnehmer ihr Entgelt in Gestalt eines Vertrags- oder Standardentgeltes erhalten sollen, liegt die Einführung eines allgemeinen übergeordneten Systems, nach dem die gesamte Entlohnung für den Betrieb, für bestimmte Betriebsabteilungen oder Gruppen von Arbeitnehmern geordnet wird und damit die Aufstellung eines Entlohnungsgrundsatzes. Die Einführung eines Vertrags- oder Standardentgelts ist damit ein § 87 Abs. 1 Nr. 10 BetrVG unterfallender Sachverhalt.

Das Vertrags- oder Standardentgelt kann sowohl für einen einzelnen Arbeitnehmer als auch für eine Arbeitnehmergruppe vereinbart werden. Auch diese Frage ist vom Betriebsrat als Teil des Entlohnungsgrundsatzes mitbestimmt. Ebenso dem Entlohnungsgrundsatz ist die Frage zuzurechnen, welche Laufzeiten jeweils für die einzelnen Kontrakte gelten sollen.

2. Maßstab der Entlohnung

Für die Frage, wie sich die weitere Mitbestimmung beim Vertrags- oder Standardentgelt nach § 87 Abs. 1 Nr. 10 BetrVG gestaltet, ist nun maßgeblich zu berücksichtigen, daß sich die Berechtigung des Betriebsrats, die vom Arbeitnehmer zu erbringende Arbeitsleistung mitzugestalten, erst dann aus § 87 Abs. 1 Nr. 10 BetrVG ergibt, wenn diese Leistung als Maßstab für die Entlohnung gewählt wird.[390] Die Leistung des Arbeitnehmers ist für das Mitbestimmungsrecht nur insoweit von Bedeutung, als von ihr die von § 87 Abs. 1 Nr. 10 BetrVG ausschließlich erfaßte Lohngestaltung abhängt.

Es stellt sich daher bereits für die Mitbestimmung nach § 87 Abs. 1 Nr. 10 BetrVG die Frage, auf welche Form von Arbeitsleistung sich der Entlohnungsgrundsatz „Standardentgelt“ oder „Vertragsentgelt“ bezieht. Dies betrifft sowohl weitere Entscheidungen bezüglich des Entlohnungsgrundsatzes selbst als auch die Bewertung dieser Arbeitsleistung für die Lohngestaltung im Rahmen des gewählten Entlohnungsgrundsatzes und damit die Entlohnungsmethoden.

---

[390] Richardi § 87 Rn. 793; ErfKomm-Hanau/Kania § 87 Rn. 101; FKHE § 87 Rn. 430; DKK-Klebe § 87 Rn. 251; GK-Wiese § 87 Rn. 931; HSG § 87 Rn. 481.

Ein maßgebliches Merkmal des Standard- und des Vertragsentgeltes ist es, daß Leistungsschwankungen des Arbeitnehmers keinen oder keinen unmittelbaren Einfluß auf das Arbeitsentgelt haben. Möglicherweise muß deshalb davon ausgegangen werden, daß es sich hier um ein reines Zeitentgelt handelt.[391] Wäre dem so, könnte der Betriebsrat allenfalls Verfahren z.B. der Anforderungsbewertung mitbestimmen, nicht aber Entscheidungen treffen, die den Leistungsgrad betreffen.
Eine Bewertung des Standard- und Vertragsentgeltes als Zeitentgelt läßt sich zunächst nur dann rechtfertigen, wenn man die zweifellos existierende Leistungsvorgabe als zusätzliche Bestimmung begreift, die aber in Ermangelung ihrer Entgeltrelevanz nicht der Mitbestimmung nach § 87 Abs. 1 Nr. 10 BetrVG unterworfen sein kann. Es müßten hier daher die gleichen Argumente gelten wie bei der Festlegung der Bandgeschwindigkeit, die ebenfalls als nicht die Entlohnung, sondern den Arbeitsablauf betreffend nicht mitbestimmt ist.[392]
Gewicht erhält eine solche Argumentation durch die Überlegung, daß eine der Begründungen zumindest für die Einführung einer Standardleistung und eines entsprechenden Festentgelts darin liegt, daß die Arbeitnehmer aufgrund technischer Gegebenheiten ohnehin nur noch geringen Einfluß auf das Arbeitsergebnis nehmen könnten. Möglicherweise kann die Lösung für diese Entwicklung nur darin liegen, zum Zeitentgelt zu wechseln.
Von dieser Prämisse zu unterscheiden ist jedoch die Frage, ob in der Erscheinung des Standard- und Vertragsentgeltes nun auch bereits eine Form des Zeitentgeltes vorliegt. Nur die Tatsache allein, daß hier eine Mehrleistung nicht mehr erwünscht ist und damit ein deutlicher Unterschied etwa zum Leistungsentgelt im herkömmlichen Sinne vorliegt, läßt möglicherweise nicht notwendig im Gegenschluß die Annahme zu, dann könne es sich nur um ein Zeitentgelt handeln.

Der Unterschied zwischen Zeitentgelt und Leistungsentgelt manifestiert sich nach allgemeiner Ansicht nun darin, daß nur bei Leistungsentgelten der Leistungsgrad als die Effektivität der menschlichen Arbeitsleistung berücksichtigt wird. Das Zeitentgelt bezieht sich dagegen auf den Zeitaufwand und gegebenenfalls weitere leistungsunabhängige Größen wie den Arbeitswert. Hinsichtlich

---

[391] So MünchArbR-Kreßel § 67 Rn. 183 f.; ebenfalls als Zeitentgelt schätzen das Standardentgelt Pornschlegel/Birkwald S. 268 ein.

[392] Vgl. dazu MünchArbR-Kreßel § 67 Rn. 185; zur Bandgeschwindigkeit auch GK-Wiese § 87 Rn. 931; ErfKomm-Hanau/Kania § 87 Rn. 101; FKHE § 87 Rn. 430; DKK-Klebe § 87 Rn. 251; HSG § 87 Rn. 481.

des Leistungsgrades wird hier ein einheitlicher Leistungsgrad aller Arbeitnehmer, die Arbeiten des gleichen Arbeitswerts verrichten, fingiert.[393]
Diese Differenzierung zeigt, daß sich Vertrags- und Standardentgelt offensichtlich exakt zwischen beiden Entgeltformen bewegen.[394] Die Effektivität der Arbeitsleistung einzelner Arbeitnehmer wird beim Standard- und Vertragsentgelt zumindest dann nicht berücksichtigt, wenn sie schwankt. Auf der anderen Seite aber bezieht sich das gezahlte Entgelt auch nicht auf den Zeitaufwand, sondern auf die erwartete Leistung. An deren Höhe orientiert sich die Höhe des Festentgeltes, deren Einhaltung wird erwünscht und überwacht. Nach gewerkschaftlicher Auffassung und den Bestimmungen vieler Tarifverträge macht schon diese Leistungsvorgabe allein es unzulässig, noch von einem Zeitentgelt auszugehen, bzw. ein Zeitentgelt zu zahlen.[395]
Dagegen ist jedoch nun einzuwenden, daß der Arbeitnehmer auch beim Zeitentgelt seine individuelle Leistung erbringen muß.[396] Bei Unzulänglichkeiten oder Mängeln dieser Arbeitsleistung wird das Zeitentgelt im Unterschied zum Leistungsentgelt lediglich in gleicher Weise geschuldet.[397] Möglicherweise verstößt es daher gegen tarifvertragliche Bestimmungen, nicht eine fiktive, sondern eine ganz konkrete Leistungserwartung mit einem Festentgelt zu verbinden. Zu einem Leistungsentgelt wird dieses Entgelt dadurch aber noch nicht. Maßgebliche Voraussetzung für das Vorliegen eines Leistungsentgeltes ist es, daß die Effektivität der menschlichen Arbeitsleistung in Gestalt des individuellen Leistungsgrads gerade für die Berechnung der Vergütung bestimmend ist.
Das ist nicht mehr gegeben, wenn Leistungsschwankungen, die beim periodisch vorgenommenen Soll-Ist-Vergleich festgestellt wurden, keinerlei Auswirkung auf die Vergütung haben. Dies ist jedoch insbesondere beim Standardentgelt der Regelfall. Besonders in Zusammenhang mit dieser Variante des Pensumentgeltes und als Argument für ihren Einsatz wird auch gerade darauf verwiesen, daß eine individuelle Leistungsschwankung ohnehin nicht mehr möglich sei, wenn das Arbeitsergebnis durch Maschinenlaufzeiten determiniert sei.[398] Ist damit aber eine individuelle Leistung gerade nicht Maßstab für die Vergütung, besteht für den Arbeitnehmer die gleiche Situation wie beim Zeitentgelt; er muß sich über die Effektivität seines Handelns zumindest insofern keine Gedanken machen, als das ihm gezahlte Entgelt dadurch nicht beeinflußt wird. Das so ge-

---

[393] GK-Wiese § 87 Rn. 922; Schaub § 62 II; MünchArbR-Kreßel § 66 Rn. 30 und 7.
[394] Fremmer/Voigtländer/Weil Handbuch des Prämienlohns S. 20.
[395] Vgl. z.B. § 9 Ziffer 1 Lohnrahmenabkommen für die Metall- und Elektroindustrie NRW; TBS-Broschüre Zielvereinbarungen S. 40 f.
[396] BAG 17.3.1988 EzA § 262 BGB Nr.116; Kasseler Handbuch-Künzl 2.1 Rn. 350.
[397] BAG 6.6.1972 EzA § 611 BGB Arbeitnehmerhaftung Nr.13.
[398] Ehlscheid/Meine/Vogt S. 251.

zahlte Festentgelt muß daher dem Zeitentgelt zugeordnet werden. Die bestehende Leistungsvorgabe kann allenfalls Auswirkungen auf die Schwierigkeit der Arbeit und ihre entsprechende Bewertung haben.[399]
Zu einer anderen Wertung muß jedoch möglicherweise gelangt werden, wenn eine Leistungsschwankung zwar nicht erwünscht, aber noch möglich ist und dazu führt, daß zumindest für die dem Soll-Ist-Vergleich folgende Periode eine veränderte Sollvorgabe mit entsprechend verändertem Entgeltanteil vorgegeben oder vereinbart wird. Diese Situation ist die Regelfall beim Vertragsentgelt. Hier wird nur ein für die entsprechende Periode „festes" Entgelt gezahlt. Zwar ist auch hier die Abhängigkeit des Entgelts vom individuellen Leistungsgrad nur ein indirektes, da die Folgen für den Arbeitnehmer sich nicht rückwirkend, sondern nur in der folgenden Periode auswirken. Dennoch ist Maßstab der Entlohnung damit aber zumindest in indirekter Weise der individuelle Leistungsgrad. Ob dies ausreicht, das Vertragsentgelt als echtes Leistungsentgelt zu erfassen, kann hier noch dahinstehen. Maßgeblich für die weitere Mitbestimmung nach § 87 Abs. 1 Nr. 10 BetrVG ist allein, daß es sich beim Vertragsentgelt jedenfalls nicht um ein Zeitentgelt handelt, sondern Maßstab und Anknüpfungspunkt der Entlohnung die festgestellte Ist-Leistung im Vergleich mit einer Soll-Vorgabe ist.

3. Bezugsgrößen

Soweit sich das Entgelt darauf bezieht, gehört die Bestimmung der Bezugsgrößen und Leistungskennzahlen zur Mitbestimmung des Entlohnungsgrundsatzes. Lediglich das Vertragsentgelt aber bezieht sich auf die vereinbarte oder vorgegebene Leistung. Zwar wird in Anbetracht der Tatsache, daß das Vertragsentgelt oftmals den Akkordlohn ersetzen soll, lediglich die Menge als Leistungskennzahl vorgesehen sein.[400] Wie bei allen Pensumentgelten muß dies aber nicht notwendig der Fall sein, möglich sind auch alle anderen quantitativ erfaßbaren Leistungskennzahlen.[401] Damit wird es aber – ähnlich wie beim Prämienlohn – bereits zu einer Frage des genau gewählten Entlohnungsgrundsatzes, welche Leistungskennzahl der Vertragsleistung zugrundegelegt wird. Davon erfaßt ist sowohl die Bezugsgröße als auch die ihr zuzuordnende Bezugsbasis, also etwa die Stückzahl oder die Stillstandzeit.
Beim Standardentgelt dagegen spielt die gewählte Leistungskennzahl für die Entlohnung keine Rolle. Sie ist daher nicht mitbestimmt. Die Mitbestimmung des Standardentgeltes insgesamt beschränkt sich vielmehr allein auf die gewählte Form der Grundentgeltdifferenzierung; sieht diese also die Anforde-

---

399 Vgl. dazu MünchArbR-Kreßel § 67 Rn. 185.
400 REFA Band 5 S. 60; Schettgen S. 325.
401 REFA Band 5 S. 60; Schettgen S. 320.

rungsbewertung vor, bezieht sich die Mitbestimmung auf die bereits beschriebenen[402] Faktoren. Die existierende Leistungsvorgabe in Gestalt der Standardleistung muß dabei möglicherweise bei der Bestimmung des Arbeitswertes Berücksichtigung finden. Beim Standardentgelt ist jedoch gegebenenfalls besonders auf tarifvertragliche Zulässigkeiten zu achten. Eine Leistungsvorgabe bei Zahlung eines Festentgelts wird hier oftmals unzulässig sein oder doch zumindest der Zustimmung der Tarifvertragsparteien bedürfen.[403]

4. Weitere Ausgestaltung in Form der Rahmenregelung

Weitere Ausgestaltungen kommen nun nur noch für das Vertragsentgelt in Betracht. Hier stellt sich nun ein Problem, welches sich bereits bei den Zielvereinbarungen gestellt hat; auch das Vertragsentgelt soll dezentral mit den Arbeitnehmern festgelegt werden, zugleich soll sich der Arbeitgeber durch diese Vereinbarungen der Mitbestimmung des Betriebsrats bei kollektiven Sachverhalten aber nicht entziehen können.

Die Lösung für dieses Dilemma kann auch hier nur in einer Rahmenregelung liegen, die die wesentlichen, für die Mitbestimmung unverzichtbaren Fragen regelt, innerhalb der Grenzen dieser Vorgaben eine dezentrale Vereinbarung zwischen Arbeitnehmern und Arbeitgeber aber dennoch zuläßt.

Angesichts der übersichtlichen Zielsetzungen des Vertragsentgelts und der eher geringen Variationen seiner Leistungskennzahlen sind jedoch hier anders als bei Zielvereinbarungen die zu treffenden Regelungen deutlich weniger komplex. Weder sollen mehrere Leistungskennzahlen zugleich verfolgt werden, noch sind Gewichtungen, individuelle Entwicklungsziele oder ein bestimmtes Zielmanagement zu beachten.

An der Tatsache, daß die Festsetzung der wählbaren Leistungskennzahlen wie bereits dargestellt[404] dem Entlohnungsgrundsatz zuzuordnen ist, ändert die Notwendigkeit einer Rahmenregelung daher hier nichts. Das Problem der angemessenen Dichte einer solchen Kriterienregelung stellt sich hier anders als bei Zielvereinbarungen nicht. Variabel ist vielmehr allein die Höhe der Leistungsvorgabe und des entsprechenden Entgelts. Es ist daher auch unter der Annahme einer Rahmenregelung zu fordern, daß alle für eine Vertragsleistung in Betracht kommenden Leistungskennzahlen bereits abschließend im Entlohnungsgrundsatz festgelegt werden.

---

[402] S. § 3 A. V. 2. a).
[403] So auch MünchArbR-Kreßel § 67 Rn. 185.
[404] S. soeben § 5 B. II. 3.

a) Die Festlegung der Vertragsleistung

Die Festlegung der Vertragsleistung stellt nun beim Vertragsentgelt einen bedeutenden Faktor für die Ausgestaltung dieser Entgeltform dar. Zwar soll diese Festlegung zwischen dem Arbeitgeber und dem oder den Arbeitnehmern unmittelbar erfolgen. Auch die für die Vertragsleistung bestimmenden Gesichtspunkte sind aber nicht ausschließlich mit der Person des einzelnen Arbeitnehmers verbunden, sondern können theoretisch von anderen Arbeitnehmern des Betriebes erfüllt werden. Gerade bei Leistungsgesichtspunkten ist davon auszugehen, daß es immer des Vergleichs mit der Leistung anderer Arbeitnehmer bedarf und damit ein kollektiver Tatbestand vorliegt.[405] Auch bei der Festlegung der Vertragsleistung muß daher aber der Grundsatz gelten, daß eher die dezentrale und individuelle Vereinbarung einer mitbestimmten allgemeinen Regelung weichen muß, als daß auf die Mitbestimmung verzichtet werden könnte.[406]

Erst wenn feststeht, für welche Leistungen jeweils das Vertragsentgelt gezahlt werden soll, ist weiterhin auch die Vergütungsform „Vertragsentgelt" in einer den Anforderungen der Generalklausel der Fragen der betrieblichen Lohngestaltung in § 87 Abs. 1 Nr. 10 BetrVG genügenden Weise festgelegt und ausgestaltet. Ihre Mitbestimmung muß daher bereits nach § 87 Abs. 1 Nr. 10 BetrVG als Teil der Entlohnungsmethoden erfolgen.

Zentraler methodischer Gesichtspunkt beim Vertragsentgelt ist die Veränderung der Leistungsvorgabe in Abhängigkeit von der im vorherigen Zeitraum gezeigten Leistung. Für die Gestaltung des Rahmens hinsichtlich der formalen und inhaltlichen Anforderungen an die konkret festzulegende Vertragsleistung sind alle Regelungen als unverzichtbar anzusehen, die ein einheitliches Vorgehen bei der Festlegung der jeweilig aufeinanderfolgenden Vertragsleistungen in Abhängigkeit von der Leistung des vorangegangenen Zeitraums gewährleisten.

Notwendig sind daher beim Vertragsentgelt insbesondere Bestimmungen, innerhalb welches Datenrahmens überhaupt Veränderungen möglich sein sollen, und inwieweit die am Ende eines Vertragszeitraumes gemessenen Soll-Ist-Abstände genau welche Veränderungen in der Folgeperiode nach sich ziehen sollen. Zwar ist hier einer dezentralen Vereinbarung Raum zu lassen, dabei sind beim Vertragsentgelt aber durchaus konkrete Bandbreiten in Gestalt bestimmter Datenwerte für jede einzelne in Betracht kommende Leistungskennzahl sinnvoll. Die Soll-Leistung für die kommende Periode kann dann nur innerhalb einer bestimmten Bandbreite vereinbart werden, die jeweils für bestimmte Soll-Ist-Abstände aus der vergangenen Periode festgelegt wurde.[407]

---

[405] BAG 14.6.1994 BB 1995, S. 825 ff., 826; FKHE § 87 Rn. 412; S/W Rn. 166a.

[406] Vgl. § 3 B. II. 1 und 3.

[407] Ähnlich REFA Band 5 S. 60.

Ein solches Vorgehen sieht nun zwar recht weitgehende Festlegungen bereits innerhalb der Rahmenregelung vor, auch hier läßt sich jedoch wieder die besondere Struktur des Vertragsentgelts anführen. Der Akzent liegt hier weniger darin, daß einer besonders großen Vielfalt von individuellen oder auch arbeitsplatzbezogenen Besonderheiten ein Freiraum geschaffen werden soll, vielmehr werden einheitliche Leistungskennzahlen verwendet, deren konkrete Höhe lediglich im Zuge größerer Flexibilität unmittelbar mit den Betroffenen vereinbart werden soll.
Schließlich bezieht die Mitbestimmung des Betriebsrats nach § 87 Abs. 1 Nr. 10 BetrVG Fragen der Entgelthöhe zwar nicht ein, wohl aber ist an abstrakte Regelungen zu denken, die die Entgeltentwicklung für die einzelnen Bandbreiten unter methodischen Gesichtspunkten bindet. In Betracht kommen auch hier Bestimmungen etwa dergestalt, daß eine Leistungssteigerung um bis zu einem bestimmten Prozentsatz innerhalb einer Periode eine lineare Entgeltentwicklung nach sich soll, darüber hinausgehende Leistungen aber zum Beispiel lediglich degressive Entwicklungen.

b) Verfahrens- und Konfliktfragen

Es fragt sich, ob Verfahrens- und Konfliktfragen beim Vertragsentgelt der Mitbestimmung des Betriebsrats nach § 87 Abs. 1 Nr. 10 BetrVG unterliegen. Dafür müßte die Regelung solcher Fragen die Entlohnungsmethode betreffen. Hier kann jedoch nichts anderes gelten, als bereits für die Zielvereinbarungen ausgeführt wurde. Solange sich Verfahrensfragen und die Lösung von Konflikten als Entscheidungen über das im Hinblick auf die Entgeltgestaltung für die Bewertung und Ermittlung der Arbeitsleistung anzuwendende Verfahren und damit als Entlohnungsmethoden[408] darstellen, sind sie als solche mitbestimmt. Gerade dieser Umstand wird jedoch bereits immer dann gegeben dann, wenn eine dezentrale Vereinbarung zwischen Arbeitgeber und Arbeitnehmer selbst unerläßlicher Bestandteil des Charakters einer Entgeltform ist.
Beim Vertragsentgelt legt aber bereits der Name nahe, daß es hier zur Verwirklichung des Entlohnungsgrundsatzes notwendig der dezentralen Vereinbarung zwischen Arbeitgeber und Arbeitnehmer bedarf. Zwar wird beim Vertragsentgelt aufgrund der eher engen Verhandlungsspielräume möglicherweise weniger Konfliktpotential bestehen als etwa in einem Zielvereinbarungssystem. Dennoch aber verbleiben genügend konfliktträchtige Entscheidungen auf der Ebene zwischen Arbeitgeber und Arbeitnehmer, die einem einheitlichen Verfahren zuzuführen sind. In diesem Fall ist aber wie in einem Zielvereinbarungssystem davon

[408] Zur Definition GK-Wiese § 87 Rn. 921 m.w.N.

auszugehen, daß Regelungen, die diese Vereinbarungen sowie die dabei typischerweise auftretenden Konflikte betreffen, zur Entlohnungsmethode gehören.

Davon zu unterscheiden ist die Frage, inwieweit bei der Regelung dieser Verfahrens- und Konfliktfragen auf individuelle Rechte der einzelnen Arbeitnehmer als Vertragspartner Rücksicht zu nehmen ist, bzw. inwieweit der Betriebsrat auf die einzelne Vertragsvereinbarung – eventuell erst im Konfliktfall – zugreifen kann. Bei dieser Frage geht es darum, ob die einzelne Vertragsleistung einen Einzelfall darstellt, der selbst der Mitbestimmung des Betriebsrats entzogen ist.

Zwar legt nun bereits die Tatsache, daß eine Vereinbarung zwischen den Arbeitsvertragsparteien und eben nicht mehr auf kollektiver Ebene vorgenommen wird, die Annahme nahe, daß es sich hier nun um einen Einzelfall handelt. Zu bedenken ist aber, daß diese dezentrale Vereinbarung nur möglich ist, soweit die angesichts des bestehenden kollektiven Tatbestandes notwendige kollektive Rahmenregelung Lücken gelassen hat. Gerade im Hinblick auf Kompetenzen, die der Betriebsrat möglicherweise im Konfliktfall wahrnehmen möchte, ist es aber erforderlich, den Charakter der diese Lücken ausfüllenden dezentralen Vereinbarung genau zu erfassen und dafür die Abgrenzung zwischen abstrakt-genereller und individueller Regelung in herkömmlicher Weise vorzunehmen.
Wendet man aber die entsprechende Kontrollfrage, ob sich etwas am Regelungsbedürfnis und –inhalt ändert, wenn man die Person des betroffenen Arbeitnehmers austauschte[409], auf das Vertragsentgelt an, so zeigt sich, daß die Notwendigkeit einer dezentralen Vereinbarung innerhalb eines Entlohnungsgrundsatzes wohl im Regelfall gerade deshalb besteht, weil es auf Umstände in der Person des einzelnen Arbeitnehmers ankommen soll. Beim Vertragsentgelt ist maßgeblich darauf zu verweisen, daß es für die jeweils zu vereinbarende Vertragsleistung entscheidend darauf ankommt, welche Leistung der konkrete Arbeitnehmer im vorangegangenen Zeitraum gezeigt hat. Daraus ergibt sich jedoch bereits, daß es keineswegs gleichgültig ist, welche konkrete Person als Vertragspartner zur Verfügung steht. Vielmehr soll jeder Arbeitnehmer gerade im Hinblick auf seine im Vorzeitraum gezeigte Leistung ein neues Vertragsangebot erhalten. Gerade darin liegt der Sinn und Zweck der mit dem Vertragsentgelt angestrebten Anreizwirkung.
Dies gilt schließlich auch dann, wenn nicht ein einzelner Arbeitnehmer, sondern eine Arbeitnehmergruppe Vereinbarungspartner wird[410], denn auch hier kann

---

[409] DKK-Klebe § 87 Rn. 16; Raab NZA 1993, S. 193 ff., 196; auch Dietz/Gaul/Hilger S. 195-197; s. auch bereits § 3 A. IV.

[410] Vgl. zur Frage, inwieweit in einer gruppenbezogenen Regelung ein Einzelfall liegen kann § 4 B. III. 7. a).

sich die Vertragsleistung nur an der Vorleistung ganz bestimmter Arbeitnehmer orientieren. Es wäre auch hier für die angestrebte Anreizwirkung sinnlos, wenn Vertragsleistungen ohne Ansehen der Gruppenmitglieder persönlich festgelegt würden und sich neue Gruppenmitglieder bezüglich der Höhe ihre Leistungsentgelts an der Vorleistung anderer Gruppenkonstellationen festhalten lassen müßten.

Damit liegt jedoch auch in der konkreten Vertragsleistung ein Einzelfall, der der Mitbestimmung des Betriebsrats nach § 87 Abs. 1 Nr. 10 BetrVG entzogen ist. Die Situation der Verfahrens- und Konfliktfragen unterscheidet sich damit aber in mitbestimmungsrechtlicher Hinsicht nicht von der Situation in einem Zielvereinbarungssystem. Insbesondere werden die bei Vereinbarung der Vertragsleistung auftretenden Konflikte in ihrer grundlegenden Anlage denen bei Vereinbarung eines neuen Ziels entsprechen.[411] Damit kann aber für die Regelung dieser Fragen und die dabei gem. den §§ 81 ff. BetrVG zu beachtenden Rechte des einzelnen Arbeitnehmers wie auch für die verbleibenden Kompetenzen von Betriebsrat und Einigungsstelle im Hinblick auf den Einzelfall auf die entsprechenden Ausführungen verwiesen werden.[412]

C. Programmentgelt

I. Darstellung

Das Programmentgelt ist eine Entgeltform, die sich ursprünglich im Großschiffbau entwickelt hat.[413] Es lassen sich hier eine Grundform und eine Variante unterscheiden. Bei der Grundform wird einer Gruppe von Arbeitnehmern oder auch einer sog. Fertigungsinsel für einen Abrechnungszeitraum eine fest umrissene Arbeitsaufgabe (ein „Programm") vorgegeben, für dessen Einhaltung ein bestimmtes Festentgelt garantiert wird.[414] Dieses Fertigungsprogramm kann sich auf eine für Fertigungsinseln typische gruppenbezogene Arbeit an Maschinen beziehen[415], aber etwa auch in der Montage einer Heizungsanlage, dem Verfliesen aller Naßzellen einer Wohnanlage, dem Streichen sämtlicher Wände und Decken in einem Haus oder dem Putzen aller Fenster eines Bürogebäudes bestehen.[416] Bei Einhaltung dieses Programms nach Menge und Qualität erhalten die Gruppenmitglieder das vereinbarte Entgelt zu 100 % ausgezahlt. Weist die Ar-

---

[411] Vgl. die entsprechenden Fallkonstellationen, für die eine Kompetenz der Einigungsstelle gem. § 85 Abs. 2 BetrVG angenommen werden konnte § 4 B. III. 6. b) cc).

[412] § 4 B. III. 5. und 6., § 4 B. IV.

[413] Paasche S. 101.

[414] Paasche S. 101; Däubler Das Arbeitsrecht 2 S. 454.

[415] Vgl. das Beispiel bei Paasche S. 101/102.

[416] Schettgen S. 322.

beit jedoch bestimmte quantitative oder qualitative Mängel auf oder wird sie nicht termingerecht fertig, so können Abzüge bis zu 20 % vorgenommen werden, so daß nur 80 % des Entgelts wirklich garantiert sind.[417]
Es zeigt sich zunächst, daß dieses Programmentgelt Ähnlichkeiten mit der oben beschriebenen[418] Variante des Standardentgeltes in Gestalt der variablen Standardprämie aufweist. Hier wie dort wird eine Festleistung vorgegeben, deren Einhaltung die Zahlung des Entgeltes beeinflußt. Zwar ergeben sich Unterschiede möglicherweise daraus, daß die Standardleistung des Standardentgeltes anderen theoretischen Voraussetzungen genügen muß als das „Programm" des Programmentgeltes, diese Unterscheidungen erscheinen aber eher als terminologische Besonderheit, die für die Mitbestimmung nach § 87 Abs. 1 Nr. 10 BetrVG jedoch nicht von Bedeutung sind.
Von der Grundform des Programmentgeltes zu unterscheiden ist weiterhin eine ebenfalls als Programmentgelt bezeichnete Variante, die zwar auch die Vorgabe eines bestimmten Fertigungsprogramms vorsieht, für das ein Festentgelt garantiert ist. Für dieses Festentgelt müssen die Arbeitnehmer das Programm aber in quantitativer und qualitativer Hinsicht schaffen, wobei es nicht darauf ankommen soll, wie lange sie dafür brauchen. Auftretende Mängel oder ein Nichterreichen der vorgesehenen täglichen Produktionsmenge führen also nicht zu einer Entgeltminderung, wohl aber zu einer Arbeitszeitverlängerung. Umgekehrt ist ein Übertreffen des vorgesehenen Programms zwar nicht erwünscht, je schneller die Arbeitnehmer das Programm aber bewältigen, desto eher können sie nach Hause gehen.[419]

Die Vorteile beider Formen des Programmentgelts werden zunächst wie bei den meisten Pensumentgelten darin gesehen, daß der Arbeitgeber mit einer bestimmten und gleichbleibenden Leistung der Arbeitnehmer rechnen kann. Speziell beim Programmentgelt ist es weiterhin möglich, alle Faktoren, die für das Erreichen des Arbeitsergebnisses von Bedeutung erscheinen, als Leistungserwartung zu formulieren und zu erfassen, während es insbesondere beim Prämi-

---

[417] Paasche S. 101; Däubler Das Arbeitsrecht 2 S. 454; Schettgen S. 322; Maier S. 141; Pornschlegel/Birkwald S. 268.
[418] S. § 5 B. 1. 3.
[419] Vgl. als Beispiel die ursprüngliche Fassung des Produktionskonzepts „5000 mal 5000" der Volkswagen AG, nach dem ab Herbst 2002 rund 3500 Beschäftigte in Wolfsburg pro Tag 1000 Minivans und ab 2003 rund 1500 Beschäftigte in Hannover Camping- und Sonderfahrzeuge für einen festen Betrag von 5000 DM pro Person und Monat fertigen sollten: Vogelsang Mitbestimmung 4/2000, S. 43 f., 43; vgl. zur jüngsten Entwicklung („Für das VW-Arbeitsmodell gibt es doch noch Chancen") F.A.Z. vom 30.6.2001 S. 18.

enlohn bei der Betonung einzelner Größen bleibt. Auch ist die Beteiligung des einzelnen Arbeitnehmers an einem Vorhaben nicht unbedingt von seiner bisherigen Entgelt- oder Arbeitswertgruppe abhängig, sondern es ergibt sich ein erweiterter Spielraum.[420] Schließlich wird speziell für das Programmentgelt in seiner herkömmlichen Form ein psychologischer Vorteil – der zum Teil zugleich als Nachteil für die Arbeitnehmer gewertet wird – darin gesehen, daß die Aussicht auf ein „an sich schon verdientes" Entgelt einen besonderen Anreiz darstellt, die erwartete Leistung auch zu erfüllen und es nicht doch durch ein Unterschreiten der Leistungserwartung „wieder" zu verlieren.[421]
Schließlich ist darauf zu verweisen, daß auch für das Programmentgelt die Notwendigkeit einer gründlichen Methodenplanung gesehen wird, die es ermöglicht, bei allen im Programmentgelt vergebenen Arbeiten für die entgeltrelevante Ermittlung der menschlichen Arbeitsleistung zu sinnvollen und möglichst genauen Ergebnissen zu gelangen.[422]

II. Mitbestimmung nach § 87 Abs. 1 Nr. 10 BetrVG

1. Einführung und Art

Auch in der Einführung des Programmentgeltes liegt das Aufstellen eines Entlohnungsgrundsatzes. Der Betriebsrat hat nicht nur die Einführung des Programmentgeltes nach § 87 Abs. 1 Nr. 10 BetrVG mitzubestimmen, sondern auch die Entscheidung darüber, welche Variante des Programmentgeltes gewählt wird. Begrenzend können auch hier nur tarifvertragliche Bindung wirken.

2. Maßstab der Entlohnung

Die Grundform des Programmentgelts unterscheidet sich insofern von der Grundform der Pensumentgelte, als hier eine Entgeltgarantie zu 100 % nicht vorgesehen ist. Meist 20 % des Entgeltes sind variabel, Leistungsschwankungen beeinflussen diesen Entgeltanteil und damit die Höhe des Programmentgeltes insgesamt unmittelbar und rückwirkend. Daher stellt sich bei dieser Form des Programmentgeltes nicht die Frage, ob es sich hier nicht eher um ein Zeitentgelt handelt. Maßstab für die Vergütung und damit für die Mitbestimmung nach § 87 Abs. 1 Nr. 10 BetrVG ist vielmehr das Programm selbst.
Anders stellt sich die Situation aber möglicherweise bei der beschriebenen Variante dar. Die gezahlte Summe bleibt hier gleich und ist von Leistungsschwankungen unabhängig. Dennoch bestehen Bedenken, diese Form des Programmentgeltes wie das Standardentgelt als Zeitentgelt einzuordnen. Wie bereits

---

[420] Däubler Das Arbeitsrecht 2 S. 454; Pornschlegel/Birkwald S. 268; MünchArbR-Kreßel § 67 Rn. 180.
[421] Däubler Das Arbeitsrecht S. 454.
[422] Paasche S. 101.

ausgeführt bezieht sich das Zeitentgelt auf den Zeitaufwand. Das so gezahlte Stundenentgelt bleibt konstant, lediglich die Lohnkosten variieren je nachdem, ob und inwieweit der Arbeitnehmer seine individuelle Leistung erbringt.[423] Genau andersherum ist die Situation aber bei der Variante des Programmentgeltes. Die Lohnkosten z.B. pro produziertem Stück bleiben immer konstant, lediglich die Arbeitszeit des Arbeitnehmers steigt, womit aber zugleich sein Stundenentgelt sinkt. Der entscheidende Faktor des Zeitentgeltes, das konstante Stundenentgelt, entfällt damit aber beim alternativen Programmentgelt. Um ein Zeitentgelt handelt es sich bei dieser Variante des Programmentgeltes damit nicht. Die Höhe des Stundenentgeltes ist hier vielmehr von der erbrachten Leistung unmittelbar abhängig. Diese Leistung, das Programm, wird damit aber nicht anders als bei der Grundform des Programmentgeltes zum Maßstab von Vergütung und Mitbestimmung nach § 87 Abs. 1 Nr. 10 BetrVG.
Ob die beschriebenen Besonderheiten der beiden Formen des Programmentgeltes auch dazu führen, diese Entgelte als echte Leistungsentgelte anzusehen, kann für die Mitbestimmung nach § 87 Abs. 1 Nr. 10 BetrVG dagegen noch dahinstehen.

3. Leistungskennzahlen und Bezugsgrößen

Das vorgegebene Programm als Maßstab der Vergütung kann sich nun auf die unterschiedlichsten quantifizierbaren Leistungskennzahlen und –faktoren beziehen.[424] Hier sind sogar noch weitreichendere Kombinationsmöglichkeiten denkbar als beim Prämienlohn, was gerade als einer der Vorzüge des Programmentgeltes genannt wird.[425] Es ist – insofern ähnlich zu einer Pauschalprämie[426] – möglich, mehrere verschiedenartige Tätigkeiten als Arbeitsaufgabe zu vergeben und für dieses Arbeitsergebnis ein bestimmtes Entgelt festzulegen. Es gibt damit aber auch kein Programmentgelt an sich. Vielmehr ist es auch hier erforderlich, bereits im Rahmen des Entlohnungsgrundsatzes festzulegen, auf welche Leistungskennzahlen oder Bezugsgrößen sich das Programm bezieht. Bereits die Wahl der verschiedenen Größen bewirkt jeweils eine andere Form des Programmentgeltes. Erst mit dieser Festlegung steht fest, auf welche Gesichtspunkte sich das Entgelt beziehen soll und welcher Entlohnungsgrundsatz damit überhaupt vorliegt. Da aber so erst mit der Bestimmung der Leistungskennzahlen und Bezugsgrößen der Entlohnungsgrundsatz konkretisiert ist, ist diese Frage von der Mitbestimmung des Betriebsrates nach § 87 Abs. 1 Nr. 10 BetrVG erfaßt.

---

[423] Schettgen S. 298, 302.
[424] REFA Band 5 S. 60.
[425] Däubler Das Arbeitsrecht S. 454.
[426] Vgl. dazu Dietz/Gaul/Hilger S. 77.

4. Die Ermittlung und Festlegung des Programms

Zu den Entlohnungsmethoden zu zählen sind dagegen nun alle Fragen der Ermittlung des Programmentgeltes. Dazu gehören sowohl die Methoden zur Ermittlung der tatsächlich erbrachten Leistung als auch vor allem die der Vorgabenermittlung. Auch hier kann zunächst auf die entsprechenden Ausführungen zum Prämienlohn verwiesen werden.[427] Auch bei der Festlegung des Programms sind die verschiedensten Ausgestaltungen denkbar, die von der gewählten Leistungskennzahl sowie von dem mit dem Programmentgelt konkret verfolgten Ziel abhängen und die es daher zu einer Verfahrensfrage werden lassen, für welche Leistungen überhaupt ein entsprechendes Entgelt gewährt werden soll. Diese Eigenschaft, die das Programmentgelt mit dem Prämienlohn gemein hat, muß aber wie bei diesem dazu führen, daß auch die tatsächliche Festlegung der Leistungsseite des Programmentgelts im Unterschied zu der Normalleistung des Akkordlohns bereits nach § 87 Abs. 1 Nr. 10 BetrVG erfolgen muß.

Während es beim Prämienlohn allerdings die Ausgangsleistung und die Leistungsseite der Prämienkurve mitzubestimmen gilt, läßt sich beim Programmentgelt zunächst lediglich das jeweilige Programm selbst als maßgebliches Kriterium der Leistungsseite ausmachen. Für dieses ist zu fordern, daß angesichts der Vielgestaltigkeit der Arbeitsaufgabe das erwartete Leistungsergebnis im Hinblick auf alle für eine eventuelle Entgeltkürzung relevanten Gesichtspunkte festgelegt wird.

Da aber auch bei der Variante des Programmentgelts das jeweilige Programm als eine Leistung ausgemacht werden konnte, die Maßstab der Entlohnung ist, unterfällt seine genaue Festlegung nicht anders als bei der Grundform der Mitbestimmung des Betriebsrats gem. § 87 Abs. 1 Nr. 10 BetrVG.

Desweiteren existiert beim Programmentgelt nun zwar keine Prämienkurve, deren Leistungsseite und abstrakter Verlauf der Mitbestimmung unterliegt, möglich und notwendig erscheint es jedoch zumindest für die Grundform des Programmentgelts, daß als Teil der Entlohnungsmethoden festgelegt wird, welche Minderleistungen genau jeweils eine Entgeltkürzung im Gefolge haben können. Die dabei notwendige Bewertung, wann eine Nicht- oder Schlechterfüllung vorliegt und welche Aspekte der Arbeitsaufgabe je nach Art des Arbeitsvorhabens bei Nichterfüllung im Verhältnis zueinander wie stark sanktioniert werden sollen, ist eine entgeltmethodische Überlegung.

Mitbestimmt ist daher gegebenenfalls auch die weitere Leistungsseite des Programmentgelts in Form der – möglicherweise gestaffelten – jeweils entgeltrelevanten Minderleistungen, die im Hinblick auf die in Betracht kommenden Gesichtspunkte klar definiert werden müssen. Auch sind von § 87 Abs. 1 Nr. 10

[427] § 3 A. V. 2. b) bb) (3).

BetrVG Bestimmungen darüber erfaßt, wie sich die Entgeltentwicklung zu diesen Minderleistungen abstrakt verhalten soll, ob Kürzungen also gleichmäßig oder mit unterschiedlicher Schwerpunktsetzung vorgenommen werden sollen oder ob sie etwa eine progressive Entwicklung nehmen sollen. Zu dem Bereich der von Nr. 10 nicht mehr erfaßten Entgelthöhe ist dagegen die Festlegung konkreter Prozentzahlen oder gar Beträge zu rechnen, nach denen sich das Entgelt bei Vorliegen der definierten Mängel reduzieren soll.

D. Measured Day Work

I. Darstellung

Measured-Day-Work (MDW) - Systeme, die auch als Festentgelt mit geplanter Tagesleistung bezeichnet werden[428], stammen aus dem angloamerikanischen Wirtschaftsraum und haben sich dort neben dem Akkord- und Prämienlohn und dem Zeitentgelt als dritte Entgeltform durchgesetzt, während sie in Deutschland zumeist eine Verbindung mit anderen Formen des Pensumentgelts eingehen. Der Grundgedanke liegt darin, daß aus einem System engmaschiger Fertigungsregelungen und Zeitmessungen eine 100%ige Measured-Day-Work-Basis für einen störungsfreien Fertigungsablauf gebildet wird. Diese Basis stellt einen praktisch nicht erreichbaren Idealwert dar. Sämtliche Störungen im Arbeitsablauf sowie Unzulänglichkeiten im organisatorischen Zusammenwirken von Arbeitnehmern, Betriebsmitteln und Arbeitsmethoden werden laufend als Fehlwerte auf 100% der MDW-Basis ausgewiesen. Ziel ist es, möglichst nah an den Idealwert heranzureichen und dafür beständig an der Verbesserung der Arbeitsmethoden zu arbeiten. Auf die Vergütung hat die erreichte Quote jedoch keinen Einfluß. Dies soll ganz im Sinne der Theorie des Pensumentgelts als Entgelt für erwartete Leistung die Motivation zur Leistungsverbesserung gerade ausmachen, indem es den Arbeitnehmer von Einkommenssorgen befreit. Zusätzlich sind allerdings tägliche oder zumindest wöchentliche „Leistungsgespräche" mit dem Vorgesetzten vorgesehen; häufige Minderleistungen führen zu Schulungen und im weiteren zur Versetzung bzw. in den USA zur Entlassung.[429]

II. Mitbestimmung nach § 87 Abs. 1 Nr. 10 BetrVG

Zunächst stellt auch die Einführung von Measured Day Work die Aufstellung eines Entlohnungsgrundsatzes dar und unterfällt als solche der Mitbestimmung des Betriebsrats nach § 87 Abs. 1 Nr. 10 BetrVG.

Für die weitere Ausgestaltung stellt sich jedoch bereits die Frage, inwieweit das Pensum innerhalb eines MDW-Systems sich noch als Maßstab der Vergütung

---

[428] Paasche S. 98

[429] Vgl. zum ganzen Paasche S. 98 ff.; Schettgen S. 322.

darstellt und ob nicht auch die Ausgestaltung des Pensumentgelts in Gestalt des Measured Day Work sich eher als Zeitentgelt darstellt. Hier fällt besonders ins Gewicht, daß als Pensum allein die MDW-Basis in Betracht kommt, die aber bereits einen praktisch nicht erreichbaren Idealwert darstellt. Hier unterscheidet sich die MDW-Basis sogar von der Standardleistung des ansonsten recht ähnlichen Standardentgelts, denn auf die Einhaltung konkreter Leistungserwartungen, mit denen der Arbeitgeber kalkulieren kann, kommt es beim MDW gerade nicht an. Vielmehr ist eine ganz allgemeine, beständige Leistungsverbesserung oder zumindest möglichst hohe Leistungserbringung erwünscht. Dies führt freilich gerade dazu, daß der Leistungsdruck auf den Arbeitnehmer in diesem System besonders hoch sein wird. Mag er auch durch eine Entgeltgarantie von unmittelbaren Einkommenssorgen befreit sein, so stellen doch ständige Kontrollgespräche und andere Konsequenzen für Minderleistungen (ganz zu schweigen von der Sorge um den Arbeitsplatz in den USA) einen psychologisch adäquaten Ersatz für einen finanziell begründeten Leistungszwang dar.

Dennoch aber fehlt mit diesem gerade der Bezug zwischen der Leistungsvorgabe an den Arbeitnehmer und dem ihm gezahlten Entgelt; die Effektivität der menschlichen Arbeitsleistung in Gestalt des individuellen Leistungsgrads ist für die Berechnung der Vergütung nicht bestimmend. Damit liegt jedoch eine wichtige Voraussetzung für die Mitbestimmung von Elementen der Leistungsseite eines Entgelts nach § 87 Abs. 1 Nr.10 BetrVG nicht vor; die Leistung des Arbeitnehmers interessiert hier nur insoweit, als sie zum Maßstab der Vergütung gewählt wird.[430]

Dies ist bei Measured-Day-Work-Systemen jedoch gerade nicht der Fall. Vielmehr stellen sie sich – allem Leistungsdruck zum Trotz – als Zeitentgelt dar.[431] Hier gilt daher das zum Standardentgelt Ausgeführte.[432] Bezeichnenderweise wird MDW auch im deutschsprachigen Raum mit „Kontrollierter Zeitlohn" umschrieben. Wie auch beim Zeitentgelt hat der Arbeitnehmer eine bestimmte Leistung zu erbringen, und wie beim Zeitentgelt[433] schuldet ihm der Arbeitgeber das Entgelt auch dann, wenn er diese Leistung nicht erbringt. Die zusätzliche Leistungsvorgabe mit entsprechender Kontrolle wird jedoch möglicherweise gegen tarifliche Vorgaben verstoßen, so daß in besonderer Weise auf die Einhaltung des Tarifvorrangs in § 87 Abs. 1 Satz 1 BetrVG zu achten ist.[434]

---

[430] Richardi § 87 Rn. 793; ErfKomm-Hanau/Kania § 87 Rn. 101; FKHE § 87 Rn. 430; DKK-Klebe § 87 Rn. 251; GK-Wiese § 87 Rn. 931; HSG § 87 Rn. 481.

[431] So ausdrücklich auch Paasche S. 98.

[432] § 5 B. II. 2.

[433] BAG 17.3.1988 EzA § 262 BGB Nr.116; Kasseler Handbuch-Künzl 2.1 Rn. 350.

[434] So auch MünchArbR-Kreßel § 67 Rn. 185.

Mitbestimmt nach § 87 Abs. 1 Nr. 10 BetrVG sind jedoch im weiteren nur noch die gewählte Form der Grundentgeltdifferenzierung als Teil der Entlohnungsmethoden. Die bestehende Leistungsvorgabe kann dabei jedoch – wie bereits bei der Standardleistung – möglicherweise Auswirkungen auf die Schwierigkeit der Arbeit und ihre entsprechende Bewertung haben.[435]

E. Mitbestimmung der Soll-Personalbesetzung beim Pensumentgelt?

Insbesondere dann, wenn ein Pensumentgelt als gruppenbezogenes Festentgelt und aus dem Grund gezahlt wird, daß keine Leistungssteigerung, sondern eine möglichst reibungslose Einhaltung einer fest definierten Leistung erwünscht ist, gewinnt die Frage der Personalbesetzung der Gruppe eine besondere Bedeutung. Je stärker hier die Konzentration auf die Güte der Zusammenarbeit als einzig variable Komponente zu Tage tritt, desto eher tritt der Konflikt über die abgeforderte Leistung als Konflikt über die Personalbesetzung in Erscheinung.

Es wird daher angesichts bereits existierender tariflicher Besetzungsregelungen[436] die Ansicht vertreten, die Personalbesetzung einer Gruppe unterliege auch der gesetzlichen Mitbestimmung durch den Betriebsrat und dies insbesondere dann, wenn es um ein Pensumentgelt gehe.[437]

Problematisch ist auch hier, inwieweit die Personalbesetzung sich als Maßstab der Entlohnung darstellt und daher überhaupt vom Anwendungsbereich des § 87 Abs. 1 Nr. 10 BetrVG erfaßt wird. Zunächst ist zu bedenken, daß es durchaus Teil einer entgeltrelevanten Leistungsvorgabe ist, für wieviele Personen die Leistung gelten soll. Dies gilt freilich nicht, wenn bereits die Leistungsvorgabe keinen Einfluß auf die Entgelthöhe hat und deswegen dem entsprechenden Entgelt die Eigenschaft als Leistungsentgelt abzusprechen ist. Sobald aber Entgelt und Leistung in einem Zusammenhang stehen, stellt sich auch die Frage, für wieviele Personen diese Leistung berechnet ist.

Allerdings bedeutet dies nicht, daß deshalb die Personalbesetzung automatisch gesondert der Mitbestimmung des Betriebsrats unterfiele. Vielmehr ist zu bedenken, daß bereits die Bestimmung der Leistungsvorgabe, ist sie auf mehrere Arbeitnehmer bezogen, auch die Anzahl der einbezogenen Arbeitnehmer umfaßt, für die sie bestimmt ist.[438] Sofern der Betriebsrat damit auf die Mitarbeiterzahl Einfluß nehmen kann, ist dieser Einfluß doch nur ein indirekter, der sich allein über die Verbindung mit der Leistungsvorgabe herleitet. Nur die Lei-

[435] Vgl. dazu bereits die Ausführungen zum Standardentgelt § 5 B. II. 2. und MünchArbR-Kreßel § 67 Rn. 185.

[436] So etwa im Manteltarifvertrag für die gewerblichen Arbeitnehmer der Druckindustrie vom 1.3.1980.

[437] Ehlscheid/Meine/Vogt S. 256 f.; Meine/Ohl WSI-Mitteilungen 4/1990 S. 197 ff., 203.

[438] Vgl. dazu insbesondere Kreßel RdA 1994, S. 23 ff., 30 f.

stungsvorgabe ist für die Vergütung relevant, die Personalbesetzung dagegen nimmt darauf nur insoweit Einfluß, als die Leistungsvorgabe an ein bestimmtes Verhältnis zur Mitarbeiterzahl gebunden ist.
Nur an diesem Verhältnis, das der Berechnung und Konzipierung der Leistungsvorgabe für eine Arbeitnehmergruppe zugrundelag, muß sich der Arbeitgeber festhalten lassen.[439] Bei der konkreten Personalbesetzung, der Frage also, wieviele Arbeitnehmer ganz konkret in einer Gruppe zusammenarbeiten, handelt es sich dagegen um eine rein arbeitsorganisatorische Frage. Beteiligungsrechte des Betriebsrats können hier durchaus in Betracht kommen[440], nicht möglich ist es aber, diese Frage als Teil der Entgeltgestaltung der Mitbestimmung nach § 87 Abs. 1 Nr. 10 BetrVG zu unterwerfen.
Eine echte Mitbestimmung, die die Personalbesetzung miterfaßte, reichte zumindest über den Vergütungszusammenhang hinaus und bände den Arbeitgeber in Fragen der reinen Gesamtproduktivität einer Gruppe. Mitbestimmungsrechte in diesem Bereich, der die unternehmerische Entscheidung bezüglich des Kostenfaktors „Arbeit" unmittelbar erfaßt und in dem daher wesentliche Faktoren der Kostenkalkulation und auch der Kapitalbindung der betrieblichen Zwangseinigung unterworfen würden, erscheinen aber äußerst problematisch.[441] Zumindest die bisherige Ausgestaltung des Betriebsverfassungsgesetzes zeigte eine Wertung, die deutlich machte, daß gerade diese Fragen, die wie etwa auch die Frage der Entgelthöhe das unternehmerische Risiko unmittelbar betreffen, grundsätzlich aus der Fremdbestimmung der erzwingbaren Mitbestimmung ausgeklammert und Teil der freien unternehmerischen Entscheidung sein sollten.[442]
Der Mitbestimmung nach § 87 Abs. 1 Nr. 10 BetrVG unterfallen daher nur Fragen, die die Entgeltgestaltung betreffen, die Arbeitnehmerleistung interessiert hier nur insoweit, als sie zum Maßstab für die Entlohnung gewählt wird.[443] Fragen der Personalbesetzung einer Gruppe sind dabei nur insoweit erfaßt, als es um die berechnete Relation der Leistungsvorgabe zu einer Personenzahl geht,

---

[439] Vgl. das Beispiel von Kreßel RdA 1994 S. 23 ff., 30: ist für eine Arbeitsgruppe von vier Personen eine Leistungsvorgabe von 400 Stück bestimmt, so ist der Arbeitgeber nicht an die Anzahl von vier Personen, wohl aber an das Verhältnis 1 zu 100 Stück gebunden; er muß bei einer Besetzung mit 3 Personen also eine Leistungsvorgabe von 300 Stück vorsehen.
[440] Zu denken ist neben den §§ 90, 91 und 92 BetrVG möglicherweise an den durch das Gesetz zur Reform des Betriebsverfassungsgesetzes vom 23.07.2001 (BGBl. I, S. 1852 ff.) eingefügten § 87 Abs. 1 Nr. 13 BetrVG über die „Grundsätze zur Durchführung der Gruppenarbeit".
[441] Auch dazu Kreßel RdA 1994, S. 23 ff., 31.
[442] Kein Gegenstand der Erörterungen im Rahmen dieser Arbeit soll dabei die Frage sein, inwieweit der vorgesehene § 87 Abs. 1 Nr. 13 BetrVG nicht eine Durchbrechung dieser Wertung darstellt.
[443] Richardi § 87 Rn. 793.

die absolute und konkrete Personenzahl unterfällt dagegen dieser Vorschrift auch dann nicht, wenn es sich bei einem Entgelt um ein gruppenbezogenes Pensumentgelt handelt.

§ 6 Gain-Sharing-Systeme

A. Darstellung

I. Herkunft und Einordnung

Bei „Gain-Sharing" handelt es sich um einen Begriff, der erst in den letzten Jahren in der deutschen Entgeltstruktur aufgetreten ist. In den USA ist er bereits seit 60 Jahren fester Bestandteil des Entgeltinstrumentariums.[444]

Die Besonderheit von Gain-Sharing-Systemen besteht zunächst ganz allgemein darin, daß diese sich an Kennzahlen orientieren, die sich aus der Gegenüberstellung von „Inputs" und „Outcomes" ergeben. Diese Kennzahlen sollen dabei zwischen den an Teil- und Einzelleistungen orientierten Vorgaben der herkömmlichen Leistungsentgelte und den an Gesamtleistungen des Unternehmens orientierten Daten der Gewinnbeteiligung liegen.[445]

Die bei Gain-Sharing verwendeten Kennzahlen sind dabei zumeist auf Arbeitnehmergruppen bezogen. Diese Gruppen erhalten Entgelte, „Prämien", dafür, daß sie Wege zur Einsparung von verschiedenen Faktoren finden. Das Unternehmen teilt alle erzielten Einsparungseffekte mit den Beschäftigten, üblicherweise im Verhältnis 50:50, die Laufzeit beträgt in der Regel drei Monate.[446]

Als bekannteste und älteste Gain-Sharing-Formen werden einheitlich[447] der sog. „Scanlon-Plan", der „Rucker-Plan" und das Improshare-Programm („Improved Productivity through Sharing") genannt. Ohne daß hier auf die unterschiedlichen Besonderheiten dieser Systeme im einzelnen eingegangen werden soll, ist festzustellen, daß es sich zumindest bei diesen „klassischen" „Gain-Sharing-Sytemen" um nichts anderes als um Erfolgsbeteiligungen handelt. In der Tat ist Bezugspunkt nicht der Unternehmensgewinn, wohl aber der Ertrag in Gestalt des Umsatzes oder insbesondere der Wertschöpfung, bzw. Kennzahlen der Kostenersparnis oder der Produktivität in unterschiedlichen Formen.[448]

Es erscheint damit aber so, als handele es sich bei Gain-Sharing um – nicht einmal notwendigerweise besonders neue – Formen der Ertrags- und Leistungsbeteiligung. Neu ist dabei jedoch, daß die Ertrags- und Leistungsbeteiligung ge-

---

[444] Siegel Report Vergütung S. 61 ff., 61; ders. Das Flexible Unternehmen 06.03 S. 1 ff.

[445] Lang Moderne Entgeltsysteme S. 169; ders. Das Flexible Unternehmen 06.04 S. 6 ff.

[446] Siegel Report Vergütung S. 61 ff., 63.

[447] Lang Moderne Entgeltsysteme S. 171 ff., Siegel Report Vergütung S. 61 ff., 61; ders. Das Flexible Unternehmen 06.03 S. 1 ff.

[448] Vgl. die ausführlichen Darstellungen bei Lang Moderne Entgeltsysteme S. 171 ff.; Siegel Das Flexible Unternehmen 06.03 S. 1 ff. und bereits Baierl S. 476 ff., 477, 480.

genüber der Gewinnbeteiligung zumindest in Deutschland in der Vergangenheit deutlich weniger Praxisrelevanz aufzuweisen hatte, während diese Systeme nun unter der Bezeichnung „Gain-Sharing" einen neuen Aufschwung erfahren. Dieser Aufschwung erklärt sich insbesondere dadurch, daß die diese Entgeltformen offensichtlich besonders gut geeignet sind, sich angesichts veränderter organisatorischer und strategischer Unternehmenssituationen in neue Entlohnungskonzepte einzufügen.

II. Heutige Zielsetzungen und Ausgestaltungen

Als maßgeblicher Vorzug des Gain-Sharings wird dessen im Vergleich zu traditioneller Leistungsentlohnung veränderte Anreiz- und Motivationswirkung genannt. Während die Motivationswirkung herkömmlicher Leistungsentgelte eine rein „taktische" sei, ermöglichten die Kennzahlen des Gainsharing eine „strategische" Motivation. Traditionelle Anreizentlohnung betrachte die konkrete Ausgestaltung und Planung aller betrieblichen Prozesse als Aufgabe des Unternehmens und zwinge die Beschäftigten, dieser Planung zu folgen. Sie verenge die einzusetzenden Kennzahlen und den Verantwortungsbereich der Arbeitnehmer auf Teilaspekte, die lediglich einen Ausschnitt der betrieblichen Interessen darstellten und bestrafe die Arbeitnehmer darüber hinaus mit Leistungsverdichtung, wenn es diesen selbständig gelänge, Verbesserungen einer Arbeitsmethode zu entwickeln.[449]

Die mit Gainsharing verfolgte strategische Motivation dagegen strebe es an, die Interessen der Beschäftigten mit dem Erreichen unternehmerischer Erfolgsgrößen in Einklang zu bringen. Die Beschäftigten seien gerade aufgefordert, ihr Optimierungswissen offenzulegen und es im Sinne eines kontinuierlichen Verbesserungsprozesses (KVP) einzusetzen, wofür sie nicht bestraft, sondern gerade belohnt würden. Angestrebt ist es – hier sehr ähnlich zu einem Zielvereinbarungssystem - den Mitarbeiter zu unternehmerischen Handeln zu ermutigen, wobei bei Gainsharing der Akzent deutlich auf die Art der gewählten Kennzahlen gelegt wird. Nicht mehr Teilaspekte, sondern betrieblich relevante Erfolgsgrößen seien anzustreben, die an der Gesamtleistung des Unternehmens orientiert seien, zugleich aber einer anreizwirksamen Einflußnahme durch die Beschäftigten unterlägen. Daß der auf diese Weise „gemeinsam" erreichte Zusatznutzen („gain") dann zwischen Unternehmen und Mitarbeitern geteilt wird („sharing"), macht den wesentlichen Aspekt dieser Entgeltform aus.[450]

---

[449] Lang Moderne Entgeltsysteme S. 168; Siegel Report Vergütung S. 61 ff., 62; ders. Das Flexible Unternehmen 06.03 S. 1 ff.

[450] s. vorherige Fn.

Gainsharing strebt es also an, die Beschäftigten für die Entwicklung betrieblicher Erfolgsgrößen zu interessieren, indem sie sie an erzielten Zuwächsen beteiligt. Auf diese Weise soll erreicht werden, daß die Arbeitnehmer den allein auf ihre Tätigkeit gerichteten Blick lösen, ihre Einordnung in die gesamtbetriebliche Zielsetzung begreifen und unter unternehmerischen Gesichtspunkten Aktivität entfalten. Bei den dabei verwendeten, an Gesamtzielen des Unternehmens ausgerichteten Kennzahlen handelt es sich wie bereits erwähnt zumeist um Wertschöpfungs- oder Produktivitätskennzahlen.[451] Gainsharing stellt sich damit aber als typische Ausprägung der in den letzten Jahren verstärkt aufgekommenen Zielsetzung von Erfolgsbeteiligungen dar, die gerade darin besteht, Beteiligungsformen gezielt zur Motivation der Mitarbeiter und damit zur Produktivitätssteigerung oder zur Entwicklung eines verbesserten wirtschaftlichen Verständnisses oder Kostenbewußtseins einzusetzen.[452]

Dabei stellt die in der Regel im Verhältnis 50:50 erfolgende Beteiligung nur die Ausgestaltung des Grundfalls eines Gainsharing - Systems dar. Zusätzlich sind verschiedenartige Zusatzfunktionen denkbar, die im einzelnen sehr unterschiedlich ausfallen können, sich jedoch wie folgt grob skizzieren lassen: neben einer Ausgangsleistung oder einem Schwellenertrag wird bei Gainsharing zumeist auch eine bestimmte Endgröße festgelegt. Das Überschreiten dieser Größe kann verschiedene Folgen nach sich ziehen. Zumeist bewirkt es, daß die Ausgangsleistung für die folgende Bemessungsperiode entsprechend angehoben wird. Als Entschädigung zahlt das Unternehmen entweder den ganzen Zuwachs oder den über der Endlinie liegenden Zuwachs den Arbeitnehmern nicht zur Hälfte, sondern ganz aus. Alternativ kann etwa eine vollständige Auszahlung bei Erreichen der Endlinie und die Abgeltung durch Freizeit bei Überschreiten vorgesehen sein. Die Konstruktion wird zuweilen als Abkaufmechanismus bezeichnet.[453]
Durch sie läßt sich besonders gut der durch Gainsharing angestrebte Kontinuierliche Verbesserungsprozeß umsetzen, da insbesondere bei kurzen Bemessungsperioden eine kontinuierliche Anhebung der Ausgangswerte möglich erscheint. Es wird jedoch darauf verwiesen[454], daß allzu leichtfertige Automatismen zu vermeiden seien, die angesichts fehlender Bindungen des Tarifvertrages und dessen strengen Vorgaben hinsichtlich der Änderungen der Ausgangsleistungen bei herkömmlichen Leistungsentgelten verlockend erscheinen mögen. Unabdingbare Voraussetzung eines auf die Steigerung von Motivation zielenden Ent-

[451] Dazu Lang Moderne Entgeltsysteme S. 170 ff.
[452] S. bereits oben und Schneider/Zander Erfolgs- und Kapitalbeteiligung S. 46 f.
[453] Siegel Report Vergütung S. 61 ff., 67, ders. Das Flexible Unternehmen 06.03 S. 15; ähnlich Fremmer S. 56 f.
[454] Ausführlich Siegel Das Flexible Unternehmen 06.03 S. 5 ff.

geltsystems sei die Kooperationsbereitschaft der Belegschaft, ohne die das System zusammenbreche. Gerade automatisch steigende Ausgangswerte aber scheinen geeignet, die Bereitschaft der Beschäftigten, sich auf Gainsharing einzulassen, empfindlich einzuschränken.

B. Mitbestimmung nach § 87 Abs. 1 Nr. 10 BetrVG

Da es sich bei Gainsharing letztlich um Formen der Ertrags- und Leistungsbeteiligung handelt, gestaltet sich auch die Mitbestimmung nach § 87 Abs. 1 Nr. 10 BetrVG nicht grundlegend anders als bei diesen Entgeltformen.[455]

Zunächst liegt in der Entscheidung, ob ein Gainsharing – System überhaupt eingeführt wird, die Aufstellung eines Entlohnungsgrundsatzes, die durch den Betriebsrat mitbestimmt ist. Allerdings ist aufgrund der angeführten Argumente bei Erfolgsbeteiligungen auch bei Gainsharing davon auszugehen, daß es sich hier um ein freiwilliges Entgelt handelt, so daß ein Initiativrecht sowie die Entscheidung, zu welchem generellen Zweck, an welchen Personenkreis und – vorbehaltlich einer Mitbestimmbarkeit nach Nr. 11 – in welcher Höhe Leistungen gewährt werden, nicht vom Mitbestimmungsrecht des § 87 Abs. 1 Nr. 10 BetrVG umfaßt ist. Wohl aber ist dem Betriebsrat ein Vetorecht gegen die Einführung von freiwilligen Leistungen gegeben.[456] Auch unterliegt die weitere Ausgestaltung des Entlohnungsgrundsatzes und der Entlohnungsmethoden seiner Mitbestimmung.

Zum Entlohnungsgrundsatz gehört bei Gainsharing neben allgemeinen Auszahlungs- und Laufzeitmodalitäten auch die Auswahl der konkret anzuwendenden Kennziffern. Zwar dienen auch diese Kennziffern der Verwirklichung des Zwecks eines Entgeltes und könnten so die mitbestimmungsfreie Zwecksetzung freiwilliger Entgelte berühren. Wie bereits ausgeführt[457] ist jedoch davon auszugehen, daß lediglich der generelle Zweck mitbestimmungsfrei ist, hier die Entscheidung also, daß ein Entgelt mit Gainsharing-Funktion etwa zum Zwecke der Produktivitätssteigerung gewährt werden soll. Fragen der näheren Ausgestaltung, die lediglich der Verwirklichung dieses Zwecks dienen, wie die Auswahl und Berechnungsmodalitäten der konkreten Kennziffern, sind dagegen von der Mitbestimmung gem. § 87 Abs. 1 Nr. 10 BetrVG erfaßt.

Weiterhin bedarf es im Rahmen der Entlohnungsmethoden der Festlegung einer Ausgangsleistung oder eines Schwellenertrags. Auch bei Gainsharing ist eine Verbindung zu ziehen zwischen der Höhe der Ausgangsleistungsüberschreitung und der Höhe des Erfolgsanteils der Mitarbeiter. Hier beträgt diese Verbindung in der Regel 50 % des Zusatznutzens, der sich im Vergleich zur Ausgangsgröße

---

[455] S. § 3 A. V. d).

[456] Vgl. § 3 D. II.

[457] S. § 3 D. III. 3. b); vgl. auch MünchArbR-Matthes § 341 Rn. 36.

ergeben hat, das heißt, sie verläuft in gewisser Weise linear. Davon abweichende Regelungen dergestalt, daß auch eine formelmäßige Kurvenbestimmung erforderlich wird, innerhalb derer sich der Erfolgsanteil je nach Überschreitung ändert, sind jedoch denkbar. Nur die abstrakte Entgeltentwicklung unterliegt jedoch der Mitbestimmung, welche konkreten Erfolgsanteile anzusetzen sind, ob also 50% oder eine andere Quote, ist mitbestimmungsfrei, denn hier ist wiederum der nach Nr. 10 nicht mitbestimmte Bereich der Entgelthöhe angesprochen. Mitbestimmt ist es aber, ob und in welchem Verhältnis zur Ausgangsgröße eine Endgröße festgelegt werden soll, die innerhalb der beschriebenen „Abkaufvariante" eine Veränderung des Erfolgsanteils auslöst. Auch ist bereits als Teil der Entlohnungsmethode festzulegen, ob und in welcher Höhe ein Überschreiten der Endlinie eine automatische Anhebung der Ausgangsgröße in der folgenden Bemessungsperiode zur Folge haben soll. Da es sich hier lediglich um eine Frage der geldwertunabhängigen Bemessungsgrößen handelt, sind nicht anders als bei der Festlegung der ursprünglichen Eintrittsschwelle auch konkrete (Prozent-) Werte mitbestimmt. Je nach gewähltem System ist schließlich etwa eine prozentuale Begrenzung der im Wege des Automatismus maximal möglichen Steigerungen im Vergleich zur zuerst festgelegten Ausgangsgröße denkbar.

§ 7 Qualifikationsentgelte

A. Darstellung

Qualifikationsentgelte stellen eine Entgeltform dar, die sich in erster Linie in Gegensatz zu den anforderungsbezogenen Methoden der Arbeitsbewertung setzt. Wie der Name bereits andeutet, wird bei Qualifikationsentgelten nicht die Anforderung der Arbeitsaufgabe, sondern vielmehr die vom Menschen bereitgestellte Qualifikation in den Vordergrund gestellt.[458] Von einer qualifikationsorientierten Entlohnung kann daher dann gesprochen werden, wenn ganz oder teilweise auf die Anforderungsbezogenheit verzichtet und für die Entgeltdifferenzierung auf die vom Arbeitnehmer eingebrachte persönliche Qualifikation abgestellt wird.[459]

Die Erfassung der Arbeitsanforderungen in der Arbeitsbewertung erfolgt unabhängig von der Eignung des jeweiligen Arbeitnehmers und vernachlässigt so den konkreten Menschen. Dessen individuelle Beiträge werden bei herkömmlichen Entgeltsystemen allein im Leistungsentgelt berücksichtigt, das aber in aller Regel eine anforderungsbewertete Grundentlohnung voraussetzt oder beinhaltet und daher nur als zweite Komponente dazutritt. Im Gegensatz dazu sehen Qualifikationsentgelte eine Lockerung der festen Beziehung zwischen jeweils ausge-

[458] Lang Moderne Entgeltsysteme S. 160.
[459] v. Eckardstein u.a. 1988 S. 2.

übter Tätigkeit und Entgeltsatz vor. Dies kann bereits in der Grundentgeltdifferenzierung erfolgen, genauso ist es aber möglich, lediglich qualifikationsorientierte Zulagen zu gewähren.[460]
Auch Qualifikationsentgelte stellen eine entgelttechnische Reaktion auf die eingangs beschriebenen technologischen und organisatorischen Veränderungen in der industriellen Praxis dar. Insbesondere die zunehmende Automatisierung der Fertigungsverfahren hat dazu geführt, daß viele Tätigkeiten, die sich etwa auf die mechanische Bedienung von Maschinen beziehen, wegfallen oder stark vereinfacht werden, während umgekehrt anspruchsvolle Einrichtungs-, Wartungs- und Instandhaltungsfunktionen zunehmend an Bedeutung gewinnen. Zugleich ist es angesichts der komplexen, eng miteinander verbundenen Anforderungen der Fertigungsverfahren organisatorisch kaum mehr möglich, vormals getrennt erfaßbare, stark zerlegte Tätigkeiten als solche voneinander abzugrenzen. Vielmehr folgt hieraus eine Tendenz zu ganzheitlichen Tätigkeitsstrukturen, die in der beschriebenen Weise[461] sowohl humanitäre Aspekte der Arbeitsanreicherung, als auch ökonomische Aspekte der Ausschöpfung des Beschäftigtenpotentials verfolgen und insbesondere in der Gruppenarbeit ihren Niederschlag finden. Gemeinsam mit zunehmenden Flexibilitätszwängen des Absatzmarktes und zunehmender Verkürzung der wöchentlichen und jährlichen Arbeitszeit ist insgesamt eine höhere Personaleinsatzflexibilität angestrebt. Diese kann erreicht werden durch den Aufbau einer Mehrfachqualifikation einer Mehrheit der Belegschaft, die es ermöglicht, Arbeitnehmer flexibel auf verschiedenen Arbeitsplätzen einzusetzen.[462]

Qualifikationsentgelte verfolgen die genannten Aspekte in sehr unterschiedlicher Weise. Entsprechend unterschiedlich sind auch die Begrifflichkeiten, so wird auch von Potential- oder Polyvalenzentgelten gesprochen.[463] Von der Vielzahl der verschiedenen möglichen Ausprägungen lassen sich jedoch als bekannte Formen das Modell des „Merit-Rating“, der „Skill-Based-Pay“, der „Competency-Based-Pay“[464], dessen erstes Beispiel das Vögele-Modell[465] war, und das System zur Lohndifferenzierung (LODI) von VW[466] nennen. Schließ-

---

460 v.Eckardstein 1989 S. 69 ff., 72; Breisig Gruppenarbeit S. 178 f., 187 f.
461 § 1 A. II. 1.
462 Zum ganzen v. Eckardstein 1986 S. 247 ff., 251 ff.; ders. 1989 S. 69 ff., 72 ff.; ders. 1991 S. 215 ff., S. 220 ff.; ders. 1993 S. 173 ff., 180 ff.; Drumm S. 484 ff.
463 Drumm S. 484 ff.; Lang Moderne Entgeltsysteme S. 162; Schettgen S. 323.
464 Dazu Webers Report Vergütung S. 25 ff. und 28 ff.
465 Werktarifvertrag zwischen der Joseph Vögele AG und der IG Metall vom 2. und 6.12.1982.
466 Monatsentgelttarifvertrag vom 12. und 28.10.1986 zwischen der Volkswagen AG sowie der IG-Metall und dem Christlichen Metallarbeiter-Verband Deutschlands.

lich läßt sich sogar ein tarifvertragliches Beispiel zur Entlohnung vielseitigen Arbeitseinsatzes anführen.[467]

Das Merit-Rating-System kombiniert ein anforderungsorientiertes Grundentgelt mit Zulagen, die sich zum Teil nach der quantitativen und qualitativen Leistung des Arbeitnehmers bestimmen, zum Teil aber auch für Qualifikationselemente gewährt werden, die für die gegenwärtig ausgeübte Tätigkeit nicht erforderlich wären, über die der Arbeitnehmer aber verfügt oder deren Aneignung im Sinne gesteigerter Personaleinsatzflexibilität besonders angereizt werden soll. Solche „Qualifikationsprämien" ähneln jedoch den ganz herkömmlichen Zulagen innerhalb eines Leistungsbeurteilungssystems in einer Weise, daß ihre Erfassung als besonderes Qualifikationsentgelt zu Recht kritisiert wird.[468]

Auf ähnliche Weise funktioniert das bereits erwähnte tarifvertragliche Modell[469], wonach mit der Absicht, den vielseitige Arbeitseinsatz zu fördern, bei der Übertragung mehrerer verschiedenartiger Einzelaufgaben die Bewertung der Qualifikationsanforderungen dieser verschiedenartigen Aufgaben höher angesetzt wird, als sie der Bewertung der Qualifikationsanforderungen einer einzelnen Arbeitsaufgabe entspräche. Auf diese Weise erhält der Arbeitnehmer Zulagen, die seiner über die momentanen Anforderungen seiner Stelle hinausgehenden Qualifikation entsprechen.

Der vor allem in den USA verbreitete Skill-Based-Pay vergütet im Grundentgelt die Beherrschung einer relativ einfachen Tätigkeit und gewährt variable Zulagen für die Beherrschung jeder weiteren Aufgabe. In ähnlicher Weise funktionieren Systeme, die den Erwerb bestimmter „Qualifikationsbausteine" gezielt mit Zulagen anreizen.[470] Dagegen stellt der Competency-Based-Pay wie auch das Vögele-Modell bezüglich des Grundentgelts vollständig auf die mitgebrachte Qualifikation des jeweiligen Arbeitnehmers ab und stellt sich so als die Form des Qualifikationsentgelts dar, die sich am konsequentesten und weitreichendsten vom Prinzip des Anforderungsbezugs gelöst hat.[471] Die Einstufung der Beschäf-

---

[467] Vgl. zu allen Formen v. Eckardstein 1989 S. 69 ff., 74 ff.; zum letztgenannten tariflichen Modell sogleich.

[468] Lang Moderne Entgeltsysteme S. 163.

[469] Lohn- und Gehaltsrahmentarifvertrag I für die Beschäftigten der Metallindustrie Nordwürttemberg/Nordbaden § 6.1.

[470] Vgl. dazu den „Entlohnungsbaustein Zulage für Weiterbildung und Qualifikation" im Entgeltsystem der Wilhelm Karmann GmbH, Bierfreund, Personalführung 5/1994 S. 418 ff., 420 ff., mit ausführlichen Beispielen S. 422.

[471] v. Eckardstein 1989 S. 69 ff., 77.

tigten in die verschiedenen Entgeltgruppen oder „-profile“[472] erfolgt hier aufgrund festgestellter beruflicher Qualifikation[473], unabhängig davon, welche die Anforderungen der Arbeitsaufgabe sind, die der Beschäftigte innerhalb des Betriebs ausfüllen soll. Zu einem solchen Grundentgelt können leistungsorientierte Zulagen oder auch ein zusätzlicher Prämienlohn hinzutreten.

In Gegensatz zu einem vollständig qualifikationsorientierten Grundentgelt stehen Systeme der Bereichsbewertung, deren Elemente auch das System der Lohndifferenzierung von VW aufnimmt.[474] Hier wird von dem Prinzip des Anforderungsbezugs nicht vollständig abgerückt, sondern dieses nur modifiziert. Da die Bewertung einer einzelnen Arbeitsaufgabe wie dargestellt nur mehr unter Schwierigkeiten möglich ist, werden stattdessen alle innerhalb eines Arbeitsbereichs, wie etwa einer Fertigungsinsel, anfallenden Tätigkeiten in ihrer Gesamtheit bewertet, bzw. ähnliche, organisatorisch zusammenhängende Arbeitsplätze zu einem Arbeitssystem zusammengefaßt, dem jeweils eine Entgeltgruppe zugeordnet wird.[475] Da aber auch auf diese Weise immer noch angestrebt wird, die Einsatzflexibilität der Arbeitnehmer innerhalb eines Bereichs oder Systems zu steigern, werden Systeme der Bereichsbewertung auch als „gemäßigte“ Flexibilitätsmodelle bezeichnet.[476] Da sich eine gesteigerte Einsatzflexibilität aber letztlich nicht ohne Erweiterung der Qualifikation wird realisieren lassen, lassen sich auch diese Systeme als Formen des Qualifikationsentgelts auffassen.

B. Mitbestimmung nach § 87 Abs. 1 Nr. 10 BetrVG

Durch ihren Gegensatz zu Methoden der Arbeitsbewertung stellen sich Qualifikationsentgelte mehrheitlich als eine besondere Form der Entgeltdifferenzierung dar, die sich an eine bestimmte Entgeltform anknüpft. Mitbestimmungsfähige Entscheidungen fallen damit aber in der Mehrzahl in den Bereich der Entlohnungsmethoden. Anders könnte dies nur für den Fall sein, daß die Einführung rein qualifikationsorientierter Zulagen als eigenständiger, ergänzender Entlohnungsgrundsatz anzusehen wäre. In diesem Fall müßte aber etwa der Anreiz zum Erwerb bestimmter Qualifikationen konkret angestrebt sein, so daß dieser

---

[472] Webers Report Vergütung S. 25 ff.

[473] Zum Teil wird darüber hinaus der „competency-based-pay“ auch unter dem Aspekt in Gegensatz zum „skill-based-pay“ gesetzt, daß „competencies“ im Gegensatz zu „skills“ über reine Kenntnisse und Fähigkeiten hinaus auch „Motive, Charakterzüge und Selbstkonzept des Mitarbeiters“ erfaßten, vgl. dazu Laws, Personalführung 1/2000, S. 54 ff., 55.

[474] Daneben bestimmt sich das Entgelt bereits innerhalb dieses Systems zugleich nach einer Form der Standardleistung und stellt so auch ein Pensumentgelt dar, dazu ausführlich § 5 B. I.

[475] Vgl. zu der Beschreibung ähnlicher Systeme von „Funktionsbildern“ bei BMW und BMW Rolls-Royce in Eyer, Report Vergütung S. 22 ff., 23.

[476] Tondorf Alternative Formen S. 177 ff., 190.

Zulage auch eine eigenständige Funktion im Entgeltgefüge zukäme. Die Entscheidung über die Einführung einer solchen Zulage und die Auswahl der Qualifikationen wäre dann als Aufstellung eines Entlohnungsgrundsatzes nach § 87 Abs. 1 Nr. 10 BetrVG mitbestimmt. Aus den genannten Beispielen wird jedoch deutlich, daß sich qualifikationsorientierte Kriterien in der Regel lediglich als Element in ein Leistungsbeurteilungssystem einfügen. Die Frage, ob und welche qualifikationsorientierten Kriterien zur Anwendung kommen können, stellt sich dann als Teil des ergänzenden Entlohnungsgrundsatzes „Leistungszulagen" dar.[477] Im übrigen aber äußert sich die Qualifikationsorientierung eines Entgelts in den innerhalb eines bestimmten Entlohnungsgrundsatzes zur Anwendung kommenden Methoden zur Entgeltdifferenzierung, mithin den Entlohnungsmethoden.

Für den Fall, daß von erworbenen Qualifikationen die Zahlung einer variablen Zulage abhängig gemacht werden soll, bedarf es hier weiterer Bestimmungen darüber, auf welche Weise und in welchen zeitlichen Abständen der Qualifikationserwerb festzustellen ist, ob und nach welchem Schema Punkte vergeben werden sollen und ob die zu zahlende Zulage einmalig oder laufend zu gewähren ist.

Soweit es aber um die Grundentgeltdifferenzierung geht, ist nach § 87 Abs. 1 Nr. 10 BetrVG nicht anders als bei der Anforderungsbewertung[478] – vorbehaltlich tarifvertraglicher Vorgaben - der gesamte Prozeß der Schaffung einer Gehaltsgruppenordnung mitbestimmt. Diese umfaßt die Zahl, die Art und die Tatbestandsmerkmale der Vergütungsgruppen[479], unabhängig davon, auf welche Tatbestände sich die Eingruppierung jeweils beziehen soll. Sowohl die Definition der jeweils zu fordernden Qualifikationen, als auch nähere Bestimmungen darüber, wie diese festzustellen sind, gehört zu den mitbestimmten Entlohnungsmethoden. Zu denken ist an die Ausgestaltung von abstrakten Entgeltstufen und die Zuordnung bestimmter Abschlüsse, Kenntnisse, Fähigkeiten und unter Umständen weiterer zu fordernder Eigenschaften zu diesen Stufen. Es ist zu klären, inwieweit die Qualifikationen „gemessen" oder beurteilt werden, im letzteren Fall ist das Beurteilungsverfahren auszugestalten.

Bei einer Bereichsbewertung fällt der Unterschied zu den Methoden der Anforderungsbewertung noch geringer aus. Nicht anders als dort muß auch bei einer bereichsbezogenen Tätigkeit durch den Betriebsrat sowohl mitbestimmt werden, welche Tätigkeiten überhaupt in die Bewertung einbezogen werden sollen, bzw.

---

[477] § 5 D. I.

[478] § 3 A. V. 2. a).

[479] BAG AP § 87 BetrVG 1972 Lohngestaltung Nr. 65; GK-Wiese § 87 Rn. 923; Hanau BB 1977, S. 350 ff., 353.

welche Arbeitsplätze zu einem Arbeitssystem zusammengezogen werden sollen, als auch, in welcher Weise eine Bewertung zu erfolgen hat und ob etwa einzelne Tätigkeiten oder Aufgabenbereiche untereinander noch einmal zu gewichten sind.

3. Teil: Die Mitbestimmung des Betriebsrates nach § 87 Abs. 1 Nr. 11 BetrVG

§ 8 Der Inhalt des Mitbestimmungsrechtes nach § 87 Abs. 1 Nr. 11 BetrVG

Bestimmte leistungsbezogene Entgelte unterliegen gemäß § 87 Abs. 1 Nr. 11 BetrVG einer weitergehenden Mitbestimmung. Über die allgemeinen Fragen der betrieblichen Lohngestaltung gemäß § 87 Abs. 1 Nr. 10 BetrVG hinaus gibt § 87 Abs. 1 Nr. 11 BetrVG dem Betriebsrat ein Mitbestimmungsrecht bei der Festsetzung der Akkord- und Prämiensätze und vergleichbarer leistungsbezogener Entgelte einschließlich der Geldfaktoren. Bereits für den Umfang der Mitbestimmung bei Akkord- und Prämiensätzen stellt sich aber die Frage, was dieser genau umfaßt, denn einige Fragen sind hier bereits nach § 87 Abs. 1 Nr. 10 BetrVG mitbestimmt. Eine besondere Bedeutung kommt dabei dem Zusatz „einschließlich der Geldfaktoren“ zu, der die Mitbestimmung des § 87 Abs. 1 Nr. 11 BetrVG deutlich über die des § 87 Abs. 1 Nr. 10 BetrVG auszudehnen geeignet ist. Inwieweit dies anzunehmen ist, ist umstritten und soll zunächst geklärt werden.

In einem weiteren Schritt soll das gewonnene Ergebnis dann zur Lösung der Frage beitragen, was genau unter der Festsetzung der Akkord- und Prämiensätze zu verstehen ist.

Schließlich ist die Frage zu beantworten, inwieweit andere leistungsbezogene Entgelte außer Akkord und Prämien der Vorschrift unterfallen können, was eine Auseinandersetzung mit dem Tatbestandsmerkmal des „vergleichbaren leistungsbezogenen Entgeltes“ erfordert.

A. Mitbestimmung über die Entgelthöhe durch Mitbestimmung beim Geldfaktor?

I. Problematik und Meinungsstand

Das Mitbestimmungsrecht der Betriebsrates erstreckt sich gemäß § 87 Abs. 1 Nr. 11 BetrVG auch auf die Festsetzung der Geldfaktoren leistungsbezogener Entgelte. Problematisch dabei ist, daß mit der Einbeziehung des Begriffs „Geldfaktor“ in die Mitbestimmung des Betriebsrates diesem ein Einfluß auf die Entgelthöhe eröffnet worden sein könnte. Mit einem solchen Einfluß hätte der Betriebsrat die Möglichkeit, in einem größeren Umfang als in § 87 Abs. 1 Nr. 10 BetrVG auf die Entgeltpolitik des Unternehmens einzuwirken, trotz der Argumente, die über den Zweck dieser Vorschrift hinaus gegen eine erzwingbare Beteiligung des Betriebsrats bei der entgeltpolitischen Frage der Entgelthöhe sprechen.[1] Ob und in welchem Ausmaß von einem solchen Einfluß ausgegangen

---

[1] Vgl. dazu bereits oben § 3 A.III.3.

werden muß, hängt davon ab, wie man den Begriff des Geldfaktors auslegt. Dies wird kontrovers beurteilt.
Diese um den Begriff des „Geldfaktors" rankende Kontroverse geht zurück auf die Zeit der Geltung des Betriebsverfassungsgesetzes von 1952.
Im damaligen § 56 Abs. 1 lit. g) BetrVG 1952 war die Mitbestimmung des Betriebsrates bei der Regelung von Akkord- und Stücklohnsätzen vorgesehen, der Geldfaktor aber nicht ausdrücklich erwähnt. Das BAG hatte zudem entschieden, daß das Mitbestimmungsrecht des Betriebsrates sich nicht auf solche Fragen erstreckte, die entgeltpolitische Bedeutung hatten.[2] Die damals herrschende Meinung schloß daraus, daß eine Mitbestimmung beim Geldfaktor des Akkordlohnes abzulehnen sei, da diesem entgeltpolitische Bedeutung zugeschrieben wurde.[3]
Eine Mindermeinung wollte den Betriebsrat dennoch beim Geldfaktor des Akkordlohns mitbestimmen lassen mit dem Argument, daß der Geldfaktor und der – unstreitig mitbestimmte – Zeitfaktor miteinander austauschbare Funktionen übernähmen und ein mitbestimmter Zeitfaktor durch eine entsprechende Manipulierung des Geldfaktors wieder entwertet und „ausgehöhlt" werden könne. Beim Geldakkord galt dies um so mehr, da hier sogar Zeit- und Geldfaktor gar nicht getrennt ausgewiesen werden und direkt miteinander verrechnet werden.[4] Betont wurde hier, daß eine Mitbestimmung ausschließlich dann anzunehmen sei, wenn die beschriebene Gefahr sich nicht anders vermeiden ließe, eine Beteiligung des Betriebsrates komme nur streng im Sinne eines Korrektivs in Betracht. Keineswegs ergebe sich aus dieser Mitbestimmung über den engen, „technischen" Geldfaktor ein Einfluß auf die Entgelthöhe, diese bestimme sich vielmehr erst durch den materiellen Richtsatz des Akkordlohnes, also durch das - i.d.R. tarifliche – Stundenentgelt.[5]
Obwohl in der Neufassung des Betriebsverfassungsgesetzes von 1972 die Geldfaktoren nun ausdrücklich erwähnt werden, ist dieser Streit nicht entschieden.
Eine Ansicht geht – der Argumentation der vormaligen Mindermeinung folgend - nicht davon aus, daß die Erwähnung der „Geldfaktoren" in § 87 Abs. 1 Nr. 11 BetrVG die Grundaussage des Betriebsverfassungsgesetzes von 1952 ändern und dem Betriebsrat Einfluß auf die entgeltpolitische Frage der Entgelthöhe ge-

[2] BAG 7.12.1962 AP BetrVG 1952 Akkord Nr. 3; BAG 22.11.1963 und 18.3.1964 AP BetrVG 1952 Entlohnung Nr. 3 und Nr. 4.
[3] Hueck Anm. zu BAG 7.12.1962 AP BetrVG 1952 Akkord Nr. 3; Richardi RdA 1969, S. 234 ff., 238; weitere Nachweise bei Richardi § 87 Rn. 942.
[4] Nachweise bei Richardi § 87 Rn. 975; auch Dietz/Gaul/Hilger S. 191, 192.
[5] Dietz/Gaul/Hilger S. 191, 192; Richardi § 87 Rn. 972.

ben sollte.[6] Der Gesetzestext hätte eine solche Bedeutung gesondert ausweisen müssen.[7] Die Verwendung lediglich des Begriffs „Geldfaktor" diene vielmehr allein dazu, klarzustellen, daß durch paritätische Beteiligung des Betriebsrates die Richtigkeit des leistungsbezogenen Entgeltes gesichert werden solle. Eine Mitbestimmung beim Geldfaktor komme daher nur in Betracht, um fehlerhafte Bemessungsgrundlagen zu korrigieren. Dies bedeutet eine unterschiedliche Behandlung von Akkord- und Prämienlohn.

Beim Akkordlohn ergebe sich der Geldfaktor zumindest des Zeitakkords als der Geldbetrag pro Akkordminute in aller Regel bereits daraus, daß er 1/60 des Akkordrichtsatzes, also des Stundenentgeltes, entspreche. Nur wenn der Akkordsatz falsch festgesetzt worden sei, insbesondere weil die Zeiten des Zeitfaktors falsch bemessen seien, bedürfe es der Mitbestimmung des Betriebsrates beim Geldfaktor, die insofern korrigierend wirken könne.[8]

Beim Prämienlohn dagegen sei es nicht so leicht möglich, die Faktoren, die sich auf die Leistungsgerechtigkeit der Entlohnung beziehen, von dem Faktor, der die Entgelthöhe festlegt, zu trennen. Deshalb müsse durch Mitbestimmung gesichert werden, daß der Arbeitgeber durch die Zuordnung der Entgelthöhe nicht die Bemessungsgrundlagen der Prämie beeinträchtige. Hier sei eine Mitbestimmung bei den Geldfaktoren, worunter die jeweiligen Steigerungsbeträge für die einzelnen Leistungsstufen verstanden werden, geboten.[9]

In keinem Fall aber könne über den Akkordrichtsatz bzw. das Prämienausgangsentgelt als das Entgelt für die Ausgangsleistung mitbestimmt werden, denn dadurch werde dem Betriebsrat eine Mitbestimmung über die absolute Entgelthöhe und damit über die Entgeltpolitik eröffnet. Es sei jedoch nicht Aufgabe des Betriebsrats, Entgeltpolitik zu betreiben, insbesondere für Fragen der Entgelthöhe sei das Zwangsschlichtungsverfahren dazu nicht geeignet.[10]

Andere Ansichten haben die Neufassung dagegen zum Anlaß genommen, von einer erweiterten Mitbestimmung des Betriebsrats auf der Geldseite der Leistungsentgelte auszugehen. Dabei wird zum Teil über die Mitbestimmung über

---

[6] Lieb ZfA 1988, S. 413 ff.; Richardi § 87 Rn. 944; Joost ZfA 1993, S. 257 ff., 271 ff.; HSG § 87 Rn. 559, 560a; G/L § 87 Rn. 241 f.; S/W § 87 Rn. 197; Zöllner/Loritz § 47 II 11; Löwisch EzA § 87 BetrVG 1972 Leistungslohn Nr. 2, S. 31.

[7] So insbesondere Löwisch EzA § 87 BetrVG 1972 Leistungslohn Nr. 2, S. 31.

[8] Richardi § 87 Rn. 979, 965; S/W § 87 Rn. 195; G/L § 87 Rn. 241 f.; Zöllner/Loritz § 47 II 11; ähnlich unter Einschränkungen auch FKHE § 87 Rn. 504, beachte aber Rn. 502.

[9] Richardi § 87 Rn. 979; G/L § 87 Rn. 247; S/W § 87 Rn. 197a.

[10] Lieb ZfA 1988, S. 413 ff.; Richardi § 87 Rn. 944; Joost ZfA 1993, S. 257 ff., 271 ff.; HSG § 87 Rn. 560a; G/L § 87 Rn. 241 f.; S/W § 87 Rn. 197; Zöllner/Loritz § 47 II 11.

den Geldfaktor, bzw. die Steigerungsbeträge hinaus auch eine Mitbestimmung über den Akkordrichtsatz, bzw. das Prämienausgangsentgelt angenommen.[11]
Das Bundesarbeitsgericht geht ebenfalls davon aus, daß das Mitbestimmungsrecht des § 87 Abs. 1 Nr. 11 BetrVG dem Betriebsrat das Recht gibt, über alle Aspekte der Geldseite von Leistungsentgelten im Sinne dieser Vorschrift mitzubestimmen. Die ausdrückliche Erwähnung der Geldfaktoren hier zeige, daß dem Betriebsrat zwar nicht für den konkreten Einzelfall, aber doch abstrakt-generell das Recht eingeräumt sei, auch über die Entgelthöhe mitzubestimmen. Deshalb könne nicht davon gesprochen werden, daß im Wege der Mitbestimmung keine betriebliche Entgeltpolitik erfolgen dürfe, diese sei dem Betriebsrat vielmehr in der hier in Rede stehenden Hinsicht eröffnet.[12]
In der weiteren Rechtsprechung hat das Bundesarbeitsgericht insbesondere zum Prämienlohn die Begriffe des Geldfaktors im engeren und im weiteren Sinne eingeführt.[13]
Unter dem Geldfaktor im weiteren Sinne versteht das BAG die Entgelthöhe für die Ausgangsleistung des leistungsbezogenen Entgeltes, die dem Akkordrichtsatz oder dem Prämienausgangsentgelt entspricht; der Geldfaktor im engeren Sinne erfasse dagegen nur das Verhältnis des Entgeltes für die Leistung eines bestimmten Leistungsgrades zum bereits feststehenden Entgelt für die Ausgangsleistung, beim Prämienlohn mithin nur die Steigerungsbeträge.
Die Besonderheit der Ansicht des Bundesarbeitsgerichtes besteht nun darin, daß es die Mitbestimmung nach § 87 Abs. 1 Nr. 11 BetrVG nur auf den Geldfaktor im weiteren Sinne bezieht. Begründet wird dies sowohl mit dem Zweck der Vorschrift als auch mit dem systematischen Zusammenhang mit § 87 Abs. 1 Nr. 10 BetrVG.[14]
Das Mitbestimmungsrecht des Betriebsrat bei Leistungsentgelten trage der Tatsache Rechnung, daß Leistungsentgeltsysteme besondere Gefahren für den Arbeitnehmer in sich trügen. Diese Gefahren bestünden zwar auch, aber nicht nur in der unzutreffenden Bewertung der einzelnen Leistungsansätze. Darüber hinaus habe § 87 Abs. 1 Nr. 11 BetrVG den Zweck, den Arbeitnehmer vor einem übermäßigen und ihn letztlich in seiner Gesundheit schädigenden Leistungseinsatz zu schützen. Deshalb könne sich die Mitbestimmung bei den Geldfaktoren nicht darin erschöpfen, einen unrichtigen Leistungsansatz zu korrigieren. Der Betriebsrat müsse vielmehr auch darüber wachen, daß der Anreiz zur Mehrlei-

---

[11] Moll Mitbestimmung S. 45; Hanau RdA 1973, S. 281 ff., 282; GK-Wiese § 87 Rn. 992; Klinkhammer AuR 1977, S. 363 ff., 365; auch FKHE § 87 Rn. 487; MünchArbR-Matthes § 341 Rn. 80 ff.; DKK-Klebe § 87 Rn. 284; ErfKomm-Hanau/Kania § 87 Rn. 117.
[12] BAG 29.3.1977 AP § 87 BetrVG 1972 Provision Nr. 1, Bl. 896.
[13] Zuerst in BAG 25.5.1982 AP § 87 BetrVG 1972 Prämie Nr. 2, Bl. 1048.
[14] BAG 13.9.1983 AP § 87 BetrVG 1972 Prämie Nr. 3.

stung in einem angemessenen Verhältnis zu einem möglichen Mehrverdienst stehe. Die Höhe des dem Leistungseinsatz angemessenen Mehrverdienstes sei aber in erster Linie davon abhängig, welches Entgelt für die Ausgangsleistung bezahlt werde, daher müsse sich die Mitbestimmung gem. § 87 Abs. 1 Nr. 11 BetrVG auch auf den Geldfaktor im weiteren Sinne erstrecken.
Zugleich sei aber hinsichtlich dieser Gefahren eine Mitbestimmung des Betriebsrats beim Geldfaktors im engeren Sinne nicht erforderlich. Dieser Geldfaktor bestimme nämlich zum einen lediglich das Verhältnis des Entgelts für die Leistung eines bestimmten Leistungsgrades zum schon feststehenden Entgelt für die Ausgangsleistung. Zum anderen gehöre diese Frage aber bereits zu der nach § 87 Abs. 1 Nr. 10 BetrVG mitbestimmungspflichtigen Entscheidung über die Prämienkurve und damit über den Entlohnungsgrundsatz und die Entlohnungsmethode.[15] Sei damit der Geldfaktor im engeren Sinne schon nach § 87 Abs. 1 Nr. 10 BetrVG mitbestimmt und ergebe sich überdies ein Recht zur Kontrolle der Richtigkeit des jeweiligen Leistungsansatzes zudem aus § 80 Abs. 1 Nr. 1 BetrVG, so machte die ausdrückliche Erwähnung des Geldfaktors in Nr. 11 nur dann einen Sinn, wenn damit der Geldfaktor im weiteren Sinne gemeint sei.

Die Literatur hat auf unterschiedliche Weise auf diese Rechtsprechung des Bundesarbeitsgerichtes reagiert. Neben Zustimmung[16] zeigte sich auch Kritik, die sich in erster Linie darauf bezieht, daß das BAG von § 87 Abs. 1 Nr. 11 BetrVG den Geldfaktor im weiteren Sinne erfaßt sehen will.
Zum einen[17] wird hier kritisiert, daß das Bundesarbeitsgericht für die Rechtfertigung der Einbeziehung des Ausgangsentgeltes in die Mitbestimmung des § 87 Abs. 1 Nr. 11 BetrVG den Gesundheitsschutz als weiteren Schutzzweck heranziehe. Es sei nicht ersichtlich, inwiefern § 87 Abs. 1 Nr. 11 BetrVG dem Gesundheitsschutz diene. Die Festlegung eines erhöhten Entgelts erreiche diesen Zweck nicht.[18] Der Bereich des Gesundheitsschutzes werde zudem von anderen Mitbestimmungstatbeständen abgedeckt.[19] Zweck des § 87 Abs. 1 Nr. 11 BetrVG sei aber kein anderer als der des § 87 Abs.1 Nr. 10 BetrVG, nämlich die Wahrung der innerbetrieblichen Entgeltgerechtigkeit. Zwar gestalte sich diese im Hinblick auf die Besonderheiten der Leistungsentgelte hier anders als beim Zeitentgelt, die übrigen vom BAG genannten Gefahren seien zutreffend und er-

---

[15] S. auch oben unter § 3 B. II. 2. d).
[16] Hanau Anm. zu BAG 8.12.1981 EzA § 87 BetrVG 1972 Leistungslohn Nr. 6 und BAG 13.9.1983 AP § 87 BetrVG 1972 Prämie Nr. 3; Linnenkohl-Rauschenberg Anm. zu BAG 16.12.1986 AP § 87 BetrVG 1972 Prämie Nr. 8; v.Hoyningen-Huene Anm. zu BAG 13.9.1983 AR-Blattei XIV B Entscheidung Nr. 78.
[17] Joost ZfA 1993, S. 257 ff., 271 ff.; Richardi § 87 Rn. 944.
[18] Richardi § 87 Rn. 944.
[19] Insbesondere Joost ZfA 1993, S. 257 ff., 273.

forderten die Festlegung aller Faktoren für die Ermittlung und Berechnung des Leistungsentgeltes. Die Einbeziehung des Ausgangsentgeltes in Form des Geldfaktors im weiteren Sinne sei davon aber nicht erfaßt. Hier sei mit der Entgelthöhe systemfremd ein Element mitbestimmungspflichtig, das im Rahmen von § 87 Abs. 1 Nr. 10 BetrVG nicht mitbestimmt sei.[20]
Zum anderen wird der Rechtsprechung zwar hinsichtlich der Einteilung in Geldfaktoren im engeren und im weiteren Sinne zugestimmt, der Schwerpunkt der Kritik aber auf die Zuordnung des Geldfaktors im engeren Sinne zu § 87 Abs. 1 Nr. 10 BetrVG gelegt.[21] Insbesondere sei die Rechtsprechung einer Verwechselung von Prämienkurve und Prämienentgeltkurve erlegen. Nach § 87 Abs. 1 Nr. 10 BetrVG mitbestimmt sei zwar die Prämienkurve, diese erfasse aber lediglich die einzelnen Leistungseinheiten. Davon abzugrenzen sei die Zuordnung der entsprechenden Entgelteinheiten, welche die Prämienentgeltkurve bildeten.[22] Diese beiden Fragen seien klar voneinander zu trennen. Erst von § 87 Abs. 1 Nr. 11 BetrVG erfaßt sei aber die Prämienentgeltkurve, also die einzelnen Steigerungsbeträge und damit der Geldfaktor im engeren Sinne. Nur so sei auch der Bezug zum Akkordlohn hergestellt, denn dessen Geldfaktor müsse in jedem Fall Nr. 11 unterfallen und könne - als Pendant zum Zeitfaktor – nur der Geldfaktor im engeren Sinne sein. Auf diese Weise sei nicht mehr zwingend geboten, im Geldfaktor des § 87 Abs. 1 Nr. 11 BetrVG den Geldfaktor im weiteren Sinne zu sehen, dessen Mitbestimmung sich im übrigen aufgrund der dadurch erreichten Zwangsschlichtung über die absolute Entgelthöhe verbiete.[23]

II. Wortlaut

In § 87 Abs. 1 Nr. 11 BetrVG wird der Geldfaktor als mitbestimmungspflichtiger Entgeltanteil ausdrücklich erwähnt. Angesichts dieser Erwähnung einen Einfluß des Betriebsrats auf die Entgelthöhe abzulehnen, ist nur möglich, wenn dem Begriff „Geldfaktor" dieser Einfluß unter keinem Gesichtspunkt entnommen werden könnte.
Selbst die Ansicht, die den Geldfaktor lediglich als „technisches" Korrektiv aufgefaßt sehen möchte, kommt nicht umhin, diese enge Auslegung zumindest für den Prämienlohn zu lockern; hier wird einer Mitbestimmung über die Steigerungsbeträge zugestimmt. Diese kann nicht nur ausnahmsweise vorgenommen werden, um unrichtige Bemessungsgrundlagen zu korrigieren. Beim Prämien-

---

[20] Insbesondere Richardi § 87 Rn. 944.
[21] Lieb ZfA 1988 S. 413 ff.
[22] S. oben unter § 3 B. II. 2. d); in diese Richtung auch v.Hoyningen-Huene Anm. zu BAG 13.9.1983 AR-Blattei XIV B Entscheidung Nr. 78.
[23] So nur Lieb ZfA 1988, S. 413 ff., im Ergebnis übereinstimmend mit Joost ZfA 1993, S. 257 ff., 273 und Richardi § 87 Rn. 944.

lohn gibt es im Gegensatz zum (Zeit-)Akkord keinen Automatismus, aus dem sich bei richtig bemessenen Zeiten der Geldfaktor etwa als 1/60 des Richtsatzes ergeben muß. Es bedarf vielmehr immer einer Festlegung der einzelnen Prämien. Wenn dies auch dem Zweck dienen mag, den Arbeitgeber daran zu hindern, die Bemessungsgrundlagen des Prämienlohnes zu beeinträchtigen, so ist es doch hinsichtlich der Steigerungsbeträge des Prämienlohnes noch weniger als beim Geldfaktor des Akkordlohnes möglich, von einer rein technischen Korrektur zu sprechen, die keinerlei Einfluß auf die Entgelthöhe habe. Damit zeigt sich jedoch bereits, daß die Annahme eines rein „technischen" Korrektivs sich weniger am Wortlaut des § 87 Abs. 1 Nr. 11 BetrVG orientiert, als an dem des § 56 Abs. 1 lit. g) BetrVG 1952, der ausschließlich von Akkord- und Stücklohnsätzen sprach. § 87 Abs. 1 Nr. 11 BetrVG aber erstreckt im Gegensatz dazu die Mitbestimmung in gleicher Weise auf die Geldfaktoren von Prämienlohn und vergleichbaren leistungsbezogenen Entgelten. Diese Entgelte verfügen aber über keinen Geldfaktor in der Form eines Korrektivs, wie es sich beim Akkordlohn darstellt.[24]

Die Mitbestimmung über die Steigerungsbeträge beim Prämienlohn entspricht aber dem Geldfaktor im engeren Sinne in der Terminologie des Bundesarbeitsgerichtes. Diesem ist darin zuzustimmen, daß zwischen einem Geldfaktor im engeren und einem im weiteren Sinne unterschieden werden muß. Ebenso trifft die Einschätzung des BAG zu, daß beide Geldfaktoren auf die Entgelthöhe Einfluß nehmen. Keineswegs wird die Entgelthöhe nur durch den materiellen Richtsatz bestimmt. Vielmehr geht auch der Geldfaktor im engeren Sinne in die Berechnung der Höhe des Entgeltes für eine bestimmte Leistung ein. Die Reihe der Geldfaktoren bestimmt den Lauf der Leistungsentgeltkurve und nimmt so Einfluß auf die Gesamtsumme der zu zahlenden Leistungsentgelte. Dieser Einfluß ist zwar relativ, da er sich an einem bereits vorgegebenen Ausgangsentgelt – dem Geldfaktor im weiteren Sinne – orientiert, dennoch läßt er sich nicht leugnen.[25]

Dies gilt erst recht, wenn man unter „Geldfaktor" den Geldfaktor im weiteren Sinne versteht, da dieser direkt die Höhe des Leistungsentgelts bestimmt, indem die Entscheidung über seine Größe die Entscheidung über den Preis der Arbeit im Leistungsentgelt selbst ist.[26]

Allein durch die Erwähnung des Begriffs des „Geldfaktors" ist damit aber in § 87 Abs. 1 Nr. 11 BetrVG ein Einfluß des Betriebsrat auf die Entgelthöhe er-

---

[24] MünchArbR-Matthes § 341 Rn. 82.

[25] BAG 25.5.1982 AP § 87 BetrVG 1972 Prämie Nr. 2, Bl. 1048; BAG 13.9.1983 AP § 87 BetrVG 1972 Prämie Nr. 3, Bl. 975.

[26] BAG 13.9.1983 AP § 87 BetrVG 1972 Prämie Nr. 3, Bl. 974.

öffnet. Bereits der Wortlaut der Vorschrift widerspricht damit der Ansicht, der Geldfaktor könne nur im Sinne eines Korrektivs aufgefaßt werden.

Allerdings läßt der Wortlaut offen, ob es sich hier um den Geldfaktor im engeren oder im weiteren Sinne handelt. Wenn auch beide Geldfaktoren auf die Entgelthöhe Einfluß nehmen, so bestehen in der Intensität doch deutliche Unterschiede. Die Mitbestimmung beim Geldfaktor im weiteren Sinne bedeutete eine direkte Mitbestimmung über die absolute Entgelthöhe, während sich der Einfluß des Betriebsrates bei der Mitbestimmung des Geldfaktors im engeren Sinne nur in Relation zum bereits vorgegebenen Ausgangsentgelt entfalten könnte.[27]

III. Entstehungsgeschichte

Die Entstehung des § 87 Abs. 1 Nr. 11 BetrVG ist maßgeblich geprägt von dem zu dieser Zeit bestehenden Streit um den Geldfaktor des Akkordlohnes. So heißt es in der Begründung zum Regierungsentwurf, daß „die in Rechtsprechung und Literatur umstrittene Frage klargestellt“ werden solle, „daß sich das Mitbestimmungsrecht des Betriebsrates auf die Festlegung aller Bezugsgrößen erstreckt, die für die Ermittlung und Berechnung der leistungsbezogenen Entgelte von Bedeutung sind; so soll z.B. beim Akkordlohn ein Mitbestimmungsrecht des Betriebsrates sowohl hinsichtlich der Festlegung des Zeitfaktors als auch des Geldfaktors bestehen.“[28] Dabei muß davon ausgegangen werden, daß auch dieser Geldfaktor dem heutigen Geldfaktor im engeren Sinne zuzuordnen ist.
Möglicherweise aber ist aus dieser Entwicklung zu schließen, daß bei der Formulierung des Gesetzes mit „Geldfaktor“ im Sinne des § 87 Abs. 1 Nr. 11 BetrVG nur der so umstrittene Geldfaktor im engeren Sinne gemeint gewesen ist. Die endgültige Fassung[29] und ihre Begründung[30] gehen auf diesen Aspekt nicht mehr ein, es finden sich hier keine weiteren Hinweise darauf, welcher Geldfaktor gemeint gewesen sein könnte. Es verbleibt lediglich die Feststellung, daß der Begriff „Geldfaktor“ – der in der Fassung des Regierungsentwurfs nur in der Begründung genannt war – ausdrücklich in die endgültige Fassung des Gesetzestextes übernommen worden ist.
Es ist durchaus möglich, daß im Gesetzgebungsverfahren die Notwendigkeit nicht erkannt wurde, überhaupt zwischen zwei Geldfaktoren zu unterscheiden.[31] Dann wäre es denkbar, daß gleichsam stillschweigend nur vom Geldfaktor im engeren Sinne ausgegangen wurde. Naheliegend wäre eine solche Interpretation

---

[27] Lieb ZfA 1988 S. 413 ff., 431.
[28] BT-Drucks. VI/1786, S. 49.
[29] BT-Drucks. VI/2729, S. 39.
[30] BT-Drucks. zu VI/2729, S. 29.
[31] So Lieb ZfA 1988 S. 413 ff., 420.

deshalb, da zur Zeit der Entstehung des Gesetzes der Akkordlohn ganz im Vordergrund stand und der dem Geldfaktor im weiteren Sinne entsprechende Akkordrichtsatz ohnehin meistens tarifvertraglich festgelegt wurde. Eine Mitbestimmung für diesen Geldfaktor wäre damit gemäß § 87 Abs. 1 Satz 1 BetrVG von vornherein nicht in Betracht gekommen.
Maßgeblich gegen diese Interpretation spricht jedoch wieder die Begründung des Regierungsentwurfes.[32] Zunächst wird hier von der Festlegung aller Bezugsgrößen, die für die Ermittlung und Berechnung der leistungsbezogenen Entgelte von Bedeutung sind, gesprochen. Weiter heißt es im Anschluß an die Äußerung, daß beim Akkordlohn ein Mitbestimmungsrecht des Betriebsrates auch hinsichtlich des Geldfaktors bestehen solle: „Soweit hierzu tarifvertragliche Regelungen bestehen, ist gemäß Abs. 1 Satz 1 ein Mitbestimmungsrecht des Betriebsrates ausgeschlossen.“[33] Da bezüglich des Geldfaktors im engeren Sinne jedoch gerade meist keine tarifvertragliche Festlegungen bestehen, diese für den Akkordrichtsatz dagegen die Regel darstellen, machte diese Äußerung in der Begründung zum Regierungsentwurf keinen Sinn, wenn nicht zumindest auch der Geldfaktor im weiteren Sinne in Betracht kam.[34] Mit diesen Erwähnungen in der Entwurfsbegründung im Zusammenhang mit dem Fehlen jeglicher weiterer Präzisierung in den folgenden Begründungen oder dem Gesetzestext ist der Schluß nicht mehr zwingend und zulässig, daß mit „Geldfaktor“ stillschweigend nur der Geldfaktor im engeren Sinne gemeint gewesen sein könne.
Daß auch der Geldfaktor im weiteren Sinne durchaus ins Blickfeld geriet, zeigt eine Kritik aus der Literatur zur Entstehungszeit des Gesetzes, in der gerügt wurde, daß nicht geklärt sei, ob das Mitbestimmungsrecht des Betriebsrates wegfiele, wenn ein Tarifvertrag den Akkordrichtsatz festlege.[35] Die Quellen aus der Entstehungszeit sind damit jedenfalls vielfältiger Auslegung zugänglich. Eine Verengung des Begriffs „Geldfaktor“ auf den Geldfaktor im engeren Sinne findet in der Entstehungsgeschichte daher aber keine ausreichende Grundlage.

IV. Systematik und Telos

Bei der Frage danach, welcher Geldfaktor in § 87 Abs. 1 Nr. 11 BetrVG angesprochen ist, ist zu berücksichtigen, daß die Mitbestimmung über den Geldfaktor im weiteren Sinne die absolute Entgelthöhe umfaßte.
Zwar sehen wie bereits ausgeführt[36] das Betriebsverfassungsgesetz von 1972 im allgemeinen und § 87 BetrVG im besonderen im Gegensatz zu den Vorschriften

[32] BT-Drucks. VI/1786, S. 49.
[33] BT-Drucks. VI/1786, S. 49.
[34] BAG 13.9.1983 AP § 87 BetrVG 1972 Prämie Nr. 3, Bl. 975.
[35] Richardi DB 1971 S. 621 ff., 625.
[36] Siehe unter § 3 A.III.

aus dem Jahre 1952 die Mitbestimmung des Betriebsrats auch bei materiellen Arbeitsbedingungen und entgeltpolitischen Fragen vor. Die Beschränkung der unternehmerischen Entscheidungsfreiheit ist dabei gerade Teil des Schutzzwecks von § 87 BetrVG.
Neben den Grenzen der Mitbestimmungstatbestände selbst sind jedoch die Systematik und der Sinnzusammenhang des Betriebsverfassungsgesetzes zu beachten.[37] Die Auslegung des § 87 Abs. 1 Nr. 10 BetrVG hat ergeben, daß eine Mitbestimmung über die Entgelthöhe hier nicht gegeben ist.[38]
Über den spezifischen Zweck dieser Vorschrift hinaus gaben dabei Argumente den Ausschlag, die darauf abzielten, daß eine allgemeine Mitbestimmung über die Entgelthöhe zu einer umfassenden Zwangsschlichtung führte. Diese überforderte aber nicht nur die Einigungsstelle, sondern mißachtete auch die Ordnungstatsache, daß Fragen der volkswirtschaftlichen Verteilungspolitik in den Kompetenzbereich der Tarifvertragsparteien fielen. Schließlich stellte eine solche Zwangsschlichtung im Zusammenhang mit dem Initiativrecht des Betriebsrats eine unzumutbare Bindung des Arbeitgebers dar, der als Unternehmer allein das marktwirtschaftliche Risiko und die Verantwortung für die Produktionsmittel zu tragen hat.
Diese Argumente führen dazu, daß - auch wenn eine immanente Schranke der unternehmerischen Entscheidungsfreiheit abzulehnen ist – im Hinblick auf die Zwangsschlichtung des § 87 Abs. 2 BetrVG dennoch von einem Grundsatz der Mitbestimmungsfreiheit der Entgelthöhe auszugehen ist.
Es stellt sich aber die Frage, ob die Auslegung des § 87 Abs. 1 Nr. 11 BetrVG nicht ergibt, daß hier eine Ausnahme von diesem Grundsatz vorliegt. Dies könnte sich nur aus einem besonderen Schutzzweck des § 87 Abs. 1 Nr. 11 BetrVG ergeben.
Allgemein wird der Zweck der Mitbestimmung bei Leistungsentgelten darin gesehen, den mit einem Leistungsentgeltsystem typischerweise verbundenen besonderen Gefahren für die Arbeitnehmer zu begegnen.[39] Es ist dem Bundesarbeitsgericht[40] darin zuzustimmen, daß diese Gefahren nicht nur in der unzutreffenden Bewertung der einzelnen Leistungsansätze, sondern auch darin liegen, daß Mehrleistung und möglicher Mehrverdienst nicht in einem angemessenen Verhältnis stehen. Das Mitbestimmungsrecht des § 87 Abs. 1 Nr. 11 BetrVG muß den Schutzzweck haben, daß die Leistungssteigerungen, die erst durch den

[37] BAG 31.8.1982 AP § 87 BetrVG 1972 Arbeitszeit Nr. 8.
[38] Siehe unter § 3 A.III.
[39] BAG 29.3.1977 AP § 87 BetrVG 1972 Provision Nr. 1; 13.9.1983 AP § 87 BetrVG 1972 Prämie Nr. 3; FKHE § 87 Rn. 487; GK-Wiese § 87 Rn. 962; HSG § 87 Rn. 532; ErfKomm-Hanau/Kania § 87 Rn. 117; DKK-Klebe § 87 Rn. 269; MünchArbR-Matthes § 341 Rn. 76.
[40] BAG 13.9.1983 AP § 87 BetrVG 1972 Prämie Nr. 3.

finanziellen Anreiz hervorgerufen werden, nun auch angemessen vergütet werden.[41]
Soweit gegen diese Wertung angeführt wird, der Gesundheitsschutz sei nicht Gegenstand der Mitbestimmung des § 87 Abs. 1 Nr. 11 BetrVG[42], ist zunächst anzumerken, daß der Fall, in dem ein Arbeitnehmer zur Erreichung eines bestimmten Entgeltniveaus in einer ihn in seiner Gesundheit gefährdenden Weise Leistung erbringen muß, auch für das BAG erst den Extremfall darstellt. Es ist nun aber eine Besonderheit nur von Leistungsentgeltsystemen, daß sie konkrete Leistungssteigerungen erwarten. Zu diesen Leistungssteigerungen sollen die Arbeitnehmer gerade durch entsprechende finanzielle Anreize motiviert werden. Die Entgeltseite stellt also die Schraube dar, mit der an der Leistungsseite der Leistungsentgelte gedreht werden kann. Mehr noch, erst die Entgeltseite legt die Gesamtleistungserwartung eines Leistungsentgeltsystems endgültig fest, indem sie das System in einen finanziellen Anreizrahmen bettet.
Diese Besonderheit der Leistungsentgelte gilt es zu berücksichtigen, wenn nach dem Zweck des § 87 Abs. 1 Nr. 11 BetrVG gefragt wird. Erst durch das den Leistungsentgelten typischerweise innewohnende konkrete Verhältnis von Mehrleistung und Mehrvergütung wird es erforderlich, anders als beim Zeitentgelt nach der materiellen Angemessenheit dieses Verhältnisses zu fragen. Erst wenn dieses Verhältnis angemessen ist, entfaltet die Mitbestimmung des Betriebsrats bei der Festlegung aller Bezugsgrößen, die für die Ermittlung und Berechnung der leistungsbezogenen Entgelte von Bedeutung sind, ihre volle Wirksamkeit, denn durch in der Höhe unangemessene Entgeltsätze kann jede Entscheidung auf der Leistungsseite zunichte gemacht werden. Ein Mitbestimmungsrecht nur bezüglich der Leistungsseite, welches es dem Arbeitgeber allein überlassen würde, das Verhältnis zur Entgeltseite zu bestimmen, und so Einfluß auf die Entscheidungen der Leistungsseite zu nehmen, wäre daher sinnlos.[43] Die Sicherung der materiellen Angemessenheit zwischen Leistung und Vergütung stellt – mit dem dadurch erreichten Schutz des Arbeitnehmers vor einem schädigenden und übermäßigen Leistungseinsatz - damit den besonderen Zweck von § 87 Abs. 1 Nr. 11 BetrVG dar.
Dieser Zweck kann sinnvoll aber nur dann verwirklicht werden, wenn auch die Entscheidung über die Höhe des Entgeltes für die Ausgangsleistung mitbestimmt ist. Von dieser Grundentscheidung hängt die Höhe jedes weiteren Mehr-

---

[41] Vgl. Hanau BB 1972 S. 499 ff, 499; v.Hoyningen-Huene Anm. zu BAG 13.9.1983 ArbR-Blattei Betriebsverfassung XIV B Entscheidung 78.
[42] Joost ZfA 1993, S. 257 ff., 271 ff.; Richardi § 87 Rn. 944.
[43] FKHE § 87 Rn. 514.

verdienstes maßgeblich ab.[44] Insbesondere ein unangemessener Prämienrichtsatz kann über eine Mitbestimmung der Steigerungsbeträge nur unbefriedigend oder gar nicht korrigiert werden. Wirksamer Schutz der Arbeitnehmer kann daher nur erreicht werden, wenn sich die Mitbestimmung des § 87 Abs. 1 Nr. 11 BetrVG auf den Geldfaktor im weiteren Sinne als Entscheidung über die Höhe des Entgeltes für die Ausgangsleistung erstreckt.

Im Gegensatz zur Ansicht des BAG machen diese spezifischen Gefahren es aber ebenso erforderlich, auch den Geldfaktor im engeren Sinne dem § 87 Abs. 1 Nr. 11 BetrVG zu unterstellen. Durch den Geldfaktor im engeren Sinne wird die Höhe des Entgeltes für die Leistung eines einzelnen Leistungsgrades festgelegt. Dadurch wird geregelt, in welcher Weise sich das Entgelt bei steigender Leistung entwickelt und welche Summe dem höchsten Leistungsgrad zuzuordnen, also maximal verdienbar ist. Die erst mit dieser Entscheidung konkret entstehenden Entgeltkurven insbesondere beim Prämienlohn können dabei die bereits mitbestimmte Leistungsseite unangemessen beeinträchtigen.[45] Die Gefahr einer Schädigung und Überforderung droht also ebenso durch den Geldfaktor im engeren Sinne.

Darüber hinaus bewirkt aber auch der Geldfaktor im engeren Sinne einen Einfluß auf die Entgelthöhe. Wenn auch dieser Einfluß im Vergleich zu dem des Geldfaktors im weiteren Sinne schwächer ausgeprägt ist, so kann er dennoch nicht geleugnet werden. Dies bewirkt jedoch, daß der Geldfaktor im engeren Sinne nicht nach § 87 Abs. 1 Nr. 10 BetrVG mitbestimmt sein kann.[46] Ein so weitreichender Eingriff in die Fragen der Entgelthöhe ist durch den Zweck dieser Vorschrift nicht gedeckt. Die Grenze des § 87 Abs. 1 Nr. 10 BetrVG verläuft dort, wo der Einfluß des Betriebsrates auf die Entgelthöhe über das hinausgeht, was durch seine Mitwirkung bei der Entgeltfindung bedingt ist. Dies ist beim Geldfaktor im engeren Sinne der Fall; er legt – über die bereits getroffene Entscheidung der Entgeltfindung für einen bestimmten Entlohnungsgrundsatz und eine bestimmte Entlohnungsmethode hinaus - den konkreten Verlauf der Leistungsentgeltkurve und die Höhe des Entgelts für eine bestimmte Leistung auf dieser Kurve fest. Der Geldfaktor im engeren Sinne kann daher nicht dem § 87 Abs. 1 Nr. 10 BetrVG zugeordnet werden.[47]

---

[44] BAG 13.9.1983 AP § 87 BetrVG 1972 Prämie Nr. 3; Hanau Anm. zu BAG 8.12.1981 EzA § 87 BetrVG 1972 Leistungslohn Nr. 6.

[45] Vgl. auch v. Hoyningen-Huene Anm. zu BAG 13.9.1983 ArbR-Blattei Betriebsverfassung XIV B Entscheidung 78.

[46] v. Hoyningen-Huene Anm. zu BAG 13.9.1983 ArbR-Blattei Betriebsverfassung XIV B Entscheidung 78; Lieb ZfA 1988 S. 413 ff., 424; Richardi § 87 Rn. 952; anders BAG seit 13.9.1983 AP BetrVG 1972 Prämie Nr. 3, Bl. 976.

[47] Vgl. auch oben § 3 B. II. 2. d).

Beide Geldfaktoren, im engeren wie im weiteren Sinne, unterfallen damit § 87 Abs. 1 Nr. 11 BetrVG.

Es bleibt zu prüfen, ob gegen die demnach gebotene Mitbestimmung über die absolute Entgelthöhe mit der Systematik des Betriebsverfassungsgesetzes und den Verfassungsgrundsätzen übereinstimmt.
Zu denken ist zunächst an § 87 Abs. 2 BetrVG, der die Zwangsschlichtung über mitbestimmte Angelegenheiten nach § 87 Abs. 1 BetrVG, also auch über den Geldfaktor im weiteren Sinne, anordnet. Damit kommt der Einigungsstelle eine Entscheidungskompetenz in Fragen der Entgelthöhe zu. Hier besteht das Problem, daß ein neutrales Schlichtungsverfahren kein Ersatz ist für die Richtigkeitsgewähr einer entgeltpolitischen Entscheidung ist, die durch die Drohung mit dem Arbeitskampf auf dem Verhandlungsweg herbeigeführt wurde. Die Einigungsstelle kann für die Festlegung der Entgelthöhe durch den Geldfaktor im weiteren Sinne nicht auf freie Verhandlungen zurückgreifen, sondern ist auf Maßstäbe angewiesen, die zu finden eine gewisse Kompetenz erfordert.[48] All dies sind Argumente, die bereits mit gegen eine Mitbestimmung des Betriebsrats bei der Entgelthöhe nach § 87 Abs. 1 Nr. 10 BetrVG gesprochen haben. Der besondere Schutzzweck des § 87 Abs. 1 Nr. 11 BetrVG erfordert jedoch eine Mitbestimmung über den Geldfaktor im weiteren Sinne und damit eine in diesen Grenzen ausnahmsweise zulässige Mitbestimmung über die absolute Entgelthöhe.
Es ist daher eine Lösung für das Problem der Zwangsschlichtung zu finden, die nicht darin bestehen kann, die Mitbestimmung zu begrenzen und dadurch den besonderen Schutzzweck des § 87 Abs. 1 Nr. 11 BetrVG zu relativieren. Ebenso ist es aber nicht erforderlich, hier von einer unbegrenzten Mitbestimmung in Fragen der Entgeltpolitik auszugehen.[49] Vielmehr sind der Einigungsstelle geeignete Maßstäbe zur Verfügung zu stellen. Dabei ist zu bedenken, daß die Einigungsstelle im Bereich der Entgeltgestaltung ihre Entscheidungen gemäß § 76 Abs. 5 Satz 3 BetrVG nur nach billigem Ermessen unter angemessener Berücksichtigung der Belange des Unternehmens treffen darf. Dieses Ermessen kann konkretisiert werden. Denkbar ist eine Ausrichtung etwa am tariflichen Entgeltniveau oder an vergleichbaren Zeitentgelten.[50] Die Einhaltung dieser Ermes-

[48] Insbesondere Lieb ZfA 1988, S. 413 ff., 432.
[49] Hanau Anm. zu BAG 8.12.1981 EzA § 87 BetrVG 1972 Leistungslohn Nr. 6; v. Hoyningen-Huene Anm. zu BAG 13.9.1983 ArbR-Blattei Betriebsverfassung XIV B Entscheidung 78.
[50] Hanau Anm. zu BAG 8.12.1981 EzA § 87 BetrVG Leistungslohn Nr. 6; ders. BB 1972, S. 499 ff., 499; GK-Wiese § 87 Rn. 995.

sensgrenzen ist arbeitsgerichtlich überprüfbar.[51] Das Erfordernis der Zwangsschlichtung stellt also kein Ausschlußkriterium für die Mitbestimmung auch über den Geldfaktor im weiteren Sinne dar.
Weiterhin sind Bedenken im Hinblick auf die Vorrangstellung der Tarifpartner in diesem Bereich nicht berechtigt. Die Rechte der Betriebspartner sind klar auf den in § 87 Abs. 1 Nr. 11 BetrVG geregelten Bereich unter den dort geltenden strengen Voraussetzungen begrenzt und sind mit den umfassenden Rechten der Tarifvertragsparteien nicht zu vergleichen. Der weitere Bereich der Mitbestimmung in sozialen Angelegenheiten ist unter den umfassenden Tarifvorrang nach § 77 Abs. 3 BetrVG und Tarifvorbehalt nach § 87 Abs. 1 Satz 1 BetrVG gestellt. Den Interessen der Tarifvertragsparteien ist damit aber Genüge getan.
Es verbleibt der Vorwurf, daß durch die Mitbestimmung des Betriebsrates bei der Entgelthöhe und durch seinen daraus resultierenden Einfluß auf die Entgeltpolitik des Unternehmens in die unternehmerische Freiheit, die durch die Art. 12 Abs. 1 und 2 Abs. 1 GG geschützt wird, eingegriffen wird.[52] Dieser Umstand ist jedoch nur dann angreifbar, wenn dadurch gegen die Verfassung verstoßen würde. Die unternehmerische Freiheit ist jedoch nicht schrankenlos. Vielmehr findet sie in dem in den Art. 20 Abs. 1, 28 Abs. 1 GG niedergelegten Grundsatz des staatlichen Sozialgestaltungsauftrages eine Schranke, die durch § 87 Abs. 1 Nr. 11 BetrVG konkretisiert wird.[53] Maßnahmen, die in angemessener Ausübung dieser Vorschrift unter Beachtung des billigen Ermessens gemäß § 76 Abs. 5 Satz 3 BetrVG in die unternehmerische Freiheit eingreifen, sind damit aber verfassungsrechtlich gerechtfertigt.
Eine Verfassungswidrigkeit ergibt sich auch nicht aus anderen Verfassungsgrundsätzen, auch die Mitbestimmung in materiellen Angelegenheiten ist nach allgemeiner Ansicht als verfassungskonform anzusehen.[54]
Die Mitbestimmung des Betriebsrates nach § 87 Abs. 1 Nr. 11 BetrVG erstreckt sich also auf den Geldfaktor sowohl im engeren als auch im weiteren Sinne und umfaßt damit auch die entgeltpolitische Entscheidung über die Entgelthöhe.

B. Festsetzung der Akkord- und Prämiensätze

Es stellt sich die Frage, was genau unter der Festsetzung der Akkord- und Prämiensätze zu verstehen ist.

---

[51] GK-Wiese § 87 Rn. 995.

[52] So insbesondere Lieb 1988, S. 413 ff., 434; HSG § 87 Rn. 67.

[53] BAG 29.3.1977 AP § 87 BetrVG 1972 Provision Nr. 1, Bl. 897; BAG 16.12.1986 § 87 BetrVG 1972 Prämie Nr. 8, Bl. 75; GK-Wiese § 87 Rn. 45.

[54] S.o. unter § 3 A. II. 2.; vgl. dazu Moll Mitbestimmung, S. 45 f.; weitere Nachweise bei GK-Wiese § 87 Rn. 45.

I. Festsetzung der Akkordsätze

Nach § 87 Abs. 1 Nr. 11 BetrVG mitbestimmt ist die konkrete Festsetzung der einzelnen Akkordsätze. Dies bedeutet, daß sämtliche in Anwendung der gewählten Berechnungsweise und Methode zu treffenden kollektiven Entscheidungen dem Mitbestimmungsrecht nach § 87 Abs. 1 Nr. 11 BetrVG unterfallen[55] und dies, wie ausgeführt wurde, inklusive der Geldfaktoren.

1. Keine Mitbestimmung im Einzelfall

Für die Ermittlung der einzelnen Akkordvorgabe ist es erforderlich, den Leistungsgrad des einzelnen Arbeitnehmers zu schätzen und ihn mit der Normalleistung zu vergleichen. Dennoch liegt bei diesem Vorgehen keine unzulässige Mitbestimmung des Einzelfalls vor. Vielmehr werden lediglich abstrakt die Vorgabezeiten für den einzelnen Arbeitsplatz im Sinne eines generell-normierbaren Arbeitsvorhabens festgelegt, unabhängig von der Person des davon betroffenen einzelnen Arbeitnehmers. Dem entspricht, daß nur eine Änderung des Akkordsatzes, nicht aber ein Wechsel des Arbeitsplatzinhabers das Mitbestimmungsrecht des Betriebsrates erneut auslöst. Bei der Akkordvorgabe handelt es sich damit um eine allgemeine Regelung, nicht aber um die individuelle Entgeltberechnung für den einzelnen Akkordarbeiter.[56]

2. Festsetzung der Akkordvorgabe

Gemeinsam ist allen Akkordformen die Notwendigkeit, die Akkordvorgabe festzusetzen.[57] Wie bereits dargestellt, ist dies beim Geldakkord der pro Leistungseinheit festgesetzte Geldwert, also der Geldfaktor (im engeren Sinne), beim Zeitakkord die pro Leistungseinheit vorgegebenen Akkordminuten, also der Zeitfaktor.

Die Festsetzung der Akkordvorgabe erfolgt in beiden Fällen unter Berücksichtigung des Akkordrichtsatzes, also des Geldfaktors im weiteren Sinne. Dies ist der Verdienst, den ein Akkordarbeiter bei normaler Leistung pro Stunde erreichen soll. Es muß also festgelegt werden, was diese normale Leistung, die Normalleistung des Akkordlohnes, sein soll. Aus der Normalleistung ergibt sich unmittelbar die Zeit, die für eine Leistungseinheit zu veranschlagen ist, also der Zeitfaktor. Sie ist daher so festzulegen, daß Leistungssteigerungen noch möglich sind. Der Richtsatz ist in der Regel durch Tarifvertrag vorgegeben. Ist dies nicht

---

[55] GK-Wiese § 87 Rn. 998.

[56] Dietz/Gaul/Hilger S. 195/196; Moll Mitbestimmung S. 31/32; FKHE § 87 Rn. 505; GK-Wiese § 87 Rn. 990; Richardi § 87 Rn. 965; ErfKomm-Hanau/Kania § 87 Rn. 121; HSG § 87 Rn. 542.

[57] FKHE § 87 Rn. 494; GK-Wiese § 87 Rn. 982; Richardi § 87 Rn. 965; ErfKomm-Hanau/Kania § 87 Rn. 119.

der Fall, bestimmt ihn der Betriebsrat nach § 87 Abs. 1 Nr. 11 BetrVG ebenso wie die Akkordvorgabe mit.

a) Geldakkord

Beim Geldakkord nun spielt der Zeitfaktor keine große Rolle, denn die für eine Leistungseinheit benötigte Zeit wird in der Regel roh geschätzt.[58] Der dieser Zeit zugrundeliegenden Normalleistung kommt daher keine eigenständige Bedeutung zu. Die Situation stellt sich vielmehr so dar, daß die Festlegung des Zeitfaktors, der Normalleistung und letztlich auch des Richtsatzes implizit mit der Festlegung der Akkordvorgabe, also des Geldfaktors (im engeren Sinne) erfolgt. Im Hinblick darauf, was in einer Stunde normalerweise zu schaffen ist und unter Berücksichtigung dessen, was in dieser Zeit verdient werden soll, wird festgelegt, wieviel pro Leistungseinheit bezahlt wird. Dies ist nur anders, wenn der Richtsatz durch Tarifvertrag vorgegeben ist. In diesem Fall ist der Geldbetrag pro Leistungseinheit, also der Geldfaktor im engeren Sinne daran gebunden, daß eine bestimmte Summe bei Erbringung der Normalleistung in einer Stunde verdient werden muß.[59]

b) Zeitakkord

Komplizierter ist das Verfahren beim Zeitakkord. Hier kommt der Normalleistung eine zentrale Bedeutung zu, denn aus der Normalleistung ergibt sich der Zeitfaktor als die Minutenzahl, die für eine Leistungseinheit benötigt wird. Der Zeitfaktor muß so festgesetzt werden, daß in Verbindung mit dem ebenfalls festzusetzenden Geldfaktor (im engeren Sinne) der Arbeitnehmer bei Erbringung der Normalleistung den Akkordrichtsatz, also den Geldfaktor im weiteren Sinne verdient.[60] Alle Komponenten hat der Betriebsrat nach § 87 Abs. 1 Nr. 11 BetrVG mitzubestimmen, sofern sie nicht tarifvertraglich vorgegeben sind.

Beim Faust-, Meister- oder Schätzakkord ist die Notwendigkeit einer Mitbestimmung des Betriebsrats ohne weiteres einsichtig, wird doch nur über den Daumen gepeilt oder mit Hilfe allgemeiner Erfahrungssätze festgelegt, wieviel ein Arbeitnehmer wohl in einer Stunde schaffen wird.[61] Gerade beim Zeitakkord wird jedoch der Anspruch erhoben, die Normalleistung möglichst objektiv mit Hilfe wissenschaftlicher Methoden zu ermitteln.

Ist daher vereinbart, daß die Akkordvorgabe nach wissenschaftlichen Methoden erfolgen soll, steht die Definition der Normalleistung mit der Wahl der Methode fest. Es ist daher nicht ohne weiteres klar, inwieweit der Betriebsrat hier Nor-

---

[58] FKHE § 87 Rn. 491; GK-Wiese § 87 Rn. 981.
[59] GK-Wiese § 87 Rn. 982; FKHE § 87 Rn. 495, 496; DKK-Klebe § 87 Rn. 275.
[60] FKHE § 87 Rn. 495; GK-Wiese § 87 Rn. 982; HSG § 87 Rn. 65.
[61] GK-Wiese § 87 Rn. 997; Moll Mitbestimmung S. 29.

malleistung und Zeitfaktor noch mitbestimmen könnte. Möglicherweise ergibt sich der Zeitfaktor hier infolge einer objektiven Messung automatisch aus der Anwendung des wissenschaftlichen Verfahrens.[62]
Es wurde jedoch bereits dargestellt, daß die Normalleistung nicht der durch Datenermittlung gewonnenen Ist-Zeiten der Produktion entspricht. Dies liegt daran, daß die Normalleistung anders angesetzt werden muß als die realen Ist-Zeiten, soll dem Akkordarbeiter noch eine Verdienstchance verbleiben. Die Normalleistung stellt also vielmehr eine Soll-Leistung dar, die noch übertroffen werden kann.[63]
Das konkrete Vorgehen variiert dabei je nach angewendeter Methode. In der Regel aber stellt die Normalleistung bei allen Methoden nur eine Leistungserwartung dar, die nicht exakt festgelegt wird. Bei der REFA-Methodenlehre wird der beschriebene[64] Prozeß des Leistungsgradbeurteilens angewendet. Ähnliche Methoden liegen aber auch den anderen wissenschaftlichen Akkordsystemen zugrunde.[65]
Es kann bei keinem wissenschaftlichen System davon ausgegangen werden, daß allein durch die Anwendung der arbeitswissenschaftlichen Methode eine absolut objektive Messung der richtigen Akkordzeit gewährleistet ist.[66] Die Ermittlung der Leistung kann vielmehr auch in diesem Fall nicht mit mathematischer Genauigkeit vorgenommen werden, sondern enthält einen Beurteilungsspielraum. Eine absolut objektive Messung der menschlichen Leistung ist nicht möglich. Wie gesehen beruhen auch die Zeitermittlungsverfahren letzten Endes auf einer Bewertung der Normalleistung. Da Ziel der Zeitermittlung jedoch immer noch ist, zu richtigen Akkordzeiten zu gelangen, muß die Mitverantwortung des Betriebsrates hier deshalb gerade gefordert werden, denn sie erhöht die Wahrscheinlichkeit zutreffender Ergebnisse. Der Betriebsrat hat daher auch bei Anwendung wissenschaftlicher Methoden ein Mitbestimmungsrecht gem. § 87 Abs. 1 Nr. 11 BetrVG.

II. Festsetzung der Prämiensätze

Auch die Festsetzung der Prämiensätze unterliegt der Mitbestimmung des Betriebsrats nach § 87 Abs. 1 Nr. 11 BetrVG. Wie beim Akkordlohn erstreckt sich das Mitbestimmungsrecht auf die Festlegung aller Faktoren einschließlich der

---

[62] So S/W § 87 Rn. 193; Stadler BB 1972, S. 800 ff., 804; HSG § 87 Rn. 548.
[63] S. § 2 B. I. 4. a); Schettgen S. 199; REFA Arbeitsstudium Band 2, S. 125.
[64] § 2 B. I. 4. b).
[65] Vgl. Moll Mitbestimmung S. 39; Dietz/Gaul/Hilger S. 67 f.
[66] H.M.: BAG 28.7.1981 AP § 87 BetrVG 1972 Provision Nr. 2; Richardi § 87 Rn. 986; FKHE § 87 Rn. 498; ErfKomm-Hanau/Kania § 87 Rn. 123; GK-Wiese § 87 Rn. 997; Moll Mitbestimmung S. 29 ff.; DKK-Klebe § 87 Rn. 283.

Geldfaktoren, die für die Ermittlung und Berechnung des Prämienlohnes erforderlich sind.
Bereits nach § 87 Abs. 1 Nr. 10 BetrVG mitbestimmt sind die arbeitstechnischen Fragen des Prämienlohnes wie die Wahl der Prämienart, die Bezugsgröße und die Anknüpfungspunkte in Gestalt der Ausgangsleistung, des Leistungsmaßstabes und der Prämienkurve.
§ 87 Abs. 1 Nr. 11 BetrVG dehnt nun nach der hier vertretenen Ansicht das Mitbestimmungsrecht auf die Festsetzung der zugrundezulegenden Entgelteinheit aus, und dies bezüglich aller Entgeltelemente des Prämienlohnes.

1. Prämienausgangsentgelt

Während die Prämienausgangsleistung und die Art ihrer Ermittlung bereits als Teil der Entlohnungsmethode nach § 87 Abs. 1 Nr. 10 BetrVG mitbestimmt ist, ergibt sich die Mitbestimmung des der Ausgangsleistung entsprechenden Prämienausgangsentgeltes als Geldfaktor im weiteren Sinne erst aus § 87 Abs. 1 Nr. 11 BetrVG.[67] Es handelt sich um den Betrag, der für die Ausgangsleistung als Preis für die Arbeit im Entlohnungsgrundsatz „Prämienlohn" an sich gezahlt wird. Eine höhere Vergütung wird erst mit Übersteigen der Ausgangsleistung gezahlt, es handelt sich dann um die den einzelnen Leistungsstufen entsprechenden Steigerungsbeträge.

2. Prämienentgeltkurve und Prämienhöchstentgelt

So wie ausgehend von der Prämienausgangsleistung die Mehrleistungen festzulegen sind, die nun jeweils prämienwürdig sein sollen, müssen ihnen entsprechende Geldbeträge oder auch Prozentwerte zugeordnet werden, die das Verhältnis des Entgeltes für die Leistung des jeweiligen bestimmten Leistungsgrades zum bereits feststehenden Prämienausgangsentgelt festlegen. Dies sind die Steigerungsbeträge und damit der Geldfaktor im engeren Sinne. Davon erfaßt ist auch die Festlegung des Betrages für die Prämienendleistung und damit das Prämienhöchstentgelt.
Das Bundesarbeitsgericht will mit seiner diesbezüglichen Ansicht, die Mitbestimmung des Geldfaktors im engeren Sinne erfolge bereits nach § 87 Abs. 1 Nr. 10 BetrVG, sowohl die Leistungseinheiten als auch die Steigerungsbeträge von dieser Vorschrift erfaßt sehen mit dem Argument, hier handele es sich um die Prämienkurve.[68]

---

[67] BAG 13.9.1983 AP § 87 BetrVG 1972 Prämie Nr. 3; FKHE § 87 Rn. 513/514; ErfKomm-Hanau/Kania § 87 Rn. 125; GK-Wiese § 87 Rn. 1004; MünchArbR-Matthes § 341 Rn. 62; a.A. Richardi § 87 Rn. 888, Lieb ZfA 1988 S. 413 ff., 419 und S/W § 87 Rn. 189a: nur die Steigerungsbeträge nach Nr.11 und HSG § 87 Rn. 559 f.: auch die Leistungsseite nach Nr. 11.
[68] BAG 16.12.1986 AP § 87 BetrVG 1972 Prämie Nr. 8, Bl. 75.

Es wurde jedoch bereits dargestellt, daß dieser Ansicht nicht gefolgt werden kann.[69] Als von der Mitbestimmung nach § 87 Abs. 1 Nr. 10 BetrVG erfaßt können angesehen werden die einzelnen Leistungseinheiten auf der X-Achse und der abstrakte Verlauf der Prämienkurve. Die dazu gehörende Entgelteinheiten auf der Y-Achse und damit die Geldfaktoren im engeren Sinne sind jedoch nach § 87 Abs. 1 Nr. 11 BetrVG mitbestimmt.[70] Mit der Angabe der Geldfaktoren im engeren Sinne wird aus der abstrakt festgelegten Schar der möglichen Kurven mit dem gewählten Verlauf eine bestimmte Kurve mit einer bestimmten Anreizwirkung ausgewählt.[71]

Diese Entgeltseite, die den konkreten Verlauf der Prämienkurve festlegt, kann auch bezeichnet werden als Prämienentgeltkurve.[72] Ihre Bestimmung ist sowohl von der Festlegung der Leistungsseite als auch von der abstrakten Entscheidung über ihren Verlauf zu unterscheiden. Erst die Prämienentgeltkurve legt die konkrete Verdienstentwicklung für den Arbeitnehmer fest. Sie erst ermöglicht es, daß der Arbeitnehmer aus jedem Punkt der Kurve im Koordinatensystem aus Leistungs- und Entgeltseite ersehen kann, welchen konkreten Zuwachs sein Entgelt für eine bestimmte Mehrleistung erfährt.[73] Ist diese Mehrleistung bereits nach § 87 Abs. 1 Nr. 10 BetrVG mitbestimmt, so ist es die Bestimmung des Geldfaktors, nach der sich unter Beachtung des abstrakten Prämienkurvenverlaufs entscheidet, welche Leistung der Arbeitnehmer zeigen muß, um ein bestimmtes Entgelt zu verdienen. Erst so ist der Verlauf der Prämienentgeltkurve festgelegt. Die Prämienentgeltkurve beinhaltet nicht nur die Höhe des Entgelts für eine bestimmte Mehrleistung, sondern auch den höchsten Prämienlohn und damit die Entscheidung über die Entgelthöhe selbst. Ihre Mitbestimmung erfolgt daher nicht nach § 87 Abs. 1 Nr.10 BetrVG, sondern nach § 87 Abs. 1 Nr. 11 BetrVG.

C. Vergleichbare leistungsbezogene Entgelte

Außer für Akkord- und Prämienlohn sieht § 87 Abs. 1 Nr. 11 BetrVG ein Mitbestimmungsrecht des Betriebsrates bei der Festsetzung von mit Akkord und Prämie vergleichbaren leistungsbezogenen Entgelten vor.

Es stellt sich die Frage, was darunter zu verstehen ist. Der Wortlaut der Vorschrift legt es nahe, von der Existenz eines dritten Tatbestandes, der zu Akkord

---

[69] § 3 A. V. 2. b) bb) (3).

[70] FKHE § 87 Rn. 514; Richardi § 87 Rn. 888, 954; ErfKomm-Hanau/Kania § 87 Rn. 125; DKK-Klebe § 87 Rn. 286.

[71] v. Hoyningen-Huene Anm. zu BAG 13.9.1983 ArbR-Blattei Betriebsverfassung XIV B Entscheidung 78.

[72] Zu dieser Unterscheidung auch Lieb ZfA 1988 S. 413 ff., 422 f.

[73] v. Hoyningen-Huene Anm. zu BAG 13.9.1983 ArbR-Blattei Betriebsverfassung XIV B Entscheidung 78.

und Prämie hinzutritt, auszugehen. Zugleich muß ein diesen Tatbestand ausfüllendes Entgelt aber mit Akkord und Prämie vergleichbar sein. Es ist also von der Auslegung des Begriffs der Vergleichbarkeit abhängig, inwieweit sich ein „drittes“ leistungsbezogenes Entgelt von Akkord- und Prämienlohn unterscheidet. Je höher die Anforderungen an die Vergleichbarkeit sind, desto geringer fällt dieser Unterschied aus. Auch bei höchsten Anforderungen muß dem Tatbestandsmerkmal des vergleichbaren leistungsbezogenen Entgeltes aber ein eigener Anwendungsbereich verbleiben.

I. Die Rechtsprechung des Bundesarbeitsgerichtes

Nach dem BAG ging der Wille des Gesetzgebers bei der Formulierung eines vergleichbaren leistungsbezogenen Entgelts dahin, nicht nur solche Prämien zu erfassen, die zum Zeitpunkt des Erlasses des Betriebsverfassungsgesetzes bekannt und als solche bezeichnet waren, sondern auch weitere leistungsbezogene Entgelte unabhängig von ihrer Ausgestaltung und Benennung im einzelnen, solange sie nur im Grunde mit Akkord und Prämie vergleichbar sind.[74] Bei der Prüfung, ob es sich bei einer Entgeltform um ein mit Akkord und Prämie vergleichbares leistungsbezogenes Entgelt handelt, geht der 1. Senat des BAG zweistufig vor.[75] Dabei kommt es in der ersten Stufe darauf an, ob ein leistungsbezogenes Entgelt vorliegt. Erst in der zweiten Stufe wird die Vergleichbarkeit mit Akkord- und Prämienlohn geprüft.

1. Leistungsbezogenes Entgelt

Für die Beantwortung der Frage, ob ein Entgelt ein leistungsbezogenes ist, zieht das BAG zum einen den Sinn und Zweck eines solchen Entgeltes heran, welcher nach dem 1. Senat darin besteht, einen Anreiz dafür zu bieten, daß der Arbeitnehmer solcherart honorierte Leistungen weiterhin erbringt oder steigert, um so eine möglichst gleichbleibende Arbeitsleistung und ein möglichst gleichbleibendes Arbeitsergebnis auf hohem Niveau zu erreichen.[76]

Worin die Leistung des Arbeitnehmers besteht, ist nach dieser Rechtsprechung des BAG jedoch gleichgültig.[77] Leistungsbezogene Entgelte seien daher nicht nur die Lohnformen, bei denen die eigentliche Arbeitsleistung des Arbeitnehmers, sein Kraftaufwand, die Geschwindigkeit seines Handelns, seine Geschicklichkeit oder sonstige arbeitsrelevante Fähigkeiten gemessen würden und

---

[74] BAG 13.3.1984 AP BetrVG 1972 Provision Nr. 4, Bl. 983.

[75] Seit BAG 28.7.1981 AP BetrVG 1972 § 87 Provision Nr. 2 in ständiger Rechtsprechung; vgl. Anm. Streckel zu BAG 22.10.1985 AP BetrVG 1972 § 87 Leistungslohn Nr. 3.

[76] BAG 22.10.1985 AP BetrVG 1972 § 87 Leistungslohn Nr. 3, Bl. 1355.

[77] BAG 28.7.1981 AP BetrVG 1972 § 87 Provision Nr. 2, Bl. 1031; BAG 13.3.1984 AP BetrVG 1972 Provision Nr. 4, Bl. 983.

ausschließlich die Höhe der Vergütung bestimmten. „Leistung" könnten nach der Definition des BAG vielmehr auch andere Größen sein, die vom Arbeitnehmer nur in begrenztem Umfang beeinflußbar seien, weil sie auch von technischen oder organisatorischen Vorbedingungen abhingen. Umfaßt sei daher auch der bloße Erfolg einer Tätigkeit und dies selbst dann, wenn er nur mittelbar auf die Tätigkeit des Arbeitnehmers zurückgeführt werden könne.[78]

Ausreichend für das Vorliegen eines leistungsbezogenen Entgeltes ist es nun, daß sich die Vergütung überhaupt nach der gemäß dieser Definition auszumachenden Leistung des Arbeitnehmers bestimmt[79], sich das Entgelt also im wahrsten Sinne überhaupt auf - so definierte - Leistung bezieht.

Diese Definition des BAG ist recht weit. Der 1. Senat reagiert damit auf Kritik, daß er die Entwicklung der Praxis zu immer neuen leistungsorientierten Entgeltformen nicht berücksichtige.[80] Diese Orientierung findet ihre Entsprechung in dem von dem Senat angenommenen Willen des Gesetzgebers, wonach dieser gerade vom zukünftigen Erscheinen neuer leistungsbezogener Entgelte ausging, wie sie zur Zeit der Entstehung des Betriebsverfassungsgesetzes noch nicht bekannt waren.[81]

In der frühen Rechtsprechung des BAG zum Betriebsverfassungsgesetz von 1972 war es diese Leistungsbezogenheit eines Entgeltes, die für ein Eingreifen des § 87 Abs. 1 Nr. 11 BetrVG ausreichte.[82] Im Mittelpunkt stand dabei die Frage, ob ein (auch) erfolgsbezogenes Entgelt wie eine Abschlußprovision überhaupt als leistungsbezogenes Entgelt aufgefaßt werden konnte, was das BAG bejahte.[83]

Nach der neueren, nun gefestigten Rechtsprechung[84] des BAG bedeutet die Einordnung eines Entgelts als „leistungsbezogen" noch nicht, daß es damit auch unter den Tatbestand des § 87 Abs. 1 Nr. 11 BetrVG fiele. Vielmehr will das BAG nur solche leistungsbezogenen Entgelte vom Mitbestimmungsrecht des Betriebsrates erfaßt wissen, die „im Grunde" und „zusätzlich auch" mit Akkord und Prämie vergleichbar sind.[85]

---

[78] Vgl. zum Vorstehenden BAG 13.3.1984 AP BetrVG 1972 Provision Nr. 4, Bl. 983.
[79] BAG 13.3.1984 AP BetrVG 1972 Provision Nr. 4, Bl. 983.
[80] BAG 13.3.1984 AP BetrVG 1972 Provision Nr. 4, Bl. 983.
[81] BAG 13.3.1984 AP BetrVG 1972 Provision Nr. 4, Bl. 983.
[82] BAG 29.3.1977 AP BetrVG 1972 Provision Nr. 1.
[83] BAG 29.3.1977 AP BetrVG 1972 Provision Nr. 1.
[84] Seit BAG 28.7.1981 AP BetrVG 1972 § 87 Provision Nr. 2; vgl. BAG 13.3.1984 AP BetrVG 1972 Provision Nr. 4, BAG 26.7.1988 AP BetrVG 1972 Provision Nr. 6.
[85] BAG 13.3.1984 AP BetrVG 1972 Provision Nr. 4, Bl. 983.

2. Vergleichbarkeit mit Akkord und Prämie

Nachdem das BAG den Kreis der leistungsbezogenen Entgelte weit gezogen hat, nimmt es mit dem Erfordernis der Vergleichbarkeit mit Akkord und Prämie nun eine Eingrenzung vor. Diese Vergleichbarkeit liegt nach dem BAG dann vor, wenn die Leistung des Arbeitnehmers, auf die sich die Vergütung bezieht, gemessen und mit einer Bezugsleistung verglichen wird und erst das Verhältnis der Leistung zur Bezugsleistung das Leistungsentgelt in seiner Höhe bestimmt.[86]

Als Begründung für die Notwendigkeit einer Eingrenzung führt das BAG wieder den Willen des Gesetzgebers an. Die Rechtsprechung habe es zu respektieren, daß laut § 87 Abs. 1 Nr. 11 BetrVG nicht alle leistungsbezogenen Entgelte, sondern nur solche der in dieser Vorschrift geregelten Mitbestimmung des Betriebsrates unterliegen sollen, die mit Akkord und Prämie „noch" vergleichbar seien. Eine Erweiterung auf alle Formen leistungsbezogener Entgelte und deren mitbestimmungsrechtliche Gleichbehandlung möge im Hinblick auf die allen diesen Formen innewohnende identische Zweckbestimmung und die daraus möglicherweise folgende Austauschbarkeit erwünscht oder geboten sein, es sei darin aber eine Fortentwicklung der Anwendbarkeit des § 87 Abs. 1 Nr. 11 BetrVG zu sehen. Eine solche Fortentwicklung könne nicht Aufgabe der Rechtsprechung sein.[87]

Das BAG sieht den Willen des Gesetzgebers demnach dahingehend, daß er zwar eine Weiterentwicklung zu neuen Leistungsentgeltformen vorhergesehen hat und diese auch berücksichtigen wollte, jedoch nicht in der Weise, daß auch auf alle diese Formen das Mitbestimmungsrecht nach § 87 Abs. 1 Nr. 11 BetrVG Anwendung finden sollte. Vielmehr solle der Kreis der nach dieser Vorschrift mitbestimmungspflichtigen Entgeltformen beschränkt werden durch das Kriterium der Vergleichbarkeit mit Akkord und Prämie.[88]

Als Unterstützung für diese Auffassung führt der 1. Senat an, daß der Gesetzgeber seine ursprüngliche Absicht, auch Provisionen ausdrücklich der Mitbestimmung des § 87 Abs. 1 Nr. 11 BetrVG zu unterwerfen, nicht weiterverfolgt habe.[89] Bei Provisionen handelt es sich nach der Definition des BAG um leistungsbezogene Entgelte.[90] Zur Zeit der Entstehung des Betriebsverfassungsgesetzes sei die Entgeltform „Provision" seit langem bekannt gewesen. Zugleich sei sie etwas anderes als Akkord und Prämie und mit diesen nicht vergleichbar.

---

[86] BAG 13.3.1984 AP BetrVG 1972 Provision Nr. 4, Bl. 983; seit BAG 28.7.1981 AP BetrVG 1972 Provision Nr. 2 in ständiger Rechtsprechung.

[87] BAG 13.3.1984 AP BetrVG 1972 Provision Nr. 4, Bl. 983.

[88] BAG 13.3.1984 AP BetrVG 1972 Provision Nr. 4, Bl. 983.

[89] BAG 13.3.1984 AP BetrVG 1972 Provision Nr. 4, Bl. 983, 984.

[90] BAG 29.3.1977 AP BetrVG 1972 Provision Nr. 1 und 28.7.1981 AP BetrVG 1972 Provision Nr. 2.

Nichts habe daher näher gelegen, auch die Provisionen in § 87 Abs. 1 Nr. 11 BetrVG zu erwähnen, wenn alle oder nahezu alle leistungsbezogenen Entgelte dem in dieser Vorschrift geregelten Mitbestimmungsrecht des Betriebsrates hätten unterworfen werden sollen.[91]

Zu der Auffassung, Provisionen seien nicht vergleichbar mit Akkord und Prämie gelangt der 1. Senat durch Anwendung der von ihm aufgestellten Anforderungen an eine solche Vergleichbarkeit. Diese bestehen wie bereits oben angeführt darin, daß eine Leistung des Arbeitnehmers, gleichgültig, worin diese besteht, gemessen und mit einer Bezugsleistung verglichen wird und sich die Höhe der Vergütung in irgendeiner Weise nach dem Verhältnis der Leistung zur Bezugsleistung bestimmt.[92]
Zu dieser Formel ist der 1. Senat dadurch gelangt, daß er die wesentlichen Merkmale von Akkord- und Prämienlohn definiert und miteinander verglichen hat. Die genannten Anforderungen sind die im Zuge dieses Vergleiches festgestellten Gemeinsamkeiten beider Entgeltformen. Nur ein Entgelt, daß die gleichen Merkmale aufzuweisen vermag, wie sie Akkord und Prämie untereinander gemeinsam haben, ist also nach der Rechtsprechung des BAG ein mit Akkord und Prämie vergleichbares leistungsbezogenes Entgelt im Sinne des § 87 Abs. 1 Nr. 11 BetrVG.
Nach dem BAG ist wesentliches Merkmal des Akkordlohnes, daß seine Höhe unmittelbar proportional der Leistung des Akkordarbeiters ist. Die am Arbeitsergebnis in Form einer Stückzahl oder aufgewendeten Zeit gemessene Leistung bestimme unmittelbar die Höhe des Lohnes. Eine Steigerung oder ein Absinken der Leistung steigere oder mindere den Akkordlohn im gleichen Verhältnis.[93]
Als Merkmal des Prämienlohnes führt der Senat an, daß mit der Prämie eine zusätzliche Leistung des Arbeitnehmers vergütet werde, wobei die Prämie neben der Grundvergütung gezahlt werde. Diese zusätzliche Leistung könne sich auf verschiedene Faktoren beziehen, ihre Feststellung setze aber das Vorhandensein einer bestimmten Größe voraus, zu der die Leistung des Arbeitnehmers in Bezug gesetzt werden könne. Nur auf der Grundlage einer solchen Ausgangsgröße oder Bezugsleistung ließe sich die zusätzliche Leistung des Arbeitnehmers ermitteln und die Frage entscheiden, ob und in welchem Verhältnis zu dieser Größe die zusätzliche Leistung vergütet werden solle.[94]

---

[91] BAG 13.3.1984 AP BetrVG 1972 Provision Nr. 4, Bl. 984.
[92] BAG 28.7.1981 AP BetrVG 1972 Provision Nr. 2, Bl. 1031.
[93] BAG 28.7.1981 AP BetrVG 1972 Provision Nr. 2, Bl. 1031.
[94] BAG 28.7.1981 AP BetrVG 1972 Provision Nr. 2, Bl. 1031.

Gemeinsam ist den beiden so definierten Merkmalen nach dem BAG die Notwendigkeit, eine Ausgangsgröße oder Bezugsleistung festzulegen.[95] Sowohl Akkord- als auch Prämienlohn setzten eine solche Größe voraus. Beim Akkord liege diese in Gestalt der Normalleistung vor, die in die Festsetzung der Vorgabezeit eingehe, deren Über- oder Unterschreiten wiederum ausweise, daß der Arbeitnehmer mehr oder weniger gearbeitet habe.[96]
Gemeinsam sei beiden Lohnformen mithin, daß sie eine Leistung des Arbeitnehmers mäßen und zu einer Bezugsleistung in Beziehung setzten, wobei das Verhältnis der gemessenen Leistung zu dieser Bezugsleistung entscheidend für die Höhe des leistungsbezogenen Entgeltes sei.[97]

Was der 1. Senat des BAG unter dem Erfordernis des Messens der Arbeitnehmerleistung versteht, läßt er selbst offen. Zwar sei „Messen" nicht dasselbe wie etwa „Bewerten"; einen wesentlichen Unterschied zwischen diesen beiden Formen der Leistungsermittlung werde man jedoch nicht feststellen können, zumal die Übergänge möglicherweise fließend seien.[98]
Weiteres Merkmal der Definition des BAG ist das Erfordernis des Vergleichens von Leistung und Bezugsleistung, bzw. die Notwendigkeit, die Arbeitnehmerleistung in Beziehung zu einer Bezugsleistung zu setzen. An die so heranzuziehende Bezugsleistung stellt der Senat deutliche Anforderungen. Zwar sei nicht die „Normalleistung" des Akkordlohnes gefordert, da dieser Begriff ein bestimmter und bereits zugeordneter arbeitswissenschaftlicher Terminus sei[99], aber auch für den abstrakteren Begriff der „Bezugsleistung" ist für das BAG nicht jeder Vergleichsmaßstab ausreichend.
So liegt für das BAG keine Bezugsleistung im Sinne der geforderten Definition vor, wenn lediglich eine Vorstellung darüber besteht, welche Leistung die normale Leistung sein soll. Insbesondere die Kalkulationsbasis für die Festlegung von Provisionssätzen sei nichts weiter als die Vorstellung des Arbeitgebers davon, wieviel ein Vertriebsbeauftragter im Regelfall verdienen können soll. Auch eine Provisionsgarantie in bestimmter Höhe bestimme sich nicht danach, ob der Arbeitnehmer eine als normal zu erachtende Leistung erreicht habe, sondern sei ebenfalls nur eine Vorstellung davon, was er verdienen sollte. Solche Vorstellungen könnten nicht die Funktion einer Bezugsleistung haben, an der die Leistung des Arbeitnehmers zum Zwecke der Ermittlung seines Leistungslohnes

---

[95] BAG 28.7.1981 AP BetrVG 1972 Provision Nr. 2, Bl. 1031.
[96] BAG 28.7.1981 AP BetrVG 1972 Provision Nr. 2, Bl. 1031.
[97] BAG 28.7.1981 AP BetrVG 1972 Provision Nr. 2, Bl. 1031.
[98] BAG 22.10.1985 AP BetrVG 1972 § 87 Leistungslohn Nr. 3, Bl. 1355.
[99] BAG 28.7.1981 AP BetrVG 1972 Provision Nr. 2, Bl. 1032.

gemessen werden soll.[100] Dasselbe wird für solche Leistungszulagen gelten, die aufgrund einer freien Beurteilung bemessen werden. Auch hier spricht der Senat von einer - unausgesprochenen und undefinierten - Vorstellung darüber, was die „nicht besondere“, also normale Leistung sei.[101]
Eine Bezugsleistung im Sinne des BAG muß demnach eine Qualität aufweisen, die sich von diesen Abgrenzungen unterscheidet. Hinweise hierzu gibt der 1. Senat, wenn er ausführt, welche Ansprüche er an das Zustandekommen der Bezugsleistung stellt.[102] So würden bei einer Leistungsentlohnung, die der aufgestellten Formel entspreche, einzelne Faktoren festgesetzt, nach denen sich die Leistung des Arbeitnehmers bemesse und sich seine Vergütung berechne. Darin bestehe auch gerade die Gefahr einer solchen Leistungsentlohnung, denn bei dieser Festsetzung könne der Arbeitnehmer dadurch benachteiligt oder geschädigt werden, daß die gewählten Größen letztlich nicht gerechtfertigt seien, seine Leistung nicht entsprechend werteten oder ihn zu einer ihn letztlich überfordernden Leistung anspornten. Daher unterlägen diese Ansätze der Leistungsentgelte dem Mitbestimmungsrecht des Betriebsrates.[103] Gleichgültig sei jedoch, wie diese Sätze im einzelnen ermittelt würden. Das BAG nennt als Beispiele der Ermittlung die Anwendung eines arbeitswissenschaftlichen Systems, Schätzungen, Erfahrungswerte, statistisch gewonnene Daten und Prognosen über künftige Ereignisse. Gemeinsam sei allen diesen Methoden aber, daß bei ihrer Anwendung eine Beurteilung bestimmter Vorgänge und Daten notwendig werde, aus der sich die Festsetzung der einzelnen Faktoren ergebe. Diese Beurteilung habe durch Arbeitgeber und Betriebsrat gemeinsam zu erfolgen.[104]
Entscheidend wird es für die Qualifizierung einer Größe als Bezugsleistung im Sinne des BAG daher sein, daß diese Größe ermittelt und als Vorgabe festgesetzt wird. Dabei sind Vorgänge zu beobachten und Daten zu erheben, diese anschließend zu beurteilen und aufgrund dieser Beurteilung eine Größe fest vorzugeben, von der ausgehend jede darüber hinausgehende Leistung nun als zusätzliche Leistung gelten soll.

Drittes und letztes Merkmal der Definition des BAG ist das Erfordernis, daß sich die Höhe der Vergütung in irgendeiner Weise nach dem Verhältnis von Leistung und Bezugsleistung bestimmt.

---

[100] BAG 28.7.1981 AP BetrVG 1972 Provision Nr. 2, Bl. 1032; 13.3.1984 AP BetrVG 1972 Provision Nr. 4, Bl. 984.
[101] BAG 22.10.1985 AP BetrVG 1972 Leistungslohn Nr. 3, Bl. 1355.
[102] BAG 28.7.1981 AP BetrVG 1972 Provision Nr. 2, Bl. 1031.
[103] BAG 28.7.1981 AP BetrVG 1972 Provision Nr. 2, Bl. 1031.
[104] BAG 28.7.1981 AP BetrVG 1972 Provision Nr. 2, Bl. 1031.

Auch dieses Merkmal ist nach dem BAG bei Provisionen nicht gegeben. Deren Höhe orientiere sich vielmehr allein an dem erzielten Erfolg.[105] Eine Provision erhalte der Arbeitnehmer für jedes getätigte Geschäft, unabhängig davon, in welchem Umfange er damit den Wert der – schon aus den oben angeführten Gründen nicht als Bezugsleistung anzusehenden - Kalkulationsbasis über- oder unterschreite.[106]

Erst das Verhältnis zwischen Leistung und Bezugsleistung darf das mit Akkord- und Prämienlohn vergleichbare Leistungsentgelt in seiner Höhe bestimmen.[107] Es ist somit nicht ausreichend, daß die Höhe der Vergütung durch das vom Arbeitnehmer erzielte Arbeitsergebnis beeinflußt werden kann, denn diesem Erfordernis genügen auch Provisionen.[108] Deren Abgrenzung ist letztlich auch hier darauf zurückzuführen, daß dem Wesen der Provision die Zugrundelegung einer Bezugsleistung im Sinne des BAG fremd ist. Wo keine Bezugsleistung ist, kann sich auch die Höhe der Vergütung nicht nach dem Verhältnis zu einer solchen bestimmen. Solange jedes Geschäft bezahlt wird, kann keine Kalkulationsbasis für sich beanspruchen, eine Bezugsleistung zu sein, die den Grad markieren soll, ab dem eine Leistung überhaupt erst als zusätzliche vergütet wird. Auch eine Verdienstgarantie oder ein tarifliches Mindesteinkommen ändern an diesem Umstand nichts, wenn ihre Höhe nicht einer Leistung entspricht, die als die normale Leistung ermittelt und vorgegeben wurde.[109]

Einen weiteren, eigenständigeren Aspekt erhält das dritte Merkmal durch die Argumente, die der Senat für eine Abgrenzung von Formen der Leistungszulagen vorbringt.[110] Dabei liegt der Akzent weniger auf dem Verhältnis zur Bezugsleistung als darauf, daß die Höhe der Vergütung sich nach genau der gezeigten Leistung des Arbeitnehmers bestimmen soll. Nur dann liege eine Vergleichbarkeit mit Akkord- und Prämienlohn vor, weil dort eine höhere Leistung unmittelbar zu einer bereits verdienten höheren Vergütung führe.[111] Gefordert ist eine unmittelbare Beziehung zwischen Arbeitsergebnis und Höhe der Vergütung in der Weise, daß die Leistung unmittelbar, direkt und kontinuierlich die Höhe des Entgeltes bestimmt.[112]

Leistungszulagen auf Grund einer Beurteilung scheiden hier nun endgültig aus. Ein Anspruch auf eine höhere Vergütung erwachse dem Arbeitnehmer bei dieser Entgeltform nicht unmittelbar durch Erbringen einer höheren Leistung, sondern

---

[105] BAG 13.3.1984 AP BetrVG 1972 Provision Nr. 4, Bl. 984.
[106] BAG 13.3.1984 AP BetrVG 1972 Provision Nr. 4, Bl. 984.
[107] BAG 13.3.1984 AP BetrVG 1972 Provision Nr. 4, Bl. 983.
[108] BAG 28.7.1981 AP BetrVG 1972 Provision Nr. 2, Bl. 1030.
[109] BAG 28.7.1981 AP BetrVG 1972 Provision Nr. 2, Bl. 1032.
[110] BAG 22.10.1985 AP BetrVG 1972 Leistungslohn Nr. 3, Bl. 1355.
[111] BAG 22.10.1985 AP BetrVG 1972 Leistungslohn Nr. 3, Bl. 1355.
[112] So bereits BAG 28.2.1984, SAE 1985, 297.

erst in dem Moment, in dem diese gezeigte höhere Leistung zu einer entsprechenden Beurteilung führe.[113] Die Arbeitgeberentscheidung ist quasi zwischen Leistung und Vergütung geschaltet[114] und unterbricht so die unmittelbare Beziehung.

Mit gleicher Begründung werden weiterhin sogenannte Leistungszulagen mit Phasenverschiebung[115] abgegrenzt, eine Form, die in der Praxis weitaus häufiger vorkommen wird, als es der Begriff zunächst vermuten läßt. Gemeint sind laufende, gleichbleibende Leistungszulagen, deren Höhe sich nach einer Beurteilung der Arbeitnehmerleistung in der Vergangenheit bestimmt. Nachdem die in der Vergangenheit gezeigte Leistung beurteilt worden ist, wird entsprechend dieser Beurteilung die Höhe der Leistungszulage prozentual zu dem in der Zukunft gültigen tariflichen Stundenlohn festgelegt und über einen bestimmten Zeitraum hinweg in dieser Höhe ausgezahlt, bis es zu einer Neubeurteilung kommt. Die aktuelle „Zahlungsphase“ ist zugleich und erst die nächste „Beurteilungsphase“.

Das BAG lehnt hier eine unmittelbare Beziehung zwischen Leistung und Vergütung ab, da die aktuelle Vergütung sich nicht nach der aktuellen Leistung – und damit erst recht auch nicht nach deren Verhältnis zu einer Bezugsleistung – berechne, sondern nach Merkmalen, die in der Beurteilungsphase maßgebend waren und die mit der in der aktuellen Zahlungsphase erbrachten Leistung nichts zu tun hätten.[116] Die Vergütung sei des weiteren davon abhängig, daß der Arbeitnehmer in der auf die Beurteilungsphase folgenden Zahlungsphase überhaupt noch weiterarbeite.[117] Dies sei zumindest dann der Fall, wenn dem Arbeitnehmer bei Ausscheiden aus dem Arbeitsverhältnis in der Zahlungsphase kein Anspruch auf Nachzahlung der durch die besondere Leistung in der Beurteilungsphase bereits verdienten Leistungszulage zustehe.[118]

3. Beispiele vergleichbarer leistungsbezogener Entgelte nach Ansicht des Bundesarbeitsgerichtes

Das BAG benutzt die von ihm entwickelte Formel wie gezeigt vornehmlich dazu, Formen von leistungsbezogenen Entgelten als nicht mit Akkord und Prämie vergleichbar abzugrenzen. Gerade die Abgrenzungen sind es, anhand derer der 1. Senat die Formel entwickelt und ihre Konturen geschärft hat.

---

113 BAG 22.10.1985 AP BetrVG 1972 Leistungslohn Nr. 3, Bl. 1355.
114 Der Ausdruck stammt von LAG Niedersachsen 25. 2.1980, DB 1980, 1849.
115 Begriff nach Streckel, Anm. zu BAG 22.10.1985 AP BetrVG 1972 § 87 Leistungslohn Nr. 3.
116 BAG 22.10.1985 AP BetrVG 1972 Leistungslohn Nr. 3, Bl. 1355.
117 BAG 22.10.1985 AP BetrVG 1972 Leistungslohn Nr. 3, Bl. 1355.
118 BAG 22.10.1985 AP BetrVG 1972 Leistungslohn Nr. 3, Bl. 1355.

Dabei stellt sich die Frage, welche Formen leistungsbezogener Entgelte nach Ansicht des BAG noch als mit Akkord und Prämie vergleichbar gelten. Hatte es in der ersten Entscheidung, in der die neue Definition zur Anwendung kam, noch auf „Provisionen anderer Art" verwiesen, die aufgrund einer anders strukturierten Regelung gewährt würden[119], als die in dieser Entscheidung ausgegrenzten Anteils- und Leitungsprovisionen, so hat es zumindest die in erster Linie in Frage kommenden Abschlußprovisionen in einer Folgeentscheidung[120] ebenfalls als nicht vergleichbar vom Tatbestand des § 87 Abs. 1 Nr. 11 BetrVG ausgeschlossen.

Bezüglich der Frage, welche Entgeltformen überhaupt als vergleichbare leistungsbezogene Entgelte in Frage kommen, führt der 1. Senat aus, daß der in § 87 Abs. 1 Nr. 11 BetrVG verwendete Begriff der Prämie keine arbeitswissenschaftlich präzise umschriebene und definierte Entgeltform meine, sondern Entgeltformen, wie sie zur Zeit des Erlasses des BetrVG unter der Bezeichnung „Prämie" üblich und bekannt waren. Der Gesetzgeber habe das Mitbestimmungsrecht des Betriebsrates nicht nur auf diese bekannten und als Prämien bezeichneten Entgeltformen erstreckt, sondern auch weitere leistungsbezogenen Entgelte unabhängig von ihrer Ausgestaltung und Benennung im einzelnen erfassen wollen, sofern sie nur im Grunde mit Akkord und Prämie vergleichbar seien.[121] Die Definition der vergleichbaren leistungsbezogenen Entgelte des Senats sei weit und erfasse nicht nur – die vom Gesetzgeber bei Erlaß des Gesetzes mit „Prämie" gemeinten - Prämien im üblichen Sprachgebrauch, sondern auch andere leistungsbezogene Entgelte.[122]

Als Beispiele verweist der Senat hier selbst auf den sogenannten Quotenbonus und den Abbauverhinderungsbonus[123], des weiteren auf eine Literaturstimme[124], die als Beispiele nennt den Jahresendkostenbonus, die Treuprämie und die Kürzung der Abschlußprovision um einen bestimmten Prozentsatz, wenn generell nicht vorgesehene Preisnachlässe oder Sonderkonditionen eingeräumt werden. Der Jahresendkostenbonus sehe einen bestimmten Jahresendkostensatz als das Normale an und einen geringeren für eine besondere Leistung, wobei die Bonuskurve bei Unterschreiten eines bestimmten Satzes wieder abflache, die Treueprämie werde gewährt für den eine bestimmten Prozentsatz übersteigenden Prämienzuwachs eines Jahres.[125]

---

[119] BAG 28.7.1981 AP BetrVG 1972 Provision Nr. 2, Bl. 1032.
[120] BAG 13.3.1984 AP BetrVG 1972 Provision Nr. 4.
[121] BAG 13.3.1984 AP BetrVG 1972 Provision Nr. 4, Bl. 983.
[122] BAG 13.3.1984 AP BetrVG 1972 Provision Nr. 4, Bl. 983.
[123] BAG 13.3.1984 AP BetrVG 1972 Provision Nr. 4, Bl. 983.
[124] BAG 13.3.1984 AP BetrVG 1972 Provision Nr. 4, Bl. 983, Verweis auf Löwisch SAE 1982, 118.
[125] Löwisch SAE 1982, 118.

Alle diese Entgelte bezögen sich auf eine bestimmte Bezugsleistung, es handele sich in diesen Fällen damit um Entgeltformen, die jedenfalls im üblichen Sprachgebrauch nicht als Prämien bezeichnet würden und trotzdem vergleichbare leistungsbezogene Entgelte im Sinne des BAG seien.[126]

II. Vergleichbare leistungsbezogene Entgelte nach Ansichten in der Literatur

Es herrschen verschiedene Ansichten in der Literatur darüber, welche Entgelte als vergleichbare leistungsbezogene Entgelte im Sinne des § 87 Abs. 1 Nr. 11 BetrVG zu erfassen sind.

Einige Punkte sind dabei unstreitig. So wird davon ausgegangen, daß der Gedingelohn unter die Mitbestimmung des Betriebsrates nach § 87 Abs. 1 Nr. 11 BetrVG fällt.[127] Dabei handele es sich um eine auf die Bedürfnisse des Bergbaus zugeschnittene besondere Form der Leistungsvergütung.[128] Weiter wird einheitlich als Beispiel genannt der Stückakkord für Heimarbeiter, soweit sie gemäß § 6 Abs. 1 BetrVG zur Belegschaft gehörten.[129] Vereinzelt erwähnt wird auch das Programmentgelt.[130]

Übereinstimmung herrscht schließlich bei der Einordnung einiger Entgeltformen, die nicht unter § 87 Abs. 1 Nr. 11 BetrVG fallen sollen. Dazu werden zunächst alle Leistungen gezählt, die nicht von der persönlichen Leistung des Arbeitnehmers, sondern vom wirtschaftlichen Erfolg des ganzen Unternehmens abhängen.[131] Dazu gehören Gewinn- und Ergebnisbeteiligungen und Gratifikationen[132], Jahresabschlußvergütungen[133] und Treueprämien.[134]

Möglicherweise besteht hier ein Widerspruch zu der auch durch das BAG zitierten[135] Literaturmeinung[136], die etwa die Treueprämie als vergleichbares lei-

---

[126] BAG 13.3.1984 AP BetrVG 1972 Provision Nr. 4, Bl. 983.
[127] Richardi § 87 Rn. 959; GK-Wiese § 87 Rn. 977; HSG § 87 Rn. 562; MünchArbR-Matthes § 341 Rn. 71; Moll Mitbestimmung S. 75; FKHE § 87 Rn. 522.
[128] HSG a.a.O.; GK-Wiese a.a.O ; Gaul BB 1990, S. 1549 ff., 1550.
[129] HSG § 87 Rn. 563; GK-Wiese § 87 Rn. 978; MünchArbR-Matthes § 341 Rn. 71; S/W § 87 Rn. 194a.
[130] GK-Wiese § 87 Rn. 979; DKK-Klebe § 87 Rn. 281.
[131] GK-Wiese § 87 Rn. 987; FKHE § 87 Rn. 519; Löwisch § 87 Rn. 141; ErfKomm-Hanau/Kania § 87 Rn. 126.
[132] GK-Wiese § 87 Rn. 969; HSG § 87 Rn. 567; FKHE § 87 Rn. 519; Richardi § 87 Rn. 961; Löwisch § 87 Rn.141; ErfKomm-Hanau/Kania § 87 Rn. 126; S/W § 87 Rn. 199; MünchArbR–Matthes § 333 Rn. 70; Moll Mitbestimmung S. 76.
[133] S/W § 87 Rn. 199; ErfKomm-Hanau/Kania § 87 Rn. 127; HSG § 87 Rn. 567; FKHE § 87 Rn. 519; GK-Wiese § 87 Rn. 969, 987.
[134] GK-Wiese § 87 Rn. 987; HSG § 87 Rn. 567; S/W § 87 Rn. 199.
[135] BAG 13.3.1984 AP BetrVG 1972 Provision Nr. 4, Bl. 983.
[136] Löwisch SAE 1982, 118.

stungsbezogenes Entgelt versteht. Dieselbe Literaturmeinung lehnt in Übereinstimmung mit der übrigen Literatur ein Mitbestimmungsrecht für solche Entgelte, die auf den wirtschaftlichen Erfolg und nicht auf die Arbeitsleistung des Arbeitnehmers abheben, jedoch ausdrücklich ab.[137] Sind auch die Begriffe ähnlich oder identisch, so muß demnach trotzdem davon ausgegangen werden, daß in beiden Fällen die genannten Entgelte jedenfalls nur dann der Mitbestimmung des Betriebsrates nach § 87 Abs. 1 Nr. 11 BetrVG unterliegen sollen, wenn sie auf eine individuelle Arbeitsleistung zurückzuführen sind.

Mit teils ähnlicher, teils andere Aspekte betonender Begründung wird die früher kontrovers beurteilte Frage, ob das damals übliche Bedienungsgeld im Gaststättengewerbe ein vergleichbares leistungsbezogenes Entgelt i.S.d. § 87 Abs. 1 Nr. 11 BetrVG sei[138], heute angesichts der Entwicklung dieser Gelder zu einer Umsatzbeteiligung übereinstimmend negativ beantwortet.[139]

Differenzen treten bei Leistungszulagen auf. Hier teilt sich die Literatur in solche Ansichten, die der Rechtsprechung ganz folgen, und solche, die dies nur zum Teil tun.

Anhänger der letzteren Gruppe differenzieren nach der Art der Leistungszulage. Solche Leistungszulagen, die etwa für das Arbeitsergebnis, die Arbeitsausführung und die Termineinhaltung in Prozenten oder nach Punkten zum Zeitentgelt der jeweiligen Entgeltgruppe als Grundentgelt gewährt würden, unterfielen – vorbehaltlich eines Tarifvorranges – der Mitbestimmung des Betriebsrates nach § 87 Abs. 1 Nr. 11 BetrVG.[140] Davon zu unterscheiden seien Zulagen, die zwar oft als „Leistungszulagen" bezeichnet würden, jedoch gleichbleibend, ohne weitere Anforderungen, wenn auch in Erwartung besonderer Leistungen gewährt würden. Dies seien Zulagen für die Erfüllung ohnehin bestehender vertraglicher Pflichten, Nachtschicht- und Erschwerniszulagen, sowie Überstundenvergütungen. Alle diese Entgelte berechneten sich nicht nach dem konkreten vom Arbeitnehmer beeinflußbaren Arbeitsergebnis im Verhältnis zu einer Bezugsleistung und unterfielen dementsprechend nicht dem Mitbestimmungsrecht des § 87 Abs. 1 Nr. 11 BetrVG.[141] Bei den erstgenannten „echten" Leistungszulagen sei dies hingegen der Fall, und zwar auch dann, wenn eine Phasenverschiebung vorgenommen werde.[142]

Eine solche Differenzierung nehmen die Anhänger der Rechtsprechung jedenfalls im Ergebnis nicht vor. Bezüglich der gleichbleibenden leistungsunabhängi-

---

[137] Löwisch § 87 Rn. 141.

[138] Dietz/Richardi § 87 Rn. 589, Moll Mitbestimmung S. 75.

[139] Richardi § 87 Rn. 960; GK-Wiese § 87 Rn. 970; HSG § 87 Rn. 566.

[140] FKHE § 87 Rn. 517; DKK-Klebe § 87 Rn. 281; Hanau RdA 1973, S. 281 ff., 286.

[141] FKHE § 87 Rn. 519; DKK-Klebe § 87 Rn. 282; ErfKomm-Hanau/Kania § 87 Rn. 127

[142] FKHE § 87 Rn. 518; DKK-Klebe § 87 Rn. 281.

gen Zulagen stimmen sie der oben angeführten Ansicht mit den gleichen Argumenten zu.[143] Die gleichen Mängel hafteten jedoch auch den Leistungszulagen an, die nach der ersten Ansicht der Mitbestimmung des Betriebsrates unterfallen sollen.[144] Sie müssen nach dem BAG und der ihm folgenden Literatur zunächst schon dann ausgegrenzt werden, wenn sie aufgrund einer zwischengeschalteten Beurteilung oder im Zuge einer Phasenverschiebung gewährt werden.[145] Sowohl Beurteilung als auch Phasenverschiebung nähmen den Zulagen die Abhängigkeit zwischen Arbeitsentgelt und Arbeitsleistung und bewirkten damit den gleichen Effekt wie eine Zulage, die von vornherein gleichbleibend gewährt werde.[146] Ebenso fehlten Leistungszulagen, bei denen die Leistung nur nach einer festgelegten Punktetabelle bewertet werde - meist über die gerade genannten Mängel hinaus - der Vergleich mit einer Bezugsleistung.[147] Weiterhin findet sich unter den Vertretern dieser Ansicht das Argument, daß auch die nach der ersten Ansicht „echten" Leistungszulagen zwischen einzelnen Bewertungen konstant blieben. Damit bemesse sich die Höhe der Vergütung genausowenig wie bei immer gleichbleibenden Zulagen nach dem Verhältnis von Leistung und Bezugsleistung[148], denn die Arbeitsleistung wirke sich nicht unmittelbar und automatisch auf die Entgelthöhe aus.[149] Diese Argumente ähneln denen des Bundesarbeitsgerichtes bei der Ablehnung der Phasenverschiebung und werden von diesem - soweit hier auf die Argumentation einer früheren Rechtsprechung Bezug genommen wird – nun vornehmlich in diesem Zusammenhang diskutiert.
Ganz ausschließen will diese zweite Literaturansicht die Mitbestimmung des Betriebsrates nach § 87 Abs. 1 Nr. 11 BetrVG bei Leistungszulagen jedoch nicht. Es wird von Vertretern dieser Ansicht für möglich gehalten, daß es Leistungszulagensysteme geben könne, die auch den Anforderungen der BAG-Definition genügen könnten.[150]

Endgültig gespalten ist die Literatur bei der Frage, ob Provisionen der Mitbestimmung des Betriebsrates nach § 87 Abs. 1 Nr. 11 BetrVG unterfallen sollen.
So lehnt ein Teil der Literatur im Ergebnis übereinstimmend mit der Rechtsprechung ein Mitbestimmungsrecht nach § 87 Abs. 1 Nr. 11 BetrVG für alle For-

---

[143] GK-Wiese § 87 Rn. 986; S/W § 87 Rn. 199; HSG § 87 Rn. 567.
[144] GK-Wiese § 87 Rn. 986; S/W § 87 Rn. 199; HSG § 87 Rn. 567.
[145] HSG § 87 Rn. 565; GK-Wiese § 87 Rn. 967; so auch ErfKomm-Hanau/Kania § 87 Rn. 126.
[146] HSG a.a.O.; GK-Wiese a.a.O.
[147] MünchArbR-Kreßel § 67 Rn. 154.
[148] GK-Wiese § 87 Rn. 967, 968; S/W § 87 Rn. 199.
[149] S/W § 87 Rn. 199.
[150] GK-Wiese § 87 Rn. 968.

men von Provisionen ab.[151] War es in der älteren Literatur noch ein wichtiger Aspekt, inwieweit die Provision nicht eher ein erfolgs- als ein leistungsbezogenes Entgelt sei, und konzentrierten sich Überlegungen einer Vergleichbarkeit zum Teil auf diesen Aspekt, so fand sich auch hier bereits die Forderung nach einer zu ermittelnden Bezugsleistung.[152] Seitdem die Rechtsprechung des BAG allein diese Bezugsleistung fordert und von einer Leistungsbezogenheit aller Provisionsformen mit seiner diesbezüglichen weiten Auffassung ausgeht[153], ist der Aspekt der Bezugsleistung in den Mittelpunkt der Argumentation gerückt. Für die Anhänger dieser Ansicht fehlt allen Provisionen diese Anknüpfung an eine Bezugsleistung, damit seien sie nicht mit Akkord und Prämie vergleichbar i.S.d. § 87 Abs. 1 Nr. 11 BetrVG.[154] Abgestellt wird hier auch auf eine Formulierung aus dem Ausschlußbericht zur Entstehungszeit des Betriebsverfassungsgesetzes[155], wonach mit Akkord und Prämie vergleichbar solche leistungsbezogenen Entgelte seien, die nach „ähnlichen Lohnfindungsmethoden“ wie diese beiden ermittelt würden, worunter in erster Linie das Bestehen einer Bezugsleistung verstanden wird.[156]
Eine weiterer Teil der Literatur wendet sich gegen diesen grundsätzlichen Ausschluß aller Provisionen vom Geltungsbereich der Vorschrift. Einige Autoren wollen alle Provisionsarten vom Mitbestimmungsrecht des Betriebsrates gem. § 87 Abs. 1 Nr. 11 BetrVG erfaßt wissen[157], andere zumindest die Abschlußprovision.[158] Bei dieser letzten Ansicht lebt die ältere Argumentation noch einmal auf, wenn einem Ausschluß von Anteils- und Leitungsprovisionen mit dem Argument zugestimmt wird, hier fehle es an einem unmittelbaren persönlichen Einsatz der Arbeitnehmer für das einzelne Geschäft.[159] Dieser sei bei Abschlußprovisionen hingegen gegeben, diese Provisionsart sei daher mitbestimmt.[160] Diese Einordnung aller oder bestimmter Arten von Provisionen unter das Mitbe-

---

[151] GK-Wiese § 87 Rn. 974; HSG § 87 Rn. 564; MünchArbR-Matthes § 341 Rn. 73; Löwisch § 87 Rn. 142.
[152] Schulze-Osterloh Anm. zu BAG 29.3.1977 AP BetrVG 1972 Provision Nr. 1, Bl. 900: Löwisch ZHR 139 (1975), S. 362 ff., 376, 377; Bolten DB 1977, S. 1650 ff., 1652; Lieb DB 1975 S. 1748 ff..
[153] Seit BAG 28.7.1981 AP BetrVG 1972 Provision Nr. 2.
[154] GK-Wiese § 87 Rn. 974; HSG § 87 Rn. 564; MünchArbR-Matthes § 341 Rn. 73; Löwisch § 87 Rn. 142; ders. SAE 1982, 118; Heuking DB 1982 S. 279 ff., 281.
[155] Zu BT-Drucks. VI/2729, S. 29.
[156] GK-Wiese § 87 Rn. 966; ähnlich, allerdings mit gegenteiligem Ergebnis, Moll Mitbestimmung, S. 71.
[157] Pornschlegel ArbuR 1983, 193 ff., ders. Anm. zu BAG 13.9.1983, ArbuR 1984, S. 94 ff., 96.
[158] FKHE § 87 Rn. 520; DKK-Klebe § 87 Rn. 282.
[159] FKHE § 87 Rn. 521.
[160] FKHE § 87 Rn. 520; DKK-Klebe § 87 Rn. 282.

stimmungsrecht des § 87 Abs. 1 Nr. 11 BetrVG bedarf jedoch einer Auseinandersetzung mit dem von der Rechtsprechung aufgestellten Erfordernis einer Bezugsleistung.

Zum Teil wird versucht, die Anforderungen an eine Bezugsleistung zu modifizieren. Werde ein bestimmter Betrag oder Punktwert mit einer hundertprozentigen Leistung veranschlagt, so werde man dies als Festlegung einer „Normalleistung" ansehen können. Aber auch ohne eine solche ausdrückliche Festlegung werde man davon ausgehen müssen, daß der Festsetzung von Provisionssätzen eine bestimmte Vorstellung von einer Normal- oder Bezugsleistung zugrundeliege.[161]

Da das BAG beide Aspekte dieser Argumentation jedoch bereits abgewiesen hat[162], bleibt den Vertretern dieser Ansicht letztlich nur, das Erfordernis einer Bezugsleistung selbst abzulehnen. Dies geschieht mit unterschiedlichen Begründungen.

Dabei wird zunächst auf den Gesetzgeber verwiesen, dessen Ansicht das BAG zu einseitig aufgefaßt habe. Zumindest die Bundesregierung sei in der Begründung zu ihrem Gesetzesentwurf[163] von einer Einbeziehung von Provisionen ausdrücklich ausgegangen.[164] Aus der Tatsache, daß diese ausdrückliche Erwähnung im Ausschußbericht zum Betriebsverfassungsgesetz[165] nicht mehr übernommen worden sei, ließe sich nur wenig herleiten. Jedenfalls sei der Schluß, daß Provisionen nun nicht mehr erfaßt werden sollten, nicht zwingend.[166]

Zudem sei die Provision in vielen Aspekten der Prämie so ähnlich, daß eine unterschiedliche Behandlung gleicher Regelungsbereiche kaum zu rechtfertigen sei. Beide Entgeltformen seien austauschbar, von beiden gingen dieselben Gefahren und Belastungen aus.[167]

Weiter wird dem BAG vorgeworfen, es sei bei der Auslegung des Begriffs der „vergleichbaren leistungsbezogenen Entgelte" von veralteten Vorstellungen über Formen der Arbeitsorganisation und –entlohnung ausgegangen.[168] Wer eine Bezugsleistung als konstituierendes Merkmal eines solchen Entgeltes fordere, ver-

---

161 DKK-Klebe § 87 Rn. 282; FKHE § 87 Rn. 520; vgl. auch Moll, Mitbestimmung, S. 72.

162 BAG 13.3.1984 AP BetrVG 1972 Provision Nr. 4, Bl. 984.

163 BT-Drucks. VI/1786, S. 49.

164 Hanau, Anm. zu BAG 13.3.1984 AP BetrVG 1972 Provision Nr. 4, Bl. 987; Moritz ArbuR 1983, S. 97 ff., 99; DKK-Klebe § 87 Rn. 282.

165 BT-Drucks. zu VI/ 2729, S. 29.

166 Moritz ArbuR 1983, S. 97 ff., 99; Hanau, Anm. zu BAG 13.3.1984 AP BetrVG 1972 Provision Nr. 4, Bl. 987.

167 Moritz ArbuR 1983, S. 97 ff., 108; Hanau, Anm. zu BAG 13.3.1984 AP BetrVG 1972 Provision Nr. 4, Bl. 987; Moll Mitbestimmung S. 72; Jahnke Anm. zu BAG 29.3.1977 AR-Blattei Betriebsverfassung XIV B Entscheidung 33.

168 Pornschlegel ArbuR 1983, S. 193 ff., 195.

kenne zum einen, daß die Festsetzung einer solchen Leistung es erforderlich mache, die Anstrengung eines Menschen einzuschätzen, was jedoch objektiv kaum möglich sei. Zum anderen habe die Veränderung der Produktionsformen dazu geführt, daß durch physische Anstrengungen gekennzeichnete menschliche Bemühungen weit weniger gefragt seien als Koordinations- und Reaktionsvermögen.[169] Eine als richtig zu ermittelnde Bezugsleistung werde in der Realität daher immer seltener vorkommen.[170]

Schließlich wendet sich die Kritik gegen das Erfordernis einer Bezugsleistung mit dem Vorwurf, das BAG sei bei der Anwendung des § 87 Abs. 1 Nr. 11 BetrVG methodisch nicht genau vorgegangen. Statt nach einem Akkord und Prämie analogen dritten Tatbestand zu suchen, habe es bei den Voraussetzungen eines vergleichbaren leistungsbezogenen Entgeltes die Identität mit Akkord und Prämie gefordert.[171] § 87 Abs.1 Nr. 11 BetrVG ließe keine notwendige Anknüpfung an eine Bezugsleistung erkennen.[172]

Zum Teil wird im Widerspruch zur Rechtsprechung daraus gefolgert, eine Bezugsleistung sei keine weitere Voraussetzung für die Annahme, es läge ein vergleichbares leistungsbezogenes Entgelt vor.[173]

Zum anderen hat sich im Anschluß an diese letzte Kritik schließlich ein Teil der Literatur herausgebildet, der der Rechtsprechung des BAG folgt, jedoch darauf aufmerksam macht, daß die Forderung nach einer Bezugsleistung es unmöglich mache, Entgelte unter die Definition des BAG zu subsumieren, die nicht selbst Akkord oder Prämie seien. Dem Tatbestandsmerkmal des vergleichbaren leistungsbezogenen Entgeltes verbleibe damit zwar noch eine Funktion, diese sei aber darauf beschränkt, Entgeltformen, die objektiv als Akkord oder Prämie anzusehen seien, auch dann zu erfassen, wenn sie üblicherweise nicht als Akkord oder Prämie bezeichnet würden.[174]

Soweit schließlich nach der Bedeutung des Tatbestandsmerkmals, das die Mitbestimmung des Betriebsrates auch bei vergleichbaren leistungsbezogenen Entgelten fordert, gefragt wird, so wird sie darin gesehen, bisher noch nicht bekannte oder jedenfalls noch nicht praktizierte Leistungsbewertungssysteme zu erfassen.[175]

---

[169] Pornschlegel ArbuR 1983, S. 193 ff., 203.
[170] Pornschlegel ArbuR 1983, S. 193 ff., 197.
[171] ErfKomm-Hanau/Kania § 87 Rn 127.
[172] FKHE § 87 Rn. 520.
[173] FKHE § 87 Rn. 520.
[174] Hanau, Anm. BAG 13.3.1984 AP BetrVG 1972 Provision Nr. 4, Bl. 986, 987; ErfKomm-Hanau/Kania § 87 Rn. 127; Richardi § 87 Rn. 958; MünchArbR-Kreßel § 67 Rn. 153.
[175] GK-Wiese § 87 Rn. 979; Galperin/Löwisch § 87 Rn. 253; v. Hoyningen-Huene S. 285.

III. Eigene Ansicht

1. Entwicklung

In der Diskussion um die Frage, was ein vergleichbares leistungsbezogenes Entgelt im Sinne von § 87 Abs. 1 Nr. 11 sein soll, fällt auf, daß eine Tendenz besteht, diese Frage anhand konkreter Entgelte zu entscheiden, die dem § 87 Abs. 1 Nr. 11 BetrVG zu unterstellen erstrebens- oder vermeidenswert angesehen wird. Zu dieser Entwicklung hat nicht zuletzt die wenig ergiebige Formulierung des Gesetzestextes beigetragen.

Diesem Vorgehen ist zuzugeben, daß § 87 Abs. 1 Nr. 11 BetrVG gerade ausdrücklich den Vergleich einzelner Entgeltformen mit zwei bestimmten weiteren Entgeltformen – Akkord und Prämie - fordert. Ist es daher auch notwendig, die Besonderheiten einzelner konkreter Entgelte auszuloten, um den Begriff des vergleichbaren leistungsbezogenen Entgeltes zu bestimmen und abzugrenzen, so darf dies jedoch nicht zu einer willkürlichen und rein interessenbezogenen Anwendung der Vorschrift führen. Es ist vielmehr die Frage zu stellen, was der Gesetzgeber mit der Einfügung des Merkmals eines „vergleichbaren leistungsbezogenen Entgeltes" in die Vorschrift des § 87 Abs. 1 Nr. 11 BetrVG bezweckt hat. Sinnvoll erscheint es daher, hier auf dem Wege der Gesetzesauslegung zu einer Antwort zu gelangen, die dem Willen des Gesetzgebers weitestmöglich entspricht und der Gesamtkonzeption der Mitbestimmungsrechte nicht widerspricht.

a) Wortlaut und Entstehungsgeschichte

Wie bereits erwähnt, ist der Wortlaut des § 87 Abs. 1 Nr. 11 BetrVG widersprüchlich. Einerseits werden die vergleichbaren leistungsbezogenen Entgelte angeführt, als ob durch dieses Tatbestandsmerkmal die Anwendbarkeit der Vorschrift in der Breite auf andere Entgelte als Akkord und Prämie ausgedehnt werden soll, andererseits fordert das Kriterium der Vergleichbarkeit Berücksichtigung. Seine Erwähnung schließt es nun aus, daß der Gesetzgeber alle leistungsbezogenen Entgelte der Nr. 11 unterwerfen wollte, die Vergleichbarkeit mit Akkord und Prämie hatte für ihn offensichtlich die Bedeutung, einschränkend zu wirken.

Die Leistungsbezogenheit eines Entgeltes ist damit zwar notwendige, aber nicht hinreichende Bedingung für die Anwendbarkeit des § 87 Abs. 1 Nr. 11 BetrVG. Mehr ist dem Wortlaut der Vorschrift nicht zu entnehmen, insbesondere gibt er keinen Hinweis darauf, auf welche Eigenschaften von Akkord und Prämie sich die zusätzlich zu fordernde Vergleichbarkeit beziehen soll.[176] Es bleibt aller-

---

[176] Auch Jahnke Anm. zu BAG 29.3.1977 AR-Blattei Betriebsverfassung XIV B Entscheidung 33.

dings bei dem Befund, daß zumindest von der Existenz anderer Entgelte als Akkord und Prämie ausgegangen wurde, auf die die Vorschrift ebenfalls Anwendung finden sollte.

Die Entstehungsgeschichte stützt diesen durch den Wortlaut der Vorschrift gewonnenen Eindruck. Sehr deutlich ging noch der Regierungsentwurf davon aus, daß alle leistungsbezogenen Entgelte unter § 87 Abs. 1 Nr. 11 BetrVG fallen sollten. Dies ergibt sich sowohl aus der Begründung[177], wonach durch Nr. 11 „über das geltende Recht hinaus...neben den Akkordentgelten alle leistungsbezogenen Entgelte wie z.B. Prämien oder Provisionen in das Mitbestimmungsrecht des Betriebsrates ein[bezogen]" werden sollten, als auch aus dem Entwurfstext[178] selbst, in dem von der „Festsetzung von Arbeitsentgelten, deren Höhe nach der persönlichen Leistung des Arbeitnehmers bemessen wird, insbesondere von Akkord- und Prämiensätzen" die Rede ist.

Die Aussage besonders des Entwurfstextes steht nun genau im Gegensatz zu dem endgültig gewählten Gesetzestext. Waren im Regierungsentwurf alle leistungsbezogenen Entgelte definiert und angesprochen und Akkord- und Prämiensätze nur als nicht abschließende Beispiele dafür genannt („insbesondere"), so setzt der Gesetzestext[179] genau diese beiden als die Regelfälle fest und verknüpft andere leistungsbezogenen Entgelte damit nur, soweit sie mit diesen Regelfällen vergleichbar sind. Daß dadurch die Grundaussage der Vorschrift umgekehrt wird und diese sich nun so liest, daß der Kreis der leistungsbezogenen Entgelte durch das Kriterium der Vergleichbarkeit mit Akkord und Prämie eingeschränkt werden soll, wird den Verfassern des Gesetzestextes bewußt gewesen sein. Die entsprechende Ausschußbegründung[180] spricht von einer „Präzisierung der entsprechenden Bestimmung des Regierungsentwurfes über die Festsetzung der Akkord- und Prämiensätze". Zwar führt sie weiter aus, es solle „klargestellt werden, daß nur die Ansätze von Akkord- und Prämienlöhnen und hiermit, d.h. nach ähnlichen Lohnfindungsmethoden vergleichbarer leistungsbezogener Entgelte, als abstrakt generelle Tatbestände dem Mitbestimmungsrecht des Betriebsrats unterliegen sollen, die ihrerseits erst als Grundlage für den individuellen Anspruch des einzelnen Arbeitnehmers dienen." Dadurch wird sichtbar, daß Zweck der Neuformulierung wohl auch und möglicherweise in erster Linie gewesen ist, den ausschließlich generellen und kollektiven Charakter der Vorschrift mit der Betonung der „Akkord- und Prämiensätze" deutlich zu machen, während die vorherige Formulierung „Festsetzung von Arbeitsentgelten" mißverständlich auf eine individuelle Entgeltfestsetzung hingedeutet haben mag.

---

[177] BT-Drucks. VI/1786 S. 49.
[178] BT-Drucks. VI/1786 S. 18.
[179] BT-Drucks. VI/2729 S. 39.
[180] BT-Drucks. zu VI/2729 S. 29.

Gerade die aber ebenso vorgenommene Erläuterung des neu eingeführten Begriffs der „vergleichbaren leistungsbezogenen Entgelte“ durch den Zusatz, es seien „ähnliche[...] Lohnfindungsmethoden“ erforderlich, zeigt, daß sich der Zweck der Neuformulierung nicht in einer solchen Betonung des kollektiven Charakters erschöpft. Vielmehr ist zugleich klargestellt, daß nicht wie im Regierungsentwurf alle „Arbeitsentgelte[...], deren Höhe nach der persönlichen Leistung des Arbeitnehmers bemessen wird“, sondern nur mit Akkord und Prämie vergleichbare leistungsbezogene Entgelte von § 87 Abs. 1 Nr. 11 BetrVG erfaßt werden sollen. Der Verweis auf die „ähnlichen Lohnfindungsmethoden“ ist dabei ein erster Hinweis darauf, worin die Vergleichbarkeit eines leistungsbezogenen Entgeltes mit Akkord und Prämie bestehen soll.

Was die Nennung konkreter weiterer Entgelte betrifft, so enthält sich die Ausschußbegründung in der Tat jeglicher Beispiele, während die Regierungsbegründung noch Provisionen erwähnt hatte. Es ist jedoch der entsprechenden Literaturansicht[181] zuzustimmen, daß diese – möglicherweise rein stilistische - Auslassung keine ausreichende Grundlage dafür bietet, von vornherein von einer beabsichtigten Ausklammerung der Provisionen aus dem Anwendungsbereich des § 87 Abs. 1 Nr. 11 BetrVG auszugehen. Die Ansicht der Rechtsprechung, daß „nichts näher gelegen“ habe, als Provisionen quasi als Prototyp eines nicht auf den ersten Blick vergleichbaren Entgeltes in § 87 Abs. 1 Nr. 11 BetrVG zu erwähnen, „wenn alle oder nahezu alle leistungsbezogenen Entgelte dem in dieser Vorschrift geregelten Mitbestimmungsrecht des Betriebsrates hätten unterworfen werden sollen“[182], trägt daher nicht. Gerade bei der Provision liegt eine Vergleichbarkeit mit insbesondere der Prämie besonders nahe, was die Provision nicht geeignet erscheinen läßt, als signalhaft zu nennendes Beispiel für geringe Anforderungen an das Merkmal der „Vergleichbarkeit“ zu dienen. Genauso könnte es sein, daß der Gesetzestext die Provisionen nicht mehr erwähnt hat, weil er selbstverständlich von deren Vergleichbarkeit ausgegangen ist. Den gegenteiligen Eindruck gewinnt man vielmehr nur dann, wenn man bereits konkrete Vorstellungen hat, was unter dieser Vergleichbarkeit zu verstehen ist und bereits entschieden hat, daß Provisionen nicht dazu gehören.

Es ist daher weiter zu fragen, wann ein leistungsbezogenes Entgelt mit Akkord und Prämie vergleichbar ist und was in diesem Zusammenhang unter dem Erfordernis der ähnlichen Lohnfindungsmethoden zu verstehen ist.

---

[181] Moritz ArbuR 1983, S. 97 ff., 99; Hanau, Anm. zu BAG 13.3.1984 AP BetrVG 1972 Provision Nr. 4, Bl. 987.

[182] BAG 13.3.1984 AP BetrVG 1972 Provision Nr. 4, Bl. 984.

b) Systematik und Zweck

§ 87 Abs. 1 Nr. 11 BetrVG steht – vergleichbar mit seinem Vorgänger, § 56 Abs. 1 lit. g) BetrVG 1952, - in engem Zusammenhang mit § 87 Abs. 1 Nr. 10 BetrVG, der § 56 Abs. 1 lit. h) BetrVG 1952 ersetzt hat. Es entspricht allgemeiner Ansicht[183], daß die Reihenfolge der beiden Vorschriften im Betriebsverfassungsgesetz von 1972 deshalb umgestellt wurde, weil § 87 Abs. 1 Nr. 10 BetrVG den Anwendungsbereich des § 56 Abs. 1 lit. h) BetrVG 1952 über die reine Aufstellung von Entlohnungsgrundsätzen und Einführung von neuen Entlohnungsmethoden hinaus allgemein auf alle Fragen der betrieblichen Lohngestaltung erweitert hatte.

Damit stellt sich § 87 Abs. 1 Nr. 10 BetrVG heute als die allgemeinere Vorschrift dar; sie gewährleistet eine umfassendes Mitbestimmungsrecht bei der betrieblichen Lohngestaltung und stellt damit die Grundnorm für diesen Bereich dar.[184] § 87 Abs. 1 Nr. 11 BetrVG regelt dagegen nur einen Ausschnitt aus dem Bereich der Entgeltgestaltung nach Nr. 10, nämlich die Festsetzung der Akkord- und Prämiensätze und vergleichbarer leistungsbezogener Entgelte und ergänzt damit § 87 Abs. 1 Nr. 10 BetrVG.[185]

Nur bestimmte Entgeltformen unterfallen also nicht allein § 87 Abs. 1 Nr. 10 BetrVG, sondern darüber hinaus auch dem engeren Tatbestand des § 87 Abs. 1 Nr. 11 BetrVG. Dabei ist klar, daß es sich jedenfalls um Akkord- und Prämienlohn handelt. Die Frage danach, welche weitere Entgeltformen durch § 87 Abs. 1 Nr. 11 BetrVG einer über die allgemeine Vorschrift des § 87 Abs. 1 Nr. 10 BetrVG hinausgehenden Mitbestimmung unterworfen werden, ist die Frage nach dem Tatbestandsmerkmal des „vergleichbaren leistungsbezogenen Entgelts“. Sie ist nur zu beantworten, wenn geklärt ist, weshalb Entgelte zusätzlich § 87 Abs. 1 Nr. 11 BetrVG unterfallen sollen. Dafür ist der Sinn und Zweck der Vorschrift heranzuziehen.

Wie bereits dargestellt[186], besteht der Zweck des § 87 Abs. 1 Nr. 11 BetrVG darin, den besonderen Gefahren von Leistungsentgelten Rechnung zu tragen. Diese besonderen Gefahren sind nach zutreffender Ansicht darin zu sehen, daß der Leistungsentgelten typischerweise innewohnende Anreiz zur Mehrleistung in einem angemessenen Verhältnis zu einem möglichen Mehrverdienst stehen

---

[183] BAG 29.3.1977 AP § 87 BetrVG 1972 Provision Nr. 1; 6.12.1988 AP § 87 BetrVG 1972 Lohngestaltung Nr. 37; GK-Wiese § 87 Rn. 803, 807, 812, 961; Richardi § 87 Rn. 812; ders. ZfA 1976, S. 1 ff., 22; Reichold RdA 1995, S. 147 ff., 153 f.; FKHE § 87 Rn. 416; MünchArbR-Matthes § 339 Rn. 3.

[184] Vgl. bereits § 3 A. V. 1. b) cc).

[185] § 87 Abs. 1 Nr. 11 BetrVG selbst geht dabei ebenfalls deutlich über § 56 Abs. 1 lit. g) BetrVG 1952 hinaus, der nur von einer „Regelung der Akkord- und Stücklohnsätze“ gesprochen hatte.

[186] Oben § 8 A. IV.

muß, um einen übermäßigen und schädigenden Leistungseinsatz zu verhindern. Dieser besondere Schutzzweck des § 87 Abs. 1 Nr. 11 BetrVG allein rechtfertigt es, bei dieser Vorschrift von einer Mitbestimmung auch der Entgelthöhe auszugehen. Damit ist eine Ausnahme zu dem allgemeinen Grundsatz statuiert, daß sich die Mitbestimmung des Betriebsrats nicht auf die Entgelthöhe erstreckt. Dieser Ausnahmecharakter des § 87 Abs. 1 Nr. 11 BetrVG aber muß auch für die Frage Bedeutung erlangen, welche Entgelte dieser Vorschrift überhaupt unterfallen können. Vorschriften mit Ausnahmecharakter, die bereits eine Durchbrechung eines bestehenden Systems darstellen, können nicht zusätzlich exzessiv ausgelegt werden. Vielmehr erscheint es geboten, von einer im übrigen restriktiven Auslegung des § 87 Abs. 1 Nr. 11 BetrVG auszugehen.[187]
Es ist daher auch nach dem Sinn und Zweck der Vorschrift der Ansicht des Bundesarbeitsgerichtes zuzustimmen, daß dem Merkmal der „Vergleichbarkeit" eine einschränkende Wirkung zuzumessen ist. [188] Eine Erweiterung auf alle Formen leistungsbezogener Entgelte und deren mitbestimmungsrechtliche Gleichbehandlung stellt sich dagegen in der Tat als eine Fortentwicklung dar, die die Ausnahmewirkung des § 87 Abs. 1 Nr. 11 BetrVG in unzulässiger Weise ausweitete und den Grundsatz der mitbestimmungsfreien Entgelthöhe aushöhlte. Vielmehr sind für die Frage, wann ein vergleichbares leistungsbezogenes Entgelt vorliegt, grundsätzlich die von der Rechtsprechung aufgestellten Voraussetzungen für eine solche Vergleichbarkeit mit Akkord und Prämie zu fordern.
Statt der von der Rechtsprechung vorgenommenen zweistufigen Prüfung erscheint jedoch eine dreifache Gliederung der geforderten Merkmale als sinnvoller.

aa) Leistungsbezogenes Entgelt

Erste Forderung muß dabei wie auch beim Vorgehen des Bundesarbeitsgerichtes sein, daß es sich bei dem fraglichen Entgelt um eine leistungsbezogenes Entgelt handelt. Die entsprechend weite Auffassung der Rechtsprechung wird von der Literatur weitgehend anerkannt. Demnach ist von einem weiten Leistungsbegriff auszugehen, der nicht allein auf arbeitsrelevante Fähigkeiten wie Kraftaufwand oder Geschicklichkeit abstellt, sondern auch den Erfolg oder das Ergebnis einer Tätigkeit erfaßt.[189] Diese Auffassung von „Leistung" muß strenggenommen bereits dem Prämienlohn zugrundegelegt werden, da auch hier letztlich nicht die Arbeitsleistung des Arbeitnehmers, sondern das beobachtete Ergebnis seiner

---

[187] Vgl. auch LAG Düsseldorf 18.11.1975, DB 1976, S. 1438 f., 1439.
[188] Vgl. etwa BAG 13.3.1984 AP BetrVG 1972 Provision Nr. 4, Bl. 983.
[189] Vgl. BAG 13.3.1984 AP BetrVG 1972 Provision Nr. 4, Bl. 983.

Anstrengungen prämiert wird.[190] Während für den echten Prämienlohn jedoch noch recht hohe Ansprüche an die Beeinflußbarkeit des Arbeitsergebnisses zu stellen sind – die im Vergleich zu den Anforderungen an die Beeinflußbarkeit der Mengenleistung des Akkordlohnes allerdings bereits abgeschwächt sind[191] -, können für den Begriff des leistungsbezogenen Entgeltes in gewissem Umfange noch weniger strenge Maßstäbe angelegt werden. Auch der bloße Erfolg einer Tätigkeit kann dementsprechend als „Leistung" auch des § 87 Abs. 1 Nr. 11 BetrVG angesehen werden, und dies auch dann, wenn er nur in begrenztem Umfang vom Arbeitgeber beeinflußbar ist und nur mittelbar auf seine Tätigkeit zurückgeführt werden kann.[116]

Eine Einschränkung muß hier allerdings durch den von der Literatur betonten Ausschluß aller Entgeltformen gemacht werden, die nicht von der Arbeitsleistung des einzelnen Arbeitnehmers, sondern vom wirtschaftlichen Erfolg des ganzen Unternehmens abhängen.[192] Offensichtlich erfährt der angenommene weite Leistungsbegriff dort eine Grenze, wo nicht mehr nur zwischen „Erfolg" und „Leistung" entschieden werden muß, sondern es zusätzlich um die Frage geht, wessen Erfolg für die Vergütung maßgeblich sein soll.

Wird der Erfolg des ganzen Unternehmens zum Maßstab für ein Entgelt, so kann nach ganz allgemeiner Ansicht von einem leistungsbezogenen Entgelt jedenfalls nicht mehr ausgegangen werden, in diesem Fall soll vielmehr ein rein erfolgsbezogenes Beteiligungsentgelt vorliegen. Es fragt sich, welches genau die Merkmale sind, die die Grenzlinie zwischen einem solcherart rein erfolgsbezogenen Entgelt und einem Entgelt markieren, welches als noch leistungsbezogen angesehen werden kann.

(1) Anreizfunktion?

Von leistungsbezogenen Entgelten soll typischerweise der Anreiz ausgehen, eine bestimmte Arbeitsleistung oder ein bestimmtes Arbeitsergebnis zu steigern oder auf hohem Niveau zu erreichen. Auch dieses Merkmal wendet das Bundesarbeitsgericht zuweilen an, um ein leistungsbezogenes Entgelt als solches auszumachen.[193] Möglicherweise läßt bereits diese Anreizfunktion eine Unterscheidung zu einem erfolgsbezogenen Beteiligungsentgelt zu.

---

[190] Vgl. dazu MünchArbR-Kreßel § 66 Rn. 8; Richardi § 87 Rn. 820; ähnlich Schaub § 62 I; vgl. bereits § 2 B.

[191] Vgl. etwa Fremmer/Voigtländer/Weil Handbuch des Prämienlohns S. 17.

[192] GK-Wiese § 87 Rn. 987; FKHE § 87 Rn. 519; Löwisch § 87 Rn. 141; ErfKomm-Hanau/Kania § 87 Rn. 126; Richardi § 87 Rn. 961; HSG § 87 Rn. 554.

[193] Vgl. etwa BAG 22.10.1985 AP § 87 BetrVG 1972 Leistungslohn Nr. 3, Bl. 1355; 28.7.1981 AP § 87 BetrVG 1972 Provision Nr. 2, Bl. 1030.

Die Motive, welche ein Unternehmen dazu bewegen, seine Mitarbeiter am Erfolg oder auch anderen Bemessungsgrundlagen zu beteiligen, können unterschiedlicher Art sein. Diese Motive haben sich wie bereits dargestellt[194] in den vergangenen Jahrzehnten durchaus verändert. Zu nennen ist hier insbesondere der Aspekt, daß durch eine Beteiligung der Arbeitnehmer am Produktivvermögen des sie beschäftigenden Unternehmens eine Gleichberechtigung der Faktoren Arbeit und Kapital erreicht werden soll. Von diesem Angebot erhoffen sich Unternehmen, die Beteiligungssysteme einführen, in erster Linie eine höhere Attraktivität auf dem Arbeitsmarkt und eine größere Zufriedenheit der Mitarbeiter, zunehmend aber auch ein entsprechendes Leistungsverhalten der Mitarbeiter in dem Bestreben, die relevante Erfolgsgröße durch ihren – im Vergleich zu einem leitenden Angestellten freilich oft marginalen – Beitrag positiv zu beeinflussen.[195] Es lassen sich jedoch gerade mit einer Erfolgsbeteiligung durchaus Motivationsziele wie eine erhöhte Identifikation und ein gesteigertes Mitdenken erreichen und die Sensibilität für wirtschaftliche Zusammenhänge und unternehmerische Gesichtspunkte wie etwa das Kostenbewußtsein steigern.[196]
Beteiligungsmodelle sollen demnach motivationssteigernd wirken und dies nicht immer nur in akquisitatorischer Hinsicht, sondern durchaus auch als Anreiz zur Leistungssteigerung. Zwar wird diese Anreizwirkung im Hinblick auf die Leistungssteigerung zuweilen angezweifelt.[197] Zumindest kurz- und mittelfristig sei die Steuerungswirkung einer Beteiligung auf das Verhalten und die Leistung der Mitarbeiter als nicht besonders hoch anzusehen. Der Grund dafür liege darin, daß eine unmittelbare Beziehung zwischen Anreiz und individueller Leistung bei den meisten Mitarbeitergruppen nicht gegeben sei. Dies könne allenfalls bei bestimmten Mitarbeitergruppen wie Führungskräften, Spezialisten und Vertriebsbeauftragten anders sein, hier sei eine gewisse Steuerungswirkung aufgrund der Beeinflußbarkeit der entsprechenden Bemessungsgrundlagen denkbar. Wenn demnach aber auch ein Beteiligungsentgelt nicht in gleicher Weise wie ein leistungsbezogenes Entgelt als Anreizinstrument eingesetzt werden kann, so läßt sich eine bestimmte Anreizfunktion dennoch als heute maßgebliches Motiv für die Einführung eines erfolgsbezogenen Beteiligungsentgeltes ausmachen. Eine Anreizfunktion kommt also in verschiedener Ausprägung durchaus auch einem erfolgsbezogenen Entgelt zu. Inwieweit sich diese Anreizwirkung von der eines leistungsbezogenen Entgeltes unterscheidet, hängt von der konkreten Ausgestaltung des erfolgsbezogenen Entgeltes und hier offensichtlich von verschie-

194 § 2 D.
195 Oechsler S. 402 f.
196 Schneider/Zander Erfolgs- und Kapitalbeteiligung S. 46; Kürten Das Flexible Unternehmen 6.11, S. 7, 8.
197 Becker Entgeltsysteme S. 313 ff., 331.

denen Faktoren ab. Möglicherweise können diese Faktoren durchaus selbst dazu dienen, leistungs- und erfolgsbezogene Entgelte voneinander abzugrenzen. Die Frage nach der Anreizfunktion läßt sich dagegen nicht eindeutig genug beantworten, als daß sie als sinnvolles und praktisches Kriterium zur Definition und Abgrenzung dieser beiden Entgeltformen geeignet erschiene.

(2) Erfordernis einer individuellen Leistung?

Möglicherweise deutet die Forderung, ein leistungsbezogenes Entgelt dürfe nicht vom wirtschaftlichen Erfolg des ganzen Unternehmens abhängen, sondern müsse sich nach der Arbeitsleistung des einzelnen Arbeitnehmers bemessen, darauf hin, daß ein leistungsbezogenes Entgelt immer nur ein solches sein kann, dem eine individuelle Leistung zugrundeliegt.[198] Der Begriff der individuellen Leistung müßte sich dafür jedoch als sinnvolles Abgrenzungskriterium erweisen.

Das Erfordernis einer individuellen Leistung könnte sich zunächst an der betroffenen Zahl von Arbeitnehmern manifestieren. Es liegt zweifellos eine individuelle Leistung vor, wenn nur die Leistung eines einzigen Arbeitnehmers Maßstab der Vergütung ist. Es fragt sich jedoch, ob danach bereits eine Unterscheidung zu einem Entgelt getroffen werden kann, welches sich am Erfolg des ganzen Unternehmens orientiert.

Schwierigkeiten bereitet hier insbesondere die Tatsache, daß sich die Leistung des einzelnen Arbeitnehmers und der Erfolg des ganzen Unternehmens keineswegs allein gegenüberstehen. Vielmehr ist auf die vielfältigen Erscheinungsformen des Gruppenentgelts zu verweisen.

Diese Entgeltformen existieren nun nicht erst, seitdem die Organisationsform der Gruppenarbeit im Zuge struktureller Veränderungen zunehmende Anwendung findet, sondern sind bereits seit langem in Form von Gruppenakkord und –prämie bekannt. Es herrscht allgemeine Übereinkunft darüber, daß eine Ausgestaltung von Akkord und Prämie in Form eines Gruppenentgelts nicht dazu führt, daß diesen Entgelten die Eigenschaft als leistungsbezogenes Entgelt nun wieder abzusprechen sei.

Zudem ist darauf zu verweisen, daß das Erfordernis einer individuellen Leistung nicht deckungsgleich ist mit der Frage, ob es sich bei der Ausgestaltung einer Entgeltregelung um einen Einzelfall oder eine allgemeine Regelung handelt. Daß etwa die Vorgabe für eine Leistung abstrakt-generell festgelegt werden kann, obwohl die Leistung selbst als „individuell" anzusehen sein müßte, ergibt

[198] HSG § 87 Rn. 554; im übrigen wird von der persönlichen Arbeitsleistung des Arbeitnehmers oder der Arbeitsleistung des einzelnen Arbeitnehmers gesprochen: GK-Wiese § 87 Rn. 987; FKHE § 87 Rn. 519; Löwisch § 87 Rn. 141; ErfKomm-Hanau/Kania § 87 Rn. 126; Richardi § 87 Rn. 961.

sich schon daraus, daß jedenfalls die Ausgangsleistung des Prämienlohns nach ganz übereinstimmender Ansicht[199] zumindest in den meisten Fällen[200] als allgemeine Regelung anzusehen ist, obwohl ihre Einordnung als Leistungsentgelt und damit ihre Orientierung an einer „individuellen" Leistung unbestritten ist. Unterstellt man nun nach wie vor die Notwendigkeit einer individuellen Leistung für das Vorliegen eines leistungsbezogenen Entgeltes, so muß aus dem Phänomen von Gruppenakkord und -prämien möglicherweise der Schluß gezogen werden, daß auch Gruppenleistungen als individuelle Leistungen anzusehen sein müssen. So wird etwa für den Prämienlohn gefordert, daß sich dieser im Falle seiner Ausgestaltung als Gruppenprämie nach der individuellen Leistung einer abgegrenzten Gruppe richten müsse.[201]

Es fragt sich nun zunächst, was unter dem Begriff der „Abgegrenztheit" einer Gruppe zu verstehen ist.

In Betracht käme zum einen eine Abgrenzung nach einer bestimmten Personenzahl. Es ist jedoch kaum ersichtlich, inwieweit sich eine Personenzahl nennen lassen könnte, ab der nicht mehr von einer abgegrenzten Gruppe ausgegangen werden könnte. Sicherlich lassen sich Grundaussagen treffen wie die, daß mit der wachsenden Zahl der Beteiligten die Abhängigkeit des Einzelnen von der für ihn nicht mehr überschaubaren individuellen Arbeitsleistung der übrigen Gruppenmitglieder steigt und dementsprechend die Anreizwirkung des Gruppenentgeltes sinkt.[202] Es muß daher überlegt werden, bis zu welcher Gruppengröße ein Leistungsentgelt mit dem Ziel der Leistungssteigerung noch als sinnvolles Entgeltinstrument eingesetzt werden kann. Solche Überlegungen lassen sich jedoch kaum in Zahlen ausdrücken, vielmehr handelt es sich hier um eine Abwägungsentscheidung, die von den jeweiligen Gegebenheiten des Einzelfalls abhängt. Die Gruppengröße stellt sich damit aber nicht als sinnvolles Abgrenzungskriterium dar.

Naheliegend ist es aber, unter dem Aspekt der „Abgrenzung" die Forderung danach zu vermuten, daß die Gruppe in ihrem Zustandekommen eine bestimmte rechtliche Qualität aufweisen müsse, so daß von einem Vorgang der „Abgrenzung" gesprochen werden könnte. So ist eine Abgegrenztheit jedenfalls dann

---

[199] GK-Wiese § 87 Rn. 907; Lieb ZfA 1988 S. 413 ff., 423; S/W § 87 Rn. 182; Richardi § 87 Rn. 887, 888; Löwisch § 87 Rn. 140; FKHE § 87 Rn. 513; ErfKomm-Hanau/Kania § 87 Rn. 101.

[200] Zur abweichenden Ansicht von Löwisch für den Fall einer Schätzung der Prämienausgangsleistung ZHR 139 (1975), S. 362 ff., 376; ders. § 87 Rn. 140; zur Problematik insgesamt und zur hier vertretenen Ansicht bezüglich der Akkordsätze als ebenfalls allgemeine Regelungen s. bereits § 3 A. V. b) cc) und § 8 B. I. 1.

[201] Vgl. dazu HSG § 87 Rn. 554.

[202] So auch Dietz/Gaul/Hilger S. 31; Baierl S. 171.

nicht erreicht, wenn überhaupt keine Abgrenzung vorgenommen wird, sondern eine Bemessungsgröße etwa der gesamten Belegschaft zum Maßstab der Vergütung gemacht wird. Etwas anderes gälte dagegen etwa dann, wenn die Gruppenmitglieder in einem besonderen Abgrenzungsvorgang organisatorisch zu einer Arbeitsgruppe zusammengefaßt worden wären, wozu der Arbeitgeber durch eine entsprechende Vereinbarung in den einzelnen Arbeitsverträgen berechtigt gewesen sein müßte.[203]

Fraglich ist jedoch, ob die Leistung einer solcherart abgegrenzten Gruppe nun im Gegensatz zu der Leistung anderer Formen von Arbeitnehmermehrheiten als individuelle Leistung angesehen werden muß und sich daraus unterschiedliche Folgerungen im Hinblick auf das diesen Gruppen gezahlte Entgelt ziehen lassen. Dies erscheint jedoch überaus problematisch. Es ist nicht ersichtlich, inwieweit sich allein aus der Tatsache, daß eine Arbeitnehmergruppe durch einen besonderen Abgrenzungsvorgang gebildet und damit von der Gesamtbelegschaft „abgesondert" wurde, nun eine abweichende Beurteilung des dieser Gruppe gezahlten Entgelts im Vergleich zu einer etwa auf die Leistung der Belegschaft bezogenen Entgelts ergeben sollte. Vielmehr ist in beiden Fällen nicht das Leistungsergebnis eines einzelnen, sondern mehrerer Arbeitnehmer relevant für die Entgeltbemessung. Es läßt sich auch nicht ersehen, daß es allein durch den Vorgang der Abgrenzung etwa nun eher als bei der Gesamtbelegschaft darauf ankäme, welche konkreten Personen die Leistung erbringen. Auch Mitglieder einer abgegrenzten Gruppe können ausgetauscht werden, ohne daß das der Gruppe gezahlte Entgelt den Charakter eines Leistungsentgelts verliert. Zwar kann es für die Frage der Leistungsbezogenheit unter dem Gesichtspunkt der Übersichtlichkeit durchaus von Bedeutung sein, welchen gegenseitigen Beeinflussungsmöglichkeiten und Abhängigkeiten die Gruppenmitglieder ausgesetzt sind. Dies ist jedoch eine Frage der Größe der relevanten Arbeitsgruppe. Es ist aber nicht ersichtlich, inwiefern sich eine Antwort auf diese Frage allein und automatisch durch den Vorgang der Abgrenzung ergäbe. Die Frage der Gruppengröße bleibt vielmehr auch hier eine an den jeweiligen Gegebenheiten orientierte Abwägungsfrage.
Es erscheint damit aber nicht als sinnvoll, das Erfordernis einer individuellen Leistung bei Gruppenentgelten dadurch zu konstruieren, daß die Gruppenleistung unter bestimmten Voraussetzungen wie ihrer „Abgegrenztheit" als individuell anzusehen sei. Das Erfordernis einer abgegrenzten Gruppe allein vermag die angestrebte Individualität der Leistung jedenfalls nicht zu ersetzen. Daraus ergibt sich aber zunächst, daß es für die Leistungsbezogenheit eines Entgelts

[203] Rüthers ZfA 1977 S. 1 ff., 4 f.

innerhalb der Grenzen der Angemessenheit gleichgültig ist, welcher Art die für die Entgeltbemessung relevante Arbeitnehmermehrheit ist. Durchaus kann es sich dabei auch um die gesamte Belegschaft handeln, wenn nicht deren Größe den Einsatz eines Leistungsentgelts als unangemessen erscheinen läßt.

Vielmehr liegt es nahe, der Frage nachzugehen, weshalb überhaupt das Bedürfnis danach besteht, als Voraussetzung für ein leistungsbezogenes Entgelt das Vorliegen einer individuellen Leistung zu fordern. Gemeint ist hier offensichtlich ein Aspekt, der bereits im Zusammenhang mit der Gruppengröße und allgemein mit der Frage nach der Anreizwirkung eines Entgelts die entscheidende Rolle spielt; gesucht ist ein Kriterium für die Beantwortung der Frage, wann noch von einer unmittelbaren Beziehung zwischen der Leistung des einzelnen Arbeitnehmers und dem zur Steuerung dieser Leistung eingesetzten Anreiz ausgegangen werden kann.
Alle Faktoren, die diese unmittelbare Beziehung beeinträchtigen, sind geeignet, die Eigenschaft der Leistungsbezogenheit eines Entgelts zu zerstören. Die Forderung danach, die individuelle Leistung des einzelnen Arbeitnehmers müsse der Entgeltberechnung zugrundeliegen, ist damit aber so zu verstehen, daß allein diese Arbeitnehmerleistung für die Entgeltberechnung relevant sein dürfe und nicht weitere Faktoren, die mit dieser Leistung in keinem Zusammenhang mehr stehen. Es geht also um die Frage der Beeinflußbarkeit der relevanten Bemessungsgrößen durch die persönliche Arbeitsleistung des einzelnen Arbeitnehmers.

Diese Bemessungsgrößen sind bei den bisherigen Überlegungen nun aber noch außer Betracht geblieben. Auch wenn das Bundesarbeitsgericht den Kreis der hier in Frage kommenden Kriterien recht weit zieht und insbesondere an die Beeinflußbarkeit der Leistungsgrößen geringe Anforderungen zu stellen bereit ist, muß möglicherweise doch für die einzelnen Entgeltformen genau differenziert werden, um zu einer Abgrenzung zwischen einem Leistungsentgelt und einem erfolgsbezogenen Beteiligungsentgelt zu gelangen.

(3) Beeinflußbarkeit der Bemessungsgrößen?
Die einschränkende Anmerkung der Literatur, die Leistung des einzelnen Arbeitnehmers müsse darüber bestimmen, in welcher Höhe der Arbeitnehmer ein zusätzliches Entgelt erhält, und nicht der Ertrag des ganzen Unternehmens, zielt wie bereits festgestellt darauf ab, leistungsbezogene Entgelte von dem Bereich der Beteiligungssysteme abzugrenzen. So wird mit diesem Argument in allen

Fällen einer Gewinnbeteiligung die Eigenschaft als leistungsbezogenes Entgelt abgesprochen.[204]

Als maßgebliches Kriterium für das Vorliegen eines solchen Beteiligungsentgeltes wird nun in der betriebswirtschaftlichen Literatur durchgängig darauf verwiesen, daß hier den Mitarbeitern über das normal gewährte Entgelt hinaus Anteile an einer gesamtbetrieblichen Erfolgsgröße zugesichert werden.[205] Während das „normal" gewährte Entgelt in Gestalt von Zeit- und Leistungsentgelt sowie Sozialleistungen unabhängig vom jeweiligen Periodenerfolg des Unternehmens immer gezahlt werden müsse und so eine negative Komponente des Periodenerfolges darstelle, handele es sich bei einem Beteiligungsentgelt um eine Alternative zur Verwendung dieses Erfolges.[206] Auf das Arbeitsentgelt und weitere Leistungen hätten die Arbeitnehmer einen Rechtsanspruch auch der Höhe nach, während die Beteiligung an Erfolgsgrößen die Entstehung dieses Erfolgs voraussetze. Da der Kapitaleigner das dabei bestehende Risiko allein trage, stehe ihm aber auch der dabei entstehende Erfolg allein zu. Erst wenn die Mitarbeiter über das Entgelt für geleistete Arbeit hinaus an der gewählten Erfolgsgröße beteiligt würden, liege ein Beteiligungsentgelt vor, dessen Höhe von der Entwicklung dieser Größe abhängig sei.[207]

Es erscheint damit, daß eine Besonderheit eines Entgelts, dessen Höhe vom Ertrag des ganzen Unternehmens abhängt, darin besteht, daß den Arbeitnehmern darauf zum einen keinen Anspruch der Höhe nach zusteht. Zum anderen ist diese Höhe aber von Faktoren abhängig, die in verschiedener Ausprägung das unternehmerische Risiko des Unternehmens widerspiegeln.

Möglicherweise verläuft damit aber die Grenze zwischen einem leistungsbezogenen Entgelt und einem rein erfolgsbezogenen Beteiligungsentgelt entlang dieser Risikogrenze. Ein leistungsbezogenes Entgelt könnte demnach nur ein solches sein, das für den Fall der Leistungserbringung grundsätzlich von den Arbeitsvertragsparteien im vorhinein als Teil des arbeitsvertraglichen Entgeltanspruchs auch der Höhe nach festgelegt wurde und dessen konkrete Höhe dann ausschließlich von der Leistung des Arbeitnehmers abhängt.

Daß dem jedoch nicht uneingeschränkt zugestimmt werden kann, zeigt bereits das Beispiel des Prämienlohns. Je nachdem, welche Bezugsgröße diesem zugrundegelegt wird, hängt das prämierte Arbeitsergebnis etwa in Gestalt der Er-

---

[204] Vgl. Löwisch § 87 Rn. 141, ErfKomm-Hanau/Kania § 87 Rn. 126; ähnlich FKHE § 87 Rn. 519, GK-Wiese § 87 Rn. 987.

[205] Pfeiffer u.a. S. 275; Maier S. 162; Drumm S. 502/503; Oechsler S. 402; Becker Entgeltsysteme S. 313 ff., 319.

[206] Drumm S. 502.

[207] Drumm S. 502/503; Oechsler S. 402; Maier S. 162; Schultz S. 26.

zeugnisgüte möglicherweise bereits davon ab, ob der Arbeitnehmer Vorteile aus einem reibungslosen Lauf der Maschine hatte. Genauso können maschinen- oder materialbedingte Störungen seinen Prämienlohn mindern, denn prämiert wird allein das gezeigte Arbeitsergebnis. Über die reine Leistungsbezogenheit wird damit jedoch der Arbeitnehmer in gewisser Weise bereits beim Prämienlohn am betrieblichen Fertigungsrisiko beteiligt.[208] Wie bereits ausgeführt, wird freilich dennoch beim Prämienlohn von einem leistungsbezogenen Entgelt ausgegangen. Die betriebswirtschaftliche Abgrenzung kann damit für die Bestimmung eines leistungsbezogenen Entgelts i.S.v. Nr. 11 nicht herangezogen werden. Ausschlaggebend ist zumindest beim Prämienlohn vielmehr, daß die Tätigkeit des Arbeitnehmers das Ergebnis noch maßgeblich zu beeinflussen vermag.[209]

Aber auch diese maßgebliche Beeinflussungsmöglichkeit kommt nicht als Abgrenzungskriterium eines leistungsbezogenen Entgeltes in Betracht, wenn man mit dem Bundesarbeitsgericht davon ausgehen möchte, daß es sich bei Provisionen um ein leistungsbezogenes Entgelt handelt. Gerade Provisionen sind ihrer Natur und ihrer im Handelsgesetzbuch (§§ 65, 87 Abs. 1, 87a HGB) zu suchenden Rechtsgrundlagen nach durchaus als Umsatzbeteiligung ausgestaltet. Der Umsatz als Bezugsgröße ist in einer Weise von äußeren Einflüssen abhängig, daß nicht wie beim Prämienlohn ohne weiteres von einer maßgeblichen Beeinflußbarkeit durch den Arbeitnehmer ausgegangen werden kann.[210] Die Provision setzt den Arbeitnehmer vielmehr in einer Weise dem Wirtschaftsrisiko aus, daß eine reine Provisionszahlung ohne Grundentgelt bei unselbständigen Arbeitnehmern angesichts derer speziellen Schutzwürdigkeit als sittenwidrig gilt.[211]
Zu bedenken und der Ansicht des Bundesarbeitsgerichtes zuzugeben ist jedoch, daß bei der Provision nicht vom Umsatz des Unternehmens, sondern vom individuellen Umsatz des Arbeitnehmers ausgegangen wird.[212] Der Arbeitnehmer wird nur an von ihm abgeschlossenen oder vermittelten Geschäften beteiligt. Besondere Bedeutung erlangt hier die Tatsache, daß es sich bei Provisionsempfängern in der Regel um Vertriebsbeauftragte handelt, deren Beschäftigung im wesentlichen in der Erwirtschaftung dieses individuellen Umsatzes besteht.
Zwar nehmen so immer noch Unabwägbarkeiten des Marktes und das Verhalten des Dritten als dem Geschäftspartner des vermittelten Geschäftes, der seine Ge-

[208] Vgl. dazu Dietz/Gaul/Hilger S. 78, diese wie auch Schaub § 62 I sprechen hier von finaler Entgeltfindung, die am Markterfolg und nicht an der Leistung des Arbeitnehmers orientiert sei; vgl. dazu bereits § 8 C. III. 1. b) aa) und § 2 B.
[209] S. § 2 B. II.; Dietz/Gaul/Hilger S. 78; Richardi § 87 Rn. 820.
[210] Vgl. dazu Lieb DB 1975, S. 1748 ff., 1749.
[211] LAG Hamm 16.10.1989 ZIP 1990, 880; dazu Kasseler Handbuch-Künzl 2.1 Rn. 366.
[212] Vgl. dazu Kasseler Handbuch-Künzl 2.1 Rn. 366, 370.

genleistung noch erbringen muß, auf den konkreten Umsatz Einfluß.[213] Bei der Leitungsprovision unterbricht gar zusätzlich noch das Verhalten und der Erfolg der einem Organisationsleiter unterstellten Außendienstmitarbeiter die Beziehung zwischen der Tätigkeit des zu entlohnenden Leiters und dem Ergebnis dieser Tätigkeit.
Obwohl aber so die gewählten Bezugsgröße von dem Verhalten des Arbeitnehmers nur eingeschränkt zu beeinflussen ist, kann sie angesichts der speziellen Ausgestaltung der Provision dennoch auf dieses individuelle Verhalten eines einzigen Menschen zurückgeführt werden. Es läßt sich somit sicherstellen, daß auch das Verhalten des einzelnen Arbeitnehmers einen maßgeblichen Faktor bei der Entstehung des vergüteten Ergebnisses ausmacht.[214] Sicherlich liegt die Provision damit immer noch auf der Grenze zu einem Beteiligungsentgelt. Es ist jedoch dem Bundesarbeitsgericht darin zuzustimmen, daß es angesichts der speziellen Ausgestaltung der Provision und ihrer in der Praxis ganz übereinstimmend zugeschriebenen Anreizfunktion als gerechtfertigt erscheint, diese Grenze so weit zu ziehen, daß auch die Provision noch als leistungsbezogen angesehen werden kann.

Als ausschlaggebendes Kriterium für die Abgrenzung zwischen leistungsbezogenem Entgelt und rein erfolgsbezogenem Beteiligungsentgelt läßt sich damit aber der Grad der Beeinflußbarkeit der Bemessungsgrößen durch den einzelnen Arbeitnehmer nennen. Es läßt sich hier formulieren, daß zwar nicht eine maßgebliche Beeinflußbarkeit der Bemessungsgröße durch die individuelle Leistung und das Verhalten der Arbeitnehmer im Sinne des Prämienlohns, wohl aber noch eine ausreichende Zurechenbarkeit und damit eine hinreichende Abhängigkeit zwischen beiden Faktoren gegeben sein muß.[215]
Angesprochen ist hier das Problem der Zurechnung von individueller Leistung und individuellem Verhalten auf die gewählte Erfolgsgröße, welche es bereits als problematisch hat erscheinen lassen, inwieweit mit einem Beteiligungsentgelt noch eine Anreizfunktion erfüllt werden kann.[216] Hinzutritt hier auch der Aspekt der Risikoeinflusses.[217] Bei der Provision kann es die Qualität eines Leistungsentgelts nicht hindern, daß Wirtschaftsrisiken eine Rolle spielen, denn diesen Risiken steht aufgrund der Reichweite und Ausgestaltung des Tätigkeitsbereichs des einzelnen Arbeitnehmers auch eine entsprechende Beeinflussungs-

[213] Lieb DB 1975, S. 1748 ff., 1749.
[214] So auch Moll Mitbestimmung S. 69.
[215] S. Formulierung in BAG 28.7.1981 AP § 87 BetrVG 1972 Provision Nr. 2, Bl. 1030.
[216] S. § 8 C. III. 1. b) aa) (1); zum Problem der Erfolgszurechnung bei Beteiligungssystemen allgemein Drumm S. 503.
[217] Dazu auch Pornschlegel AuR 1983 S. 193 ff., 194.

möglichkeit durch diesen selbst gegenüber. Auch beim Prämienlohn wird diese Risikoregulierung letztlich mit der Argumentation der „immerhin noch maßgeblichen Beeinflußbarkeit" vorgenommen.[218]
Durch den „Feinregler" der Beeinflußbarkeit läßt sich so aber die Frage beantworten, ob ein Entgeltanteil eher als Ergebnis des gesamtbetrieblichen Erfolges bzw. des unternehmerischen Auftretens auf dem Markt oder eher als individuell zurechenbares und verhaltenssteuerndes Leistungsentgelt anzusehen ist.[219]

Nur für letztere Entgelte aber kann eine weitergehende Mitbestimmung des Betriebsrats nach § 87 Abs. 1 Nr. 11 BetrVG überhaupt in Betracht kommen. Der Schutzzweck dieser Vorschrift ist es, einer Fehlbewertung der Leistung der Arbeitnehmer entgegenzuwirken, die aber dafür in die Bemessungsgrößen überhaupt erst in hinreichender Weise eingehen muß.
Die Frage nach der Beeinflußbarkeit eines Entgeltes muß freilich für jede Entgeltform neu gestellt werden und läßt sich letztlich nur im Wege der wertenden Zuordnung beantworten; es muß von Fall zu Fall entschieden werden, ob noch von einer „ausreichenden" Zurechenbarkeit und einer „hinreichenden" Abhängigkeit zwischen Arbeitnehmerleistung und Bemessungsgröße ausgegangen werden kann. Der Provision kommt in dieser Wertung ihre spezielle Ausgestaltung zugute. Hier liegt ein Entgelt vor, dessen Bemessungsgrößen zugleich erfolgsabhängig und so eindeutig dem Verhalten des einzelnen Arbeitnehmers zurechenbar sind, daß von einer für die Annahme eines Leistungsentgelts ausreichenden Beeinflußbarkeit und Anreizwirkung auszugehen ist.

Diese Wertungsfrage muß jedoch für andere Entgelte mit erfolgsabhängigen Bemessungsfaktoren möglicherweise anders ausfallen. Insbesondere dann, wenn die Tätigkeit von Arbeitnehmern nicht in erster Linie der Erwirtschaftung einer bestimmten Erfolgsgröße dient, erscheint es hier nun überaus problematisch, inwieweit auch erfolgsabhängige Bemessungsgrößen noch als leistungsbezogen anzusehen sein können. Zum einen wird es bereits nicht möglich sein, Erfolgsfaktoren zu finden, die sich von vornherein aus der Tätigkeit der Arbeitnehmer ergeben und von diesen maßgeblich beeinflußt werden können. Vielmehr müssen Erfolgsfaktoren des Unternehmens verwendet werden.
Liegen aber Faktoren des Erfolgs des ganzen Unternehmens und nicht mehr der individuelle Erfolg des einzelnen Vertriebsbeauftragten der Berechnung eines

[218] Zur entsprechenden Beteiligung am Fertigungsrisiko Dietz/Gaul/Hilger S. 78.
[219] Pornschlegel AuR 1983 S. 193 ff., 194; vgl. das Vorgehen von Baierl, S. 59 f., der alle Entgelte als Beteiligungsentgelte auffaßt und ihre Wirkungsweise lediglich nach dem Grad der Beeinflußbarkeit unterteilt. Akkord- und Prämienlohn stellen sich dabei als Leistungsergebnisbeteiligungen dar.

Entgelts zugrunde, kann nicht mehr ohne weiteres von einer hinreichenden Beeinflußbarkeit der Bemessungsgrößen durch die Leistung des einzelnen Arbeitnehmers ausgegangen werden. Keineswegs läßt sich daher generell auch der bloße Erfolg als Leistung ansehen. Kennzahlen des Unternehmenserfolges sind vielmehr in der Regel so sehr von externen, durch den einzelnen Arbeitnehmer nicht zu beeinflussenden Faktoren und Marktentwicklungen abhängig, daß hier kein Leistungs-, sondern ein Beteiligungsentgelt vorliegt. In dieser Hinsicht ist daher der entsprechenden Ansicht der Literatur[220] zuzustimmen, die solche Entgelte vom Begriff des Leistungsentgelts ausschließt, die vom wirtschaftlichen Erfolg des ganzen Unternehmens abhängen.

Nach der hier entwickelten Ansicht über die wertungsmäßig zu treffende Abgrenzung zwischen den Bemessungsgrößen eines Leistungs- und eines Beteiligungsentgelts ist von dieser Aussage allerdings dann wieder abzurücken, wenn sich trotz des möglichen Unternehmensbezugs einer Bemessungsgröße eine ausreichende Beeinflußbarkeit dieser Kennzahl durch die Leistung des einzelnen Arbeitnehmers sicherstellen läßt.
Dabei kann durchaus ins Gewicht fallen, daß diese Kennzahlen sich von den ganz traditionellen Kennzahlen, wie sie bisher im Akkord- und Prämienlohn verwendet wurden, darin unterscheiden, daß sie etwa dem erweiterten Handlungsspielraum einer Arbeitnehmergruppe entsprechen und so immer noch deren Beeinflussung unterliegen.[221] Zu denken ist hier etwa an komplette Programmvorgaben, die sich nicht allein in einer Mengenvorgabe erschöpfen, sondern das Ergebnis insgesamt prämieren oder an bestimmte Durchlaufzeiten, die nur herangezogen werden können, wenn die komplette Bearbeitung eines Auftrags in den Kompetenzbereich einer Arbeitsgruppe fällt.[222]
Zu denken ist auch daran, daß es etwa im Rahmen eines Zielvereinbarungssystems gelingt, dem Entgeltsystem zwar Größen des Unternehmenserfolges zugrundezulegen, diese jedoch soweit in stellenspezifische Leistungsziele aufzulösen, daß wiederum hinreichend beeinflußbare Leistungskennzahlen und damit ein leistungsbezogenes Entgelt vorliegen.
Gewährleistet sein muß jedoch immer, daß es sich nicht letztlich doch um eine Erfolgsgröße des ganzen Unternehmens handelt, die durch die Arbeitnehmer nicht mehr angemessen beeinflußt werden kann.

---

220 GK-Wiese § 87 Rn. 987; FKHE § 87 Rn. 519; Löwisch § 87 Rn. 141; ErfKomm-Hanau/Kania § 87 Rn. 126; Richardi § 87 Rn. 961; HSG § 87 Rn. 554.
221 Vgl. zu den vielfältigen denkbaren Meßgrößen ausführlich Lang Moderne Entgeltsysteme S. 101 ff.
222 Lang Moderne Entgeltsysteme S. 121, 123 f.; 155.

Liegen daher keine Besonderheiten in der Tätigkeit des Arbeitnehmers oder keine beeinflußbaren Leistungskennzahlen vor und gelingt es auch nicht, Unternehmenserfolgsfaktoren in hinreichend beeinflußbare Leistungskennzahlen umzuwandeln, wird also ein Entgelt maßgeblich an Faktoren des Unternehmenserfolgs ausgerichtet, liegt kein Leistungs-, sondern ein Beteiligungsentgelt vor.

bb) Unmittelbare Beziehung zwischen Leistung und Vergütung

Als Kriterium für eine Vergleichbarkeit eines wie eben definierten leistungsbezogenen Entgeltes mit Akkord- und Prämienlohn ist nun die von der Rechtsprechung im Rahmen seiner zweiten Prüfungsstufe geforderte unmittelbare Beziehung zwischen Arbeitsergebnis und Höhe der Vergütung in der Weise zu nennen, daß die Leistung unmittelbar, direkt und kontinuierlich die Höhe des Entgeltes bestimmen muß.[223] Schutzzweck des § 87 Abs. 1 Nr. 11 BetrVG ist es, den Leistungsdruck, der durch die einem Leistungsentgelt typischerweise innewohnende Anreizwirkung vermittelt wird, gemeinsam mit dem Betriebsrat zu steuern. Dieser Leistungsdruck entsteht jedoch in einer dem Akkord- und Prämienlohn vergleichbaren Weise erst dann, wenn sich der Arbeitnehmer während der Arbeitsleistung in jeder Sekunde sagen muß, daß nur ein besonderer Einsatz zu einem bestimmten, von ihm angestrebten Entgelt führen wird.[224] Immer dann, wenn eine bestimmte Mehrleistung nicht unmittelbar zu einem entsprechenden Mehrverdienst führt und eine Leistungsschwankung keine direkten Auswirkungen auf die Vergütung zeigt, ist dieser Leistungsdruck zumindest nicht mehr durch das Entgelt verursacht. In diesem Fall ist aber die Beziehung zwischen Leistung und Vergütung in einer Weise abgeschwächt, daß der Schutzzweck des § 87 Abs. 1 Nr. 11 BetrVG, die Steuerung des Leistungsdrucks durch gemeinsame Festsetzung aller Bezugsgrößen und insbesondere der Geldfaktoren keine ausreichende Wirkung entfalten könnte. Die Anwendbarkeit von § 87 Abs. 1 Nr. 11 BetrVG ist daher in diesem Falle zum Erreichen dieses Schutzzweckes nicht erforderlich.

Ist daher die unmittelbare Beziehung zwischen Leistung und Vergütung etwa durch eine zwischengeschaltete Leistungsbeurteilung oder eine Phasenverschiebung der beschriebenen Art unterbrochen oder abgeschwächt, kann von einer Vergleichbarkeit mit Akkord- und Prämienlohn nicht mehr ausgegangen werden.

---

[223] So bereits BAG 28.2.1984, SAE 1985, 297.

[224] Vgl. Löwisch Anm. zu BAG 22.10.1985 SAE 1986 S. 252.

cc) Bezugsleistung

Schließlich fordert die Rechtsprechung als Voraussetzung für ein vergleichbares leistungsbezogenes Entgelt i.S.d. § 87 Abs. 1 Nr. 11 BetrVG zu Recht das Vorliegen einer Bezugsleistung.

Auch für dieses Merkmal läßt sich zunächst die Schutzfunktion des § 87 Abs. 1 Nr. 11 BetrVG als entscheidendes Argument heranziehen.

So soll gewährleistet werden, daß der den Leistungsentgelten typischerweise innewohnende Anreiz zur Mehrleistung in einem angemessenen Verhältnis zu einem möglichen Mehrverdienst stehen muß, um einen übermäßigen und schädigenden Leistungseinsatz entbehrlich zu machen. Damit soll nach zutreffender Ansicht § 87 Abs. 1 Nr. 11 BetrVG die Arbeitnehmer davor schützen, daß sie durch letztlich nicht gerechtfertigte überhöhte Ansätze benachteiligt oder geschädigt werden, sei es, daß ihre Leistung nicht entsprechend gewertet wird, sei es, daß diese Ansätze sie zu einer sie letztlich überfordernden Leistung anspornen.[225] Allein aus diesem Grund sollen alle Entscheidungen, die die Ermittlung und Bewertung der zu vergütenden Leistung betreffen, auch dann mitbestimmt sein, wenn diese Entscheidungen von der Generalklausel des § 87 Abs. 1 Nr. 10 BetrVG nicht mehr erfaßt sind.

§ 87 Abs. 1 Nr. 11 BetrVG unterstellt alle Bezugsgrößen eines leistungsbezogenen Entgeltes einschließlich der Geldfaktoren dieser ergänzenden Mitbestimmung des Betriebsrats jedoch damit nur dann, wenn diese Mitwirkung die beabsichtigte Schutzwirkung auch entfalten kann. Das kann nur dann der Fall sein, wenn das leistungsbezogene Entgelt auch speziell die angesprochenen Gefahren beinhaltet. Eine allgemeine Gefahr, die bereits in der Anreizwirkung aller leistungsbezogener Entgelte liegt, reicht dagegen nicht aus.

Eine Bezugsleistung stellt nun eine Größe dar, zu der die Leistung des Arbeitnehmers in Bezug gesetzt wird, um zu entscheiden, ob und welchem Verhältnis zu dieser Größe eine Leistung vergütet werden soll.[226] Erst mit der Festlegung dieser Richtgröße aber lassen sich alle weiteren Leistungen als Mehr- oder Minderleistungen auffassen. Erst mit dieser Qualifizierung der Arbeitnehmerleistung als „Mehr- oder Minderleistung" aber kann auch eine Entscheidung über die dieser Leistung angemessene Mehr- oder Mindervergütung getroffen werden.

Erste Voraussetzung für das Vorliegen einer Bezugsleistung ist damit die Existenz einer solchen Leistungsvorgabe, die davon abweichenden Arbeitnehmerleistungen zu relativen Leistungen macht. Wie diese Relationen, die erst durch die Existenz einer Bezugsleistung entstehen können, weiter auszugestalten sind,

---

225 BAG 28.7.1981 AP § 87 BetrVG 1972 Provision Nr.2, Bl. 1031.

226 BAG 28.7.1981 AP § 87 BetrVG 1972 Provision Nr.2, Bl. 1031.

unterliegt dann der Mitbestimmung des Betriebsrats nach § 87 Abs. 1 Nr. 11 BetrVG. Der Arbeitgeber soll nicht allein festlegen können, in welchem Verhältnis sich Entgelt und Leistung zueinander verhalten, wenn diese Entscheidung die eigentliche Wirkungsweise des Entgeltsystems erst ausmacht.
Diese besondere Bedeutung für die Wirkungsweise des Entgeltsystems erlangt das Verhältnis zwischen Entgelt und Leistung dagegen dann nicht, wenn die vom Arbeitnehmer geforderten Leistungen absolute Leistungen sind, die unabhängig voneinander und nicht unter dem Gesichtspunkt vergütet werden, daß sie eine Leistungssteigerung oder -minderung in Relation zu einer bestimmten Leistungserwartung darstellen. Eine solche absolute Leistung stellt auch die Leistungsfiktion des Zeitentgeltes dar, deren Vergütung auch unangemessen sein kann, ohne daß deren Mitbestimmung deswegen erforderlich wäre.[227]

Selbst wenn eine solche Leistungsvorgabe aber existiert, kann ihr die Qualität einer Bezugsleistung und dem entsprechenden Entgelt die Vergleichbarkeit mit Akkord- und Prämienlohn erst dann zugesprochen werden, wenn auch die Art und Weise der Festsetzung und die Bedeutung der Leistungsvorgabe und der Entgeltsätze vergleichbar ist mit der Festsetzung und Bedeutung der Ausgangsgrößen des Akkord- und Prämienlohns.
Dafür ist jedoch zu fordern, daß die Festlegung der Bezugsleistung und der Entgeltsätze unter dem Gesichtspunkt erfolgt, welche Leistung von einem Arbeitnehmer erwartet werden kann und welche Vergütung er angemessener- und gerechterweise dafür erhalten soll.[228]
Voraussetzung ist dafür zum einen, daß der Festlegung der Bezugsleistung irgendeine Form der Ermittlung der Leistungsfähigkeit der Arbeitnehmer auf den konkret betroffenen Arbeitsplätzen zugrundeliegt, seien es Schätzungen, Erfahrungswerte, statistische oder empirische Methoden oder auch Prognosen.[229] Der Festsetzung einer Leistung als Bezugsleistung muß somit die Überlegung vorhergegangen sein und maßgeblich zugrundeliegen, welche Leistungserwartungen an die einzelnen Arbeitsvorhaben gerichtet werden können.
Zum anderen aber muß auch die Festsetzung der Entgeltsätze dieser Wertung und Bedeutung der Bezugsleistung entsprechen. Nur wenn das Entgelt maßgeblich unter dem Aspekt festgelegt wird, eine der Höhe der Leistung angemessene Vergütung zu finden, ist die Vergleichbarkeit mit Akkord- und Prämienlohn gegeben. Voraussetzung ist dafür, daß nach der Ermittlung der Leistungsfähigkeit der Arbeitnehmer nun für die Festsetzung der Entgeltsätze überlegt wird, welche

---

[227] Vgl. dazu GK-Wiese § 87 Rn. 974.
[228] So auch bereits BAG 10.7.1979 AP § 87 BetrVG 1972 Lohngestaltung Nr. 2, Bl. 768.
[229] BAG 28.7.1981 AP § 87 BetrVG 1972 Provision Nr. 2, Bl. 1031.

Leistungsanforderungen den jeweiligen Leistungen zugrundeliegen und wie diese daher zu bewerten und mit welcher konkreten Summe zu entgelten sind.
Nur bei einem Entgelt, das diese Voraussetzungen erfüllt, können die speziellen Gefahren der nicht gerechtfertigten Bewertung der Leistung des Arbeitnehmers und der sich daraus ergebenden unangemessenen Berechnung seiner Vergütung entstehen, die zu verhindern aber allein der Zweck des § 87 Abs. 1 Nr. 11 BetrVG ist und die Beteiligung des Betriebsrats nach dieser Vorschrift rechtfertigt.

Lediglich in einem Punkt muß von dem von der Rechtsprechung angenommenen Verständnis einer Bezugsleistung möglicherweise abgewichen werden. So betont das Bundesarbeitsgericht zuweilen, daß die Bezugsleistung der Leistung entsprechen müsse, die als die „nicht besondere", die normale Leistung gelten könne.[230] Soweit hier möglicherweise ein Verständnis zugrundegelegt wird, nach dem die Bezugsleistung eine Art Mindestleistung darstellen muß, die selbst als nicht außergewöhnlich und in irgendeiner Form zu übertreffen anzusehen sein muß, kann dieser Ansicht nicht gefolgt werden. Zum einen ist ein solches Verständnis einer Bezugsleistung stark geprägt vom Begriff der Normalleistung des Akkordlohns, bei der sich die REFA-Definition als prägend erwiesen hat. Danach soll die Normalleistung die Leistung sein, die von einem voll geeigneten und geübten Arbeitnehmer auf die Dauer und im Mittel der täglichen Schichtzeit ohne Gesundheitsschädigungen erbracht werden kann.[231]
Den Begriff der Normalleistung hat das Bundesarbeitsgericht jedoch selbst abgelehnt und den Begriff der Bezugsleistung eingeführt mit der Begründung, mit diesem Begriff lasse sich das Gemeinsame der in § 87 Abs. 1 Nr. 11 BetrVG angesprochenen leistungsbezogenen Entgelte besser aufzeigen.[232] In der Tat ist eine Vergleichbarkeit nicht ausschließlich mit dem Akkordlohn, sondern auch mit dem Prämienlohn erforderlich, aber auch ausreichend.
Gerade beim Prämienlohn aber sind Ausgestaltungen der unterschiedlichsten Art möglich. Zwar geht es auch hier darum, welche Leistung erfahrungsgemäß innerhalb eines Arbeitsvorhabens verlangt werden kann. Dies schließt jedoch nicht aus, daß die Prämienausgangsleistung auch so festgelegt werden kann, daß nicht mit ihrer Überschreitung, sondern mit ihrer Unterschreitung kalkuliert wird, sie selbst also keineswegs eine Normal- oder Mindestleistung, sondern bereits etwa die höchste erwartete oder die optimale Leistung darstellt. Dem entspricht ein abbauender Prämiensatz, der für die Einhaltung der Bezugsleistung einen be-

---

[230] So etwa in BAG 22.10.1985 AP § 87 BetrVG 1972 Leistungslohn Nr. 3, Bl. 1355.
[231] REFA Arbeitsstudium Band 2, S. 136; s. auch BAG 28.7.1981 AP § 87 BetrVG 1972 Provision Nr.2, Bl. 1031.
[232] BAG 28.7.1981 AP § 87 BetrVG 1972 Provision Nr.2, Bl. 1032.

stimmten Geldbetrag vorgibt und bei dem sich jede Verminderung der Leistung als Abschlag auf diesen vorgegebenen Prämiensatz auswirkt.[233]
Es kommt für die Qualität einer Leistungsvorgabe als Bezugsleistung also nicht darauf an, ob sie noch übertroffen werden kann oder eine „noch nicht besondere" Leistung darstellt. Ausschlaggebend ist allein, daß eine solche Leistungsvorgabe in der Form existiert, daß sie abweichende Leistungen zu Mehr- und Minderleistungen relativiert und daß sie maßgeblich unter dem Gesichtspunkt festgelegt wird, welche Leistung von einem Arbeitnehmer innerhalb eines Arbeitsvorhabens nach Ermittlung oder Einschätzung der Leistungsfähigkeit wohl zu erwarten ist. Nur in diesem Fall ist es erforderlich und vom Zweck des § 87 Abs. 1 Nr. 11 BetrVG gedeckt, alle Bezugsgrößen eines Entgeltes einschließlich der Geldfaktoren gemeinsam mit dem Betriebsrat festzulegen, um so einer Fehlbewertung der Leistungsanforderungen entgegenzuwirken.

2. Ergebnis im Hinblick auf herkömmliche Leistungs- und Beteiligungsentgelte

Es fragt sich, wie aufgrund der gewonnenen Erkenntnisse die Mitbestimmung des Betriebsrats nach § 87 Abs. 1 Nr. 11 BetrVG bei herkömmlichen Formen der Leistungsvergütung zu beurteilen ist.

a) Leistungszulagen zum Zeitentgelt

aa) Leistungsbezogenes Entgelt

Es ist davon auszugehen, daß es sich bei Leistungszulagen in der Regel um leistungsbezogene Entgelte handelt. Gerade die Orientierung an der individuellen Leistung des einzelnen Arbeitnehmers ist der Grund für ihre Einführung zusätzlich zu einem Zeitentgelt. Die hier verwendeten Leistungsmerkmale unterscheiden sich zunächst vor allem insofern von denen des Akkord- und Prämienlohns, als sie überwiegend nicht quantifizierbar sind, sondern sich auf Fähigkeiten, Eigenschaften und Verhaltensweisen beziehen. Auch hier handelt es sich jedoch um Leistungen des Arbeitnehmers, die lediglich beurteilt statt gemessen werden. Auch soll von Leistungszulagen ein Anreiz ausgehen, daß der Arbeitnehmer die mit der Leistungszulage honorierten Leistungen weiterhin erbringt oder steigert, um so eine möglichst gleichbleibende Arbeitsleistung und ein möglichst gleichbleibendes Arbeitsergebnis auf hohem Niveau zu erreichen.[234] Auch aus diesem

---

[233] Vgl. bereits § 2 B. II.; Dietz/Gaul/Hilger S. 86; Schaub § 65 V.; GK-Wiese § 87 Rn. 927; ob ein solcher Prämienverlauf überhaupt gewählt werden soll, ist daher bereits eine Entscheidung nach § 87 Abs. 1 Nr. 10 BetrVG.
[234] Vgl. zu diesem Aspekt auch BAG 22.10.1985 AP § 87 BetrVG 1972 Leistungslohn Nr. 3, Bl. 1355.

Umstand ergibt sich aber, daß es sich bei dieser Zulagenform um ein Leistungsentgelt handelt.

bb) Unmittelbare Beziehung zwischen Leistung und Entgelt

Die Mitbestimmbarkeit nach § 87 Abs. 1 Nr. 11 BetrVG scheitert bei Leistungszulagen aufgrund einer Leistungsbeurteilung jedoch am Erfordernis der unmittelbaren Beziehung zwischen Leistung und Entgelt. Bereits die Beurteilung der Leistung wirkt in der beschriebenen Form[235] als Unterbrechung dieser Unmittelbarkeit, denn der Arbeitnehmer erhält so das Entgelt nicht aufgrund seiner Leistung, sondern aufgrund einer von ihm nicht mehr beeinflußbaren entsprechenden Beurteilung. Zusätzlich ist mit der hier vertretenen Ansicht[160] aber von einer nicht vorhandenen Unmittelbarkeit für alle Leistungszulagen auszugehen, die in Gestalt der „Phasenverschiebung" laufend erst in einem Zeitraum ausgezahlt werden, der dem für die Höhe der Zulage entscheidendem Beurteilungszeitraum nachfolgt.

cc) Bezugsleistung

Schließlich ist darauf zu verweisen, daß Leistungsbeurteilungssysteme in aller Regel auch nicht dem Erfordernis einer Bezugsleistung entsprechen werden. Die hier vorgesehenen Notenskalen oder Bewertungsstufen enthalten zwar möglicherweise sogar eine Stufe, für die noch keine Punkte vergeben werden sollen, weil die entsprechende Leistung noch nicht als entgeltwürdig angesehen wird. Dies allein kennzeichnet eine Bezugsleistung jedoch nicht. Eines der maßgeblichen Kriterien ist es vielmehr, daß eine ausdrückliche Vorgabeleistung definiert wird, von der ausgehend alle darüberhinausgehenden Leistungen nur noch als relative Leistungen erfaßt werden. Dies geschieht bei einem Beurteilungssystem jedoch gerade nicht, eine Sollvorgabe ist hier gerade nicht vorgesehen. Eine Stufe, für die keine Punkte vergeben werden, wird in der Regel eine nicht ausreichende Leistung bezeichnen und keine erwartete Leistungsvorgabe darstellen. Die (mindestens) erwartete Leistung kennzeichnet sich vielmehr als eine Leistung, für die Punkte bereits vergeben werden. Allerdings läßt sich einer entsprechende Punkte- oder Notenskala nicht entnehmen, wann diese Leistungserwartung erreicht ist. Zwar besteht möglicherweise eine Vorstellung der Beurteilenden darüber, welche Leistung zu erwarten gewesen wäre, denn nur so können sie auch beurteilen, ob eine Leistung etwa als „hervorragend" zu bewerten ist. Diese Vorstellung allein aber, ohne daß sie in einer entsprechenden klaren Vorgabedefinition ihren Niederschlag gefunden hätte, genügt für die Annahme einer Bezugsleistung nicht. Auch am Erfordernis der Bezugsleistung scheitert damit

---

[235] Ausführlich § 8 C. III. 1. b).

aber die Mitbestimmung von Leistungszulagen aufgrund eines Beurteilungssystems nach § 87 Abs. 1 Nr. 11 BetrVG.[236]

b) Provisionen

aa) Leistungsbezogenes Entgelt und unmittelbare Beziehung zwischen Leistung und Entgelt

Wie bereits dargestellt[237], ist eine Provisionsvergütung dem Grunde nach als Beteiligungsentgelt ausgestaltet. Aus diesem Grund wurde vor allem in der Vergangenheit zuweilen die Ansicht vertreten, daß es sich hier nicht um ein leistungs-, sondern ein erfolgsbezogenes Entgelt handelt.[238] Es wird jedoch heute zu Recht jedoch davon ausgegangen, daß es sich auch bei der Provision um ein leistungsbezogenes Entgelt handelt. Ausschlaggebendes Argument ist hier, daß es sich bei der maßgeblichen Erfolgsbezugsgröße um den individuellen Umsatz des einzelnen Arbeitnehmers handelt, der in einer Weise auf die Person des Arbeitnehmers zurückgeführt werden kann, daß die für ein Leistungsentgelt zu fordernde hinreichende Abhängigkeit zwischen Arbeitnehmerleistung und Arbeitsergebnis als gegeben anzusehen ist.[239]

Unproblematisch anzunehmen ist es weiterhin, daß die Beziehung zwischen der Provisionsleistung und der Höhe des gewährten Entgelts eine unmittelbare ist, denn Unterbrechungen oder Verschiebungen sind innerhalb der Provisionsvergütung nicht vorgesehen.

bb) Bezugsleistung

Es fragt sich jedoch, ob eine Provision eine Bezugsleistung beinhaltet. Zu Recht lehnt das Bundesarbeitsgerichts dies wie dargestellt[240] ab. Zunächst läßt sich als einzige Vorgabe, die bei einer Provision überhaupt als Bezugsleistung in Betracht kommen könnte, lediglich die bei einer Provisionsvergütung insbesondere für Arbeitnehmer in aller Regel immer vorhandene Mindestvergütung oder Provisionsgarantie ausmachen, die möglicherweise auch mit einer bestimmten Leistungshöhe korrespondiert. Diese Leistungshöhe stellt jedoch gerade keine bestimmte Leistungserwartung dar, allenfalls wird davon ausgegangen, daß der Arbeitnehmer wohl soviel leisten wird, allein um seinen Mindestverdienst überhaupt übertreffen zu können. Diese diffuse Vorstellung davon, wie sich das Lei-

---

[236] Im Ergebnis ebenso BAG 22.10.1985 AP § 87 BetrVG 1972 Leistungslohn Nr. 3; MünchArbR-Kreßel § 67 Rn. 154.

[237] § 2 C. und § 8 C. III. 1. b) aa) (3).

[238] Schulze-Osterloh Anm. zu BAG 29.3.1977 AP BetrVG 1972 Provision Nr. 1, Bl. 900; Bolten DB 1977, S. 1650 ff., 1652; Lieb DB 1975 S. 1748 ff..

[239] LAG Hamm 16.10.1989 ZIP 1990, 880; Kasseler Handbuch-Künzl 2.1 Rn. 366; vgl. bereits oben unter § 8 C. III. 1. b) aa) (3).

[240] § 8 C. I. 2.

stungsverhalten des Arbeitnehmers wohl gestalten werde, ist aber zum einen noch nicht einmal Charakteristikum der Mindestgarantie, die möglicherweise nach ganz anderen Kategorien festgelegt wird, zum anderen reicht sie für die Annahme einer Bezugsleistung im hier verstandenen Sinne nicht aus.[241] Danach ist es Voraussetzung der Festlegung einer Bezugsleistung, die Leistungsmöglichkeiten der jeweiligen Arbeitsvorhaben zu ermitteln, um daraufhin eine konkrete Leistungserwartung zu formulieren.

Auf diese Leistungserwartung kommt es aber bei der Provision nicht an.[242] Anteile an Geschäftsabschlüssen werden nicht deshalb gewährt, weil damit eine bestimmte Mindestanzahl an Abschlüssen überschritten worden wäre. Vielmehr stellt jede Provision für jedes Geschäft einen Wert an sich dar, der sich allein nach dem Wert des abgeschlossenen Geschäfts selbst bestimmt. Die einzelnen Geschäfte hängen lediglich insoweit zusammen, als sie den individuellen und letztlich auch den geschäftlichen Umsatz absolut erhöhen.

Es liegt daher eine Bezugsleistung im hier verstandenen Sinne bei einer Provisionsvergütung nicht vor. Provisionen unterfallen damit nicht der Mitbestimmung des Betriebsrats nach § 87 Abs. 1 Nr. 11 BetrVG.

c) Erfolgsbeteiligungen

Bei Erfolgsbeteiligungen steht im Mittelpunkt die Frage danach, ob sich diese überhaupt als leistungsbezogenes Entgelt auffassen lassen. Besondere Bedeutung erlangt hier, daß als maßgebliches Unterscheidungskriterium zwischen einem Leistungs- und einem Beteiligungsentgelt die Beeinflußbarkeit der jeweiligen Bemessungsgrößen durch die Arbeitnehmer ausgemacht werden konnte. Die Bemessungsgrößen wiederum sind es, anhand derer sich die verschiedenen Formen der Erfolgsbeteiligung in Leistungs-, Ertrags- und Gewinnbeteiligung differenzieren lassen.

Es geht um die Frage, inwieweit noch eine ausreichende Beeinflußbarkeit und damit eine hinreichende Abhängigkeit zwischen der gewählten Bemessungsgröße und der individuellen Leistung der Arbeitnehmer gegeben ist. Es wurde bereits ausgeführt, daß hier Bedenken bestehen, soweit es sich um Erfolgsfaktoren des ganzen Unternehmens handelt, wie es die Bemessungsgrößen der Erfolgsbeteiligung aber in der Regel sind.

Insbesondere in dem Fall, in dem eine Bemessungsgröße gewählt wird, in der der Markterfolg des Unternehmens maßgeblichen Einfluß gewinnt, ist der Bezug zur Leistung der Arbeitnehmer so sehr von externen und unbeeinflußbaren Faktoren gestört, daß bereits aus diesem Grund nicht mehr von einer hinreichenden

---

[241] So auch Löwisch ZHR 1975 S. 362 ff., 377; BAG 28.7.1981 und 25.5.1983 AP § 87 BetrVG 1972 Provision Nrn. 2 und 4.

[242] BAG 28.7.1981 AP § 87 BetrVG 1972 Provision Nr. 2.

Zurechenbarkeit und einem Leistungsentgelt ausgegangen werden kann. Dies ist bei den Bemessungsgrößen Ertrag und Gewinn der Fall. Ertrag und Gewinn unterscheiden sich nur insoweit, als von den Ertragsgrößen im Unterschied zur Gewinnberechnung nicht die Kosten des Unternehmens abgezogen werden. Eine Ertragsbeteiligung wird demnach möglicherweise auch dann ausgeschüttet, wenn das Unternehmen insgesamt Verluste gemacht hat.[243]
In einer Ertrags- oder Gewinnbeteiligung, bei der auch der Markterfolg des Unternehmens selbst die Höhe des Entgeltes bestimmt und nicht die Leistung des einzelnen Arbeitnehmers, liegt damit aber kein leistungsbezogenes Entgelt, sondern ein Beteiligungsentgelt vor.[244]

Es fragt sich, ob diese Wertung für Formen der Leistungsbeteiligung anders ausfallen muß. Hier liegt die Besonderheit gerade darin, daß die gewählten Bemessungsgrößen völlig marktunabhängig sind. Dies wird auch zuweilen als Nachteil der Bezugsgröße „Leistung" im Rahmen einer Erfolgsbeteiligung gesehen, denn auf diese Weise müßten die Erfolgsanteile auch dann ausgezahlt werden, wenn die Gewinn- und Verlustrechnung des Unternehmens insgesamt zu „roten Zahlen" geführt habe.[245]
Wie bereits der Name andeutet, befindet sich eine Leistungsbeteiligung durchaus auf der Grenze zwischen einem Leistungsentgelt und einem Beteiligungsentgelt. Zudem weisen diese Formen in ihrem entgelttechnischen Aufbau wie bereits gesehen[246] große Ähnlichkeiten zum Prämienlohn auf. Diese Ähnlichkeit verstärkt sich, wenn man bedenkt, daß es für eine Leistungsbeteiligung nicht unbedingt um einen Erfolg des ganzen Unternehmens im Sinne eines Marktteilnehmers, sondern vielmehr um die Leistung der Gesamtbelegschaft, einer Abteilung oder aber auch einer spezifisch abgegrenzten Mitarbeiter-Gruppe als Arbeitnehmergesamtheit geht. Offensichtlich soll es auf die Art der Mitarbeitergruppierung nicht ankommen. Insbesondere im Falle einer spezifisch abgegrenzten Mitarbeitergruppe aber drängt sich die Parallele zur Gruppenprämie förmlich auf. Vertritt man wie hier darüber hinaus die Ansicht, daß ein gruppenbezogenes Leistungsentgelt nicht vom Erfordernis einer abgegrenzten Gruppe abhängt, sondern im Rahmen einer hinsichtlich der zahlenmäßigen Gruppengröße abzuwägenden Angemessenheit durchaus auch auf größere Arbeitnehmerge-

---

[243] Vgl. dazu Oechsler S. 404 f., Drumm S. 506 f., Zander Handbuch der Gehaltsfestsetzung S. 387 ff..
[244] So auch GK-Wiese § 87 Rn. 987; FKHE § 87 Rn. 519; Löwisch § 87 Rn. 141; ErfKomm-Hanau/Kania § 87 Rn. 126; Richardi § 87 Rn. 961; HSG § 87 Rn. 554.
[245] Schneider/Zander Erfolgs- und Kapitalbeteiligung S. 69; Zander Handbuch der Gehaltsfestsetzung S. 388.
[246] § 3 A. V. 2. d).

samtheiten bis hin zur Gesamtbelegschaft ausgerichtet sein kann, steht man wieder vor der Bewertung der Bemessungsgrößen als letztlich entscheidendem Abgrenzungsmerkmal.

Nicht der Markteinfluß kann bei der Leistungsbeteiligung hier nun eine Rolle spielen, wohl aber andere Faktoren und Überlegungen, die eine hinreichende Beeinflußbarkeit der Bemessungsgrößen durch die individuelle Leistung der einzelnen Arbeitnehmer als nicht gegeben erscheinen läßt.
Insbesondere bei der Produktivitäts- und der Kostenersparnisbeteiligung ist hier als maßgebliches Argument die unmittelbare Einflußnahme von betrieblichen Kostenrechnungen auf die jeweiligen Bemessungsgrößen zu nennen. Auch bei der Produktivitätsbeteiligung geht es um das Verhältnis von Leistungsumfang zu Lohnkosten. Zwar beruht gerade der betriebswirtschaftliche Leistungsbegriff auf der Auffassung, Leistung sei nichts anderes als der entstandene Wertzugang, versteht Leistung also gerade als Gegensatz zu den Kosten.[247] Unter diesem Gesichtspunkt ist es nachvollziehbar, daß in der betriebswirtschaftlichen Literatur auch kostenbezogene Kennzahlen als Ausdruck einer „Leistung“ verstanden werden. Von diesem Verständnis von „Leistung“ ist aber die Frage zu unterscheiden, ob es sich bei einem Entgelt, das die Arbeitnehmer an leistungsbedingten Produktivitätszuwächsen oder Kostenersparnissen beteiligt, um ein leistungsbezogenes Entgelt im Sinne von § 87 Abs. 1 Nr. 11 BetrVG handelt.

So läßt sich das mit einer Prämie bezweckte Ergebnis möglicherweise sowohl vermittels technischer Nutzungsdaten, als auch mit Kosten auf Grundlage entsprechender Kostenrechnungen darstellen. Es soll durchaus angenommen werden, daß sich technische und wirtschaftliche Daten lediglich als unterschiedliche Dimensionen bei der Erfassung des gleichen Sachverhaltes darstellen.[248] So liegen auch den Bemessungsgrößen des „echten“ Prämienlohns u.U. die gleichen, kostenbezogenen Überlegungen zugrunde wie bei einer Produktivitätsbeteiligung. Der Unterschied besteht jedoch darin, daß diese Überlegungen der Festsetzung der Leistungskennzahl vorgelagert sind. So können etwa für den Fall, daß eine Begrenzung der Lohnkosten beabsichtigt ist, zeit- und mengenbezogene Prämienkennziffern gewählt werden, die dann jedoch wieder der vollen Beeinflußbarkeit durch die Arbeitnehmer unterliegen. Ebenso kann ein Kostenelement wie der Maschinenkostensatz durch Prämienkennziffern beeinflußt wer-

---

[247] Pornschlegel ArbuR 1983 S. 193 ff. 199; Oechsler S. 5 ff.

[248] Vgl. dazu Pornschlegel ArbuR 1983 S. 193 ff., 198; auch Dietz/Gaul/Hilger, S. 33: Gewinnbeteiligungen stellten ebenso wie die Schaffung einer Leistungslohnordnung den Versuch da, die Arbeitnehmer an dem wirtschaftlichen Ergebnis des Unternehmens zu beteiligen; s. dort auch Fn. 30.

den, die den maßgeblich beeinflußbaren Auslastungsgrad wie eine bestimmte Durchlaufzeit betreffen.[249] Schließlich ist darauf zu verweisen, daß es durchaus auch Produktivitätsprämien gibt, die sich aus der Gegenüberstellung von vorgegebenen Zeiten und produktiven Anwesenheitszeiten ergeben, denen somit also durch den Arbeitnehmer zumindest noch hinreichend beeinflußbare und im Rahmen seines Arbeitsbereichs übersehbare Kennzahlen zugrundeliegen.[250]

Wo aber Kosten oder Kosten-Leistungsverhältnisse unmittelbar Gegenstand der entgeltrelevanten Kennziffer werden und sich das dem Arbeitnehmer gezahlte Entgelt lediglich als Anteil an einem wie auch immer gearteten betrieblichen Zuwachs darstellt, gewinnt die Frage zentrale Bedeutung, inwieweit der jeweilige Zuwachs wenigstens hinreichend in Zusammenhang mit dem arbeitnehmerischen Beitrag gebracht werden kann.

Konnte bei der Provision trotz deren Charakter als Umsatzbeteiligung im Hinblick auf ihre besondere individuelle Ausgestaltung noch von einer solchen hinreichenden Beeinflußbarkeit ausgegangen werden, erscheint diese Wertung bei den Kennzahlen der Produktivitäts- und Kostenersparnisbeteiligung äußerst fraglich.
Als ausschlaggebendes Argument erscheint es hier, daß bereits zur Feststellung einer kostenbezogenen Entwicklung in aller Regel ein äußerst kompliziertes Rechnungswesen erforderlich ist. Dieses Verfahren kann zum einen bewirken, daß die Entstehung solcher Kennzahlen auf so vielen Faktoren beruht, daß deren tatsächliche Beeinflußbarkeit durch die Mitarbeiter nicht mehr festgestellt und gewährleistet werden kann. Durch den einzelnen Mitarbeiter nicht zu vertretende Einflüsse lassen sich hier kaum ausklammern[251].
Hinzu tritt zum anderen die Überlegung, daß der einzelne Mitarbeiter mit steigender Komplexität den Bezug zu seiner eigenen Tätigkeit schlicht nicht mehr übersehen kann.[252] Anders als bei der Provision handelt sich es sich bei der Kostenersparnis und der Produktivität eben nicht um individuelle Erfolgsgrößen, sondern zunächst um Kostenfaktoren des Unternehmens, die etwa auch niemals auf einen einzelnen Arbeitnehmer, sondern allenfalls auf abgegrenzte Arbeitnehmergruppen bezogen werden können.[253] Trifft aber so die bei gruppenbezogener Entlohnung immer gegebene Einflußnahme durch die Leistung anderer Gruppenmitglieder zusätzlich mit der Einflußnahme äußerer Faktoren und einer

[249] Zander Lohn- und Gehaltsfestsetzung S. 119.
[250] Vgl. Ehlscheid/Meine/Vogt S. 258 ff.
[251] Zander Lohn- und Gehaltsfestsetzung S. 146; Lang Moderne Entgeltsysteme S. 169.
[252] Schneider/Zander Erfolgs- und Kapitalbeteiligung S. 71.
[253] Vgl. Siegel Report Vergütung S. 61 ff., 65.

bereits in den Kennzahlen angelegten Betriebsbezogenheit und Unübersichtlichkeit zusammen, läßt sich eine hinreichende Beeinflußbarkeit anders als bei der Provision nicht mehr annehmen. Bei der Produktivitäts- und der Kostenersparnisbeteiligung kann damit aber nicht mehr vom Vorliegen eines leistungsbezogenen Entgeltes ausgegangen werden, es handelt sich auch hier um Beteiligungsentgelte.

Soweit daher die Ansicht vertreten wird, als Kennzahlen des Prämienlohns kämen ohne weiteres auch Kennzahlen mit betriebswirtschaftlicher Zielsetzung in Betracht und als Beispiele die Steigerung der Produktivität und die Senkung bestimmter Kosten genannt werden[254], kann dem so nicht gefolgt werden. Zwar ist wie gesehen durchaus davon auszugehen, daß auch Formen von „Produktivitätsprämien" existieren, denen hinreichend beeinflußbare, zeitbezogene Kennzahlen zugrundeliegen und die so als leistungsbezogenes Entgelt angesehen werden können.[255] Bei Verwendung kostenbezogener Kennzahlen in der dargestellten Weise kann bei den entsprechenden Formen der Leistungsbeteiligung jedoch von einer hinreichenden Beeinflußbarkeit durch den Arbeitnehmer und damit vom Vorliegen eines Leistungsentgelts oder von „echtem" Prämienlohn nicht mehr ausgegangen werden.

Wo allerdings bei der Produktionsbeteiligung die jeweiligen Kennzahlen lediglich in der Produktionsmenge bestehen, in Stück, Meter, Liter oder Kilogramm quantifiziert werden und sich damit in nichts von den Kennziffern einer Mengenprämie unterscheiden, kann auch unter der Bezeichnung einer „Beteiligung" nur vom Vorliegen eines Leistungsentgelts ausgegangen werden. Im Falle einer abgegrenzten Arbeitnehmergruppe liegt bereits auch nach strengstem Verständnis nichts anderes als ein Gruppenprämienlohn vor. Hier soll davon ausgegangen werden, daß sich daran auch dann nichts ändert, wenn nicht eine „abgegrenzte" Gruppe, sondern auch die Leistung größerer Arbeitnehmergesamtheiten für die „Produktionsbeteiligung" maßgeblich ist.
Der einzige Fremdeinfluß, der hier zudem noch eine Rolle spielen können, ist die Leistungsfähigkeit der Maschine.[256] Dieser Punkt gewinnt zwar zum einen insbesondere mit fortschreitender technischer Entwicklung an Bedeutung, so daß der Einsatz von mengenbezogenen Kennzahlen durchaus zunehmend fragwürdig erscheint. Dieser Umstand führt jedoch gerade dazu, daß der Prämien-

---

[254] Fremmer S. 29; ders. zu einem Beispiel der Gemeinkostenprämie, die vorsieht, daß das Unternehmen den Mitarbeitern die Hälfte der eingesparten Lohnkosten auszahlt S. 47 f.; Drumm S. 506.
[255] Vgl. Ehlscheid/Meine/Vogt S. 258 ff.
[256] Schneider/Zander Erfolgs- und Kapitalbeteiligung S. 80.

lohn bevorzugt im Hinblick auf seine vielfältigen, anderweitigen Bezugsgrößen eingesetzt wird.[257] Zum anderen aber stellt sich hier keine größere Fremdbeeinflussung dar, als sie beim Prämienlohn ohnehin angenommen werden muß.[258] Solange daher im Rahmen einer Produktionsbeteiligung Kennziffern verwendet werden, die im Hinblick auf ihre Beeinflußbarkeit die Annahme „echten" Prämienlohns rechtfertigen, ist hier auch vom Vorliegen eines solchen auszugehen[259], der auch im übrigen ohne weiteres den Anforderungen des § 87 Abs. 1 Nr. 11 BetrVG entspricht.

D. Mitbestimmung nach § 87 Abs. 1 Nr. 11 BetrVG bei freiwilligen Entgelten

Zumindest soweit ein Entgelt zusätzlich zu einem tarifvertraglich ausschließlich geregelten Zeit- oder Akkordentgelt gewährt wird, wird nach allen Ansichten davon ausgegangen, daß es sich dabei um ein freiwilliges Entgelt handelt.[260] Dabei ist es durchaus denkbar, daß hier zugleich ein Leistungsentgelt i.S.d. § 87 Abs. 1 Nr. 11 BetrVG, d.h. eine „zusätzliche" Prämie oder ein sonstiges zusätzliches vergleichbares leistungsbezogenes Entgelt vorliegt.

Es fragt sich jedoch, ob sich die für die Mitbestimmung freiwilliger Entgelte entwickelten Grundsätze in vollem Umfang mit einer Mitbestimmbarkeit nach § 87 Abs. 1 Nr. 11 BetrVG vereinbaren lassen. Dabei handelt es sich um die Mitbestimmungsfreiheit der Einführung, des zu begünstigenden Personenkreises, der Zweckbestimmung und der finanziellen Ausgestaltung der freiwilligen Leistung.[261]

Selbst soweit die Rechtsprechung diese Einschränkungen aber unter Anwendung der von ihr wörtlich angenommenen Freiwilligkeit vornimmt, schränkt sie die genannten Grundsätze in Gestalt der „Topftheorie" doch wieder ein, wenn es um ein Entgelt i.S.v. § 87 Abs. 1 Nr. 11 BetrVG geht. Die Mitbestimmbarkeit des Geldfaktors im engeren wie im weiteren Sinne und damit der Höhe eines solches Entgeltes wird auch dann angenommen, wenn es sich dabei um ein nach dem Verständnis des Bundesarbeitsgerichtes freiwilliges Entgelt handelt. Damit wird aber die Mitbestimmungsfreiheit zumindest des Dotierungsrahmens und damit der finanziellen Aufwendungen des Arbeitgebers für freiwillige Entgelte dann aufgehoben, wenn sie zugleich § 87 Abs. 1 Nr. 11 BetrVG unterfallen.[262]

---

[257] Oben § 2 B. II.

[258] Oben § 8 C. III. 1. b) aa) (3).

[259] Insofern übereinstimmend Drumm S. 506.

[260] BAG AP § 87 BetrVG 1972 Nr. 1, 3, 8; Hanau Anm. zu BAG 8.12.1981 EzA § 87 BetrVG 1972 Leistungslohn Nr. 6; Lieb ZfA 1988, S. 413 ff., 440.

[261] Oben § 3 D. II.

[262] BAG 13.9.1983 AP § 87 BetrVG 1972 Prämie Nr. 3 mit zustimmender Anm. von Hanau; ablehnend dagegen Lieb ZfA 1988 , S. 413 ff., 440 ff.

Dieser Ansicht ist auch nach dem hier vertretenen Verständnis von der „Freiwilligkeit“ eines Entgeltes zuzustimmen. Der Sinn der Mitbestimmung nach § 87 Abs. 1 Nr. 11 BetrVG besteht gerade darin, daß auch die Höhe der hier erfaßten Leistungsentgelte gemeinsam mit dem Betriebsrat festzulegen ist. Nur auf diese Weise kann die Vorschrift ihre spezielle Schutzwirkung entfalten. Es stellte daher eine nicht hinnehmbare Aushöhlung der Mitbestimmung nach § 87 Abs. 1 Nr. 11 BetrVG dar, wollte man die Reichweite dieser Vorschrift für freiwillige Entgelte auf solch empfindliche Weise einschränken.
Hinzu tritt zum einen, daß hier auch keine unberechtigten Entgeltsteigerungen zu befürchten sind, denn gerade im Bereich des § 87 Abs. 1 Nr. 11 BetrVG geht es darum, den jeweiligen Entgeltsätzen eine entsprechende, exakt bemessene Arbeitnehmerleistung zuzuordnen.[263] Durch die hier zu fordernde, unmittelbare Abhängigkeit der Höhe des Verdienstes von einer Mehr- oder Besserleistung des Arbeitnehmers ist die Vorstellung eines vorgegebenen Dotierungsrahmens, der einzuhalten ist, aber auch nicht umsetzbar.[264]
Zugleich aber steht auch die Sperrwirkung einer tariflichen ausschließlichen Entgeltregelung einer Mitbestimmbarkeit der Höhe von bestimmten freiwilligen Entgelten nicht entgegen. Da die Einführung dieses Entgeltes, das „Ob“ der Regelung, nach wie vor freiwillig ist, hat sich der Arbeitgeber selbst entschieden, sich durch die Schaffung einer Leistung, die § 87 Abs. 1 Nr. 11 BetrVG unterfällt, der erweiterten Mitbestimmung des Betriebsrats nach dieser Vorschrift zu unterwerfen. In Ausübung seiner Verwerfungskompetenz steht es dem Arbeitgeber auch zu, eine nicht nach seinen Vorstellungen ausgestaltete Leistung wieder ganz zurückzunehmen und zum reinen Tarifentgelt zurückzukehren.[265]
Ein Entgelt nach § 87 Abs. 1 Nr. 11 BetrVG ist damit auch dann im hier dargestellten Sinne der Vorschrift mitbestimmt, wenn es sich um ein freiwilliges Entgelt handelt.

§ 9 Mitbestimmung nach § 87 Abs. 1 Nr. 11 BetrVG bei neuen Formen der Leistungsvergütung

A. Zielvereinbarungen

I. Leistungsbezogenes Entgelt

Es fragt sich zunächst, inwieweit es sich bei entgeltrelevanten Zielvereinbarungen um ein leistungsbezogenes Entgelt handelt. Bei Zielvereinbarungen kann von einer typischerweise beabsichtigten Anreizwirkung ohne weiteres ausgegangen werden. Ein Problem stellt jedoch die Frage nach der Beeinflußbarkeit

---

[263] So auch Hanau Anm. zu BAG 8.12.1981 EzA § 87 BetrVG 1972 Leistungslohn Nr. 6.
[264] Dazu Richardi § 87 Rn. 836; ders. ZfA 1976 S. 1 ff., 23 f..
[265] Hanau Anm. zu BAG 13.9.1983 AP § 87 BetrVG 1972 Prämie Nr. 3.

der gewählten Zielkriterien dar. Diese Beeinflußbarkeit ist hier je nach Art der verwendeten Kriterien möglicherweise nicht immer gewährleistet. Problematisch wird in diesem Zusammenhang insbesondere die Verwendung betriebswirtschaftlicher Erfolgskriterien gesehen.[266]

Allerdings ist zu bedenken, daß die bei Verwendung von betriebswirtschaftlichen Erfolgskriterien riskierte Abhängigkeit von unbeeinflußbaren externen Faktoren eine Grenze bereits darin findet, daß gerade in einem Zielvereinbarungssystem die Anreizwirkung gewährleistet werden soll, die durch Beteiligungsentgelte bei Mitarbeitern ohne Führungsverantwortung nicht mehr erreicht werden kann.[267]

Zwar ist es auch unter dieser Prämisse immer noch denkbar, daß in einem Zielvereinbarungssystem Kennzahlen verwendet werden, die nach dem hier entwikkelten Verständnis eine Einordnung als Leistungsentgelt nicht mehr rechtfertigen, dies stellt jedoch nicht die allein mögliche oder auch nur regelmäßige Ausgestaltung eines Zielvereinbarungssystems dar. Vielmehr liegt der Schwerpunkt bei der Kriterienwahl hier darin, die stellenspezifischen Beeinflussungsmöglichkeiten der jeweiligen Zielvereinbarungspartner zu berücksichtigen, so daß anzunehmen ist, daß in der Mehrzahl hinreichend beeinflußbare Kennzahlen verwendet werden, die sich insbesondere auch an die Bezugsgrößen des herkömmlichen Prämienlohn u.U. bis zur Identität annähern können.[268]

Es ist daher bei entgeltrelevanten Zielvereinbarungen davon auszugehen, daß die hier verwendeten Leistungskennzahlen jedenfalls zum großen Teil solche sind, die es rechtfertigen, vom Vorliegen eines leistungsbezogenen Entgelts auszugehen.

II. Unmittelbare Beziehung zwischen Leistung und Vergütung

Zielvereinbarungen können jedoch bereits dann nicht als vergleichbares leistungsbezogenes Entgelt angesehen werden, wenn keine unmittelbare Beziehung zwischen dem Arbeitsergebnis und der Höhe der Vergütung gegeben ist.

Dies ist jedoch dann der Fall, wenn die Zielerreichung nicht objektiv gemessen wird, sondern durch eine Beurteilungsentscheidung festgestellt wird. Nicht anders als bei Leistungsbeurteilungen verhindert die so „zwischengeschaltete" Beurteilungsentscheidung, daß der Arbeitnehmer durch eine höhere Leistung automatisch ein entsprechend höheres Entgelt erhält. Anders als beim Akkord- und Prämienlohn kann er bei einer solchen Ausgestaltung eines Zielvereinbarungsentgeltes nicht sicher sein, welchen Zuwachs sein Entgelt für eine bestimmte Leistung erhalten wird, denn inwiefern seine Leistung als ausreichend erachtet

---

[266] Vgl. bereits oben § 4 A. II. 3. b).

[267] S. oben § 4 A. II. 3. b); Becker Entgeltsysteme S. 313 ff., 328.

[268] Reichel/Cmiel angew. Arbeitswiss. Nr. 141 (1994), S. 13 ff., 15.

wird, entscheidet sich erst im Augenblick der Beurteilung. Nicht die gezeigte Leistung, sondern die entsprechende Beurteilung führt also zu einem Anspruch auf eine höhere Vergütung. Damit aber ist die Unmittelbarkeit der Beziehung zwischen Leistung und Vergütung in einer Weise unterbrochen, daß nicht mehr von einer Vergleichbarkeit mit Akkord- und Prämienlohn ausgegangen werden kann.
Gerade die in der Praxis zu beobachtende Tendenz, Zielvereinbarungen eher als Richtschnur eines Führungskonzeptes und Kommunikationsprozesses denn als Entgeltinstrument einzusetzen führt aber zu einer Handhabung, die Beurteilungen in einem deutlich stärkeren Maße einsetzt als objektive Messungen. Inwieweit dies wünschenswert ist, ist eine Frage bereits der Entlohnungsmethoden und daher vom Betriebsrat nach § 87 Abs. 1 Nr. 10 BetrVG mitbestimmbar. Der Unsicherheit bei den Arbeitnehmern hinsichtlich eindeutiger Ergebnisse stehen dabei möglicherweise Vorteile durch eine ständig erforderliche Konsensfindung gegenüber, wenn die Arbeitnehmer bei den Beurteilungen miteinbezogen werden.[269]
Für die Mitbestimmung nach § 87 Abs. 1 Nr. 11 BetrVG sind diese Überlegungen jedoch irrelevant. Sehen die Entlohnungsmethoden eine Beurteilung der Zielerreichung vor, führt die gezeigte Leistung nicht unmittelbar zu einer bestimmten Vergütung. Damit entfällt der besondere Leistungsdruck, den § 87 Abs. 1 Nr. 11 BetrVG verhindern soll und der dadurch verursacht wird, daß der Arbeitnehmer für die Erreichung eines bestimmten Entgeltniveaus in einer letztlich seine Gesundheit schädigenden Weise arbeiten muß.

Gleiches muß aber für alle Fälle gelten, in denen deshalb nicht mehr von einer Zielmessung, sondern nur einer Zielbewertung gesprochen werden kann, weil gemessene Ziele durch eine abschließende Beurteilung noch einmal „korrigiert“ werden oder aber auch viele unterschiedliche Ziele gemäß einer Gewichtung in eine Gesamtzielbewertung eingehen. Dies ist auch dann der Fall, wenn das gezahlte Entgelt an eine individuelle variable Komponente anknüpft, die sich nur zum Teil aus der – möglicherweise sogar gemessenen – Zielerreichung, im übrigen aber aus der Entwicklung betrieblicher Erfolgsgrößen ergibt. Sowohl dieses Vorgehen als auch eine Gewichtung führen dazu, daß der Arbeitnehmer die Entwicklung seines Entgelts nicht mehr unmittelbar mit einer bestimmten von ihm beeinflußbaren Leistung in Zusammenhang bringen kann; er muß und kann sich nicht mehr in jeder Sekunde sagen, daß nur ein besonderer Einsatz zu einem bestimmten, von ihm angestrebten Entgelt führen wird.[270] In allen diesen Fällen

---

[269] Vgl. dazu § 11 B.
[270] Vgl. Löwisch Anm. zu BAG 22.10.1985 SAE 1986 S. 252.

ist die Unmittelbarkeit zwischen Leistung und Vergütung nicht mehr in einer den Anforderungen des § 87 Abs. 1 Nr. 11 BetrVG genügenden Weise gewährleistet.

Genauso fallen durch dieses Kriterium aber alle Ausgestaltungen an Zielvereinbarungsentgelten aus der Mitbestimmung gem. § 87 Abs. 1 Nr. 11 BetrVG heraus, die in Form einer „Phasenverschiebung" gezahlt werden. Zwar stellen diese Entgelte in der Praxis nicht die typische Ausprägung eines Zielvereinbarungsentgeltes dar, denn dort überwiegen die im Anschluß an die Zielfeststellung unmittelbar gewährten Zahlungen. Schließen sich an die Zielfeststellung aber laufende, für den folgenden Zielvereinbarungszeitraum feste Zulagen an, die erst mit der nächsten Zielüberprüfung für den dann folgenden Zeitraum geändert werden, besteht eine ähnliche Phasenverschiebung, wie sie auch bei Zulagen aufgrund von Leistungsbeurteilungen auftritt.
Die im aktuellen Zeitraum gezahlte Zulage bemißt sich zwar zunächst maßgeblich nach der zu erwartenden Zielerreichung am Ende dieses Zeitraums und unterscheidet sich so von Leistungsbeurteilungszulagen, die aufgrund einer in der Vergangenheit gezeigten Leistung gewährt werden. Zum einen aber wird auch die Zielvereinbarungszulage für diese Zeit in gleichbleibender Höhe gezahlt, ohne daß der Arbeitnehmer Einkommenseinbußen durch Minderleistungen befürchten müßte. Dies wird gerade als Vorteil eines solchen Vorgehens beschrieben.[271] Zum anderen aber beeinflußt der Zielerreichungsgrad aus der vorhergegangenen Periode die eigentlich für die erwartete Zielerreichung am Ende der laufenden Periode vorgesehene Summe kaum anders, als es eine in der Vergangenheit gezeigte und beurteilte Leistung tun würde; die Zulage wird um einen bestimmten Prozentsatz gesenkt oder gehoben. Damit ist die aktuell gezahlte Zielvereinbarungszulage aber sogar in zweifacher Hinsicht nicht Entgelt für die gezeigte aktuelle Leistung. Vielmehr bezieht sich die Vergütung auf die in der Zukunft erwartete Leistung, modifiziert wird sie durch die Zielvereinbarung, die für die Berechnung der Vergütung im vergangenen Zeitraum maßgeblich war. Ein unmittelbares Verhältnis zwischen Leistung und Vergütung liegt damit aber nicht mehr vor.

Ebenso muß das unmittelbare Verhältnis zwischen Leistung und Vergütung abgelehnt werden für alle Konstruktionen, in denen der Grad der Erreichung vereinbarter Ziele im Rahmen der beschriebenen Variante eines Zieleinkommens dazu führt, daß der Arbeitnehmer innerhalb eines Gehaltbandes auf und ab wan-

[271] Besonders Eberhardt in Leistung und Lohn 4/1994 S. 17 ff., 23/24 und in Die Mitarbeitervergütung S. 25 ff., 31.

dert. Auch hier beeinflußt lediglich die in der Vergangenheit getroffene Zielvereinbarung und ihre in der Vergangenheit liegende Erfüllung die gleichbleibende aktuelle Zahlung. Der Bezug zwischen Entgelt und Leistung ist damit aber auch hier nur ein mittelbarer.

Übrig bleiben demnach nur Zielvereinbarungsentgelte, bei denen die Erreichung einzelner Ziele gemessen wird und die unmittelbar im Anschluß an diese Zielmessung in voller Höhe gezahlt werden. Diese Konstruktion stellt zwar zumindest im Hinblick auf das zweite Erfordernis eine in der Praxis häufig vorkommende Ausgestaltung dar. Zumeist haben die Zielvereinbarungszeiträume aber eine Länge von mindestens drei Monaten, zuweilen auch eines Jahres. Möglicherweise muß die Unmittelbarkeit der Beziehung zwischen Leistung und Vergütung nun aber von der Länge des für ihre Berechnung maßgeblichen Leistungszeitraumes abhängig gemacht werden.
Gegen ein solches Vorgehen spricht jedoch, daß es sich bei einem Zielvereinbarungsentgelt um ein ergebnisbezogenes Entgelt handelt. Dieses kann bereits als leistungsbezogenes Entgelt nur dann angesehen werden, wenn die dargestellten Anforderungen an die gewählten Leistungsmaßstäbe erfüllt sind. Insbesondere die Leistungskennzahlen müssen soweit beeinflußbar sein, daß die Verknüpfung von Leistung und Entgelt die für ein Leistungsentgelt typische Anreizwirkung entfalten kann. Hinzu tritt hier das Erfordernis der Meßbarkeit, welches zusätzlich gewährleistet, daß allein das als Entgeltmaßstab gewählte Leistungsergebnis in die Entgeltberechnung eingeht. Liegen diese Voraussetzungen vor, so ist auch von einem unmittelbaren Verhältnis zwischen der Arbeitnehmerleistung und dem durch sie beeinflußten und gemessenen Ergebnis auszugehen, unabhängig davon, wie lange der für die Erarbeitung des Ergebnisses und die entsprechende Entgeltberechnung maßgebliche Leistungszeitraum bemessen ist. Eine Grenze können hier allenfalls Aspekte der Verhältnismäßigkeit ziehen; ähnlich wie beim Prämienlohn wäre zu fordern, daß hinsichtlich der Dauer des Zielvereinbarungszeitraums der Zusammenhang zwischen Leistung und Entgelt für die betroffenen Arbeitnehmer noch transparent bleibt.[272]

III. Bezugsleistung

Um als vergleichbares leistungsbezogenes Entgelt der Mitbestimmung des Betriebsrats auch nach § 87 Abs. 1 Nr. 11 BetrVG zu unterfallen, müßten auch die entgeltrelevanten Zielvereinbarungen, die die vorstehenden Kriterien erfüllen, schließlich das Erfordernis einer Bezugsleistung aufweisen. Dafür müßte zunächst eine Größe gegeben sein, zu der die Leistung des Arbeitnehmers in Be-

---

[272] REFA Band 5 S. 46; Zander Handbuch der Gehaltsfestsetzung S. 249.

zug gesetzt wird, um zu entscheiden, ob und welchem Verhältnis zu dieser Größe eine Leistung vergütet werden soll.[273]
Als einzige Leistungsvorgabe kommt bei einer Zielvereinbarung nun das vereinbarte Ziel selbst in Frage. Von diesem ist bereits zu fordern, daß es ausdrücklich und eindeutig festgelegt ist, um als Bezugsgröße in Betracht zu kommen. Da aber bereits nur meßbare Kriterien dem Erfordernis der unmittelbaren Beziehung zwischen Leistung und Entgelt entsprechen, kann bei der Vorgabe solcher meßbaren Daten von einer expliziten Festlegung ausgegangen werden. Fraglich ist, ob es sich hier um eine den dargestellten Anforderungen entsprechende Bezugsleistung handelt.

Offen ist zunächst, ob dem vereinbarten Ziel die Qualität einer Bezugsleistung etwa dann zugesprochen werden kann, wenn dabei keine Stufung in einzelne Zielerreichungsgrade erfolgt, sondern nur die Alternativen „Ziel erreicht" oder „Ziel nicht erreicht" vorgesehen sind und die Entgeltzahlung dementsprechend entweder in voller Höhe erfolgt oder ganz wegfällt. In diesem Fall wird die Leistung des Arbeitnehmers zwar gemessen, aber nur in der Form in Beziehung zu dem Leistungswert des „Ziel erreicht" gesetzt, als dieser erreicht oder überschritten sein muß. Eine graduelle Abstufung findet dagegen gerade nicht statt. Damit aber ist das Verhältnis der gemessenen Leistung zu der Leistungsvorgabe jedenfalls nicht entscheidend für die Höhe des Entgelts; dieses wird in voller Höhe gezahlt, wenn das Soll erreicht oder überschritten wurde, unabhängig davon, in welcher Weise dies geschehen ist. Entgelten, die nicht nach dem konkreten Arbeitsergebnis, sondern nur pauschal bei Überschreiten eines Solls gezahlt werden, fehlt aber das Erfordernis einer Bezugsleistung.[274]

Es fragt sich aber, wie für Zielvereinbarungen zu entscheiden ist, die eine Stufeneinteilung der Zielerreichungsgrade vorsehen. Wird die Arbeitnehmerleistung gemessen und bestimmt diese Messung die Zuordnung zu den Stufen etwa von „Ziel wurde wesentlich unterschritten" bis „Ziel wurde wesentlich überschritten", wie es für quantifizierbare Kriterien im Hinblick auf die Voraussehbarkeit und Wirksamkeit eines leistungsbezogenen Entgelts bereits im Rahmen der Regelungsfragen des § 87 Abs. 1 Nr. 10 BetrVG anzustreben ist[275], so wird die Arbeitnehmerleistung durchaus in Beziehung zu dem Wert der Stufe „Ziel erreicht" gesetzt. Diese Beziehung ist schließlich auch entscheidend für die Höhe des gewährten Entgeltes.

---

273 BAG 28.7.1981 AP § 87 BetrVG 1972 Provision Nr.2, Bl. 1031.
274 So auch LAG Hamm 18.12.1975 AuR 1976, 122; GK-Wiese § 87 Rn. 987.
275 Vgl. dazu bereits § 4 B. III. 2. und 3.

Dennoch ist auch hier fraglich, ob der Stufe „Ziel erreicht" die Qualität einer Bezugsleistung zugesprochen werden kann.
Unproblematisch ist zunächst, daß es sich bei der Stufe „Ziel erreicht" keinesfalls um eine Normalleistung handelt. In der Regel soll nicht eine „normale" oder „noch nicht besondere" Leistung festgelegt werden, sondern eine besondere Herausforderung. Das Ziel und auch die Stufe „Ziel erreicht" soll bereits vom Arbeitnehmer als Herausforderung („challenge") erlebt werden, nach den Grundsätzen der Goal-Setting-Theorie stellen nur solche Ziele eine ausreichende Motivation und Selbstverpflichtung („commitment") her.[276]
Es wurde jedoch bereits ausgeführt[277], daß es für das Vorliegen einer Bezugsleistung nicht erforderlich ist, daß die vorgegebene Leistung einer „normalen" und nicht besonderen Leistung entspricht, die noch übertroffen werden kann. Vielmehr kann die Bezugsleistung selbst auch bereits eine höhere oder die höchste Leistungserwartung ausdrücken, die an die Arbeitnehmer zu richten ist. Allerdings ist bei einem solchen Vorgehen zu fordern, daß eine Vergleichbarkeit mit Akkord- und Prämienlohn immer noch vorliegt.

Dafür müßte die Stufe „Ziel erreicht" und das für sie gewährte Entgelt nun unter dem Gesichtspunkt festgelegt werden, welche Leistung von einem Arbeitnehmer erwartet werden kann und welche Vergütung er angemessener- und gerechterweise dafür erhalten soll.
Der Festlegung der Stufe „Ziel erreicht" müßte dafür irgendeine Form der Ermittlung der Leistungsfähigkeit der Arbeitnehmer auf den konkret betroffenen Arbeitsplätzen zugrundeliegen. Eine Vergleichbarkeit mit Akkord- und Prämienlohn liegt weiterhin nur dann vor, wenn auch das Entgelt maßgeblich unter dem Aspekt festgelegt wird, eine der Bewertung dieser Leistung angemessene Vergütung zu finden.

Wesentliche Bedeutung ist hier nun der Tatsache zuzumessen, daß ein Zielvereinbarungssystem in erster Linie ganz eigene unternehmerische Zielsetzungen verfolgt. Es geht maßgeblich darum, die Aktivitäten der einzelnen Unternehmensbereiche bis hinunter zu den einzelnen Arbeitsplätzen auf die Unternehmensziele auszurichten, die Selbständigkeit der dezentralen Unternehmensebenen zu stärken, Kommunikation und Motivation zu fördern. In erster Linie handelt es sich bei einem Zielvereinbarungssystem um ein Führungskonzept.
Dies zeigt sich zunächst daran, daß die Festlegung der Zielhöhe nicht unter dem Gesichtspunkt erfolgt, innerhalb eines ermittelten Datenkranzes unter Berück-

[276] S. dazu § 4 A. I. 2.
[277] S. bereits § 8 C. III. 1. b) cc).

sichtigung verschiedener methodischer Aspekte eine bestimmte, für dieses Arbeitsvorhaben optimale Leistung als Bezugsleistung festzulegen. Vielmehr ist die Zielhöhe zum einen abhängig von der jeweils individuellen Bereitschaft des oder der Zielvereinbarungspartner, sich auf die Vereinbarung eines solchen Niveaus einzulassen, sowie von deren persönlichen Empfinden, ein Ziel als Herausforderung zu erleben. Auf der anderen Seite wirken die von dem Unternehmen insgesamt angestrebten Ziele, zu deren Erreichung die dezentralen Ziele nur unterstützend beitragen sollen, auf die einzelne Zielhöhe.
Das für die Zielerreichung gezahlte Entgelt ist dementsprechend zwar wie alle im Rahmen eines Arbeitsverhältnisses gewährte Entgelte als „Lohn" im Sinne des § 87 Abs. 1 Nr. 10 BetrVG anzusehen. Von seiner Zielsetzung her aber ist es nichts anderes als ein Mittel unter vielen, um die angestrebte Motivation der Mitarbeiter, das Ziel zu erreichen, zusätzlich zu unterstützen. Zuweilen finden sich in der Literatur auch entsprechende Empfehlungen, diese Funktion des Zielvereinbarungsentgeltes bei der Gestaltung nicht aus den Augen zu verlieren, um die angestrebte Führungskonzeption nicht zu gefährden.[278]

Damit kann aber nicht davon ausgegangen werden, daß es bei der Festsetzung eines Zielvereinbarungsentgelts um die Frage geht, welche Leistung von einem Arbeitnehmer zu erwarten ist und welches Entgelt er gerechterweise dafür erhalten soll.[279] Vielmehr steht ganz im Vordergrund, wie die angestrebten Unternehmensziele möglichst optimal in allen Unternehmensbereichen und auf allen Ebenen umgesetzt werden können und wie sich Motivation steigern läßt. Kommt das Unternehmen bei dieser Frage zu dem Schluß, daß Ziele schneller erreicht und zuverlässiger eingehalten werden, wenn ein Entgelt gezahlt wird, so spielen verschiedenste Faktoren bei der Festsetzung dieses Entgeltes eine Rolle. Maßgeblich wird es darauf ankommen, welche Bedeutung dem Erreichen dieses Ziels in dem vorgesehenen Zeitraum zugemessen wird, wie die Beeinflußbarkeit der einzelnen Arbeitnehmer und deren Empfänglichkeit für eine monetäre Belohnung – etwa im Vergleich zu einer Begründungspflicht bei Nichterreichen des Ziels – einzuschätzen ist.
Welches die angemessene Leistung ist, wird dagegen nicht gefragt. Vielmehr setzt die gesamte Ausgestaltung des Zielvereinbarungskonzepts bis in die psychologischen Details alles daran, die Ziele und das Verfahren ihrer Vereinbarung so auszugestalten, daß die Arbeitnehmer möglichst motiviert sind und

---

[278] Vgl. eine Übersicht der Kienbaum Vergütungsberatung bei Evers/v. Hören Personal 9/1996 S. 456 ff., 457.
[279] Vgl. bereits eine ähnliche Einschätzung des Bundesarbeitsgerichtes bei sog. Wettbewerbsprämien BAG 10.7.1979 AP § 87 BetrVG 1972 Lohngestaltung Nr.2; zustimmend GK-Wiese § 87 Rn. 987; FKHE § 87 Rn. 519; HSG § 87 Rn. 567.

rasch und effizient an der Umsetzung der hochgesteckten Unternehmensziele mitwirken. Ist ein bestimmter Aspekt in einem Zielvereinbarungszeitraum in zufriedenstellender Weise umgesetzt worden, geht es im neuen Vereinbarungszeitraum wieder um andere Gebiete, deren Verbesserung gezielt angestrebt wird.[280]

Unter diesen Umständen aber stellt die Festsetzung des Ziels und des entsprechenden Entgelts keine Bewertung einer Arbeitsleistung des Arbeitnehmers dar. Nicht die Leistung des Arbeitnehmers wird bewertet, sondern die Bedeutung eines zeitlich begrenzten Ziels für die besondere unternehmerische Gesamtzielsetzung. Eine Vergleichbarkeit mit Akkord und Prämie liegt damit aber nicht vor, die Beteiligung des Betriebsrats an dieser Bewertung ist durch den Schutzzweck des § 87 Abs. 1 Nr. 11 BetrVG daher nicht gedeckt.

Fraglich könnte allerdings sein, ob diese Ansicht durch den Grad der Einflußnahme der Arbeitnehmer noch einmal modifiziert werden muß. So wird die Ansicht vertreten, daß im Falle von gleichberechtigten Verhandlungsprozessen, die etwa im Gegenstromverfahren erfolgen, weniger von einer Umsetzung der Unternehmensziele ausgehen sei. Vielmehr basierten hier die Ziele im wesentlichen auf Erfahrungen und Einschätzungen der Beschäftigten über realisierbare und zumutbare Leistungsziele.[281] Dem entspricht durchaus die bereits dargestellte Schwierigkeit, eine Zielhierarchie mit dem Erfordernis einer „echten“ Zielvereinbarung, die bei der Umsetzung von Unternehmenszielen tendenziell als Störfaktor wirkt, in Einklang zu bringen.[282]
Der genannten Ansicht ist zuzugeben, daß der Erfahrungshorizont der Beschäftigten um so besser in eine Zielvereinbarung einbezogen werden kann, je mehr die Beschäftigten an der Zielfestlegung beteiligt sind. Dies bedeutet aber zum einen nicht zwangsläufig, daß diese deshalb eher auf zumutbaren Leistungszielen bestehen werden. Durchaus ist es denkbar, daß auch Beschäftigte ein Interesse an der optimalen Umsetzung der Unternehmensziele haben und sich – eventuell zusätzlich motiviert durch einen entsprechenden monetären Anreiz – zu besonders hohen Zielen verpflichten möchten.[283]
Selbst wenn es aber so sein sollte, daß die unterschiedlichen Verfahren bei der Zielfestlegung eine solch unterschiedliche Wirkungsweise eines Zielvereinba-

---

[280] Zur Kritik an diesem Punkt vgl. Köppen S. 223.
[281] Tondorf Leistung und Entgelt S. 92.
[282] § 4 A. II. 1.
[283] So Tondorf selbst in Leistung und Entgelt S. 98; die Begrenzung dieser allen Leistungsentgelten innewohnenden Anreizwirkung kann in gewissem Umfang bereits durch die Ausgestaltung der Grundsätze gem. § 87 Abs. 1 Nr. 10 BetrVG begegnet werden.

rungssystems zur Folge haben, folgt daraus nicht, daß sich die Zielfestlegung nun deshalb als eine angemessene Leistungsfestsetzung darstellte, die die Voraussetzungen einer Bezugsleistung erfüllte.

Vielmehr bewirkt gerade ein Aushandlungsprozeß, daß jegliche Methodik einer Ermittlungsmethode der Verhandlungsstärke der verhandelnden Parteien anheimfällt. So wird für den früher üblichen und heute als veraltet und atypisch geltenden ausgehandelten Akkord die Ansicht vertreten, daß es hier nicht mehr darum gehe, welche Sätze als „richtig“, also als eine angemessene Leistungserwartung mit einer gerechten Vergütung zu erachten seien. Prägend sei allein das wirtschaftliche Kräfteverhältnis aus Angebot und Nachfrage der betreffenden Arbeitsaufgabe und der gesuchten Arbeitskräfte. Dies führe aber dazu, daß die möglicherweise existierenden Leistungserwartungen, die beide Parteien aufgrund ihrer Erfahrungen haben, nicht selbst Vertragsinhalt würden, sondern nur Motiv blieben.[284]
Daraus ergibt sich aber, daß gerade ein Aushandlungsprozeß geeignet ist, die Erwartungen aller Beteiligter zu reinen Motiven zu degradieren. Zwar kann in heutigen Arbeitsverhältnissen von einem marktgerechten Kräfteverhältnis nicht mehr ausgegangen werden und ist deshalb die Mitbestimmung des Betriebsrats auch dort gefordert, wo als Entlohnungsmethoden ein Aushandeln vorgesehen ist.[285] Nicht möglich ist es aber, in den – keinesfalls einheitlichen - Motiven der Beschäftigten nun eine Umwertung der Bedeutung einer Zielfestlegung zu erblicken. Ein Aushandeln bewirkt eher die Auflösung einer bestimmten Zielsetzung, auf keinen Fall kann es eine neue Zielsetzung begründen.
Die mehr oder weniger große Beteiligung der Arbeitnehmer an der Zielauflösung wurde nun aber zum einen im Zuge der Rahmenregelung durch den Betriebsrat selbst ermöglicht, zum anderen vermag sie allenfalls die Stringenz einer Zielhierarchie, nicht aber die Zielsetzung des gesamten Entgeltsystems zu beeinflussen. Dies ergibt sich schon daraus, daß auch die größere Freiheit bei der Zielfestlegung der Förderung der Unternehmensziele Motivation und Kommunikation dient. Die besondere Zielsetzung eines Zielvereinbarungssystems hängt durchaus nicht von einer stringenten Zielhierarchie ab.

Ein Ziel innerhalb eines Zielvereinbarungssystems und die dafür gezahlte Vergütung wird damit aber nicht unter dem Gesichtspunkt festgelegt, welche Leistung von einem Arbeitnehmer erwartet werden kann und welche Vergütung er angemessener- und gerechterweise dafür erhalten soll. Auch die Stufe „Ziel er-

[284] Dietz/Gaul/Hilger S. 45, 51.
[285] Für den ausgehandelten Akkord wird die Lösung darin gesehen, daß der Betriebsrat diesen selbst aushandelt, s. dazu etwa Richardi § 87 Rn. 969.

reicht“ in einem gestuften System stellt damit keine Bezugsleistung i.S.d. § 87 Abs. 1 Nr. 11 BetrVG dar. Die Festlegung des Zielvereinbarungsentgelts erfolgt vielmehr allein nach Maßgabe der mit dem Ziel verfolgten besonderen unternehmerischen Zielsetzung. Eine entgeltrelevante Zielvereinbarung oder –vorgabe ist damit aber nicht vergleichbar mit dem Akkord- oder Prämienlohn, sie ist kein vergleichbares leistungsbezogenes Entgelt i.S.d. § 87 Abs. 1 Nr. 11 BetrVG und nicht nach dieser Vorschrift mitbestimmt.

IV. Fazit – Zielvereinbarungen und Tarifvertrag

Zielvereinbarungen sind, wie soeben festgestellt, nicht mit Akkord- und Prämienlohn vergleichbar. Insbesondere und erst recht handelt es sich damit aber auch bei Zielvereinbarungen nicht um eine Sonderform des Prämienlohns etwa dergestalt, daß hier lediglich die Ausgangsleistung in individualisierter Form festgelegt würde. Bei Zielvereinbarungen und Prämienlohn handelt es sich vielmehr um zwei völlig unterschiedliche Entgeltformen. Dies wirft aber die Frage auf, inwieweit sich Zielvereinbarungen mit bestehenden Tarifregelungen in Einklang bringen lassen. Geäußert wird insbesondere die Sorge, daß Zielvereinbarungen maßgeblich zu dem Zweck eingeführt würden, tarifliche Leistungsstandards auszuhebeln.[286] Es fragt sich, worauf diese Sorge sich genau bezieht.

So wird zunächst für den Fall, daß innerhalb eines Tarifvertrags Prämien- oder Akkordlohn vorgesehen ist, davon ausgegangen, daß einer dieser Entlohnungsgrundsätze gewählt werden muß, wenn meß- oder zählbare Größen vorgegeben werden. Die entsprechenden tariflichen Regelungen seien einzuhalten und dürften auch nicht unter der Überschrift „Zielvereinbarungen“ unterlaufen werden, denn dies sei tarifwidrig.[287]

Angesichts des hier angesprochenen § 4 Abs. 3 TVG ist durchaus davon auszugehen, daß diejenigen meß- und zählbaren Größen, die innerhalb des Akkord- oder Prämienlohns verwendet werden können, bei Vorliegen einer entsprechenden tariflichen Regelung auch zunächst in Form eines Akkord- oder Prämienlohns vereinbart werden müssen und Zielvereinbarungen mit identischen Größen unzulässig sind. Jedoch erscheint es im Hinblick auf das Günstigkeitsprinzip ebenso möglich, daß zusätzlich zu einem bereits berücksichtigten tariflichen Entgelt Zielvereinbarungen – freilich nur auf Initiative des Arbeitgebers – freiwillig eingeführt werden können. Hierin liegt jedoch keine Besonderheit der Zielvereinbarungen, denn auf dieser freiwilligen Basis ist der Arbeitgeber nicht gehindert, vielfältige Formen von (Leistungs-)Zulagen zusätzlich einzuführen.

---

[286] Hlawaty Mitbestimmung 9/98 S. 42 ff., 42; Tondorf WSI-Mitteilungen 6/1998 S. 386 ff., 387; Ehlscheid/Schild/Wagner S. 445.

[287] Ehlscheid/Meine/Vogt S. 222/223.

Auch ist wie ausgeführt[288] mit der überwiegenden Ansicht davon auszugehen, daß die Mitbestimmung des Betriebsrats bei diesen zusätzlichen Leistungen nicht durch die §§ 77 Abs. 3, 87 Abs. 1 BetrVG gesperrt, sondern nur im Hinblick auf die Freiwilligkeit eingeschränkt ist.
Wenn dennoch befürchtet wird, Zielvereinbarungen könnten insbesondere die tariflichen Prämienlohnregelungen aushebeln, so hängt dies wohl damit zusammen, daß davon ausgegangen wird, vermittels Zielvereinbarungen könne das „Prinzip, Leistungsbedingungen kollektiv zu regeln“ durch das „individuelle und ungeregelte [...] Kräftemessen zwischen Vorgesetzten und Beschäftigten“ ersetzt werden.[289] Offensichtlich wird vermutet, es sei möglich, auch etwa die Ausgangsleistung des Prämienlohns vermittels individueller Zielvereinbarungen auszuhandeln. Kernpunkt der Sorge ist damit aber die Verlagerung von der kollektiven auf die individuelle Vereinbarungsebene.

Hierzu ist nun jedoch noch einmal zu bemerken, daß Zielvereinbarungen keinesfalls eine Sonderform des Prämienlohns, sondern eine davon ganz verschiedene Entgeltform darstellen. Insbesondere erschöpfen sich die Besonderheiten eines Zielvereinbarungssystems wie soeben gesehen und entgegen verbreiteter Ansicht[290] nicht in einem Austausch des Vereinbarungspartners auf Arbeitnehmerseite. Auch Tarifregelungen, die – bereits geprägt von Offenheit gegenüber der ungewohnten Entlohnungsform – vorsehen, daß im Entlohnungsgrundsatz „Prämienlohn“ auch Zielvereinbarungen getroffen werden können[291], bewirken nur, daß es sich bei der dabei herauskommenden Regelung in der Tat um eine Sonderform des Prämienlohns, keinesfalls aber um Zielvereinbarungen handelt.

Soweit daher der offensichtliche Wunsch besteht, die individuellen Vereinbarungen kollektiv besser beherrschbar zu machen, sind auch hier durchaus Lösungen denkbar, die die Entlohnungsform „Zielvereinbarungen“ als solche bestehen lassen und sie nicht zu einer Nebenform des altbekannten Prämienlohns deformieren. Zunächst wäre eine eigene tarifliche Rahmenregelung zu Zielvereinbarungen aufgrund der vielen zu berücksichtigenden betrieblichen Gegebenheiten nur als Haustarifvertrag sinnvoll, dort aber durchaus denkbar und empfehlenswert.[292] Innerhalb eines Flächentarifvertrags besteht die Möglichkeit,

---

[288] § 3 D.
[289] Ehlscheid/Schild/Wagner S. 445.
[290] Vgl. TBS-Broschüre S. 40/41; IG-Metall-Broschüre S. 8 ff., wobei letztere in einem Gestaltungsvorschlag einer Betriebsvereinbarung sogar die Vereinbarung durch den Betriebsrat vorsieht, vgl. dazu bereits § 4B. II. 3. a).
[291] So im Lohnrahmentarifvertrag der Metall- und Elektroindustrie NRW § 10 Nr. 3, vgl. TBS-Broschüre S. 40/41.
[292] Vgl. dazu WSI-Tarifhandbuch S. 127 ff.

entweder Fragen der Leistungsvergütung generell oder auch die Einführung eines Zielvereinbarungssystems als eigenständigen Entlohnungsgrundsatz ausdrücklich den Betriebsparteien zu überantworten.[293] Soweit hier möglicherweise ein Widerstand gegenüber zunehmender Dezentralisierung hin zu Regelungen auf betrieblicher Ebene besteht, so ist darauf zu verweisen, daß auch der Prämienlohn eine Entlohnungsform ist, die seit jeher auf betriebliche Gegebenheiten zugeschnitten werden muß und daher im Tarifvertrag meist nur in den Grundzügen geregelt wird. Entsprechende Vorgaben ließen sich aber durchaus auch für (eigenständige) Zielvereinbarungssysteme treffen, ohne daß hierin eine gegenüber der Situation des Prämienlohns gesteigerte Dezentralisierung gesehen werden kann.

Soweit sich die Sorge aber darauf bezieht, daß „Arbeitsergebnisse individuell und ungeregelt", also durch den Arbeitnehmer selbst, ausgehandelt werden, kann dem zum einen nur durch ein Plädoyer für mehr Offenheit gegenüber den Hintergründen von Zielvereinbarungen begegnet werden. Als Vorzüge anführen lassen sich hier insbesondere die genannten Motivationsaspekte sowie die erweiterten Möglichkeiten der Einflußnahme auf die eigenen Leistungsbedingungen, der Selbstverantwortung und der Einbeziehung in betriebliche Zusammenhänge.[294] Zu bemerken ist hier, daß gerade die erweiterte Mitsprache der Beschäftigten am Arbeitsplatz eine seit langem bestehende gewerkschaftliche Forderung ist[295], die durch Zielvereinbarungen durchaus umgesetzt werden kann.[296] Zum anderen aber lassen sich der dennoch bestehenden Sorge nun zudem die nach wie vor in der dargestellten Weise[297] gegebenen Mitbestimmungsrechte des Betriebsrats nach § 87 Abs. 1 Nr. 10 BetrVG entgegenhalten, die auch in einer betrieblichen Zielvereinbarungsregelung bewirken können, daß der Arbeitnehmer nicht schutzlos dem „Kräftemessen" mit dem Vorgesetzten ausgeliefert ist.

B. Pensumentgelte

I. Standard-, Vertrags- oder Kontraktentgelt

1. Leistungsbezogenes Entgelt

Das Standard-, Vertrags- oder Kontraktentgelt unterfällt nur dann der Mitbestimmung gem. § 87 Abs. 1 Nr. 11 BetrVG, wenn es sich hierbei um leistungsbezogene Entgelte handelt.

---

[293] Dazu Tondorf AiB 6/1998 S. 322 ff., 324.

[294] Vgl. oben § 4 A. I.; s. auch Tondorf Mitbestimmung 9/1998 S. 64 f., 65; dies. WSI-Mitteilungen 6/1998 S. 386 ff., 387; Zoellner AuA 7/1992 S. 216 f., 217.

[295] Schudlich WSI-Mitteilungen 4/1990 S. 205 ff., 210; Lang/Ohl S. 14.

[296] Tondorf WSI-Mitteilungen 6/1998 S. 386 ff.

[297] § 4 B.

Für das Standardentgelt ist bereits im Rahmen von § 87 Abs. 1 Nr. 10 BetrVG festgestellt worden[298], daß hier trotz der Existenz einer Leistungsvorgabe nicht mehr vom Vorliegen eines leistungsbezogenen Entgeltes ausgegangen werden kann, es handelt sich bei dieser Entgeltform vielmehr um ein Zeitentgelt.
Für das Vertrags- oder Kontraktentgelt konnte dieser Schluß zumindest im Hinblick auf die Qualifizierung dieses Entgeltes als Zeitentgelt nicht gezogen werden.[299]
Einer Qualifizierung des Vertragsentgeltes als Leistungsentgelt auch im Sinne des § 87 Abs. 1 Nr. 11 BetrVG könnten nun aber allenfalls noch die gewählten Bemessungsgrößen im Wege stehen. Nur dann, wenn diese Kennzahlen nicht die Voraussetzungen erfüllen, die an ein Leistungsentgelt aus den dargestellten Gründen zu stellen sind, müßte diese Eigenschaft für das Vertrags- oder Kontraktentgelt abgelehnt werden. Da das Vertragsentgelt aber wie auch das Standardentgelt in der Praxis zumeist die bisherigen Entgeltformen und hier insbesondere den Akkord ersetzt, besteht hier die Problematik nicht beeinflußbarer Leistungskennzahlen nicht in einer etwa den Zielvereinbarungen vergleichbaren Weise. Im Regelfall kommen beim Vertragsentgelt nur beeinflußbare Kennzahlen und hier insbesondere mengenbezogene Größen zur Anwendung. Zugleich aber soll von dem Vertragsentgelt ein Anreiz ausgehen, daß der Arbeitnehmer die honorierte Leistung weiterhin erbringt oder steigert, um eine möglichst gleichbleibende Arbeitsleistung und ein möglichst gleichbleibendes Arbeitsergebnis auf hohem Niveau zu erreichen.[300] Damit liegt aber auch nach Sinn und Zweck dieses Entgeltes ein leistungsbezogenes Entgelt vor.
Das Vertrags- oder Kontraktentgelt kann daher als leistungsbezogenes Entgelt i.S.d. § 87 Abs. 1 Nr. 11 BetrVG angesehen werden.

2. Unmittelbare Beziehung zwischen Leistung und Vergütung

Auch das Vertragsentgelt muß aber das Erfordernis der unmittelbaren Beziehung zwischen Leistung und Vergütung erfüllen, um der Mitbestimmung des Betriebsrats nach § 87 Abs. 1 Nr. 11 BetrVG zu unterfallen.
Hier entstehen nun Bedenken, die darauf beruhen, daß auch beim Vertragsentgelt eine Form der „Phasenverschiebung" stattfindet. Die Zahlung im aktuellen Vertragszeitraum bestimmt sich nicht danach, welche Leistung der Arbeitnehmer in dieser Zeit erbringt: Leistungsschwankungen haben auf dieses Entgelt keinen Einfluß. Bedeutung erlangen Leistungsschwankungen erst in dem darauffolgenden Vertragszeitraum. Der Unterschied etwa zu festen Zielvereinbarungszulagen besteht darin, daß nicht nur die Entgelthöhe für den nächsten Zeitraum

[298] § 5 B. II. 2.
[299] ebd.
[300] Zu diesen Anforderungen BAG 22.10.1985 AP § 87 BetrVG 1972 Leistungslohn Nr. 3.

gehoben oder gesenkt wird, sondern sich auch die ganze Vertragsleistung nach der im vorangegangenen Zeitraum gezeigten Leistung ausrichtet. Das aktuell gezahlte Entgelt bestimmt sich damit nach der erwarteten Leistung, die selbst davon abhängt, welche Leistungen der Arbeitnehmer im vorhergehenden Vertragszeitraum gezeigt hat. Mit der von ihm im aktuellen Vertragszeitraum gezeigten Leistung hat all dies aber nichts zu tun. Der Arbeitnehmer erhält für den Vertragszeitraum eine gleichbleibende Vergütung, ohne sich darum sorgen zu müssen, daß eine Minderleistung unmittelbar sein Entgelt minderte oder ein besonderes Entgelt nur durch kontinuierliche besondere Leistung zu erlangen wäre.

Eine unmittelbare Beziehung zwischen Leistung und Vergütung ist damit aber für das Vertragsentgelt selbst dann abzulehnen, wenn hier Leistungskennzahlen überwiegen, die meßbar und beeinflußbar sind. Eine Mitbestimmung nach § 87 Abs. 1 Nr. 11 BetrVG kommt für dieses Entgelt daher nicht in Betracht.

II. Programmentgelt

1. Leistungsbezogenes Entgelt

Zunächst fragt es sich, ob es sich auch beim Programmentgelt um ein leistungsbezogenes Entgelt i.S.d. § 87 Abs. 1 Nr. 11 BetrVG handelt.

Einschränkend könnte auch hier lediglich wirken, inwieweit die gewählten Leistungsfaktoren nicht mehr beeinflußbar sind in der Weise, daß das vorgegebene Programm noch als individuelle Leistung der Arbeitnehmer angesehen werden kann. Nun ist ein Vorteil des Programmentgelts gegenüber herkömmlichen Formen der Vergütung, daß alle Faktoren erfaßt werden können, die für ein erwartetes Arbeitsergebnis eine Rolle spielen können und nicht nur einzelne Bezugsgrößen.[301] Dies bedeutet jedoch lediglich, daß so der Kreis der Faktoren, auf die das Entgelt Bezug nimmt, erweitert wird, nicht aber, daß diese Faktoren deshalb nicht mehr durch die Arbeitnehmer beeinflußbar sind. Die im Zusammenhang mit dem Programmentgelt genannten Beispiele an Fertigungsprogrammen (etwa die Montage einer Heizungsanlage in einer Neubausiedlung[302]) lassen es vielmehr als Regelfall erscheinen, daß ausschließlich voll beeinflußbare Bezugsgrößen gewählt werden. Dies entspricht auch der Herkunft des Programmentgeltes aus dem Großschiffbau. Für einen Reeder ist es gleichgültig, wann genau die Entladung eines Schiffes beendet ist, entscheidend ist allein, daß dies bis zum erneuten Ablegen geschehen ist.[303] Damit stellt sich diese Grundform des Programmentgeltes aber zugleich als eine Art Zusammenführung aus Terminprämie und Pauschalakkord oder -prämie dar. Ähnlich wie bei der Zielset-

[301] Däubler Das Arbeitsrecht 2 S. 454.
[302] Schettgen S. 322.
[303] Gaul BB 1990 S. 1549 ff., 1549/1550.

zung der Terminprämie geht es auch hier darum, daß bestimmte Fristen eingehalten werden müssen und der durch eine Vertragsstrafensituation begründeten Drucksituation entgelttechnisch zu begegnen ist.[304] Die für das Programmentgelt in anderen Zusammenhängen als dem Schiffbau genannten Beispiele wie das Streichen sämtlicher Wände und Decken in einem Haus oder das Putzen aller Fenster eines Bürogebäudes[305] entsprechen aber exakt der Zusammenfassung verschiedener Teilaufgaben in eine pauschale Gesamtaufgabe, wie sie dem Pauschalakkord typischerweise zugrundeliegt.[306]

Diese Einschätzung muß aber ebenso für die beschriebene Variante des Programmentgeltes gelten. Auch wenn hier eine Ausgestaltung denkbar ist, nach der sich das Leistungsprogramm und -entgelt durchaus nicht nur an der Leistung abgegrenzter, kleinerer Arbeitnehmergruppen, sondern übergeordneter Betriebseinheiten orientiert[307], wäre mit der hier vertretenen Ansicht die gewählte Gruppenart und –größe[308] kein Hindernis für die Annahme eines leistungsbezogenen Entgelts. Dies wäre nur dann abzulehnen, wenn die gewählten Bemessungsgrößen hohen Anforderungen im Hinblick auf ihre Beeinflußbarkeit durch die menschliche Arbeitsleistung nicht genügten. Die Variante des Programmentgeltes unterscheidet sich hinsichtlich der gewählten Leistungsfaktoren jedoch nicht von der Grundform.
Schließlich ist auch für die sog. variable Standardprämie anzunehmen, daß es sich hier um ein leistungsbezogenes Entgelt handelt. Zwar entspricht eine Standardleistung, die auch dieser Entgeltform zugrundegelegt werden soll[309], nicht notwendig einem Programm des Programmentgeltes. Der Unterschied besteht jedoch allein darin, daß eine Standardleistung in ihrer Funktion, den Akkordlohn zu ersetzen, sich auf noch weniger Leistungsfaktoren - in der Regel sogar nur die Mengenleistung - bezieht als das Programmentgelt.
Auch im Hinblick auf die gewählten Leistungskennzahlen bestehen so aber keine Bedenken, alle drei Entgelte als leistungsbezogene Entgelte anzusehen.

---

304 Gaul BB 1990 S. 1549 ff., 1550.
305 Schettgen S. 322.
306 § 2 B. I. 1.; Dietz/Gaul/Hilger S. 42.
307 So im VW-Produktionskonzept „5000 mal 5000“, vgl. Vogelsang Mitbestimmung 4/2000, S. 43 f., 43.
308 S. oben § 8 C. III. 1. b) aa) (2).
309 Ehlscheid/Meine/Vogt S. 251.

2. Unmittelbare Beziehung zwischen Leistung und Vergütung

Problematisch erscheint hingegen, inwieweit bei allen Formen des Programmentgeltes von einer unmittelbaren Beziehung zwischen Leistung und Vergütung ausgegangen werden kann.

Diese Bedenken betreffen dabei nicht die Grundform des Programmentgeltes. Hier geht es im wesentlichen darum, eine qualitativ und quantitativ vorgegebene Arbeitsleistung innerhalb einer bestimmten Zeit zu erbringen. Die Arbeitnehmer erhalten das volle Programmentgelt nur dann, wenn sie diese Leistung termingerecht und in ansprechender Qualität ausgeführt haben. Mängel oder ein Nichteinhalten des Termins führen dagegen wie ausgeführt zu Abzügen bis zur Höhe der variablen 20 % des Entgelts.

Damit ist eine Entgeltkürzung bei Minderleistung aber nicht anders als beim Akkord- und Prämienlohn angedroht und erfolgt unmittelbar im Anschluß an die Feststellung dieser Minderleistung und nicht erst in späteren Zeiträumen. Der Arbeitnehmer muß daher nicht anders als beim Akkord- und Prämienlohn in jeder Sekunde sagen, daß nur ein besonderer Einsatz zu einem bestimmten, von ihm angestrebten Entgelt führen wird.[310] Damit entfaltet die Grundform des Programmentgeltes aber den typischen Leistungsdruck, dem der Schutzzweck des § 87 Abs. 1 Nr. 11 BetrVG begegnen soll. Zumindest eine unmittelbare Beziehung zwischen Leistung und Vergütung ist hier daher anzunehmen. Nichts anderes gilt dementsprechend für die beschriebene Form der variablen Standardprämie.

Anders stellt sich die Situation möglicherweise bei der Variante des Programmentgeltes dar. Sie unterscheidet sich von der Grundform gerade in dem Punkt, daß eine Minderleistung nicht zu einer summenmäßigen Entgeltminderung führt. Vielmehr erhalten die Arbeitnehmer ein konstantes Entgelt ausgezahlt. Bei allen Entgelten, in denen eine solche konstante Zahlung vorgesehen ist, konnte bislang eine Vergleichbarkeit dieser Entgelte mit Akkord- und Prämienlohn, zum Teil sogar eine Leistungsbezogenheit nicht angenommen werden.

Die Variante des Programmentgeltes unterscheidet sich von diesen Entgelten freilich nun in einem Punkt, der bereits zu dem Schluß geführt hat[311], zumindest nicht vom Vorliegen eines Zeitentgelts auszugehen. Dieser Punkt liegt darin, daß genau die vorgegebene Arbeitsleistung von den Arbeitnehmern erwartet wird, unabhängig davon, wieviel Zeit sie dafür benötigen. Hier zeigt sich deutlich der Zusammenhang zu der Grundform des Programmentgeltes. Auch bei der Variante hängt die Vergütung nun von der Arbeitsleistung ab. Da hier aber

---

[310] Vgl. Löwisch Anm. zu BAG 22.10.1985 SAE 1986 S. 252.

[311] § 5 C. II. 2.

das Risiko einer Minderleistung der Arbeitnehmer ganz und gar ausgeschaltet werden soll, die Arbeitsleistung daher konstant sein soll, ist auch die Vergütung in der Summe konstant. Schwankungen in der Arbeitsleistung haben dagegen Auswirkungen auf die Arbeitszeit und damit – wie bereits ausgeführt[312] – auf das Stundenentgelt des Arbeitnehmers.

Diese Eigenschaften der Variante des Programmentgeltes stehen nun aber nicht nur denen des Zeitentgeltes wie dargestellt entgegen. Vielmehr entsprechen sie zugleich exakt den Gegebenheiten des Akkordlohns. Auch dort sind die Fertigungslohnkosten konstant, während sich nur das Stundenentgelt in Abhängigkeit von der erbrachten Leistungsmenge ändert.[313]

Diese Abhängigkeit des Stundenentgeltes von der erbrachten Arbeitsleistung – bei gleichzeitig erwünschten konstanten Fertigungslohnkosten - rückt die Variante des Programmentgeltes damit deutlich in die Nähe des Akkordlohns. In beiden Fällen bestimmen sowohl das Arbeitsergebnis als auch die benötigte Zeit die Höhe des letztlich gezahlten Stundenentgelts. Der einzige Unterschied besteht darin, daß beim Akkordlohn die Gesamtarbeitszeit konstant bleibt und so die absolute Entgelthöhe zwangsläufig zur Variablen wird, während die Variante des Programmentgelts dieses Vorgehen genau umkehrt. Hier ist die absolute Entgelthöhe konstant, dagegen wird die Arbeitszeit als zweite entgeltrelevante Einflußgröße dementsprechend zur Variablen. Zwar entspricht eine solche Umkehrung nicht dem bisherigen Regelfall innerhalb von Vergütungssystemen. Im Hinblick auf die Unmittelbarkeit der Beziehung zwischen Leistung und Vergütung läßt sich hierin jedoch kein Unterschied zum herkömmlichen Vorgehen ersehen.

Soweit gegen diese Ansicht eingewendet wird, Nr. 11 entfalle in den Fällen, in denen der Arbeitnehmer durch rascheres Arbeiten kein höheres Einkommen, sondern lediglich mehr Freizeit erwirtschaften könne[314], kann dem daher nicht gefolgt werden. Der einem Leistungsentgelt i.S.d. § 87 Abs. 1 Nr. 11 BetrVG typischerweise innewohnende Leistungsdruck entfaltet sich nicht erst dann, wenn es um ein absolut höheres Einkommen geht, sondern bereits in dem Moment, in dem es um ein höheres Stundenentgelt geht. Auch hier muß sich der Arbeitnehmer in jeder Sekunde sagen, daß nur ein besonderer Arbeitseinsatz zu dem von ihm erstrebten Entgelt führt.

Auch bei der Variante des Programmentgeltes ist damit aber von einer unmittelbaren Beziehung zwischen Leistung und Vergütung auszugehen.

---

[312] § 5 C. II. 2.
[313] Schettgen S. 302.
[314] Löwisch § 87 Rn. 134.

3. Bezugsleistung

Schließlich müssen alle Varianten des Programmentgeltes dem Erfordernis einer Bezugsleistung entsprechen. Als eventuelle Bezugsleistung kommt bei allen Formen lediglich das Fertigungsprogramm bzw. die vorgegebene Standardleistung in Betracht.

Diese müßten nun eine Größe darstellen, zu der die Leistung des Arbeitnehmers in Bezug gesetzt wird, um zu entscheiden, ob und welchem Verhältnis zu dieser Größe eine Leistung vergütet werden soll.[315] Zu einer Bezugsleistung wird diese Größe dann, wenn sie abweichende Leistungen zu Mehr- und Minderleistungen relativiert und wenn sie maßgeblich unter dem Gesichtspunkt festgelegt wird, welche Leistung von einem Arbeitnehmer zu erwarten ist.

Eine Größe, die abweichende Leistungen relativiert, liegt in dem Programm der Grundform des Programmentgeltes und der Standardleistung der variablen Standardprämie ohne weiteres vor. Die Programmerfüllung ist die konkrete Leistungserwartung, davon abweichende Leistungen werden als Minderleistungen mit entsprechenden Entgeltabzügen bedacht.

Nach dem soeben gesagten kann in dieser Hinsicht aber auch nichts anderes für das alternative Programmentgelt gelten. Zwar wirken sich Minderleistungen hier nicht in absoluten Entgeltabzügen aus, wohl aber in einer Senkung des Stundenentgeltes. Daran, daß das vorgegebene Programm eine konkrete Leistungserwartung darstellt und abweichende Leistungen nur in Relation zu dieser Erwartung entlohnt werden, ändert dieser Unterschied aber auch hier nichts.

Maßgebliche weitere Voraussetzung ist, daß die gewählten Vorgaben in erster Linie eine Bewertung der Leistung der Arbeitnehmer darstellen.

Zwar stellen die Leistungsvorgaben aller Formen des Programmentgeltes nun keine „Normalleistungen“ dar, die als noch nicht besondere Leistung noch übertroffen werden sollen. Vielmehr sollen genau diese Leistungen eingehalten werden, ein Übertreffen ist noch weniger erwünscht als ein Unterbieten der Programmvorgabe. Da aber so mit der Einhaltung der Anforderungen oder sogar einer unter den Anforderungen liegenden Leistung eher gerechnet wird, als mit einem Übertreffen, ergibt sich daraus bereits, daß die Vorgaben selbst keine Mindestleistungen darstellen.

Wie bereits ausgeführt[316], stellt dies jedoch kein Hindernis für die Qualität einer Bezugsleistung dar. Diese muß nicht in einer den Arbeitnehmer unterfordernde Leistung liegen. Von Bedeutung ist allein, daß die Vorgabe maßgeblich im Hinblick darauf festgelegt wird, welche Leistung von den Arbeitnehmer noch vernünftigerweise erwartet werden kann.

---

[315] BAG 28.7.1981 AP § 87 BetrVG 1972 Provision Nr.2, Bl. 1031.

[316] § 8 C. III. 1. b) aa) (3).

Diese Entscheidung muß bei dem Programmentgelt jedoch getroffen werden. Es muß überlegt werden, welche Leistung in der vorgesehenen Zeit von den Arbeitnehmern verlangt werden kann und wieviel sie in dieser Zeit verdienen sollen. Diese Überlegungen beruhen je nach gewählter Form des Programmentgeltes auf bestimmten Formen der Ermittlung von Leistungsdaten, in denen es darum geht, Vorgänge und Daten zu beurteilen und so zu einer Vorstellung von der Leistungsfähigkeit der Arbeitnehmer zu gelangen. Erst aufgrund dieser Überlegungen kann das Programm in Quantität und Qualität abschließend festgelegt werden und entschieden werden, wie hoch das Programmentgelt für diese Leistung sein soll. Diese Überlegungen bestimmen die Programmfestlegung maßgeblich. Es geht darum, eine noch angemessene Leistungsanforderung zu definieren und zu entscheiden, welches Entgelt für diese Leistung gerechterweise zu zahlen ist.

Zwar nehmen auch Unternehmensziele auf eine solche Entscheidung Einfluß; so kommt es unter anderem auch darauf an, welche Leistung erreicht werden muß, um etwa am Markt bestehen zu können. Solche Unternehmensziele sind jedoch Bestandteil jedes Entgeltsystems. Der maßgebliche Unterschied solcher Unternehmensziele etwa im Vergleich zu einem Zielvereinbarungssystem besteht jedoch darin, daß sie nicht dezentralisiert und kurzfristig selbst als Leistungsvorgabe gesetzt werden, um der Umsetzung eines bestimmten Führungskonzeptes zu dienen. Vielmehr stellen sie Überlegungen allgemeiner unternehmenspolitischer Art dar, die nicht allein durch die Entgeltgestaltung umgesetzt werden.

Damit wird aber auch das Programmentgelt nicht etwa im Hinblick auf die Beeinflußbarkeit der Mitarbeiter festgesetzt, sondern es dient der Bewertung der vorgegebenen Leistungserwartung, die so erst in einen finanziellen Anreizrahmen eingepaßt wird. Erst wenn feststeht, welches das Entgelt ist, das für die Einhaltung des Programms gezahlt wird, ist auch geklärt, wieviel der Arbeitnehmer zu Erreichung des von ihm angestrebten (Stunden-)Entgelts leisten muß und ob diese Leistung sich noch in einem Rahmen bewegen kann, der nicht überfordernd und letztlich gesundheitsschädigend ist.

Bei der Festsetzung dieser Faktoren und der dafür notwendigen Bewertung und Beurteilung der Leistungsfähigkeit der Arbeitnehmer ist es aber nicht anders als bei Akkord und Prämie erforderlich, durch eine Beteiligung des Betriebsrats die Gefahren eines Leistungsentgeltsystems zu verringern oder auszuschließen.

Eine Bezugsleistung liegt damit aber bei allen Formen des Programmentgeltes vor.

Grundform und Variante des Programmentgeltes können daher wie auch die variable Standardprämie als vergleichbare leistungsbezogene Entgelte i.S.d. § 87 Abs. 1 Nr. 11 BetrVG angesehen werden. Da diese Formen alle Voraussetzungen erfüllen, die durch das Erfordernis der Vergleichbarkeit mit Akkord- und

Prämienlohn aufgestellt werden, stellt diese Annahme auch keine extensive Auslegung des Tatbestandes von § 87 Abs. 1 Nr. 11 BetrVG dar. Vielmehr handelt es sich bei den Formen des Programmentgeltes um eine Weiterentwicklung von Formen des Akkord- und Prämienlohns, ohne daß sie deshalb den Charakter dieser Entgeltformen abgelegt hätten.

Bei der Grundform und der Variante des Programmentgeltes wie auch bei der variablen Standardprämie bestimmt der Betriebsrat daher gem. § 87 Abs. 1 Nr. 11 BetrVG über die Festsetzung aller Bezugsgrößen dieser Entgelte einschließlich der Geldfaktoren mit.

III. Measured Day Work

Es wurde bereits festgestellt[317], daß sich Measured-Day-Work–Systeme um ein Zeitentgelt handelt. Eine Mitbestimmung nach § 87 Abs. 1 Nr. 11 BetrVG scheitert daher bereits am Erfordernis eines leistungsbezogenen Entgelts.

C. Qualifikationsentgelt

Bezüglich der Qualifikationsentgelte erscheint das Vorliegen aller drei der hier angewendeten Kriterien zur Ermittlung eines vergleichbaren leistungsbezogenen Entgelts i.S.v. § 87 Abs. 1 Nr. 11 BetrVG zunächst als zweifelhaft.

I. Leistungsbezogenes Entgelt

Zunächst ist bereits offen, inwieweit es sich bei einem Qualifikationsentgelt um ein leistungsbezogenes Entgelt handelt. Dafür müßte es sich bei einer Qualifikation in irgendeiner Form um eine Leistung handeln. Dies kann nur dann der Fall sein, wenn es etwa darum geht, die Veränderung bestimmter Fähigkeiten des Arbeitnehmers zu beurteilen oder aber den Erwerb einer bestimmten Qualifikation als isolierte Leistung zu erfassen. Diese Ausgestaltung wird sich jedoch nur in Form qualifikationsorientierter Zulagen finden, wobei bereits ausgeführt wurde, daß qualifikationsorientierte Kriterien oftmals innerhalb eines Leistungsbeurteilungssystems aufgehen. Da sich Probleme der Beeinflußbarkeit nicht stellen, soll für diese Fälle mit dem hier im übrigen angenommenen weiten Leistungsbegriff aber vom Vorliegen leistungsbezogener Entgelte ausgegangen werden. Zu achten ist jedoch darauf, daß dies nur insoweit der Fall ist, als tatsächlich nur die Leistung des Arbeitnehmers im Sinne seiner Kenntnisse und Fähigkeiten, nicht aber seine charakterlichen Eigenschaften und menschlichen Qualitäten beurteilt werden.[318]

---

317 § 5 D. II.

318 Dazu Lattmann S. 8.

Anders stellt sich die Situation dar, wenn die Qualifikationsorientierung sich bei der Grundentgeltdifferenzierung an die Stelle des Anforderungsbezugs setzt. In diesen Fällen kann von einer Leistungsbezogenheit nicht gesprochen werden. Dies muß selbst angesichts der Überlegung gelten, daß durch den Qualifikationsbezug im Gegensatz zum Anforderungsbezug individuelle Besonderheiten der einzelnen Arbeitnehmer in einer Weise wahrgenommen werden können, wie dies bislang nur durch Leistungsentgelte innerhalb ergänzender oder aufbauender Entgeltkomponenten möglich war.[319] Nicht allein der Bezug auf den individuellen Menschen aber macht die Qualifikation eines Entgelts als „leistungsbezogen" aus, auch stellt dieser Bezug keine allein und zwingend leistungsbezogenen Entgelten zuzusprechende Eigenschaft dar. Zum einen erscheint problematisch, inwieweit es sich bei Qualifikationsmerkmalen tatsächlich noch um Fähigkeiten und damit um Leistungsmerkmale des Arbeitnehmers handelt, denn gerade im Bereich des meist grundentgeltbezogenen „Competency-Based-Pay" wird sich eine Einbeziehung auch der menschlichen Eigenschaften eines Arbeitnehmers nicht verhindern lassen.[320] Zum anderen aber muß hinzutreten, daß das Entgelt in irgendeiner Weise auf einer dem einzelnen Arbeitnehmer zurechenbaren Leistung beruht. Das qualifikationsorientierte Grundentgelt aber bezieht sich nicht auf eine Leistung, die ein Arbeitnehmer konkret erbringt, sondern gerade nur auf seine mitgebrachte Qualifikation ganz unabhängig davon, wie sich das Leistungsverhalten des Arbeitnehmers im Betrieb entwickeln wird. In diesem Aspekt unterscheidet sich die qualifikationsorientierte Grundentgeltdifferenzierung aber nicht von der üblichen arbeitswertorientierten Grundentgeltdifferenzierung, so daß ein Leistungsbezug ausscheidet.

II. Unmittelbare Beziehung zwischen Leistung und Vergütung und Bezugsleistung

Auch die unmittelbare Beziehung zwischen Leistung und Vergütung fehlt in der dargestellten Weise zumindest dort, wo lediglich qualifikationsorientierte Kriterien wie Kenntnisse oder Fähigkeiten innerhalb eines Leistungsbeurteilungssystems beurteilt werden. Da es jedoch auch die Möglichkeit gibt, daß der Erwerb von bestimmten Qualifikationen gezielt mit einem Entgelt verknüpft wird[321], und hierin durchaus eine meßbare Leistung gesehen werden kann[322], sind qualifikationsorientierte Entgelte denkbar, die dem Erfordernis der unmittelbaren Be-

---

[319] v.Eckardstein 1989 S. 69 ff., 72.

[320] Dies wird zum Teil als Vorzug des „Competency-Based-Pay" gesehen, vgl. Laws, Personalführung 1/2000, S. 54 ff.

[321] Vgl. hierzu den „Baustein" „Zulage für Weiterbildung und Qualifikation" im Entgeltsystem der Wilhelm Karmann GmbH, Bierfreund, Personalführung 5/1994, S. 418 ff., 420 ff.

[322] Insoweit übereinstimmend Raster bei Webers, Report Vergütung S. 28 ff., 31.

ziehung zwischen Leistung und Vergütung genügen. Dies ist zumindest dann der Fall, wenn sich an die Feststellung des Qualifikationserwerbs eine unmittelbare und keine phasenverschobene Zahlung anschließt.

Jedoch wird selbst in diesen Fällen das Vorliegen einer Bezugsleistung nicht anzunehmen sein. Es ist bereits nicht ersichtlich, worin eine solche Bezugsleistung liegen könnte. Lediglich der Erwerb der Qualifikation als solcher und nicht ein dadurch erreichtes Überschreiten irgendeiner konkreten Bezugsgröße wird vergütet. Selbst wenn Vorstellungen darüber herrschen, welche Qualifikationen von einem Arbeitnehmer „normalerweise" zu erwarten sind, so genügt dies doch weder den Anforderungen, die an eine Bezugsleistung zu stellen sind, noch bestimmt sich die Höhe des für den Qualifikationserwerb gezahlten Entgelts nach dem Verhältnis zu diesen Vorstellungen.
Qualifikationsentgelte stellen damit aber unter keinem Gesichtspunkt ein vergleichbares leistungsbezogenes Entgelt i.S.d. § 87 Abs. 1 Nr. 11 BetrVG dar.

D. Gain-Sharing-Systeme

Es wurde bereits dargestellt[323], daß es sich bei Gainsharing-Systemen um Formen der Produktivitäts- und Wertschöpfungsbeteiligung handelt. Diese Beteiligungssysteme wurden bereits als nicht leistungsbezogen aus dem Anwendungsbereich des § 87 Abs. 1 Nr. 11 BetrVG ausgeschlossen.[324] Es fragt sich jedoch, ob nicht dennoch Anhaltspunkte ersichtlich sind, die bei Gainsharing im besonderen eine veränderte Einschätzung rechtfertigen könnten.
Dies ist zunächst allerdings ausgeschlossen für den Fall, daß innerhalb eines Gainsharing-Systems Kenngrößen der Wertschöpfung verwendet werden und sich das System damit als eine Form der Ertragsbeteiligung darstellt. Größen des Ertrags sind in der Regel so sehr von äußeren Markteinflüssen abhängig, daß von einer hinreichenden Beeinflußbarkeit dieser Größen durch das Verhalten des einzelnen Arbeitnehmers und damit eine Leistungsbezogenheit nicht mehr ausgegangen werden kann.
Möglicherweise stellt sich die Situation anders dar, wenn Kennziffern zur Anwendung kommen, die nicht der Ertragsbeteiligung, sondern wie Produktivitätskenngrößen der Leistungsbeteiligung zuzurechnen sind. Hier könnte in Betracht zu ziehen sein, daß durch Gainsharing angestrebt wird, die Mitarbeiter gerade durch die Auswahl der Kenngrößen für unternehmerisches Handeln zu interessieren. Möglicherweise muß hier berücksichtigt werden, daß im Zuge neuer Organisationsstrukturen Mitarbeitergruppen auch erweiterte Handlungsspielräume

---

[323] § 6 A.
[324] § 8 C. III. 2.c).

und Kompetenzen zugewiesen worden sind, die es rechtfertigten, auch bei Produktivitätskennziffern von einer angesichts des erweiterten Tätigkeitsbereich der Arbeitnehmer hinreichenden Beeinflußbarkeit auszugehen.[325]
Eine solche Wertung kann jedoch nur dann in Frage kommen, wenn die gewählten Kennziffern auch tatsächlich den Kompetenzen der Arbeitsgruppe entsprechen, mögen diese auch gegenüber arbeitsteiligen Strukturen erweitert sein. Gerade Produktivitätskennziffern aber sind wie alle bei Gainsharing verwendeten Kenngrößen kostenbezogen ausgestaltet. Es wurde bereits ausgeführt[326], daß bei Entgelten, denen solcherart kostenbezogenen Kennzahlen zugrundeliegen, von einer hinreichenden Leistungsbezogenheit nicht ausgegangen werden kann. Die Gründe für diese Wertung liegen aber in der Natur dieser Kennziffern selbst, ohne daß es auf den Tätigkeitsbereich der Arbeitnehmer letztlich ankäme. Ausschlaggebende Argumente waren hier, daß kostenbezogene Kennziffern auf einem komplizierten Rechnungswesen beruhen, dem zum einen nicht nur Faktoren zugrunde liegen, die durch die Mitarbeiter nicht zu beeinflussen sind, sondern welches auch unübersichtlich und für die Arbeitnehmer nicht mehr überschaubar ausgestaltet ist. Schließlich aber stellen Kosten letztlich gerade Faktoren des unternehmerischen Rechnungswesen dar. Es handelt sich hier keineswegs um Bereiche, die Arbeitnehmergruppen nun im Zuge erweiterter Handlungsspielräume übertragen worden wären. Vielmehr werden umgekehrt Teile des Unternehmensrisikos auf die Mitarbeiter übertragen. Sicherlich strebt Gainsharing es an, den Mitarbeitern ein Verhalten nahezulegen, das diese unternehmerischen Berechnungsgrößen günstig beeinflußt. Darin liegt jedoch nur das Ziel jeder Ergebnisbeteiligung, die Mitarbeiter am Leistungserfolg des Betriebs oder Teilen davon beteiligt und damit eine Anreizwirkung zu erzielen versucht.[327] Bei kostenbezogenen Kennziffern handelt es sich aber immer um Faktoren des Unternehmenserfolgs, nicht um in hinreichender Weise zurechenbare und sich aus der Tätigkeit der Arbeitnehmer ergebende Leistungs- oder auch nur Erfolgsgrößen. Veränderte Kompetenzen von Arbeitnehmergruppen, die vorhanden sein mögen und durchaus auch als Voraussetzung für den Einsatz bestimmter Kennzahlenarten zu fordern sein können[328], können die mangelnde Leistungsbezogenheit kostenbezogener Kennziffern damit aber nicht berühren.

---

[325] So Lang Moderne Entgeltsysteme S. 168 f., vgl. jedoch auch die dort aufgeführten Bedenken hinsichtlich der Beeinflußbarkeit der Kennzahlen durch die Mitarbeiter; zum nicht notwendigen Zusammenhang zwischen Stellenbezogenheit und Beeinflußbarkeit bereits bei Zielen innerhalb von Zielvereinbarungen oben § 4 A. II. 3 b).
[326] § 8 C. III. 2.c).
[327] Vgl. dazu bereits oben unter § 8 C. III. 1. b) aa) (1) und Schimana/Frauenkron DB 1980 S. 445 ff., 450.
[328] Dazu ausführlich unten § 11 B. I.

Es handelt sich damit bei allen Gainsharing-Systemen bereits nicht um leistungsbezogene Entgelte, sondern um Beteiligungsentgelte. Eine Mitbestimmung nach § 87 Abs. 1 Nr. 11 BetrVG kommt hier nicht in Betracht.

4. Teil: Die Ermessensbindung der Einigungsstelle bei Einführung und Ausgestaltung neuer Formen der Leistungsvergütung

§ 10 Die Begrenzung des Entscheidungsspielraums der Einigungsstelle durch die Maßgaben des § 76 Abs. 5 Satz 3 BetrVG

Können sich Arbeitgeber und Betriebsrat nicht über die Einführung eines neuen Systems der Leistungsvergütung einigen, entscheidet gem. § 87 Abs. 2 BetrVG die Einigungsstelle. Der Entscheidungsspielraum der Einigungsstelle ist jedoch nicht unbegrenzt. Sie kann ihre Entscheidungen gem. § 76 Abs. 5 Satz 3 BetrVG nur unter angemessener Berücksichtigung der Belange des Betriebs und der betroffenen Arbeitnehmer nach billigem Ermessen treffen.

Das Ermessen, das der Einigungsstelle nach dieser Vorschrift eingeräumt wird, ist demnach begrenzt durch die unbestimmten Rechtsbegriffe „angemessene Berücksichtigung der Belange des Betriebs und der betroffenen Arbeitnehmer", sowie der „Billigkeit" des Ermessens. Diese Konstruktion wird allgemein als Kopplungstatbestand bezeichnet, da unbestimmte Rechtsbegriffe mit einem Ermessensspielraum gekoppelt werden.[1] Die Verwendung unbestimmter Rechtsbegriffe führt jedoch nicht dazu, daß das Ermessen der Einigungsstelle auf Null reduziert wird, so daß etwa im Rahmen eines Beurteilungsspielraums nur eine Entscheidung möglich wäre.[2] Die Einigungsstelle verfügt vielmehr über einen Ermessensspielraum, der lediglich begrenzt wird durch die Verpflichtung zur angemessenen Berücksichtigung der genannten Belange.

Dabei ist sie jedoch nicht befugt, ihre Entscheidung auf jegliche Belange, die in Betracht kommen könnten, zu stützen. Vielmehr ist die Zuständigkeit der Einigungsstelle im Bereich des § 87 Abs. 2 BetrVG nur soweit gegeben, wie auch die Grenzen der erzwingbaren Mitbestimmung und hier insbesondere des einschlägigen Mitbestimmungstatbestandes reichen.[3]

Hier erlangt besondere Bedeutung, daß die Entscheidung der Einigungsstelle nicht anders als die Mitbestimmung des Betriebsrats einen Eingriff in die unternehmerische Entscheidungsfreiheit des Arbeitgebers darstellt. Auch die Entscheidung, ob leistungsbezogene Entgelte eingeführt werden sollen und welche Art dabei zu wählen ist, ist zunächst eine unternehmerische Entscheidung. Es wurde nun bereits ausgeführt[4], daß die Mitbestimmung des Betriebsrat in sozia-

---

[1] Eingehend Rieble S. 57 ff.; GK-Kreutz § 76 Rn. 100; bereits Moll S. 208.
[2] GK-Kreutz § 76 Rn. 101; Rieble S. 152 ff.; Fiebig S. 87 ff.
[3] BAG 17.101989 EzA § 76 BetrVG 1972 Nr. 54; 11.2.1992 EzA § 76 BetrVG 1972 Nr. 60; GK-Kreutz § 76 Rn. 132; GK-Wiese § 87 Rn. 902; Rieble S. 166 ff.
[4] S. § 3 A. II. 2.

len Angelegenheiten nach der Rechtsprechung des Bundesarbeitsgerichtes[5] keiner „harten“ Beschränkung in Form eines immanenten Vorbehalts unternehmerischer Entscheidungsfreiheit unterliegt, sondern ein Eingriff in diese Entscheidungsfreiheit zulässig ist, soweit es unter Ausübung eines Mitbestimmungsrechts nach § 87 Abs. 1 BetrVG geschieht. Die Grenzen dieser Zulässigkeit werden jedoch insbesondere dann Bedeutung erlangen, wenn sich die Betriebspartner nicht einigen können und eine Entscheidung durch die Einigungsstelle erforderlich wird. Damit ist der Ausgleich zwischen Unternehmerinteressen und durch die Mitbestimmung geschützter Arbeitnehmerinteressen letztlich aber verlagert in eine „weiche“ Abwägung, welche sich in der Ermessensentscheidung der Einigungsstelle unter angemessener Berücksichtigung der Belange des Betriebs und der betroffenen Arbeitnehmer manifestiert.[6]

Bei der Frage, auf welche Belange die Einigungsstelle nun ihre Ermessensentscheidung stützen kann, ist sie zum einen an das tatsächliche Vorliegen unternehmerischer Interessen gebunden. Die Einigungsstelle muß daher die Unternehmerentscheidung auch bei Einführung eines leistungsbezogenen Entgeltes so zugrundelegen, wie sie getroffen worden ist, und darf keine eigenen unternehmerischen Zielsetzungen vornehmen.
Zum anderen aber darf die Einigungsstelle auch auf der Seite der Belegschaft nur solche Belange den betrieblichen Belangen entgegenstellen, die von einem Mitbestimmungstatbestand gedeckt sind. Auch über ein Einigungsstellenverfahren kann der Betriebsrat keine Erweiterung seiner Mitbestimmungsbefugnisse erreichen. Es muß daher für den jeweiligen Mitbestimmungstatbestand gefragt werden, welche Arbeitnehmer- oder Betriebsratsbelange er schützt.[7]

Daraus ergibt sich, daß die Einigungsstelle auch der Einführung und Ausgestaltung leistungsbezogener Entgelte nur solche Erwägungen entgegensetzen kann, die durch § 87 Abs. 1 Nr. 10 BetrVG und gegebenenfalls § 87 Abs. 1 Nr. 11 BetrVG gedeckt sind.

§ 11 Das Ermessen der Einigungsstelle hinsichtlich neuer Formen der Leistungsvergütung

A. Ablehnung aufgrund der Leistungsbezogenheit selbst?

Es fragt sich, ob eine Entscheidung der Einigungsstelle noch im Rahmen des ihr eingeräumten Ermessensspielraums läge, die die Einführung eines leistungsbezogenen Entgeltes allein aus dem Grund gänzlich ablehnte, daß es leistungsbe-

---

[5] Vom 31.8.1982, AP § 87 BetrVG 1972 Arbeitszeit Nr. 8.
[6] Rieble S. 163 ff.
[7] Rieble S. 166 ff.; Fiebig S. 88 ff.; ders. DB 1995 S. 1278 ff., 1279.

zogen ist. Dafür müßte auch diese Entscheidung sich als eine angemessene Berücksichtigung der Interessen beider Seiten darstellen.
Nun umfassen die §§ 87 Abs. 1 Nr. 10 und N. 11 BetrVG durchaus auch dann das Recht des Betriebsrats, darüber mitzubestimmen, ob ein Entgelt eingeführt wird, wenn er bezüglich dieser Einführung selbst etwa aufgrund der Freiwilligkeit dieses Entgelts kein Initiativrecht hat; ihm steht dann immer noch ein sog. Vetorecht zu.[8] Damit die demnach immer mögliche Ablehnung eines Entgeltes aber auch vor der Einigungsstelle Bestand hat, muß sich die ablehnende Haltung des Betriebsrats durch den Schutzzweck der einschlägigen Mitbestimmungsrechte rechtfertigen lassen.

Selbst wenn man daher zunächst unterstellte, daß sich für die Einführung eines leistungsbezogenen Entgeltes lediglich solche Interessen anführen ließen, die den Belangen des Betriebes entsprächen, könnten diesen Belangen nur solche Interessen entgegengesetzt werden, die durch ein Mitbestimmungsrecht gedeckt wären.

Aus den §§ 87 Abs. 1 Nr. 10 und Nr. 11 BetrVG ergibt sich jedoch nicht, daß es Zweck dieser Mitbestimmungsrechte ist, leistungsbezogene Entgelte zu verhindern. In Nr. 11 sind leistungsbezogene Entgelte ganz im Gegenteil ausdrücklich vorgesehen, ohne daß hier erkennbar wäre, daß das Betriebsverfassungsgesetz deren Einführung mißbilligte. Auch aus § 87 Abs. 1 Nr. 10 BetrVG lassen sich Vorbehalte des Gesetzgebers gegen bestimmte Formen der betrieblichen Lohngestaltung nicht entnehmen. Vorgesehen ist in beiden Vorschriften vielmehr die Beteiligung des Betriebsrats an der betrieblichen Lohngestaltung, bzw. an der Festsetzung leistungsbezogener Entgelte. Daß in § 87 Abs. 1 Nr. 11 BetrVG leistungsbezogene Entgelte zumindest für den Fall noch einmal eine Sonderbehandlung erfahren, daß sie mit Akkord- und Prämienlohn vergleichbar sind, läßt allenfalls auf eine gewisse Gefährlichkeit gerade dieser Entgelte schließen, die eine weitergehende Beteiligung des Betriebsrats erforderlich macht. Lediglich diese verstärkte Beteiligung aber wird für erforderlich gehalten; zu einem völligen Ausschluß dieser Entgelte soll es – trotz der ihnen innewohnenden besonderen Gefahren – gerade nicht kommen.

Dieser Befund zeigt aber, daß die Existenz leistungsbezogener Entgelte als Bestandteil des Arbeitslebens auch durch das Betriebsverfassungsgesetz anerkannt

---

[8] Hanau Anm. zu BAG 8.12.1981 EzA § 87 BetrVG Leistungslohn Nr. 6; MünchArbR-Matthes § 341 Rn. 22; GK-Wiese § 87 Rn. 838; ErfKomm-Hanau/Kania § 87 Rn. 110; s. bereits oben § 3 D. II.

ist.[9] Dies verwundert nicht, sind doch für die Einführung eines leistungsbezogenen Entgelts durchaus auch Interessen der Arbeitnehmer denkbar. Als wichtigstes Argument läßt sich hier anführen, daß die persönliche Leistung in der Höhe des Einkommens berücksichtigt wird und so im Vergleich zu nichtleistungsbezogenen Entgelten eine größere Entgeltgerechtigkeit erreicht werden kann. Die Ungerechtigkeit, die darin liegt, daß mehr Leistung nicht besser bezahlt wird als weniger Leistung, läßt sich durch ein leistungsbezogenes Entgelt beseitigen.[10] Allerdings besteht bei der Einführung eines solchen Entgeltes möglicherweise die Gefahr neuer Ungerechtigkeiten, deren Vermeidung jedoch dann genau Aufgabe des Betriebsrats ist.

Eine Ablehnung, die allein darauf gegründet wäre, daß es sich bei einem Entgelt um ein leistungsbezogenes handelt, ließe sich damit aber nicht dadurch rechtfertigten, daß ansonsten mitbestimmungsrechtlich geschützte Belange der betroffenen Arbeitnehmer verletzt würden. Die Zielsetzung der §§ 87 Abs. 1 Nr. 10 und Nr. 11 BetrVG zeigt vielmehr, daß die Mitbestimmung in diesen Fällen einer ausgewogenen Berücksichtigung der tangierten Interessen und eine gerechte Ausgestaltung des Entgeltes dienen soll. Die Beteiligung des Betriebsrats soll leistungsbezogene Entgelte nicht verhindern, sie soll vielmehr dafür sorgen, daß die Einführung und Ausgestaltung von Entgelten nicht einseitig an den Interessen des Arbeitgebers oder einzelner Arbeitnehmer orientiert ist, sondern sozialverträglich ausgestaltet wird.[11]

Die Vorwürfe des Betriebsrats gegen ein Entgelt müßten sich daher auf solche Belange stützen, die durch die entsprechenden Mitbestimmungstatbestände geschützt werden, die also die Angemessenheit und Durchsichtigkeit des innerbetrieblichen Entgeltgefüges und die innerbetriebliche Entgeltgerechtigkeit bzw. die Angemessenheit der Sätze bestimmter leistungsbezogener Entgelte betreffen. Auch in diesem Fall müßte die Einigungsstelle die gegenseitigen Belange angemessen berücksichtigen. Dabei ist es nicht ohne weiteres möglich, den ganzen Spielraum zwischen der Grenze zur Verletzung des Wohls der Arbeitnehmer und derjenigen zur Beeinträchtigung der Belange des Betriebs auszuschöpfen, vielmehr muß versucht werden, beiden Seiten soweit wie möglich gerecht zu werden.[12]

---

[9] Vgl. zu dieser Aussage für das Leistungsprinzip im Betriebsverfassungsgesetz insgesamt Hanau, FS für Zeuner S. 62 f.
[10] Tondorf Leistung und Entgelt S. 30 f.
[11] Für das Leistungsprinzip grundlegend Hanau FS für Zeuner S. 62 f.
[12] GK-Kreutz § 76 Rn. 101; Fiebig S. 87 ff.

Dies bedeutet nun allerdings nicht, daß den jeweiligen Interessen nicht unterschiedliche Bedeutung zugemessen werden könnte. Je nach den konkreten Gegebenheiten des Einzelfalls kann es durchaus zu einer Entscheidung kommen, die die Interessen der einen Seite denen der anderen ganz unterordnet.[13] Die völlige Ablehnung eines Entgeltes wäre freilich auch dann noch eine Ultima-ratio-Entscheidung, für die gewichtige Gründe vorliegen müßten.

Ein solcher gewichtiger Grund liegt allein in der Leistungsbezogenheit eines Entgeltes wie gesehen nicht vor. Allerdings ist nach anderen Gesichtspunkten zu fragen, die bei der Einführung insbesondere neuer Formen der Leistungsvergütung zu beachten sind und die die Entscheidung für oder gegen eine bestimmte Ausgestaltung oder sogar auch gegen die Entgeltform selbst rechtfertigen könnten.

B. Relevante Gesichtspunkte für die Spruchtätigkeit der Einigungsstelle

Bei der Frage, welche Gesichtspunkte nun eine Rolle spielen können bei der Einführung und Ausgestaltung neuer Formen der Leistungsvergütung, sollen als mitbestimmungsrechtlich geschützten Belange der betroffenen Arbeitnehmer allein solche berücksichtigt werden, die § 87 Abs. 1 Nr. 10 BetrVG betreffen. Von dieser Vorschrift und der in ihr enthaltenen Generalklausel wird zunächst die Einführung und Ausgestaltung aller Entgelte erfaßt, unabhängig davon, ob diese weiter auch § 87 Abs. 1 Nr. 11 BetrVG unterfallen. Nr. 11 betrifft mit der Festsetzung der Sätze bestimmter leistungsbezogener Entgelte nach dem in dieser Arbeit vertretenen Verständnis nur einen zusätzlichen Aspekt, der dieser Vorschrift nur insoweit unterfällt, als er von der Generalklausel § 87 Abs. 1 Nr. 10 BetrVG nicht erfaßt ist.[14] Zwar wird hier durch erweiterte Mitbestimmungsrechte einer speziellen Gefahr der einschlägigen Entgelte begegnet, bereits diese Gefahr aber ergibt sich erst aus der Ausgestaltung der Entgelte nach § 87 Abs. 1 Nr. 10 BetrVG. § 87 Abs. 1 Nr. 11 BetrVG setzt eine Entscheidung nach § 87 Abs. 1 Nr. 10 BetrVG daher voraus; Nr. 11 kommt erst dann zum Zuge, wenn die Entscheidung für oder gegen ein bestimmtes Entgelt oder eine bestimmte Ausgestaltung desselben bereits nach Nr. 10 gefallen ist.[15]

§ 87 Abs. 1 Nr. 10 BetrVG soll nun die Angemessenheit und Durchsichtigkeit des innerbetrieblichen Entgeltgefüges sichern und so die innerbetriebliche Entgeltgerechtigkeit gewährleisten.

---

[13] GK-Kreutz § 76 Rn. 101; Fiebig S. 87 ff.
[14] S. § 3 A. V. 1. b) ee).
[15] Dazu auch Lieb ZfA 1988 S. 413 ff., 426 f.

Es fragt sich, welche besonderen Konfliktpunkte bei der Einführung neuer Formen der Leistungsvergütung auftreten können, die die Einigungsstelle bei ihrer Ermessensentscheidung unter Beachtung der Vorgaben des § 76 Abs. 5 Satz 3 BetrVG angemessen berücksichtigen muß.

I. Mängel in den betrieblichen Rahmenbedingungen

Besonderes Charakteristikum der in dieser Arbeit behandelten neuen Entgeltformen ist es, daß ihnen veränderte Vorstellungen über die Leistungsmotivation zugrundeliegen. Während alte Entgeltformen wie insbesondere der Akkordlohn stark von einer mechanistischen Vorstellung von der Rolle des Arbeiters im Arbeitsprozeß mit einer notwendigen Überwachung und einer rein finanziell begründeten Motivation ausgehen, entsprechen die neuen Formen der Leistungsvergütung einer veränderten Einstellung zu Motiven und Anreizen. Gemeinsam ist ihnen, daß sie von einer natürlichen Schaffensfreude des Menschen ausgehen, welche die Arbeit an sich als Quelle der Zufriedenheit erleben läßt. Dementsprechend stellen diese Entgelte weniger auf Fremdkontrolle und -bestimmung, als vielmehr auf Selbstkontrolle und Eigenbestimmung, Selbstentfaltung und Eigeninitiative ab.[16]
So wenig aber alte Formen der Leistungsvergütung als geeignet erscheinen mögen, diesen veränderten Vorstellungen und Bedürfnissen zu entsprechen, so wenig können die neuen Formen wirksam werden, wenn die betrieblichen Rahmenbedingungen nicht mit den entsprechenden Vorstellungen mitgezogen haben. Anders ausgedrückt; ein neues Verständnis von Anreizwirkung und Motivation kann nicht allein durch ein verändertes Entgeltsystem umgesetzt werden. Dies bedeutet aber, daß ein neues Leistungsvergütungssystem nicht beliebig mit traditionellen Arbeits- und Entgeltstrukturen kombiniert werden oder einfach darauf „aufgepfropft“ werden kann.[17] Ein Entgeltsystem muß den jeweiligen betrieblichen Gegebenheiten entsprechen, damit es seine entgeltordnende Kraft nicht verliert.[18] Gerade dieser Umstand bewirkt, daß etwa ein Akkordlohnsystem angesichts veränderter Fertigungsverfahren oder Marktgegebenheiten als Entgeltform nicht mehr taugt. Genausowenig aber kann eine neue Form der Leistungsvergütung wie etwa ein Pensumentgelt die mit ihr angestrebte spezielle Motivationswirkung entfalten, wenn die restlichen Rahmenbedingungen den in diesem Entgelt vorausgesetzten Umständen nicht entsprechen.

So kann etwa die beschriebene Variante des Programmentgelts, in der alle Arbeitnehmer nach Hause gehen könne, wenn sie das Programm bewältigt haben,

---

[16] Scheidl Handbuch Anreizsysteme S. 258 ff., 262.
[17] Tondorf Leistung und Entgelt S. 63 f.
[18] Scheidl Handbuch Anreizsysteme S. 258 ff., 268.

nur dann sinnvoll eingeführt werden, wenn alle Arbeitnehmer, denen das Programm aufgegeben wurde, gleichermaßen davon betroffen sind bzw. wenn im Falle von einzelnen Fertigungsinseln und Arbeitsgruppen diese wirklich unabhängig voneinander arbeiten und daher auch unabhängig voneinander ihr tägliches Arbeitspensum beenden können. Soweit dagegen Abhängigkeiten von mit verschiedenen Programmen betrauten Arbeitsgruppen untereinander bestehen, kommt eine Entgeltform wie die Variante des Programmentgeltes mit unterschiedlichen Arbeitszeitverläufen der einzelnen Gruppen nicht in Betracht. Auch die Grundform des Programmentgelts aber wird am besten bei projektbezogenen Formen der Arbeitsorganisation funktionieren oder zumindest die Existenz von Fertigungsinseln voraussetzen[19], da nur so die Formulierung der Leistungsvorgabe als Programm sinnvoll und sein Durchführung möglich erscheint.

Stellt sich aber etwa eine leistungskontrollierte Zeitentgeltform als allein sinnvolle Entlohnungsform für betriebliche Rahmenbedingungen dar, so sind hier Erwägungen der Einigungsstelle, die dahin gehen, daß die Mitbestimmung des Betriebsrats weniger weit reicht als bei einer herkömmlichen Leistungsentgeltform, ermessenswidrig. Nicht machtpolitische Interessen des Betriebsrats, sondern die Belange der betroffenen Arbeitnehmer sind in diese Ermessenserwägung einzustellen. Machen die betrieblichen Gegebenheiten aber eine herkömmlichen Leistungsentgeltform sinnlos[20], so stellte ihre dennoch erfolgte Durchsetzung einen Verstoß auch gegen die Belange der Arbeitnehmer dar. Soweit die Einigungsstelle ihre Sorge auf eine unangemessene Leistungsforderung stützt, so kann sie dies in der nach wie vor gegebenen Gestaltung in den Grenzen des Zeitentgelts etwa durch eine entsprechende Änderung der Anforderungsbewertung berücksichtigen.[21] Letztlich aber ist zu bedenken, daß auch bei herkömmlichen Leistungsentgelten Bestimmungsfaktoren, die wie die Bandgeschwindigkeit nicht für die Entlohnung unmittelbar relevant sind, von der Einflußnahme durch den Betriebsrat und damit auch durch die Einigungsstelle ausgenommen sind.

Anführen läßt sich desweiteren das Beispiel der Zielvereinbarungen. Ein Zielvereinbarungssystem setzt als Idee voraus, daß die jeweiligen Zielvereinbarungspartner auf Arbeitnehmerseite sich zunächst überhaupt in einer Position befinden, in der sie dezentrale Ziele benennen, eigenständig verfolgen und erreichen können. Dies ist nicht der Fall, wenn traditionelle Organisationsstrukturen vorherrschen, die den einzelnen Mitarbeitern und Mitarbeitergruppen keinen

[19] MünchArbR-Kreßel § 67 Rn. 181.
[20] Vgl. dazu auch Schudlich WSI-Mitteilungen 4/1990 S. 205 ff., 210.
[21] Vgl. dazu bereits oben § 5 B. II. 2.

eigenen Handlungs- und Entscheidungsspielraum zubilligen.[22] Sollen die Mitarbeiter aber für die Erreichung von Zielen verantwortlich gemacht und Teile ihrer Entlohnung daran ausgerichtet werden, kann ihnen nicht nur dieses Verantwortungsrisiko übertragen werden, ohne daß ihnen die entsprechenden Handlungschancen und –freiräume eingeräumt werden.
So wie ein Zielvereinbarungssystem daher als ideales Führungskonzept für neue, flexible und dezentrale Organisationsformen gilt[23], setzt es diese auch für seine Wirksamkeit als sinnvolles Instrument der Entgeltordnung voraus.
Desweiteren wirkt ein Zielvereinbarungssystem nur dann motivierend und kann der damit anstrebte Verbesserungsprozeß nur dann umgesetzt werden, wenn die kommunikativen Rahmenbedingungen stimmen und insbesondere der Verantwortliche auf Arbeitgeberseite seiner Führungsverantwortung in entsprechender Weise nachkommt.[24] Dafür darf dieser nicht für eine unübersehbare Zahl von Zielvereinbarungspartnern verantwortlich sein, muß sich über seinen eigenen Ziele im klaren sein und schließlich auch über entsprechende psychologische Fähigkeiten verfügen, die für die Umsetzung der Goal-Setting-Theorie unerläßlich sind.

Liegen die genannten Voraussetzungen damit aber nicht vor, können neue Formen der Leistungsvergütung zum einen die mit ihnen angestrebte Wirkung nicht erreichen. Es besteht also die Gefahr, daß die gefundene Regelung objektiv ungeeignet ist und von daher bereits nicht mehr als sachgerechte Interessenabwägung angesehen werden kann.[25] Zugleich aber stellt die mit den Mängeln in den begleitenden Rahmenbedingungen verbundene demotivierende und kontraproduktive Wirkung eine Verletzung der Belange der betroffenen Arbeitnehmer dar, deren Interesse an einem angemessenen und gerechten Entgeltgefüge durch die Mitbestimmung des § 87 Abs. 1 Nr. 10 BetrVG geschützt wird. Diese Belange aber muß die Einigungsstelle angemessen berücksichtigen. Zum Teil[26] wird sogar darauf verwiesen, daß die Einführung etwa eines Zielvereinbarungssystems trotz bestehender Mängel in den betrieblichen Rahmenbedingungen nicht motivationsfördernd wirke und darin ein Verstoß gegen eine Qualitätsnorm (DIN ISO 9004) zu sehen sei, die ein Qualitätssicherungssystem verlange, das auf der „Motivation" des Personals beruhe.

---

[22] Dazu Geffken NZA 2000 S. 1033 ff., 1035, 1037; Tondorf Leistung und Entgelt S. 63 f.
[23] S. dazu § 4 A. I.
[24] Tondorf Leistung und Entgelt S. 63 f.
[25] Vgl. dazu BAG 27.10.1992 DB 1993 S. 886.
[26] Geffken NZA 2000 S. 1033 ff., 1035, 1037.

Die bestehenden betrieblichen Rahmenbedingungen hat die Einigungsstelle damit aber in ihrer Ermessensentscheidung zu berücksichtigen. Sie können durchaus auch als von der Mitbestimmung des § 87 Abs. 1 Nr. 10 BetrVG gedeckter Belang der betroffenen Arbeitnehmer von der Einigungsstelle gegen die Einführung einer neuen Form der Leistungsvergütung angeführt werden. Stimmt die Einigungsstelle dagegen der Einführung einer neuen Form der Leistungsvergütung trotz bestehender Mängel zu, kann darin eine Entscheidung liegen, die keinen billigen Ausgleich der Belange des Betriebs und der betroffenen Arbeitnehmer darstellt und damit die Grenzen des der Einigungsstelle gem. § 76 Abs. 5 Satz 3 BetrVG eingeräumten Ermessens überschritte.

II. Willkürlich gewählte Kriterien

Leistungsbezogene Entgelte bieten dadurch, daß sie das Arbeitsentgelt am Leistungsniveau der Arbeitnehmer ausrichten, wie bereits erwähnt die Möglichkeit größerer Einkommensgerechtigkeit. Zugleich aber birgt die so etwa gegenüber einem konstanten Zeitentgelt neu eingeführte Differenzierung nach Leistung die Gefahr neuer Ungerechtigkeiten; so leicht und nachvollziehbar sich Leistung und Entgelt miteinander verknüpfen lassen, so leicht kann es hier auch zu Manipulationen und Verzerrungen kommen.[27]

Wiederum ist hier insbesondere bei Zielvereinbarungssystemen zunächst die Problematik der Quantifizierbarkeit bestimmter Kriterien und Ziele zu nennen, wie sie insbesondere im Dienstleistungsbereich auftreten kann.[28] Sollen in diesem Bereich trotz der Schwierigkeit, die verlangten Leistungen zu quantifizierten und zu messen, Kennzahlen verwendet werden, muß sich diese Verwendung von Kennzahlen zumindest als eine geeignete Methode für die Messung des jeweiligen Leistungsaspektes darstellen. Soll daher eine Kennzahl eine Aussage über die Qualität etwa der Serviceleistung ermöglichen, so muß gewährleistet sein, daß die verwendeten Daten korrekt erhoben sind und nicht so sehr von völlig außerhalb des Handlungs- und sogar Arbeitsbereichs der betroffenen Mitarbeiter liegenden Einflüssen überlagert sind, daß ihre Verwendung als geradezu willkürlich erscheint.[29] Zu den geschützten Belangen der Arbeitnehmer im Hinblick auf die Durchsichtigkeit des Entgeltgefüges gehören damit aber auch Kennzahlen, die die Wirklichkeit abzubilden geeignet sind. Liegen solche Kennzahlen nicht vor, kann ein leistungsbezogenen Entgelt seine Wirksamkeit nicht entfalten und die mit angestrebte Entgeltgerechtigkeit nicht realisieren.

---

[27] Scheidl Handbuch Anreizsysteme S. 258 ff., 262; Tondorf Leistung und Entgelt S. 30.
[28] S. dazu bereits § 4 A. II. 3. b).
[29] Dazu auch Breisig Zielvereinbarungen S.58 ff.

Gerade angesichts der überaus großen Vielseitigkeit eines Zielvereinbarungssystems kann es desweiteren dazu kommen, daß innerhalb ein und desselben Entgeltsystems eine Vielzahl unterschiedlichster Kennzahlen mit unterschiedlichen Wirkungsweisen verwendet werden.[30] Zielkriterien können zu nahezu allen Arbeitsbereichen und mit den unterschiedlichsten Zielsetzungen vereinbart werden. Hier erscheint es durchaus fraglich, inwieweit sich solche Zielkriterien beliebig innerhalb eines Systems zusammenfassen lassen. Eine allzu heterogene Kombination wird sich hier nicht mehr als angemessener Ausgleich der betroffenen Interessen darstellen. Zumindest dürfen die einzelnen Zielkriterien sich nicht in einer Weise widersprechen, daß das aufgrund dieser Kriterien gezahlte Entgelt eine ambivalente Wirkung erzielt, die geeignet ist, seine Wirksamkeit insgesamt zu beeinträchtigen. Damit läge aber auch im Hinblick auf die Belange des Betriebs keine geeignete Lösung vor, denn wiederum ist darauf zu verweisen, daß gerade ein Zielvereinbarungssystem von seinen theoretischen Grundlagen und seiner Zielsetzung her eine hinreichend motivierende Anreizwirkung voraussetzt. Als Belange der Arbeitnehmer, die der Gefahr ausgesetzt werden, verletzt zu werden, lassen sich auch hier die Aspekte der Übersichtlichkeit und Durchsichtigkeit des betrieblichen Entgeltgefüges nennen.
Das genannte Problem besteht insbesondere dann, wenn es zur Verwendung solcher Kennzahlensysteme kommt, die den Bezug zur Arbeitsleistung des einzelnen Arbeitnehmers nicht in hinreichender Weise herstellen. Dies kann – wie dargestellt – dazu führen, daß nicht mehr ein Leistungsentgelt, sondern ein Beteiligungsentgelt vorliegt. Es wird die Ansicht vertreten[31], daß es möglich sei, in einem Zielvereinbarungssystem – zumindest bei einer gruppenbezogenen Ausgestaltung - auch solche Kennzahlensysteme zu verwenden, die etwa denen eines Gain-Sharing-Systems entsprechen, welches sich aber nach der hier vertretenen Ansicht als Beteiligungsentgelt darstellt.
Dabei ist zunächst darauf zu verweisen, daß auch ein Beteiligungsentgelt ein zulässiges Entgeltinstrument darstellt und nicht allein schon in dessen Einführung eine Einbuße an Entgeltgerechtigkeit vorliegt. Sieht die Unternehmensentscheidung daher die Einführung eines Beteiligungsentgeltes vor, hat die Einigungsstelle diese Vorgabe als solche ihrer Entscheidung zugrundezulegen und darf sie nicht durch Entgelte mit anderen Zielsetzungen ersetzen. Die der entsprechenden Unternehmensentscheidung zugrundeliegenden Ziele und Überlegungen sind als Belange des Betriebs in einer ermessensgerechten Spruchtätigkeit zu berücksichtigen. Auch kann gerade mit einem Beteiligungssystem eine Anreizwirkung verfolgt werden.[32] Gerade da, wo die Einordnung eines Entgelts

[30] Vgl. bereits Pornschlegel AuR 1983 S. 193 ff., 197 f.
[31] Lang Moderne Entgeltsysteme S. 209.
[32] Soeben § 11 B. I.

als Leistungs- oder Beteiligungsentgelt aber schwer fällt, die Abgrenzung fließend und von den verwendeten Kriterien abhängig ist, gilt es die unterschiedliche Wirkungsweise verschiedener Kennzahlen und Kriterien zu berücksichtigen, die eine beliebige Kombination schnell widersprüchlich und die für die Funktionsfähigkeit eines Zielvereinbarungssystems notwendige Motivationswirkung auch unter diesem Aspekt fraglich werden läßt.[33]
Gerade Leistungs- und Beteiligungsentgelte verfolgen nicht immer gleichartige Zielsetzungen. Zu bedenken ist insbesondere die unterschiedliche Beeinflußbarkeit und Zurechenbarkeit, die Unternehmensrisiken nicht in vergleichbarer Weise auf die Arbeitnehmer übertragen und eine dementsprechend verschiedenartige Anreizwirkung haben. Auch aus diesem Grund erscheint eine Kombination unterschiedlich beeinflußbarer Bezugsgrößen innerhalb desselben Entgelts als problematisch. Soweit die Vielseitigkeit daher auch ein Charakteristikum der neueren Formen von Leistungsvergütung ist, liegt ein angemessener Ausgleich betroffener Interessen nur in einer Lösung, die durch die Auswahl der verwendeten Kriterien eine funktionsgemäße und widerspruchsfreie Wirkungsweise des Entgelts ermöglicht.

Zu dem Aspekt der funktionsgemäßen Wirkungsweise eines Entgelts gehört schließlich auch die Überlegung, daß vereinbarte oder auch vorgegebene Ziele wie gesehen an den Besonderheiten der einzelnen Arbeitsplätze ausgerichtet werden müssen. Welche Bereiche hier besonders hervorgehoben und als Leistungsziele vereinbart werden, hängt von der jeweilig verfolgten und auch der Einigungsstellenentscheidung zugrundezulegenden unternehmerischen Gesamtzielsetzung ab. Nicht alle, sondern nur für diese Zielsetzung besonders wichtige Aufgaben werden qualifiziert und erfaßt.[34] Darin wird nun eine Gefahr gesehen, die darin besteht, daß Mitarbeiter nicht nur diese besondere Aufgaben, sondern auch noch eine Vielzahl von Routineaufgaben zu erledigen hätten. Die prozentuale Verteilung von Zielvereinbarungs- und Routinebereich und die jeweilige Bedeutung dieser Bereiche für die Gesamtarbeitsaufgabe des Mitarbeiters oder der Mitarbeitergruppe bedürften daher der Abwägung.[35] Eine Dominanz des Zielvereinbarungsbereiches bewirkt dementsprechend eine gewisse Einseitigkeit der Aufgabenorientierung des Mitarbeiters zu Lasten der sonstigen Routinetätigkeiten. Dies hat nicht zuletzt Bedeutung für den prozentualen Anteil entgeltrelevanter Zielvereinbarungen am Gesamteinkommen, der diesen Überlegungen

---

[33] Pornschlegel a.a.O. S. 198 spricht insoweit von einer instrumentellen, nicht grundsätzlichen Bedeutung der gewählten Kriterien
[34] Im Zielvereinbarungssystem der DaimlerChrysler Services (debis) AG wird dieser Aspekt bezeichnet als „Lupenfunktion“; Deller/Münch Personalführung 10/1999 S. 70 ff., 76.
[35] Zander Handbuch der Gehaltsfestsetzung S. 214.

entsprechen muß.[36] Da aber das Verhältnis von festen zu variablen Einkommensbestandteilen eine mitbestimmungspflichtige Frage ist[37], muß diese auch durch die Einigungsstelle entsprechend berücksichtigt werden.

III. Intransparente Verfahren

Als maßgeblicher Belang der Arbeitnehmer und Teil ihres Interesses an einem übersichtlichen und durchsichtigen Entgeltgefüge läßt sich schließlich die Vermeidung intransparenter Verfahren nennen. Intransparent sind alle Verfahren, die zu aufwendig und kompliziert sind, die zu große Gruppen betreffen und die eine einseitige Beurteilung vorsehen, wo auch andere Lösungen denkbar wären.

Die Einbuße an Entgeltgerechtigkeit, die durch ein zu kompliziertes Vorgehen hervorgerufen wird, ist bei allen in Frage kommenden Verfahren zu berücksichtigen, seien es Ermittlungsmethoden, „Spielregeln" der dezentralen Vereinbarung oder Konfliktlösungsmechanismen. Unklare Zuständigkeiten, verwickelte Lösungsalternativen oder lähmende Entschlußlosigkeit dienen weder den Belangen des Betriebs noch denen der Arbeitnehmer hinsichtlich einer angemessenen Entgeltgestaltung. Dieses beiderseitige Interesse an einem auch an pragmatischen Gesichtspunkten ausgerichteten Verfahren muß die Einigungsstelle daher bei ihrer Ermessensentscheidung berücksichtigen.

Ein wichtiger Gesichtspunkt ist hier die Frage, welche Alternativen es zu den herkömmlichen Verfahren der einseitigen Beurteilungen gibt, die im Vergleich zu diesen größere Transparenz und Objektivität gewährleisten können und daher als Belang auf Arbeitnehmerseite in die Entscheidung der Einigungsstelle einzubeziehen sind. Größere Objektivität bietet hier zunächst eindeutig eine Messung der jeweiligen Ergebnisse. Dort, wo eine solche Meßbarkeit möglich ist, ist sie daher grundsätzlich in einer Entgeltregelung anzustreben. Allerdings ist hier sogleich auf die bereits erwähnte[38] Problematik der quantifizierbaren Kriterien „um jeden Preis" zu verweisen. Wo daher eine Meßbarkeit nur um den Preis letztlich ungeeigneter Kennzahlen zu erreichen ist, ist eine Beurteilung trotz der möglichen Gefahr größerer Subjektivität zu bevorzugen.
Desweiteren wird angesichts der zunehmenden organisatorischen Verselbständigung und der damit verbundenen höheren Eigenverantwortung der Mitarbeiter

---

[36] So werden hier insbesondere – betriebsverfassungsrechtlich allerdings nur zum Teil relevant - für Führungskräfte und Mitarbeiter unterschiedliche Erwägungen angestellt werden müssen, vgl. auch dazu Deller/Münch Personalführung 10/1999 S. 70 ff., 76.

[37] BAG 29.3.1977 AP § 87 BetrVG 1972 Provision Nr. 1; 6.12.1988 AP § 87 BetrVG 1972 Lohngestaltung Nr. 37.

[38] § 4 A. II. 3. c).

das Augenmerk der Leistungserwartungen zunehmend vom reinen Leistungsergebnis auf die Wahrnehmung dieser Verantwortung und damit auf schwer meßbare Fähigkeiten im kommunikativen und persönlichkeitsabhängigen Bereich gelenkt. Auch darin liegt einer der Gründe für eine gesteigerte Komplexität im Umgang mit Leistungsbedingungen.[39]
Daß dieser Komplexität durch eine Beurteilung begegnet werden kann, muß nun allerdings nicht zwangsläufig eine erhöhte Subjektivität nach sich ziehen. Diese Subjektivität läßt sich vielmehr steuern und abmildern.[40] Einer der Lösungswege kann hier etwa gerade in einem Zielvereinbarungssystem liegen, in dem auch für den Fall nicht-quantifzierbarer Kriterien die rein merkmalsbezogene, herkömmliche Leistungsbeurteilung in der beschriebenen Weise[41] ersetzt und ergänzt wird durch möglichst konkret benannte Leistungserwartungen. Die Nachteile der bisherigen Leistungsbeurteilungssysteme, die zumeist praktikabilitätsbedingt noch nicht einmal auf die Besonderheiten einzelner Arbeitsplätze Rücksicht nehmen können, können so durch Zielvereinbarungen versachlicht und zu objektiviert werden.[42] Desweiteren aber läßt sich die auch in einer Zielbeurteilung immer noch liegende Abhängigkeit von der Dominanz des Beurteilenden begrenzen, indem etwa vorgesehen wird, daß die Beurteilung der Leistung unter Einbeziehung der Beurteilten als gemeinsame Auswertung der Leistungsergebnisse stattfindet.[43] Eine solche gemeinsame Auswertung erscheint dabei nicht nur als Belang der Arbeitnehmer in dem Sinne, daß sie in Bereichen Einfluß erlangen, die bislang allein durch den Arbeitgeber bestimmt wurden. Vielmehr erscheint es auch aus Arbeitgebersicht sinnvoll, nach Lösungen zu suchen, die an die Stelle der arbeitswissenschaftlichen Bemühungen der herkömmlichen Entgeltsysteme um die „richtige“ Leistung eine Richtigkeitsgewähr durch Konsensbildung setzen.[44]
Freilich bedeutet eine Beurteilung unter Einbeziehung der Arbeitnehmer gegenüber einer Messung wiederum einen deutlich höheren Aufwand mit der Notwendigkeit entsprechender Verfahrens- und Konfliktlösungen. Auch wenn dieser Aufwand wie erwähnt geeignet ist, eine Gefahr für die Entgeltgerechtigkeit darzustellen, muß doch abgewogen werden, inwieweit komplexere Verfahren nicht die letztlich angemessenere Lösung für komplexe Rahmenbedingungen sind.

---

[39] Vgl. dazu Lehmann Neue Wege der Vergütung S. 7 ff., 18 f.
[40] Lehmann a.a.O.
[41] S. § 4 A. III. 2. a) und b).
[42] Vgl. dazu Zander Handbuch der Gehaltsfestsetzung S. 213; Tondorf WSI-Mitteilungen 6/1998 S. 386 ff., 389.
[43] So auch Tondorf Leistung und Entgelt S. 63.
[44] Lehmann Neue Wege der Vergütung S. 7 ff., 18 f.

IV. Zusammenfassung

Zum einen zeigt sich, daß den genannten Gefahren im Zusammenhang mit der Einführung neuer Formen der Leistungsvergütung auch durchaus Aspekte entgegengesetzt werden können, die gerade für eine Ablösung herkömmlicher Entgeltsysteme durch neue Formen sprechen. So können die Rahmenbedingungen gerade die Einführung eines Pensumentgelts als die einzig angemessene Lösung erscheinen lassen, wo ein Akkordsystem in der Praxis ad absurdum geführt wird, indem die Akkordarbeiter Verbesserungen sorgfältig vor den Arbeitsstudienleuten zu verbergen suchen und sich damit selbst eine Art „Pensumentgelt" schaffen oder ohnehin bereits halboffiziell Quasi-Festentgelte eingeführt wurden. Wo die Verstetigung des Arbeitsablaufes eine quantifizierbare Leistungssteigerung immer weniger ermöglicht und zugleich mit der Delegation von Verantwortung zunehmend vielseitige Fähigkeiten und komplexe Leistungserwartungen in den Vordergrund treten, sind desweiteren Entgeltsysteme vonnöten, die diese Vielseitigkeit als neuen Leistungsaspekt berücksichtigen und hier in besonderer Weise die Motivation und individuelle Situation der Arbeitnehmer berücksichtigen.

Zum anderen hat sich gezeigt, daß sich die genannten Problemkreise gegenseitig begrenzen können, ohne daß es möglich wäre, eine eindeutige und allgemeingültige Lösung zu finden. Vielmehr werden es immer die jeweiligen betrieblichen Besonderheiten sein, die hier einen maßgeblichen Einfluß auf die Frage nehmen, welche Entgeltgestaltung eine geeignete und angemessene Regelung für den Ausgleich der Interessen aller Beteiligten darstellt. Die zunehmend wichtigste Voraussetzung für Lösungen, die auf Konsensbildung und verstärkten Zuschnitt auf betriebliche Besonderheiten bis hin zu einer verstärkten Beteiligung der Arbeitnehmer abstellen, wird es aber sein, daß sie auf der Grundlage einer gemeinsam angestrebten partnerschaftlichen Unternehmenskultur stehen. Weit im Vorfeld einer Zwangsschlichtung durch die Einigungsstelle ist daher zu bedenken, daß es im Zuge veränderter Organisationsstrukturen zunehmend der gegenseitigen Offenheit und der Bereitschaft zur konstruktiven Zusammenarbeit beider Betriebspartner bedarf.[45]

---

[45] Schölzel Der Betriebsrat 5/1994 S. 101 ff., 102; Geffken NZA 2000 S. 1033 ff., 1039.

Zusammenfassung der wichtigsten Ergebnisse und Fazit

A. Zusammenfassung

Die vorangegangene Untersuchung hat folgende Ergebnisse zutage gebracht:

Die Mitbestimmung nach § 87 Abs. 1 Nr. 10 BetrVG umfaßt Fragen der betrieblichen Lohngestaltung einschließlich der praktischen Durchführung der Entgeltformen, soweit es dieser praktischen Durchführung für die vollständige Festlegung der Struktur eines Entgelts und der Voraussetzungen für dessen Bezug bedarf. Die Festlegung dieser Voraussetzungen wird unter das Tatbestandsmerkmal der „Anwendung neuer Entlohnungsmethoden" subsumiert. Davon erfaßt sein kann auch die Leistungsseite eines Leistungsentgelts, nicht aber die Festlegung von Elementen, die die Entgelthöhe betreffen. Nicht erfaßt ist auch die einzelfallbezogene Festlegung von Bezugsvoraussetzungen und die Anwendung kollektiver Bestimmungen im Einzelfall.

Ein nach § 87 Abs. 1 Nr. 10 BetrVG mitbestimmtes entgeltrelevantes **Zielvereinbarungssystem** bedarf notwendig der Form der Rahmenregelung. Nur so ist gewährleistet, daß einerseits nicht unzulässig auf Mitbestimmungsrechte verzichtet wird, andererseits aber individuelle Vereinbarungen oder einzelfallbezogene Zielfestlegungen möglich bleiben. Regelungen, die eine solch individuelle Festlegung auf die Ebene kollektiver Vereinbarung heben, deformieren den Entlohnungsgrundsatz der Zielvereinbarungen und sind überdies nach § 87 Abs. 1 Nr. 10 BetrVG nicht erzwingbar.

Die Konstruktion der Rahmenregelung ermöglicht es dem Betriebsrat nicht, seine erzwingbaren Mitbestimmungsrechte über den rechtlichen Rahmen hinaus auszuweiten. Auch über den Weg von Kontrollrechten ist ihm ein unmittelbarer Zugriff auf die einzelne Zielvereinbarung versperrt. Bei der Ausgestaltung der Verfahrensregeln eines Zielvereinbarungssystems sind die Individualrechte des einzelnen Arbeitnehmers zu berücksichtigen. Auch Konfliktlösungsverfahren innerhalb eines entgeltrelevanten Zielvereinbarungssystems gehören aber zu den Entlohnungsmethoden im Sinne des § 87 Abs. 1 Nr. 10 BetrVG. Bei ihrer Ausgestaltung sind jedoch die Grenzen der §§ 84, 85 und 86 BetrVG zu beachten. Für bestimmte Fallgestaltungen kann dabei auch eine letztinstanzliche Entscheidungskompetenz der betrieblichen Einigungsstelle gem. § 85 Abs. 2 BetrVG in Betracht kommen.

Die Situation bei Zielvereinbarungen mit Gruppen ist mitbestimmungsrechtlich nicht anders zu behandeln als die Situation bei Zielvereinbarungen mit einzelnen Arbeitnehmern.

Festentgelte, auf deren Höhe Leistungsschwankungen keinen Einfluß haben, stellen auch dann Zeitentgelte und keine Leistungsentgelte dar, wenn diese Schwankungen überprüft werden und in anderer als entgelttechnischer Hinsicht Konsequenzen nach sich ziehen. Eine Mitbestimmung der konkreten Leistungsseite solcher Entgelte kommt weder nach § 87 Abs. 1 Nr. 10 noch nach Nr. 11 BetrVG in Betracht.

Die Mitbestimmung nach § 87 Abs. 1 Nr. 11 BetrVG umfaßt sowohl den **Geldfaktor** im engeren als auch den Geldfaktor im weiteren Sinne. Der Geldfaktor im engeren Sinne ist insbesondere nicht bereits nach § 87 Abs. 1 Nr. 10 BetrVG mitbestimmt. Auch von § 87 Abs. 1 Nr. 11 BetrVG ist die Mitbestimmung des Einzelfalls nicht erfaßt.

Zu den Voraussetzungen eines **vergleichbaren leistungsbezogenen Entgelts** gem. § 87 Abs. 1 Nr. 11 BetrVG gehören die Leistungsbezogenheit des Entgelts, eine unmittelbare Beziehung zwischen Leistung und Vergütung, sowie das Vorliegen einer Bezugsleistung. Ob ein leistungsbezogenes Entgelt vorliegt, entscheidet sich nach der Beeinflußbarkeit der zugrundeliegenden Bemessungsgrößen. Diese müssen sich in einer wertungsmäßig zu treffenden Entscheidung als der Tätigkeit des Arbeitnehmers zurechenbar und durch diesen zumindest hinreichend beeinflußbar darstellen.

Auch ein auf die Leistung einer Gruppe bezogenes Entgelt kann ein leistungsbezogenes Entgelt sein, ohne daß hier hinsichtlich der Gruppengröße numerische Vorgaben gemacht werden könnten. Einschränkend können insofern jedoch Angemessenheitserwägungen wirken.

Soweit Zielvereinbarungen nicht bereits aufgrund einer bei ihnen vorgesehenen Leistungsbeurteilung und daher fehlenden Unmittelbarkeit zwischen Leistung und Vergütung aus der Mitbestimmbarkeit nach § 87 Abs. 1 Nr. 11 BetrVG herausfallen, fehlt es ihnen jedenfalls immer an der Voraussetzung der Bezugsleistung. Es geht bei der Festsetzung des Zielvereinbarungsentgelts nicht darum, welche Leistung von einem Arbeitnehmer zu erwarten ist und welches Entgelt er gerechterweise dafür erhalten soll, sondern allein darum, auf welche Weise die gesteckten Unternehmensziele am besten umgesetzt werden.

Von den Pensumentgelten erfüllt nur das Programmentgelt die Voraussetzungen eines vergleichbaren leistungsbezogenen Entgelts. Soweit sich die übrigen Pensumentgeltformen nicht bereits als Zeitentgelt darstellen, fehlt es ihnen doch aufgrund der lediglich „phasenverschoben" vorgenommenen Entgeltberechnung am Erfordernis der unmittelbaren Beziehung zwischen Leistung und Vergütung. Beim Programmentgelt liegt eine solche Phasenverschiebung nicht vor. Es handelt sich hier auch dann um ein nach § 87 Abs. 1 Nr. 11 BetrVG mitbestimmtes Entgelt, wenn in einer Variante die Entgelthöhe konstant bleibt und nur die Arbeitszeit der jeweiligen Arbeitnehmergruppe je nach Arbeitsgeschwindigkeit schwankt, denn insofern kommt die Wirkungsweise dieses Entgelts der des Akkordlohns nahe.

Qualifikationsentgelte stellen nur in Ausnahmefällen leistungsbezogene Entgelte dar. Meist wirkt sich eine Qualifikationsorientierung in der Grundentgeltdifferenzierung als Alternative zur Anforderungsbewertung aus. Soweit aber etwa durch eine Zulage der Erwerb bestimmter Qualifikationen gezielt entlohnt werden soll, ist in einem solchen Entgelt das Vorliegen einer Bezugsleistung nicht zu ersehen, so daß eine Mitbestimmung nach § 87 Abs. 1 Nr. 11 BetrVG ausscheidet.

Gain-Sharing-Systeme stellen sich auch dann nicht als leistungsbezogene Entgelte dar, wenn sie eine Beteiligung an leistungsbedingten Kostenersparnissen oder durch (lohn)kostenorientierte Kennzahlen ausgewiesenen Produktivitätssteigerungen vorsehen. Es handelt sich bei den hier verwendeten Kennzahlen vielmehr um Größen des Unternehmenserfolgs, denen die Tätigkeit der Arbeitnehmer auch dann nicht mehr hinreichend zugerechnet werden kann, wenn es sich hier um teilautonome Arbeitsgruppen mit erweitertem Handlungsspielraum handelt. Bei Gain-Sharing-Systemen handelt es sich daher um Beteiligungsentgelte.

Bei der gem. den §§ 87 Abs. 2, 76 Abs. 5 Satz 3 BetrVG vorzunehmenden Ermessensentscheidung der Einigungsstelle kann diese ein Leistungsentgelt nicht allein mit dem Verweis auf die Leistungsbezogenheit ablehnen. Aufgabe der betrieblichen Interessenvertretung ist es nicht, Leistungsentgelte zu verhindern, sondern diese sozialverträglich auszugestalten. Dabei sind bestimmte Gesichtspunkte zu beachten; insbesondere bei neuen Formen der Leistungsvergütung müssen Mängel in den betrieblichen Rahmenbedingungen berücksichtigt und willkürlich gewählte Kriterien sowie intransparente Verfahren vermieden werden.

B. Fazit

Es ist zu beobachten, daß einige der Besonderheiten der neuen Entgeltformen dazu führen, daß eine Mitbestimmung nicht mehr in so weitreichender Weise erfolgen kann, wie dies bei herkömmlichen Entgeltsystemen der Fall war.

So führt zunächst eine verstärkte Individualisierung etwa durch ein Zielvereinbarungssystem dazu, daß die Mitbestimmung nur in Form einer Rahmenregelung durchgeführt werden und so der Betriebsrat die Leistungsfestsetzung nicht mehr in abschließender Weise selbst vornehmen kann. Soweit daraus aber der Schluß gezogen wird, die betrieblichen Mitbestimmungsrechte seien überfordert und müßten erweitert werden[46], kann dem nicht gefolgt werden. Eine solche Ansicht verkennt, daß innerhalb des Betriebsverfassungsgesetzes bereits eine feine Abstufung der Mitbestimmungsbefugnisse des Betriebsrats einerseits und der Individualrechte des einzelnen Arbeitnehmers andererseits vorgesehen und in der in dieser Arbeit dargestellten Weise bei der Ausgestaltung einer betrieblichen Kollektivregelung gerade im Rahmen von § 87 Abs. 1 Nr. 10 BetrVG zu berücksichtigen ist. Eine Ausweitung der Befugnisse des Betriebsrats nach dieser Vorschrift gefährdete aber dieses Beziehungsgefüge zwischen kollektiven und individuellen Rechten und stellte eine Einschränkung der Individualrechte dar, welche nicht anders als die Mitbestimmungsrechte den Interessen der Arbeitnehmer dienen. Auch wenn von einer wirklich gleichberechtigten Beteiligung der einzelnen Arbeitnehmer in der Praxis nicht immer ausgegangen werden kann, so stellen individualisierte Entgeltsysteme desweiteren doch eine Chance für eine verstärkte unmittelbare Mitbestimmung durch einen mündigen Arbeitnehmer dar[47], welche durch die kollektive Interessenvertretung nicht in bevormundender Weise und aus Sorge um den Verlust an eigener Gestaltungsmacht zunichte gemacht werden sollte. Wo der Arbeitnehmer des Schutzes durch den Betriebsrat bedarf, muß und kann dies wie gesehen nach wie vor im Zuge der Rahmenregelung unter Beachtung der Individualrechte und der Besonderheiten individualisierter Entgeltsysteme einerseits und der Grenzen insbesondere des § 87 Abs. 1 Nr. 10 BetrVG andererseits gewährleistet werden. Eine darüberhinausgehende Ausweitung der Mitbestimmung erscheint demgegenüber nicht erforderlich.

Unter dieser Prämisse sind auch die zunehmend erforderlich werdenden Verfahrensregelungen und Konfliktlösungsmechanismen zu betrachten. Deren Notwendigkeit erklärt sich nicht zuletzt dadurch, daß die wissenschaftliche Leistungsvorgabenermittlung als fragwürdig empfunden wird und daher insgesamt ein Bedürfnis danach besteht, an die Stelle dieser Ermittlungen (wieder) den ausgehandelten und allseits akzeptierten Leistungskompromiß zu setzen. Auch dem Betriebsrat selbst eröffnet diese Entwicklung in den Grenzen seiner Zuständigkeit vielfältige und gegenüber der herkömmlichen Vorgabenermittlung

[46] Schudlich WSI-Mitteilungen 4/1990 S. 205 ff., 210.
[47] Vgl. dazu auch Tondorf WSI-Mitteilungen 6/1998 S. 386 ff.

sogar erweiterte Gestaltungsmöglichkeiten[48], die nicht allein unter dem Gesichtspunkt der größtmöglichen kollektiven Kontrolle dezentraler Verhandlungsebenen gesehen werden sollte.

Weitere Einschränkungen der Mitbestimmbarkeit ergeben sich bei neuen Formen der Leistungsvergütung zum einen aus einer Tendenz zum leistungskontrollierten Zeitentgelt, was nach der hier vertretenen Ansicht zu einer eingeschränkten Mitbestimmung bereits nach § 87 Abs. 1 Nr. 10 BetrVG führt. Zum anderen werden angesichts der eingangs vorgestellten neuen Formen der Arbeitsorganisation zunehmend Bemessungsgrößen verwendet, die weniger auf eine Kontrolle der Einzelleistung als auf eine Mitarbeit am Gesamtsystem abstellen.[49] Folgen dieser Entwicklung sind sowohl Kennzahlensysteme, die sich nicht mehr als leistungsbezogen darstellen, als auch Entgeltformen, bei denen das Vorliegen einer Bezugsleistung nicht angenommen werden kann, so daß eine Mitbestimmung nach § 87 Abs. 1 Nr. 11 BetrVG wie dargestellt nicht in Betracht kommt. Zu beobachten ist hier, daß die Anwendbarkeit des § 87 Abs. 1 Nr. 11 BetrVG, für die im Rahmen der Diskussion um die Provisionsentlohnung zuletzt die Notwendigkeit einer Bezugsleistung im Vordergrund stand, angesichts veränderter Kennzahlensysteme zunehmend auch wieder von der Frage der Leistungsbezogenheit eines Entgelts abhängt. Auch hier läßt sich die Frage, was sich als „Leistung“ darstellt, nicht allein unter Wertschöpfungs- oder – letztlich beliebigen - sonstigen Gesichtspunkten, sondern nur unter Berücksichtigung auch des Schutzzwecks des § 87 Abs. 1 Nr. 11 BetrVG beantworten.
Ebensowenig wie eine erweiternde Auslegung der Vorschrift kommt angesichts dieser Entwicklung daher eine Forderung nach erweiterten Mitbestimmungsrechten des Betriebsrats im Hinblick auf Leistungsentgelte in Betracht. Vielmehr ist umgekehrt davon auszugehen, daß Mitbestimmungsrechte auch nur dort eine Legitimation haben, wo sie zur Erreichung des gesetzgeberischen Zwecks erforderlich sind. Fallen bestimmte Entgelte aufgrund ihrer Ausgestaltung aus dem Anwendungsbereich eines Mitbestimmungstatbestandes heraus, so muß davon ausgegangen werden, daß eine weitergehende Mitbestimmung nach dem Schutzgedanken dieser Vorschriften nicht vorgesehen ist. Dies gilt in besonderer Weise für § 87 Abs. 1 Nr. 11 BetrVG, dessen spezieller Schutzzweck und Ausnahmecharakter eine erweiterte Anwendung ausschließt. Daß dies für die betroffene Interessenvertretung weniger weitreichende Eingriffsmöglichkeiten mit sich bringt, rechtfertigt allein noch keine Erweiterung der gesetzlichen Befugnisse.

---

[48] Schölzel Der Betriebsrat 5/1994 S. 101 ff., 102; Tondorf WSI-Mitteilungen 6/1998 S. 386 ff., 389.
[49] Schudlich WSI-Mitteilungen 4/1990 S. 205 ff., 210; Lang Moderne Entgeltsysteme S. 168.

Schließlich ist darauf zu verweisen, daß leistungskontrollierte Zeitentgelte für eine aufgrund einer bestimmten Bandgeschwindigkeit ohnehin determinierte Leistung und gesamtleistungs-, also letztlich unternehmenserfolgsbezogene Kennzahlensysteme als Vergütungsformen auch bereits im Jahr 1972 bekannt gewesen sind[50], ohne daß eine weitergehende Mitbestimmung für erforderlich gehalten wurde. Hier zeigt sich, daß „neu“ an den vorgestellten Vergütungsformen ganz überwiegend nicht ihre Ausgestaltung an sich, sondern ihre verstärkte Verbreitung unter Verdrängung der bekannten und gewohnten Entgeltsysteme ist.

Weniger der Ruf nach gesetzgeberischer Ausweitung der Eingriffsmöglichkeiten als die Bereitschaft, sich mit den neuen Gegebenheiten vertraut zu machen, erscheint daher aber als Folgerung sinnvoll.[51] Dies setzt freilich die Möglichkeiten zur Information, die konsequente Geltendmachung der diesbezüglichen Informationsansprüche und auch eine seitens der Unternehmensleitung bestehende Bereitschaft zur Zusammenarbeit voraus. Wie bereits mehrfach dargestellt, ist eine entsprechende partnerschaftliche Unternehmenskultur von Anfang an notwendige Voraussetzung für die Funktionsfähigkeit der modernen, auf Motivation basierenden Vergütungssysteme. Diese Arbeit hat aber gezeigt, daß hinsichtlich neuer Vergütungsformen auch die bestehenden Vorschriften und hier insbesondere § 87 Abs. 1 Nr. 10 BetrVG der betrieblichen Interessenvertretung Gestaltungsspielräume einräumen, zu deren Ausfüllung es lediglich der Bereitschaft zur aktiven Auseinandersetzung bedarf.

---

[50] Vgl. allein etwa Baierl Lohnanreizsysteme – Mittel zur Produktivitätssteigerung München 1974, S. 59 f.

[51] So auch Schölzel Der Betriebsrat 5/1994 S. 101 ff., 102.